桥梁船撞研究与工程应用

Research and Engineering Application of Bridges against Vessel Impact

王君杰　王福敏　赵君黎　金允龙　主编

人民交通出版社

内 容 提 要

本书为全国桥梁船撞学术研讨会论文集，共编录论文61篇，包括桥梁船撞理念、理论方法、数值模拟与试验、开发应用与监测预警5篇内容。本书既反映了近年来我国科技人员就桥梁船撞技术在工程应用中提出的一些热点和难点问题，对此开展相应科学研究和技术攻关所取得的新成果，又吸纳了一大批桥梁船撞技术工程应用实例及其成功经验，内容丰富，实用性强。

本书可供公路、铁路、水利、航运、船舶等部门从事设计、科研、施工、监理的管理和技术人员学习参考。

图书在版编目(CIP)数据

桥梁船撞研究与工程应用/王君杰等主编.—北京：人民交通出版社，2011.5

ISBN 978-7-114-09067-7

Ⅰ.①桥… Ⅱ.①王… Ⅲ.①桥-船舶碰撞-研究 Ⅳ.①U447

中国版本图书馆CIP数据核字(2011)第073352号

书　　名：桥梁船撞研究与工程应用
著 作 者：王君杰　王福敏　赵君黎　金允龙
责任编辑：吴有铭　李　农　夏　迎　栗光华　丁　遥
出版发行：人民交通出版社
地　　址：(100011)北京市朝阳区安定门外外馆斜街3号
网　　址：http://www.ccpress.com.cn
销售电话：(010)59757969，59757973
总 经 销：人民交通出版社发行部
经　　销：各地新华书店、交通书店
印　　刷：北京鑫正大印刷有限公司
开　　本：787×1092　1/16
印　　张：36.5
字　　数：870千
版　　次：2011年5月　第1版
印　　次：2011年5月　第1次印刷
书　　号：ISBN 978-7-114-09067-7
定　　价：148.00元
(如有印刷、装订质量问题，由本社负责调换)

《桥梁船撞研究与工程应用》

编审委员会

序　言

当前,跨江河桥梁的大量修建和通航船舶的规模化,加上桥区环境的改变,导致船桥碰撞事故时有发生。近年来发生的广东九江大桥、宁波金塘大桥等船撞事故,引起了社会各界的高度重视。船撞桥事故不但威胁船舶的通行安全,还严重影响桥梁的运营安全,造成了巨大的生命和财产损失。交通运输部西部交通建设科技项目管理中心分别于2006年和2007年先后对两项桥梁船撞科技项目进行了立项,以此为背景,特于2011年5月在重庆市组织召开全国桥梁船撞学术研讨会。

本次研讨会共收到论文74篇,经编审委员会的审阅,共有61篇论文被选入本论文集。通过对每一篇论文进行细细品读,我们获得了不少新的技术信息和有益的启迪。本次入选论文的特点是:在总结国内外近几十年的桥梁船撞研究的基础上,指出了今后桥梁船撞研究的新理念及发展方向,详细介绍了桥梁船撞设计的理论及方法,并以实际工程为背景,对桥梁的防撞设计与预警监控进行了较为深入的研究和论述。设计理念方面,基于性能的工程结构设计正逐渐被各国的工程界所接受,近20年来,结构抗震工程领域逐渐形成了基于性能的设计理论,桥梁的船撞性能设计尚处于起步阶段。设计方法方面,过去我国对桥梁船撞设计主要采用的拟静力设计方法,但由于桥梁船撞问题是继桥梁抗风抗震之后又一个重要的动力学问题,因此发展桥梁的船撞动力学设计方法将是今后的一个主流趋势和研究热点。风险管理方面,桥梁的船撞风险评估和应对措施一直是桥梁设计和管理部门比较关心和重视的一个问题。本书在上述方面都进行了大量的探索和研究工作,并汇集了丰富的工程应用实例以及新的防撞和预警措施,这些都极大地推动了我国桥梁船撞研究的发展。今后,希望能定期开展学术研讨会,从而达到提高桥梁船撞技术水平的目的。

在此,感谢每一位论文作者和论文编审的辛勤劳动,大家所提供的所有选题到位、内容丰富、简明实用的论文是本次学术研讨会成功的基础!

祝愿本次全国桥梁船撞学术研讨会圆满成功!

重庆市交通委员会副主任

2011年4月

目　录

船撞理念篇

理论方法篇

数值模拟与试验篇

开发应用篇

监测预警篇

船撞理念篇

桥梁船撞性态设计理论框架

王君杰[1]　范立础[1]　付　涛[1]　王福敏[2]　赵君黎[3]

（1. 同济大学桥梁工程系　上海　200092；

2. 招商局重庆交通科研设计院有限公司　重庆　400067；

3. 中交公路规划设计院有限公司　北京　100088）

摘　要：本文对工程结构性能设计理论的概念进行了简要的介绍，讨论了建立桥梁船撞性能设计理论需要解决的关键方法问题，在此基础上提出了实现桥梁船撞性能设计的三个技术途径，建立了桥梁船撞设计的基本框架。

关键词：桥梁船撞性能设计　船撞危险性　船撞易损性　船撞危害性　船撞全寿命优化

Theoretical framework of performance-based design for vessel-bridge collision

Wang Junjie[1]　Fan Lichu[1]　Fu Tao[1]　Wang Fumin[2]　Zhao Junli[3]

(1. Department of Bridge Engineering, Tongji University, Shanghai, 200092;

2. China Merchants Chongqing Communications Research & Design Institute Co. Ltd, Chongqing, 400067;

3. CCCC Highway Consultants Co. Ltd, Beijing, 100088)

Abstract: This paper briefly introduces the concept of performance design theory for civil engineering structures. Some key issues of performance-based design for vessel-bridge collision are discussed and three technological approaches are proposed to realize the performance-based design. Thus theoretical framework of performance-based design for vessel-bridge collision is established.

Keywords: performance-based design for vessel-bridge collision; vessel collision hazard analysis; vessel collision fragility; vessel collision risk analysis; LCC optimal design

1　桥梁船撞性能设计的概念

1.1　工程结构基于性能设计的一般概念

虽然基于性能的设计方法还远没有发展成熟，但在全球范围内经过10余年的高强度研讨，其基本轮廓已渐渐明晰。1999年美国结构工程学会（SEI, Structural Engineering Institute）和美国土木工程师协会（ASCE, American Society of Civil Engineers）召开的结构会议上，SEI的

项目支持：交通部西部科技项目资助，编号：200731882234；交通部行业联合科技攻关项目资助，编号：2008353[illegible]44340。

作者简介：王君杰（1962—），教授，博士，从事桥梁抗震与船撞研究，E-mail：jjqxu@tongji.edu.cn。

技术活动分部执行委员会同意成立一个新的技术委员会来定义“一个土木工程设施的性能”。这个委员会完成了一份研究报告,其要点由 Aktan 等人[1]于 2007 年发表。工程结构系统及设计、建造、养护与运营管理之间的关系见图 1。合理的状况是将工程结构系统及设计、建造、养护与运营管理作为一个整体进行考虑,体现全寿命。

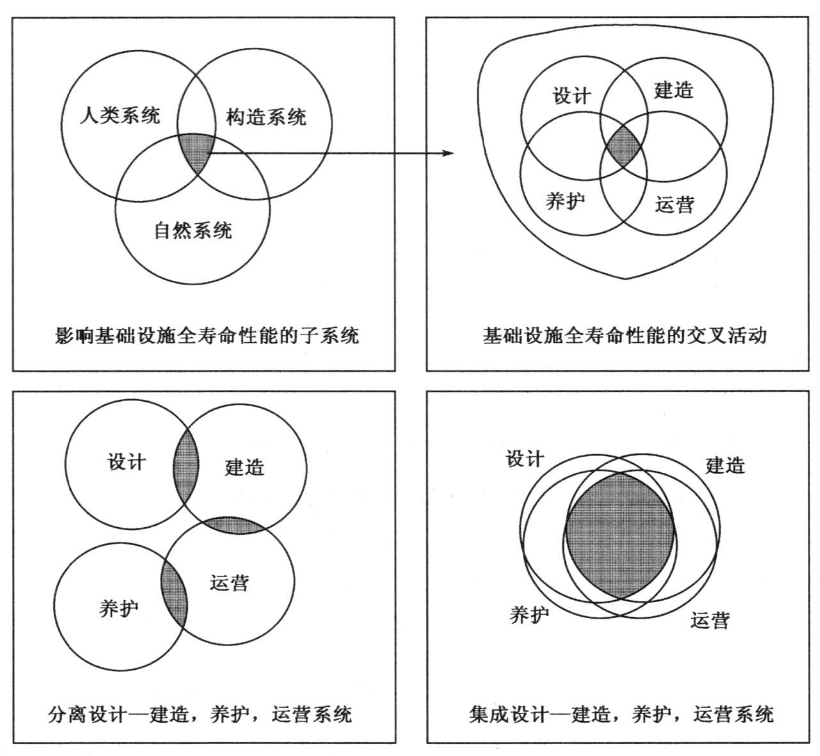

图 1 工程结构系统及设计、建造、养护与运营管理(Aktan,2007)

Aktan 等人完成的报告中,区分了基于性能的设计和基于性能的评估,其中将基于性能的设计分解为 12 个步骤[1-2]:

(1)进行可行性和效用评价:业主、社会影响,相关的政策和法律问题,项目投资,环境影响研究,业主投入资金,美学专业顾问,可持续性,全寿命期费用及投资。

(2)进行工程的概念设计和施工规划,施工、检测、养护可行性和影响研究,以及按合同交货选项评价。

(3)进行区域和工程场地研究、地质调查及需求分析。

(4)与业主一起制定定性的性能准则,提出适用的指南、标准、规范及过去的经验,将其转变为定量的指标、相应的检验方法及保证书。

(5)进行初步设计,同时为针对所有关键设计极限状态优化结构的全寿命期性能建立定性的多目标约束函数,包括施工可行性、运营、安全、检查和维护因素,以及相应的财务机制等。

(6)进行性能和初步设计可靠性评价,开展方案分析与选择最佳方案,并由同行专家确认,以求得该设计阶段优化多目标约束函数的最好解。

(7)进行最后施工图设计和施工过程设计,落实合同执行方法。

(8)采用直观推断、分析、试验、基于保证书及相互组合的方式进行设计检验。

(9)综合机械、电力和通信系统进行制造及架设施工。

(10)通过结构识别,文件记录和归档施工状态下的系统特性;基于健康监测原理启动寿命期检测和维护程序。设计者与施工者应参加检测和维护程序的制定并参与识别监测的关键健康指标。

(11)利用健康监测程序的优点综合运营和维护管理。

(12)修复、翻新、更新、保留或退役;注意到废物利用和在循环的回报。

正如 Aktan 等人说明的,上述各个步骤中的具体细节对于不同类型的结构可能是不同的,但具有普遍性的内容是共同的。这 12 个步骤显示了基于描述性条文进行设计和基于性能设计的差别。

根据图 1 和从 Aktan 等人描述的基于性能设计的 12 个步骤,可以分析出基于性能工程结构设计在设计理论与方法方面的以下几个主要特征:

(1)将工程的规划、设计、施工、检测、养护、拆除作为一个有机联系的系统工程进行考虑,在全寿命期内强调各阶段之间的联系和相互影响。

(2)在满足社会最低要求的前提下,明确由多方(主要是业主和设计方)共同确定工程结构的性能要求和量化指标,并以法律文件的形式进行明确。

(3)在设计的技术要求中,必须建立明确的全寿命期内各阶段多目标极限状态函数,包括经济与财务方面的约束函数,并采用多种方法进行方案的优化,达成全寿命期内的最优设计方案。

(4)基于健康监测原理启动寿命期检测和维护程序。设计者与施工者应参加检测和维护程序的制定并参与识别监测的关键健康指标。利用健康监测程序的优点综合运营和维护管理。

(5)工程结构全寿命期内各方面的性能要求等应以适当的具有约束力的技术文件和法律文件的形式予以确认。

概要来说,基于性能的工程结构设计就是在全寿命期内,综合考虑设计、施工、检测、养护、拆除各阶段的多目标的性能要求,寻找最优的解决方案。

从现状来看,基于性能设计理论与方法研究的主要推动力来自于地震工程领域,已经进行了近 20 年的深入的讨论,并在工程抗风、抗火领域,相关的研究也在逐渐展开。在这些抗灾领域,从技术层面观察,基于性能抗灾设计的特点是在全寿命内采用风险分析方法,明确定量的设防目标、进行工程结构的抗灾优化设计。

1.2 桥梁船撞性能设计概念与主要技术方面

根据 1.1 节中关于工程结构基于性能设计的一般概念,桥梁结构船撞性能设计可以描述为:在寿命周期内,综合考虑设计、施工、检测、养护、拆除各阶段的多目标的性能要求,寻求保障桥梁船撞安全的最优的解决方案。

技术上,桥梁船撞性能设计主要解决五个方面问题,即:

(1)桥梁船撞设防标准与船撞性能水平。

(2)桥梁船撞危险性分析。

(3)桥梁船撞易损性分析。

(4)桥梁船撞危害性分析。

(5)寿命周期内桥梁船撞多目标优化设计。

这五方面问题将在以下各节中分别进行叙述。

2 桥梁船撞设防标准与船撞性能水平

2.1 航道桥梁承担的社会功能分类

桥梁遭受船舶撞击后,可能造成桥梁破坏、船舶损失、人员伤亡、财产损失和间接经济损失,对航道桥梁进行船撞设防分类是为了反映船撞桥梁事件对社会影响的程度以及桥梁、航道在交通网络中的作用等因素。

AASHTO《公路桥梁船撞设计指南》将桥梁分为两个船撞设防类别[3],即重要桥梁和一般桥梁。AASHTO 规范划分桥梁重要性的原则有二:第一个原则是桥梁是否连接了社会安全和应急救援设施或组织,如民防、警察、消防部门及公共卫生机构等,能为这些应急结构提供关键运输路线的桥梁划分为重要桥梁。第二个原则是桥梁是否在战略公路网中处于关键连接点位置,作为关键连接的桥梁划分为重要桥梁。

拥有高流量机动车交通并为学校、活动场所、电力站、水处理厂等设施提供道路的桥梁要求不经历或经历较小的损坏,应划分为重要桥梁。战略公路网是对提供“在和平和战争时期对人员及设备的调动具有连续性、紧急功能的防御通道”功能的道路的一种特定名称。战略公路网包括路线(长距离运输)和连接设施(将单个设施连接到路线上)。战略公路网路线包括所有的州际公路以及与重要军事设施、工业和资源相连接的设施,包括:

(1)军事基地和供给站以及国家警卫设施。

(2)医院、药品供给中心和紧急补给站。

(3)主要航空港。

(4)国防工业以及逻辑上易于转化为此类工业的设施。

(5)精炼厂、燃料库、配销中心。

(6)主要铁路枢纽站、铁路端点、港区、卡车货运站。

(7)主要堤坝处的主要电力设施和水电中心。

(8)主要通信中心。

(9)国家认为重要的国防观察点或用于抵御自然灾害或无法预见的突发事件的其他设施。

在防灾领域,建筑与桥梁结构的抗震分类进行了较多的研究。2008 年颁布的《建筑工程抗震设防分类标准》(GB 50223—2008)[4]中将建筑工程应分为以下四个抗震设防类别:

(1)特殊设防类:指使用上有特殊设施,涉及国家公共安全的重大建筑工程和地震时可能发生严重次生灾害等特别重大灾害后果,需要进行特殊设防的建筑。简称甲类。

(2)重点设防类:指地震时使用功能不能中断或需尽快恢复的生命线相关建筑,以及地震时可能导致大量人员伤亡等重大灾害后果,需要提高设防标准的建筑。简称乙类。

(3)标准设防类:指大量的除(1)、(2)、(4)类以外按标准要求进行设防的建筑。简称丙类。

(4)适度设防类:指使用上人员稀少且震损不致产生次生灾害,允许在一定条件下适度降低要求的建筑。简称丁类。

2008 年颁布的《公路桥梁抗震设计细则》(JTG/T B02-01—2008)[5]根据公路等级及桥梁的重要性和修复(抢修)的难易程度,将桥梁分为 A 类、B 类、C 类、D 类四个抗震设防类别。

A 类:指单跨跨径超过 150m 的特大桥;

B 类:指除 A 类以外的高速公路和一级公路上的桥梁及二级公路上的大桥、特大桥等;

C 类:指 A 类、B 类、D 类以外的公路桥梁;

D 类:指位于三、四级公路上的中桥、小桥。

欧洲统一规范[6]将荷载作用后果的严重程度分为三个等级,分别为:轻微后果、中等后果和严重后果。结构按荷载作用后果的严重程度分为三个重要性等级。对于不同重要性等级的结构规定了相应的分析方法,其中一级结构设计时除非与 EN 1991 ~ EN 1999 提到的整体性和稳定性相关,否则不需要考虑偶然荷载作用的影响,二级结构设计时依据结构所处状况采用静力模型作简单分析,三级结构设计时建议对特殊情况检查以确定需要采用风险分析的程度和采用精确分析方法(如动态分析、非线性模型和荷载结构的相互作用)的深度。

综合考虑以上关于桥梁功能分类的现有成果,建议在桥梁的船撞设计时将桥梁承担的社会功能划分为三个类别:

I 类:为社会安全机构、消防结构、公共卫生机构、应急救援结构等应对紧急情况提供关键运输路线的桥梁;连接国家级枢纽交通和通信设施、资源和能源供应基地的桥梁;连接重要军事设施的桥梁。

II 类:除 I 类、III 类以外的桥梁。

III 类:承担的车辆和人员交通量稀少且周围无关键安全和社会功能节点需要通过其进行连接的省级以下地区性桥梁。

2.2 航道桥梁船撞设防水准

桥梁船撞设防水准(Vessel Collision Hazard Level)是指在桥梁船撞设防中根据客观的船撞风险环境和既定的设防目标,并考虑具体的社会经济条件确定船舶撞击的强烈程度,可以是设计代表船舶、也可以是设防船撞力。

在桥梁船撞方面,国内外相关的研究几乎是空白,但在抗震领域则有较多的研究成果,表 1 列出了代表性的研究成果[7-14]。

典型技术文献中设防地震水准 表 1

技术文献	抗震设防水准			
	L1	L2	L3	L4
EuroCode 8[7]	95	475	—	—
GB 5011—2010[8]	50	475	1 642 ~ 2 475	—
Vision 2000[9]	43	72	475	970
ASCE[10]	72	225	475	2 475
ATC—40[11-13]	72	475	970	—
ICC[14]	72	225	475	2 475

《建筑工程抗震性态设计通则》[15]根据建筑的不同重要性类别采用了三级设防水准，见表2。

地 震 设 防 水 准 表2

设 防 水 准	甲 类 建 筑	乙 类 建 筑	丙 类 建 筑
第1水准	50年超越概率22%	50年超越概率39%	50年超越概率63%
第2水准	50年超越概率3%	50年超越概率5%	50年超越概率10%
第3水准	50年超越概率1.3%	50年超越概率2.5%	50年超越概率5%

目前我国的《建筑抗震设计规范》(GB 50011—2010)的三个设防水准相当于《建筑工程抗震性态设计通则》中丙类建筑的设防水准，《建筑工程抗震性态设计通则(试用)》中甲类和乙类的建筑设防水准比《建筑抗震设计规范》(GB 50011—2010)中的有所提高，一定程度上体现了基于性能的抗震设计思想。

根据抗震领域在设防水准方面的研究成果，同时考虑到后续确定的桥梁船撞设防标准易于理解和不产生困扰，建议根据船舶撞击桥梁事件的重现期将桥梁船撞设防水准划分为四个等级，见表3。

桥梁船撞设防水平和对应的重现期 表3

桥梁船撞设防水准	重现期(年)	桥梁船撞设防水准	重现期(年)
L1	100	L3	950
L2	475	L4	2 475

2.3 桥梁船撞性能水平划分

结构性能水平的划分应该根据结构类型和结构构件的破坏程度加以确定，美国加州结构工程师协会Vision2000委员会[9]和美国应用技术理事会(ATC)[11-13]将结构的性能水平划分为四个等级，见表4。

性能水平的划分和描述 表4

性能水平的划分		性能水平描述
Vision 2000	ATC	
功能正常	可以使用	主体结构和非结构构件没有严重损伤。建筑物可以正常居住和使用
可以使用	立即居住	主体结构无严重损伤，基本保持震前的强度和刚度；非结构构件安全，大多能维持正常功能。建筑物经简单维修后，可保证预定功能
生命安全	生命安全	主体结构构件严重破坏，刚度退化，但未达到倒塌的程度，非结构构件安全，但大多丧失功能。建筑物经维修后才能居住
接近倒塌	接近倒塌	主题结构和非结构构件破坏，结构强度和刚度基本退化，接近倒塌

SEAOC[9]提出采用位移来定义结构的性能目标，见表5。谢礼立[15]在其主编的《建筑工程抗震性态设计通则(试用)》中建议了5级性能水准，见表6。徐培福和戴国莹[16]对于超高层建筑结构提出了5个性能等级的划分，见表7。ICC[14]提出将建筑结构划分为四个等级，见表8。

SEAOC 五级性能水平划分 表 5

抗震性能水平	破 坏 状 态	人员安全与使用功能	层间位移限值比
水平 1	基本完好	功能完整，可立即使用	< 1/500
水平 2	轻微破坏	稍微修复即可使用	< 1/200
水平 3	中等破坏	结构发生破坏，生命安全，需大修	< 3/200
水平 4	严重破坏	接近倒塌，有限的生命安全，无法修复	< 1/40
水平 5	基本倒塌	结构发生倒塌	> 1/40

性能水平的划分和描述 表 6

性能水平的划分	性能水平描述
充分运行	建筑和设备的功能在地震或震后能继续保持，结构构件与非结构构件可能有轻微的破坏，但建筑结构完好
运行	建筑基本功能可继续保持，一些次要构件可能轻微破坏，但建筑结构基本完好
基本运行	建筑的基本功能不受影响，结构的关键和重要部位以及室内物品未遭破坏，结构可能损坏，但经一般的修理和不需修理仍可继续使用
生命安全	建筑的基本功能受到影响，主体结构有严重破坏但不影响承重，非结构部件可能坠落，但不至伤人，生命安全能够得到保障
接近倒塌	建筑的基本功能不复存在，主体结构有严重破坏，但不至倒塌

超限高层设计的结构性能水平 表 7

抗震性能水平	破坏状态	结构损坏与使用功能情况
水平 1a	完好	结构在地震后完好、无损伤，一般不需修理即可继续使用，人员不会因结构损伤造成伤害，可安全使用
水平 1b	基本完好	结构在地震后基本完好，仅个别构件有轻微裂缝，一般不需修理或稍加修理即可继续使用，人员不会因结构损伤造成伤害，可安全使用
水平 2	局部轻微破坏	地震后结构的薄弱部位和重要部位构件完好、无损伤，其他部位有部分选定的具有一定延性的构件出现明显裂缝，修理后可继续安全使用
水平 3	中等破坏	地震后结构的薄弱部位和重要部位构件轻微损坏，出现轻微裂缝，其他部位有部分选定的具有延性的构件发生中等损坏，出现明显裂缝，进入屈服阶段，需修理并采取一些安全措施方可继续使用
水平 4	严重破坏	结构在地震下发生中等程度的破坏，多数构件中等损坏，进入屈服阶段，有明显的裂缝，需采取安全措施，人员不能安全出入；经过修理、加固后方可继续使用
水平 5	不倒塌	结构在地震下发生明显损坏，多数构件中等损坏，多数构件中等损坏，进入屈服，有明显裂缝，部分构件严重损坏；整个结构不倒塌，也不发生局部倒塌，人员会受到伤害，但不危及生命

ICC 性能水平的划分和描述 表 8

性能水平的划分	性能水平描述
水平 1	无结构破坏，建筑和设施和以安全地使用
水平 2	结构发生一定程度的破坏，可以修复，但短时间内无法居住
水平 3	结构基本构件发生严重破坏，但无大的脱落；修复是可能的；可能长时间无法居住
水平 4	结构发生实质性破坏，但是重要构件仍可以承受重力。技术上来说，修复是不可能的。建筑结构或设施不安全、重新使用可能导致倒塌

参考地震工程领域中结构抗震性能等级划分的研究成果,建议桥梁在遭受船舶撞击后的使用功能状态划分为五个等级,见表9。

桥梁船撞性能等级　　表9

性能等级	性态描述
P1(功能无损)	结构构件的安全性能和耐久性能完全保持,无需检查和修补即可继续正常使用
P2(长期功能降低)	结构构件的安全性能性能完全保持,即其承载能力和通行能力没有降低,但因局部损伤(如保护层混凝土剥落等)影响桥梁的耐久性,需要进行耐久性的补修
P3(轻微安全功能丧失)	结构主要构件受到轻微的损伤,即其承载能力和通行能力轻微降低;损伤易于修复,且修复后功能可以得到完全恢复
P4(部分安全功能丧失)	结构主要构件受到一定程度的损伤,即其承载能力和通行能力一定程度降低,当限制交通荷载和通行能力时,仍可以使用,可以提供紧急通行功能。损伤可以修复,且修复后功能可以得到恢复
P5(安全功能完全丧失)	结构接近倒塌或倒塌,承载能力和通行能力完全丧失

2.4 桥梁船撞性能目标的选择

性能目标为在不同设防作用水平下,结构物所应达到的性能等级。SEAOC[9]建议的抗震性能目标的最低要求见图2。谢礼立[15]在其主编的《建筑工程抗震性态设计通则(试用)》中建议的抗震性能目标的最低要求见表10。ICC[14]建议的抗震性能目标的最低要求见图3。

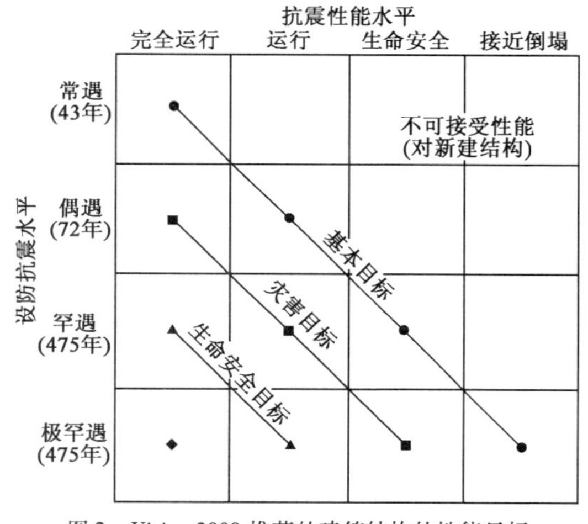

图2　Vision 2000推荐的建筑结构的性能目标最低要求(SEAOC,1995)

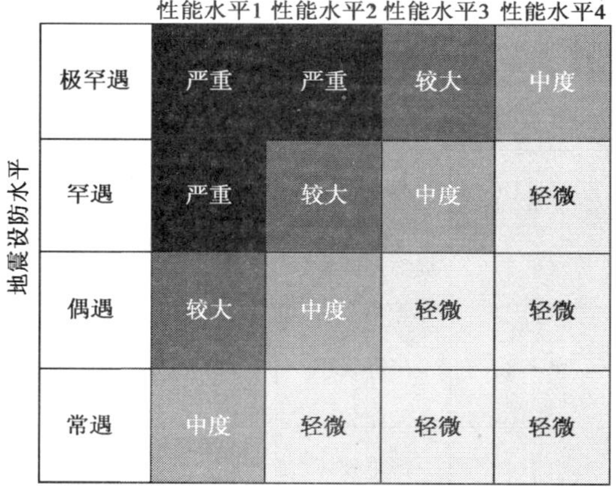

图3　ICC建议的抗震性能目标的最低要求(ICC,2006)

各级地震动水平下的最低抗震性态要求　　表10

地震动水平	抗震建筑使用功能			
	I	II	III	IV
多遇地震 (T_{MJ}年超越概率为63%)	基本运行	充分运行	充分运行	充分运行
抗震设防地震 (T_{MJ}年超越概率为10%)	生命安全	运行	运行	充分运行
罕遇地震 (T_{MJ}年超越概率为5%)	基本运行	生命安全	基本运行	运行

参考地震二程领域中性能目标的研究成果，建议桥梁船撞性能设计的性能目标按表 11 进行划分。

桥梁船撞性能等级 表 11

桥梁船撞设防水准	桥梁功能类别		
	I	II	III
L1	P1	P1	P2
L2	P1	P2	P3
L3	P2	P3	P4
L4	P3	P4	P5

2.5 桥梁船撞性能指标

2.5.1 桥梁船撞事件的启示

事件 1:澳大利亚塔斯曼桥船撞事件[17]。1975 年 1 月 5 日操纵设备失灵的 7 200t 依拉瓦纳散装矿石船失控漂流撞上两个未设防的 18 号和 19 号桥墩的承台上，碰撞发生后 2 个桥墩倒塌，三跨共 127m 长的上部结构垮塌沉入水底和压在船甲板上。该桥的总体布置如图 4a)，被撞墩位于非通航水域，由图 4b)所示的桥墩结构形式可以判断船舶撞击了两个桥墩的承台，倒塌结构和沉船水下情况见图 4c)。该例事故说明柔性基础桩基破坏控制了桥墩结构的倒塌，从而引起上部梁体的坍塌。

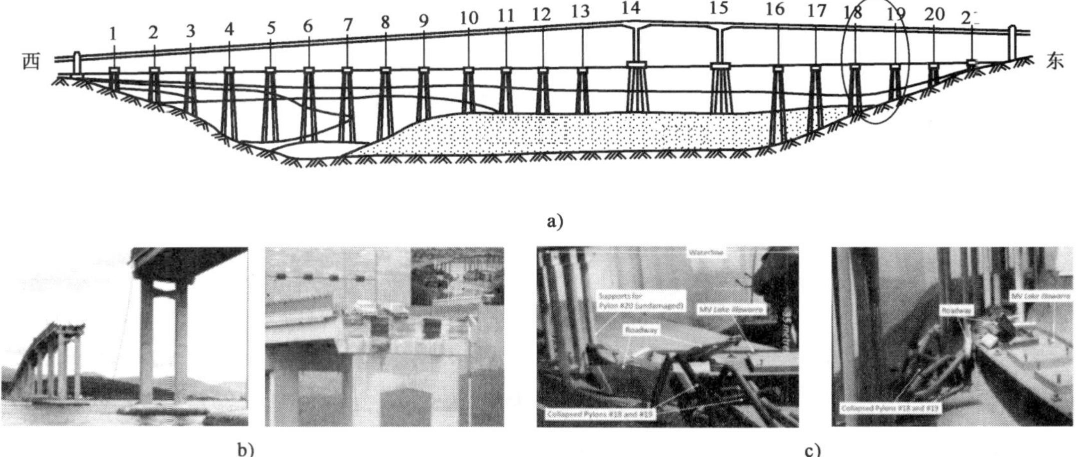

a)

b) c)

图 4 塔斯曼桥船撞事故

a)桥梁总体布置;b)事故后的桥梁;c)水下破坏情况缩尺模型

事故 2:美国佛罗里达州旧阳光桥船撞事故[18]。1981 年 5 月 9 日一艘 19 734t 的空载散装货轮偏航撞击了一个非通航孔桥墩立柱，撞击点离水面 12.8m(42ft)，导致 366m 长的三跨上部结构垮塌，见图 5a)。桥墩倒塌示意，见图 5b)，立柱的破坏位置位于两端部和撞击点处。阳光桥事故说明对于基础刚度较大的桥墩受到船舶撞击后，立柱的破坏和倒塌最终引起了上部结构的倒塌。

事故 3:瑞典阿尔摩桥船撞事故[19]。瑞典哥德堡群岛阿尔摩桥是主跨为 278m、直径为 31.75cm 钢管拱。1980 年 1 月，一艘数千吨的荷兰货轮碰撞大桥钢管拱基座，致使钢管拱倒塌,上部结构坍落在货轮上,死亡十余人,桥墩结构事故前后的现场见图6。该桥事故表明上承式拱桥纤细的主拱圈抵抗水平作用的能力较弱。

a)

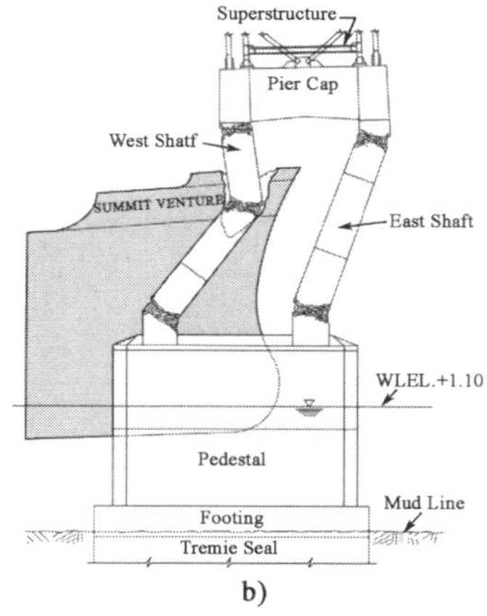

b)

图5 阳光大桥船撞事故

a)事故后的桥梁和事故现场;b)被撞墩倒塌示意

a)

b)

图6 阿尔摩桥船撞事故船撞事故

a)事故前的桥梁结构;b)事故后的桥梁结构

事故4和5:美国纽约 Northumberland 和 Pensacola 大桥船撞事故[20-21]。1973年美国纽约的 Northumberland 大桥由于船舶撞击而导致桥墩发生了剪切破坏,见图7。这说明圬工桥墩在船舶冲击作用下可能发生剪切破坏。1989年 Florida 州的 Pensacola 海湾大桥桥墩立柱受到驳船撞击出现如图8所示的立柱破坏,主要由于立柱和盖梁组成的框架结构超静定富裕度较大且桥墩基础为刚性基础,局部破坏后没有出现整体倒塌。这一方面说明桥梁下部结构体系具有一定赘余度可以减轻桥梁的船撞破坏程度,另一方面说明纤细的柱式构件易于受损于船舶撞击。

图7 美国 Northumberland 大桥由于船撞发生桥墩剪切破坏

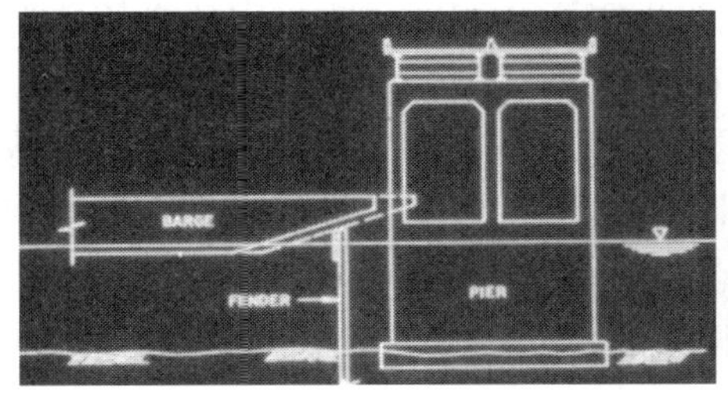

图 8　美国 Pensacola 海湾大桥桥墩船撞破坏

事故 6：Queen Isabella 大桥船撞事故[22]。2001 年美国的 Queen Isabella 大桥非通航孔一个没有防撞设施的桥墩受一驳船队撞击，导致被撞墩支撑的 2 跨共 80ft(24.4m)长的上部箱梁倒塌，事故当天不久相邻第 3 跨箱梁也发生了倒塌，见图 9。

图 9　美国 Queen Isabella 大桥船撞事故

该起事故中驳船撞击桥墩位置位于承台上，承台由 8 根桩基支撑，被撞桥墩立柱未见明显的破坏，桩的破坏导致桥墩向下坍塌从而引起上部简支结构的梁体倒塌落水。

事故 7：广东省佛开高速公路九江大桥船撞事故[23]。2007 年 6 月 15 日晨，一条长 70m 左右的运沙船满载 2 000t 左右河沙行至九江大桥河面时，因雾天偏离主航道，试图从九江大桥主航道旁一个桥孔穿行，导致运沙船撞到桥墩，九江大桥靠鹤山段 200 多米的桥面坍塌。事故现场见图 10。被撞桥墩自由桩长约 30m，墩柱高约 20m，属于水平抗力弱的桥墩。

图 10　广东九江大桥船撞事故

从上面的桥船撞事故可见，事故大部分发生在肇事船只撞击弱的墩柱或弱的桩基础。从事故现象和基本的力学概念可以定性判断，可能是弯曲破坏，也可能是冲击剪切破坏。同时从事故也看到，圬工桥墩的明显的冲击剪切破坏。至于船舶撞击下局部破损的例子则更多。

2.5.2　桥梁船撞技术标准或条款规定验算指标

桥梁船撞损伤的专门研究很少。AASHTO《公路桥梁船撞设计指南》[3]和 AASHTO LRFD

(2010)设计规范[24]均没有给出桥梁倒塌和构件损伤的明确定义,只对这种极限状态作了很笼统的规定,允许桥梁结构在船撞下出现非弹性变形和荷载重分布,但不允许上部结构倒塌,并且注明由桥梁所有者来决定船撞发生后导致的桥梁构件的损伤程度。包括我国桥梁设计基本规范在内的几乎所有全球范围内所有国家的桥梁设计规范目前对桥梁设计都遵循一般的荷载组合和验算原则,而没有考虑到船舶撞击的特殊性质。

美国佛罗里达大学[25]最近对船撞情形下桩基础桥梁的性能指标进行了初步的研究,主要建议如下:

(1)传递给上部结构的荷载不能超过上部和下部结构连接构件(如剪力键)的承载能力,采用剪力作为构件的验算指标,并且只规定了一个验算状态。

(2)对于桩基础,当桩基轴力达到极限承载力时,不允许发生荷载重新分布,对于摩擦桩采用桩土之间的界面力摩擦力作为验算指标。

(3)上部结构不允许出现倒塌。此时需要采用全桥计算模型对上部结构倒塌进行评估,为了方便对上部结构倒塌作定量描述,通常遵循如下两个假定:

①如果被撞桥墩倒塌时,支承的上部结构则出现倒塌;

②在桥墩出现横向破坏前,传递给上部结构的力不足以导致上部结构各组成部件的倒塌。但对上部结构倒塌没有给出明确的设计指标。可以看到上述指标仍然采用了常规设计中的指标。

从桥梁抗震领域的研究成果和规范应用来看,验算指标则比较系统和丰富,如我国《公路桥梁抗震细则》(JTG/T B02-01—2008)[5]和日本《铁道构造物等设计标准同解说——耐震设计》[26]对各种类型的构件的性能指标和与不同损伤状态对应的能力值都有明确的规定,桥梁船撞设计性能指标的确定可以借鉴桥梁抗震领域的研究成果。美国桥梁抗震设计规范[27]和欧洲桥梁抗震设计规范[28]对此也有一些规定。

与地震作用的区别在于,船舶冲击作用的时间更短(一般小于4s),作用方式也不同,因此桥梁在船舶冲击作用下的破坏模式和损伤指标需要进一步的研究。在此之前,建议在桥梁船撞损伤性能描述方面,暂采用桥梁抗震性能指标。

3 概率船撞危险性分析

3.1 现状简述

在桥梁船撞方面,概率分析的方法已经得到了较多的应用,除了一些研究文献外,美国的《公路桥梁船撞设计指南》[3]等采用了一种经验概率方法来确定桥梁的设防船舶撞击力。但是从目前的现状来看,桥梁船撞风险分析中概率方法的应用还是比较初步的,没有形成一套系统的理论与方法。

3.2 概率船撞危险性分析的概念

在桥梁船撞方面,概率分析的方法已经得到了较多的应用,除了一些研究文献外,美国的《公路桥梁船撞设计指南》[3]等采用了一种经验概率方法来确定桥梁的设防船舶撞击力。但是从目前的现状来看,桥梁船撞风险分析中概率方法的应用还是比较初步的,没有形成一套系统的理论与方法。

在工程地震专业领域，概率地震危险性分析(probabilistic seismic hazard analysis)[29]的定义为对特定区域(或场地)确定其在未来一定设计基准期内地震参数(烈度、加速度、速度、反应谱等超过某一给定值的概率方法。

桥梁遭受船舶撞击是小概率事件，这一点与地震相似，因此对于桥梁船撞问题，可以参考地震工程领域的概率地震危险性分析的学术思路和研究成果，建立桥梁船撞危险性的理论和方法。

桥梁船撞概率船撞危险性分析的定义是对特定桥梁(方案或既有桥梁)确定其在未来一定设计基准期内船舶撞击(代表船舶或撞击力)超过某一给定值的概率方法。本文对于桥梁船撞危险性综合概率方法的研究乃是基于上述定义。

3.3 桥梁船撞潜在风险因素分析与分类

根据桥梁国内外桥梁船撞事故原因的统计分析，桥梁船撞事故的发生的影响因素极为复杂，主要包括：人为失误(船舶驾驶人员、导航人员等的失误)；桥位处的河道变迁、恶劣的气象和水文条件；船舶机械与电子故障、船舶保养水平、桥区附近存在码头或锚地、航道与航行管理失误；桥型与跨度选择不当等等。

1995年，国际航海协会常务会议PIANC成立了一个第19工作小组，专门从事船撞桥事故的研究工作，该小组经过5年的工作，建立了一个包括151起船撞桥事故的国际数据库，根据该小组对数据库的事故所做的分析[30]，事故原因中约70%是人为失误，20%是机械故障，10%是恶劣的自然环境。

戴彤宇等人[31]收集了1959年到2000年间船—桥碰撞事故172起，在155起明确指出事故原因的事故当中，人员失误为121起，占78%；其次是恶劣的自然环境，为25起，占16%；第三是机械故障，为9起，占6%。3种原因之比大约为13：2.8：1。结论是长江干线上发生的船撞桥事故最主要的原因是人员失误。

王君杰和耿波[32]收集了迄今为止国内外35次大桥遭受的严重船撞事故，原因分析表明人为失误16次，机械故障4次，走锚5次，拖行过程中断缆5次，自然条件恶劣2次，不明原因3次。各自所占比例分别为：45.71%、11.43%、14.29%、14.29%、5.71%和8.57%。上述比例关系绘于图11中。这一统计结果与PIANC第19工作小组的统计结果和戴彤宇等人的统计结果有一些差别，其原因可能是重大的船撞事故原因的分布和能与轻微和中等碰撞事故的原因有所不同。

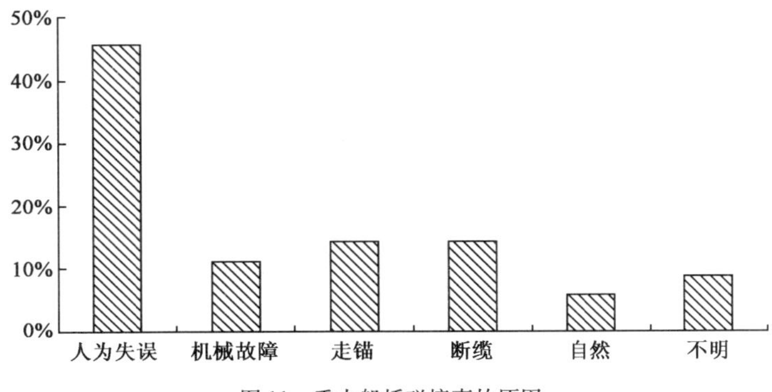

图11 重大船桥碰撞事故原因

2006 年 Risknology Inc. [33]在对 Cabrillo 港 LNG 项目(Cabrillo Port Liquefield Natural Gas Deepwater Port Project)进行风险评估时,将各种船舶划分为有动力船舶(Powered Vessel)和无动力船舶(Drifting Vessel)两种情况。2008 年 Karin af Geijerstam 和 Hanna Svensson[34]在一份船舶与海洋平台碰撞风险的研究报告中建议,船舶与海洋结构物的碰撞可以分为四个层次描述:碰撞、碰撞场景、直接原因和底层原因,同时定义了四个碰撞场景,即故意(如恐怖袭击)、技术问题、无意识和操纵失误。文献[32]将碰撞事故的原因划分为人为失误、技术失效、自然环境、航行管理四个方面。

综合上述研究成果,并考虑到桥梁船撞危险性分析方法工程应用的实用性,本文对于船舶碰撞桥梁的场景进行了图 12 的分类。在本文的分类中没有考虑恐怖袭击等认为故意造成的船舶碰撞桥梁事件。而且作者认为,在碰撞场景层次上考虑桥梁船撞危险性对于桥梁船撞设计是适宜的。

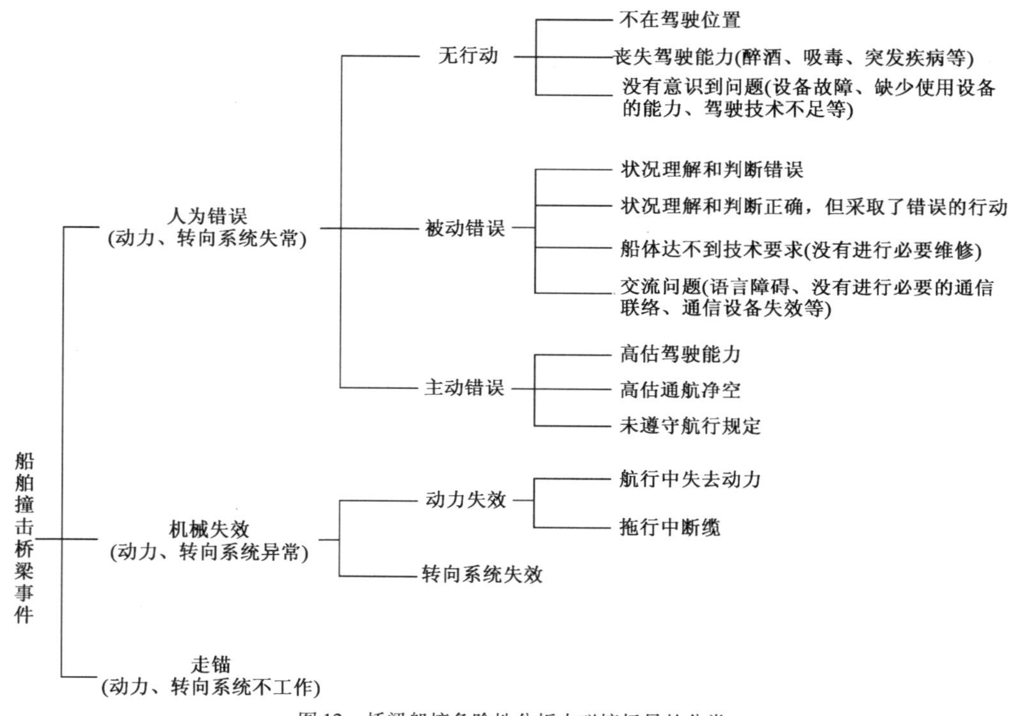

图 12　桥梁船撞危险性分析中碰撞场景的分类

记人为错误、机械失效和走锚事件的发生概率分别为 P_1、P_2 和 P_3,则可能产生船舶碰撞桥梁的事件总概率 P 为:$P = P_1 + P_2 + P_3$。在这样一种思路下,需要解决的是人为错误、机械失效和走锚船舶碰撞桥梁概率的估计方法。

自然环境、航行管理措施等(见图 13)影响船舶碰撞桥梁事件的发生概率,这些影响因素可以通过修正系数反映在 P_1、P_2 和 P_3 中。

3.4　桥梁船撞危险性分析的基本公式

3.4.1　桥梁船撞危险性分析模型与术语定义

桥梁船撞危险性分析的模型可以表示为图 14。基本思想是:针对桥位和桥梁设计方案或既有桥梁,选定桥位上下游一定的水域范围并进行子域划分,考虑河道、航道、港口与码头、锚地、浅滩与暗礁等情况进行船撞危险性分析。

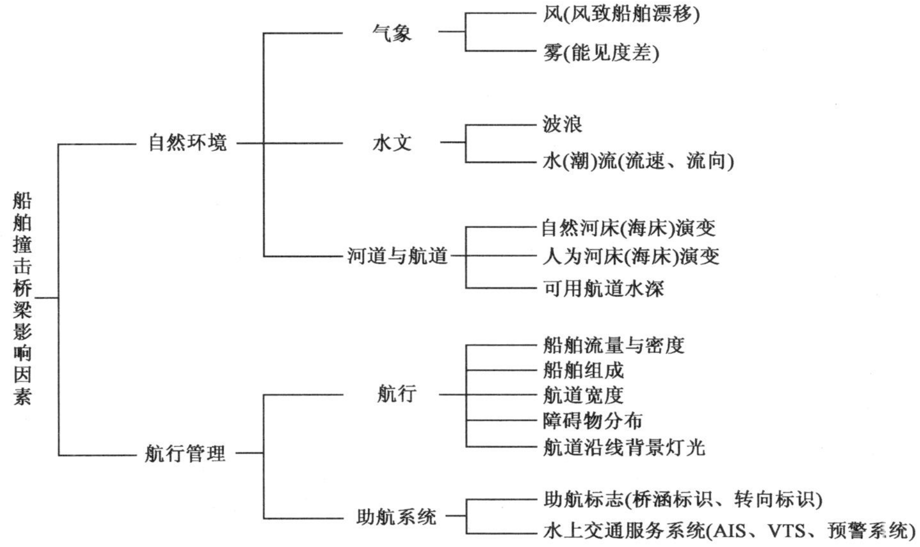

图 13　桥梁船撞危险性分析中的影响因素

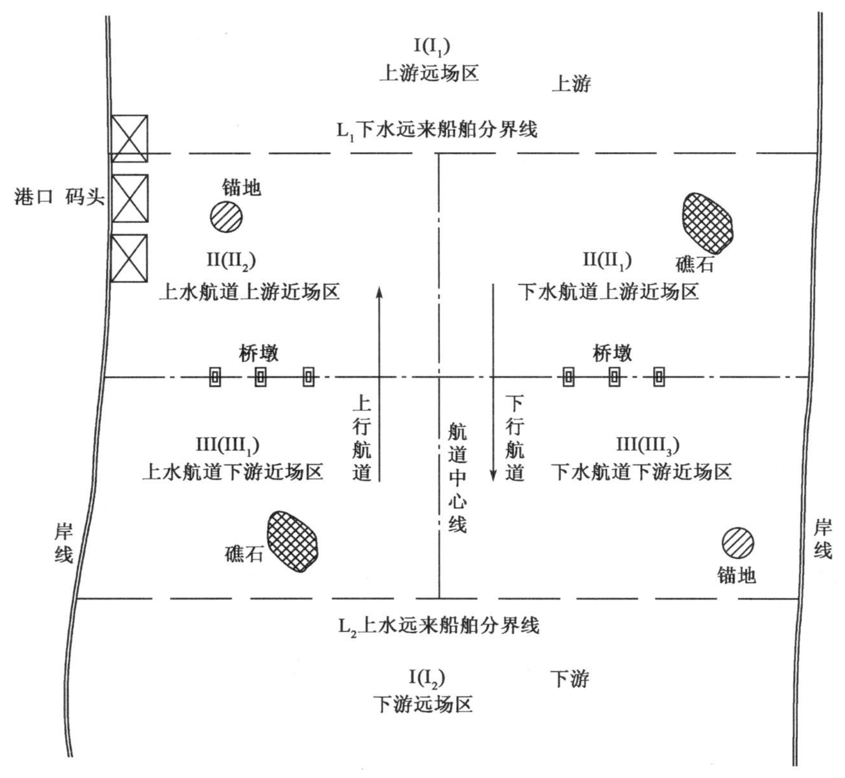

图 14　桥梁船撞危险性综合概率分析模型

分析水域划分为6个子域，分别是：上游远场水域、上水航道上游近场水域、下水航道上游近场水域、上水航道下游近场水域、下水航道下游近场水域、下游远场水域。

为了建立桥梁船撞危险性分析方法，根据图13的模型和3.3节的分析与分类，定义了以下术语：

误航船舶：没有按预定航道航行的船舶，包括偏航船舶、动力失效船舶和走锚船舶三个子类。

偏航船舶：船舶的动力、舵和电子导航系统功能好正常，船舶航态可以得到有效的控制。船舶因人为失误发生误航的船舶。

动力失效船舶：动力失效的船舶或拖行过程中发生断缆的船舶。在初始惯性、水流和风的作用下发生无动力漂流。

走锚船舶：锚地中的船舶发生走锚，在水流、风的作用下发生无动力漂流。

危险水域：指船舶误航后可能撞击桥梁的水域。危险性水域定义了桥梁船撞危险性分析需要考虑的水域范围。

可达水域：在危险水域范围内，由河道水深和船舶吃水决定的船舶可以到达的水域。

近场水域：指船舶误航时处于尚未进入按正常航道按正常航线航行的过渡航行状态水域。桥梁附近存在码头或锚地等船舶停靠场所，船舶从这些场所出发，需要一定的过渡区才能驶入正常航道，在过渡区水域内发生误航时，过渡航行状态对撞击桥梁概率的影响不能或略。

远场水域：指近场水域效应可以忽略的水域。当船舶发生误航的地点距离桥梁比较远时，船舶已经完成过渡航行状态驶入正常航道按正常航线航行，或船舶的过渡航行状态对撞击桥梁概率的影响可以忽略。

遮挡水域：指危险水域中可以遮挡误航船舶，避免撞击桥梁事件发生的水域。当危险水域中存浅滩或暗礁等时，误航船舶受其遮挡而搁浅，起到了被动降低船舶撞击桥梁风险的作用。

3.4.2 桥梁船撞危险性分析的基本公式

根据概率论的基本理论，误航船舶碰撞桥梁的概率可按式(1)计算：

$$P_{\mathrm{cl}} = P_{\mathrm{cl}}^{\mathrm{abr}} + P_{\mathrm{cl}}^{\mathrm{roam}} + P_{\mathrm{cl}}^{\mathrm{rest}} \tag{1}$$

式中：P_{cl}——误航船舶撞击桥梁的总概率；

$P_{\mathrm{cl}}^{\mathrm{abr}}$——第$i$类船舶发生偏航概率后撞击桥梁的概率；

$P_{\mathrm{cl}}^{\mathrm{roam}}$——第$i$类船舶发生动力失效后撞击桥梁的概率；

$P_{\mathrm{cl}}^{\mathrm{rest}}$——第$i$类船舶走锚后撞击桥梁的概率。

$$P_{\mathrm{cl}}^{\mathrm{abr}} = \sum_{i=1}^{n}\sum_{j=1}^{m} N_{\mathrm{ij}} \cdot P_{\mathrm{ij}}^{\mathrm{abr}} M_{\mathrm{ij}}^{\mathrm{abr}} \cdot P_{\mathrm{ij,cl}}^{\mathrm{abr}} \tag{2}$$

式中：N_{ij}——第i类船舶在第j年的流量；

$P_{\mathrm{ij}}^{\mathrm{abr}}$——第$i$类船舶在第$j$年发生偏航的概率；

$M_{\mathrm{ij}}^{\mathrm{abr}}$——第$i$类船舶在第$j$发生偏航的概率的修正系数；

$P_{\mathrm{ij,cl}}^{\mathrm{abr}}$——第$i$类船舶在第$j$年发生偏航事件后撞击桥梁的条件概率。

$$P_{\mathrm{cl}}^{\mathrm{roam}} = \sum_{i=1}^{n}\sum_{j=1}^{m} N_{\mathrm{ij}} \cdot P_{\mathrm{ij}}^{\mathrm{roam}} M_{\mathrm{ij}}^{\mathrm{roam}} \cdot P_{\mathrm{ij,cl}}^{\mathrm{roam}} \tag{3}$$

式中：$P_{\mathrm{ij}}^{\mathrm{roam}}$——第$i$类船舶在第$j$年发生动力失效的概率；

M_{ij}^{roam}——第 i 类船舶在第 j 发生动力失效的修正系数；

$P_{ij,cl}^{roam}$——第 i 类船舶在第 j 年发生动力失效事件后撞击桥梁的条件概率。

$$P_{cl}^{rest} = \sum_{i=1}^{n}\sum_{j=1}^{m} N_{ij}^{rest} \cdot P_{ij}^{rest} M_{ij}^{rest} \cdot P_{ij,cl}^{rest} \tag{4}$$

式中：P_{ij}^{rest}——第 i 类船舶在第 j 年发生走锚的概率；

M_{ij}^{rest}——第 i 类船舶在第 j 发生走锚的修正系数；

$P_{ij,cl}^{rest}$——第 i 类船舶在第 j 年发生走锚事件后撞击桥梁的条件概率。

4 桥梁船撞易损性分析

4.1 桥梁船撞易损性分析的表达方式

工程结构易损性（Vulnerability）[35]是指工程结构容易受到伤害或损伤的程度，它反映特定荷载条件下工程结构的脆弱性。结构易损性反映了结构对自然灾害或者其他外界因素影响的承受能力，从宏观的角度描述了荷载条件与结构破坏程度之间的关系。

地震工程领域对易损性的研究开展的早且研究成果丰富。以易损性曲线（fragility curve）的形式来表达结构的地震易损性，最早起源于20世纪70年代初核电站的地震概率风险评估。地震易损性（Seismic Fragility）[36]是指结构在不同水平的地震作用下，发生不同程度破坏的可能性或者说是结构达到某一极限状态（性能水平）的超越概率。地震易损性在概率的意义上定量地刻画了工程结构的抗震性能，从宏观的角度描述了地震动强度与结构破坏程度之间的关系。在20世纪90年代后期主要采用震害调查法对地震易损性进行研究，获得统计意义上的某种结构形式的易损性曲线[37-38]。21世纪初，以概率性分析方法和非线性分析方法进行结构地震反应分析，并利用结构损伤指标（如：位移延性或滞回耗能指标）对地震反应进行指标比较和统计分析，得到地震易损性曲线[39-40]。目前地震易损性分析已经成为地震工程领域研究的主要问题之一。

在桥梁船撞方面，AASHTO的《公路桥梁船撞设计指南》[3]给出了图15所示的等效倒塌概率与能力/荷载比值的关系，可以认为是一种桥梁船撞易损性曲线，但相关研究并没有得到深入的研究和展开，因此可以说真正意义上的桥梁船撞易损性分析还没有得到重视和开展。

桥梁结构的船撞易损性是指在不同船舶撞击吨位作用下桥梁结构发生各种破坏状态的概率，它从概率的意义上定量地刻画了工程结构的抗船撞性能，从宏观的角度描述了船舶撞击吨位与结构破坏程度之间的关系。借鉴地震易损性曲线的表达方式，考虑到桥梁船撞问题的特点，建议用图16方式表达桥梁船撞的易损性。

根据桥梁船撞领域已有的研究成果和地震工程等领域在桥梁易损性方面的知识积累，桥梁船撞易损性分析需要解决以下两个关键问题：船舶作用的表达方式与反应的计算方法；桥梁船撞失效概率的计算方法。

4.2 桥梁船撞反应计算方法

4.2.1 船—桥相互作用系统的力学特征

船—桥相互作用是一个短时冲击作用，具有以下特点：

（1）持续时间非常短暂，因此剧烈的能力释放、转换和传递的时间很短，是骤然完成的。

(2)冲击激励函数不呈现周期性。在冲击作用下,系统所产生的运动为瞬态运动。

(3)在冲击作用下,系统的运动响应与冲击作用的持续时间及系统的固有频率和周期有关。

(4)冲击作用下系统的响应在冲击持续时间内与冲击作用结束后是不同的。而响应最大值可能发生在冲击持续时间内,也可能发生在冲击作用结束后。

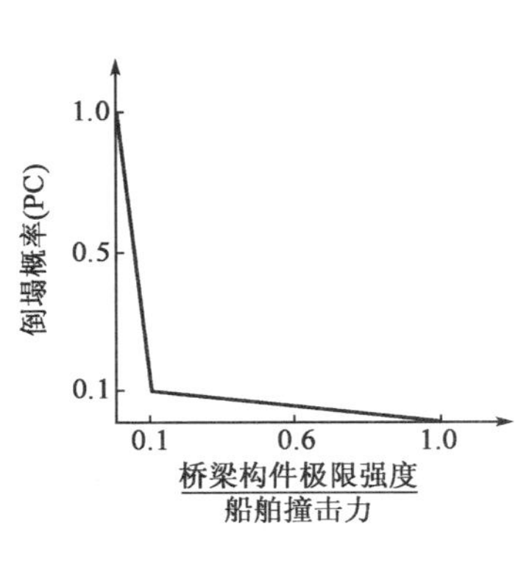

图15 倒塌概率分布(AASHTO,2009)

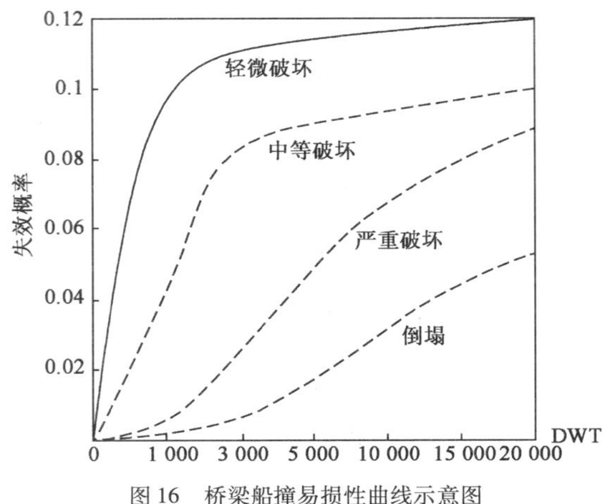

图16 桥梁船撞易损性曲线示意图

4.2.2 满足性能设计要求的桥梁船撞反应计算方法

从目前国内外的研究成果来看,桥梁船撞效应的计算方法可以划分为四类,即,等效静力方法、简化强迫振动方法、简化碰撞方法、碰撞有限元数值模拟方法。

(1)等效静力方法。虽然船舶撞击桥梁是一种短时动力作用,但从工程设计出发,在一定场合下也可以将其等效为一个静力作用。1970 年代 G. Woisin[41-42]进行了一系列的船头碰撞试验和理论研究工作,提出了船头碰撞的等效撞击力估算方法,其研究成果后来被美国 AASHTO 编写的《公路桥梁船撞设计指南》所采纳。因其简便性,等效静力方法目前为绝大多数桥梁结构设计规范[3,6,43-44]所采用。

(2)简化强迫振动方法。该方法将船舶撞击简化为一个强迫振动荷载,然后按一般强迫振动问题估算桥梁的动力反应。目前这种方法的研究较少,2008 年王君杰和范立础[45]明确提出桥梁船撞设计应当从静力设计方法向动力设计方法过渡,具体思路是建立足够多的船舶碰撞有限元模拟计算模型,进行大量的计算分析工作,建立船舶撞击力时间过程数据库,并以此库为基础建立面向工程设计规范的简化强迫振动方法。2008 年欧碧峰[46]在其博士论文中提出了船头正撞刚性面的三种简化荷载模型,分别是半波正弦荷载模型、修正的半波正弦荷载模型和分段线性荷载模型,并给出了具体的参数取值。2010 年王君杰等[46-48]基于船与刚性面的碰撞数值模拟的结果,给出了规范化的船舶撞击力时间过程的初步结果。

(3)简化碰撞方法。简化的碰撞模拟分析方法将船桥碰撞问题分解外部动力学、内部动力学并进行耦合求解。在简化的碰撞模拟分析方法,水动力效应在外部动力学中解决。

1982 年 Pedersen[49]提出了船舶碰撞模拟的二维方法,1986 年梁文娟[50]考虑了碰撞区结构变形的三维特性和船体的 6 自由度运动,将 Petersen 的二维方法推进到三维。这种方法的要点是:将船舶整体处理为刚体,在三维空间内具有 6 个运动自由度。船舶破坏区的整体力与变形(撞深)的关系采用 3 个非线性弹簧表达。非线性弹簧根据实验、数值模拟计算等方法预先建立。在非线性弹簧方面已经开展了很多研究工作,应用较多的是 Gerard[51]提出的简化公式。水的效应采用附连水质量和阻尼表达。另外根据国际上已经完成的大量实验,流体的影响用附加质量来表示估计:沿船体纵轴方向流体附加质量约为船舶排水量的5%。沿船体横向,流体附加质量约为船舶自身质量的0.7~0.8倍。

在应用方面,1990 在丹麦大带桥东桥的船撞风险分析中,Cowi 公司的 D. Olsen[52-53]应用了简化碰撞方法。2001 年肖盛燮等人[54]、2003 年钱铧[55]、2003 年 Hendrix[56]分别对简化碰撞方法在船桥碰撞分析中的应用进行了进一步的研究。2010 年王君杰等[47-48]基于船与刚性面的碰撞数值模拟的结果,给出了简化的撞击力—撞深关系的初步结果。

(4)碰撞有限元数值模拟方法。碰撞数值模拟方法的发展建立在三方面理论与技术的巨大进步的基础上。首先是连续介质力学中接触分析理论的巨大进步,其次是接触分析的有限元理论与方法的巨大进步,第三是计算机技术的巨大进步。应当说,至少到1990年代,船舶碰撞与触礁的相关数值分析理论已经得到了深入的研究并进行了一定数量的试验验证。在这一时期,碰撞有限元分析软件从较少的专业人员使用,开始商业化,逐步为较多的各领域的专业人员掌握和使用。30多年以来,结构碰撞有限元技术和计算机技术得到了迅速的发展,计算模拟物体碰撞的物理过程的技术日趋实用。已经出现了一些较为实用的碰撞分析软件,如基于显式算法的 ABAQUS/Explicit,DYTRAN,LS-DYNA,PAMCRASH 和 PADIOSS 等。

在我国,从2001年起,顾永宁教授及其合作者[57-65]进行了系统的工作,为碰撞数值模拟技术在桥梁船撞方面的应用研究应用到桥梁船撞方面起了重要的推动作用。

这种方法在重大桥梁工程船撞设计专题研究中得到了越来越多的应用,但应用此法的人员必须具备很好的冲击动力学基础理论知识,才能正确使用复杂碰撞分析软件多为专业研究人员使用,因此多为专门的研究人员使用。同时船舶和桥梁的碰撞建模和碰撞计算过程复杂而耗费大量时间,难于适应工程设计效率的要求,因而难于被一般桥梁船撞设计直接采用。

经过上面的比较分析,简化动力分析方法和简化有限元碰撞分析方法是桥梁船撞性态形态设计船撞反应分析的使用方法。

采用简化动力方法的关键技术问题是确定实用的规范化的强迫荷载和非线性弹簧的取值。按照2008年王君杰和范立础[45]提出的建议,获得实用的规范化的强迫荷载和非线性弹簧取值的技术思路可以概括为图17。

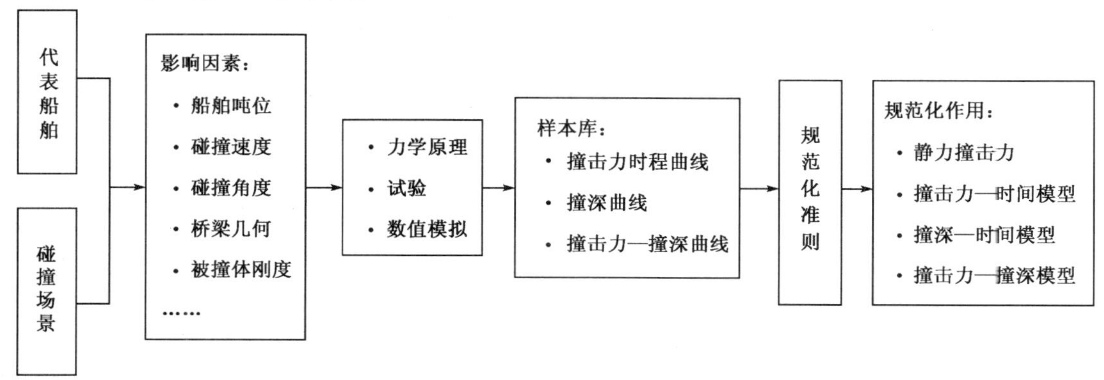

图17 建立桥梁简化船撞动力作用的技术思路

4.3 桥梁船撞失效概率计算方法

桥梁船撞失效概率的计算方法。对于单一极限状态功能函数，结构可靠度理论提供了种类繁多的结构失效概率的计算方法，如一次二阶矩方法、二次二阶矩方法以及各种 Monte Carlo 方法。

在早期的结构可靠度分析中通常采用一次二阶矩中心点法[66]，基本思想是首先将非线性功能函数在随机变量的平均值处（即中心点上），用泰勒级数展开并保留至一次项，使之线性化，然后近似计算功能函数的平均值（一阶原点矩）和标准差（二阶中心矩）。采用该方法，不能考虑随机变量的分布类型，只是直接取用随机变量的前一阶矩和二阶矩，当 Z 为线性函数时计算结果较为精确，如果为非线性函数时，由于随机变量的平均值不在极限状态曲面上，展开后的线性状态平面可能会较大程度地偏离原来的极限状态曲面，其计算结果具有一定的近似性，有时偏差较大。此外，对有相同力学含义但数学表达式不同的极限状态方程，求得的结构可靠指标不同。

Rackwitz、Fiessler 和 Hasofer、Lind 等人提出了可靠度计算的 JC 法[67]，后被国际安全度联合委员会（JCSS）推荐采用，JC 法适用于随机变量为任意分布下结构的可靠度计算。JC 法将线性化点选在结构最大可能失效概率对应的设计验算点上，解决了随机变量非正态分布情况下的结构可靠度计算问题。JC 法计算中要求将功能函数在设计验算点用泰勒级数展开，要求功能函数连续，而实际问题中，有些函数的一阶偏导数很难求解，甚至有些函数无法用显式表达：当功能函数在验算点附近的非线性程度较高时，JC 法的计算结果与精确解相差过大。

蒙特卡罗（Monet Carlo）法又称为随机抽样法或统计实验法，在目前的结构可靠度计算中，被认为是一种准精确方法[68]。该方法基本原理是：首先对各随机变量进行大量抽样，然后代入功能函数表达式，确定结构是否失效，当样本容量足够大时，根据概率论中的贝努利大数定理，以结构失效次数占抽样总数的频率来求得结构的失效概率。由于该方法的工作量太大，对于大型复杂结构的使用受到限制，为了提高效率，应尽可能地减少必需的样本量，通常用减少样本方差、提高样本质量的方法来达到此目的。以此为基础又发展了重要抽样法、对偶抽样法、分层抽样法、条件期望值法、公共随机数法等多种抽样方法。蒙特卡罗方法回避了结构可靠度分析中的数学困难，不需考虑功能函数的非线性和极值状态曲面的复杂性，直观、精确、通用性强。但是其计算量大，效率低，因而在实际工程中应用存在一定困难。

对于结构具有多个极限状态功能函数的失效概率计算，目前主要的方法有：一般界限法[69]、Ditlevsen 界限法[70]、概率网络估算（PENT）法[71]等。

通过对可靠度计算方法的简要回顾，可以发现，传统的结构可靠度方法，需要对功能函数进行展开，通过迭代计算求解验算点，通常需要复杂的求偏导计算，而蒙特卡洛方法存在计算量大，耗时的缺点，而对于结构体系可靠度而言，界限法只能给出体系可靠度的界限，而不能给出具体数值。PENT 法需要求解失效模式之间的相关系数，应用时不方便。赵衍刚教授[72]提出的结构可靠度的矩法理论无需进行复杂的求偏导和迭代计算，对于求解体系可靠度亦无需求解失效模式间的相关系数，因而计算结构可靠度时更加简便。结构可靠度的矩法理论显示出精度较高、计算过程简单的特点、便于处理隐式功能函数和非线性功能函数等特点，展示了优越的过程应用潜力。将矩法理论经过进一步完善和改进有可能在实用层面上解决桥梁船撞失效概率计算问题。

5 桥梁船撞危害性分析

5.1 桥梁船撞灾害后果

船—桥碰撞事故发生后往往会造成各方面的损失，主要包括：桥梁损失；桥梁使用者损失；船只拥有者的损失；对工业、贸易和社会造成的间接后果；环境的破坏；对公众心理的冲击。上述不良后果可概括为表12[32]。

船舶撞击桥梁可能导致的损失表 表12

损失分类	细节描述
桥梁拥有者损失	(1)桥梁损坏部件的抢修费用;(2)桥梁维修或更换费用;(3)如果是收费通行的桥梁,则在维修或更换期间的收益损失;(4)桥梁拥有者还要考虑由于事故带来的更多的维修或更换要求的附加费用
桥梁使用者损失	(1)死难人员的生命价值(换算为货币价值);(2)车辆和货物的损失
船只拥有者的损失	(1)死难人员的生命价值(换算为货币价值);(2)抢救船只的费用;(3)船只维修或更换的费用;(4)在维修期的收益损失;(5)装载在船上的货物损失;(6)桥梁拥有者和使用者的索赔费用;(7)安全保险费的增长
对工业、贸易和社会造成的间接后果	(1)事故造成公路和铁路运输的迟延而增加的费用,取决于桥梁在路网中的重要性,即选择路线的可行性,桥上交通的密集度和类型等;(2)倒毁的桥梁或破坏的船只阻塞航道而使港口中断使用的而产生的损失;(3)在重要时间内由于交通运输破坏引起的商贸和公益方面的损失
环境的破坏	(1)污染清除费用;(2)自然恢复费用;(3)长期的生态破坏
对公众心理的冲击	(1)政府相关管理部门公信力的减低;(2)对工程规划、设计、施工和运营管理部门在法律、技术和道德等方面的疑虑

5.2 桥梁船撞灾害后果的评估方法

5.2.1 桥梁船撞灾害后果的评估方法

桥梁船撞经济损失是对未来期望风险损失的预测，指在未来设定的年限内预期的风险损失。目前讨论桥梁船撞灾害后果的文献主要有美国AASHTO《公路桥梁船撞设计指南》[3]提供的方法以及我国戴彤宇[73]和林铁良[74]在他们的博士论文中提出的方法。

在美国AASHTO《公路桥梁船撞设计指南》中，船撞桥经济损失按式(5)计算：

$$DC = PRC + SRC + MIC + PIC \tag{5}$$

式中：DC——中断费用；

PRC——桥墩置换费用；

SRC——桥跨置换费用；

MIC——乘客不方便费用；

PIC——港口中断费用。

在发生重大桥梁倒塌时可能发生如环境、商业、社会和生命损失等附加费用；但是这些费用常常包含主观因素因而难于估计，因此美国AASHTO《公路桥梁船撞设计指南》中没有建议计算这些中断费用。

桥墩置换费用和桥跨置换费用是和事故发生后桥墩和桥垮的置换费用相联系在一起。对每根桥墩和每个桥跨构件，应包括桥梁构件倒塌对相邻桥墩和桥跨造成的损伤。乘客不方便费用包括桥梁中断期内导致乘客不得不绕路发生的费用，对于收费桥，还包括过桥费损失。港口中断费用包括因桥梁倒塌残骸阻塞航道而暂时关闭港口设施的有关费用。考虑的因素包括：航运中断持续时间；因桥梁倒塌造成延误或阻塞的船舶数量、装载什么货物；何种货物将不可避免转移到其他港口，或改用其他运输方式；在相邻未受损伤桥跨建立临时航道的机会以及建成之后什么船只可能而且会使用该航道。

美国 AASHTO《公路桥梁船撞设计指南》建议的方法，基本包含了船撞后可能的各种损失，提出了各种间接后果计算需要考虑的因素，但对每种损失的未给出明确的计算方法，可操作性差。

戴彤宇[73]将船撞经济损失分为三种直接经济损失和四种间接经济损失，直接经济损失包括桥梁结构损失、船舶结构损失、其他直接损失；间接经济损失包括人员受伤损失、人员死亡损失、环境损害、社会损失。为了使间接损失能够用货币定量化，戴彤宇提出了根据船撞力大小确定桥梁损失的初步想法，当船撞力小于桥墩抗力时，戴彤宇假定桥梁结构损失与船撞力呈线性关系，并且假定船舶结构损失也与船撞力呈线性关系，并且综合考虑其他直接损失和间接损失等因素，可用式(6)评估船撞桥的损失后果：

$$C = g(P) = C_0 \times \frac{P}{P_0} \times K_1 \times K_2 \times K_3 \tag{6}$$

式中：C——总的船撞桥后果；

C_0——桥墩倒塌的桥梁损失；

P_0——桥梁抗力；

P——船撞力；

K_1——桥梁重要度系数；

K_2——船舶重要度系数；

K_3——综合修正系数。

戴彤宇提出“后果当量”的概念，采用定性与定量结合的方法处理经济损失问题，这样可以将直接后果和间接后果统一起来。采用后果当量对每一种后果都计算出相应的当量，最后累加得到总的后果当量，作为衡量损失的量化依据。

林铁良[74]提出了基于破坏指标进行桥梁船撞经济损失的公式：

$$C_i = K_i C_0 \tag{7}$$

式中：C_i——桥梁某一破坏形态 i 对应的经济损失；

K_i——桥梁破坏形态系数；

C_0——桥梁破坏倒塌经济损失。

对于桥梁破坏倒塌经济损失考虑了桥梁结构损失、交通损失、油污损失和人员伤亡损失。对于桥梁倒塌损失考虑了整桥拆除费用和重建费用，列出了各部分所包含的损失项目清单。对于交通损失的计算，借鉴了交通事故经济损失评估中的方法，考虑了事故导致的货运间接损失和客运间接损失。通过环境损害评估中的方法的比较分析，对于船撞桥油污损失的评估建议采用类比法进行分析。对于人员伤亡损失评估则建议考虑生命的社会价值，采用愿付费用法。但未给出桥梁破坏形态系数的计算方法。

尽管进行了前述研究，但船舶撞击桥梁产生的损失的评估方法仍然是一个需要进一步研究解决的问题。

5.2.2 相关领域的研究成果

在道路交通事故经济损失评估中,目前常用的方法是将道路交通事故经济损失划分成财产直接损失、人员伤亡损失、社会服务损失、交通延误损失和环境污染损失五部分,并依据事故费用构成及划分构建道路交通事故经济损失测算模型,评估道路交通事故经济损失。国际上从20世纪30年代开始进行道路交通事故社会经济损失计量方法的研究。20世纪70、80年代,一些学者对根据道路交通事故经济损失的概念提出了一些经济损失评估方法[75],如总产量法(Gross Output)和愿付费用法(Willingness to Pay Approach)。总产量法也称人力资本法(Human Capital Approach);愿付费用法(WTP)综合考虑的人的生命价值和生活质量价值,应用比较广泛。

在我国,一些学者亦对道路交通事故的损失的基础理论开展了初步研究,比较有代表性的如北京工业大学的刘小明、崔震中等[76]运用投入产出理论,人力资本投资理论及灰色理论决策方法建立了道路交通死亡事故的社会经济损失计算模型。华南理工大学尹洪宾、徐建闽等[77]利用模糊神经网络系统的特性,分析道路交通事故损失与交通事故次数、死亡人数和受伤人数之间的关系,提出了模糊神经网络预测道路交通事故损失的方法。东南大学张军[78]在总结国内外相关研究成果的基础上,对道路交通事故经济损失的分析评价方法和计算数学模型进行了研究。

在地震工程领域,发达国家地震经济损失预测进行了较深入的研究,取得了一系列研究成果。20世纪80年代,美国国家紧急事务管理局(FEMA)组织开展了美国的城市震害预测与防震减灾对策研究,提出了ATC13,用于建筑物震害损失预测[79]。此后,美国应用技术委员会、地震工程委员会地震损失估计专家小组和未来地震损失估计小组,逐步形成了地震灾害损失预测工作的基本工作框架[80-82]。为了定量地进行建构筑物的震害预测,1997年美国联邦应急管理局(FEMA)和国家建筑科学研究所(NIBS)合作开发出以地震动参数作为输入的应用软件HAZUS97地震风险评估软件并得到广泛应用[83]。

在我国,国家地震局于1989年组织有关单位开展了"中国地震灾害损失预测"研究,对不同规模的区域(全国、区域、重点城市),探索10年内地震灾害损失预测方法,编制2005年前地震损失预测图[84]。同年在国家地震局震害防御司的组织下成立了"国家地震局未来地震灾害损失预测研究组",研究组调查了国内外有关情况,试编了中国未来50年地震灾害预测图。

目前地震经济损失评估主要是针对"假想地震"进行的。国内外常用的地震经济损失估计方法主要有以下几种方法[85]:历史地震损失外推法、具有精度说明的假想地震分析法、损失—频度分析法、实际地震时间模拟法、整个时间内的累计损失法。

在油污环境污染经济损失评估方面,目前研究侧重于如何对油污事故所造成的环境污染进行合理的评估。在这方面,美国进行了较多研究,美国应用科学研究公司(ASA)提出了用于油污环境污染损失计算的海岸及海洋环境自然资源损害评估模型(NRDAM),此模型包含多个子模型,如潮流模型、油的扩散与风化模型、生物种群模型[86]。1992年,美国华盛顿州通过了溢油赔偿预审法规定,在其中提出了用于油污环境污染损失的华盛顿评估公式[87]。1993年,美国国家海洋和大气管理局(The Nation Oceanic And Atmospheric Administration(NOAA))制定了评估各种油污对自然资源的损害的方法,并于1996年推出了自然资源灾害评估指南[88]。

在我国,《中华人民共和国海洋环境保护法》、《中华人民共和国防止船舶污染海域管理条例》中的有关条款中均要求造成环境污染损害的船舶要支付消除污染费,赔偿受损方的损失。赔偿主要是支付清污活动的费用,对环境污染损失的赔偿力度较低,还处于定性描述和经验估计阶段。为此,我国学者针对油污环境污染问题展开了研究,刘松树[89]根据国际公约对损害项目的分类,采用直接评估法和多指标模糊对比法,对油污环境污染损失进行了评估。陈锋[90]在对溢油可能造成的海湾生态系统的损害进行分析识别基础上,借鉴环境经济学的计量评估方法,实现了对溢油对海湾生态系统损失的货币化评估。

6 桥梁船撞性能设计的总体框架

基于性能的桥梁船撞设计,其目的是对于设计出的桥梁结构,当其遭受不同强度船舶撞击作用时,表现出不同的性能。这样,业主就有对各种性能目标做出选择的可能性。其实质是在不同吨位的船舶撞击下,能够有效地控制桥梁结构的破坏状态,使桥梁结构实现不同性能水平。对于既有桥梁结构,正确评定其性能水平以及相应的经济损失,并据此进行合理的桥梁船撞加固,对于最大程度地降低船撞损失以及保护人民生命财产安全具有重要的意义。对新建的桥梁进行抗撞性能水平评估,设计出满足各种性能目标的桥梁,同样具有重要的现实意义。

前几节讨论了桥梁船撞性能设计的关键理论和方法问题,本节将对桥梁船撞性能设计相关的各方面内容进行整合,形成桥梁船撞性能设计的技术途径。

根据实现桥梁船撞性能设计所遵循的思路不同,并考虑到桥梁工程设计规范发展的连续性,提出四种完成桥梁船撞设计的技术思路或途径。

6.1 确定性方法

本方法首先经过一个相对简单的技术程序,确定出用于桥梁船撞设计的代表船舶,然后根据预先确定的桥梁结构性能目标的要求进行后续的过程设计,其总体流程见图18。

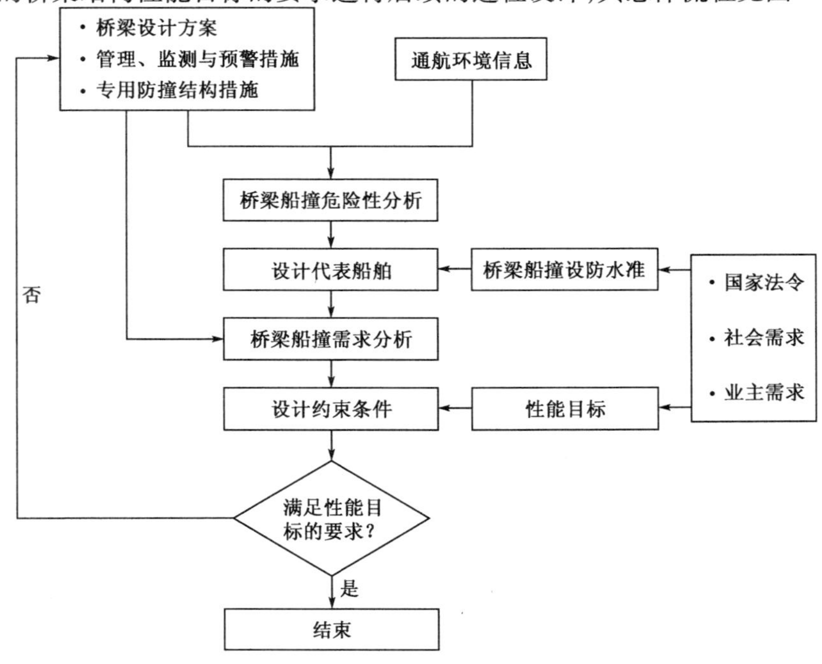

图18 确定性方法设计流程

6.2 半概率方法

本方法首先进行桥梁船撞危险性分析，即桥梁船撞发生概率分析，确定桥区桥梁船撞发生的概率水平。在此基础上，根据船撞设防标准选定设防代表船舶，对桥梁结构进行船撞动力反应分析得到船撞动力响应，使桥梁结构满足性能等级的要求。设计流程见图 19。

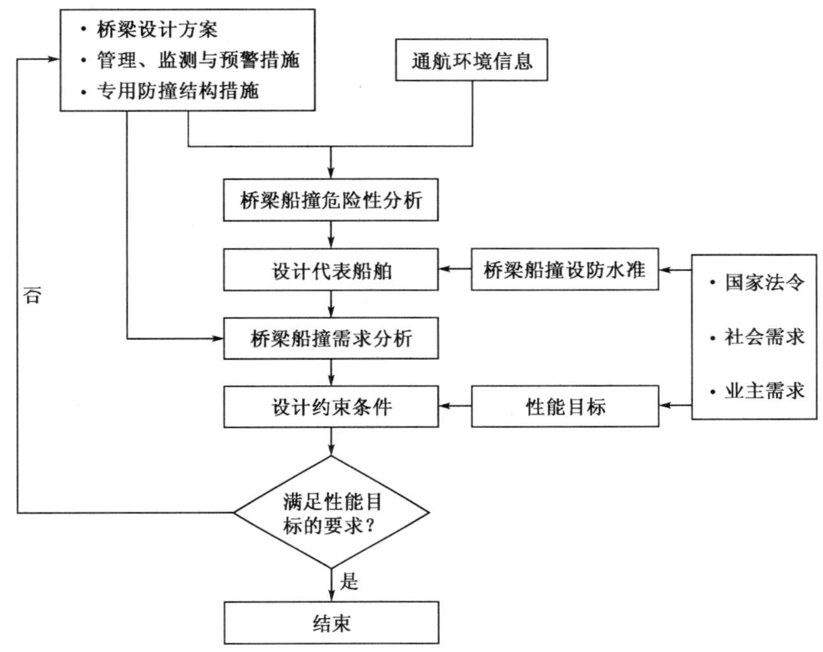

图 19 半概率方法设计流程

6.3 全概率方法

6.3.1 风险决策准则

国际结构安全委员会（JCSS，Joint Committee on Structural Safety）发布的第 12 版草案（12th draft）建议[91]表 13 所列的安全极限状态对应的目标失效概率。

安全极限状态年目标失效概率 表 13

结构安全措施的相对费用	失效后果轻微（$r<2.0$）	失效后果中度（$2.0<r<5.0$）	失效后果严重（$5.0<r<10.0$）
大（A）	3.1（10^{-3}）	3.3（5×10^{-4}）	3.7（10^{-4}）
正常（B）	3.7（10^{-4}）	4.2（10^{-5}）	4.4（5×10^{-5}）
小（C）	4.2（10^{-5}）	4.4（5×10^{-5}）	4.7（10^{-6}）

表 13 中的数值可以用于绝大多数设计情况。为了正确选择目标失效概率，需要考虑对失效的后果进行分类。定义比值：

$$r=\frac{C_{TC}}{C_{CC}} \tag{8}$$

式中：C_{TC}——工程结构建造成本与其失效的直接损失之和；

C_{CC}——建造成本。

如果 $r > 10.0$，并且损失数额大，则后果必须作为极端事件处理，建议采用成本—效益分析的方法。

应当注意到，失效的后果依赖于失效类型。失效类型可分为：①因材料强度硬化而保有一定残余强度的延性失效；②没有残余强度的延性失效；③脆性失效。

对于不可恢复的使用极限状态，国际结构安全委员会[91]给出的目标失效概率见表14。对于使用极限状态目标可靠度指标，设计者可以考虑0.3以下的变化。

安全极限状态年目标失效概率 表14

结构安全措施的相对费用	目标可靠度指标（失效概率）
高	$1.3(10^{-1})$
正常	$1.7(5\times10^{-2})$
低	$2.3(10^{-2})$

此外美国国防部[92]1993编制了“系统安全纲要（编号Mil-Std-882C）”，规定一个风险决策准则，见表15～表18。

风险严重度分类 表15

描 述	类 别	定 义
灾难性的	I	死亡、系统失败、严重的环境毁坏
严重的	II	重度伤人、重度职业病、主系统或环境破坏
较轻的	III	轻度伤人、轻度职业病害、次要系统或环境破坏
可忽略的	IV	更少地伤人、更少的职业病害、更少地引起次要系统或环境的破坏

定性的灾害概率水平 表16

描 述	水 平	特定的项目	大项目或详细目录
频繁发生	A	似经常发生	接二连三地发生
可能发生	B	生命期内将多次发生	频繁发生
偶尔发生	C	生命期内有时可能发生	多次发生
难以发生	D	生命期内一般不会发生，但仍有发生的可能	不可能，但有理由会发生
不可能发生	E	几乎不会发生，以致可以假定为不可能发生	看来不可能，但仍存在发生的可能性

灾害风险评估矩阵 表17

灾害分类频率	灾难性的	严重的	较轻的	可忽略的
(A)不可能($x<10^{-6}$)	1A	2A	3A	4A
(B)难得地($10^{-3}>x>10^{-6}$)	1B	2B	3B	4B
(C)偶尔地($10^{-2}>x>10^{-3}$)	1C	2C	3C	4C
(D)可能地($10^{-1}>x>10^{-2}$)	1D	2D	3D	4D
(E)频繁地($x>10^{-1}$)	1E	2E	3E	4E

风 险 决 策 准 则 表18

灾害风险指标	风险决策准则
1A,1B,1C,	可接受且不必进行管理审视
1D,1E,2A,2B,3A,4A 2C,2D,3B,3C,4B	可接受,同时进行管理审视
2E,3D,3E,4C,4D,4E	不希望发生,高层管理决策,接受或拒绝风险 不可接受,停止运营和立即整顿

6.3.2 设计流程

本方法首先进行桥梁船撞危险性分析,确定桥区桥梁船撞发生的概率水平。在此基础上,以性能目标为依据,基于可靠度理论计算结构不同性能等级下的失效概率,从而得到不同性能等级下的船撞风险,并满足不同性能等级下的可接受风险准则。设计流程见图20。

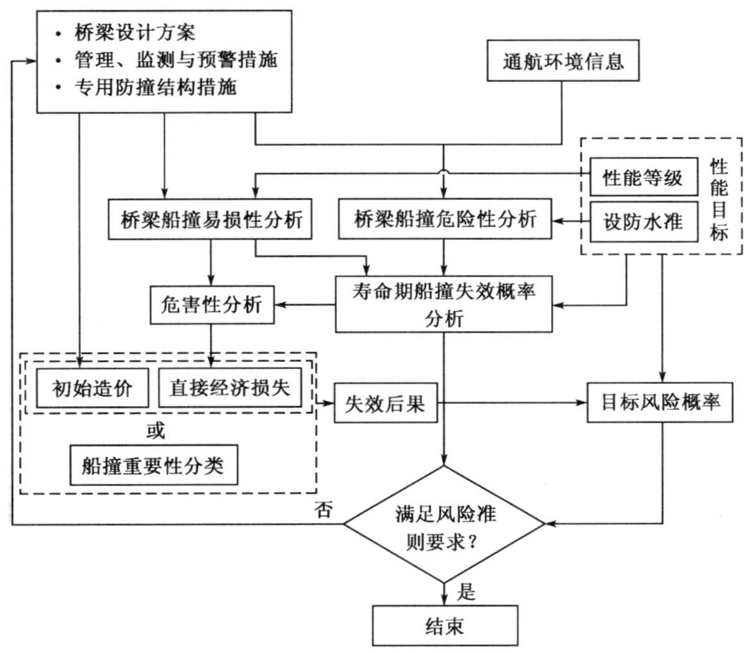

图20 全概率方法设计流程

6.4 桥梁船撞全寿命多目标优化设计

6.4.1 工程结构全寿命设计的基本概念

传统的结构设计中,工程师的任务是寻找一个设计方案,在满足结构的功能要求的前提下使初始造价最少,见图21。这样一种设计思路可能产生少的初始投资,但会导致高的维护费用。

全寿命费用(LCC,Life Cycle Cost)分析则意图实现在结构的寿命期内总费用最少。LCC分析涉及的方面较多,可以用图22表达。从利益方面来说,主要涉及到几个方面,即桥梁拥有者、桥梁使用者和社会[93]。

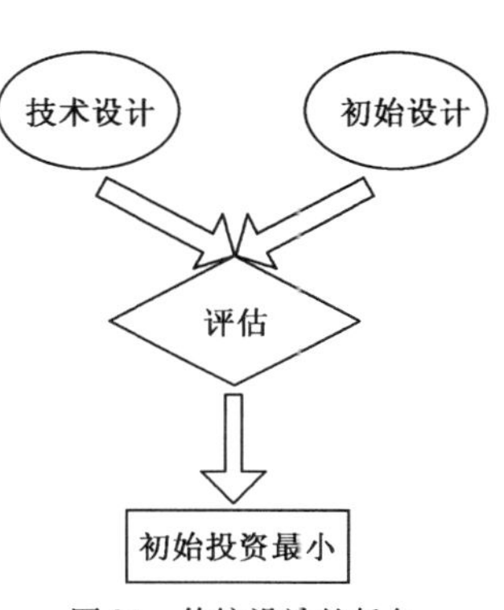

图21 传统设计的任务

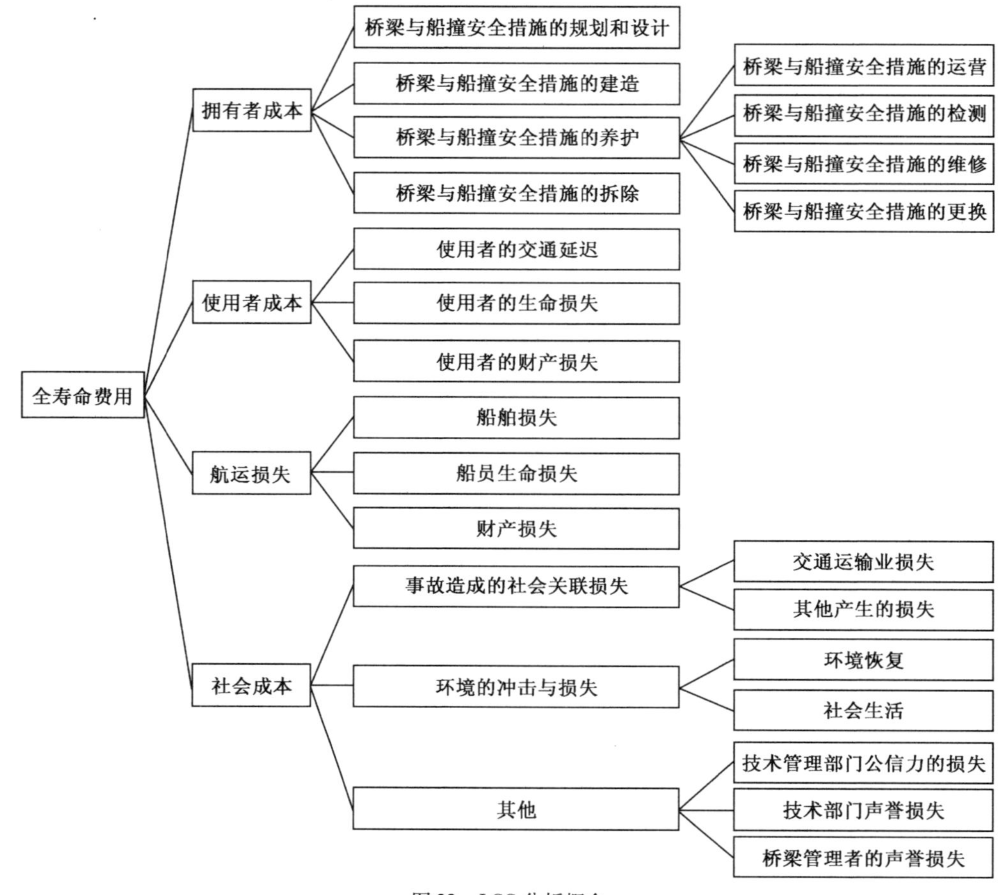

图 22 LCC 分析概念

仅站在桥梁拥有者的角度上进行 LCC 分析的概念见图 23。考虑多方面利益时进行 LCC 分析的概念见图 24。

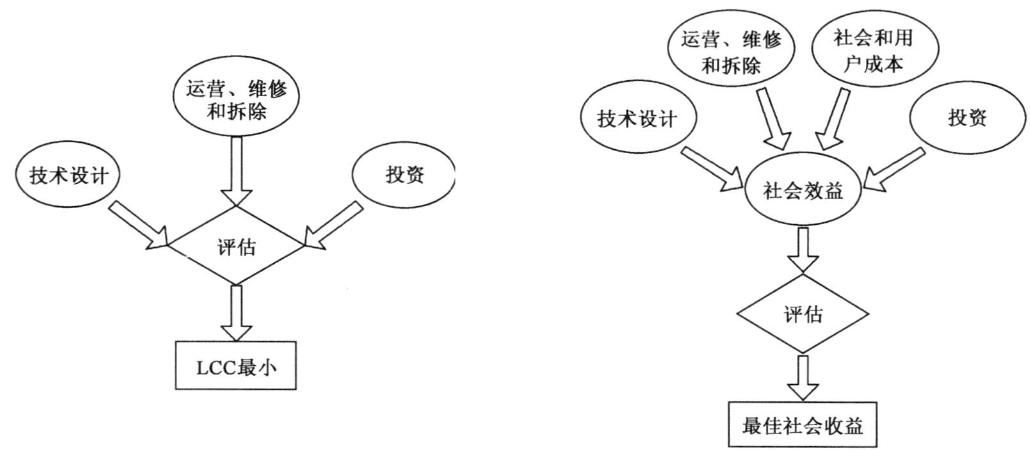

图 23 仅考虑桥梁拥有者利益时的 LCC 分析

图 24 考虑多方利益时的 LCC 分析

6.4.2 桥梁船撞全寿命优化设计流程

从概念上将 LCC 分析就是进行风险(费用)与收益的比较。在众多的设计方案中,优化方案应使 LCC 最小。在确定了比较的准则之后,全寿命费用可以表示为:

$$E[C_{\mathrm{T}}(\mathrm{X}\mid T)] = C_{\mathrm{I}}(\mathrm{X}) + \sum_{t=1}^{T}\left[\frac{\sum_{j=1}^{J}E[C_{\mathrm{Mj}}(\mathrm{X}\mid t)] + \sum_{k=1}^{K}E[C_{\mathrm{Fk}}(\mathrm{X}\mid t)]}{(1+r)^{t}}\right] \tag{9}$$

式中:$E[C_{\mathrm{T}}(\mathrm{X}\mid T)]$——LCC 的期望值,是设计变量 X 和寿命期 T 的函数;

C_{I}——初始造价;

$E[C_{\mathrm{Mj}}(\mathrm{X}\mid t)]$——对第 j 个事项的期望维护费用;

$E[C_{\mathrm{Fk}}(\mathrm{X}\mid t)]$——对第 j 个事项的期望维护费用对第 k 个极限状态的期望损失;

r——折现率。

结构全寿命优化设计可以在数学上表示为:

$$\text{Minimize } E[C_{\mathrm{T}}(\mathrm{X}\mid T)\mid g_{\mathrm{j}}(\mathrm{X})\leqslant 0; p_{\mathrm{Fk}}(\mathrm{X})\leqslant p_{\mathrm{Fk}}^{\mathrm{allow}}; \mathrm{X}^{\mathrm{L}}\leqslant \mathrm{X}\leqslant \mathrm{X}^{\mathrm{U}}] \tag{10}$$

式中:$g_{\mathrm{j}}(\mathrm{X})$——第 j 个设计约束条件;

$p_{\mathrm{Fk}}(\mathrm{X})$——第 k 个极限状态的失效概率;

$p_{\mathrm{Fk}}^{\mathrm{allow}}$——第 k 个极限状态的允许失效概率;

X^{L}、X^{U}——设计变量的下界和上界。

可以仅从全寿命费用原则出发,进行优化设计,即在式(10)中不考虑失效概率约束条件,此时优化目标函数为:

$$\text{Minimize } E[C_{\mathrm{T}}(\mathrm{X}\mid T)\mid g_{\mathrm{j}}(\mathrm{X})\leqslant 0; \mathrm{X}^{\mathrm{L}}\leqslant \mathrm{X}\leqslant \mathrm{X}^{\mathrm{U}}] \tag{11}$$

费用—效益分析设计流程见图 25。

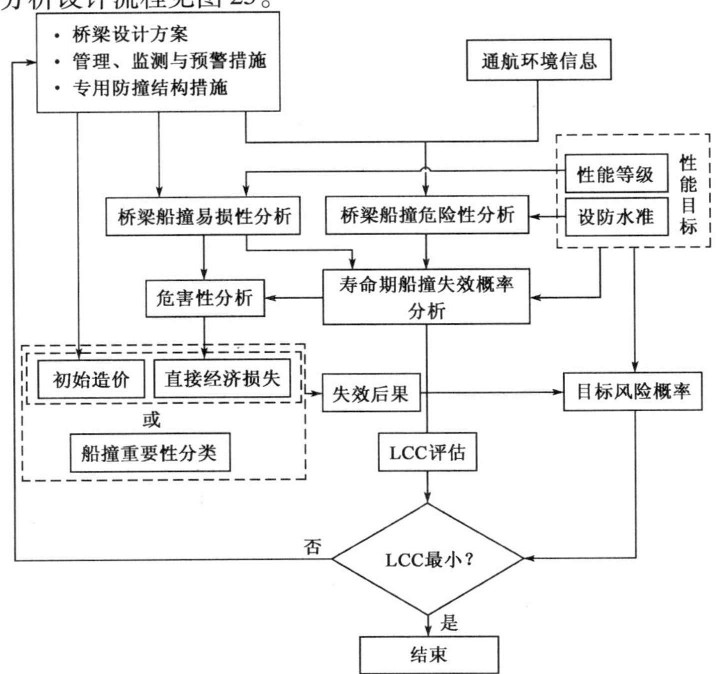

图 25 费用—效益分析方法设计流程

基于性能的桥梁船撞全寿命多目标优化设计需要综合考虑结构初始造价和不同性能水平下的失效概率和失效经济损失期望,因此基于性能的桥梁结构船撞优化目标函数可以写为:

$$\begin{aligned}&\mathrm{Find}(\mathrm{X})\\&\mathrm{Minimize}\left[C_{\mathrm{I}}(\mathrm{X})+\sum_{i=1}^{n}P_{\mathrm{fi}}(\mathrm{X})C_{\mathrm{fi}}(\mathrm{X})\right]\\&\mathrm{X}^{\mathrm{L}}\leqslant\mathrm{X}\leqslant\mathrm{X}^{\mathrm{U}}\\&g_{\mathrm{j}}(\mathrm{X})\leqslant 0\end{aligned}\tag{12}$$

式中:X——结构设计方案的设计变量,如桥梁结构的跨径,基础的尺寸等;

$C_{\mathrm{I}}(\mathrm{X})$——结构的初始造价,是结构设计变量 X 的函数;

$P_{\mathrm{fi}}(\mathrm{X})$——设计变量 X 对应性能水平 i 的结构失效概率;

$C_{\mathrm{fi}}(\mathrm{X})$——设计变量 X 对应性能水平 i 时的失效经济损失期望值;

n——结构性能水平划分总数;

$g_{\mathrm{j}}(\mathrm{X})$——第 j 个设计约束条件;

X^{L}、X^{U}——设计变量的下界和上界。

7 结语

本文提出了基于性能的桥梁船撞设计总体框架,提给出了实现这一框架需要解决的关键方法问题。叙述了各个关键部分的研究现状、存在的不足,建议了解决这些问题的技术路线。

参考文献

[1] Aktan A. E., Ellingwood B. R. & Kehoe B. Performance - Based Engineering of Constructed System. Journal of Structural Engineering ASCE, 2007, 134(3): 311-323.

[2] 李国平.混凝土桥梁基于性能设计研究的设想,第十五届全国混凝土及预应力混凝土学术交流会.上海,2010.

[3] AASHTO. Guide Specification and Commentary for Vessel Collision Design of Highway Bridges (Second Edition). American Association of State Highway and Transportation Officials, Washington D. C, 2009.

[4] 中华人民共和国住房和城乡建设部.建筑工程抗震设防分类标准(GB 50223—2008),2008.

[5] 中华人民共和国交通运输部.公路桥梁抗震设计细则(JTG/T B02-01—2008),2008.

[6] EUROCODE1-Action on structures. Part1-7: General Actions-Accidental actions due to impact and explosions, 2002.

[7] European Committee for Standardization. BS EN 1998-1: 2004. Eurocode 8-Design of structures for earthquake resistance, Part 1: General rules, seismic actions and rules for buildings [S]. London. UK: British Standards Institution, 2004.

[8] 中华人民共和国住房和城乡建设部,建筑工程抗震设计规范(GB 5011—2010),2010.

[9] SEAOC. Vision 2000: Performance-Based Seismic Engineering of Buildings, Structural Engi-

neers Association of California, Sacramento, California,1995.

[10] ASCE, 2000, Prestandard and Commentary for the Seismic Rehabilitation of Buildings, FEMA 356 Report, prepared by the American Society of Civil Engineers for the Federal Emergency Management Agency, Washington, D. C.

[11] ATC, Seismic Evaluation and Retrofit of Concrete Buildings, ATC-40 Report, prepared for the California Seismic Safety Commission by the Applied Technology Council, Redwood City, California, 1996.

[12] ATC, NEHRP Guidelines for the Seismic Rehabilitation of Buildings, FEMA 273 Report, prepared by the Applied Technology Council for the Building Seismic Safety Council, published by the Federal Emergency Management Agency, Washington, D. C. ,1997.

[13] ATC, NEHRP Commentary on the Guidelines for the Seismic Rehabilitation of Buildings, FEMA 274 Report, prepared by the Applied Technology Council, for the Building Seismic Safety Council, published by the Federal Emergency Management Agency, Washington, D. C. ,1997b.

[14] ICC, International Building Code, International Code Council, Falls Church, Virginia. , 2006.

[15] CECS160:建筑工程抗震性态设计通则[S],2004.

[16] 徐培福,戴国莹.超限高层建筑结构基于性能抗震设计的研究,土木工程学报,2005,38(1):1-10.

[17] 杨渡军.桥梁的防撞保护系统及其设计.北京:人民交通出版社,1990.

[18] M. A. Knott. Vessel collision design codes and experience in the United States. Ship Collision Analysis, Gluver & Olsen, 1998: 75-84.

[19] 戴彤宇,聂武.船撞桥事故综述.黑龙江交通科技,2003,2:1-3.

[20] 耿波.桥梁船撞安全评估. 同济大学博士学位论文.

[21] Zolan Prucz. Bridge Design for Marine Vessel Collision. 2007 Louisiana Transportation Engineering Conference. Baton Rouge, Louisiana.

[22] 王礼立,等.船撞桥及其防御.北京:中国铁道出版社,2006.

[23] 王君杰,等.G325 九江大桥船撞研究报告.2008.

[24] AASHTO LRFD, Bridge Design Specification American Association of State Highway and Transportation Officials, Washington D. C, 2010.

[25] Gary R. Consolazio, Michael T. Davidson, and Daniel J. Getter, Vessel Crushing and Structural Collapse Relationships for Bridge Design(research report), Dept. Of Civil Engineering, University, Aug, 2010.

[26] 日本铁道技术综合研究所.铁道构造物等设计标准同解说—耐震设计[S].日本东京:丸善株式会社出版事业部,1999.

[27] American Association of State Highway and Transportation Officials. LRFDSEIS-1. AASHTO Guide Specifications for LRFD Seismic Bridge Design[S]. Washington, DC, USA: AASHTO, 2009.

[28] European Committee for Standardization. BS EN 1998-2:2005. Eurocode 8-Design of struc-

tures for earthquake resistance - Part 2: Bridges [S]. London, UK: British Standards Institution, 2005.

[29] 章在墉.地震危险性分析及应用.上海:同济大学出版社,1996.

[30] S. E. Van Manen., Ship Collisions due to the Pressence of Brideges[R]. Brussels: PIANC General Secretariat, 2001.

[31] 戴彤宇,聂武,刘伟力.长江干线船撞桥事故分析.中国航海,2002(4):44-47.

[32] 王君杰,耿波.桥梁船撞概率风险评估与措施.北京:人民交通出版社,2010.

[33] Risknology, Inc., Independent Risk Assessment of the Proposed Cabrillo Port Liquefield Natural Gas Deepwater Port Project, 2006.

[34] Karin af Geijerstam, Hanna Svensson, Ship Collision Risk-An identification and evaluation of important factors in collisions with offshore installations, Department of Fire Safety Engineering and Systems Safety, Lund University, Sweden, Report 5275, Lund 2008.

[35] SCOSS. 10th Report of the Standing Committee on Structural Safety UK, 1994.

[36] 张菊辉.基于数值模拟的规则梁桥墩柱的地震易损性分析.同济大学硕士学位论文,2006.

[37] Kiremidjian A. S. and Bosöz, N. (1997). Evaluation of bridge damage data from recent earthquakes. NCEER Bulletin 11 (2): 1-7.

[38] Basoz, Nesrin, and Kiremidjian, Anne S. (1997). Risk assessment of bridges and highway systems from the Northridge earthquake. Proceedings of the National Seismic Conference on Bridges and Highways: "Progress in Research and Practice". Sacramento, California: 65-79.

[39] Shinozuka M., Feng, M. Q., Lee, J., and Naganuma, T. (2000a). Statistical Analysis of Fragility Curves. Journal of Engineering Mechanics, ASCE, Vol. 126, No. 12, December, 2000: 1224-1231.

[40] Shinozuka M., Feng, M. Q., Kim, H., and Kim, S. (2000b). Nonlinear Static Procedure for Fragility Curve Development. Journal of Engineering Mechanics, Vol. 126, No. 12, ASCE, December, 2000: 1287-1295.

[41] Woisin G, Die Kollisionsversuche Der GKSS, Schiff und Hafen, Heft 2, 1977.

[42] Woisin G, Design against Collision, Int. Symposium on Advances in Marine Technology, Trondheim, 1979.

[43] 中华人民共和国铁道部.铁路桥涵设计基本规范(TB 10002.1—99),1999.

[44] 中华人民共和国交通部.公路桥涵设计通用规范(JTG D60—2004),2004.

[45] 王君杰,范立础.建立桥梁船撞动力设计理论与方法的建议.第18届全国桥梁学术会议论文集(下册),2008:943-949.

[46] 欧碧峰.基于微平面模型的桥梁船撞数值模拟与简化动力分析.同济大学博士论文,2008.

[47] 王君杰,卜令涛,孟德巍.船桥碰撞动力分析简化模型.计算机辅助工程,2011.

[48] 王君杰,卜令涛,孟德巍.船桥碰撞动力分析简化模型的精度.计算机辅助工程,2011.

[49] Petersen, M. J. ,Dynamics of Collisions. Ocean Engng. 9(4):295-328(1982).

[50] 梁文娟. 船舶碰撞的三维分析. 交通部上海船舶运输科学研究所学报,1985,17(1):80-93.

[51] Gerard, G. The Crippling Strength of Compression Elements. Journal of the Aeronautical Sciences(1958).

[52] CowiConsult. East Bridge. The Storebalt Publications,1990.

[53] CowiConsult. West Bridge. The Storebalt Publications,1990.

[54] 肖盛燮,彭凯,蔡汝哲,周开发. 船只—桥梁多柔体系统碰撞问题求解的 Lagrange 方程. 重庆交通学院学报(第 20 卷增刊),2001.

[55] 钱铧. 桥梁船舶碰撞的简化分析. 同济大学,2003.

[56] Jessica Laine Hendrix. Dynamic analysis technical for quantifying bridge pier response to barge impact loads. University of Florida ,2003.

[57] 王自力,顾永宁. 船舶碰撞动力学过程的数值仿真研究. 爆炸与冲击,2001,21(1):29-34.

[58] 刘建成,顾永宁. 船—桥碰撞力学问题研究现状及非线性有限元仿真. 船舶工程,2002(5).

[59] 刘建成,顾永宁. 船—桥碰撞数值仿真. 中国土木工程学会桥梁及结构工程分会第十五次年会,2002.

[60] 王自力,蒋志勇,顾永宁. 船舶碰撞数值仿真的附加质量模型. 爆炸与冲击,2002,22(4).

[61] 刘建成,顾永宁,胡志强. 桥墩在船桥碰撞中的响应及损伤分析. 公路,2002,10:33-41.

[62] 刘建成、顾永宁. 基于整船整桥模型的船桥碰撞数值仿真. 工程力学,2003,20(5):155-162.

[63] 刘建成,顾永宁. 桥墩塑性防撞装置的力学机理. 上海交通大学学报,2003,37(7):990-994.

[64] 胡志强,顾永宁,高震,李雅宁. 基于非线性数值模拟的船桥碰撞力快速估算. 工程力学,2005,22(3):236-240.

[65] 胡志强,顾永宁. 基于非线性数值仿真的船侧撞桥墩碰撞性能研究. 2005 年船舶结构力学学术会议,2005.

[66] 张建仁,刘扬,等. 结构可靠度理论及其在桥梁工程中的应用. 北京:人民交通出版社,2003.

[67] 赵国藩. 工程结构可靠度. 北京:水利电力出版社,1984.

[68] 李杰. 随机结构系统. 北京:科学出版社,1996.

[69] Cornell, C. A. Bounds on the reliability of structural systems. J. Struct. Div. ASCE, 1996,93(1):171-200.

[70] Ditlevsen, O. Narrow reliability bounds for structural systems. J. Struct. Mech. ,1979,7:453-72.

[71] Ang, A. H-S. and Ma, H. F. On the reliability of structural systems. Proc. 3rd Int.

Conf. on Structural Safety and Reliability, 1981:295-314.

[72] Zhao, Y. G. and Ono, T. (2001) Moment methods for structural reliability. Structural Safety, 23(1):47-75.

[73] 戴彤宇.船撞桥及其风险分析.哈尔滨工程大学博士论文,2002.

[74] 林铁良.船舶撞击桥梁风险评价.同济大学博士论文,2006.

[75] K. Renge. Drivers' Hazard and Risk Perception, Confidence in Safe Driving and Choice of Speed. IATSS Research. 1998,22(2):107-109.

[76] 刘小明,崔震中,任福田.道路交通事故死亡人员社会经济损失的宏观测算方法.人类工效学,1995, 1(2):22-26.

[77] 尹洪宾,徐建闽,刘列根.利用模糊神经网络预测道路交通事故损失.公路交通科技,1999,16(3):57-60.

[78] 张军.道路交通事故经济损失分析评价研究.东南大学硕士学位论文,2001.

[79] Thomas C. Mccormack and Franz N. Rad, An Earthquake Loss Estimation Methodology for Building Based on ATC-13 and ATC-21,Earthquake Spectra,1997,13(4).

[80] 美国应用技术委员会编,曹新玲,等译. 加利福尼亚未来地震的损失估计.北京:地震出版社,1991.

[81] 地震工程委员会地震损失估计小组,国家地震局震害防御司译.未来地震的损失估计.北京:地震出版社,1989.

[82] Ben-Chieh Liu,等.国家地震局震害防御司译.美国新马德里地区地震灾害损失预测研究.北京:地震出版社,1993.

[83] Risk Management Solutions, Inc. Earthquake Loss Estimation Method-HAZUS97 Technical Manual, National Institute of Building Sciences, Washington. D. C, 1997.

[84] 陈颙,陈鑫连,傅征祥.十年尺度中国地震灾害损失预测研究.北京:地震出版社,1990.

[85] 国家地震局震害防御司.未来地震的损失估计方法.北京:地震出版社,1991.

[86] 国际油污损害赔偿基金组织索赔手册.1998.

[87] 危敬添.关于国际油污损害赔偿基金组织索赔手册.交通环保,1999.

[88] Douglas Helton and Donna Lawson, Natural Resource Damage Assessment of the Presidente Ribera Oil Spill, Delaware River.

[89] 刘松树.海上船舶油污损害赔偿评估方法与应用.大连海事大学硕士学位论文,2001.

[90] 陈锋.海湾油污损害的货币化评估.厦门大学硕士学位论文,2009.

[91] JCSS, Probabilistic model code. The Joint Committee on Structural Safety, 2001.

[92] 美国国防部.系统安全纲要, Mil-Std-882C,1993.

[93] Lauri Salokangas. Bridge Life Cycle Optimization. Helsinki University of Technology, 2009.

三峡库区跨江桥梁的船撞风险

王福敏　耿　波

（招商局重庆交通科研设计院有限公司　重庆　400067）

摘　要：2010年三峡库区坝前水位已达175m，从重庆至坝前之间的跨江桥梁的船撞风险被提出来。本文首先对三峡库区成库前后的航道特点、水位特点、船舶特点以及桥梁建设特点进行分析，阐述了三峡成库后库区桥梁面临的新问题和新形势，并结合三座典型跨江大桥：库区尾端跨长江的东水门长江大桥、库区尾端跨嘉陵江的黄花园嘉陵江大桥和库区中央的忠州长江大桥，分别采用美国的AASHTO规范方法和三概率参数积分路径方法对其进行了船撞风险分析。其目的是说明库区部分桥梁存在被撞的可能，但可以采取措施降低风险。

关键词：船撞桥　风险分析　三峡库区

The vessel collision risk of river-crossing bridges in Three Gorges Reservoir

Wang Fumin　Geng Bo

(China Merchants Chongqing Communications Research & Design Institute Co. Ltd., Chongqing, 400067)

Abstract: The water level of Three Gorges Reservoir has reached 175m in 2010. The risk of vessel-bridge collision have been proposed for river-crossing bridges between Chongqing and the dam. Firstly, author analyzed the characteristics of channel, water-level, vessel, bridge construction and represented the new problems and new situations when the three gorges reservoir area. Combined with three typical river-crossing bridges, including, the Dongshuimen Yangtze river Bridge and the Huanghuayuan Jialing river Bridge in the end reservoir, the Zhongzhou Yangtze river Bridge in the middle reservoir. The vessel collision risk of three bridges were analyzed by AASHTO method and integration path method respectively. It was purpose to illustrate the possibility of some bridges to be impacted, But we could take measures to reduce risk.

Keywords: vessel-bridge collision; risk analysis; Three Gorges Reservoir

1　引言

当前，由于跨江河桥梁的大量修建，通航船舶的规模化，加上桥区环境（如流速、风速、弯

项目支持：交通部西部科技项目资助，编号：200731882234；国家自然科学基金资助（项目批准号：51008266）。

作者简介：王福敏（1962—），男，研究员，主要从事桥梁设计与科研工作。

道、冲刷、淤积等)的改变,导致桥梁船撞事故时有发生。船撞桥事故不但威胁船舶的通行安全,还严重影响桥梁的运营安全,常常带来巨大的生命和财产损失。2007 年,我国发生的广东九江大桥非通航孔桥墩受船撞而致 200m 桥面坍塌的“6.15”事故,更是造成了巨大的生命和财产损失,教训极其深刻。

图 1 和图 2 分别是国外和国内的现代桥梁严重的船毁事故的年代统计[1]。从图 1 中可以看出,1960 ~ 2008 年间,国外船撞桥塌事故时有发生,1970 ~ 1984 年出现了一个事故高峰期,最近的一次桥梁船撞倒塌事故发生在 2002 年。自 1960 年以来的 48 年间,因为船舶撞击而发生桥梁倒塌的事故率约为 0.73 起/年。

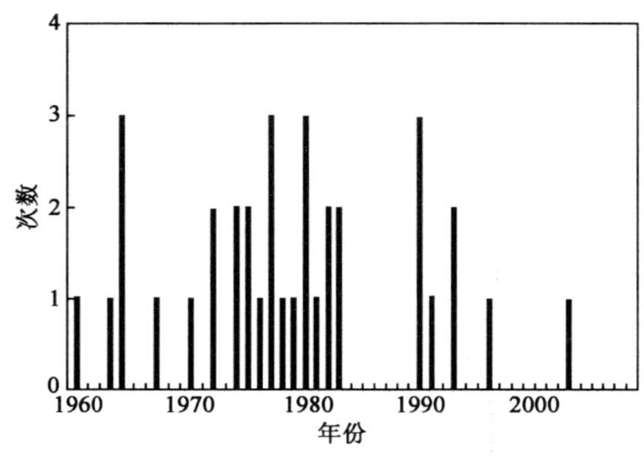

图 1 国外严重桥梁船撞事故年度统计

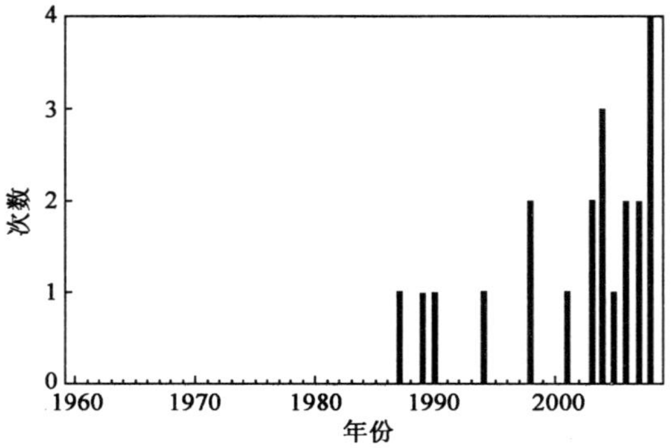

图 2 中国严重桥梁船撞事故年度统计

从图 2 可以看出,中国严重的桥梁船撞事故自 1987 年以来 21 年间共发生 21 起,年平均发生约 1 起,而且事故数目呈上升趋势。

近年来,随着三峡水库的蓄水,在三峡库区内也发生了多起船撞桥事故,如黄花园嘉陵江大桥船撞事故、草街大桥船撞事故、北碚嘉陵江东阳大桥船撞事故等,这三起船撞桥事故虽未造成类似九江大桥的严重后果,但都造成了一定的经济损失和不良的社会影响,同时也给桥梁管理部门以及航运管理部门敲响了警钟。

本文将首先对三峡库区成库前后的航道特点、水位特点、船舶特点以及桥梁建设特点进行分析,说明三峡成库后库区桥梁面临的新问题和新形势,然后介绍两种常用的桥梁船撞风险分析方法,美国的 AASHTO 规范方法和三概率参数积分路径方法,对库区三座典型跨江大桥的船撞风险分析,其结论可供其他同类型工程参考。

2 三峡库区航道及水文特点

按设计要求,三峡工程分 135m、156m、175m 三个水位进行三期蓄水,三峡工程 2003 年首次蓄水至 135m,2008 年和 2009 年都进行过 175m 试验性蓄水,因多方面因素,两次分别蓄至 172.8m 和 171.43m。最新统计数据显示,三峡 175m 试验性蓄水后,库区可通航河流比成库前新增 57 条,达到 193 条,改善库区支流航道里程约 1 230km,新增通航里程 114.69km,重庆境内长江干线航道由原来的 III 级提高到现在的 I 级,通过能力显著提高,5 000 吨级单船和万吨级船队从长江下游可直达重庆。

三峡水库成库前,重庆作为三峡库区的主要省份,其河流水量一年之中变化较大,具有明显的山区河流特点：径流主要来源于降水，降水主要集中于每年4月至9月，且多发暴雨或大暴雨，造成洪水频繁，洪水主要发生在汛期的5月至9月，洪水过程线多呈暴涨陡落形式，下游洪水多呈双峰或多峰型，峰高历时短，峰顶持续时间约4h。枯水则在12月至翌年3月，水位较低，相对较为稳定。其水位变化规律见图3。

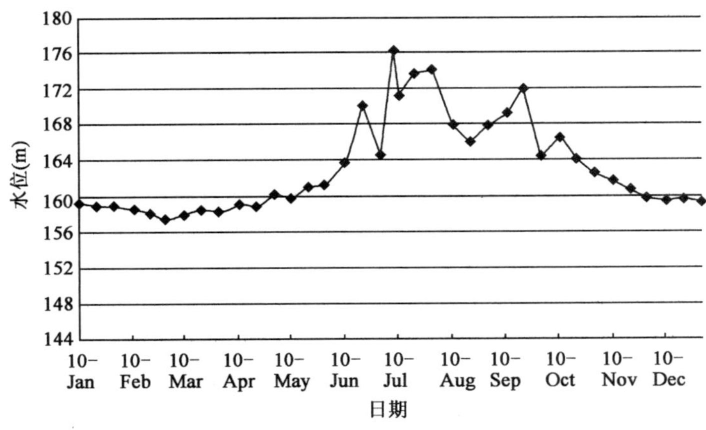

图3 三峡水库成库前天然水位变化规律

三峡水库成库后，库区河流除每年的4月至10月仍具有山区河流特点外，还将面临以下新形势：

(1)由于库区的蓄水与放水，导致库区一年四季水位变化巨大，最大落差高达40m。

(2)枯水期水位升高，且持续时间较长。根据三峡工程按175m－145m－155m的运行调度，每年的11月至翌年4月为库区蓄水时间，受其影响，库区水位将一直处于高水位，航道的通航条件得到很大的改善，航运业也将得到大力发展。其水位变化规律见图4。

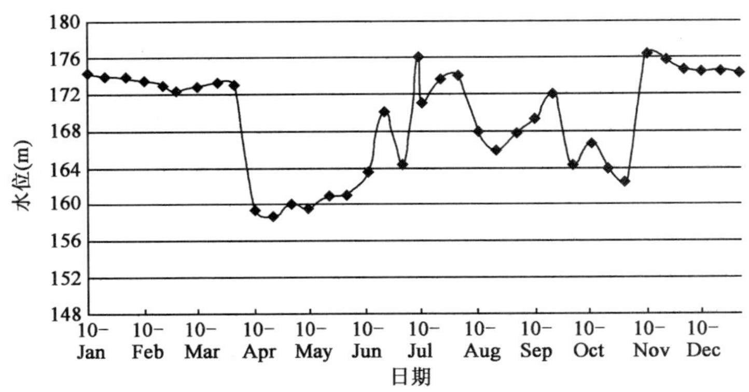

图4 三峡水库成库后水位变化规律

(3)航道等级提高，航运业将得到大力发展。三峡水库蓄水至175m后，万吨级船队也可直达重庆港，嘉陵江河口到合川的航道等级已达III级航道，其间1 000吨级以上的通航船舶也将不断增多，在嘉陵江与长江的汇合处通航船舶甚至达到3 000～5 000吨级。而且随着重庆作为西部航运中心的建立，船舶的通航密度还将不断加大。三峡成库前后航道尺度情况见表1。

三峡成库前及175m蓄水后航道尺度一览表 表1

时　　期	河　　段	坝址—忠县	忠县—朝天门	朝天门—九龙坡	九龙坡以上
成库前	航深(m)	2.9	2.9	2.7	2.7~2.5
	单行航宽(m)	100	60	50	50
	弯曲半径(m)	1 000	750	750	750
175m蓄水后	航深(m)	3.5	3.5	3.5	2.9
	单行航宽(m)	100	100	100	60~80
	弯曲半径(m)	1 000	1 000	1 000	750

(4)水位变幅大,船舶的习惯航迹不断变化,航线管理复杂。三峡水库成库后,水位变幅将达30多米,高水位时险滩消失、水域增宽、水深加大、水流变缓,而低水位时礁石裸露、航道变窄、水深变浅、水流加大。因而船舶航迹不得不适应这种水位的不断变化,从而使船舶的航线管理变得复杂,船员对改变后的新航道情况不熟悉,在进行避让时极易发生碰撞事故,这些都对库区的桥梁安全造成隐患[2]。

3　三峡库区船舶特点

三峡蓄水尚未形成时,通航船型主要以500吨级和1 000吨级的散货船和客船为主。三峡水库175m蓄水后,整个库区的航道尺度、水流条件均得到了明显改善,加之对局部碍航礁石的整治,其通航船型和队形也相应得到了大幅度的改善和提高。

根据交通运输部发布的《川江及三峡库区运输船舶标准船型主尺度系列》(2010版)[3],今后库区通航的主要船舶有干散货船、液货船、驳船、集装箱船、客滚船、滚装货船和普通客船,并分别给出了各种船舶的主要尺度要求,最大吨位为5 000吨级。随着重庆作为西部航运中心的建设,库区通航船舶也将向大吨位、大型化发展,现已有8 000吨级驳船在中洪水期航行于库区。

通过对三峡库区重庆市境内的三座跨江大桥进行观测,发现通航船舶中,单机货船约占42%,客船25%、集装箱船11%、滚装船15%和化学品船4%,船队相对来说较少,仅占3%左右[4],这主要是因为长江上游段相对下游来说航道较窄,水文复杂,船队操控较为困难造成的。组成情况见图5。

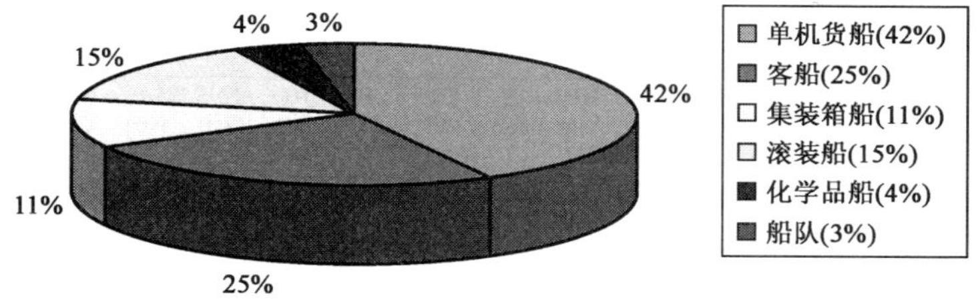

图5　库区船型组成情况

4　三峡库区跨江桥梁建设特点

据统计,截至2009年,长江自三峡大坝到重庆江津区段上,已在建的长江大桥就达33座,除巴东长江大桥、巫山长江大桥等少数几座桥梁外，其余跨江桥梁均位于重庆境内。目前，重庆市 III 级航道及以上河流航道已在建桥梁为 102 座，其中长江上的桥梁有 30 座，嘉陵江上的桥梁有 21 座，乌江上的桥梁有 20 座，其他支流上的桥梁 31 座，可谓是名副其实的“桥都”[5]。桥梁形式也多种多样，涉及斜拉桥、悬索桥、拱桥、连续刚构桥、连续梁桥等多种桥型，各种桥型组成情况见图 6。其中，斜拉桥所占比例最大为 32%；其次为连续刚构桥，占 30%。

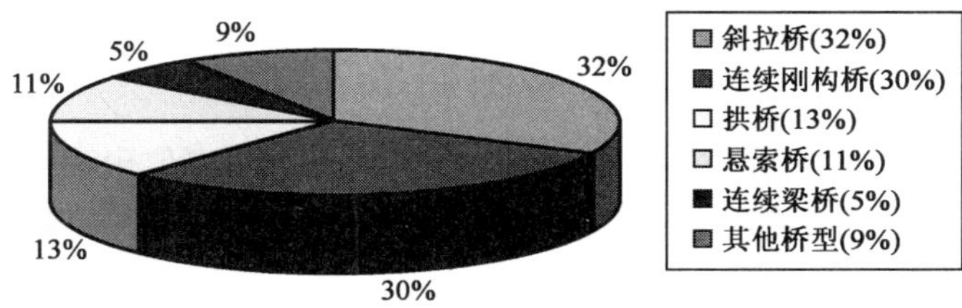

图 6 库区桥梁桥型组成情况

此外，为进一步加强长江两岸的陆上运输，交通运输部计划在 2020 年以前还将新修 52 座长江大桥，其中包括重庆 22 座、江苏 9 座、安徽 7 座等。根据规划，重庆市在未来几年，长江上还将新建鱼嘴大桥、郭家沱大桥、黄桷沱大桥、东水门大桥、白居寺大桥、观音岩大桥、西彭大桥 7 座桥梁，嘉陵江上还将新建水土大桥、悦来大桥、礼嘉大桥、双碑大桥、红岩村大桥、千厮门大桥 6 座桥梁。

桥梁虽为陆上交通纽带，但作为跨越航道的建筑物，对船舶航行来说无疑是一种障碍物，特别是建设年代较早的桥梁，在三峡水库完成 175m 蓄水后，将面临一些新情况：

（1）水位的抬升对桥梁的通航净空产生影响。由于枯水期水位的提高，不少桥梁的通航净高减小，上部结构面临船撞的危险。重庆市人民政府办公厅就曾发文（渝办［2008］66 号文）对库区内跨江河桥梁的通航净空尺度进行核查，以保证船舶过桥的安全。

（2）水位的抬升还将使船舶撞击桥墩的作用点升高。三峡蓄水前，由于年平均水位较低，船撞撞击点主要位于承台附近，而蓄水后随着年平均水位的升高，船舶撞击点逐渐升高至塔墩的腰杆部位，此时桥梁抵御船舶撞击的能力就大大降低，致使桥梁受船舶撞击后的倒塌风险加大。

（3）通航船舶尺度、吨位的加大还将对桥梁的船撞安全造成不利影响。对于库区建成年代较早的桥梁，由于当时航运不发达，桥梁设计规范中对船撞设计的要求也较低，近年来，随着航运业的发展，通航船舶吨位和密度逐渐加大，桥梁的船撞风险不容忽视。

5 桥梁船撞风险分析方法

5.1 美国 AASHTO 规范方法[6]

《美国公路桥梁设计规范》（2010）[1]给出了桥梁各桥墩年倒塌频率的计算公式：

$$AF = N \times PA \times PG \times PC \tag{1}$$

式中：　N——船舶年通航量；

PA、PG、PC——偏航概率、几何概率和倒塌概率。

公式中去除 PC 后便是桥梁遭受船舶撞击的年频率。

偏航概率 PA 按下式进行计算：

$$PA = BR \times R_B \times R_C \times R_{XC} \times R_D \tag{2}$$

式中：BR——偏航基准概率；

R_B——桥位修正系数；

R_C——平行水流修正系数；

R_{XC}——横流修正系数；

R_D——船舶交通密度修正系数。

5.2 三概率参数积分路径方法[7]

由于三峡库区一年之中水位落差大，因此，为了考虑不同水位出现频率的影响，我国有学者又提出了三概率参数积分路径方法。桥梁的年碰撞概率可以用下式来表示：

$$P_c = \sum_{i=1}^{n} \alpha_i P_{wi} \tag{3}$$

式中：P_c——总的年碰撞频率；

α_i——第 i 种水位出现的频率；

P_{wi}——第 i 种水位下的年碰撞频率。

P_{wi} 的积分式为：

$$P_{wi} = \sum_{j=1}^{n} N_j \int_{\mu_x-3\sigma_x}^{\mu_x+3\sigma_x} f(x) \int_0^D \lambda(s)\left[1 - F(s)\right] \int_{\theta_1}^{\theta_2} f(\theta)\, d\theta dy dx \tag{4}$$

由于篇幅关系，这里就不再赘述了，可参见文献[2]。

6 库区典型桥梁船撞风险分析

为了充分代表库区的水文特征，本文分别选取位于库区中央跨长江的忠州长江大桥、位于库区尾端跨长江的东水门长江大桥和位于库区尾端跨嘉陵江的黄花园嘉陵江大桥进行船撞风险分析。

6.1 东水门长江大桥船撞风险分析[8]

拟建的东水门长江大桥位于渝中半岛的东水门处，是重庆轨道六号线的重要节点工程。桥型为双塔单索面公轨两用部分斜拉桥方案，桥跨布置 222.5m + 445m + 190.5m，上层桥面标准总宽为 24m。主孔采用单孔双向通航。其桥型布置图见图 7。

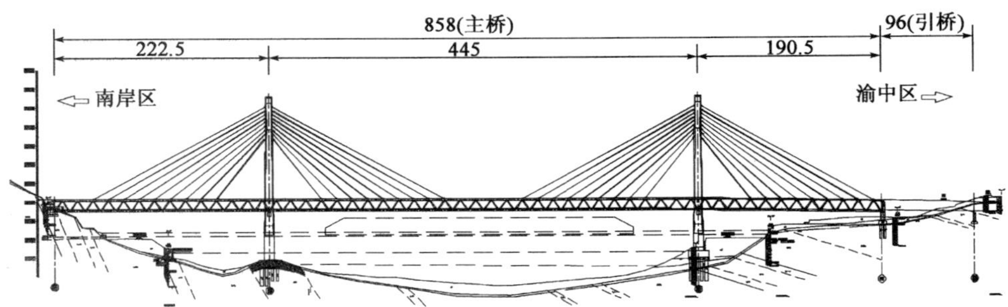

图 7 东水门长江大桥桥型布置图(尺寸单位:m)

6.1.1 参数取值

(1)计算水位

由于桥址处一年之中水位落差大,因此选取了最具代表性的8个典型水位进行计算,典型水位见表2。

东水门长江大桥典型水位表 表2

序号	黄海高程水位(m)	年出现概率	序号	黄海高程水位(m)	年出现概率
1	197.58	1%	5	175.00	44%
2	194.57	5%	6	170.00	10%
3	187.00	5%	7	166.00	17%
4	181.00	5%	8	159.90	13%

(2)水流参数

桥址处不同水位下的水流参数见表3。

不同水位下的水流参数 表3

水位	水流夹角(°)	平行流速(m/s)	垂直流速(m/s)	最小水流速度(m/s)
197.58	5	2.98	0.26	3
194.57	5	2.98	0.26	3
187.00	5	2.98	0.26	3
181.00	5	2.98	0.26	3
175.00	5	1.00	0.08	1
170.00	5	1.99	0.17	2
166.00	5	1.99	0.17	2
159.90	5	1.99	0.17	2

(3)通航船舶密度

通过东水门长江大桥断面的船舶通航密度见表4。

东水门长江大桥船舶年通航量预测表(单位:艘次) 表4

船舶吨位	年份		
	2010年	2020年	2050年
50t以下	48 117	18 499	24 016
50~200t	10 596	40 698	66 044
200~600t	20 228	73 996	114 075
600~1 600t	16 971	89 895	156 104
1 600~3 000t	28 994	86 243	96 064
3 000~5 000t	4 371	41 068	108 072
5 000~8 000t	2 348	9 583	36 024

(4)其他参数

计算中,对于上水船舶航速取4.0m/s,对于上水船舶航速取6.5m/s。桥墩在不同水位下的抗力取值见表5。东水门长江大桥的可接受风险参考美国AASHTO规范对重要桥梁可接受风险的要求，以年倒塌频率10^{-4}/年作为参考。

东水门大桥桥墩不同水位下计算横向抗力(MN) 表5

水位(m)	南主墩抗力(MN)	北主墩抗力(MN)	水位(m)	南主墩抗力(MN)	北主墩抗力(MN)
197.58	45.0	43.0	175	82.5	79.0
194.57	52.5	50.0	170	90.0	90.0
187	67.5	64.0	166	97.5	97.5
181	75.0	72.0			

6.1.2 分析结果及建议

分别采用AASHTO方法和三概率参数积分路径方法，得到东水门长江大桥在2010年、2020年、2050年的船撞概率安全评估结果列于表6，相应的变化趋势见图8。

东水门长江大桥船撞风险结果 表6

年份	AASHTO方法		三概率参数积分路径方法	
	年碰撞频率	年倒塌频率	年碰撞频率	年倒塌频率
2010年	3.45E-01	1.27E-05	2.05E-01	1.20E-05
2020年	1.42E-00	5.19E-05	8.79E-01	4.90E-05
2050年	2.42E-00	1.95E-04	1.63E-00	1.84E-04

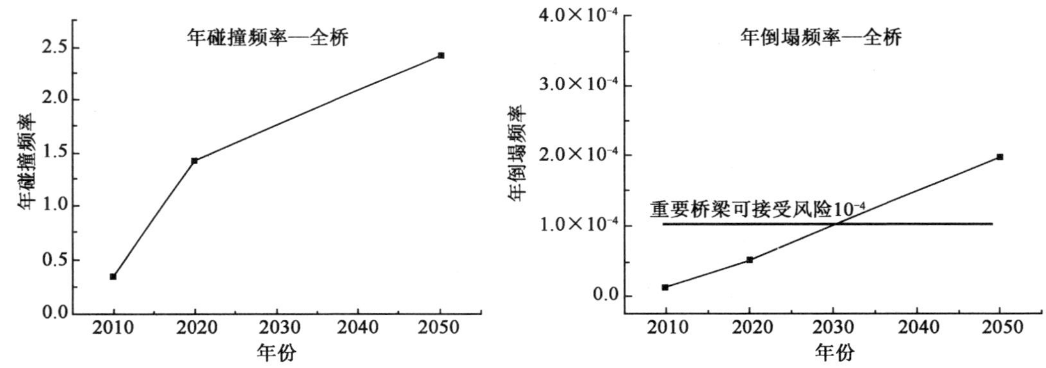

图8 东水门长江大桥船撞风险变化趋势

从图8中看出，东水门大桥在2010年和2020年的通航密度下，其船撞风险略低于AASHTO规范中重要桥梁的可接受风险10^{-4}/年，但随着年份的增加(通航密度不断增长)，其船撞风险逐渐增大，在2050年的通航密度下，其船撞风险已明显高于重要桥梁的可接受风险10^{-4}/年，处于风险不可接受的情况，临界年份大约在2030年。建议远期对东水门大桥主墩增加一定的浮式柔性防撞设施，在降低风险的同时尽量减小船舶的损伤，近期可考虑桥区导助航系统的建设，如设置导航标、桥涵标等。

6.2 黄花园嘉陵江大桥船撞风险分析[9]

已建的黄花园大桥位于重庆市渝中区中心部位的嘉陵江上，主桥为137.16m + 3 ×

250.00m + 137.16m 的五跨预应力混凝土连续刚构,主桥桥面宽 31.0m。主桥设 3 个通航孔。其桥型布置图见图 9。

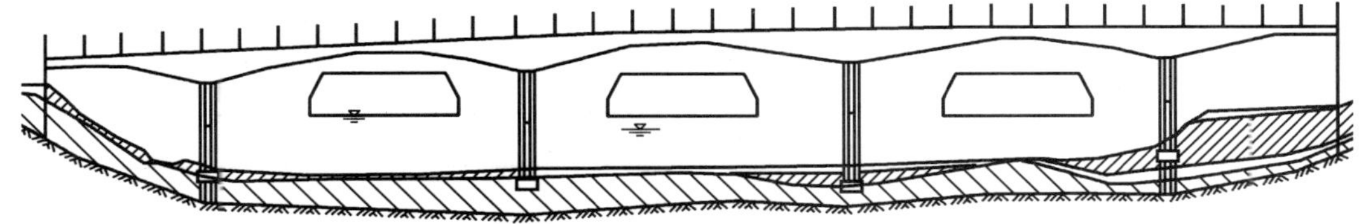

图 9 嘉陵江黄花园大桥桥型布置图

6.2.1 参数取值

(1)计算水位

计算船撞风险时,考虑桥区全年的水位变化,计算不同水位下桥梁的船撞风险,再乘以不同水位的年出现频率进行加权求和。选取的 5 种典型水位见表 7。

黄花园大桥典型水位表 表 7

序　　号	黄海高程水位(m)	年出现概率	序　　号	黄海高程水位(m)	年出现概率
1	190.00	1%	4	166.00	30%
2	185.00	5%	5	163.00	20%
3	174.00	44%			

(2)船舶航迹线及水流参数

黄花园大桥为已建桥梁,多年来桥区已有成型的船舶习惯航迹线,根据现场观测统计,桥区通航船舶的习惯航迹线及水流参数见表 8。

船舶航迹线及水流参数表 表 8

名　　称	上 下 水	单　　位	平 均 值	标 准 差
航迹线横向分布	上水	m	-23.60	25.20
	下水	m	-36.96	39.14
船舶航速	上水	m/s	2.70	1.53
	下水	m/s	6.79	1.49
偏航角	—	°	14.39	4.82
最小水流速度	—	m/s	2.00	—

注:航迹线横向分布负值表示航迹线偏向 1 号主墩方向,正值表示偏向 2 号主墩方向。

(3)通航船舶密度

通过黄花园大桥断面的船舶通航密度见表 9。

黄花园嘉陵江大桥船舶年通航量预测表(单位:艘次) 表9

船舶吨位	年份		
	2010年	2020年	2050年
二等船舶600~1 600t或441~1 500kW	520	6 086	14 182
三等船舶200~600t或147~441kW	4 681	24 342	46 093
四、五等船舶200t以下或147kW以下	5 202	10 142	10 637

(4)其他参数

经计算,黄花园大桥桥墩在不同水位下的抗力在3(对应水位190m)~36MN(对应水位163m)之间变化。东水门长江大桥的可接受风险参考美国AASHTO规范对重要桥梁可接受风险的要求,以年倒塌频率10^{-4}/年作为参考。

6.2.2 分析结果及建议

采用AASHTO方法和三概率参数积分路径方法,得到黄花园大桥2010年、2020年、2050年的船撞风险见表10。相应的变化趋势见图10。

黄花园嘉陵江大桥船撞风险结果 表10

年份	AASHTO方法		三概率参数积分路径方法	
	年碰撞频率	年倒塌频率	年碰撞频率	年倒塌频率
2010年	2.10E-02	3.16E-05	2.03E-02	3.16E-05
2020年	8.53E-02	2.70E-04	8.30E-02	2.71E-04
2050年	1.51E-01	5.92E-04	1.48E-01	5.96E-04

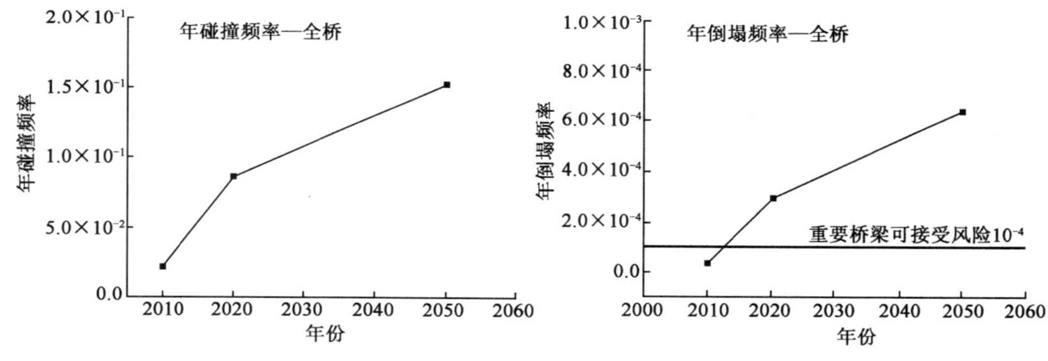

图10 黄花园嘉陵江大桥船撞风险变化趋势

从图10可看出,黄花园大桥在2010年的通航密度下,其船撞风险略小于AASHTO规范中重要桥梁的可接受风险10^{-4}/年;随着年份的增加(通航密度不断增长),其船撞风险逐渐增大,在2020年和2050年的通航密度下,其船撞风险已明显高于重要桥梁的可接受风险10^{-4}/年。临界年份大约在2013年。

为进一步减小桥梁的船撞风险,建议对风险较大的1号主墩和2号主墩采取一定的防撞保护措施。图11为笔者建议的防撞设施方案。综合黄花园嘉陵江大桥的地质、水位、通航船舶、航道、施工难易等因素,1号主墩考虑防撞墩方案,2号主墩考虑浮式防撞套箱方案。

图11 黄花园嘉陵江大桥防撞设施方案效果图

6.3 忠州长江大桥船撞风险分析[10]

已建的忠州长江大桥为沪蓉国道主干线重庆境内的一座重要桥梁，主桥桥型为混凝土斜拉桥，跨径组合为205m+460m+205m，引桥为三跨连续刚构桥，跨径组合为112m+200m+112m。主桥设3个通航孔，刚构桥下不设置通航航道。其桥型布置图见图12。

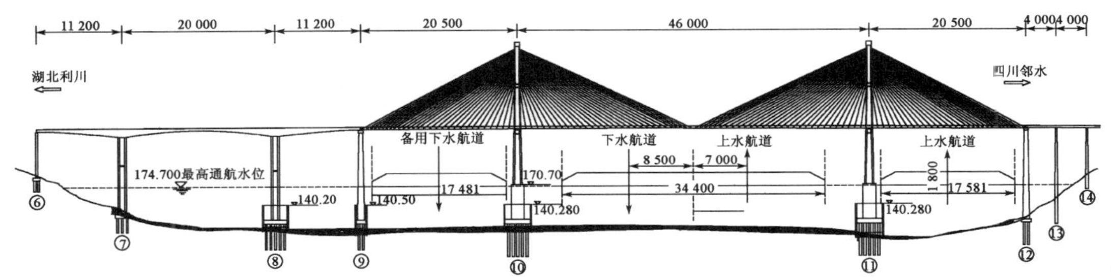

图12 忠州长江大桥桥型布置图(尺寸单位:cm)

6.3.1 参数取值

(1)计算水位

三峡水库成库后，忠州长江大桥的水位变化较大，此处以2006.8~2007.7的观测水位作为计算水位，见图13。各水位出现频率均为1/12，然后加权得到全年的桥梁船撞风险。

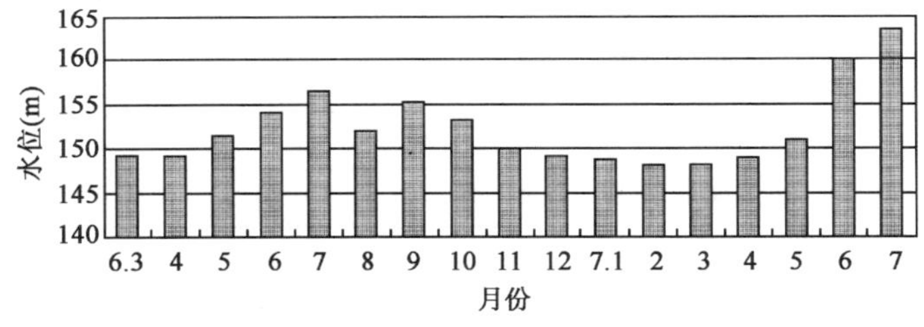

图13 忠县站2006.3~2007.7水位变化图

(2)船舶航迹线及水流参数

根据实测资料，所有过桥的船舶均从主航道通过，实际计算时，主航道上水航迹均值取距上下航道分隔线70m，下水航道距上下航道分隔线80m，上下水辅航道航迹均值分别取作航道中心线。桥区水流速度最大取2.97m/s，最小取0.11m/s，为了偏保守地取值，平行于水流速度取 2.5m/s,垂直于水流速度取 0.2m/s。

(3)通航船舶密度

忠州长江大桥桥位处的船舶通航密度见表 11。

忠州长江大桥桥位处船舶通航量(艘次) 表 11

船舶吨位	年份		
	2010 年	2020 年	2050 年
一等江船 1 600t 以上	33 507	140 452	265 429
二等江船 600 ~ 1 600t	26 805	102 492	172 528
三等江船 200 ~ 600t	20 104	75 920	126 078
四等江船 50 ~ 200t	10 531	41 756	72 993
五等江船 50t 以下	4 787	18 980	26 542

(4)其他参数

经计算,忠州长江大桥各桥墩在 175m 水位下的抗力见表 12。忠州长江大桥的可接受风险参考美国 AASHTO 规范对重要桥梁可接受风险的要求,以年倒塌频率 10^{-4}/年作为参考。

忠州长江大桥各墩横向抗力 表 12

墩号	抗力(MN)	墩号	抗力(MN)
7	30.7	11	32.7
8	30.7	12	24.1
9	30.7	13	12.0
10	41.5		

6.3.2 分析结果及建议

采用 AASHTO 方法和三概率参数积分路径方法,得到忠州长江大桥 2010 年、2020 年、2050 年的船撞风险见表 13。相应的变化趋势见图 14。

忠州长江大桥船撞风险结果 表 13

年份	AASHTO 方法		三概率参数积分路径方法	
	年碰撞频率	年倒塌频率	年碰撞频率	年倒塌频率
2010 年	5.60E-01	1.14E-04	2.44E-01	9.52E-05
2020 年	2.20E+00	4.78E-04	9.88E-01	3.96E-04
2050 年	3.80E+00	9.04E-04	1.79E+00	7.43E-04

从图 14 可以看出,2010 年的忠州长江大桥船撞风险基本在可接受风险附近,但随着船舶通航密度的增大,其船撞风险也在逐渐增大,至 2050 年其船撞风险已基本达到可接受风险的 10 倍。因此,从长远来看,应尽快对该桥采取降低风险措施,如加装防撞设施、设置桥涵标和导航标等。

鉴于忠州长江大桥位于库区,一年之中水位落差大,最高可达 40m,且考虑到防撞设施的安全性和可靠性,因此建议该桥采用浮式防撞钢套箱防撞设施,图 15 和图 16 为防撞设施的总体效果图和内部构造图。

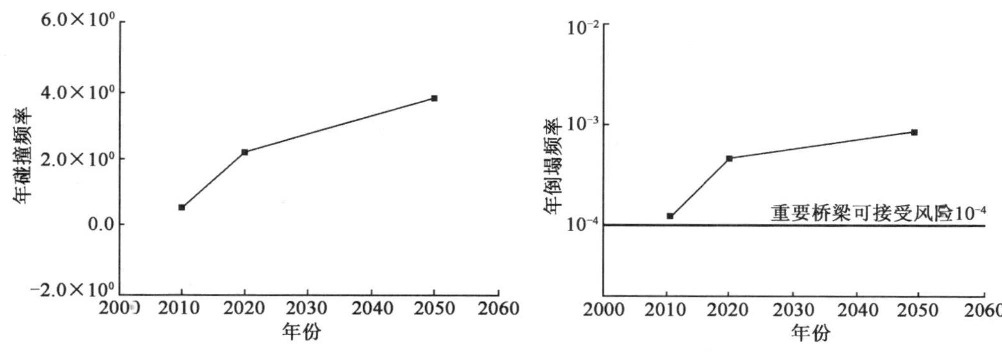

图 14 忠州长江大桥船撞风险变化趋势

图 15 忠州长江大桥防撞设施总体效果图

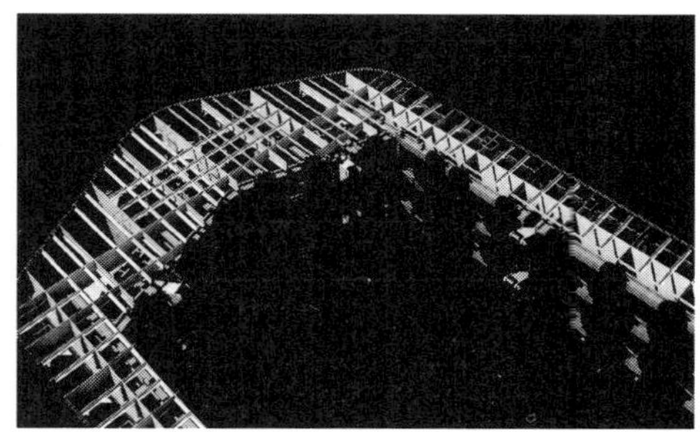

图 16 防撞设施内部构造

7 结语

本文针对三峡库区成库前后的航道特点、水位特点、船舶特点以及桥梁建设特点,结合三座典型跨江大桥:库区尾端跨长江的东水门长江大桥、库区尾端跨嘉陵江的黄花园嘉陵江大桥和库区中央的忠州长江大桥,对其进行船撞风险分析,其结果说明库区部分桥梁存在被撞的可能,但可以采取措施降低风险。

参考文献

[1] 王君杰,耿波. 桥梁船撞概率风险评估与措施[M]. 北京:人民交通出版社,2010.

[2] 王福敏,耿波,等. 船撞力作用下桥梁结构非线性响应的随机分布特性研究[C]. 2009 年中国公路学会学术论文集,2009.

[3] 重庆市港航管理局. 三峡库区航道、桥梁及船舶发展调研报告[R],2007.

[4] 耿波,汪宏,王君杰. 三峡库区桥梁船撞主要影响参数的概率模型[J]. 同济大学学报,2008,Vol. 36(4):477-482.

[5] 招商局重庆交通科研设计院有限公司,同济大学. 三峡库区船桥碰撞规律、防撞措施设计与预警系统研究报告[R],2010.

[6] AASHTO. Guide Specification and Commentary for Vessel Collision Design of Highway Bridges [S]. American Association of State Highway and Transportation Officials, Washington D.

C. ,2010.

[7] 耿波,汪宏,王福敏,王君杰. 三峡库区桥梁船撞概率计算模型研究. 公路交通技术,2008,12(6):48-54.

[8] 招商局重庆交通科研设计院有限公司. 两江桥基于桥梁船撞概率的精细化动力数值模拟研究[R],2009.

[9] 招商局重庆交通科研设计院有限公司. 黄花园嘉陵江大桥船撞风险评估报告[R],2008.

[10] 招商局重庆交通科研设计院有限公司,同济大学. 忠州长江大桥船撞风险评估报告[R],2007.

[11] 中华人民共和国交通运输部. 川江及三峡库区运输船舶标准船型主尺度系列[S],2010.

风险事件下桥梁设计的一般方法与过程

陈艾荣

（同济大学桥梁工程系　上海　200092）

摘　要：总结了风险事件下桥梁设计总体框架。提出了风险事件下桥梁结构设计的一般方法与过程。阐述了桥梁防火设计的基本思想与基本内容，包括桥梁防火水准和防火性能之间的关系、桥梁防火等级划分以及防火性能目标。针对桥梁防火提出了多层防御的概念。

关键词：桥梁工程　风险　设计方法　决策

General method and process of risk-based design for bridges

Chen Airong

(Department of Bridge Engineering, Tongji University, Shanghai, 200092)

Abstract: A general framework of risk-based design for bridges is presented. General method and process of risk-based design for bridges are proposed. Basic thought and basic contents of fire protection design for bridges are discussed, including the relations between the fire resistant level and fire resistant performance of bridges, the determination of fire resistant grade for bridges and the objective of fire resistant performance. The concept of the multi-layered fire protection design for bridges is proposed.

Keywords: bridge engineering; risk; design method; decision making

1　引言

桥梁工程历来是交通运输基础设施的控制性工程，作为交通咽喉，一旦因风险事件[火灾（见表1）、恐怖袭击、船舶撞击等]而破坏，其造成的经济损失和社会影响都是极其巨大的，甚至是公众无法接受的。在传统桥梁工程设计领域，工程师们设计的重点在桥梁结构设计与施工安全、快捷，对桥梁工程全寿命周期内可能遭遇的潜在风险事件关注不多[1-3]。然而，潜在风险事件对桥梁工程的影响又是巨大的，一旦发生，往往造成灾难性后果。因此，对风险事件下桥梁设计一般方法与过程的研究显得极其必要，也非常具有现实意义。

美国桥梁火灾事故　表1

时　间	位　置	桥　梁
1997.06	马里兰州	I-695 公路某立交桥
1997.10	纽约州	I-87 公路某桥梁

作者简介：陈艾荣（1963—），博士生导师，教授，同济大学，主要研究方向为桥梁寿命周期设计理论与方法、桥梁抗风，E-MAIL：airong.chen@gmail.com。

续上表

时　　间	位　　置	桥　　梁
1998.05	宾夕法尼亚州	I-95 公路某桥梁
1998.07	北卡罗来纳州	Valdese 市某立交桥
2001.06	乔治亚州	I-285 公路某桥梁
2001.12	佛罗里达州	Tampa 市某道路桥
2002.01	亚拉巴马州	I-65 公路某桥梁
2004.01	马里兰州	I-895、I-95 公路某立交桥
2006.01	纽约州	某高速公路桥
2007.04	加利福尼亚州	奥克兰海湾大桥引桥
2009.09	加利福尼亚州	奥克兰海湾大桥

2　风险事件下桥梁设计

20 世纪 90 年代初,美国学者在结构抗震领域研究中首先提出了性能设计的概念。日本政府于 1996 年 3 月宣布建筑标准法将按照基于性能的要求修订,并于 1998 年修订了建筑标准法。经过近十多年的快速发展,各相关设计领域纷纷引入基于性能的设计思想[4]。在性能设计理念影响下,桥梁工程界也意识到社会对桥梁抵御风险事件性能存在要求,桥梁工程师需要对桥梁进行防范风险设计,使风险事件下桥梁性能达到社会预期目标。

风险事件下桥梁性能设计是以风险评估为基础,用于对风险事件下桥梁结构设计进行优化和管理的一种方法,其主要优点在于将设计的主要精力用于高风险的部分,而把适当的力量放在低风险的部分,从而确保桥梁工程潜在风险在可控范围之内。桥梁抵御风险事件性能设计的目标是:通过桥梁防范风险性能设计,安全、经济、合理地对桥梁工程采取保护措施,从而使桥梁工程在潜在风险事件中的破坏是业主(或者社会)预期和可接受的。

风险事件下桥梁性能设计,如图 1 所示。

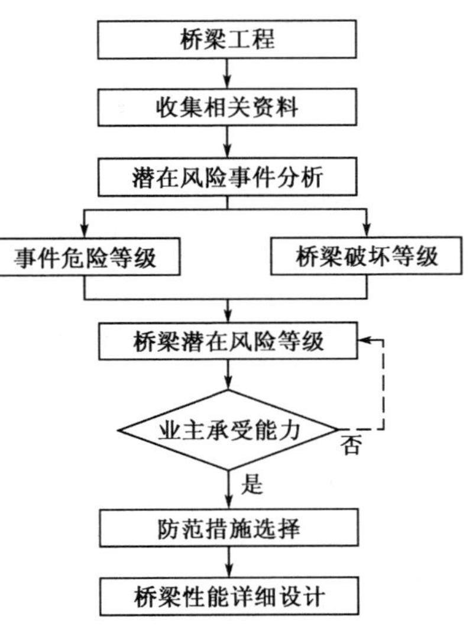

图 1　风险事件下桥梁性能设计

风险事件下桥梁工程性能设计是以桥梁抵御风险事件的性能分析为基础进行的,它比以往的设计要求更进一步,同时后续防范风险事件的运营成本也应统筹考虑。

桥梁设计工程师们应具有全局观念。风险事件下桥梁设计总体框架,如图 2 所示。

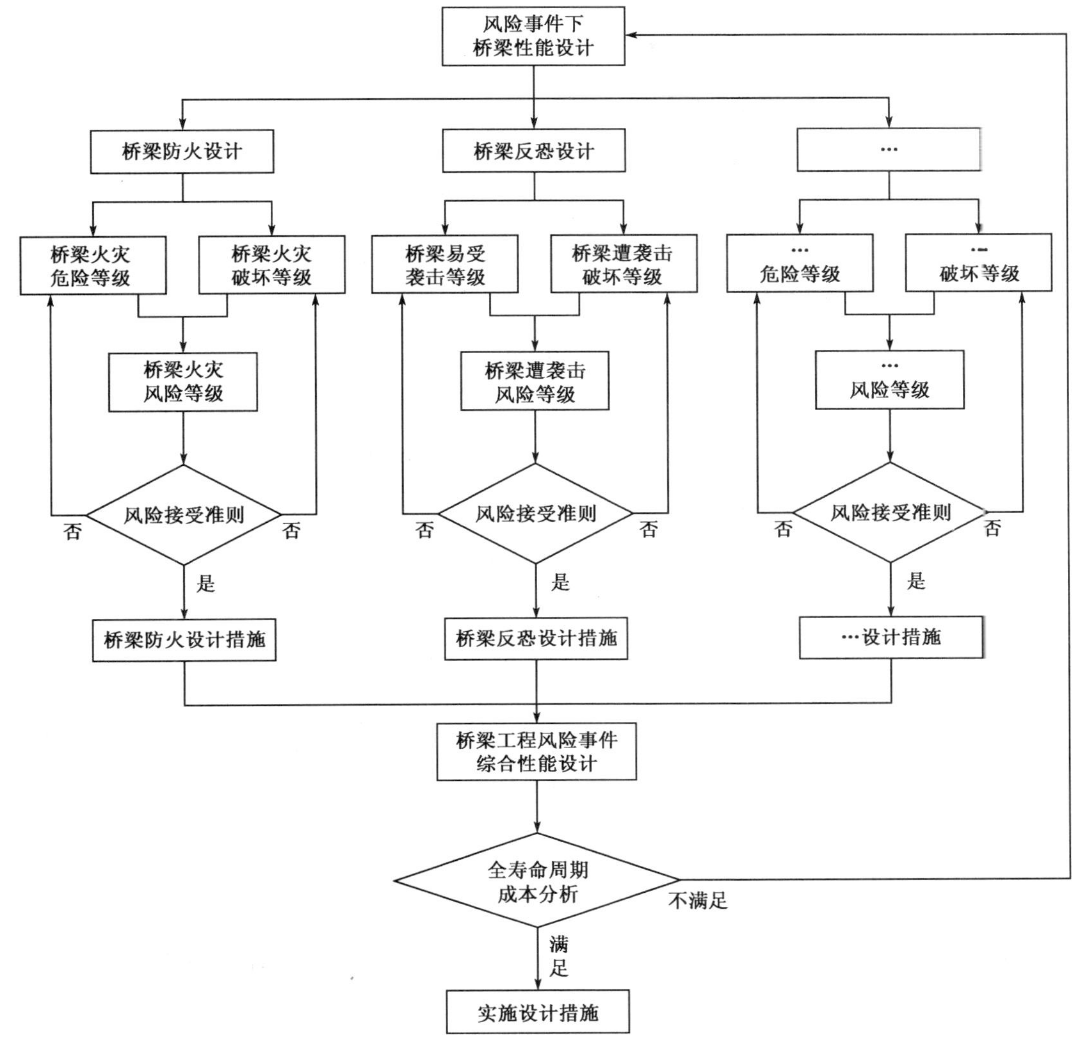

图 2　风险事件下桥梁设计总体框架

3　某一风险事件下桥梁设计——以防火为例

火给人类带来了文明、进步、光明和温暖。但是,失去控制的火却给人类带来了无情的灾难。交通运输基础设施中的控制性工程——桥梁工程,在火灾面前的表现是脆弱的,一旦发生重、特大火灾,极可能产生巨大经济损失、人员伤亡和严重政治后果[5]。

3.1　防火设计主要内容

桥梁防火设计主要内容包括:确定桥梁结构构件的耐火极限要求、桥梁危险火灾场景及有关参数、危险火灾的模拟分析、构件的升温计算、火灾下结构分析及构件抗火验算,以及提出防火保护措施、消防保障措施等。

桥梁防火设计主要内容及过程,如图 3 所示。

下面从桥梁火灾危险等级、桥梁火灾破坏等级、桥梁火灾风险等级及相应防火措施等方面说明。

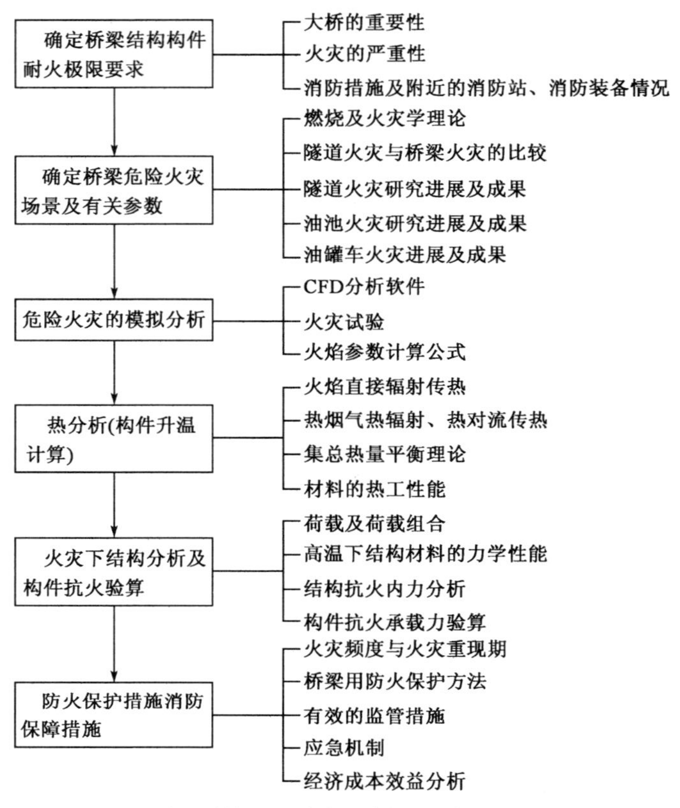

图 3　桥梁工程防火设计主要内容及过程

3.2　桥梁火灾危险等级

国内外隧道防火研究较成熟[6]，桥梁火灾风险评估中火灾危险性等级划分借鉴日本在公路隧道防火设施研究中根据交通量和长度对公路隧道划分防火等级的思想，结合目前我国桥梁的实际状况和技术水平，把我国桥梁火灾危险等级按交通量和桥梁长度（或单孔跨径）从高到低划分为 I（高）、II（中高）、III（中低）和 IV（低）共 4 个等级，如图 4 所示。

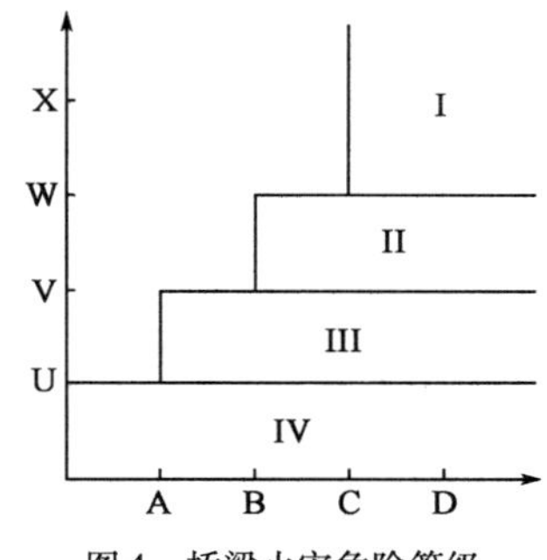

图 4　桥梁火灾危险等级

注：横坐标 A、B、C、D 分别表示桥梁全长 500m（或单孔跨径 40m）、1 000m（或单孔跨径 100m）、2 000m（或单孔跨径 200m）、5 000m（或单孔跨径 500m）；纵坐标 U、V、W、X 分别表示交通量为 5 000veh/d、20 000veh/d、35 000veh/d、50 000veh/d。

I（高）危险级：火灾危险性大，使用性质重要，桥上交通量大，物资、人员密集，扑救困难，容易造成重大经济损失、人员伤亡及社会影响，甚至出现人员群死群伤的极端情况。

II（中高）危险级：火灾危险性较大，使用性质较重要，桥上交通量较大，实施扑救较困难，一旦发生火灾后宜造成较重大经济、一定数量人员伤亡，但不致出现群死群伤等较大社会影响事件。

III（中低）危险级：火灾危险性较小，使用性质一般，桥上交通量较小，单位时间从桥梁上通过的物资、人员不多，火灾发生后扑救相对容易，即使发生火灾所造成的损失也相对较小。

Ⅳ(低)危险级：火灾危险性小，桥上日常交通量相当小，单位时间从桥梁上通过的物资、人员极少，火灾发生后扑救容易，即使发生火灾所造成的损失也相当小。

3.3 桥梁火灾破坏等级

按桥梁遭遇火灾后的破坏程度和损失大小，将桥梁结构破坏等级划分为：完全破坏、严重损坏、中等损坏、轻微损坏和基本未损坏。

完全破坏——桥梁遭到完全破坏，需要重建。损失包括桥梁自身价值、拆除重建费用、次生灾害损失、人员伤亡、社会政治损失和环境破坏损失等。

严重损坏——桥梁遭到严重损坏，短期内无法恢复通行(24h 内车流量可恢复至灾前25% 以上)。损失包括结构自身价值、修复费用、次生灾害损失、社会政治损失和环境破坏损失等。

中等损坏——桥梁遭到中等程度损坏，桥梁主要结构部件受到轻微损坏，桥梁短期内可恢复临时通行(24h 内车流量可恢复至灾前 50% 以上)。损失包括修复加固费用、桥梁停止运营损失等。

轻微损坏——桥梁遭到轻微损坏，桥梁主要结构部件基本未受损坏，桥梁短期内可恢复正常通行(8h 内车流量可恢复至灾前 75% 以上)。损失只包括少量修复费用和桥梁使用功能不充分造成的损失。

基本未损坏——桥梁基本未遭到损坏，桥上交通未受到大的影响(8h 内车流量可恢复至灾前 99% 以上)，损失可忽略不计。

3.4 桥梁火灾风险等级

评估风险的两种常用方法是风险平面法和风险评估矩阵法。在风险平面法中，定义了一个二维平面，其中 X 轴代表某一事件的概率 P，Y 轴代表该事件后果的严重性 S(如图 5 所示)[7]。风险平面上任何一点的坐标值表示该事件的风险值 R，它是概率 P 与严重性 S 的乘积。其数学表达式为：

$$R = P \times S \quad (1)$$

式中：R——某一事件的风险值；

P——某一事件的概率；

S——该事件后果的严重性。

由式(1)，桥梁火灾风险等级见表 2。桥梁防火措施选择见表 3。

要做到有效的防御，首先应从桥梁规划出发，层层建立防御屏障，从外到内进行防火设计。桥梁防火设计应采用梯级防御系统，从外到内层层设防。针对各防火防御层次有以下设计原则：

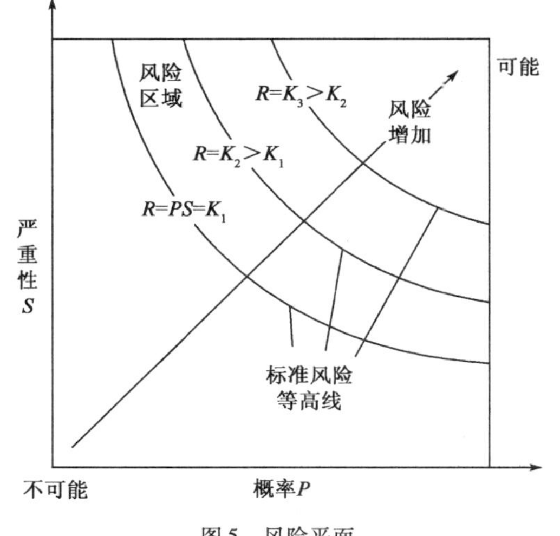

图 5 风险平面

桥梁火灾风险等级 表2

损失严重性	火灾危险性			
	高	中高	中低	低
完全破坏	HH	HH	MH	MM
严重损坏	HH	MH	MM	ML
中等损坏	MH	MM	MM	ML
轻微损坏	MH	MM	ML	LL
基本未损坏	MM	ML	LL	LL

注:HH、MH、MM、ML、LL 分别表示桥梁火灾风险等级为高风险、中高风险、中等风险、中低风险、低风险。

桥梁防火措施选择 表3

防火措施		火灾风险等级				
		HH	MH	MM	ML	LL
统筹协调	交通信息收集	○	○	○	△	
	防火预案	○	○	○	△	
	人员训练、演习	○	○	△	△	△
	救火预案	○	○	○	△	
	线路绕行方案	○	○	△		
	快速抢修预案	○	○	△		
报警设备	手动报警器	○	○	△	△	
	监视系统	○	○	△		
	自动报警器	○	○	△		
	探测装置	○	△			
	紧急电话(消防部门)	○	○	○	○	△
	紧急电话(桥梁管理方)	○	○	△	△	
警报设备	信息显示屏	○	○	△	△	△
	自动广播系统	○	○	△		
	闪光灯信号	○	○	○	○	△
	人工广播系统	○	○	○	△	△
逃生设施	紧急路障	○	△	△		
	紧急停车带	○	○	△		
	紧急照明	○	○	○	△	
	紧急电源	○	○	△	△	
	逃生指示牌	○	○	○	△	△
	避难逃生通道	○	○	△		

注:○表示原则上必须设置;△表示根据需要设置。

(1)交通运输系统规划

桥梁工程的规划布局,必须综合考虑桥梁与周围环境的关系。交通运输系统在充分满足交通需求的同时，也要兼顾遭到火灾事故时的紧急救援和应急反应能力。桥梁周围道路应该简明通畅，以便在发生火灾事故时迅速救援和及时疏散。

(2)桥梁外环境

桥梁出入口空间作为交通工具和人员通向桥面的第一入口，需要重点防范控制。油罐车爆炸对大桥结构很可能造成根本性的破坏，因此有必要加强油罐车类易燃易爆危险车辆的监控和管理，并采取合理的主动性防火灭火措施，尽快将火扑灭以控制出现爆炸。

4 结语

(1)风险事件分析结果的准确度很大程度上依赖于基础数据库的准确性，这就涉及分析方法中的根本问题——基础数据库的完善性、准确性。因此，建议国内相关部门加强基础数据库的收集和共享工作，特别建议交通部门成立一个跨部门的数据收集领导小组具体实施数据收集、共享方面的工作。

(2)系统风险下桥梁结构设计的相关研究将是进一步研究的重点，相信采用系统风险来分析桥梁结构防御、抵抗风险事件将是切实可行的方法。随着计算机技术的发展，风险事件下桥梁结构设计程序化将是未来发展的一个重点方向。研究人员开发出相应的程序模块将大大提高风险事件下桥梁结构设计的效率和准确性。

参 考 文 献

[1] Adey B, Brühwiler E, Frangopol D M, Faber M H. Life-cycle performance of deteriorating structures[J]. Structural Engineering International: Journal of the International Association for Bridge and Structural Engineering (IABSE), 2003, 13(3): 202-204.

[2] Furuta H, Frangopol D M, Nakatsu K. Life-cycle cost of civil infrastructure with emphasis on balancing structural performance and seismiisk of road network[J]. Structure and Infrastructure Engineering, 2011, 7(1): 65-74.

[3] 赵瑞先. 工程结构全寿命周期的风险分析与控制[D]. 武汉：中国地质大学(武汉)工程学院，2009.

[4] 马宏旺，吕西林. 建筑结构基于性能抗震设计的几个问题[J]. 同济大学学报，2002，30(12)：1429-1434.

[5] 林辉. 风险事件下桥梁结构设计的一般方法及过程[D]. 上海：同济大学桥梁工程系，2011.

[6] 闫治国，朱合华，何利英. 欧洲隧道防火计划(UPTUN)介绍及启示[J]. 地下空间，2004，24(2)：212-219.

[7] 林辉，陈艾荣. 基于性能的桥梁反恐设计方法研究[J]. 同济大学学报(自然科学版)，2009，37(8)：999-1002.

《公路桥梁抗撞防撞设计指南》编制简介

赵君黎[1] 李 雪[1] 邢薇薇[2]

(1. 中交公路规划设计院有限公司 北京 100088;
2. 山东省滨州市公路勘察设计院 滨州 256600)

摘 要:大量桥梁设计中都需要解决桥梁结构防撞抗撞问题,我国一批新建大型桥梁开展了桥梁防撞抗撞研究专题,解决桥梁船撞力标准及防撞措施问题。充分利用桥梁防撞研究最新科研成果,编制了《公路桥梁防撞抗撞设计指南》,为更好地解决桥梁防撞安全问题提供规范化的设计工具。

关键词:桥梁 抗撞防撞 指南 风险 倒塌频率

Introduction to《*guide specification for vessel collision design of highway bridges*》

Zhao Junli[1] Li Xue[1] Xing Weiwei[2]

(1. CCCC Highway Consultants Co. Ltd., Beijing, 100088;
2. Shandong Binzhou Highway Recoonaissance Design Institute, Binzhou, 256600)

Abstract: Vessel collision problems need to be considered in most bridge design progress, lots of newly built large bridges have already done some research on vessel collision to solve problems of vessel collision force standards and anti-collision establishments. Taking good use of new research achievements on bridge vessel collision to compile *guide specification for vessel collision design of highway bridges* can supply a specification for bridge vessel collision design.

Keywords: Bridge; anti-collision; Guide; Risk; Collapse frequency

1 指南编制背景

国内外跨航道大桥桥区船舶交通事故频发,危害程度远超乎人们的想像。由船撞桥事故所导致的人员伤亡、财产损失、通航环境以及自然环境的破坏触目惊心。2007 年 6 月 15 日“南桂机 035”船船首右侧与九江大桥桥墩发生严重触碰,造成九江大桥三个桥墩倒塌,其所承桥面约 200m 坍塌,正在桥上行驶的 4 辆汽车(共有驾乘人员 7 名)及 2 名大桥施工人员当场坠入江中,致使 8 人死亡,一名驾乘人员下落不明。2007 年 11 月 7 日与美国的 Bay Bridge of Oakland 发生碰撞,造成漏油 58 000 加仑污染旧金山湾海域。

基金项目:交通部西部交通建设科技项目(2007-318-822-34);交通建设部标准制修订项目“公路桥梁抗撞防撞设计指南”。

作者简介:赵君黎(1965—),男,教授级高级工程师,从事公路桥梁标准规范研究,Email:zhaojunli@ vip. sina. com。

据有关资料,美国在20世纪70年代初的5年时间内,内河上发生了811起船撞桥事件。1980年,美国的阳光大桥被一散装货轮撞塌,35人死亡,损失超过25 000万美元;2002年5月,美国阿肯色河一座有20年历史的大桥遭到驳船意外撞击后造成大约100m长桥段坍塌,导致12辆汽车接连从20m高空落入湍急的水流中,只有4人遇救生还。

1983年,前苏联伏尔加河上,一客轮通过一铁路桥时,由于净空高度不足,包括一个电影放映室在内的上甲板室全部被切掉,176人丧生;前苏联一客船撞铁路桥,恰巧一列火车驶过,四节客车车厢落水,死亡240多人;最近,加拿大一艘货船在通过安大略湖韦兰段时,20m高的船烟囱撞到了桥的挡板,引发船上大火,导致伊利湖和安大略湖之间水上交通中断。

在我国,船撞桥事故也是频繁发生。据不完全统计,武汉长江大桥建桥至今已发生撞桥事故81多起;南京长江大桥从1968~1995年共发生重大撞桥事故25起。这些事故均不同程度地对大桥的运营带来严重危害。

1998年,温州龙港大桥被一油轮撞塌,4人死亡,大桥交通中断4个月;1999年,四川涪江一渡轮撞桥倾覆,20余人丧生;2001年,"××"轮在定海响礁门大桥西南侧水域通过大桥时,左舷与5号桥墩发生碰撞,经济损失达1 174.5万元;2006年6月,一艘千吨货船撞上福泉高速乌龙江桥墩后翻沉等。

鉴于已经建成的梁桥普遍存在船撞风险,行业内外反映强烈,并据此开展了各种各样的基础科研工作,在此基础上,编制针对性极强的《公路桥梁防撞抗撞设计指南》既能填补推荐性标准的空白,又能及时总结成熟的实践经验和先进的科研成果并纳入规范,解决技术法规滞后的问题,进而为桥梁设计提供更多的最佳指导。

大量桥梁设计中都需要解决桥梁结构防撞抗撞问题,我国一批新建大型桥梁开展了桥梁防撞抗撞研究专题,解决桥梁船撞力标准及防撞措施问题。作为现有技术标准和设计、施工规范体系完善,充分利用桥梁防撞研究最新科研成果,编制《公路桥梁防撞抗撞设计指南》能为更好地解决桥梁防撞安全问题提供规范化的设计工具。

近年来《公路工程技术标准》、《公路桥涵设计通用规范》等一系列的规范都进行了或者正在进行修编,公路桥梁船舶撞击标准是其中基本的内容之一,因此编制一本较为全面、专业的桥梁抗撞、防撞设计指南是非常紧迫也非常必要的,因此交通部于2008年发布了"关于开展2008年度公路工程标准制修订项目工作的预通知"(交公便字〔2008〕10号),要求中交公路规划设计院有限公司承担《公路桥梁防撞抗撞设计指南》编制工作。

2 国内外相关规定

2.1 美国、欧洲在船舶碰撞方面的研究及相关规定

国际上关于船桥碰撞问题的系统研究开始于20世纪80年代初,至今已经有近30年的研究历史了,取得了一些研究结果。

美国在发生了多起恶性船撞事故后,着手注重船桥碰撞的研究,尤其在1980年阳光大桥船撞事故后,美国11个洲和美国联邦公路局共同投资开始船撞研究,并于1991年出版了《船舶碰撞公路桥梁设计指南》,后又被写入《美国公路桥梁设计规范》(1991和1994)。其专门针对美国的内河桥梁提出了基于风险的船撞设计技术标准和设计方法,内容涵盖了设计船舶的规定、碰撞概率分析、碰撞力计算、船舶破损长度的计算、防撞保护系统设计等,明确规定了设

计的目标倒塌频率(对于一般桥梁取 10^{-3},对于重要桥梁取 10^{-4})。1996 年美国铁路工程师协会(AREA)出版了《铁路桥梁防撞保护系统设计规范》。

IABSE(International Association of Bridge and Structural Engineering)于 1983 年在丹麦大带海峡跨海工程的背景下,在哥本哈根召开了一次国际会议讨论此问题,这是对船桥碰撞问题的第一次研讨会。会议提出建立一个船舶碰撞桥梁事故的国际数据库,并于 1991 年 IABSE 发表了《交通船只与桥梁结构的相互影响》(综述与指南)。

1997 年欧洲统一规范(Eurocode)开始试用,其中第一卷(Eurocode 1)—结构上的作用第 1.7 分册——一般作用 撞击和爆炸造成的偶然作用对船运碰撞作为偶然作用进行了相关规定,给出了河道船舶及海运船舶撞击力的计算方法和取值。其虽然考虑到了严重的桥梁船撞是风险事件,在编写规范时也考虑到了实效频率问题,但这种考虑是隐含的,没有具体化。

1995 年国际海协会成立了一个国际 PINAC 工作小组,成员来自九个国家:比利时、法国、德国、日本、西班牙、瑞典、英国、美国和荷兰,该小组经过 5 年的工作,到 2000 年建立了包括 151 起船撞桥事故的国际数据库,并对相关问题进行了分析。

2.2 我国在船舶碰撞方面的研究及相关规定

我国对船撞桥的问题的研究始于 20 世纪 80 年代末,结合重大跨航道桥梁工程的建设,开始了船舶撞击对跨航道桥梁安全的相关研究。

2004 年,修订后的《公路工程技术标准》正式颁布执行,随后,《公路桥涵设计通用规范》、《公路钢筋及预应力混凝土桥涵设计规范》、《公路圬工桥涵设计规范》、《公路桥涵地基与基础设计规范》等相继颁布执行,《公路桥涵钢结构设计规范》等正在修编。这些标准、规范当中,公路桥梁船舶撞击标准是基本的内容之一。

《公路桥涵设计通用规范》(2004)中规定的船舶撞击标准是在 1985 年规范的基础上修订后提出的,仍沿用定值设计,与航道等级和通航船型挂钩,分内河和海轮两种标准。《铁路桥涵设计基本规范》(TB 10002.1—99)中则只给出了船撞力的等效静力计算公式。我国的规范未引进撞击风险概念。我国现行的规范是将桥的船撞力作为偶然荷载,并将动力作用等效为一个水平静力作用。基本不考虑桥下船舶的通航密度和船撞桥发生的概率,仅要求桥梁抗力必须满足相应航道标准所能通行船舶的撞击,即用这种方法来解决船撞桥的安全问题。由于规范中缺少风险分析理念和方法,同时又没有专门的设计规范或指南可供工程师使用,因此,无法科学的区分重要类和普通类,以及不同等级桥梁应采用的相应的安全度。

我国桥梁设计、建设行业正走向世界,参与国际市场竞争,桥梁防撞抗撞指南不仅要用于国内桥梁,还要走出国门,我们必须对桥梁防撞、抗撞设计在世界上的地位有一个清晰的认识,研究编制能适应不同通航环境、桥梁技术发展需要的桥梁防撞抗撞指南,是非常必要且紧迫的。

3 公路系统相关的研究课题和资料

随着近年来船撞桥的问题日趋严重,政府和社会也加强了关注和相关课题研究,这些研究成果为本指南的编制提供了可靠的技术支持和保障。其中,包括由同济大学负责的西部交通建设科技项目“内河桥梁船舶防撞标准和设计指南的研究”,其中还包括了《桥梁船撞设计样板指南》,为本指南的编写提供了有力的支持;中交公路规划设计院有限公司承担的苏通大桥科技支撑项目“千米级斜拉桥技术标准和关键结构及特性研究”；重庆交通科研设计院牵头承担的交通部西部科技项目“三峡库区跨江大桥船桥碰撞规律、防撞措施设计与预警系统研究”等。目前关于船撞问题的研究主要集中在以下方面：

(1)大桥通航安全评估研究现状分析

大桥通航安全评估的目的是通过桥区数公里范围内的水文气象、桥梁工程、船舶交通等系统化综合研究，为科学评估大桥水上通航安全，大桥通航安全和水上交通控制规划设计，确定大桥防撞标准等提供科学依据。

(2)船撞事故统计与船桥碰撞概率研究现状分析

国内主要有戴彤宇的简化模型和黄平明的直航路模型。

戴彤宇的简化模型，主要考虑了船桥碰撞的几何概率和碰撞影响因素，包括航道、天气、水流、船型、船长等。几何概率采用船舶航迹正态分布，在参数的取值方面，需根据实际观测来确定。

黄平明的直航路模型可以看作 AASHTO 模型与昆兹模型的结合，不但考虑了航行轨迹、所处位置对事故率的影响，同时也将 AASHTO 中的部分碰撞影响因素考虑了进来，最后得出一个综合的船撞桥概率计算公式。

(3)桥梁船撞数值模拟现状及发展趋势

船舶撞击力的计算有许多方法，包括经验公式计算法、动力数值模拟法、有限元瞬态动力分析法、试验研究方法。实际的船撞桥情形是非常复杂的，这主要是由于材料、接触的强烈非线性行为、大变形、流固耦合、算法稳定性等造成的。上述几种方法都得到了实际应用。

(4)桥梁船撞试验研究现状及评价

船桥碰撞的试验研究可以直接测量船桥碰撞中的碰撞力，变形能随撞深的变化曲线。船桥碰撞的试验研究大致经历了两个阶段：第一个阶段是相似撞击情形的试验阶段，主要是船船碰撞试验；第二阶段是船桥碰撞试验研究，特别是足尺模型试验和实桥撞击试验。

(5)桥梁船撞防护系统

桥梁船撞防护系统包括主动型和被动型，主动型为助航设施如航标、VTS、AIS、桥区水域视频监控系统、海事应急搜救系统。防撞设施对桥梁大都只能提供有限度的保护，对船撞桥风险控制有利影响和剩余船撞桥风险需要定量分析评估。

(6)桥梁船撞设防标准的应用现状及发展趋势

桥梁的船撞设防标准与船撞可接受风险密不可分。目前，可接受风险标准的研究主要由以下几个准则确定：个人可接受风险、社会可接受风险、环境可接受风险和广义造价最小原则。我国缺少相关规范明确船撞风险准则，在国内开展的相关研究中，都参考了国外的风险准则。

4 编制框架和主要内容

本指南编制目标是既要编制完整全面的桥梁防撞抗撞技术指南，又要突出解决问题，借鉴目前正在实施的国外桥梁设计规范、已经完成的有关桥梁防撞抗撞研究成果，以及正在开展的相关课题研究内容进行编写，包括船撞桥风险分析、桥梁船撞载荷、桥梁船撞防护系统等。本指南作为行业推荐性标准，在设计、施工规范的基础上提出公路桥梁防撞抗撞设计一般要求，以及船撞风险评估、风险控制方法技术等。

指南的编制框架如下：

1 总则

2 术语和符号

3 设计基本原则

4 防撞设计代表船舶

5 下部结构规定

6 混凝土与钢结构设计

7 桥梁防护系统设计

8 桥梁建设的船撞安全设计

9 撞击风险与保险

附录A 桥梁设计撞击调查四阶段程序

附录B 船型数据统计及预测

附录C 船撞动力分析方法

附录D 撞击风险分析方法

附录E 大桥通航安全分析方法

附录F 桥梁施工期防撞措施

附录G 桥梁防撞抗撞实例

附录H 公路桥梁防、抗车辆撞击设计要点

附录J 桥梁的柔性防船撞装置设计指南

“总则”中介绍了指南的编制目的、适用范围、基本要求以及应符合的相关规定等内容；

“设计基本原则”主要包括一般规定、规范的适用性、重要性划分、数据收集、船舶类型和特点、设计船舶、设计船撞速度、船舶撞击能量、轮船对桥墩的撞击力、轮船船首撞深、轮船对桥梁上部结构的撞击力、驳船对桥墩的撞击力、驳船船首的损坏长度、撞击荷载组合、桥梁防护系统、最小撞击力设计标准、撞击荷载作用部位设计等内容；

“防撞设计代表船舶”主要包括基本原则、水道特征、桥梁特征、通航船舶特征、船撞作用沿桥轴线分布、设计荷载、方法I-定值法、方法II-倒塌概率法、漂流物撞击、方法III-破坏成本法等内容；

“下部结构规定”主要包括一般规定和计算两方面内容；

“混凝土与钢结构设计”主要对船舶撞击荷载不致使上部结构倒塌的桥梁构件设计相关的要求进行了介绍；

“桥梁防护系统设计”主要包括一般规定、结构性防撞设施分类、其他助航措施、桥面交通预警、结构性防撞设施的设计荷载与设计计算等内容；

“桥梁建设的船撞安全设计”主要包括基本原则、桥位选择、桥轴线布置、桥梁类型、船撞安全要求、防撞区域划分、保护系统、通航跨净空等内容；

“撞击风险与保险”主要包括风险识别、风险评估、风险水平接受准则、保险对策、风险控制等内容。

5 结语

针对我国桥梁防撞规范指南需求现状,在设计规范、实践和科研成果的基础上,及时总结归纳提高,为进一步改进梁桥防撞抗撞设计,编制行业推荐性指南不仅是非常必要的,而且也是非常紧迫的。

桥梁防撞抗撞设计时要考虑桥梁、通航船舶、航道、水文等多种因素,涉及的特征参数具有随机特性,需要进行统计预测。数据样本获得、统计模型的建立、超越概率的设定,需要平衡桥梁经济与防撞抗撞安全度,进行综合分析评定。综合当代船撞计算模拟技术、防撞抗撞技术、船撞风险分析控制技术是编写本指南的主要内容。

参考文献

[1] 中交公路规划设计院.公路桥涵设计通用规范(JTG D60—2004).北京:人民交通出版社,2004.

[2] American Association of State Highway and Transportation Officials. Guide Specifications and Commentary for Vessel Collision Design of Highway Bridges. Second Edition, 2009.

[3] Erocode 1:Action on Structures-Part 1-7: General Actions-Accidental Actions Due to Impact and Explosins,2002.

[4] 王君杰,耿波.桥梁船撞概率风险评估与措施.北京:人民交通出版社,2010.

桥梁防撞设施及其最新发展

陈国虞

(上海海洋钢结构研究所　上海　201204)

摘　要:本文首先以最近几例船舶撞垮桥梁的事例,说明桥梁防船撞设施的失败教训。进而综述有史以来的各种防船撞设施,阐述防撞装置从弹、塑性吸能到黏滞性耗能的发展。并从设施特征上分别阐明不同的桥梁使用浮式、固定式、一层、两层防撞圈的新型柔性耗能防撞设施,以达到既能保护桥又能保护船和环境的要求。

关键词:桥梁防船撞设施　弹塑性　黏滞性耗能　浮式防船撞设施　固定式防船撞设施

The present situation and latest development on bridge anticollision facility

Chen Guoyu

(Shanghai Marine Steel & Structure Research Institute, Shanghai, 201204)

Abstract: First this article gave a few recent examples of the ship crash bridge, indicating the failed lessons about anticollision facility. Further comprehensive Analyze past bridge anticollision facility and expounded the anticollision facility development from elastic plastic materials absorbing energy to viscosity materrials dissipated energy. Finally, indicated the reason of using different anticollision facility to protect the ship and environment, from the characteristics of different facility.

Keywords: bridge anticollision facility; elastic plastic; energy dissipation; floating anticollision facility; fixed anticollision facility

1　桥梁防船撞的经验和不足

人类建设桥梁是为了将道路通过河流、港湾和山谷等地区,其中通过有航道的河流和港湾的那些桥梁,就有船撞桥的问题。桥梁建设者为了防御桥梁被撞坏,首先就考虑采用一跨过江的桥梁形式(古人就知道江中设墩在工程建设时期和随后整个使用期都很麻烦),只有在技术能力或经济能力有困难时,才在水中建设桥墩,江中有桥墩又有航船时就会采用桥墩防撞设计和桥墩防船撞的设施,因此就存在这类设计和设施的好坏和是不是满足实际要求的问题。

我国现存的河北赵州桥建于一千四百年前的公元595年,采用的就是一跨过江的技术;现在还在使用的、很多人都去看过的卢沟桥,建于公元1189年,采用尖形桥墩,拨开船头减少船撞力,既保护桥又保护船,是一种很好的防撞设计;至于现在还在使用的宋朝(公元960~1279)

作者简介:陈国虞,研究员,男,1934年生,长期从事造船和海洋工程材料的应用研究。

建的桥梁,在浙、闽有几百座之多,其中很多采用木栅护桥墩、木栅护桥台的防撞设施,尤其是后者突出了保护船的作用。

从现实的事故来分析前人设计的不足,以求发展出更好的桥梁防船撞设施,现在举3个实例总结前人的经验,说明其不足之处。

1.1 有防船撞设施而桥被撞塌

例如美国40号州际公路阿肯色河桥,原设计有8个圆形防撞墩,桥还是被船撞塌了[1],因为防撞墩这种方式只能保护一个较小的区域或角度,该船撞到该桥双柱墩的一个柱上,而墩柱太弱,所以桥就被撞塌了,他们解决的办法是:核算船撞桥的水平力,加强桥的水平抗力(取消了双柱墩这种形式)和建设扁墩(图1)。

a)

b)

图1 美国40号州际公路阿肯色河桥被撞塌

a)原设圆形防撞墩保护区域和保护角度均显不足;b)修复后的阿肯色河桥(扁墩)

1.2 有防船撞设施而船被撞坏,水域严重污染[2]

例如美国旧金山湾悬索桥,桥墩本身很强,再于桥墩外面包型钢柱栅,虽然型钢外面有方木,但固定方木的是钢螺栓头。它在与船壳接触时,割开船侧大口,泄漏燃油200余吨(图2),已用了两亿美元左右的费用去清理,但几年之内海湾污染不能完全消除。

a)

b)

图2 美国旧金山湾悬索桥桥墩将船撞坏

a)坚固的桥墩及其外面的钢木护舷;b)被割开长口而泄油的集装箱船

1.3 桥墩原设计没有抵御水平力的能力[3]

例如已被撞垮的上海嘉定外冈镇混凝土桁架桥,其桁架两端放在桥台的混凝土牛腿上(宽20cm),此牛腿没有设计抵御水平力的结构,受水平力后位移10cm全桥即垮下来(图3)。

预制构件整件落下,其垮塌过程与浙江金塘大桥相似。图3b)为现在所建的一种抵受水平力的简易结构,由于一般船的上层建筑对桥的撞力只有船撞击力的1/10左右,此简易结构可抵御内河航线通过的1 000t货船上层建筑的撞击力。

a)

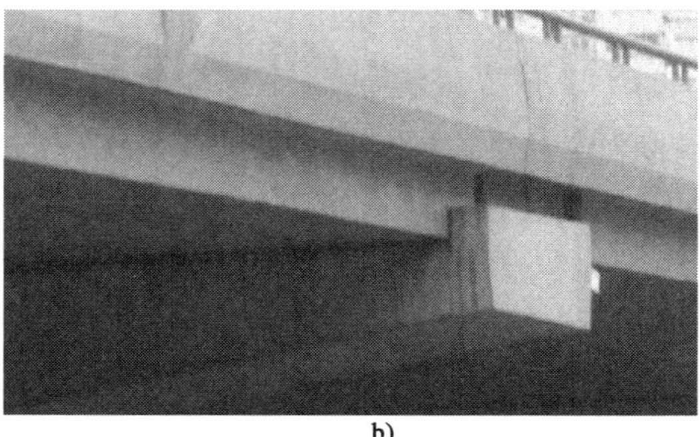

b)

图3 抵御水平力的简易设计

a)没有水平抵御力的牛腿,桁架梁已倒塌;b)有抵御水平力的简易设计

2 桥梁防船撞设施分类

参考日本学者岩井·聪的分类[12],首先将防船撞设施分为直接结构和间接结构。每种结构又分为3种类型:弹性变形型、压坏变形型(弹塑性)和变位型,下面各举一例。

2.1 直接结构弹性变形

该型包括弹性护舷方式和绳索方式等,图4是一个实例,该桥墩上使用了钢绳和鼓形橡胶碰垫两种弹性变形方式。

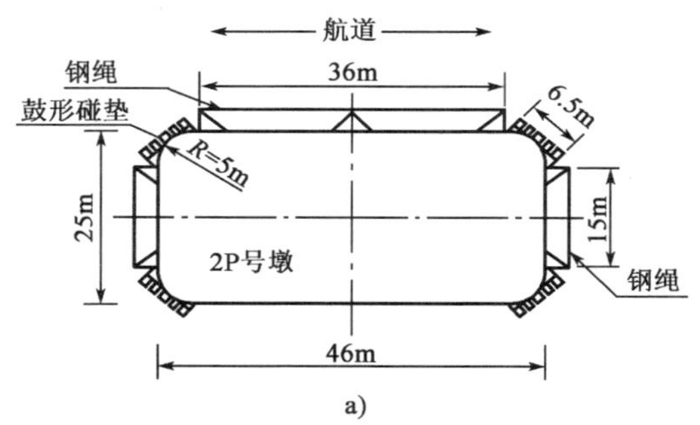

a)

b)

图4 岩黑岛桥(日)2号桥墩采用的两种弹性防撞装置[4]

a)2号桥墩防撞设备布置简图;b)鼓形橡胶碰垫

2.2 直接结构弹塑性变形型

我国1995年开始在长江黄石公路桥上使用的就是钢结构压坏变形型直接式防撞结构,是一个将桥的双薄型墩置于浮船的两个月亮井中的实例(图5),该装置于1998年9月2日被空驳船撞后即返船厂进行修理,驳船也严重受损,但桥梁经过检查可以继续使用。

2.3 直接结构变位型

美国介绍的一种变位型防船撞设施,称为移动重力摆,船撞外平面,重力摆移动较长距离,通过各种方式(摩擦、阻尼等)耗散冲击能量。此外美国还介绍过一种重力摆动式变位型防船撞设施。图6介绍的是移动式重力摆变位型防船撞设施，当采用大规格的阻尼油缸进行耗能时，防御的船舶可稍大一些。但此两种方式对大船是不够的。

a)

b)

图5　长江黄石公路桥浮式压坏变形型直接构造防撞装置

a)远景；b)近景

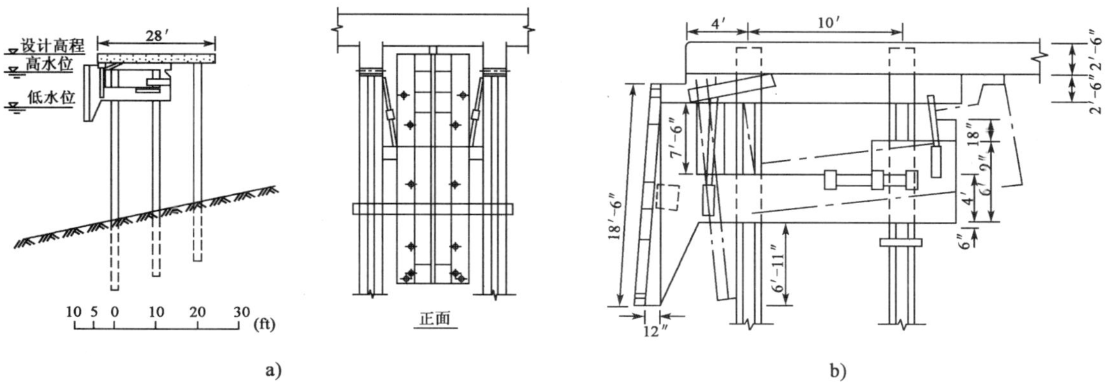

a)　b)

图6　平板重力摆式桥墩防船撞系统[6]

a)全图；b)放大图

2.4　间接结构弹性变形型

该型主要为桩方式，有用桩围住桥墩，也有单根桩柱保护一定角度的(图7)。广州解放桥属于前者；广州铁路珠江桥属于后者。

a)

b)

图7　间接结构弹性变形型[3]

a)广州解放桥，桩上用梁连起来；b)广州铁路珠江桥只保护一定角度

2.5 间接结构压坏变形型

该型包括沉井方式和人工岛方式(图8),南京长江一桥1号墩保留了施工沉井作为防船撞之用;美国阳光大桥采用的钢板桩大围堰的防撞墩方式。

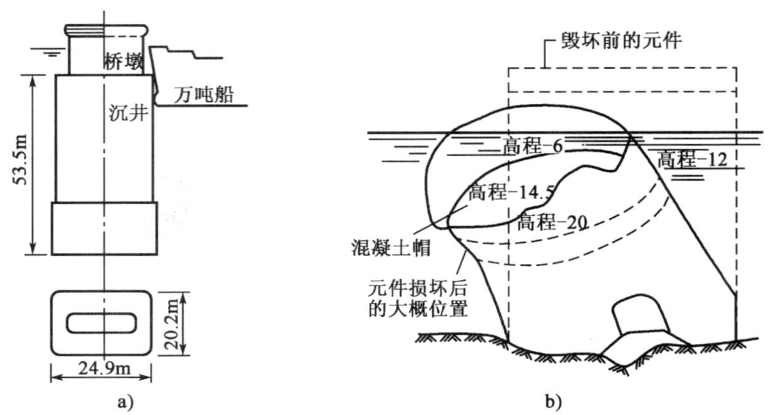

图8 间接结构沉井与围堰

a)南京长江大桥1号墩沉井保护;b)美国阳光大桥采用的钢板桩大围堰防撞墩方式

2.6 间接结构变位型

该型为浮体系缆(图9),遇撞拖行河床底土中的锚,以耗散冲击能。美国和我国都有设计图,但未见照片和实物。

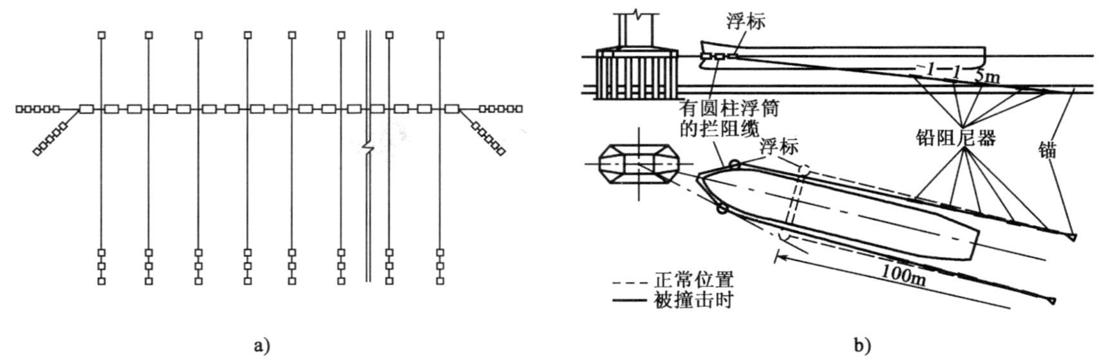

图9 间接结构变位型防船撞设施

a)拖行重力船锚系统示意图[10];b)美国拖行锚(铅块)系统示意图[11]

岩井·聪分类中并没有包括刚性非常大的(基本上不变形)人工岛等形式(见图10),也没有包括一些特别强大的桥墩(如图2a)。对于这两种情况,为了保护船和环境,建议在它们面向航线的前沿,装设柔性防船撞设施,以保护船和环境。

在上述按岩井·聪分类而举出的例子之外,还有一些新发展的型式,例如用尼龙缆索弹塑性变形拦阻航船的间接结构;又例如专门针对拱桥用的通航净宽柔性限位以防止船撞拱脚的装置等,但其中以从刚性—弹性—弹塑性—黏滞性,这一发展而设计制造出来的黏滞性防船撞设施是最具原理性发展的一种。

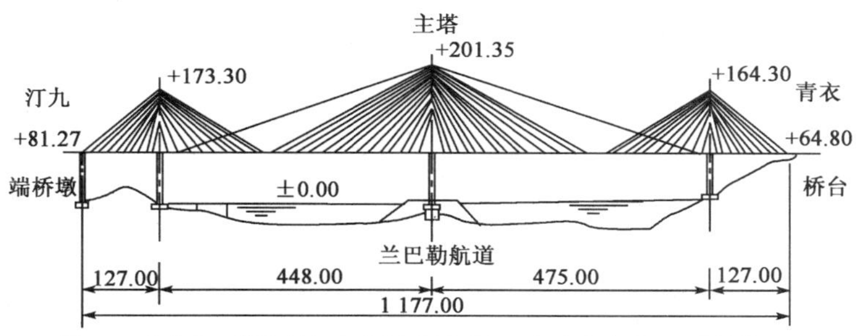

图 10 香港兰巴勒海峡汀九大桥采用了人工岛防撞方式(尺寸单位:m)

3 黏滞性防船撞设施的原理

上文已讲过弹性变形、塑性变形以及刚性设施的实用情况,刚性的人工岛等防船撞装置对桥保护很好,但对船损伤很大,容易对海洋和江河环境造成污染;弹性防船撞装置由于弹性变形传播的速度很快,回弹也很大,撞击能很快以回弹功的形式作用于船体而造成船体凹陷或损坏;弹塑性防船撞装置由于塑性变形后船头和防撞装置不会恢复,所以每撞一次,需回到制造厂修理一次。因此向前发展出一种黏滞性的防船撞设施,要求将撞击能量尽量多地消耗掉,不快速回弹,也不将大量的功作用于船体,小撞、中撞后能够恢复,多次使用(图 11)。用曲线表示如图 11c),图中曲线包围的面积就是耗散掉的功。现在系列生产的 Φ400mm、Φ600mm、Φ800mm 系列防撞圈,耗散功占外加功的 60% 以上,参见图 12。

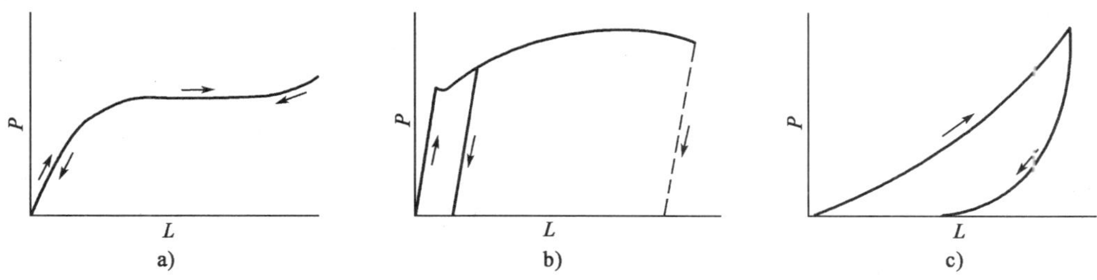

图 11 弹性、弹塑性和黏滞性防撞元件的“P—ΔL”曲线

a)弹性元件,橡胶碰垫的力—位移图;b)弹塑性元件或构件,钢格子结构的力—位移图;c)黏滞性元件,防撞圈的力—位移图

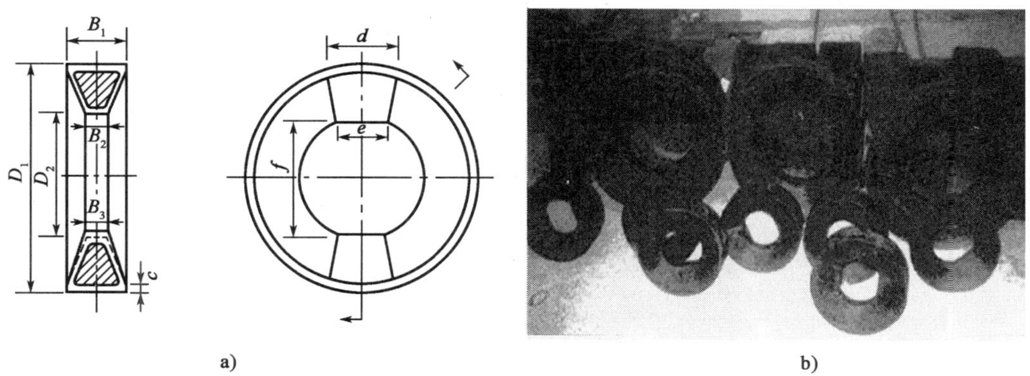

图 12 黏滞性防撞圈[8]

a)黏滞性防撞圈构造图;b)系列黏滞性防撞圈

4 适应各种桥的柔性耗能防撞设施

柔性耗能防船撞设备一般由外钢围、中层防撞圈和内钢围组成,外钢围有尖角,并具有一定刚性的光滑外表面,便于产生分力滑动船头,多个防撞圈并联和串联置于中层,能延长撞击过程时间,并大幅度地降低船撞力。内钢围主要是防止船头撞到桥桩(柱)。如果承台符合防撞要求,可以节省内钢围,反之需要内钢围做得很大,才能防止船头撞到桥桩。

不同的桥梁根据桥位处的水位差等的具体情况,可以分别选用浮式、固定式的柔性耗能防船撞设施。

4.1 浮式柔性耗能防船撞设施

此种设备已装设在广东湛江海湾大桥两个主桥墩塔,预定防御 50 000t 的船的撞击,冲击力下降到原来的 40%,使桥墩承受的力符合设计限定的水平反力值。于 2007 年 12 月通过鉴定,评为世界首例(见图 13)。

a)

b)

图 13 湛江海湾大桥柔性耗能防船撞设施[4]

a)全景;b)局部

经过多次反复地计算,不论是浮式的柔性耗能防船撞设备还是固定式的柔性耗能防船撞设施,都能将船撞力降到原来的 40% 左右。举例如表 1 和图 14。

两种防撞装置使船撞力下降的比例 表 1

冲击方法	船载重 DWT(t)	连附水重(t)	撞速 v (m/s)	撞击工况	船撞力(MN)	下降(%)	备注(号码为图 14 从上而下的曲线序号)
钢船/混凝土墩(无防护)	40 000	53 025	6.74	正撞	148.0	—	曲线 1[13]
	50 000	62 078	4.00	正撞	113.3	—	当量计算结果,曲线 2
	52 300	68 750	4.00	正撞	132.0	—	湛江海湾大桥
钢船/钢格子防护	50 000	62 078	4.00	撞正	99.1	12.5	咨询单位提交苏通大桥(3)
				撞中	93.4	17.6	咨询单位提交苏通大桥
钢船/黏性防护	52 300	68 750	4.00	撞正	47.9	63.7	湛江海湾大桥(4)
				撞角	74.8	43.3	湛江海湾大桥

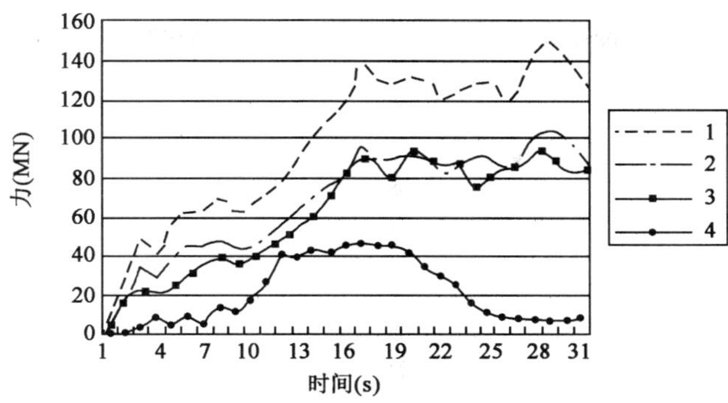

图 14 两种防撞装置效果比较图（图中曲线自上而下的顺序与表 1 备注中号码相同）

4.2 固定式柔性耗能防船撞设施

在水位差比较小时,也可将柔性耗能防船撞设备做成固定式的(图 15),好处是不需要在专门的船厂制造,焊工也不需要船舶检验部门发证,缺点是根据潮差而设计的防撞设备通常较高,因而工程投资较大。

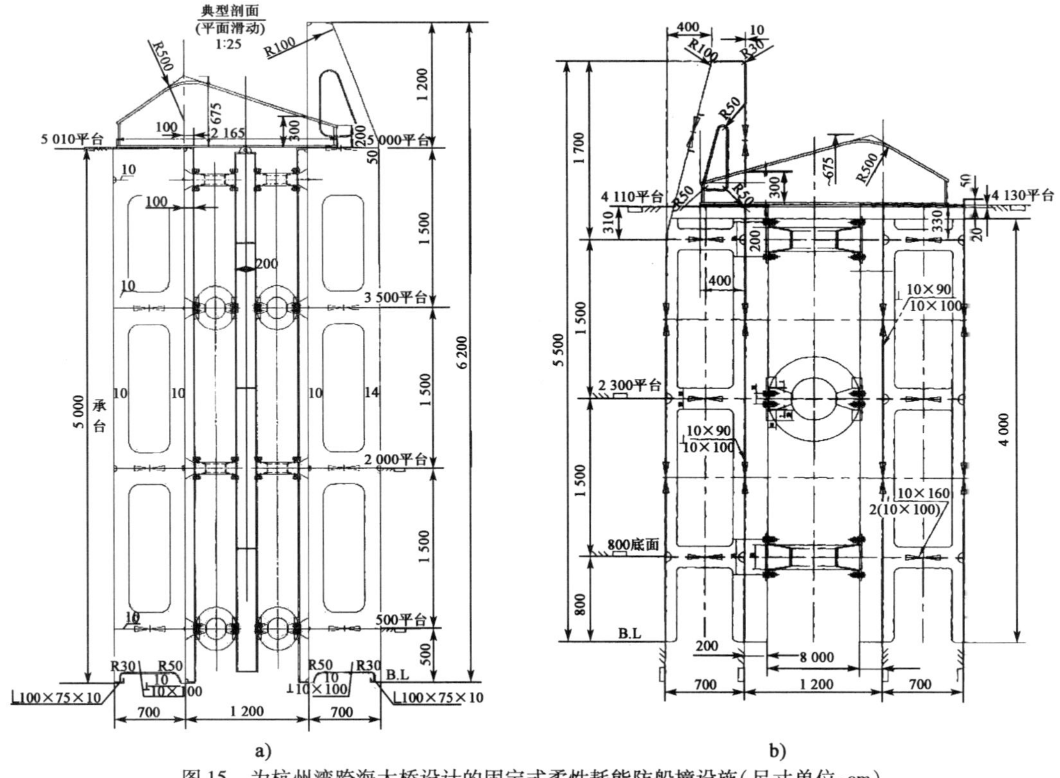

图 15 为杭州湾跨海大桥设计的固定式柔性耗能防船撞设施(尺寸单位:cm)

a)为 D11 号桥墩设计的 4 并 2 串固定式柔性耗能防船撞设施;b)为 B7 号桥墩设计的 3 并固定式柔性耗能防船撞设施

5 结语

人们经过近 15 年对刚性、弹性、弹塑性防船撞设施(装置)的实践,设计者希望防船撞设施能够耗散掉部分冲击功、滑开船头、并尽量少破坏船体,从而保护桥梁、保护船也就保护了环境。于是向前发展设计建造出黏滞性防船撞设施,其防撞元件可以耗散掉外加冲击功的60%,安装防撞装置后,能延长撞击过程时间,大幅度地降低船对桥的冲击力。造价还可以比依靠钢板屈曲变形的弹塑性结构防撞装置显著地降低。

参考文献

[1] 陈国虞,张澄.从美国阿肯色河桥被撞塌谈起.中国水运,2002(12):45-45.

[2] 陈国虞,张澄,王礼立,黄德进.柔性消能防撞装置的技术特点.桥梁,2007(4):58-62.

[3] 陈国虞.老桥防船撞问题.桥梁检测、评定与改扩建、加固关键技术研讨会论文集,2007.

[4] 陈国虞,王礼立.船撞桥及其防御.北京:中国铁道出版社,2006.

[5] 史元熹,金允龙,等.黄石长江大桥主墩防撞设施设计.船撞桥论文集,2000:75-81.

[6] 杨渡军.桥墩的防撞保护系统及其设计.北京:人民交通出版社,1990.

[7] [丹]A. G. 弗赖德逊.几座当代大桥的防撞设计理念.船撞桥论文选,2000:42-47.

[8] 陈国虞.水中桩柱防撞新技术.中国海洋产业.海洋工程,2008(4):13-18.

[9] 曹映泓.柔性消能防撞不再是梦想—湛江海湾大桥主墩柔性消能防撞设施研究.桥梁,2007,(2):84-91.

[10] 于群力,吴广怀,刘舟峰,黄光远.一种大距离走锚消能式防撞系统.2008年全国桥梁学术会议论文集.北京:人民交通出版社,2008:482-487.

[11] 美国各州公路和运输工作者协会.公路桥梁船撞设计指南(第二版),2009.

[12] [日]岩井·聪,等.关于船舶对桥梁的安全措施.中国航海,1986(19).

[13] 刘建成,顾永宁.船—桥碰撞数值仿真.第十五届全国桥梁学术会议论文集.上海:同济大学出版社,2002:215-221.

理论方法篇

船桥碰撞的数值分析方法

顾永宁

(上海交通大学　上海　200240)

摘　要:简要介绍了船—桥碰撞分析的动力模拟和全有限元仿真两种数值分析方法,演示了一个全桥碰撞仿真的计算过程,并介绍了一个碰撞校准研究的计算验证。

关键词:船桥碰撞　桥梁安全　结构动力模拟　非线性有限元

Numerical analysis method for ship-bridge collision

Gu Yongning

(Shanghai Jiaotong University, Shanghai, 200240)

Abstract: Two methods of simplified dynamic simulation and full finite element dynamic simulation for ship-bridge collision are introduced in brief. A procedure of ship-full bridge collision and a benchmark study of finite element simulation of collision are presented as well.

Keywords: ship-bridge collision; bridge safety; simplified dynamic simulation; nonlinear finite

桥梁设计和事故后的安全评估需要进行船—桥碰撞分析。上世纪末发展的数值分析方法和软件可以模拟一个碰撞场景的时域历程,用于船舶碰撞的分析,同样可用于船—桥碰撞仿真。研究证明,在正确运用的前提下,碰撞的数值计算可以提供良好的碰撞模拟结果。目前有两种数值计算方法可以用于船—桥碰撞分析,其一是简化数值模拟方法,其二是全有限元动力仿真计算。

1　碰撞动力模拟计算方法

该方法在 1984 前后起源于 2 维船—船碰撞分析,以后发展为 3 维船—船碰撞分析[1],当将被撞船处理为固定物体时,就是船—桥碰撞的模拟。

此方法将碰撞分为外部机理与内部机理的计算并耦合求解。外部机理指船体运动分析,计及运动惯性力、周围水动力、碰撞力的平衡,列出 2 个船体 3 维刚体运动共 12 个方程和碰撞点 3 个力平衡方程,其中,船体周围的水动力作用通过 2 维切片理论计算,碰撞点的碰撞力通过内部机理分析计算。内部机理指碰撞点处的结构变形与碰撞力的关系,它由碰撞区结构的弹塑性变形决定。本方法的重要特点是,用 3 个船体参考坐标轴方向的非线性弹簧,代表一个船体在碰撞点处的结构非线性刚度,两个船体共 6 个非线性弹簧表达碰撞区的碰撞变形与碰

作者简介:顾永宁(1939—),教授,博士,从事船体与海洋工程结构强度和船舶碰撞研究,E-mail:yngu@ public1. sta. net. cn。

撞力的关系,见图1(平面图上仅见4根弹簧)。

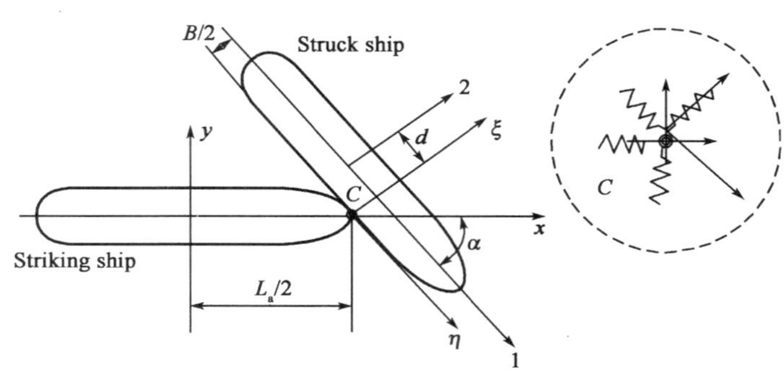

图1 动力模拟方法碰撞船体和非线性弹簧模型

耦合的非线性方程组必须通过时间增量方法在时域中求解,通过时间增量 Δt 逐步积分计算到碰撞过程结束。因为每一步的碰撞力直接可从弹簧非线性力和位移曲线上取得,省去了最耗时的结构内部响应计算,所以本方法计算十分快捷。

这里,船体刚体运动是精确的解析解,外部流体动力计算是经典的切片方法,所以本方法算得的外部运动是可靠的。关键在于6个非线性弹簧的刚度曲线,如果它与实船结构的弹塑性特性符合,就可以给出正确的碰撞力和外部运动的解。船体碰撞部位的结构总是可以拆解为平板、十字交叉等简单形式的加筋板材,并有多种简化理论给出它们在弹塑性大变形和屈曲时的抗力近似计算公式,再将它们总合成复杂形状的船体结构非线性响应。实际计算时,如何根据实船图纸分解碰撞部分的结构并计算其非线性刚度曲线,需要作业者的经验。该方法已经应用于国内多种船型碰撞力的系列计算。

2 非线性全有限元碰撞仿真方法

2.1 计算原理

撞击体(船首)和被撞体(桥)均被离散成有限元模型,它们由带质量的节点和板、梁、块体单元组成,如图2所示,一般节点和单元的数目在 $10^3 \sim 10^4$ 数量级,从碰撞开始时刻起,模型质点系的运动控制方程为:

$$M\ddot{x} + C\dot{x} + Kx = F^{\text{ext}} + H$$

其中,M、C、K 分别是节点质量矩阵、阻尼矩阵和结构刚度矩阵,H 是沙漏阻尼力,F^{ext} 是包含碰撞力在内的节点力矢量。记:

$$F^{\text{residual}} = F^{\text{ext}} + H - Kx - C\dot{x}$$

则控制方程写为:

$$M_i \ddot{x}_i = F_i^{\text{residual}} (i = 1,2\cdots)$$

采用显式中心差分法求解节点瞬时加速度:

$$\ddot{x}(t_n) = M^{-1} F^{\text{residual}}(t_n)$$

从 $t=0$,$v=v_0$ 开始碰撞接触时刻起,给予时间增量 Δt_1,依次求得该时刻节点加速度、速度、位移、单元变形、应变、应力、碰撞力、能量耗散等参数,更新模型的几何和材料参数,进入下一时间步计算，直至速度为零或碰撞结构分离(图3)。

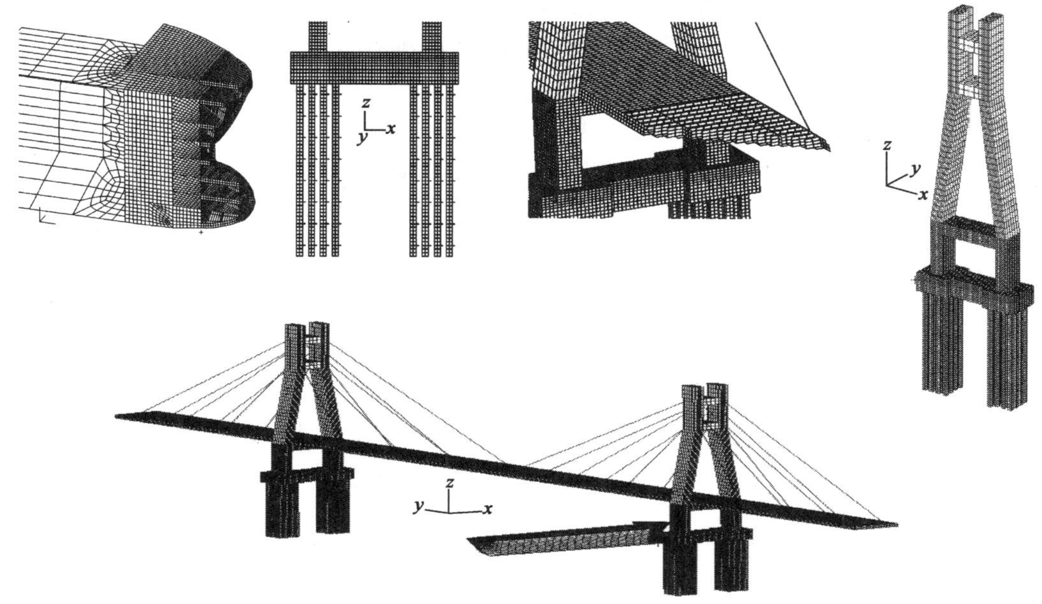

图2　船—桥碰撞有限元模型

时间步长由单元特征长度和材料内的音速决定：

$$\Delta t \leqslant l_s / c$$

$$c = \sqrt{\frac{E}{\rho(1 - v^2)}}$$

式中，l_s、c、ρ、v 和 E 依次是单元特征长度、材料内的音速、材料密度、泊松比和塔形模量。船桥碰撞历经时间约 2～3s，按船舶碰撞模型单元尺度在 10cm 量级，Δt 一般在 $10^{-7} \sim 10^{-5}$s，一般需进行百万次显式方程求解计算。

碰撞过程中，接触界面处有互相贯入的趋势，通过阈函数按照贯入的距离施加反向节点力使碰撞各方保持接触而不贯入。

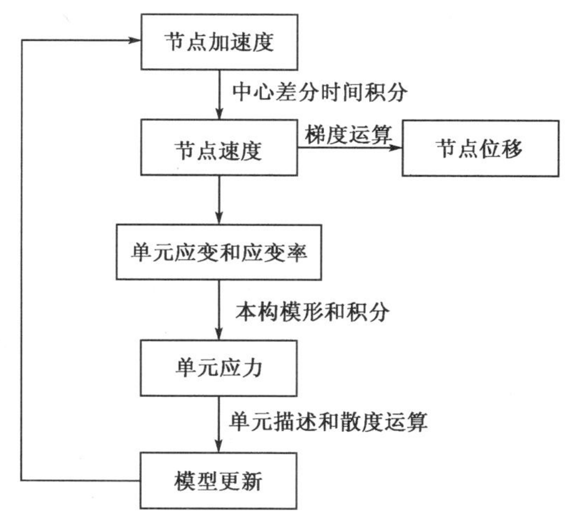

图3　一个时间步内的计算流程图

在每一时间步结束，检查每一个单元的应变和应变率，更新材料本构参数，如果应变超过材料断裂应变，表示单元失效撕裂，从模型中去除该单元。各节点的坐标更新到位移后的位置，形成新的计算模型，进入下一时间步的计算。

2.2　全桥碰撞响应算例

仿真一艘 40 000DWT 散货船以 6m/s 速度船首撞击长江中某斜拉桥的过程[2]，仿真计算时间约 3s，时间步长 $10^{-7} \sim 10^{-6}$s。

图3中显示了船首、桩—土、承台、桥面、桥墩柱和全船—全桥的有限元模型。其中船首模型按实船结构采用精细均匀网格并考虑钢材的全程应力—应变关系曲线，桩—土模型采用考虑土动力效应的土弹簧模型，桥墩、承台和桥柱模型考虑混凝土本构关系和配筋，桥面和拉索采用钢材特性（仅出于研究的目的，拉索根数比实际减少）。

仿真计算从船首接触桥体时开始，至碰撞速度为零时为止，结果给出碰撞力、各结构部件的能量耗散、船首和桥梁变形、桥梁特征位置的运动加速度、速度、位移、拉索张力的时间历程曲线，对于船桥碰撞的力学现象做出了详尽的描述（图4～图6）。

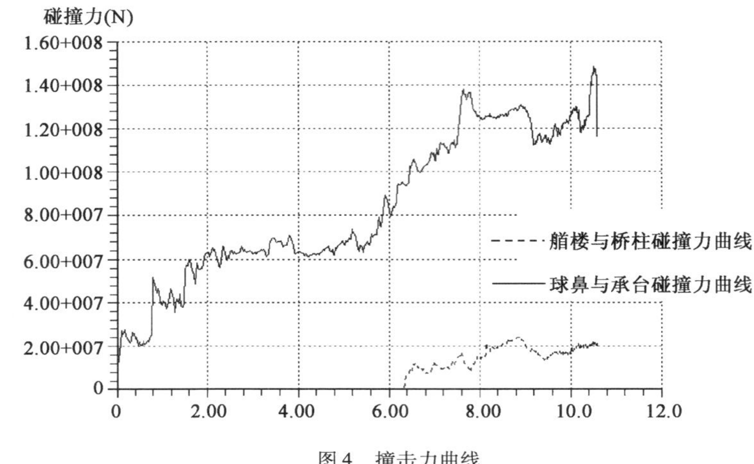

图4 撞击力曲线

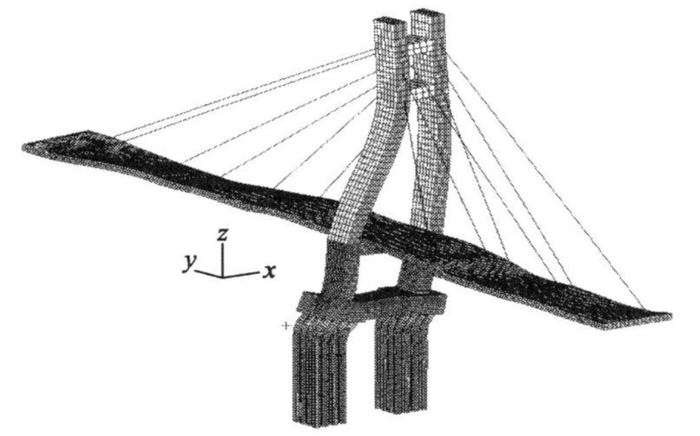

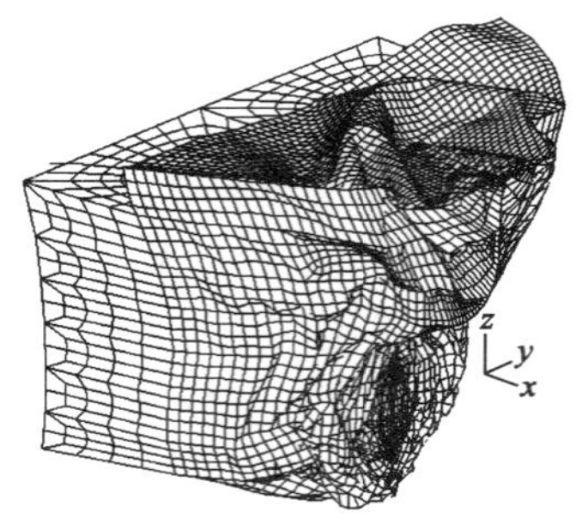

图5 撞击瞬时变形

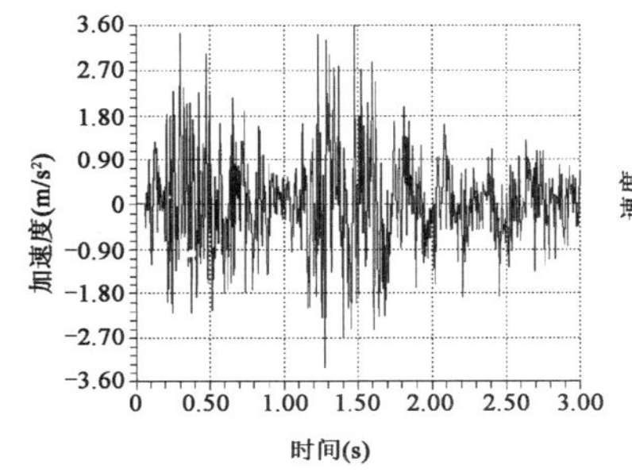

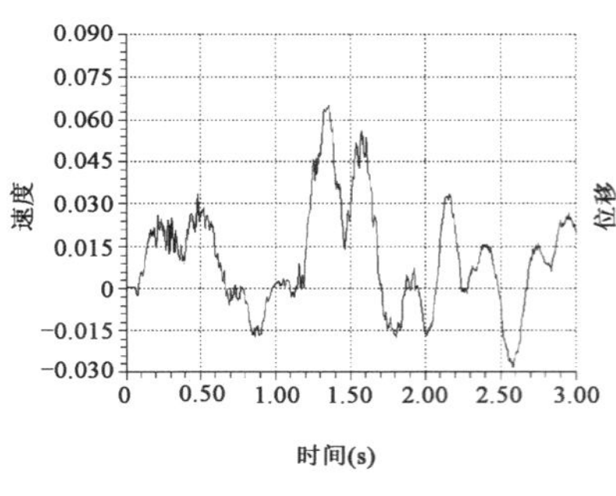

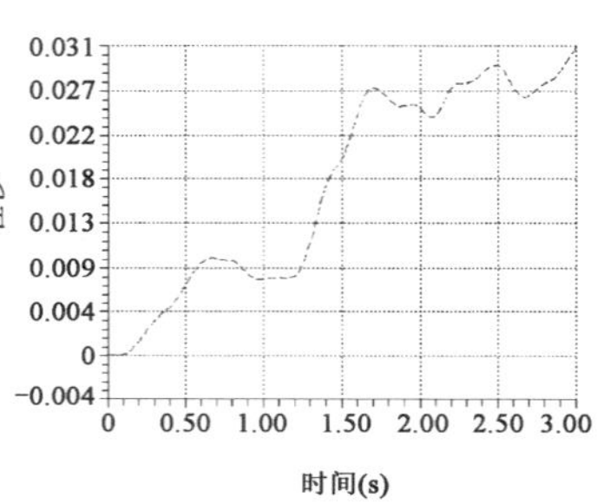

图6 桥梁响应

船桥碰撞中，桥墩和承台的混凝土实体结构刚度一般远大于船体艏部薄壁板梁形成的空心结构刚度。碰撞中总是船首结构达到塑性变形和断裂，碰撞力的时程变化就是船首结构的逐步崩溃力(图 7)。

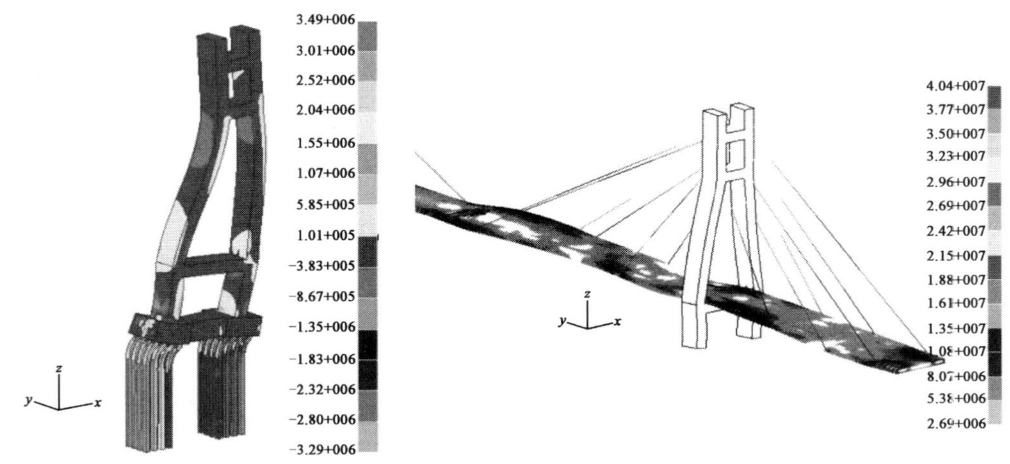

图 7 桥柱与桥面结构某瞬时应力

本算例，碰撞中船舶吸能 5×10^8 焦耳而桥梁吸能 1×10^6 焦耳，说明桥梁的相对变形(位移)很小，可以近似处理为刚性体。如果不在意计算桥梁的响应而仅需碰撞力数据时，可以将桥墩承台作为刚体建模，可以节省计算成本而结果非常接近，如图 8、图 9 所示。

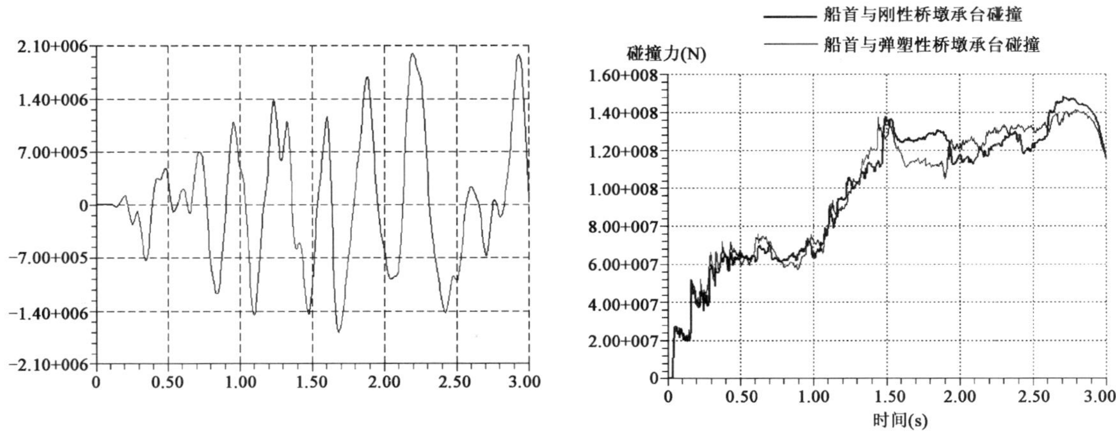

图 8 斜拉索(3)动拉力响应

图 9 船首与承台接触碰撞力比较

2.3 有限元仿真计算可靠度验证

对于有限元方法应用于强非线性动力过程计算的可信度一直是学界注意的问题。尽管大量的碰撞计算一般都能出可以理解的合理结果，在 2000 年仍专门进行过一次国际合作验证，国际船舶结构力学会议碰撞专家组中，各国几所高校和研究机构以 1993 年日本 ASIS 协会(Association of Structural Improvement of Shipbuilding Industry, Japan)进行过的一个碰撞试验为参照，验证有限元计算的符合性[3]。该试验是以8t重锤从4m高度冲击超大型油船舷侧水平桁实尺模型4次，并对每一部件进行材料拉伸试验，提供了所有原始资料和试验结果(图10)。

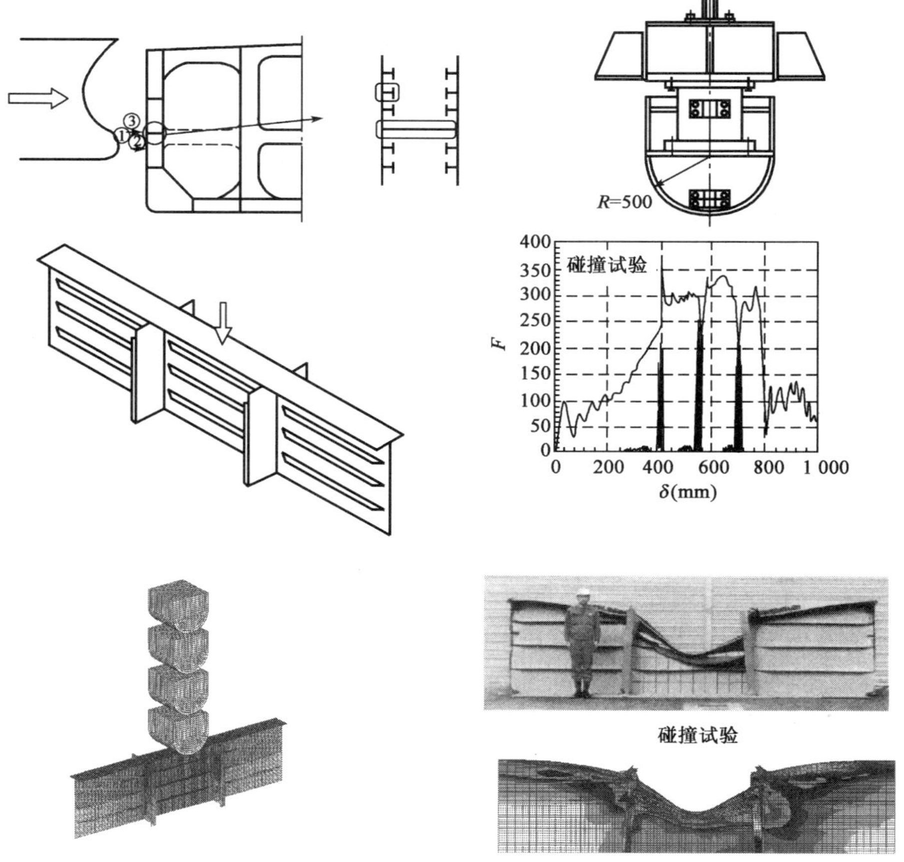

图10 实尺度试验与校准计算

上海交大的课题组用DYTRAN程序完成的有限元冲击计算最终变形与试验结果十分一致，细网格模型的变形—撞力曲线与试验符合(图11)。其他国家会员的计算验证也获得一致的结论，认为全有限元动力计算可以给出与实际碰撞过程相符合的力与变形。

图上显示，粗网格模型计算的撞击力明显高于试验曲线，原因是粗网格单元不足以表现撕裂点的应力集中，延迟的撕裂使得结构强度提升，高估了碰撞力。所以有限元计算可以给出碰撞过程的良好仿真，反之，粗劣的有限元计算也可能给出错误的评估。期望获得可靠的碰撞仿真，全有限元动态计算需要正确建模和设置参数，主要是：

(1)正确设置结构模型网格尺寸，在直接碰撞区使用均匀和细密的网格。

(2)正确给定材料应力—应变曲线、断裂应变、应变率影响等参数。

(3)对于船舶，需正确考虑附连水质量的影响。

(4)正确给定计算控制参数。

一般情况下，当网格不够细密时，给出偏高的刚度和碰撞力。

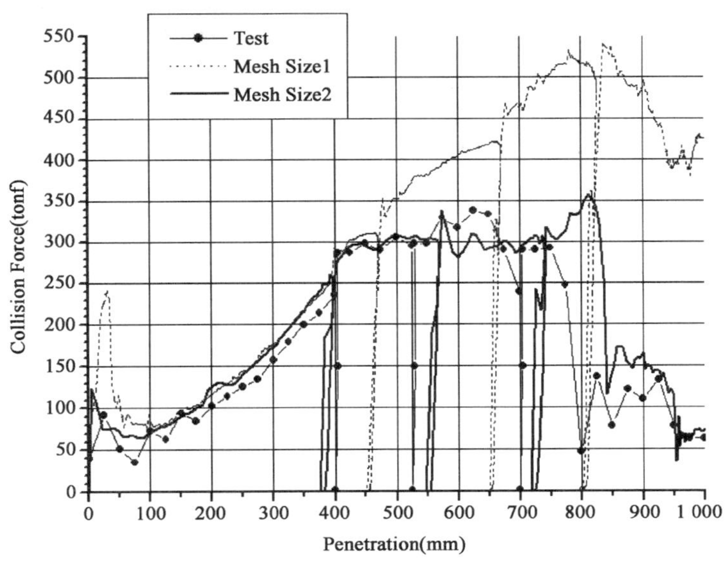

图 11　试验与计算的碰撞力曲线

3　结语

(1)全有限元非线性动力分析方法和合格的软件,可以仿真结构碰撞的详细过程,是船—桥碰撞分析的有力工具。

(2)正确建立碰撞模型和设置计算参数是有限元方法取得正确结果的基础。

(3)有限元方法一次仿真计算仅针对一个确定的场景进行,需要较高的计算成本。系列的多方案碰撞、防撞研究,宜采用效率较高的动力模拟计算方法,筛选出特定的关键场景再采用全有限元仿真取得精细结果,可能是工程问题碰撞分析的正确策略。

参 考 文 献

[1]　梁文娟. 船舶碰撞的三维分析. 交通部上海船舶运输科学研究所学报,1986,17(1):80-93.

[2]　刘建成,顾永宁. 基于整船整桥模型的船桥碰撞数值仿真[J]. 工程力学,2003,20(5).

[3]　高震,顾永宁,胡志强. 结构冲击试验的校准计算[J]. 船舶力学,2005,9(2).

[4]　李雅宁,金允龙,胡志强,顾永宁. 船舶—桥墩碰撞与防护计算[J]. 交通部上海船舶运输科学研究所学报,2004,27(1).

[5]　刘建成,顾永宁. 桥墩塑性防撞装置的力学机理[J]. 上海交通大学学报,2003,37(7).

[6]　刘建成,顾永宁,等. 桥墩大船桥碰撞中的响应及损伤分析[J]. 公路,2002,(10).

[7]　江华涛,顾永宁. 整船碰撞非线性有限元仿真[J]. 上海造船,2002,(2).

[8]　王自力,顾永宁. 船舶碰撞动力学过程的数值仿真研究[J]. 爆炸与冲击,2001,21(1).

[9]　Lenselink H., Thung K. G.. Numerical Simulations of the Dutch-Japanese Full Scale Ship

Collision Tests, Third International Symposium on Structural Crashworthiness and Failure, Liverpool, 1993.

[10] Dimitris Servis, Manolis Samuelides, Tina Louka, etc. The Implementation of Finite Element Codes for the Simulation of Ship-Ship Collisions, Proceedings of 2nd International Conference on Collision and Grounding of Ships, Denmark, 2001, 115-124.

[11] Ou Kitamura. FEM Approach to the Simulation of Collision and Grounding Damage, Proceedings of 2nd International Conference on Collision and Grounding of Ships, Denmark, 2001, 125-135.

桥梁船撞风险评估理论体系及软件系统

耿 波 韩道均

（招商局重庆交通科研设计院有限公司 重庆 400067）

摘 要：首先阐述了目前国内外桥梁船撞风险评估的现状及趋势，然后从桥梁船撞风险评估体系入手，介绍近几年笔者在桥梁船撞风险评估方面取得的一些成果，主要包括：桥梁船撞风险评估的理论体系，基于积分路径的船桥碰撞概率模型，基于可靠度的桥梁船撞倒塌概率模型等，并就模型中的关键参数进行了统计研究。最后介绍笔者编制的桥梁船撞风险评估程序及可视化软件，并简要说明了其工程应用情况，以期为我国跨越通航河流桥梁的船撞风险评估提供支持。

关键词：船撞桥 风险评估 理论体系 软件系统

The theoretical and software system of risk assessment for bridges due to vessel impact

Geng Bo Han Daojun

(China Merchants Chongqing Communications Research & Design Institute Co. Ltd., Chongqing, 400067)

Abstract: Firstly, described the present status and tendency of risk assessment on vessel-bridge collision in domestic and abroad, then began with risk assessment system of vessel-bridge collision, introduced several achievements made by author in recent years , including: the theoretical risk assessment system of vessel-bridge collision, the vessel-bridge collision probability model based on integration path, the bridge collapse probability model based on reliability, and key parameters were studied by statistical method. Finally, introduced risk assessment procedures and visualization software made by author, and describe the engineering application briefly. It is hope to provide support for risk assessment of bridges crossing navigable rivers.

Keywords: vessel-bridge collision; risk assessment; theoretical system; software system

1 引言

随着我国公路铁路交通网络的快速发展，近年来我国兴建了大量跨越繁忙航道的桥梁。据统计，截至2007年7月，仅长江已建桥梁就有94座，在建桥梁18座，预计2020年将有桥梁

项目支持：国家自然科学基金资助，项目批准号：51008266；交通部西部交通建设科技项目，编号：200731882234。

作者简介：耿波（1979—），男，副研究员，主要从事桥梁船撞、抗震研究，E-mail：gengbo01@163.com。

124座。此外,我国的松花江水系、珠江水系以及各类海湾上也存在数量众多的跨航道桥梁。如我国正在建设或准备建设的跨海以及跨海湾大桥,仅就五纵七横中的同(江)—三(亚)线上就拟建5个跨海工程,分别是渤海湾跨海工程、长江口跨海工程、杭州湾跨海工程、珠江口伶仃洋跨海工程,以及琼州海峡工程。跨海湾大桥有湛江海湾桥、青岛海湾桥、厦漳海湾大桥等[1]。

桥梁作为跨越航道的建筑物,对船舶航行来说无疑是一种障碍物,近年来发生的几起船撞桥事故如广东九江大桥、浙江金塘大桥、浙江杭州湾桥等也引起了社会各界的高度重视。船撞桥事故不但会造成巨大的经济损失和人员伤亡,还会带来恶劣的社会影响。因此合理地对桥梁进行船撞安全评估就成为工程界越来越关心的问题。

本文将从桥梁船撞风险评估体系入手,首先就目前国内外桥梁船撞风险评估的常用方法进行简述,然后介绍近几年笔者在桥梁船撞风险评估方面取得的一些主要成果,包括:桥梁船撞风险评估的理论体系,基于积分路径的船桥碰撞概率模型,基于可靠度的桥梁船撞倒塌概率模型等,并就模型中的关键参数进行了统计分析。最后介绍笔者编制的桥梁船撞风险评估程序及可视化软件,并就工程应用情况进行了说明,为我国跨越通航河流桥梁的船撞风险评估提供支持。

2 桥梁船撞风险研究现状及趋势

国际上关于船桥碰撞问题的研究从20世纪60年代末就开始了,但最初进展缓慢,直到1980年美国阳光大桥被撞塌,才引起了国际工程界的高度重视。IABSE(International Association of Bridge and Structural Engineering)于1983年在哥本哈根召开了一次国际会议讨论此问题[2],这是对船桥碰撞问题的第一次研讨会,主要讨论了船舶碰撞桥梁和近海建筑物的事故报告。在规范或指南方面,从上个世纪70年代末开始,一些经济发达国家陆续出版了一些指南和规范来指导本国的桥梁船撞设计。1991年,美国道路工程师协会(AASHTO)编写了美国的《公路桥梁船撞设计指南》,并于2010年进行了重新修订[3],专门针对美国的内河桥梁提出了基于风险的船撞设计技术标准和设计方法。1994年,该指南的核心条款又写入了美国《公路桥梁设计规范》[4]。在欧洲,1997出版了欧洲统一规范第一卷(Eurocode 1)第2.7分册[5],指导桥梁船撞设计。此外,国外针对某些重要桥梁还专门制订了相应的规范和标准[6-7],如1978年开普公司为丹麦大带桥专门制订了船舶碰撞荷载标准。1991年,奥尔逊、弗莱德逊等人又对丹麦大带海连接线上的桥梁进行了比较方案的风险评估,并拟定了船撞荷载标准等。

在我国,桥梁船问题主要发端于20世纪80年代末,主要是结合国内工程建设开展的船撞专题研究,如同济大学、招商局重庆交通科研设计院有限公司、武汉理工大学、上海船舶运输科学研究所、中交公路规划设计院等针对国内多座跨江跨海大桥开展了桥梁船撞风险评估、船撞设防标准研究及防撞设施设计等工作,这些都极大地推动了我国桥梁船撞研究的发展[8-10]。在规范或指南方面,由招商局重庆交通科研设计院有限公司和同济大学主编的《重庆市三峡库区跨江桥梁船撞设计指南》(DBJ/T 50-106—2010)[11]目前也已颁布施行,用于指导三峡库区的桥梁船撞设计。

船撞桥是偶发事件。例如,对于通过桥梁的船舶来说,10 000个过桥航次碰撞一次,又或者100 000个过桥航次碰撞一次。但当船舶一旦碰上桥墩,那么船舶对桥梁的撞击力便不再随几率而变，而与碰撞船舶的质量、碰撞速度、碰撞角度、船头刚度等有关，同时也与桥墩和上部结构抵抗碰撞冲击荷载的刚性和强度特性有关，也就是说，桥梁的倒塌概率不再与碰撞几率有关，而与船舶、桥墩本身的特性有关。同时，为了衡量桥梁的风险水平，还需有一个衡量法则，如桥梁的年倒塌频率不能超过某个特定值，又或者初始造价与受灾后损失之和最小等。基于以上研究思路，目前与桥梁船撞风险相关的研究工作主要包括两个方面：①船桥碰撞概率研究；②桥梁船撞倒塌概率研究。

2.1 船桥碰撞概率计算方法现状及评述

船桥碰撞概率的研究最初起始于船船碰撞概率的研究。1974 年，Macduff[12] 在评估船舶交通事故时，以船—船相碰的统计结果为基础，计算出了船舶相互碰撞的理论概率。Fujii[13] 在 1971 年和 1974 年的工作中，也采用了统计的方法对日本几条海峡中的船舶搁浅统计进行了研究，并列出了失控概率。这两项工作也为以后船桥碰撞的研究打下了基础，之后国内外也形成了一系列的概率计算模型和方法，最为典型的有以下几种。

(1)AASHTO 规范模型[4]

1991 年美国制订了 AASHTO 船撞设计指南，指南在方法 II 中提出了一个计算桥梁年倒塌频率的模型，其计算式为：

$$\mathrm{AF} = N \times \mathrm{PA} \times \mathrm{PG} \times \mathrm{PC} \tag{1}$$

式中，N 为船舶年通航量；PA、PG、PC 分别为偏航概率、几何概率和倒塌概率。公式中去除 PC 后便是桥梁遭受船舶撞击的年频率。

(2)欧洲规范模型[5]

1997 年，欧洲在其统一规范(Eurocode)第一卷(Eurocode 1)第 2.7 分册中，提出了基于失效路径的积分算法，用于计算船桥碰撞的概率，其碰撞概率表达式为：

$$P_{\mathrm{c}}(T) = nTP_{\mathrm{na}}\iint\lambda(x)P_{\mathrm{c}}(x,y)f_{\mathrm{s}}(y)\,\mathrm{d}x\mathrm{d}y \tag{2}$$

(3)KUNZI 模型[14]

1998 年，德国的昆兹(C. N. Kunzi)根据船撞桥事故发生前船与桥墩的相互位置为基础，建议了一个具有两随机参数的船桥碰撞概率计算模型。其概率模型的数学表达式为：

$$P_{\mathrm{c}}(T) = nT\int\lambda(s)W_1(s)W_2(s)\,\mathrm{d}s \tag{3}$$

(4)黄平明直航路模型[15]

2000 年，我国学者黄平明等人，基于直航路上船舶航迹的统计特性，结合 AASHTO 规范模型和 KUNZI 模型，提出了直航路上船撞桥的概率模型，其概率计算式为：

$$P_{\mathrm{c}} = K_{\mathrm{v}}V_{\mathrm{d}}P_{\varphi}P_{\mathrm{s}}P_{\mathrm{ic}} \tag{4}$$

此外，还有茂盛公司为英国主要桥梁提出的船撞桥概率模型，佩德森(Petersen)为丹麦大带桥提出的船桥碰撞概率模型，我国学者戴彤宇提出的基于神经网络的简化模型等[16]。

其中最有代表性的为 AASHTO 模型和 KUNZI 模型。总体上看，AASHTO 模型采用 PG 来表征撞击区域，然后用偏航概率 PA 进行修正；KUNZI 模型采用 $W_1(s)$ 来表征撞击区域，然后用 $\lambda(s)$ 和 $W_2(s)$ 进行修正。AASHTO 模型忽略了停船因素的影响，采用了一个综合影响系数，也即偏航概率 PA 来进行了考虑。KUNZI 模型则从船舶的航行过程入手，采用一个有序积分来计算碰撞概率,实际意义较 AASHTO 模型更为明确,不足之处在于忽略了船舶的横向分布。

再者,上述所有模型都没有反映出水位变化对碰撞概率的影响,即在计算过程中,无论采用高水位时桥墩处的水深还是低水位时桥墩处的水深,其计算出的碰撞概率是相同的,这与实际情况是不符的。当水位较高时,桥墩处的水深也会较深,这时吃水深的大型船舶有撞到该墩的可能性,但当水位较低时,桥墩处的水深就有可能不满足吃水深的大型船舶的需求,因此该类船舶这时就有可能撞不到桥墩,因此在计算碰撞概率时,就应该根据船舶吃水和墩处水深的情况有选择性地滤去某些船舶的影响。因此,需要对上述模型进行进一步研究,提出适合我国内河以及海湾大桥的桥梁船撞概率计算模型。

2.2 桥梁倒塌概率计算方法现状及评述

桥梁遭受船舶撞击的倒塌概率分析隶属于结构动力可靠性范畴,目前国内外相关的研究文献很少,其中最具有代表性的是美国的 AASHTO 规范(1994)和欧洲统一规范第一卷(Eurocode 1)第 2.7 分册。

AASHTO 规范采用倒塌概率来描述桥梁遭受船撞的可能破坏状态。估算倒塌概率的方法论是由科威公司(Cowi-Consult)1987 年开发的,它的根据是 Fujii1978 年利用日本船只在海上碰撞的历史上的损坏数据所作的研究[17]。倒塌概率值计算按照 Heinrich 比例法或概率统计法。桥墩的损坏基于轮船损坏资料,是因为实际中船舶与桥梁碰撞关于桥梁的准确损坏数据较少。基于大量船—船相撞事故观察到的损伤情况,AASHTO 规范提出了基于桥墩强度和船舶碰撞力比值的计算倒塌概率的经验关系式,计算图示见图 1。

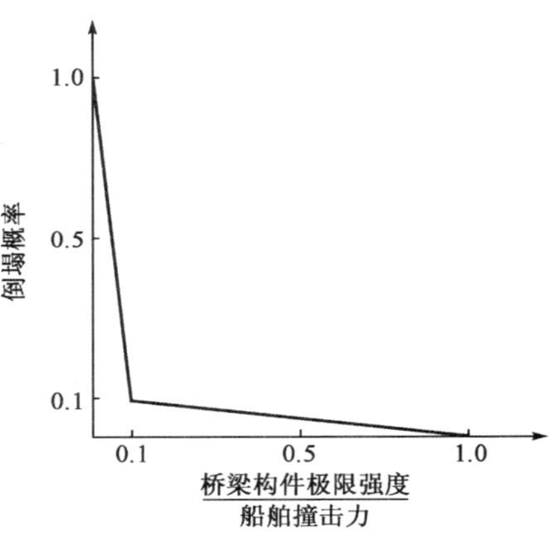

图 1 倒塌概率分布

严格地讲,AASHTO 规范中的经验公式和实际情况存在一定的差距,具体存在下列问题:①桥梁发生倒塌破坏除了和船撞力与桥梁构件侧向极限强度比值有关之外,还和桥梁结构体系、基础类型和几何尺寸等因素有关,仅用船撞力与桥梁构件侧向极限强度比值来确定倒塌事故年发生概率,并不完全合理;②由于船撞桥墩和船船相撞的损伤机理并不完全一样,该方法是基于船船碰撞损伤的统计数据得出的,与船撞桥墩的情况存在一定差距,因此该方法的理论指导性并不强。

欧洲规范 Eurocode 1 第 2.7 分册还给出了利用可靠度进行计算的思想,但由于未对船舶撞击力与桥梁抗力的关系做更为深入的理论分析,只是停留在概念阶段,因此其理论性还有待进一步加强。

此外,在桥梁倒塌概率的相关研究中,也有一些学者提出了不同的思考角度,如德国 Kunzi[14]曾建议对船舶碰撞荷载的分布函数进行研究,丹麦的 Pedersen[18]建议从能量的角度研究桥梁结构被撞后的风险,我国也有学者提出了桥梁破坏形态指标并进行了初步量化,但以上都没有对影响桥梁船撞安全状态的各种因素进行过细致的研究。

近年来,随着结构可靠度计算技术的日趋成熟和完善以及计算机计算速度的提高,使得更为精细化的结构可靠度计算模型的提出成为可能。在结构动力可靠度的应用方面，目前动力可靠度理论已逐渐引入到桥梁的抗震与抗风领域，并得到了深入发展。因此，针对桥梁船撞作用下的倒塌概率分析，如何与动力可靠性理论密切结合，并形成船撞结构的动力可靠度分析方法，将是该领域的一个重要研究方向。

3 桥梁船撞风险评估的理论框架及方法

3.1 船撞风险评估理论框架

桥梁船撞风险评估的目的在于明确桥梁遭受船舶撞击的可能后果，并为桥梁方案的设计(对于拟建桥梁)和防撞方案的设计(对于拟建或已建桥梁)提供依据。管理部门借助于风险评估所获得的数据和结论，并综合考虑政治、经济、环境等因素，制订适当的降低风险的措施，然后重新进行风险评估，直到满足可接受的风险标准。笔者建议的船撞桥风险评估系统理论框架见图2[19]。主要包括五个部分：船桥碰撞评估数据库、桥梁船撞风险评估模块、可接受风险标准的确定、主动防撞方案的设计、被动防撞方案的设计。各部分的内容可参见文献[19]，这里不再赘述。

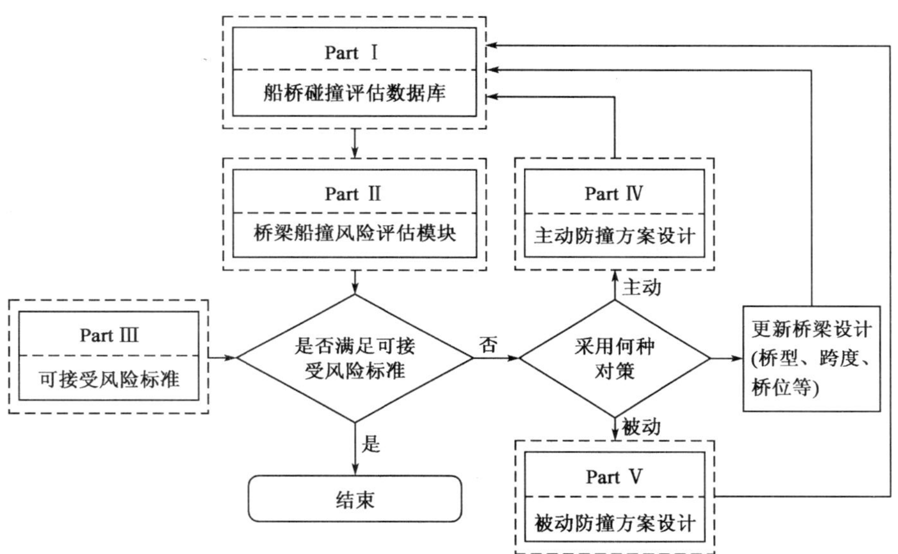

图2 桥梁船撞风险评估系统理论框架

其中，桥梁船撞风险评估模块为核心内容，主要包括两部分计算：一是桥梁的年碰撞频率，二是桥梁的年倒塌概率。结合笔者近年来的一些研究成果，在桥梁的年碰撞频率方面，提出了三概率参数积分路径方法[20]，在桥梁的年倒塌频率方面，提出了基于可靠度的倒塌概率计算方法[16]，在下述章节中将分别对这两种方法进行介绍。船撞风险评估模块的流程图见图3。

3.2 基于积分路径的船桥碰撞概率计算模型

3.2.1 计算方法

针对KUNZI模型中的不足之处，笔者提出了三概率参数积分路径模型[20]，即在KUNZI模型的基础上，增加一项积分来考虑船舶横向分布对碰撞概率的影响，使模型的理论推导更加符合实际情况。同时为了考虑三峡库区高水位落差的特点，引入水位概率修正，使桥梁船撞风险的计算更加符合实际情况。

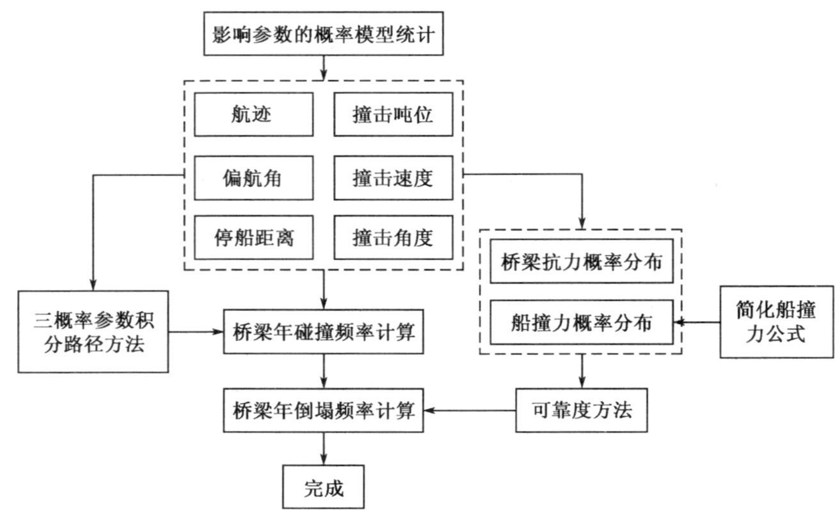

图 3　桥梁船撞风险评估模块流程图

由于库区水位落差较大，各种水位下桥梁的年碰撞频率均有一定的不同，因此全桥的年碰撞频率可以用下式来表示：

$$P_{\mathrm{c}} = \sum_{i=1}^{n} \alpha_{\mathrm{i}} P_{\mathrm{wi}} \tag{5}$$

式中：P_{c}——总的年碰撞频率；

α_{i}——第 i 种水位出现的概率。

三概率参数积分路径模型积分式为：

$$P_{\mathrm{wi}} = nT\int_{\mu_{\mathrm{x}}-3\sigma_{\mathrm{x}}}^{\mu_{\mathrm{x}}+3\sigma_{\mathrm{x}}} f(x)\int_{0}^{D}\lambda(s)[1-F(s)]\int_{\theta_1}^{\theta_2} f(\theta)\mathrm{d}\theta\mathrm{d}y\mathrm{d}x \tag{6}$$

如图 4 所示，积分路径长度为 D，可取 $D \geqslant \mu_{\mathrm{s}} + 3\sigma_{\mathrm{s}}$，$\mu_{\mathrm{s}}$ 为停船距离均值，σ_{s} 为停船距离标准差。(X,Y) 为船舶在航行过程中的积分坐标。

式中，P_{wi} 为第 i 种水位下的年碰撞频率；μ_{x}、σ_{x} 分别为船舶的航迹横向分布均值和标准差；$f(x)$ 为航迹分布密度函数；$F(s)$ 为停住船的概率；$f(\theta)$ 为偏航角分布密度函数；$\lambda(s)$ 是船舶单位航行距离的失误概率。

$f(x)$、$f(\theta)$、$F(s)$ 分别如下：

$$f(x) = \frac{1}{\sqrt{2\pi}\sigma_{\mathrm{x}}} e^{-\frac{(x-\mu_{\mathrm{x}})^2}{2\sigma_{\mathrm{x}}^2}}$$

$$f(\theta) = \frac{1}{\sqrt{2\pi}\sigma_{\theta}} e^{-\frac{(\theta-\mu_{\theta})^2}{2\sigma_{\theta}^2}}$$

$$f(s) = \frac{1}{\sqrt{2\pi}\sigma_{\mathrm{s}}} e^{-\frac{(s-\mu_{\mathrm{s}})^2}{2\sigma_{\mathrm{s}}^2}}$$

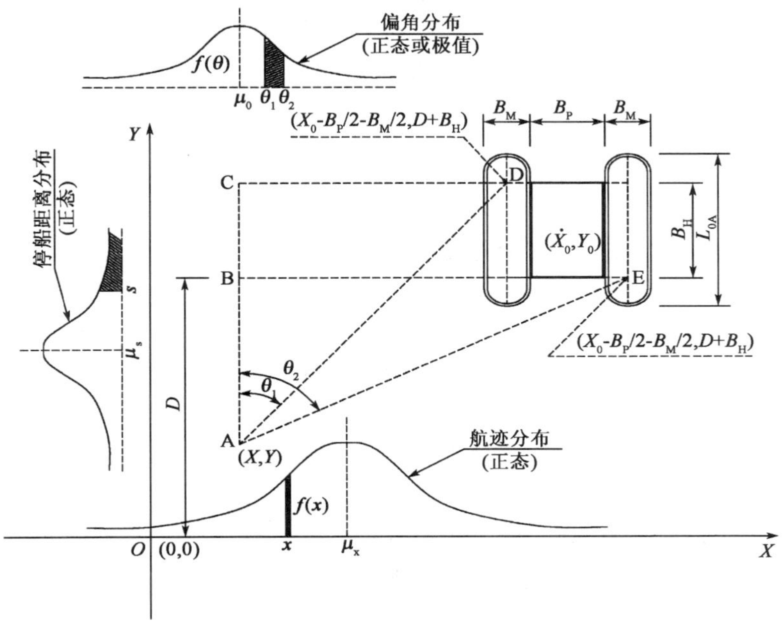

图4 三概率参数积分路径模型计算图示

$$F(s) = \int_{\mu_s-3\sigma_s}^{s} f(s)\,\mathrm{d}s$$

根据船舶航迹所处的横向位置不同,分3种情况来确定三概率参数积分路径模型中的积分上下限 θ_1、θ_2:

(1)当 $X < X_0 - \frac{B_P}{2} - \frac{B_M}{2}$ 时:

$$\tan\theta_1 = \frac{X_0 - \frac{B_P}{2} - \frac{B_M}{2} - X}{D - Y + B_H}$$

$$\tan\theta_2 = \frac{X_0 + \frac{B_P}{2} + \frac{B_M}{2} - X}{D - Y}$$

(2)当 $X_0 - \frac{B_P}{2} - \frac{B_M}{2} < X < X_0 + \frac{B_P}{2} + \frac{B_M}{2}$ 时:

$$\tan\theta_1 = \frac{X_0 - \frac{B_P}{2} - \frac{B_M}{2} - X}{D - Y}$$

$$\tan\theta_2 = \frac{X_0 + \frac{B_P}{2} + \frac{B_M}{2} - X}{D - Y}$$

(3)当 $X > X_0 + \frac{B_P}{2} + \frac{B_M}{2}$ 时:

$$\tan\theta_1 = \frac{X - X_0 - \dfrac{B_P}{2} - \dfrac{B_M}{2}}{D - Y + B_H}$$

$$\tan\theta_2 = \frac{X - X_0 + \dfrac{B_P}{2} + \dfrac{B_M}{2}}{D - Y}$$

式中，X 为航迹的横向分布坐标，X_0 为桥墩的 X 轴坐标，B_P 为桥墩宽度，B_M 为船舶宽度。

3.2.2 例证分析

为了说明模型中各参数对计算结果的影响，如积分路径长度、船舶航迹横向分布均值、分布标准差、偏航角均值、偏航角标准差等，此处以一个示例来进行计算验证。计算图示见图5。计算采用的船舶长度为200m，宽度为30m，停船距离均值取600m，标准差取60m，年通航量为15 000艘次。

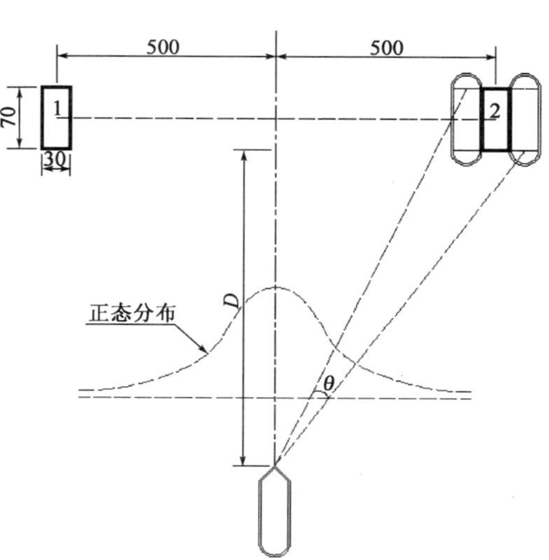

图5 参数分析计算图示（尺寸单位：m）

图6和图7分别为各墩及全桥碰撞频率随航迹几何分布均值和标准差的变化趋势，此时船舶偏航角均值取0°，标准差取10°。从图6看出，当船舶航迹分布均值逐渐向2号墩移动时，1号墩的年碰撞频率逐渐减小，并趋于零，2号墩的年碰撞频率先增大后减小，这时全桥的年碰撞频率取决于2号墩。从图7看出，当航迹分布标准差逐渐增大时，1号墩、2号墩及全桥的年碰撞频率也逐渐增大并逐渐趋于稳定，此时相当于航迹分布为均匀分布的情形。

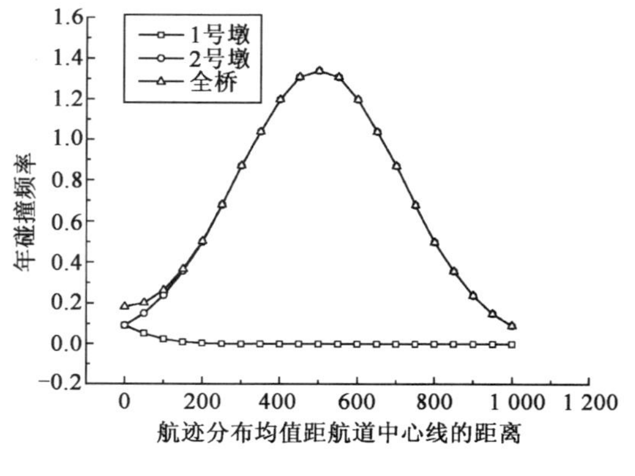

图6 碰撞频率—航迹均值关系图

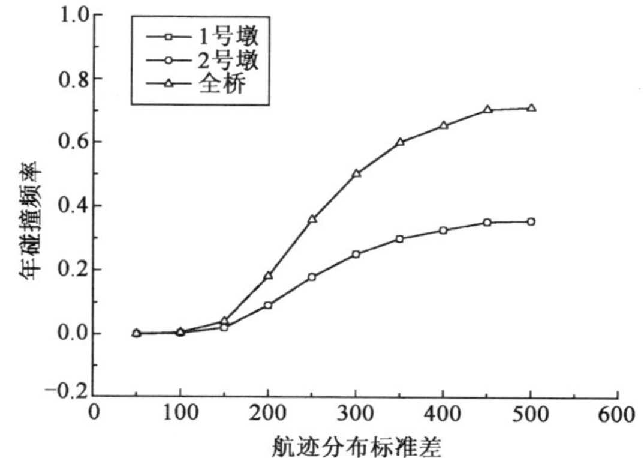

图7 碰撞频率—航迹标准差关系图

图8和图9分别为各墩及全桥碰撞频率随偏航角分布变化的趋势图，此时船舶航迹分布的均值取0，标准差取200。从图8看出，当船舶偏航角分布的均值逐渐增大时，1、2号墩及全桥的年碰撞频率会先增大后减小，当峰值出现时，此时从船舶的角度看，桥墩正好位于偏航角分布的均值位置。从图9看出，当船舶偏航角分布的标准差逐渐增大时，1、2号墩及全桥的年

碰撞频率也会呈现先增大后减小的趋势，不同的是，峰值出现的位置与夹角范围（即图5中桥墩所占的角度θ）有关。

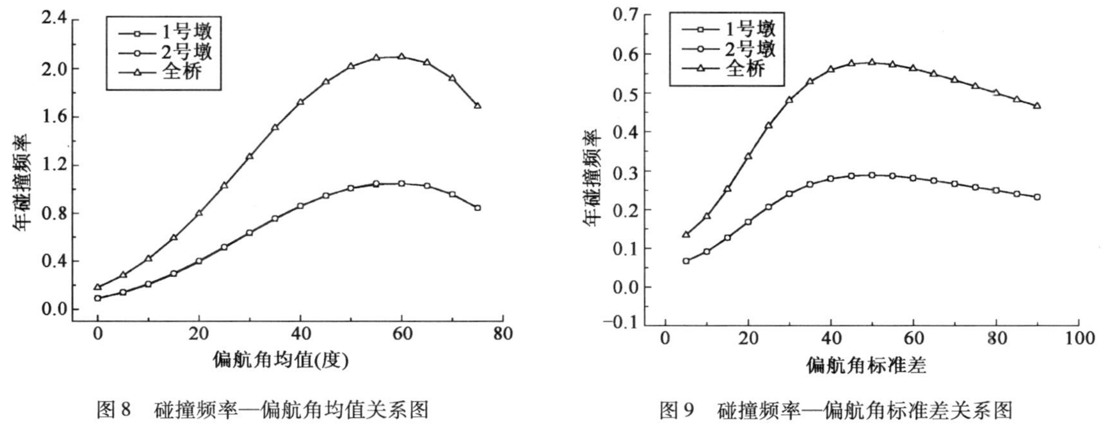

图8　碰撞频率—偏航角均值关系图　　图9　碰撞频率—偏航角标准差关系图

3.3　基于可靠度的桥梁倒塌概率计算模型

桥梁的倒塌概率评估是一个复杂的问题，取决于船舶的船型、大小、外形、船速、撞击角度、船舶质量及碰撞特性，还取决于桥墩和上部结构抵抗碰撞冲击荷载的刚度和强度特性等。因此，笔者提出一种新的桥梁船撞倒塌概率的评估思路，即对于船撞桥的损伤情况，可基于可靠度的思想，针对某种破坏模式，研究船撞力概率分布与抗力概率分布的关系，利用极限状态方程求得该破坏模式的可靠指标，于是也就求得了该破坏模式下的倒塌概率[19]。

结构构件的抗力可用抗力函数$R(M,G,C)$来表示，其中M、G、C分别表示构件的材料、几何尺寸、计算模式等设计变量。船舶的撞击力可用荷载函数$P(v,\varphi,w,h,\lambda)$表示，其中v、φ、w、h、λ分别表示船速、撞击角度、船舶大小、撞击位置、承台形状等影响船撞力的参数，且假定这些参数之间相互独立。于是，极限状态方程可写为：

$$R(M,G,C)-P(v,\varphi,w,h,\lambda)=0 \tag{7}$$

这样，问题就转化成了确定抗力与荷载函数中的参数分布问题，其关系见图10。

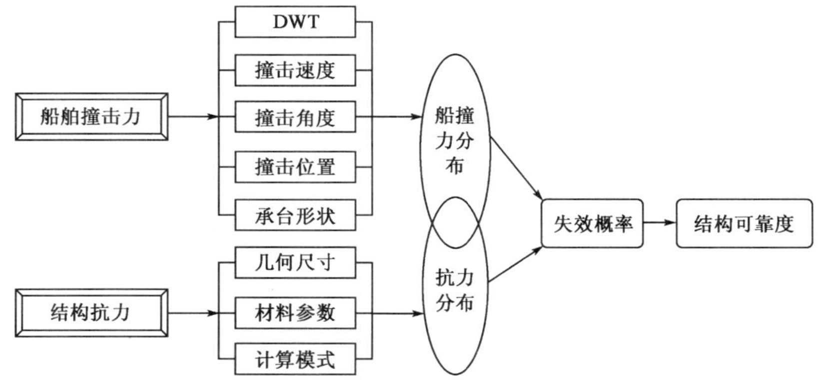

图10　桥梁安全状态概率评估

同时，笔者还基于船撞力简化计算公式研究了船撞力的概率分布，在撞击吨位取均匀分布，撞击速度取正态分布，撞击角度取极值Ⅰ型分布的情况下，检验结果表明，桥梁船撞力基本可采用正态分布来描述[21]。典型的船撞力分布特征见图 11。

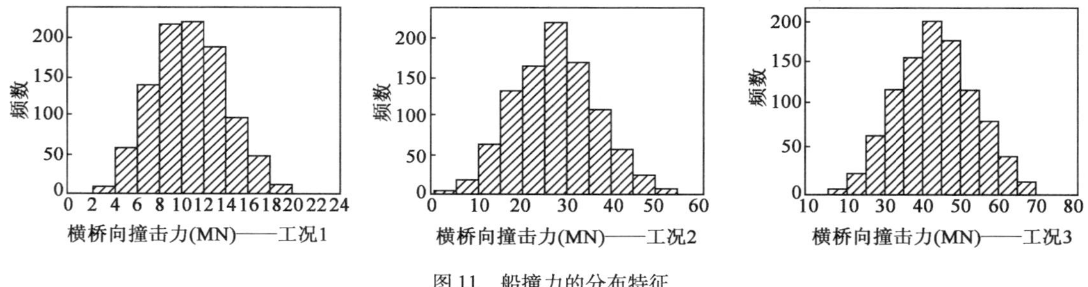

图 11 船撞力的分布特征

在结构响应方面,笔者曾采用 Monte-Carlo 数值模拟的方法,对桥梁结构在船撞力作用下非线性结构响应的随机分布特性进行过一些研究,研究结果显示,墩柱和桩在横桥向船撞力和顺桥向船撞力作用下的弯矩和剪力响应基本可采用正态分布来描述[22]。典型的弯矩和剪力分布特征分别见图 12 和图 13。

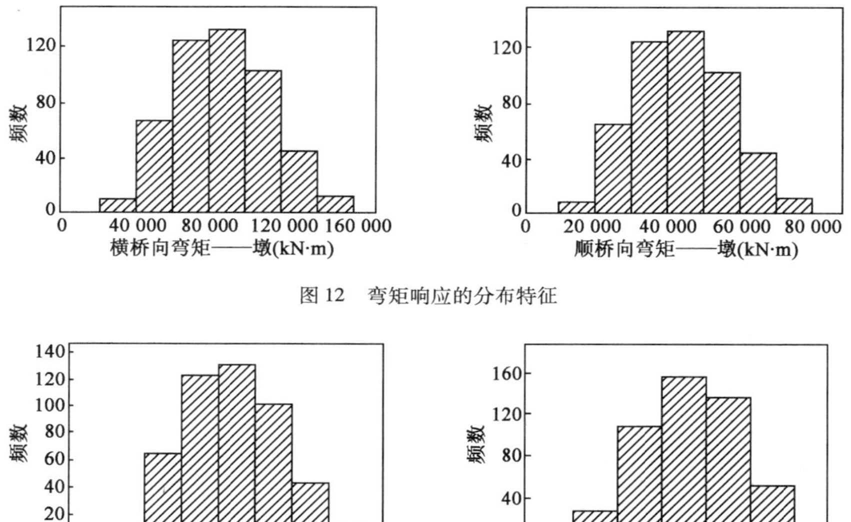

图 12 弯矩响应的分布特征

图 13 剪力响应的分布特征

对于目前跨江桥梁大量使用的高桩承台的情况,桥梁的下部结构可以看作是由群桩、承台和墩(或塔柱)组成的串联体系,而群桩体系是由串联和并联组成的混联体系。桥梁下部结构体系在船舶撞击作用下,体系的失效概率便可简化采用串联体系的失效概率计算公式进行计算:

$$P_f = P_f^{Pier} + P_f^{Pile} \tag{8}$$

式中:P_f——体系总的失效概率;

P_f^{Pier}——墩柱(或塔柱)的失效概率;

P_f^{Pile}——桩基的失效概率。

在计算墩柱或桩基的失效概率时,根据强度破坏准则,要保证构件不发生弯曲破坏,构件可能承受的弯矩 M_S 与抗弯能力 M_R 之间就要满足极限状态函数:

$$Z_1 = M_R - M_S > 0 \tag{9}$$

根据强度破坏准则,要确保墩柱不发生剪切脆性破坏,墩柱可能承受的剪力 Q_S 与墩柱的抗剪强度 Q_R 之间必须满足极限状态函数:

$$Z_2 = Q_R - Q_S > 0 \tag{10}$$

具体计算实例可参见文献[16]。

3.4 简化船撞力计算公式研究

在计算桥梁的倒塌概率时,一个很重要的因素是简化船撞力计算公式的获取。目前船撞力简化计算公式主要有美国 AASHTO 规范公式、欧洲规范公式、修正的 Woisin 公式、我国《铁路桥涵设计基本规范》公式、Pedersen 公式、挪威公共道路局公式、钱铧公式等。但这些公式考虑的因素都较少,大都只考虑船舶撞击吨位和撞击速度对碰撞力的影响。

为了进一步考虑撞击角度、承台厚度和承台形状对撞击力的影响,我国学者陈诚[23]采用数值模拟的方式来获取船首正撞刚性墙的简化计算公式,然后通过考虑承台形状、尺度以及碰撞角度等因素对撞击力的修正,获得了船撞力简化公式的实用计算方法。

轮船与桥墩的正撞力可按下式计算:

$$F = \alpha_k \cdot \eta \cdot \xi \cdot (\mathrm{DWT})^{\beta_k} \cdot v \tag{11}$$

在式中 $k = m、l、g$,分别代表最大船撞力、局部平均船撞力和总体平均船撞力的系数。α_k、β_k 具体取值见表 1。

系数 α_k 和 β_k 取值 表 1

α_m	α_l	α_g	β_m	β_l	β_g
0.031	0.030	0.018	0.660	0.064	0.640

其中修正系数 η 和 ξ 可按下式计算。

$$\eta = \begin{cases} 1 - \exp\left(-\dfrac{6H}{H_s}\right) & H/H_s \leq 1.0 \\ 1.0 & H/H_s > 1.0 \end{cases} \tag{12}$$

$$\xi = 0.8R^{0.068} \tag{13}$$

式中,η 为承台厚度修正系数;ξ 为承台圆弧半径修正系数(对于矩形承台可取 1.0);DWT 为船舶的恒重吨位(t);v 船舶的撞击速度(m/s);H 为船头与承台撞击时的叠加厚度(m);H_s 为船头高度(m);R 为圆形承台半径(m)。

3.5 影响参数的概率模型统计研究

影响桥梁船撞概率和倒塌概率的因素较多,包括船舶航迹分布、偏航角分布、停船距离分布、撞击速度分布等。为获取这些影响因素的概率模型,为桥梁船撞风险评估提供参数支持,笔者曾借助重庆市水上交通安全系统(图 14),以三峡库区重庆市境内 3 座直航路上的跨江大桥为依托,连续收集了其 48 ~ 72h 内过往船舶的航迹线,并对船舶过桥时的航迹分布、偏航角分布和航速分布进行了统计分析,并通过拟合优度检验得到了各自的概率分布模型[24]。

典型的船舶航迹分布、航速分布和偏航角分布的直方图分别见图15～图17。

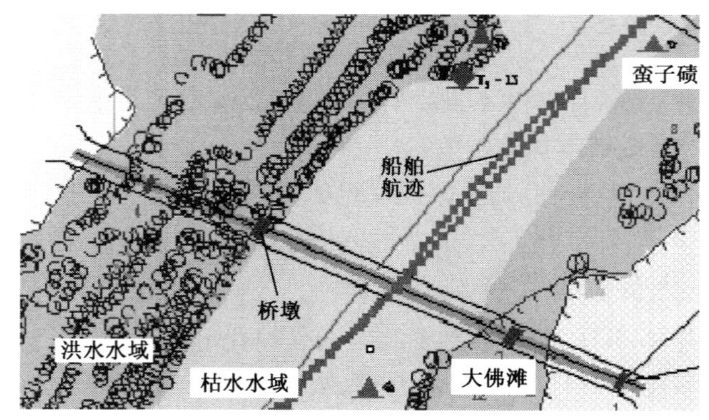

图14 重庆市水上交通安全系统实时监控电子江图

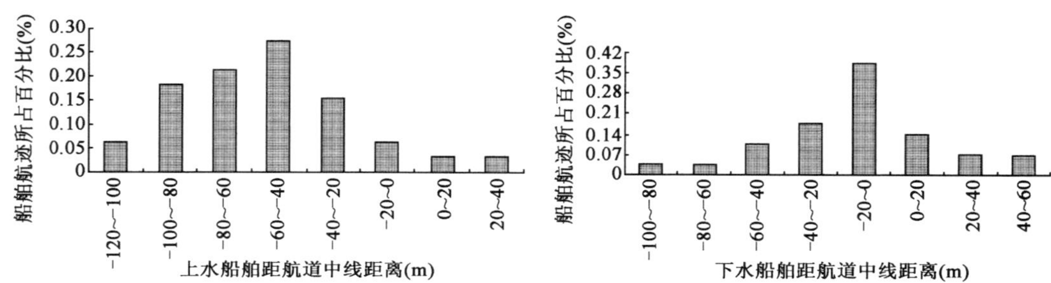

图15 上下水船舶航迹分布直方图

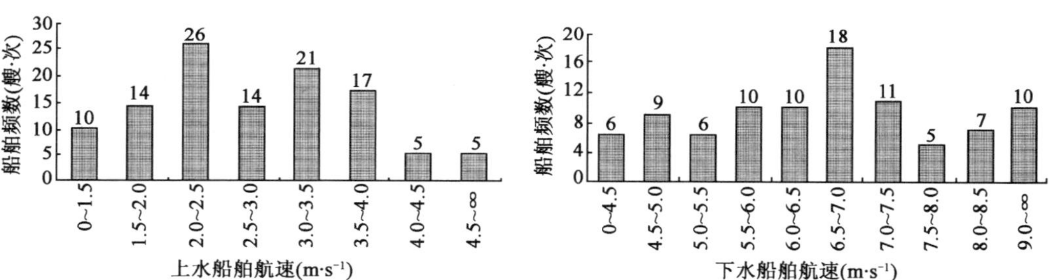

图16 上下水船舶航速分布直方图

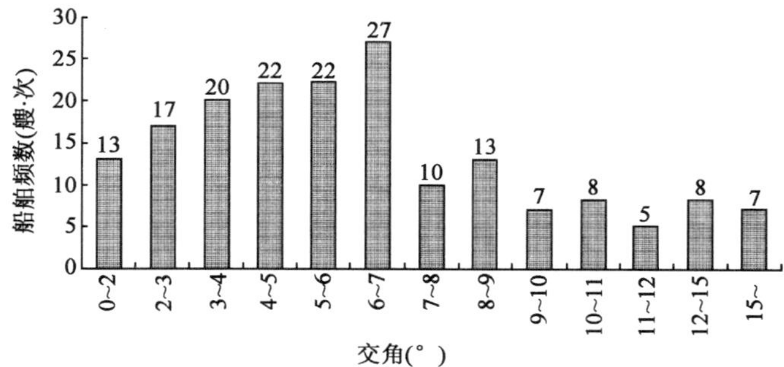

图17 船舶偏航角分布直方图

通过分析，主要有以下结论：

(1)通过实际观测验证了船舶过桥时的航迹正态分布规律。三峡库区船舶航迹分布推荐采用黑田模型，但参数取值稍有不同。对双向通航可不再区分对遇的情况，均值近似采用 $0.2w$(w 为航道宽度)，标准差 σ 取 $0.1w$。对于其他航道的船舶航迹分布，其均值和方差(也即船舶的习惯航迹线)最好能进行实际观测确定。

(2)一般情况下，建议船舶的偏航角分布概率模型采用极值 I 型分布。三峡库区船舶偏航角分布可采用参数为 $\alpha = 0.314$ 和 $u = 4.354$ 的极值 I 型分布来描述。对于其他航道，分布参数需根据实际情况确定。

(3)一般情况下，建议船舶的航速分布概率模型采用正态分布。三峡库区洪水期的船舶航速分布，对于上水船舶均值可取 $2.8\text{m}\cdot\text{s}^{-1}$，标准差为 0.93，对于下水船舶均值可取 $6.6\text{m}\cdot\text{s}^{-1}$，标准差为 1.49；枯水期可适当调整后取值。对于其他航道，需根据具体情况确定其分布参数。

4 桥梁船撞风险评估的软件实现

为了实现桥梁船撞风险的自动评估，笔者近年来编制了 PRAVB(Probability Risk Analysis of Vessel and Bridge)分析软件，该软件主要包括两个大的模块：桥梁船撞风险评估数据库和桥梁船撞风险计算两大模块。PRAVB 软件系统的总体流程框图见图 18。

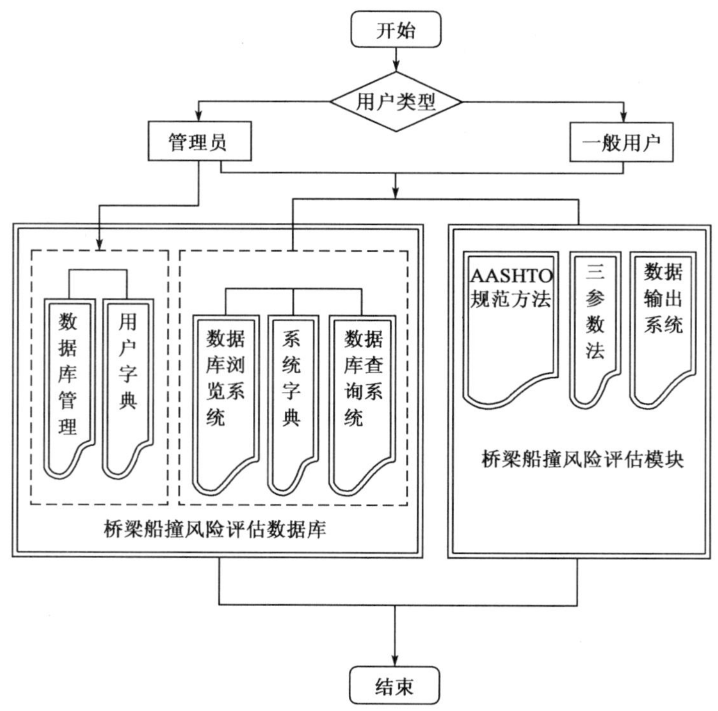

图 18 PRAVB 软件系统总体流程框图

桥梁船撞风险评估软件的基本功能包括：

(1)桥梁年碰撞频率的计算

根据水流及通航船舶的特点，通过船舶航行分析和船舶通航密度等数据，考虑航道特征、水文特征，利用 AASHTO 规范方法和本书提出的三概率参数积分路径方法，计算各水中墩遭受船舶撞击的年碰撞频率，主要计算内容有：

①不同水位下各桥墩遭受船舶碰撞的年频率；

②不同水位下全桥遭受船舶碰撞的年频率；

③全年的水位变化对桥梁各桥墩年碰撞频率的影响；

④全年的水位变化对全桥年碰撞频率的影响。

(2)桥梁年倒塌频率的计算

分别利用 AASHTO 规范中的倒塌概率曲线法和本文提出的可靠度方法，计算各水中墩遭受船舶撞击后的年倒塌频率，并与世界上其他国家现行规范中的桥梁船撞可接受风险水平进行对比，从而了解桥梁的船撞风险的水平层次。

(3)数据输出功能

将计算程序得出的结果提供给用户，用户可以根据自己的选择来查看结果数据，并根据前述的风险计算结果辅助确定桥梁的船撞设计代表船型和设防船撞力。

图 19 ~ 图 23 分别为软件的登陆及运行界面。

图 19　软件登陆界面

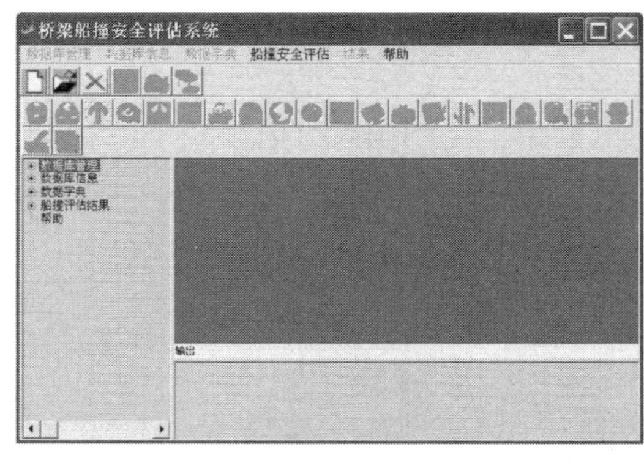

图 20　软件运行主界面

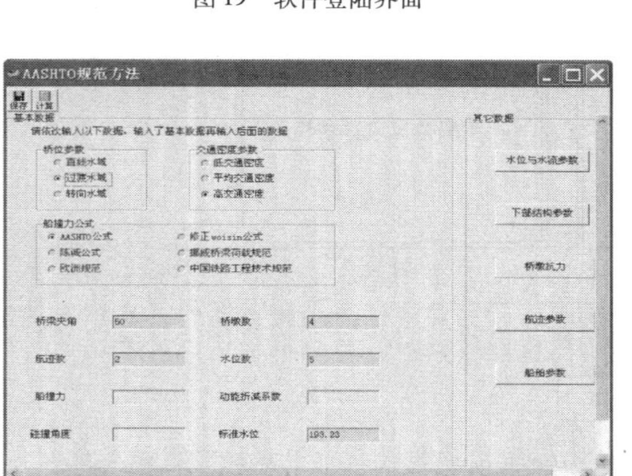

图 21　数据输入界面

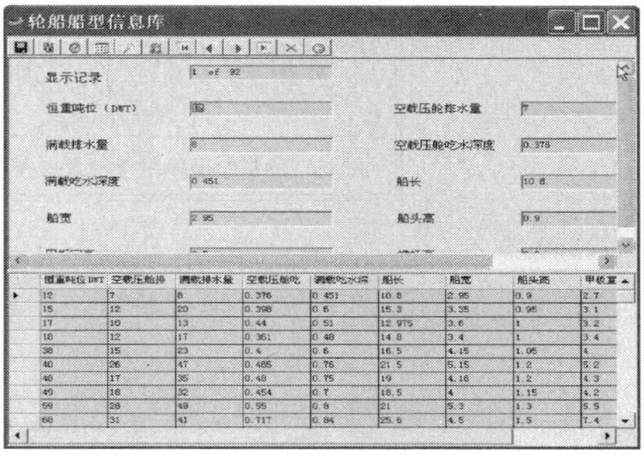

图 22　船舶信息界面

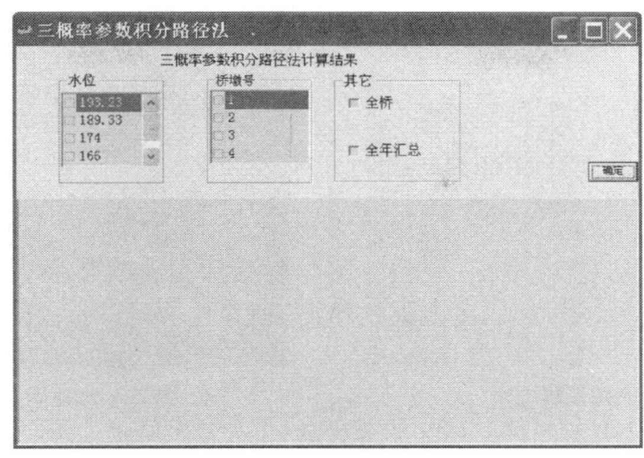

图 23　数据输出界面

5　工程应用情况

本文成果成功应用到了多座跨江大桥和跨海大桥，主要有福建厦漳跨海大桥、重庆东水门长江大桥、重庆粉房湾长江大桥、重庆菜园坝长江大桥、重庆忠州长江大桥、重庆千厮门嘉陵江大桥、重庆黄花园嘉陵江大桥、江苏南京长江四桥等，从应用类型上可大概分为以下两类：

(1)对于新建桥梁，通过船撞风险分析确定桥梁的船撞设防标准，为桥梁下部结构设计或防撞设施设计提供设防船舶和设防船撞力。

(2)对于已建桥梁，通过船撞风险分析了解桥梁的船撞风险水平，确定桥梁的设防船舶和设防船撞力，为防撞措施的选择提供决策支持。

以下为部分工程的应用情况，分别见图 24 ~ 图 29。

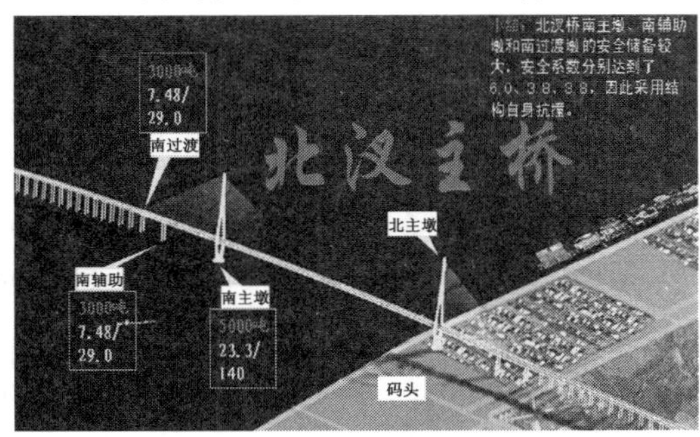

图 24　厦漳桥北汊主桥工程应用

图 25　厦漳桥南汊桥工程应用

图 26　东水门长江大桥工程应用

图 27　千厮门嘉陵江大桥工程应用

图28 菜园坝长江大桥工程应用

图29 黄花园嘉陵江大桥工程应用

6 结语

桥梁船撞风险分析是一个多学科交叉问题,涉及桥梁、水文气象、航运与航行等众多领域,需要开展多学科的交叉合作。本文从桥梁船撞风险评估体系入手,首先就目前国内外桥梁船撞风险评估的现状及趋势进行阐述,然后结合近几年笔者在桥梁船撞风险评估方面取得的一些主要成果,包括:桥梁船撞风险评估的理论体系,基于积分路径的船桥碰撞概率模型,基于可靠度的桥梁船撞倒塌概率模型等,并就模型中的关键参数进行了统计研究。最后介绍笔者编制的桥梁船撞风险评估软件,并简要说明了其工程应用情况,以期为我国跨越通航河流桥梁的船撞风险评估提供支持。

参考文献

[1] 王君杰,耿波. 桥梁船撞概率风险评估与措施[M]. 北京:人民交通出版社,2010.

[2] Sipke E. van Manen & Aksel G. Frandsen. Ship collision with bridges, review of accidents. Ship Collision Analysis, Gluver & Olsen, 1998, 3-11.

[3] AASHTO 2010. Guide Specification and Commentary for Vessel Collision Design of Highway Bridges[S]. American Association of State Highway and Transportation Officials, Washington D. C.

[4] AASHTO. LRFD Bridge Design Specification and Commentary. American Association of State Highway and Transportation Officials, Washington D. C. 1994.

[5] A. C. W. M. Vrouwenvelder. Design for Ship Impact according to Eurocode 1, Part 2.7[C]. Ship Collision Analysis, 1998,123-131.

[6] O. D. Larsen. Ship Collision with Bridges[C]. IABSE Structural Engineering Documents, 1993,1-20.

[7] Henrik Gluver & Dan Olsen. Current Practice in Risk Analysis of Ship Collision to Bridges [C]. Ship Collision Analysis, 1998,15-18.

[8] 招商局重庆交通科研设计院有限公司. 两江桥基于桥梁船撞概率的精细化动力数值模拟研究[R]. 2009-7.

[9] 招商局重庆交通科研设计院有限公司. 黄花园嘉陵江大桥船撞风险评估报告[R].

2008-5.

[10] 招商局重庆交通科研设计院有限公司,同济大学. 忠州长江大桥船撞风险评估报告[R]. 2007-5.

[11] 招商局重庆交通科研设计院有限公司,同济大学. 重庆市三峡库区跨江桥梁船撞设计指南(DBJ/T 50-106—2010).

[12] T. Macduff. The Probability of Vessel Collisions. Ocean Industry, 1974,9:144-148.

[13] Fujii, Yetal. Some Factors Affecting the Frequency of Accidents in Marine Traffic. Journal of Navigation, 1974, Vol. 27. 235-252.

[14] C. U. Kunz. Ship Bridge Collision in River Traffic, Analysis and Design Practice [C]. Ship Collision Analysis, 1998,13-21.

[15] 黄平明,张征文. 直航路上船舶碰撞桥墩概率分析[C]. 第十四届全国桥梁学术会议论文集,2000,594-598.

[16] 耿波. 桥梁船撞安全评估. 同济大学工学博士学位论文[D],2007.

[17] Fujii, Y. & Shiobara, R. The Estimation of Losses Resulting from Marine Accidents[J]. Journal of Navigation, 1978(31),24-28.

[18] Pedersen PT, Zhang S. The mechanics of ship impacts against bridge [C]//Proceeding of Int Symposium Advances on Ship Collision Analysis. Rotterdam: A A Balkema, 1998: 41-52.

[19] 耿波,王君杰,汪宏,范立础. 桥梁船撞风险评估系统总体研究[J]. 土木工程学报,2007,40(5):34-40.

[20] 耿波,汪宏,王福敏,王君杰. 三峡库区桥梁船撞概率计算模型研究. 公路交通技术,2008,12(6):48-54.

[21] 耿波,王君杰,汪宏,郑国栋. 桥梁船撞力概率分布的随机模拟分析. 中国公路学会论文集,2009,9:353-359.

[22] 王福敏,耿波,王君杰,郑国栋. 船撞力作用下桥梁结构非线性响应的随机分布特性研究. 中国公路学会论文集,2009,9:326-332.

[23] 陈诚. 桥梁设计船撞力及损伤状态仿真研究[D]. 同济大学硕士学位论文,2006.

[24] 耿波,汪宏,王君杰. 三峡库区桥梁船撞主要影响参数的概率模型. 同济大学学报,2008,Vol. 36(4):477-482.

基于三级设防思想的船撞设计方法研究

韩道均[1] 邵俊虎[2] 耿 波[1]

（1. 招商局重庆交通科研设计院有限公司 重庆 400067；
2. 西南交通大学土木工程学院 成都 610031）

摘 要：本文将抗震三级设防的思想引入到船撞设计中，提出了基于三级设防思想的桥梁船撞设计方法，并初步讨论了各级设防标准，以及其设防原则，为桥梁船撞设计提供了一种新的思路和方法。

关键词：桥梁船撞 三级设防 船撞危险性分析 重现期

Study on ship-bridge collision design method based on concept of three-level protection

Han Daojun[1] Shao Junhu[2] Geng Bo[1]

(1. China Merchants Chongqing Communications Research & Design Institute Co. Ltd. ,Chongqing, 400067;
2. Civil Engineering College of Southwest Jiaotong University,Chengdu, 610031)

Abstract: This article introduced the idea of three-level protection of anti-seismic to the ship-bridge collision design, proposed ship-bridge collision design method based on concept of three-level protection, and a preliminary discussion about three-level protection standards and principles, provided a new method and idea for ship-bridge collision design.

Keywords: ship-bridge collision; three level protection; ship-bridge collision risk analysis; return period

1 引言

随着我国综合国力的增强，国民经济的各方面都有了较快的发展，特别是公路桥梁进入了一个快速发展时期，根据统计资料，截至2001年底，我国主要通航河流上的桥梁总计为474座，其中长江水系156座，珠江水系111座，黑龙江水系10座，京杭运河45座，其他河流为152座[1]。对于快速发展的水上交通来说，桥梁无疑已成为了一种障碍物。虽然桥梁船撞只是一个小概率事件，但是随着交通业的发展，船撞事件将会越来越频繁，最终不可避免。我国戴宇彤调查了全国的桥梁船撞事故[2]，据统计全国总共发生桥梁船撞事故213个，其中长江172个，黑龙江12个，珠江12个，沿海及其他区域17个。213起船撞事故累计伤人22人，死

基金项目：交通部西部交通建设科技项目，编号：200731882234；国家自然科学基金资助，项目批准号：51008266。

作者简介：韩道均（1962—），男，教授级高工，主要从事结构设计与科研工作。

亡人数47人,直接经济损失超过5 000万元,另外还给出了船撞桥梁事故的年度变化表[3],见图1。而且此次数据的收集是不完善的,而且很多都是过时的。由此可见,船撞事故发生的次数是越来越多,产生的后果是越来越严重。桥梁船撞设计已经成为桥梁设计中必要的环节。

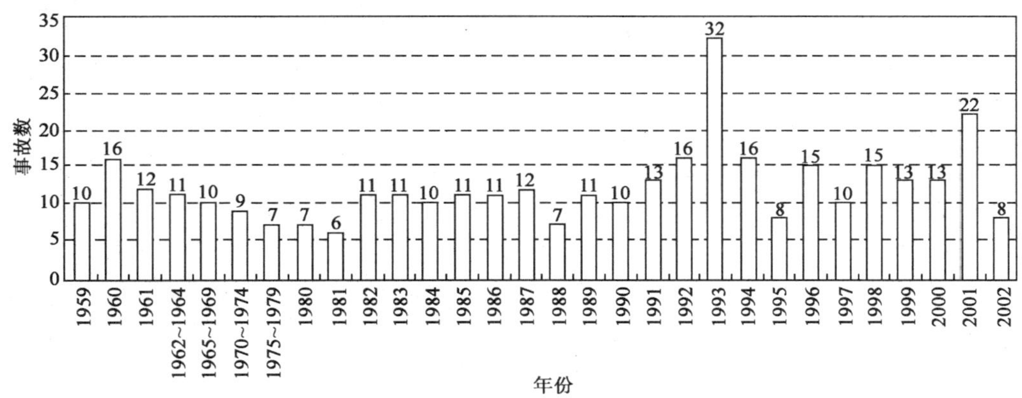

图1 我国桥梁船撞事故年度变化表

在桥梁设计中,一跨过桥、江中无墩的桥梁设计当然是最好的,但是这样做显然会提高桥梁成本,使得桥梁建设的投资和效益比趋于最小化。所以,绝大多数桥梁都存在水中墩。某些时候,对桥梁水中墩进行船撞设计甚至成为了桥梁设计的控制因素。但是在船撞设计过程中,如何选择合适的船撞力来进行桥梁结构设计变得非常重要,船撞力选择太大,显然会增加造价,船撞力选择过小,会降低结构安全性。本文提出了基于三级设防思想的桥梁船撞设计方法,初步探讨了各级设防标准,以及两阶段设计相应的设计原则,为桥梁船撞设计提供了一条新的方法与思路。

2 桥梁船撞的三级设防思想

在桥梁抗震中,三级设防的思想被广泛应用。抗震三级设防思想即采用的“小震不坏,中震可修,大震不倒”来指导抗震设计的思想。由于地震作用的不确定性,而且具有“强度大的发生频率低,强度小的发生频率高”的特点,对于同一建筑物,对不同等级的地震不能同等对待,应该有不同的设防标准,而这样一种思想实际上是一种基于概率的设计方法。而中国地大物博,不同地方地震发生的级别是不同的,在地震工程学中,通过用概率统计的方法得出了地震发生的概率模型,在此模型的基础上,出现了地震危险性分析方法,其主要目的是将全国地震烈度进行区划,从而得出不同地区的各级设防标准。

考虑到桥梁船撞设计也存在同样的问题,本文将地震设计的三级设防思想引入到船撞设计中,在船撞设计中采用“小撞不坏,中撞可修,大撞不倒”的设计思想,并且通过船撞发生的概率数学模型,对桥梁的船撞危险性进行计算,从而得出在各级设防水准下的设防标准。从长远来看,还需将全国江河进行区划,以得出不同地区的不同设防标准,且在各级设防水准下,桥梁在船撞作用下必须满足一定的性能要求。

3 桥梁船撞的三级设防标准确定

为了确定船撞的各级设防标准,需要对未来的船撞发生的周期进行计算,它是引起船撞事故的外因。工程师在设计一项工程时,希望具体了解此工程在其使用寿命内可能遭遇到的船撞强弱及其特性,以便合理地进行设计。然而船撞的发生和船撞的特性都不能精确地预测,必须在概率意义上推测工程可能受到的船撞威胁或危险,这就是船撞危险性分析。进行船撞危险性分析是要了解桥区所在地的结构物受到船撞的危险程度的概率。其目的主要有以下两个:

(1)由于桥区所在地理位置不一样,则桥区船舶通航能力也就不一样,为了合理地对桥桥梁船撞进行设计,那么必须对桥梁进行分区,即使同一河流的不同区段的船舶通航能力也是不一样的,而进行桥梁船撞危险性分析就是为了将相似通航能力的桥梁划分到同一分区,进而对全国的桥梁所在地进行区划。

(2)进行船撞危险性分析的另外一个目的就是要确定桥梁船撞各级设防水准。

船撞危险分析结果给出了某一桥址处将来遭遇到超过一定船舶吨位碰撞的频率,或称超越频率 $P(\mathrm{DWT} \geqslant t)$,并且给出相应的船撞重现期曲线。

3.1　船撞危险性分析概率模型

超越频率可以用年超越频率表示,也可以用 t 年内的超越概率表示,或者用重现期表示。

超越频率计算的一般公式如下所示:

$$P(\mathrm{DWT} \geqslant t) = \sum_{j=t}^{i} P_{\mathrm{m}} = \sum_{j=t}^{i}\sum_{n=0}^{m-1}(kn + b_{\mathrm{j}}) \times P_{\mathrm{j}} \tag{1}$$

第 j 种船型单艘船年碰撞频数为:

$$P_{\mathrm{j}} = \sum p_{\mathrm{h}} \int_{\mu_{\mathrm{x}}-3\sigma_{\mathrm{x}}}^{\mu_{\mathrm{x}}+3\sigma_{\mathrm{x}}} f(x) \int_0^D \lambda(s)[1 - F(s)] \int_{\theta_1}^{\theta_2} f(\theta)\,\mathrm{d}\theta\mathrm{d}y\mathrm{d}x \tag{2}$$

由式(1)和式(2)可以得出船撞超越频率可以用下式表示:

$$\begin{aligned} P(\mathrm{DWT} \geqslant t) &= \sum_{j=t}^{i} P_{\mathrm{m}} \\ &= \sum_{j=t}^{i}\sum_{n=0}^{m-1}(kn + b_{\mathrm{j}}) \sum p_{\mathrm{h}} \int_{\mu_{\mathrm{x}}-3\sigma_{\mathrm{x}}}^{\mu_{\mathrm{x}}+3\sigma_{\mathrm{x}}} f(x) \int_0^D \lambda(s)[1 - F(s)] \int_{\theta_1}^{\theta_2} f(\theta)\,\mathrm{d}\theta\mathrm{d}y\mathrm{d}x \end{aligned} \tag{3}$$

式中:$f(x)$——航迹横向分布(几何分布)密度函数,$f(x) = \dfrac{1}{\sqrt{2\pi}\sigma_{\mathrm{x}}} e^{-\frac{(x-\mu_{\mathrm{x}})^2}{2\sigma_{\mathrm{x}}^2}}$;

$\lambda(s)$——船舶单位航行距离的失误概率;

$F(s)$——停住船的概率,$F(s) = \int_{\mu_s-3\sigma_s}^{s} f(s)\,\mathrm{d}s$;

$f(s)$——停住船的分布密度函数,$f(s) = \dfrac{1}{\sqrt{2\pi}\sigma_{\mathrm{s}}} e^{-\frac{(s-\mu_{\mathrm{s}})^2}{2\sigma_{\mathrm{s}}^2}}$;

$f(\theta)$——船舶偏航角分布密度函数,$f(\theta) = \dfrac{1}{\sqrt{2\pi}\sigma_{\theta}} e^{-\frac{(\theta-\mu_{\theta})^2}{2\sigma_{\theta}^2}}$;

μ_{x}——船舶的航迹横向分布(几何分布)均值;

σ_{x}——船舶的航迹横向分布(几何分布)标准差。

则重现期的计算只需要取超越频率的倒数就可以了。

考虑船舶航迹横向(几何)分布和偏航角度对碰撞概率的影响,船舶自原点航行到桥墩处的距离为D,也即积分路径长度为D,D可取$\geqslant\mu_s+3\sigma_s$,μ_s停船距离均值,σ_s为停船距离标准差。(X,Y)为船舶在航行过程中的积分坐标。

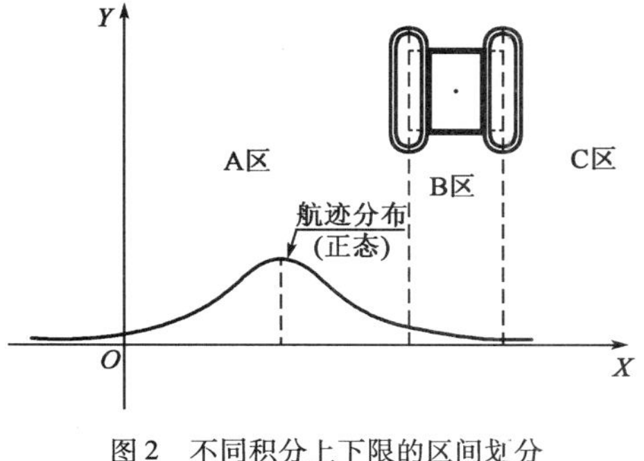

图2 不同积分上下限的区间划分

根据船舶航迹所处的横向位置不同,见图2。分三种情况来确定式中的积分上下限θ_1、θ_2,如下:

当船舶位于图中A区时,即当$X<X_0-\dfrac{B_P}{2}-\dfrac{B_M}{2}$时:

$$\tan\theta_1=\frac{X_0-\dfrac{B_P}{2}-\dfrac{B_M}{2}-X}{D-Y+B_H}$$

$$\tan\theta_2=\frac{X_0+\dfrac{B_P}{2}+\dfrac{B_M}{2}-X}{D-Y} \tag{4}$$

当船舶位于图中B区时,即当$X_0-\dfrac{B_P}{2}-\dfrac{B_M}{2}<X<X_0+\dfrac{B_P}{2}+\dfrac{B_M}{2}$时:

$$\tan\theta_1=\frac{X_0-\dfrac{B_P}{2}-\dfrac{B_M}{2}-X}{D-Y}$$

$$\tan\theta_2=\frac{X_0+\dfrac{B_P}{2}+\dfrac{B_M}{2}-X}{D-Y} \tag{5}$$

当船舶位于图中C区时,即当$X>X_0+\dfrac{B_P}{2}+\dfrac{B_M}{2}$时:

$$\tan\theta_1=\frac{X-X_0-\dfrac{B_P}{2}-\dfrac{B_M}{2}}{D-Y+B_H}$$

$$\tan\theta_2=\frac{X-X_0+\dfrac{B_P}{2}+\dfrac{B_M}{2}}{D-Y} \tag{6}$$

式中,X为航迹的横向分布坐标,X_0为桥墩的X轴坐标,B_P为桥墩宽度,B_M为船舶宽度。对于矩形桥墩,可以通过调整积分上下限θ_1、θ_2的取值,来分别得到船舶撞击桥墩长边与短边的概率。

3.2 各级设防标准的确定

为了方便地确定船撞设防标准,本文引入了重现期的概念,重现期即出现大于等于某一水准的数值的时间间隔。对于船撞事件来说,由于吨位较大的船舶数量比较少,其撞桥的概率也相应比较小,而小吨位船舶比较多,所以其撞桥的概率比较大。故在船撞设计中引入重现期的概念也反映了设防船撞力的大小,这样的概念简单易懂,而且比较容易应用。

重现期不同,设计水准也不同,重现期在概率意义上体现了结构的安全度,即结构的安全度和不超过该值的保证率,可用重现期的长短来体现。在工程中,由于荷载出现的时间和大小的不确定性,那么不同确定值出现的频率都不一样,所以通过荷载的重现期来确定设防标准的方法就叫重现期法。如果采用较长的重现期来确定船撞力的取值,那么将会增大工程结构的造价,但是对实际结构的防船撞效果并不明显;如果我们用一个较短的重现期,那么毫无疑问对工程结构的安全是不利的,所以在船撞设计中应用三级设防思想的一个关键问题就是重现期的取值。

采用重现期来确定概率荷载大小的方法在地震工程和风工程中已有较多的应用,我国的《铁路桥涵设计基本规范》[4]中,规定了设计风速应按照离地面 20m 高、重现期为 100 年、10min 平均最大风速计算取得。我国的《公路桥梁抗震设计细则》[5]中也有相应的规定:A 类桥梁的抗震设防目标是中震(E1 地震作用,重现期约为 475 年)不坏,大震(E2 地震作用,重现期约为 2 000 年)可修;B、C 类桥梁的抗震设防目标是小震(E1 地震作用,重现期约为 50 ~ 100 年)不坏,中震(重现期约为 475 年)可修,大震(E2 地震作用,重现期约为 2 000 年)不倒;D 类桥梁的抗震设防目标是小震(重现期约为 25 年)不坏。

由于桥梁船撞缺乏相应的事故统计资料,难以确定桥梁船撞事故的概率分布,故本文中采用船撞事故的概率预测模型来进行船撞概率的预测,并对忠县长江大桥、菜园坝长江大桥的主墩进行了船撞概率计算,再根据 AASHTO 规范[6]中的相关规定反算重现期。由于在 AASHTO 规范中规定桥梁的倒塌概率为 1E-4,这个风险准则包括的意义是只要满足这个风险程度时,桥梁就处于安全状态。故本文中采用 1E-4 来确定大撞的重现期,并将此风险水平降低到 5E-4来确定中撞的重现期,由 AASHTO 规范中的规定来校核本文计算的桥梁,从而得出一个初步的重现期。根据 AASHTO 规范来看,本文中重现期的确定偏于保守。

根据 AASHTO 规范中的风险规定,通过计算得出了忠县长江大桥各主墩的船撞力,由图 3、图 4 中可以得到,在 1E-4 的风险水平下,两个桥墩的设防船撞力分别为 28MN 和 24.8MN,建议采用这个风险得到的桥梁船撞力为大撞的设防水准。另外本文采用 5E-4 的风险水平下得到的设防船撞力为中撞,两个桥墩的设防船撞力分别为 23.1MN 和 16.5MN。

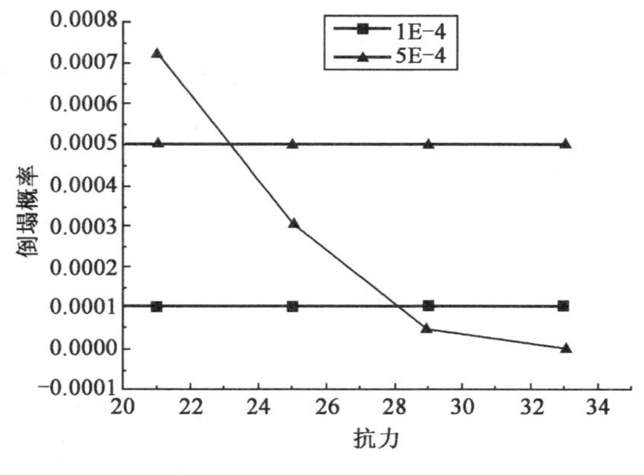

图 3 忠县长江大桥桥墩 1 设防船撞力

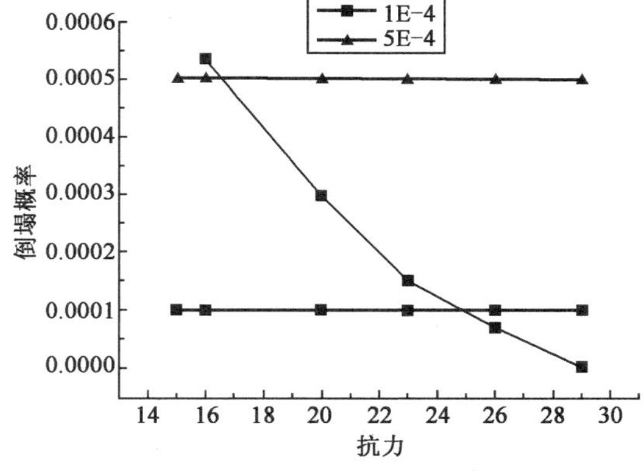

图 4 忠县长江大桥桥墩 2 设防船撞力

本文应用上述两水准设防的船撞力得出了相对应的重现期，如图5、图6所示，桥墩1对应的中撞大撞的重现期分别为10年、21年；桥墩2对应的中撞大撞的重现期分别为6年、18.5年。

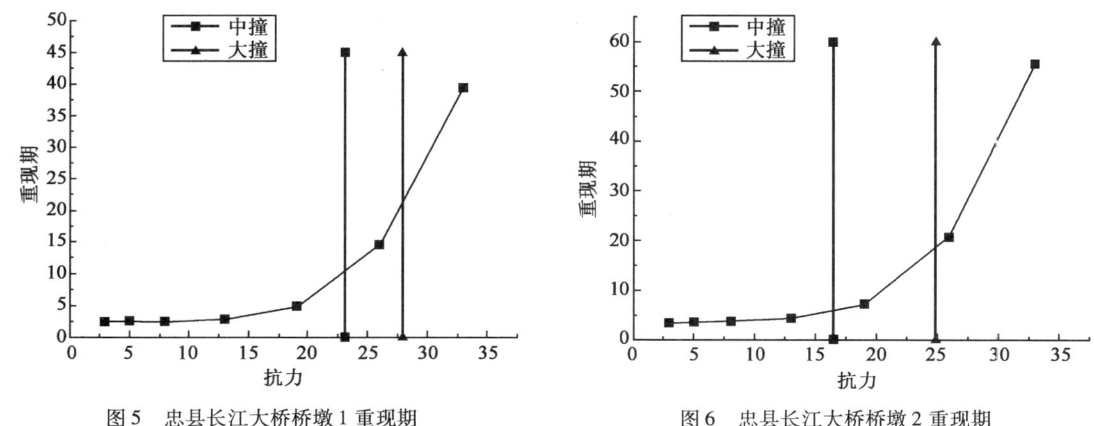

图5 忠县长江大桥桥墩1重现期

图6 忠县长江大桥桥墩2重现期

通过对莱园坝长江大桥的计算，得出了莱园坝长江大桥的设防船撞力，由图7中可以得到，在1E-4的风险水平下，菜园坝长江大桥主桥墩的设防船撞力为44.8MN，建议采用这个风险得到的桥梁船撞力为大撞的设防水准。另外本文采用5E-4的水准得到的设防船撞力为中撞，主桥墩的设防船撞力为35.3MN。

本文应用上述两水准设防的船撞力得出了相对应的重现期，如图8所示，主桥墩对应的中撞的重现期为7.8年；主桥墩对应的大撞的重现期为16.2年。

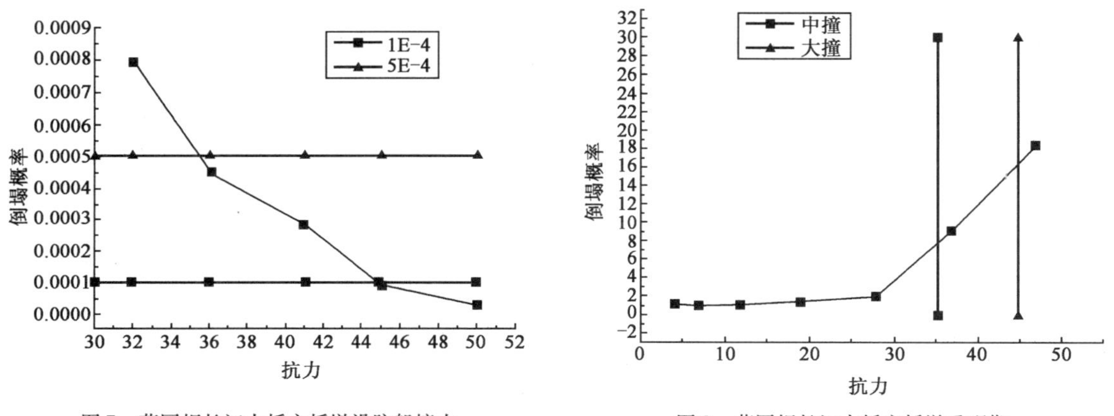

图7 莱园坝长江大桥主桥墩设防船撞力

图8 莱园坝长江大桥主桥墩重现期

通过以上两座桥梁的分析，得出了忠县长江大桥和菜园坝长江大桥相对应中撞和小撞重现期：菜园坝长江大桥主桥墩的大撞的重现期为16.2年；中撞的重现期为7.8年。忠县长江大桥桥墩1对应的中撞大撞的重现期分别为10年、21年；桥墩2对应的中撞大撞的重现期分别为6年、18.5年。为了使得桥梁有一个统一的重现期，本文建议中撞的重现期为8年，大撞重现期为20年。需要说明的是，中撞的船撞水准已经包含了小撞的性能要求，故本文中只确定了中撞和大撞的重现期，此重现期完全采用理论分析得出，只作参考。

需要说明的是，本文虽然引入了重现期的概念，但是与地震力和风力重现期的概念仍然有一定的区别。地震力和风力虽然属于不确定力,但是一旦发生,其荷载大小是确定的,换句话说,其事件的发生概率代表了荷载的出现概率。桥梁船撞作用与此相比有一定的区别,我国学者耿波[7-8]曾对影响船撞力大小的因素进行了概率分布研究,并在此基础上对船撞力的概率分布进行了研究[9-10],结果表明,即使船撞上桥,其撞击力大小仍然属于一个概率分布。因此,本文提供的方法只是说明船撞桥事故发生的重现期,而并不代表船撞荷载的重现期。举个例子,某桥受1 000吨船舶撞击的重现期为10年,那么在1 000年里面该桥将被撞100次,100次产生的撞击力并不都是定值,而是服从一定的概率分布,因此超过某撞击力值的发生次数将小于100次,也即重现期要大于10年。这也就是本文给出的重现期与地震和风力的重现期相比较小的原因所在。

4 桥梁船撞的两阶段设计方法

本文将抗震的三级设防、二阶段设计的思想引入桥梁船撞设计中,即将抗震中采用的“小震不坏,中震可修,大震不倒”思想引入到船撞设计中,即在船撞设计中采用“小撞不坏,中撞可修,大撞不倒”的设计思想,在各级设防水准下,桥梁在船撞作用下必须满足一定的性能要求,如表1所示。而对于各阶段的性能要求则是通过两阶段的设计来满足的,各阶段的设计内容分别如下:

(1)第一阶段设计:采用第二水准船撞力,与风、重力等荷载效应组合,进行构件截面设计,并计算出结构的弹性层间位移角,使其不超过规定的限值;同时采取相应的防船撞构造措施,保证结构具有足够的延性、变形能力和塑性耗能,在满足第二水准的情况下,从而自动满足第一水准的要求。

(2)第二阶段设计:采用第三水准船撞力,计算出结构的弹塑性层间位移角,使之小于一定限值;并结合采取必要的防船撞构造措施,从而满足第三水准的防倒塌要求。

船撞各设防水准的性能要求 表1

设防水准	破坏程度	受力要求	使用要求
L1	基本完好	结构整体处于弹性状态	桥梁可产生不影响结构整体受力性能的局部损伤,正常交通不受影响,桥梁能继续使用
L2	中等破坏	结构整体处于弹塑性状态	桥梁可产生影响结构整体受力性能的局部损伤,正常交通受到影响,但经过维修后,桥梁能继续使用
L3	严重破坏	结构整体处于塑性状态	桥梁破坏情况比较严重,但结构仍能保证不倒塌

具体设计步骤如图9所示。

5 结语

公路桥梁抗震设计根据其性能要求,已经采用了三级设防的思想,但桥梁船撞设计起步较晚,仍然停留在一阶段设防阶段,随着船撞设计研究的深入,基于性能设计越来越重要。本文主要做了以下几点工作:

(1)提出了船撞三级设防的思想,并规定了不同水准下,桥梁应该达到的性能要求。并初步探讨了基于三级设防思想的船撞设计方法。

(2)通过对三峡库区的桥梁船撞危险性进行了分析,并采用AASHTO规范中的风险准则

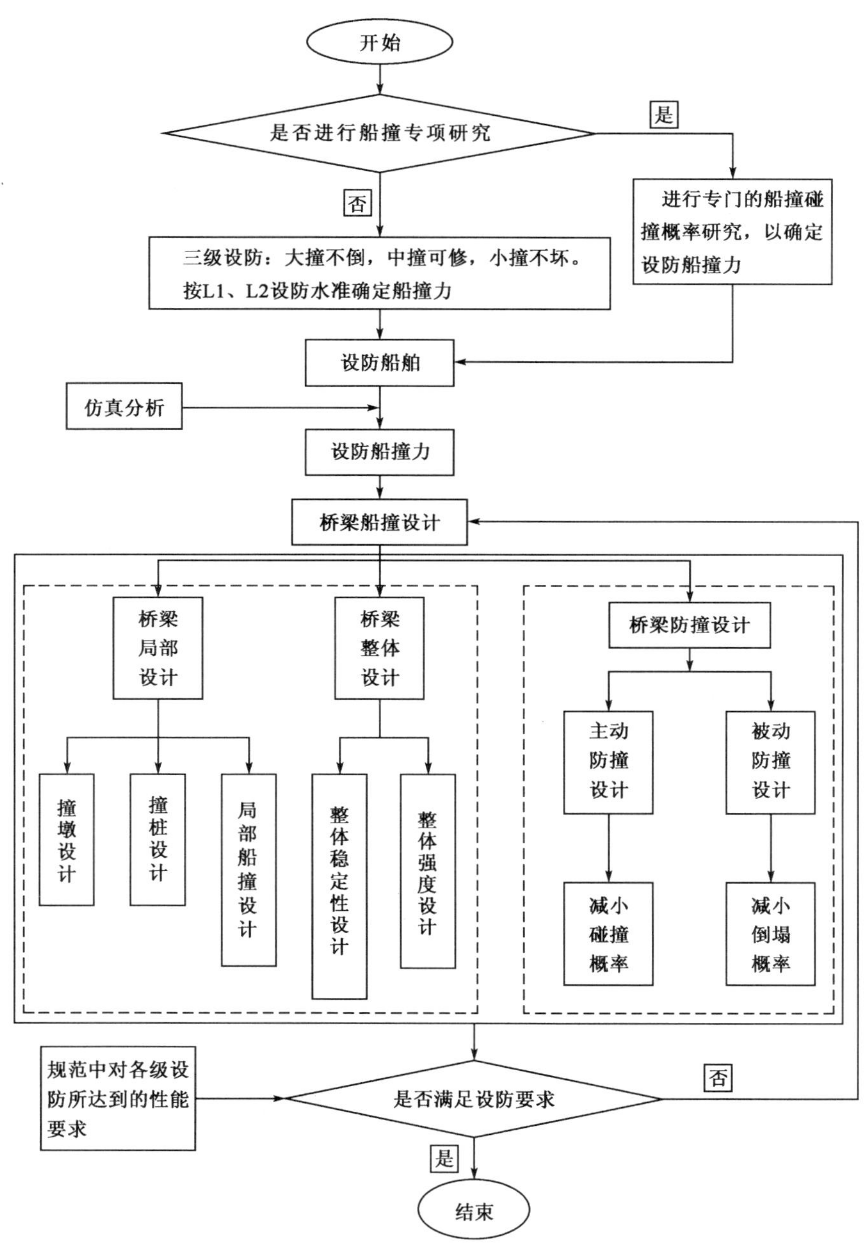

图 9　基于三级设防思想的船撞设计方法

作参考初步确定了三个水准下的桥梁船撞重现期，中撞设防水准的重现期分别为 8 年，大撞设防水准重现期为 20 年，由于结构满足第二水准的情况下，第三水准性能要求自动满足，故只给出了两水准的重现期。

需要说明的是，得出一个合理的各级设防水准是一个漫长而艰辛的过程，需要大量基础数据的收集，而现阶段研究主要缺乏的是这些基础数据，随着船撞研究的深入，这些问题有待进一步解决。

参 考 文 献

[1] 中华人民共和国交通部. 全国交通统计资料摘要. 2001.

[2] 戴彤宇,聂武. 船撞桥事故综述. 黑龙江交通科技,2003,No. 2. 1-3.

[3] 戴彤宇. 船撞桥及其风险分析[D]. 哈尔滨:哈尔滨工程大学,2002.

[4] 中华人民共和国交通运输部. 公路桥梁抗震设计细则(JTG/T B02-01—2008). 北京:人民交通出版社,2008.

[5] 中华人民共和国铁道部. 铁路桥涵设计基本规范(TB 10002. 1—2005). 北京:中国铁道出版社,2005.

[6] AASHTO. Guide Specification and Commentary for Vessel Collision Design of Highway Bridges. American Association of State Highway and Transportation Officials, Washington D. C. 1991.

[7] 耿波,汪宏,王君杰. 三峡库区桥梁船撞主要影响参数的概率模型. 同济大学学报(自然科学版), 2008(4):477-482.

[8] 耿波. 桥梁船撞安全评估[D]. 上海:同济大学,2007.

[9] 耿波,王君杰,汪宏,郑国栋. 桥梁船撞力概率分布的随机模拟分析. 中国公路学会论文集,2009,9:353-359.

[10] 王福敏,耿波,王君杰,郑国栋. 船撞力作用下桥梁结构非线性响应的随机分布特性研究. 中国公路学会论文集,2009,9:326-332.

基于性能的公路桥梁结构抗船撞设计理论框架

赵君黎　李文杰　冯　苠

（中交公路规划设计院有限公司　北京　100088）

摘　要：本文结合国内外研究成果，提出了基于性能的公路桥梁结构抗船撞设计理论框架。将船撞等级划分为小撞（重现期100a）、中撞（重现期500a）和大撞（重现期1 000a）三个水准；将公路桥梁结构的抗船撞性能划分为安全性、可修复性和适用性，并给出了对应于安全极限状态、可修复极限状态和使用极限状态的结构状态，在此基础上确定了公路桥梁抗船撞设计的三级性能目标，即“小撞不坏、中撞可修、大撞不倒”。

关键词：性能设计　设计船撞等级　性能水准　性能目标

Theoretical framework for performance based vessel collision design for highway bridge structure

Zhao Junli　Li Wenjie　Feng Min

（CCCC Highway Consultants Co. Ltd., Beijing, 100088）

Abstract: Combined with research achievements home and abroad, this article advanced the theoretical framework for performance based vessel collision design for highway bridge structure, which separated vessel collision as three levels of minor collision (return period of 100a), median collision (return period of 500a) and large collision (return period of 1 000a). Anti-vessel collision performance of highway bridge structure is separated as safety recoverability and suitability, and relevant limit condition were also given respectively in this article, based on which three performance targets were determined as “non-destroyed under minor collision, recoverable under median collision, and non-collapsed under large collision”.

Keywords: performance based design; design level for vessel collision; performance level; performance target

我国经济的快速发展带动了区域间的旅客出行和货物流动需求，近年来，国家加大了公路交通基础设施建设的力度，高速公路进入了一个快速发展时期，高速公路的建设推动了公路桥梁的建设，大量的跨河流和海峡的航道桥相继建成。据统计，截至2008年，长江、珠江两大水系上的主要航道桥梁已达1 200余座，此外，我国还修建了诸如东海大桥、杭州湾大桥、青岛海湾大桥及港珠澳大桥等跨海峡通道。在未来很长的一段时期内，我国还将处于大规模的基础

基金项目：交通部西部交通建设科技项目，编号：200731882234。

作者简介：赵君黎（1965—），教授级高级工程师，从事公路桥梁标准规范研究，E-mail：zhaojunli@vip.sina.com。

设施建设时期,通航桥梁的数量和规模也将越来越大。

另一方面,航运需求的增长导致航道运输日益繁忙,航道桥下大量船舶的通行导致船撞桥的问题日益突出,近年来,航道桥的船撞问题频繁发生。统计资料显示,船撞已成为仅次于洪水的引起桥梁垮塌的主要原因,因此,航道桥梁的船撞安全问题已成为重点考虑的安全问题。

1 基于性能的抗船撞设计框架

在国外,美国的桥梁抗船撞设计规范应用较为广泛,1991 年美国道路工程师协会即编写了美国第一版《公路桥梁船撞设计指南》,专门针对美国的内河桥梁提出了基于风险的船撞设计技术标准和设计方法,1994 年起,该规范的核心条款开始写入美国《公路桥梁设计规范》,目前该规范的最新版本是 2009 年修订的。美国桥梁船撞设计规范采用了基于风险的设计思想,目前已经形成了一个系统的体系。而我国仅在 2004 年颁布的《公路桥涵设计通用规范》根据航道等级给出了设计船舶撞击力,将船撞作用作为偶然作用考虑,除此之外,尚无系统指导桥梁船撞设计的规范或标准[1]。

在公路桥梁的整个设计使用年限内,船撞作用与地震作用类似,同属偶然发生但破坏力巨大的作用,对于整个结构的安全影响较大。与抗船撞设计相比,结构的抗震研究起步较早,落实到规范中的设计理论体系也相对成熟,目前,结构的抗震设计已从最初的基于承载力的单一目标设计逐步过渡到了以性能为基础的具体量化的多重目标设计,这一设计思想的转变使得结构的抗震设计进入了一个全新的发展时期。目前我国公路桥梁抗船撞设计尚无一个系统的设计思想[2],而基于性能的设计也被认为是结构设计的未来发展方向,这也为公路桥梁抗船撞设计理论体系的建立提供了方向。

基于性能设计的基本思想是使所设计的工程结构在预定的使用年限内,在不同强度的外部荷载作用下,达到预定的不同性能目标。“以性能为基础”的设计可概括为:

(1)按建筑的用途和业主的要求确定性能要求,即建立目标性能。

(2)选用合适的设计方法以满足目标性能。

(3)对每项性能进行评定,设计出的建筑是否满足目标性能。

基于性能的结构设计不仅要保证人的生命安全,还要考虑损坏造成的各种成本增加或影响,要在更高的层次上进行设计,这也是性能设计受到广泛关注的原因。可见,基于性能设计要求所有程序都必须以满足建筑物的使用性能为基础,而不是采用规定的模式建造,这是不同于规范设计和传统施工方法的重大改变。

同样,基于性能的公路桥梁抗船撞设计,其目的也应当是保证公路桥梁结构在不同强度船撞作用下具有不同的性能水准。基于性能的公路桥梁抗船撞设计能够有效地控制公路桥梁结构的安全、适用性及可修复性,使公路桥梁实现明确的不同性能水准,从而使公路桥梁在整个生命周期内,在遭受可能的船撞作用下,全寿命成本最低。基于性能的抗船撞设计与传统的抗船撞设计过程相比,主要差别在于:在设计之前,由业主给出期望的结构抗船撞的性能水准,而不是由规范给出,工程师根据所要求的性能水准,采用适当的方法来完成设计。在社会物质财富和生产条件能够满足工程结构性能多元化需求的今天,最大限度地满足业主和社会的需求,充分发挥结构工程师的主动性和社会需求的个性,成为工程设计发展的一种内在的必然,基于性能的抗船撞设计正是符合这种需求的一种方法。可见,建立基于性能的公路桥梁抗船撞设计规范体系是公路桥梁抗船撞设计适应未来社会发展的必由之路。

总体而言,基于性能的公路桥梁抗船撞设计理论框架应包括设计船撞作用等级、公路桥梁抗船撞性能水准、公路桥梁结构性能目标、公路桥梁船撞分析与设计及检验评定标准,因此,建议的基于性能的公路桥梁抗船撞设计理论框架及设计程序如图1所示,其中设计船撞作用等级、公路桥梁结构抗船撞性能水准、结构性能目标是公路桥梁抗船撞设计的核心。

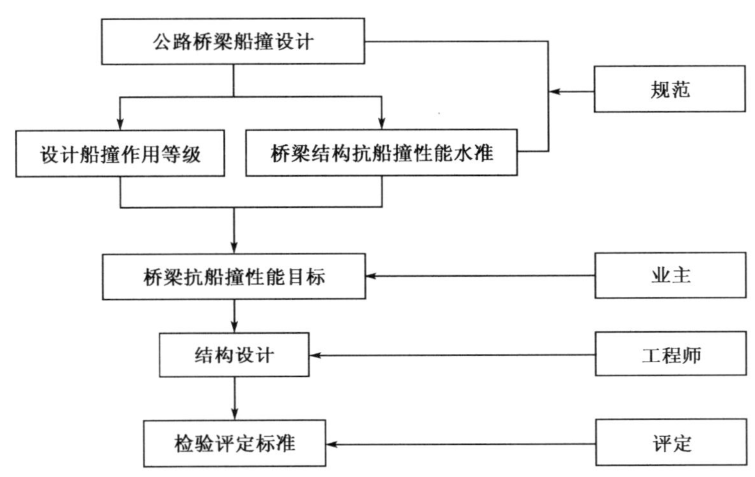

图1 基于性能的公路桥梁抗船撞设计框架

2 设计船撞作用等级

偶然作用在桥梁的整个设计使用年限内不一定出现,而一旦出现其量值很大,且持续期很短,这类作用由于历史资料的局限性,一般都是根据工程经验,通过分析判断,经协议确定其名义值。当有可能获取偶然作用的量值数据并可供统计分析,但缺乏失效后的定量和经济上的优化分析时,国际标准建议可采用重现期确定其代表值[4]。

基于性能的公路桥梁结构抗船撞设计,应控制结构在不同船撞作用下的性能水准。因此,需要根据不同重现期确定所有可能发生的船撞作用等级,设计船撞等级的建立需要考虑多种因素的影响,包括经济、技术等。目前,我国尚未对公路桥梁结构设计船撞等级给出明确定义,具体的划分原则和范围界定还有待进一步研究探讨。图2给出了设计船撞等级的影响因素及计算方法框图[5]。

如前所述,船撞作用与地震作用同属偶然作用,按照地震作用的分级理念,可将船撞作用分为三级,即小撞、中撞和大撞,其对应的重现期如表1所示。

设计船撞作用等级 表1

分　级	重现期(a)	分　级	重现期(a)
1	100	3	1 000
2	500		

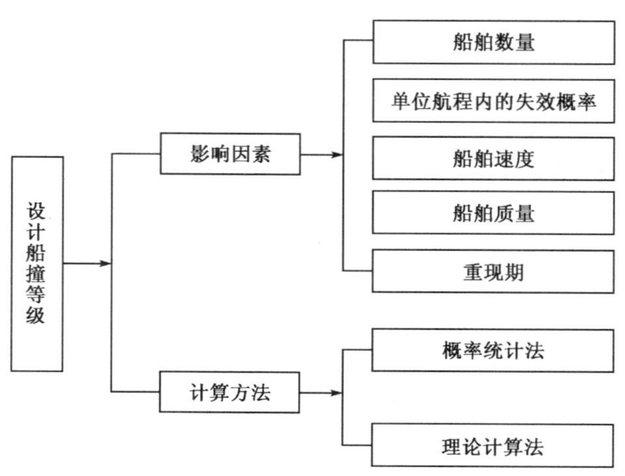

图2　设计船撞等级的确定

3　公路桥梁结构抗撞性能水准

按照性能设计的理念，在确定结构性能水准时，首先将公路桥梁结构要求的基本性能（基本结构性能）确定为安全性、可修复性和适用性。适用性是保证公路桥梁易于使用和能够使用的性能；可修复性是使公路桥梁受外部影响所造成的损坏容易修复（保护财产）；安全性则是避免公路桥梁结构整体倒塌的性能。这三项性能之间密切相关，须对这些性能水准进行协调，综合确定相应的性能要求。

安全性、可修复性和适用性的极限状态分别对应于承载能力极限状态、可修复极限状态和正常使用极限状态，这三种极限状态可以定义为描述结构性能的结构状态。安全极限状态直接根据作用是否危及公路桥梁结构的安全判断，使用极限状态根据使用功能，如对行车的影响来判断，而可修复极限状态不但要考虑结构的劣化和损坏程度，还要根据将降低的安全性和适用性恢复到要求的水平进行维修或修复的难易程度判断，应分别针对不同的评价对象规定不同的容许状态。

根据公路桥梁的特点，结合上述极限状态初步确定公路桥梁结构抗撞性能水准如表2所示。

公路桥梁结构抗撞性能水准　　表2

性能水准	安　全　性	适　用　性	可　修　复　性
	承载能力极限状态	正常使用极限状态	可修复极限状态
性能Ⅰ	(1)结构构件或连接不出现破坏； (2)结构保持整体稳定性； (3)结构不转变为机动体系； (4)结构不出现连续倒塌； (5)地基不丧失承载力； (6)结构不出现疲劳破坏	(1)结构不出现影响正常使用的变形； (2)结构不出现影响正常使用的局部损坏（包括裂缝）； (3)结构不出现影响正常使用的振动	不需进行恢复原有功能的修复

续上表

性能水准	安全性	适用性	可修复性
	承载能力极限状态	正常使用极限状态	可修复极限状态
性能 II	(1)结构没有明显损伤; (2)结构保持原有刚度和强度; (3)结构可正常运作,但性能有所削弱	(1)结构出现可控范围内的变形; (2)结构局部损坏在容许范围内; (3)结构振动不对车辆和人员产生影响	通过简单修复即可恢复结构的原有功能
性能 III	(1)结构出现明显损伤; (2)结构刚度出现实质性削弱,但能抵抗倒塌; (3)结构需要大规模的维修才可正常工作	(1)结构出现影响使用的较大变形; (2)结构局部损坏超过容许值; (3)结构振动对车辆和人员产生不适	需进行较大规模的修复,才能保证结构恢复原有功能

4 公路桥梁结构的抗船撞性能目标

公路桥梁结构的抗船撞性能目标是指所设计的桥梁在设计船撞等级下所要求达到的结构性能水准的组合。性能目标的建立,应综合考虑公路桥梁的使用要求、功能要求的重要性、经济性和其他因素等。结构性能目标应按下列原则确定:

(1)公路桥梁结构性能目标由业主和结构设计人员协商确定,且不应低于规范规定的下限。

(2)公路桥梁结构性能目标根据每一性能评估项目确定,用各种极限状态和各种荷载、外力大小的组合表示。

结构性能目标是表示安全性、可修复性和适用性的尺度,既满足了业主的要求,同时也考虑了社会的制约,根据文化及经济条件,由业主和设计人员协商确定。设计规范通过技术水准反映社会制约,根据需要确定结构性能评估项目的最低水准,各种公路桥梁结构性能水准不应低于这一要求。表3给出了在设计船撞等级和结构抗撞性能水准的基础上初步建立的结构性能目标。

公路桥梁抗船撞性能目标 表3

设计船撞等级	公路桥梁抗船撞性能目标		
	安全性	适用性	可修复性
小撞	I	I	I
中撞	II	II	II
大撞	III	III	III

注:表中"I"、"II"、"III"分别对应表2的性能I、性能II、性能III。

表中要求的性能目标分别对应公路桥梁抗船撞设计的最低要求。概括而言,公路桥梁抗船撞设计的性能目标即是"小撞不坏、中撞可修、大撞不倒",按照这一理念,制订相应的结构设计规范和检验评定标准,即构成了公路桥梁结构基于性能的抗撞设计理论体系。

5 结语

本文结合国内外研究成果,提出了基于性能的公路桥梁结构抗船撞设计理论框架,对相关内容进行了初步研究，得出了以下结论和建议：

（1）将船撞等级划分为小撞（重现期100a）、中撞（重现期500a）和大撞（重现期1 000a）三个水准。

（2）将公路桥梁结构的抗船撞性能划分为安全性、可修复性和适用性，并给出了对应于承载能力极限状态、可修复极限状态和正常使用极限状态下的结构状态。

（3）根据船撞等级和性能水准确定了公路桥梁抗船撞设计的三级性能目标，即"小撞不坏、中撞可修、大撞不倒"。

基于性能的设计方法是未来结构设计的发展方向，我国目前的公路桥梁抗船撞设计尚无系统的规范，理论体系也不完善，开展基于性能的公路桥梁抗船撞设计研究可为未来我国基于性能的抗船撞设计规范的建立奠定基础。在公路桥梁抗船撞设计中采用基于性能的设计理念，既能完善现有规范体系，体现"全寿命周期成本"理念，又能提升我国规范科技水平，使我国真正实现由桥梁大国向桥梁强国的转变。

参考文献

[1] 王君杰，耿波．桥梁船撞概率风险评估与措施[M]．北京：人民交通出版社，2010.

[2] 中华人民共和国交通部．公路桥涵设计通用规范（JTG D60—2004）．北京：人民交通出版社，2004.

[3] 中华人民共和国国家标准．《公路工程结构可靠度设计统一标准》（GB/T 50283—1999）．北京：中国计划出版社，1999.

[4] 中华人民共和国国家标准．《工程结构可靠性设计统一标准》（GB 50153—2008）．北京：中国建筑工业出版社，2009.

[5] 周云，汪大洋，陈小兵．基于性能的抗风设计理论框架[J]．防灾减灾工程学报，2009.6.

千厮门嘉陵江大桥船撞设防标准研究

尚军年　耿　波

（招商局重庆交通科研设计院有限公司　重庆　400067）

摘　要：以千厮门嘉陵江大桥为依托工程，详细介绍了库区跨江大桥船撞设防标准的确定方法。基于风险的思想，利用三参数积分路径模型，分别对千厮门嘉陵江大桥在2010年、2020年和2050年通航密度下进行了船撞风险分析，并根据风险分析结果，提出了进一步降低桥墩船撞风险的建议和措施，为桥梁的船撞设计提供参考。

关键词：船撞　风险分析　设防标准　桥梁设计

Study on vessel-bridge collision fortification criterion of the qiansimen jialing river bridge

Shang Junnian　Geng Bo

(China Merchants Chongqing Communications Research & Design Institute Co. Ltd. , Chongqing, 400067)

Abstract: Relying on the Qiansimen Jialing River Bridge Project, Introduce the method how to determine the vessel-bridge collision fortification criterion on Reservoir. Based on the risk concept , using the update-Kunzi model , Analysis the vessel-bridge collision risk of the Qiansimen Jialing River Bridge Under the 2010、2020 and 2050 traffic density. According to the results of risk analysis, put forward the proposal and the measure which to reduce the vessel-bridge collision risk, and to provide the reference for another bridge of vessel impact design.

Keywords: vessel-bridge collision; risk analysis; fortification criterion; bridge design

1　工程概况

重庆轨道六号线是主城区轨道交通线网的重要组成部分，是六线一环的主骨架，六号线进出渝中半岛需跨越长江及嘉陵江，需建设跨江特大型桥梁结构，分别位于渝中区的东水门（长江）及千厮门（嘉陵江）处，按照桥位所处的地理位置，分别定名为东水门长江大桥和千厮门嘉陵江大桥（简称两江桥），项目地理位置见图1。

千厮门嘉陵江大桥南穿渝中区洪崖洞旁沧白路，跨嘉陵江，北接江北区江北城大街南路，下距河口0.8km。大桥主桥全长720m，主桥推荐桥型方案为单塔单索面部分斜拉桥方案，跨径布置为88m+312m+240m+80m，桥型布置图见图2。该桥最高通航水位为194.61m（黄海

基金项目：交通部西部交通建设科技项目，编号：200731882234。

作者简介：尚军年（1977—），高级工程师，主要从事桥梁结构设计、分析及桥梁船撞研究。

高程),最低通航水位为159.69m(黄海高程)。

图1 项目地理位置图

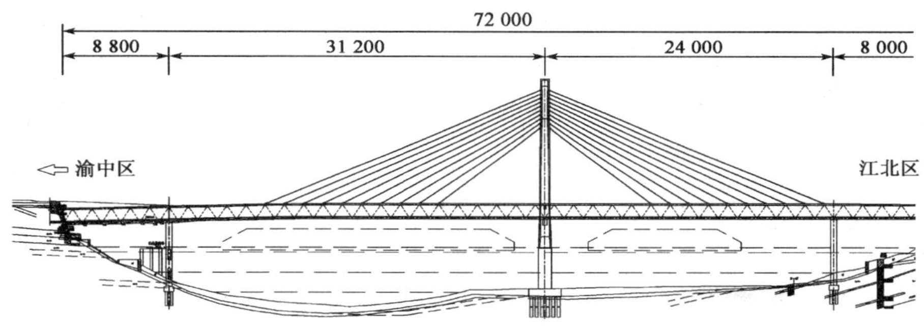

图2 千厮门嘉陵江大桥桥型布置图(尺寸单位:cm)

大桥桥塔高为182.0m,其中桥面以上109.0m,桥面以下73.0m,其上、中、下塔柱的截面尺寸见图3。

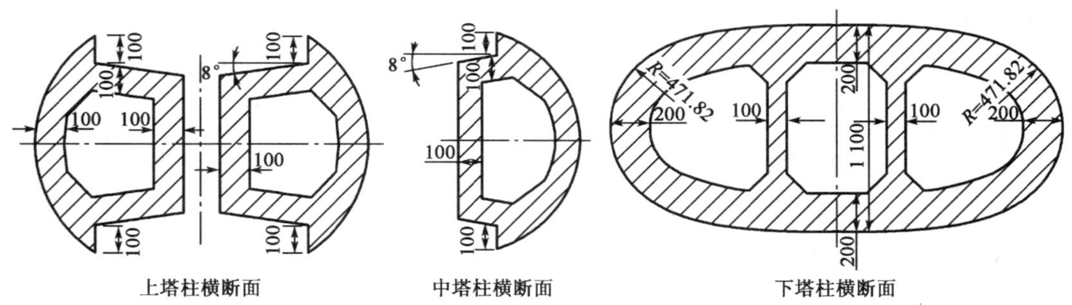

图3 千厮门嘉陵江大桥塔柱截面尺寸(尺寸单位:cm)

2 桥梁船撞概率安全评估方法及思路

2.1 船撞风险分析现状

国外统计资料表明,自1960—2002年,国外因船舶撞击而导致桥梁垮塌或严重破坏的事故达32起,平均每年约有一座大型桥梁因船舶撞击而倒毁或遭受严重破坏,事故带来了巨大的经济损失和人员伤亡。

在我国,近段时间也发生了几起较大的船撞桥事故。2007年6月15日凌晨广东省佛山市325国道九江大桥因船舶撞击发生倒塌,造成了巨大的社会影响。2008年3月27日凌晨,在建的浙江宁波金塘大桥又发生船舶碰撞事故,造成桥面箱梁塌落,4名船员失踪,造成了巨大的经济损失。两起事故前后间隔不到一年。图4、图5分别是九江桥和金塘桥的船撞事故图片。

图4 广东九江大桥船撞事故

图5 金塘大桥船撞事故

鉴于船桥碰撞问题的严重性,从20世纪70年代末期开始,世界上一些经济发达国家开始研究桥梁的船撞安全问题,并陆续出版了一些指南和规范来指导本国的桥梁船撞设计。1991年,美国道路工程师协会(AASHTO)编写了美国的《公路桥梁船撞设计指南》[1],1994年,该指南的核心条款又写入了美国《公路桥梁设计规范》[2]。在欧洲,1997出版了欧洲统一规范第一卷(Eurocode 1)第2.7分册[3],指导桥梁船撞设计。从设计思想上看,美国桥梁船撞设计规范全面采用了基于风险的设计思想。欧洲船撞设计规范虽然考虑到了严重的桥梁船撞是风险事件,在编写规范是也考虑到了失效频率的问题,但这种考虑是隐含的,因而也是非常粗糙的。

在我国,2004年颁布的《公路桥涵设计通用规范》(JTG D60—2004)[4]将船舶分为轮船和内河驳船两类,分别根据航道等级列表给出了设计船舶撞击力。1999年颁布的《铁路桥涵设计基本规范》[5](TB 10002.1—99)中,仅给出了设计船舶撞击力的计算公式。

概括地说,美国和欧洲规范都将船撞事件处理为风险事件,根据可接受风险的水平来指导桥梁的船撞设计。我国规范则是将船撞事件处理为偶然作用,根据航道和通航船舶情况给定设防船撞力。比较而言,我国桥梁船撞设计还没有形成一个系统的设计思想[6]。

新一代桥梁结构设计规范的总体发展方向是"基于性能的设计"。"基于性能的设计"意味着考虑寿命期内的风险、投资的效益、桥梁拥有者的决策等很多新理念的明确建立。美国桥梁船撞设计规范比较系统地实现了"基于性能"的设计思想,虽然在某些方面还显得过于简化。因此可以说美国桥梁船撞设计规范所表达的设计思想代表了桥梁船撞设计的主流发展方向，亦即桥梁船撞设计标准和设计规范（或指南）应建立在概率分析、投资效益、风险决策等概念的基础之上[6-7]。

2005 年我国国内的一些科研机构与高校进行了“基于风险的桥梁船撞风险分析”的研究，形成了一系列研究成果和地方标准。最具有代表性的地方标准是由招商局重庆交通科研设计院有限公司和同济大学主编的《重庆市三峡库区跨江桥梁船撞设计指南》[8]。

2.2　风险分析方法

本文主要采用《重庆市三峡库区跨江桥梁船撞设计指南》中的三概率参数积分路径模型对千厮门嘉陵江大桥进行船撞风险分析，大桥各桥墩年碰撞频率按式(1)计算：

$$P_{\mathrm{wi}} = \sum_{j=1}^{n} N_{\mathrm{j}} \int_{\mu_{\mathrm{x}}-3\sigma_{\mathrm{x}}}^{\mu_{\mathrm{x}}+3\sigma_{\mathrm{x}}} f(x) \int_{0}^{D} \lambda(s)\left[1 - F(s)\right] \int_{\theta_1}^{\theta_2} f(\theta)\,\mathrm{d}\theta \mathrm{d}y \mathrm{d}x \tag{1}$$

式中：P_{wi}——第 i 种水位下的年碰撞频率；

N_{j}——按船舶分类方法第 j 种船舶的年通航量，艘次；

$f(x)$——航迹横向分布（几何分布）密度函数；

$\lambda(s)$——船舶单位航行距离的失误概率；

$F(s)$——停住船的概率；

$f(\theta)$——船舶偏航角分布密度函数；

μ_{x}——船舶的航迹横向分布（几何分布）均值；

σ_{x}——船舶的航迹横向分布（几何分布）标准差。

采用三概率参数积分路径法进行计算时，积分路径长度不应小于 $\mu_{\mathrm{s}}+3\sigma_{\mathrm{s}}$。三概率参数积分路径法的模型如图 6 所示，船舶自原点航行到桥墩处的距离为 D，也即积分路径长度为 D，μ_{s} 为停船距离均值，σ_{s} 为停船距离标准差。(X,Y) 为船舶在航行过程中的积分坐标。

三概率参数积分路径法具有以下两个特点：

(1)考虑了水位变化频率对碰撞概率的影响，即对于某一计算水位下的碰撞频率还应乘上该水位出现的年频率，然后根据水位情况加权求和，使计算方法更加符合实际情况。

在考虑水位变化频率的影响后，桥梁的年碰撞概率可以用下式来表示：

$$P_{\mathrm{c}} = \sum_{i=1}^{n} \alpha_{\mathrm{i}} P_{\mathrm{wi}}$$

式中：P_{c}——总的年碰撞频率；

α_{i}——第 i 种水位出现的概率；

P_{wi}——第 i 种水位下的年碰撞频率。

(2)在积分路径方法的基础上，增加一项积分来考虑船舶横向分布（几何分布）对碰撞概率的影响，使模型的理论推导更加符合实际情况。

2.3　研究思路

本文在研究千厮门嘉陵江大桥船撞设防标准时，首先基于风险的思想，采用三概率参数积分路径模型对大桥进行了船撞倒塌概率分析，根据可接受风险的水平确定大桥的船撞设计的船型吨位，以及起控制作用的典型撞击工况，然后利用精细化动力数值模拟方法对典型撞击工况进行模拟分析，从而确定大桥的船撞设防标准，并提出降低桥梁船撞风险的建议和措施。研究思路见图7。

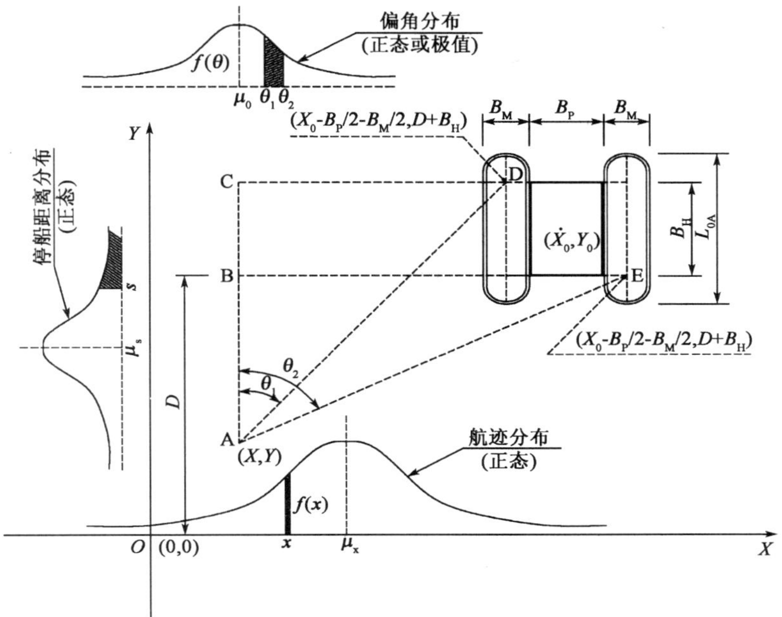

图6　三概率参数积分路径法计算图示

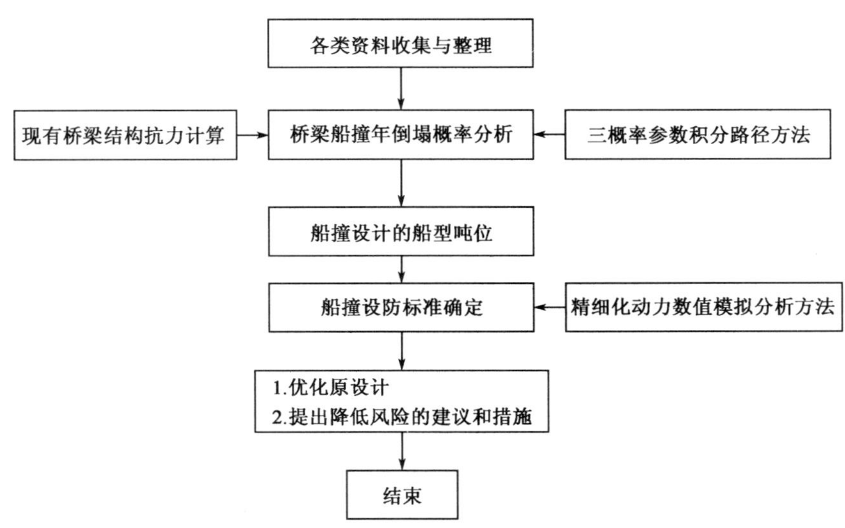

图7　千厮门嘉陵江大桥船撞设防标准研究思路

3　船撞风险分析主要参数的确定

千厮门大桥桥位处洪水期时，流速大多在1.5m/s以下，桥轴线上最大流速1.28m/s，主流通过桥轴线时与桥轴线法向夹角大多在10°以内。中水期时，流速在2～3m/s左右，主流与桥轴线法向夹角在10°左右。枯水期时，流速大多不足1m/s，主流与桥轴线夹角在5°左右。

因此,197.49m、194.61m、188m、182m 水位下流速取 1.5m/s,175m 水位下流速取 1m/s,170m、166m 水位下流速取 3m/s,159.69m 水位下均 1m/s。具体参数详见表 1。

不同水位下水流速度表 表 1

水位(m)	水流夹角(°)	平行流速(m/s)	垂直流速(m/s)	最小水流速度(m/s)
197.58	5	1.48	0.26	1.5
194.57	5	1.48	0.26	1.5
187	5	1.48	0.26	1.5
181	5	1.48	0.26	1.5
175	5	0.98	0.17	1
170	5	1.97	0.35	3
166	5	1.97	0.35	3
159.9	5	0.99	0.09	1

根据三峡水库蓄水规律分析,并结合千厮门大桥桥位处的洪水频率及水位,本文选取 8 个典型计算水位,如表 2 所示。

典 型 水 位 表 表 2

序 号	黄海高程水位(m)	出 现 概 率	序 号	黄海高程水位(m)	出 现 概 率
1	197.49	1%	5	175.00	44%
2	194.61	5%	6	170.00	10%
3	188.00	5%	7	166.00	17%
4	182.00	5%	8	159.69	13%

通过千厮门嘉陵江大桥断面的船舶通航密度如表 3 所示。

千厮门嘉陵江大桥船舶年通航量预测表(单位:艘次) 表 3

船 舶 吨 级	年 份		
	2010 年	2020 年	2050 年
通过船舶总数(艘次)	17 466	46 147	79 069
平均日通过船舶艘次数	48	126	217
200t 以下	5 202	10 142	10 637
200 ~ 600t	4 681	24 342	46 093
600 ~ 1 000t	4 125	6 086	14 182
1 000 ~ 2 000t	2 451	3 953	5 406
2 000 ~ 4 000t	1 007	1 624	2 751

船舶的典型航速根据表4来取值，辅助墩和主墩的横桥向抗力如表5所示，不同水位下基础顺、横桥向极限船撞力比较表见表6。

典型船型过桥速度表 表4

船舶吨位	航速(m/s)	
	上水	下水
200t 以下	4.0	5.0
200 ~ 600t	4.0	5.0
600 ~ 1 000t	4.0	5.0
1 000 ~ 2 000t	4.0	5.0
2 000 ~ 4 000t	4.0	5.0

千厮门大桥主桥桥墩不同水位下横向抗力表(MN) 表5

水位(m)	P1 辅助墩(渝中侧)	P2 主墩	P3 辅助墩(江北侧)
197.49	9.0	45.0	7.0
194.61	10.0	52.5	8.0
188	13.0	60.0	11.0
182		67.5	
175		75.0	
170		82.5	
166		90.0	

不同水位下基础顺、横桥向极限船撞力比较表 表6

水位(m)	桥墩	顺桥向抗力(kN)	横桥向抗力(kN)	β	$\tan\alpha$	$\frac{\beta}{\tan\alpha}$
197.49	P1	7 000	9 000	0.78	0.18	4.32
	P2	30 000	45 000	0.67	0.18	3.70
	P3	6 000	7 000	0.86	0.18	4.76
194.61	P1	7 800	10 000	0.78	0.18	4.33
	P2	35 000	52 500	0.67	0.18	3.70
	P3	6 800	8 000	0.85	0.18	4.72
188	P1	10 000	13 000	0.77	0.18	4.27
	P2	40 000	60 000	0.67	0.18	3.70
	P3	9 500	11 000	0.86	0.18	4.80
182	P2	45 000	67 500	0.67	0.18	3.70
175	P2	50 000	75 000	0.67	0.18	3.70
170	P2	55 000	82 500	0.67	0.18	3.70
166	P2	60 000	90 000	0.67	0.18	3.70

注：$\beta=\frac{顺桥向抗力}{横桥向抗力}$；$\alpha$为撞击角度，根据统计资料取10°。

本研究中，根据《重庆市三峡库区跨江桥梁船撞设计指南》对重要桥梁可接受风险的要求，千厮门嘉陵江大桥的年倒塌可接受风险为 10^{-4}。

4 船撞风险分析

4.1 横桥向船撞风险

表 7 给出了全桥随年份变化的年碰撞频率和年倒塌频率，图 8 绘出了其变化趋势。

千厮门大桥全桥船撞风险 表 7

年份(年)	三概率参数积分路径方法	
	年碰撞频率	年倒塌频率
2010	6.01E-02	8.77E-05
2020	1.36E-01	1.39E-04
2050	2.37E-01	2.28E-04

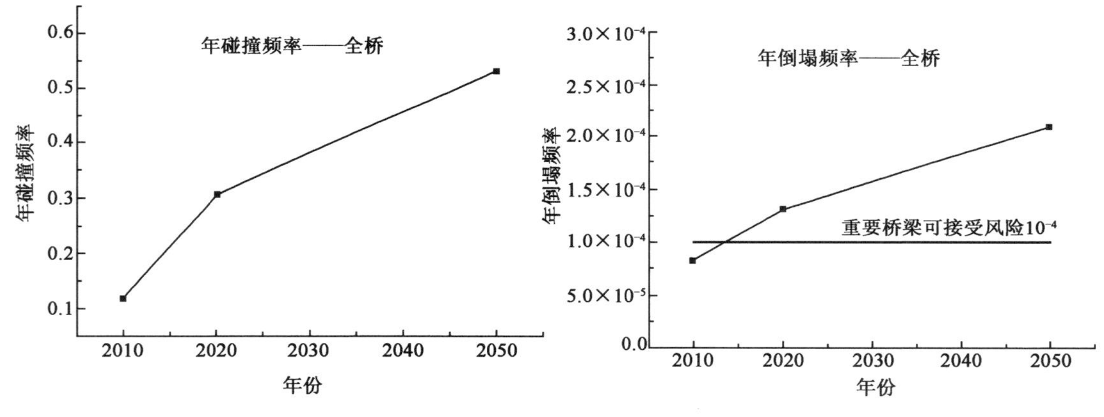

图 8 全桥船撞风险变化趋势

从图 7 可看出，千厮门大桥在 2010 年通航密度下，其船撞风险低于重要桥梁的可接受风险 10^{-4}；2020 年和 2050 年的通航密度下，其船撞风险明显高于重要桥梁的可接受风险 10^{-4}，处于风险不可接受的情况，并且随着年份的增加（通航密度不断增长），其船撞风险逐年递增。其临界年限约在 2013 年。

为得到千厮门嘉陵江大桥满足可接受风险的临界抗力水平，本文分别选取了不同的桥墩抗力进行计算，得到桥梁在 2050 年通航密度下船撞风险随桥墩抗力变化的曲线见图 9 和图 10。

根据《重庆市三峡库区跨江桥梁船撞设计指南》，船舶产生的撞击力与船舶的行驶速度和吨位有关。当 P1 辅助墩、P2 主墩和 P3 辅助墩的抗力分别为 12MN、33MN 和 9.5MN 时，全桥的年倒塌频率降到可接受风险 10^{-4} 范围内。此时，全桥的防撞代表船舶如表 8 所示。

千厮门嘉陵江大桥船撞设计代表船型 表8

桥墩位置	桥墩横向抗力	计算撞击速度	防撞代表船型
	(MN)	(m/s)	(DWT)
P1 辅助墩	12	4.26	800
P2 主墩	33	4.59	3 000
P3 辅助墩	9.5	3.2	800

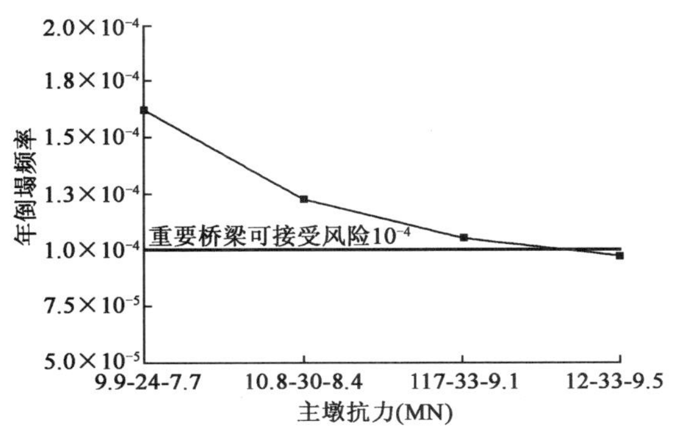

图9 全桥船撞风险—抗力关系图

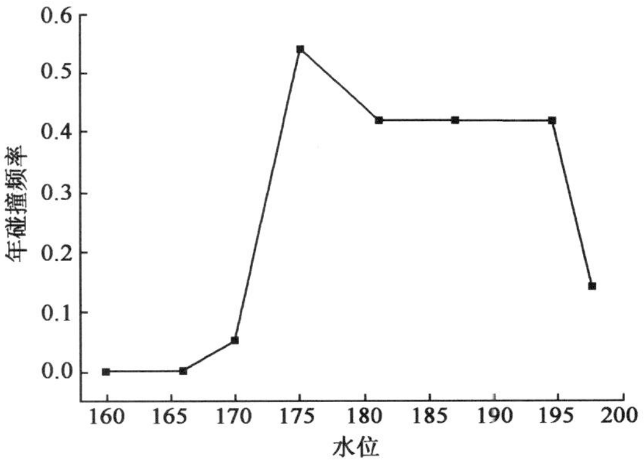

图10 不同水位下全桥年碰撞频率变化曲线

4.2 顺桥向船撞风险

桥梁的船撞风险主要来自于两部分:碰撞频率和倒塌频率,即:

$$AF = FC \times PC$$

式中:AF——桥梁的年倒塌频率;

FC——年碰撞频率;

PC——倒塌概率。

如果将横桥向和顺桥向风险分开表述,即为:

$$AF_{横} = FC_{横} \times PC_{横} \tag{2}$$

$$AF_{顺} = FC_{顺} \times PC_{顺} \tag{3}$$

由上述两式得:

$$\frac{AF_{顺}}{AF_{横}} = \frac{FC_{顺}}{FC_{横}} \cdot \frac{PC_{顺}}{PC_{横}} \tag{4}$$

由于$FC_{顺}$与$FC_{横}$相等,因此顺桥向风险与横桥向风险的不同主要取决于倒塌概率 PC。倒塌概率 PC 主要取决于是梁抗力 H 与船舶撞击力 P 的比值,并且与之成反比。

令 $A = \dfrac{\beta}{\tan\alpha}$,$\beta = \dfrac{顺桥向抗力}{横桥向抗力}$,$\alpha$ 为撞击角度,A 值大于 1 时,说明顺桥向的船撞风险均小于横桥向的船撞风险。

综上所述,由表 6 可知,全桥的船撞风险由横桥向的船撞风险控制。

4.3 桥墩填实段高度确定

为了避免在常遇船撞作用下,桥墩局部出现大的损伤或空心墩被船舶撞穿,因此需要确定桥墩的实心段高度。以 2010 年通航密度为例(2020 年以及 2050 年通航密度下的变化趋势同 2010 年),不同水位下的桥梁的船撞年频率见图 10。

从图 10 中可以看出,在 175m 水位(黄海高程)下,桥梁遭受船舶撞击的年频率最高,为 0.54 次/年。其余水位下撞击的年频率均小于该水位,且船舶撞击点的位置通常要高于水位线 2 ~5m。因此,建议桥墩的实心段顶端高程应尽量达到 180m。根据现有设计方案,千厮门大桥的实心段高度仍需加高。

5 船撞设防标准的确定

通过前述得到的桥梁船撞设计代表船舶以及各桥墩处的撞击速度,建立桥梁及船舶的三维有限元实体模型[7],进行动力数值模拟分析,进而确定桥梁的船撞设防标准(表 9)。动力分析的有限元模型见图 11、图 12 ,典型工况下船舶撞击力时程见图 13。本文设防船撞力取撞击力时程的最大值。

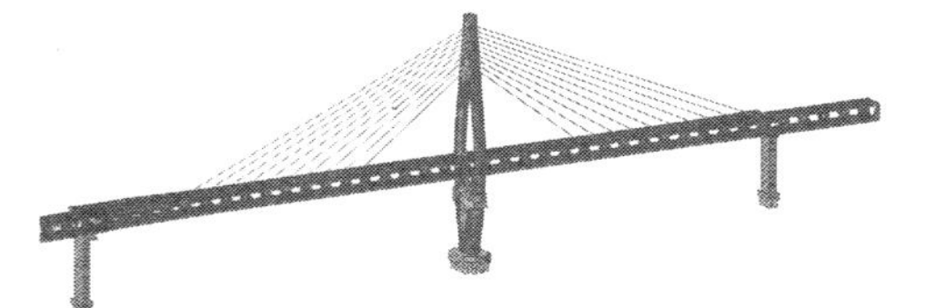

图 11 千厮门大桥全桥模型

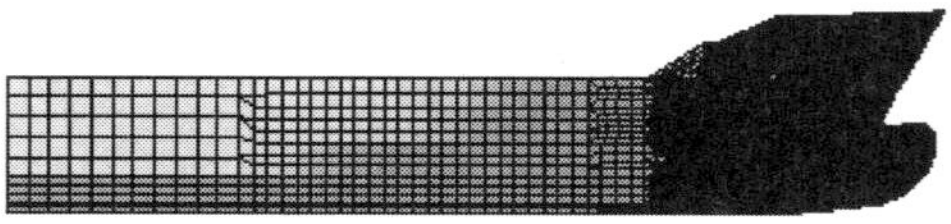

图 12 船舶有限元计算模型

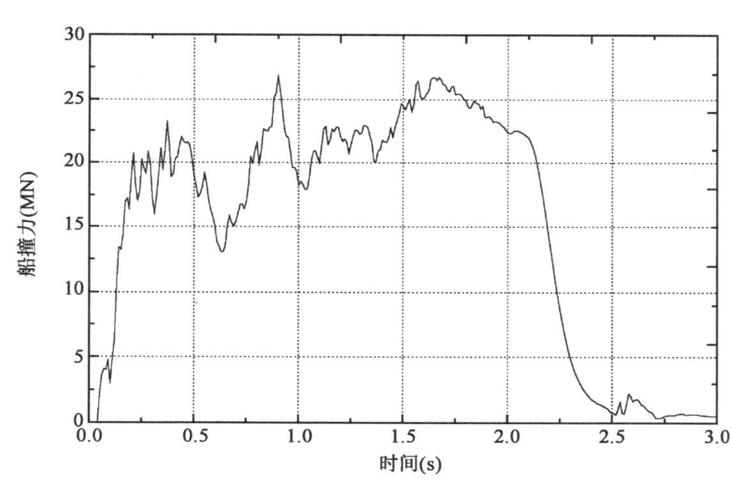

图 13 典型工况下船舶撞击力时程

各种工况主要计算结果表 表 9

位　置	船撞设计代表船舶(DWT)	撞击吨位(t)	撞击速度(m/s)	撞击力(MN)
P1 墩	800	1 200	4.26	11.05
P2 墩	3 000	4 600	4.59	26.80
P3 墩	800	1 200	3.2	8.25

6 结语

本文是基于风险的思想，采用三概率参数积分路径模型对大桥进行了船撞风险分析，以可接受风险水平 10^{-4} 为控制条件，反推得到大桥的防撞代表船舶，进而根据年碰撞频率确定了桥墩的实心段高度，然后利用数值模拟的方法确定了桥梁的设防船撞力，为大桥的设计提供了技术支持。主要的结论如下：

（1）P1 辅助墩的设防船撞力不小于 11.05MN，P2 主墩的设防船撞力不小于 26.8MN，P3 辅助墩的设防船撞力不小于 8.25MN。

（2）为了避免在常遇船撞作用下，桥墩局部出现大的损伤或空心墩被船舶撞穿，桥墩的实心段顶端高程应尽量达到 180m。

由于 P1、P3 辅助墩的抗船舶撞击能力不足，建议进一步改变桥墩和基础的结构尺寸以增加桥梁自身的抗船舶撞击能力，同时还要增加一定的防撞设施，以尽量减少船撞对船舶的损伤。本文研究的是千厮门嘉陵江大桥初步设计方案，施工图阶段已对基础的结构尺寸进行了优化。

参考文献

[1] AASHTO. Guide Specification and Commentary for Vessel Collision Design of Highway Bridges. American Association of State Highway and Transportation Officials, Washington D. C. 1991.

[2] AASHTO. LRFD Bridge Design Specification and Commentary. American Association of State Highway and Transportation Officials, Washington D. C. 1994.

[3] A. C. W. M. Vrouwenvelder. Design for Ship Impact according to Eurocode 1, Part 2.7. Ship Collision Analysis. 1998.

[4] 中华人民共和国行业标准. 公路桥涵设计通用规范(JTG D60—2004)[S]. 北京：人民交通出版社,2004.

[5] 中华人民共和国行业标准. 铁路桥涵设计基本规范(TB 10002.1—99)[S]. 北京：中国铁道出版社,2000.

[6] 耿波. 桥梁船撞安全评估[D]. 同济大学博士学位论文,2007.

[7] 招商局重庆交通科研设计院有限公司. 重庆千厮门嘉陵江大桥基于桥梁船撞概率的精细化动力数值模拟研究报告[R],2010.

[8] 重庆市工程建设标准. 重庆市三峡库区跨江桥梁船撞设计指南(DBJ/T 50-106—2010),2010.

考虑荷载历时的船撞桥倒塌概率研究

郑 丹 陈明栋

(重庆交通大学河海学院 重庆 400074)

摘 要:倒塌概率是桥梁船撞研究中判断桥墩破坏风险大小的重要问题。本文分析了AASHTO规范中关于船撞桥撞塌概率的规定,指出该规定中出现的撞塌概率实际上是经验公式而不是结构可靠度概念。并在概率和随机分析的基础上,研究了考虑船撞力随时间变化时的船撞桥撞塌概率,针对几种典型荷载下船撞桥撞塌概率的修正方法。研究可为采用风险分析的方法分析船撞桥事件提供参考。

关键词:船撞桥 倒塌概率 随机分析

Collapse probability of ship collision considering loading history

Zheng Dan, Chen Mingdong

(Department of River and Ocean Engineering, Chongqing Jiaotong University, Chongqing, 400074)

Abstract: Collapse probability is very important to determine ship bridge collision risk. The method to determine collapse probability in AASHTO guideline is reviewed. The collapse probability is based on experiment formula rather than the concept of reliability. The collapse probability of ship bridge collision is analyzed by statistical method considering history of collision force and the modification method is also presented for given representative loading, which can provide references for ship bridge collision research with risk analysis method.

Keywords: ship bridge collision; collapse probability; statistical method

1 引言

随着水路和陆路交通的迅猛发展,船撞桥事件越来越受到工程和研究人员的关注。目前,我国公路桥梁设计规范尚无船撞桥风险设计的相关规范,多数桥梁的防船撞研究主要借鉴国外相关规范,如美国国家公路与运输协会(American Association of State Highway and Transportation Officials,简称AASHTO)规范[1]。虽然大量研究指出,该规范源于海洋船撞船的统计资料和研究,并且在某些方面进行了较大的简化处理,但由于该规范基于风险分析的指导思想,根据可接受风险的水平来确定桥梁的设计防撞力,同时规范可操作性较好,能够定量地给出新建和已存在桥梁的船撞风险水平,因此得到了广泛的应用[2-3]。

在美国AASHTO规范中[1],确定桥梁船撞风险大小的一个重要内容是计算船撞事件发生

作者简介:郑丹(1979—),副教授,博士,从事混凝土动力性能研究,E-mail:zhengdan@cquc.edu.cn。

时桥墩被撞塌的概率(PC)。研究表明,该规范中撞塌概率(PC)计算公式来源于船撞船的研究,是否能直接应用于船撞桥事件还有待商榷。耿波[4]、Wang[5]指出了AASHTO规范中这方面的缺陷,并基于可靠度理论提出了一种计算撞塌概率的方法。Davidson等[6]基于有限元分析方法,以船撞桥事件发生时传递到桥上部结构的力不超过设计值为边界条件,提出来一种改进的撞塌概率计算方法,计算结果表明与AASHTO规范的值相差两个数量级。同时由于船撞力实际上是随时间变化的,而现有的撞塌概率研究中均将船撞力简化为静力荷载,这也和实际情况有所差异。

本文介绍了AASHTO规范中撞塌概率公式的来源,并以随机分析为基础,考虑船撞桥事件发生时船撞力随时间变化的过程,通过概率分析计算了撞塌概率,可为船撞桥研究提供参考。

2 美国AASHTO规范船撞桥倒塌概率

美国AASHTO规范[1]对大桥的防撞设计推荐了三种方法:方法I是一种经验方法,适用于浅水航道以驳船运输为主的情况;方法II是一种风险分析方法,通过计算桥梁倒塌概率,并根据桥梁的重要性选择可接受的风险准则,进而确定桥墩的设计强度;方法III是基于费效比的方案优选方法,适用于宽航道及多座桥墩有被撞可能的情况。该规范规定,除特殊情况外一般桥梁应使用方法II。方法II中大桥各桥墩的年撞损频率计算公式如下:

$$AF = N \times PA \times PG \times PC \tag{1}$$

式中:AF——桥墩受船舶碰撞破坏的频率;

N——可能撞击桥梁结构的船舶每年通过的桥梁的分类数量;

PA——船舶偏航概率;

PG——偏航船舶与桥梁构件相撞的几何概率;

PC——受偏航船舶撞击桥梁构件破坏的概率。

由式(1)可以看出,在计算桥墩年撞损频率的一个重要参数为撞损概率(PC),其含义是船撞桥事件发生时桥墩破坏的概率。

美国AASHTO规范中采用式(2)计算撞损概率PC,即当桥梁构件强度大于船舶撞击力时,$PC=0$;当桥梁构件强度介于船舶撞击力的10% ~100%之间时,PC在0 ~0.1之间线性变化;当桥梁构件强度小于船撞力的10%时,PC在0.1 ~1之间线性变化。

$$PC = \begin{cases} 0.1 + 9(0.1 - H/P_B) & 0 \leqslant H/P_B < 0.1 \\ (1 - H/P_B)/9 & 0.1 \leqslant H/P_B < 1 \\ 0 & 1 < H/P_B \end{cases} \tag{2}$$

实际上,式(2)的理论依据主要来自于Fujii[7]关于船撞船的研究,具体详述如下。统计资料表明,在船撞船事件中,可以采用图1来表示船的损坏率x(估计的船撞损失与船价值之间的比值)和相对的累计破坏频率之间的关系。图1中不同的直线表示发生船撞时不同的船舶总吨位(Gross Registered Tonnage)比值。从图1可以看出,船舶的损坏率越大,则该类事件发生的概率越小;同时可以看出,在相同的累积频率下,参照撞击船舶的吨位越大,则目标船舶的损坏率也越大。

为了用图 1 所示的统计经验数据来衡量船撞桥时桥墩破坏的概率，首先假设船撞桥事件发生时，与目标船舶相比，被撞桥墩可以被看成大型的撞击船舶，即撞击船舶和目标船舶总吨位的比值超过 10。因此，图 1 中仅有总吨位比值超过 10 的直线可以用作衡量船撞桥时桥墩破坏的概率。此外，在桥梁设计时，可以将损坏率 x 看成是船撞船发生时，实际的撞击力和最大可能的撞击力之间的比值。因此在这些假设的基础上，图 1 中的损坏率和累积频率的关系就可以用作分析船撞桥事件，如图 2 所示。

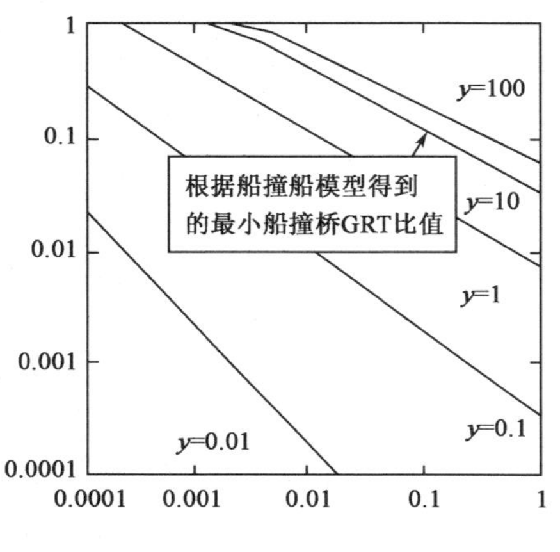

图 1　船撞船累计频率资料

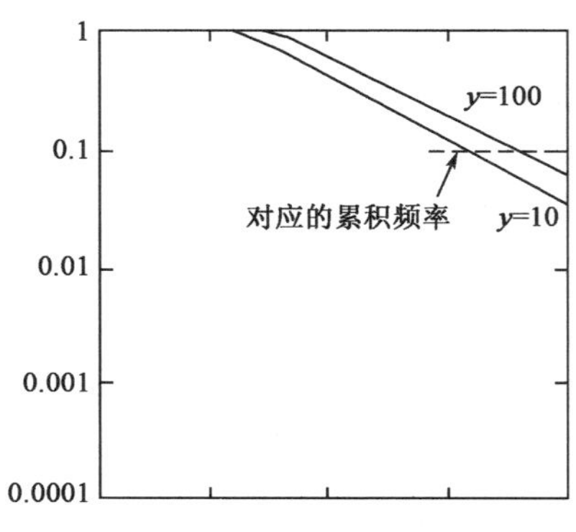

图 2　用于船撞桥的累计频率

假设船撞船的撞击力比值等于或者超过 0.1 时，相当于 10% 的均布概率。同时假设剩下的部分服从均匀的概率密度分布函数（PDF），如图 3 所示。因此，将图 3 中的概率密度分布函数积分，即可得到图 4 中的累积概率分布函数（CDF），即式（1）。AASHTO 规范中，图 4 的横坐标表示桥梁构件（桥墩）的强度和船撞力的比值。这样，船撞船事件中的累积频率与撞击损坏率的经验统计数据就形成了 AASHTO 规范的撞损频率计算公式。

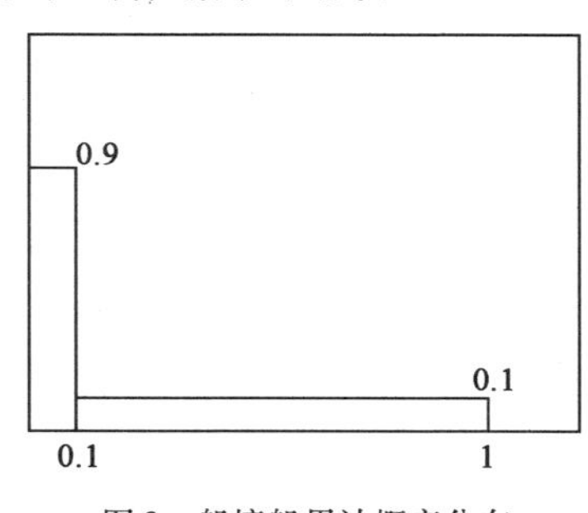

图 3　船撞船累计概率分布

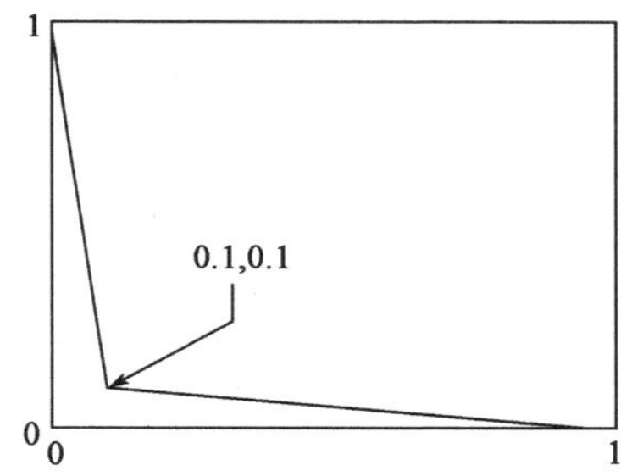

图 4　船撞桥概率密度分布

可以看出，AASHTO 规范的撞损频率计算公式实际上是来源于船撞船的统计资料，并且在公式推导中也采用了大量的简化措施。可以看出该计算结果并不能反映力学机理上的材料破坏概率，也和现行的可靠度分析中的破坏概率概念也有很大区别。但由于该公式形式简单，计算方便，便于工程人员掌握，因此仍然得到了广泛应用。

因此，要得到真正能指导我国桥梁防船撞设计的方法，应在了解国外规范的优缺点的基础上，根据我国实际的船撞桥资料，在一定的理论分析上建立相应的设计方法。

3 基于随机分析的船撞桥倒塌概率

由于船撞力实际上是随时间变化的，而现有的撞塌概率研究中均将船撞力简化为静力荷载，这也和实际情况有所差异。如 AASHTO 规范中采用的船撞力计算公式为[1]：

$$P = 0.98(\mathrm{DWT})^{1/2}(v/8) \tag{3}$$

式中：P——等效静态撞击力(MN)；

DWT——船舶的载重吨位(t)；

v——船舶的撞击速度(m/s)。

式(3)是基于船舶正撞刚性墙的假设上提出的，适用于船头正撞桥墩的情况，根据近年来的有限元仿真分析结果[2-3]，根据式(3)所计算出的静态撞击力接近于船撞桥过程中撞击力的最大值。实际上，船撞桥事件发生时，作用在桥墩上的力是一个动态变化的过程，撞击力的大小与很多因素有关。因此，有必要考虑船撞桥过程中动态荷载的实际历程，更为准确地衡量桥墩破坏的概率。

根据随机分析[8]，在混凝土等脆性材料的断裂过程中，若作用在混凝土结构上的荷载为 $\sigma(t)$，则在 t_0 时刻混凝土没有发生破坏的概率 $P(t)$ 可以表示为：

$$P(t) = \exp\left[-mL\int_0^{t_0}\sigma(t)^{\beta}\mathrm{d}t\right] \tag{4}$$

式中：m，L 和 β 是材料常数，其中 m 主要决定于材料的尺寸。

如果知道船撞桥发生时，作用在桥墩上的真实荷载历程，则根据式(4)可计算桥墩破坏概率。本文分析均匀荷载、线性荷载、三角荷载和正弦荷载作用下，桥墩的破坏概率。各种荷载的随时间按变化的关系如图 5 所示。

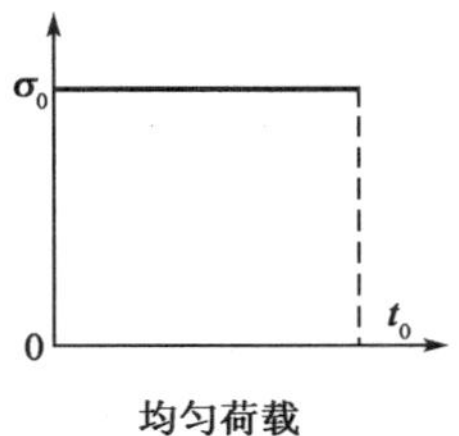

均匀荷载

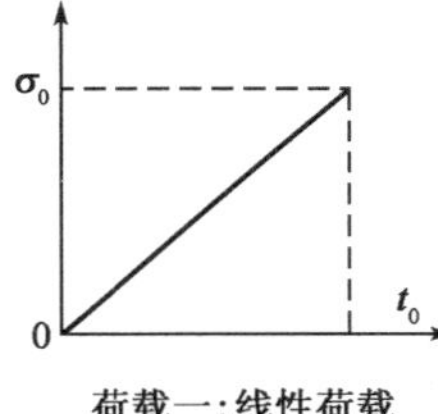

荷载一：线性荷载

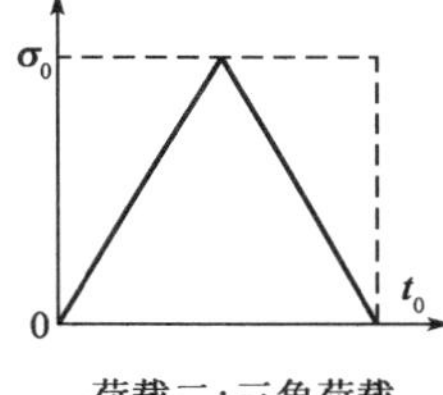

荷载二：三角荷载

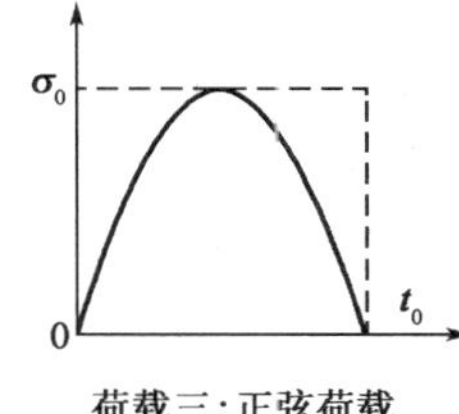

荷载三：正弦荷载

图 5 荷载类型

根据式(4)和图 5，即可以求得在不同荷载历时下，混凝土桥墩没有发生破坏的概率，如表 1 所示。

不同荷载历时下的概率计算和修正系数 表 1

荷载类型	没有发生破坏的概率 $p(t)$	修正系数 ξ
均匀荷载	$\exp(-mLt_0\sigma_0^{\beta})$	1
荷载一：线性荷载	$\exp\left[-mLt_0\dfrac{\sigma_0^{\beta}}{2(\beta+1)}\right]$	$\dfrac{1}{(2\beta+2)^{1/\beta}}$
荷载二：三角荷载	$\left(-mLt_0\dfrac{\sigma_0^{\beta}}{\beta+1}\right]$	$\dfrac{1}{(\beta+1)^{1/\beta}}$
荷载三：正弦荷载	$\exp(-mLt_0\sigma_0^{\beta}A)$	$A^{1/\beta}$

表 1 中计算正弦荷载的参数 A 为：

$$A=\begin{cases}\dfrac{(\beta-1)!!}{\beta!!}\dfrac{\pi}{2} & \beta\text{ 为偶数}\\ \dfrac{(\beta-1)!!}{\beta!!} & \beta\text{ 为奇数}\end{cases}\tag{5}$$

从表 1 可以看出，采用均匀荷载下桥墩的破坏概率要高于其他形式的荷载，这就意味着，采用拟静力法计算出的桥墩破坏概率在一定程度上高估了结构的破坏概率，因此应考虑真正的荷载历时情况，在根据静力法确定的破坏概率上进行修正。根据表 1，可以得到具体的修正方法如下，即在某荷载历时情况下，其相应的等效静力荷载为：

$$f(\sigma)=\xi\sigma_0\tag{6}$$

式中：ξ——修正系数；

σ_0——荷载的最大值。

不同荷载历时下的修正系数 ξ 如表 1 所示。

4　计算结果和讨论

根据上文建立的模型，可以计算不同荷载形式下的修正系数，如图 6 所示。

从图 6 可以看出，修正系数的大小与参数 β 和荷载形式有关。因此，在通过其他方法求得等效静力荷载作用下桥墩的破坏概率后，即可根据式(6)求得考虑荷载真实历时的桥墩破坏概率，例如在 ASSHTO 规范撞塌概率计算方法的基础上，经过修正的船撞桥时桥墩破坏概率如图 7 所示。从图 7 中可以看出，在相同的撞击力下，经过修正的桥墩破坏概率要小于原破坏概率。

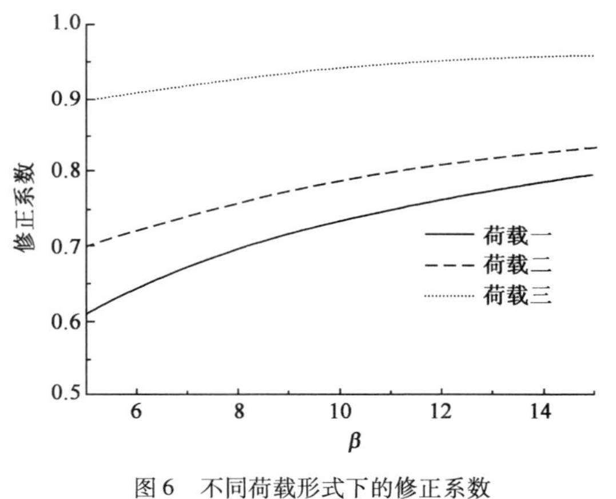

图 6　不同荷载形式下的修正系数

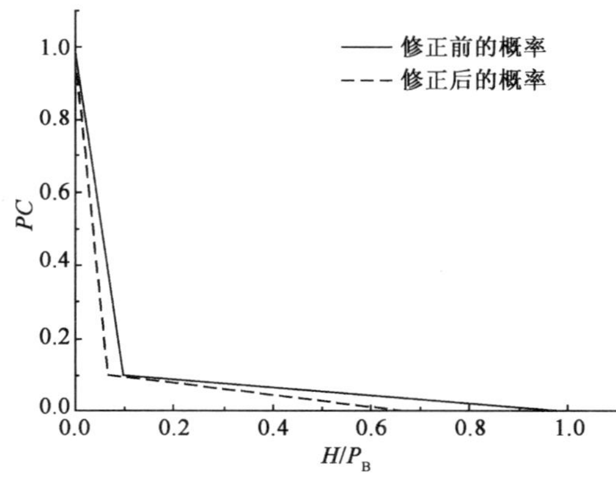

图 7　修正船撞船累计频率

5　结语

本文分析了 AASHTO 规范中关于船撞桥撞塌概率的规定，并在随机分析的基础上，研究了考虑船撞力随时间变化时的撞塌概率，并建立了简单的真实荷载历时情况下船撞桥的撞塌概率修正方法。通过本文研究可得出以下结论：①应在了解国外规范的优缺点的基础上，根据我国实际的船撞桥资料，在一定的理论分析上建立相应的设计方法；②考虑荷载真实历时后，桥墩破坏概率与等效静力法求出的破坏概率有所不同，需引起重视。

参考文献

[1] KNOTT M, HIGHWAY A A O S, OFFICIALS T, et al. Guide Specifications and Commentary for Vessel Collision Design of Highway Bridges [M]. American Association of State Highway and Transportation Officials, 2009.

[2] 陈国虞，王礼立. 船撞桥及其防御 [M]. 北京：中国铁道出版社, 2006.

[3] 项海帆，范立础. 船撞桥设计理论的现状与需进一步研究的问题 [J]. 同济大学学报. 自然科学版, 2002, 30(4): 386-92.

[4] 耿波. 桥梁船撞安全评估 [D]. 同济大学, 2007.

[5] WANG J, FU T, BAO Y. Vessel – Bridge Collision Risk Analysis Based on Structural Reliability Theory [J]. Journal of Asian Architecture and Building Engineering, 2009, 8(2): 539-45.

[6] DAVIDSON M, CONSOLAZIO G. Development of an Improved Probability of Collapse Expression for Bridge Piers Subject to Barge Impact; proceedings of the Structures Congress, F, 2010 [C]. ASCE.

[7] FUJII Y. The estimation of losses resulting from marine accidents [J]. The Journal of Navigation, 1978, 31(01): 117-25.

[8] MIHASHI H, WITTMANN F, STEVIN – LABORATORIUM, et al. Stochastic approach to study the influence of rate of loading on strength of concrete [M]. Stevin – Laboratory of the Dept. of Civil Engineering of the Delft University of Technology, 1980.

浅谈内河通航桥梁桥墩防撞设计

魏东海[1] 施卫东[1] 张兆民[2]

(1. 江苏省交通规划设计院南通分院 南通 226001;
2. 江苏省如皋市水务局 如皋 226500)

摘 要:随着目前水运事业的不断发展以及现代化大吨位船舶数量的快速增加,为有效保障船舶和桥梁设施安全,需要对桥梁通航孔桥墩实施安全保障工程。

关键词:内河通航桥梁 防撞设施 设计撞击速度 船舶撞击作用标准值

Shallow about design to defend bumping for inland river navigation bridge buttresses

Wei Donghai[1] Shi Weidong[1] Zhang Zhaoming[2]

(1. Nan Tong Branch Of Traffic Planing And Design Institute, Nantong, 226001;
2. Rugao Water Works Office, Rugao, 226500)

Abstract: Currently, with the rapid development of shipping career and growing numbers of modernized ship of big tonnage. Effectively protecting ship and bridge facility safe is necessary. Therefore, we need to carry out security project for bridge navigation buttresses.

Keywords: inland river navigation bridge; defend to bump facility; design speed impact; standard value of ship collision act

1 引言

一般而言,中小桥梁的桥墩横向抗撞击力标准一般都较低甚至很低,当桥梁不设防撞设施时,船舶与桥墩发生碰撞,由于二者的刚度均较大,变形量较小,不能有效消耗撞击动能,桥墩一般都难以抵抗船舶的撞击而造成船毁桥塌事件。所以,桥梁的抗冲击能力一般需要由防撞保护系统提供,以缓冲船舶的撞击力,使桥梁和船舶的损伤程度尽可能减小,目前我国的规范尚没有桥梁防撞设施设计的明确条文。

2 桥梁防撞设计目的

设置桥梁防撞的目的是防止桥梁因船舶撞击力超过桥墩的设计承受能力,保护桥梁结构安全。工程上通过采用不同型式的防撞设施,可以阻止船舶撞击力传到桥墩(或桥梁),或者通过缓冲消能防撞设施,延长船舶的撞击时间,减小船舶撞击力,从而最终保护桥梁安全。

作者简介:魏东海(1970—),高级工程师,硕士,研究方向:桥梁设计与加固,E-mail:wdhntjt@163.com。

3 桥梁防撞设计原则

在碰撞过程中,大桥(主墩)的防撞设施和船舶(或船队)组成一个运动系统,巨大的船舶动能在极短暂的时间过程中发生转化,各个组成单元的运动状态发生强烈的改变,要使全部组成单元保持完好无损是困难的,在经济上也是不合理的。由于桥、船和防撞设施都是造价昂贵的工程建筑物。确保桥梁安全是防撞设施设计的首要目的,大桥的破坏后果最为严重,为了保证大桥的安全,即使防撞设施和船舶损坏,也是合理的、必要的。因此对于防撞设施的设计需要根据桥墩的自身抗撞能力、桥墩的位置、桥墩的外形、水流的速度、水位变化情况、通航船舶的类型、碰撞速度等因素进行。通常应满足以下原则:

(1)桥墩的自身抗撞能力较差,防撞设施不宜与桥墩直接连接;防撞设施要能全部或大部消耗碰撞船舶的能量。

(2)桥墩基础较弱,防撞设施设置尽量少扰动原桥基础。

(3)防撞设施的构造形式和几何形状须使碰撞船只损伤最小,以免造成船舶受损后污染环境。船舶是碰撞事故的责任方,但船舶的沉没也是极大的经济损失,而且影响航道畅通,应予避免。所以,对船舶的保护在防撞设施的设计中也应给予必要的适度考虑,应避免沉船事故。

(4)防撞设施不能影响航道通航,占用航道范围应尽量少,以免造成航道堵塞。

(5)在一定条件下,防撞设施的损坏是允许的,但应易于修复,以使大桥不失受保护状态。

(6)若桥墩承台具有一定的抗撞能力,可考虑其承受小部分船舶撞击力,以使防撞设施的设计更加经济合理。

(7)防撞设施要与使用环境相协调,并应基本不影响桥梁原有风貌。

4 计算参数和设计模型

桥梁尤其是大型桥梁的防碰撞一直是桥梁工程界关注的问题。当前国内外已有多种桥墩防撞设施,大部分是利用结构的弹塑性变形,消耗船舶碰撞能量和延长碰撞作用时间,以期大幅降低船舶碰撞作用力。

4.1 计算参数

4.1.1 设计碰撞速度

船舶碰撞桥墩的原因,主要按两种方式考虑,一种是航行中由于误操作或气候恶劣等原因碰撞桥墩;另一种是船舶在桥梁上游完全失控,漂流而下撞击桥墩,因此应分别进行计算。

(1)船舶航行时碰撞桥墩

根据国外公路桥梁设计规范的规定,设计撞击速度取值如下:航道边缘处取限制通航速度,距航道边缘3倍船长处取年平均水流速度,两者之间按直线过渡。

(2)船舶漂流撞击桥墩

运河正常情况下水流流速为0.8m/s,这种情况下的速度较前一种情况小。所以,取设计船舶碰撞速度为3m/s。

4.1.2 设计碰撞角度

“船只行驶速度可分解为计算纵向动能平行于船轴线的分量和计算横向动能垂直于船轴

线的分量"、"如果船只完全停止,其碰撞总动能将耗尽;如果船只仅仅转向,碰撞能量可以碰撞前后船只动能的矢量分析来确定"。这一点,共识者较多,但具体分析时可能有些差异。

根据陈国虞先生在《船撞桥及其防御》[9]中对船撞桥墩情况的论述,分析运河船撞桥墩的各种可能情况:

第一种情况是一种极端情况,即船正对桥墩开过来,相撞后顶住不动,船与墩交换全部动能(船舶具有的最大动能值)。若防撞设施迎水面设计为椭圆型,两者相遇瞬间即滑开。运河运输船舶(队)船首形状较多为方艏形,所以此种状态是防撞设计时考虑的主要工况(图1)。

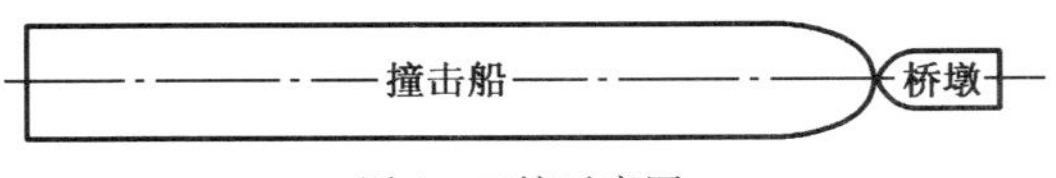

图1 正撞示意图

第二情况:直航前进的船大都是船头部位碰撞桥墩(一定夹角),其分速度夹角为γ。γ决定于船的B/L,通常速度较高的船设计成$B/L\leqslant 1/2$,这时夹角为8.1°;速度较慢的船、货驳等,设计成$B/L-1/5$,这时夹角为11.3°;拖船、渡船设计成$B/L-1/4$,这时夹角为14°。横向分速度分别为原向航速的0.14、0.20和0.25倍,其能量$\frac{1}{2}mv^2$分别为原能量的0.02、0.04和0.06倍。设计防撞墩时要考虑船舶(队)横向速度可能造成防撞墩的倾覆(图2)。

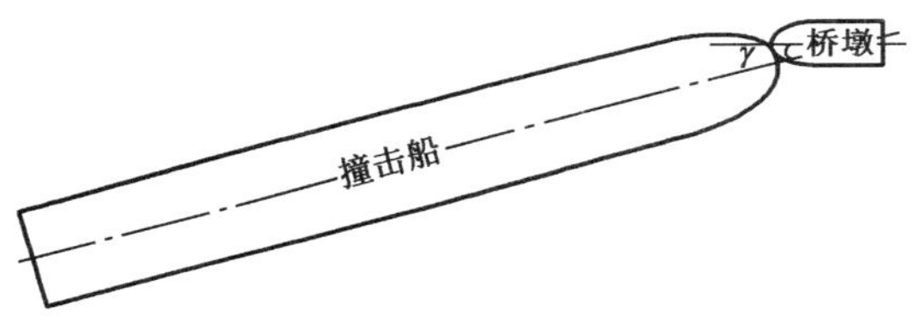

图2 侧撞示意图

第三种情况:船除前进速度外,还有横漂和转弯,所以碰到了平行中段,有点像船靠码头的情况,即船侧撞上桥墩。此时船不能维持轴向前进。由于此时船的横向速度比前进的速度小得多,算出的撞击能比直航速度所代表的撞击能小得多(图3)。

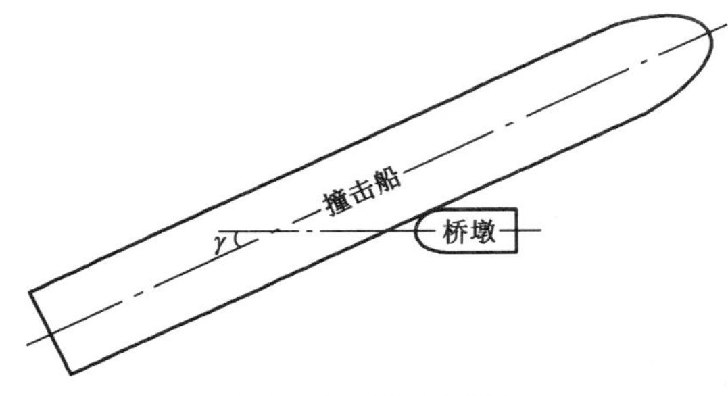

图3 船中侧撞示意图

第四种情况也是一种极端情况,横漂的船正好顶在船的重心上(如果不是顶在重心,则船的惯性力会使船转动,变为第三种情况),这时的碰撞能是以全部横漂速度v_H计算。由于水流合力与船的重心不重合,船头始终会旋转,实现"船到桥头自然直",变为顺流而下,且运河航道较窄,所以此种状态的几率极小,置于保证率之外(图4)。

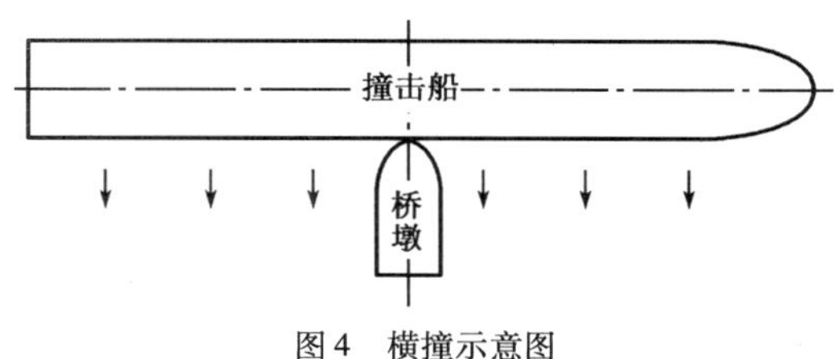

图4 横撞示意图

4.2 设计模型

4.2.1 防撞设施的一般布局(图5)

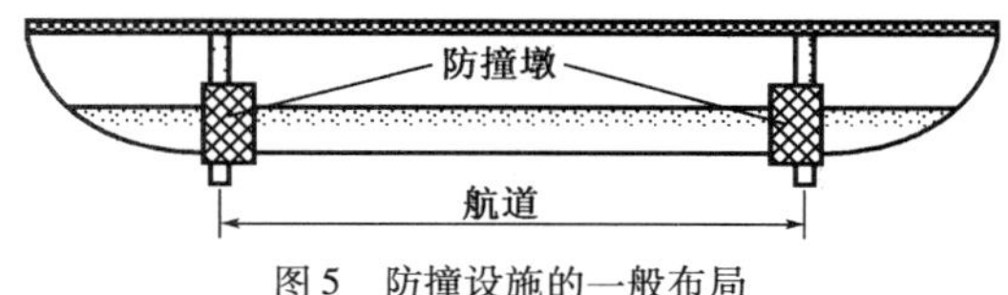

图5 防撞设施的一般布局

4.2.2 内河上船舶撞击作用标准值

在《公路桥涵设计通用规范》(JTG D60—2004)[12]中,将船舶撞击当作一种偶然荷载。当缺乏实际调查资料时,依据《内河通航标准》(GB 50139—2004),内河上船舶撞击作用标准值可按表1采用。

内河船舶撞击作用标准值 表1

内河航道等级	船舶吨级 DWT(t)	横桥向撞击作用力(MN)	顺桥向撞击作用力(MN)
一	3 000	1.4	1.10
二	2 000	1.1	0.90
三	1 000	0.8	0.65
四	500	0.55	0.45
五	300	0.4	0.35
六	100	0.25	0.20
七	50	0.15	0.125

模拟计算工况采用相应等级航道横桥向撞击作用力,正向撞击桥墩,如图1所示。此时的撞击力最大,为最不利工况。对桥梁防撞墩进行计算,确认符合经济性、适用性、可操作性等方面可行的方案。

5 使用实例简介

南通某大桥位于遥望港河上,此处航道等级为六级。主桥采用跨径(43.5+70+43.5)m预应力混凝土变截面连续箱梁结构,桥型布置如图6所示。

主桥下部结构采用钢筋混凝土矩形实体式桥墩、钻孔灌注桩基础,过渡墩采用钢筋混凝土桩柱式桥墩、钻孔灌注桩基础。

采用的防撞设施如图7和图8。

5.1 计算依据

(1)大桥施工图设计××规划设计研究院,2009年12月。

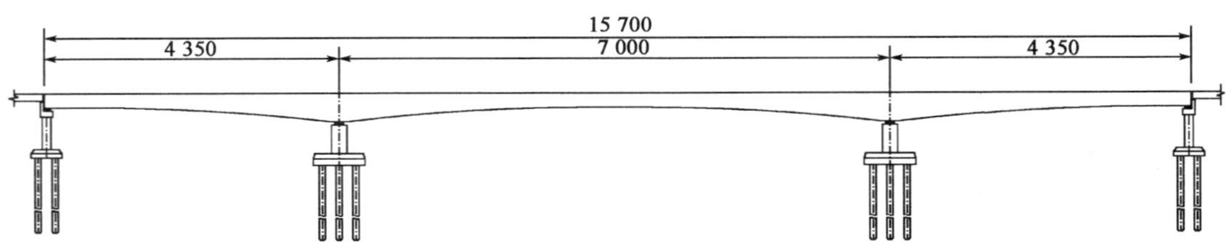

图6 ××大桥桥型布置图(尺寸单位:cm)

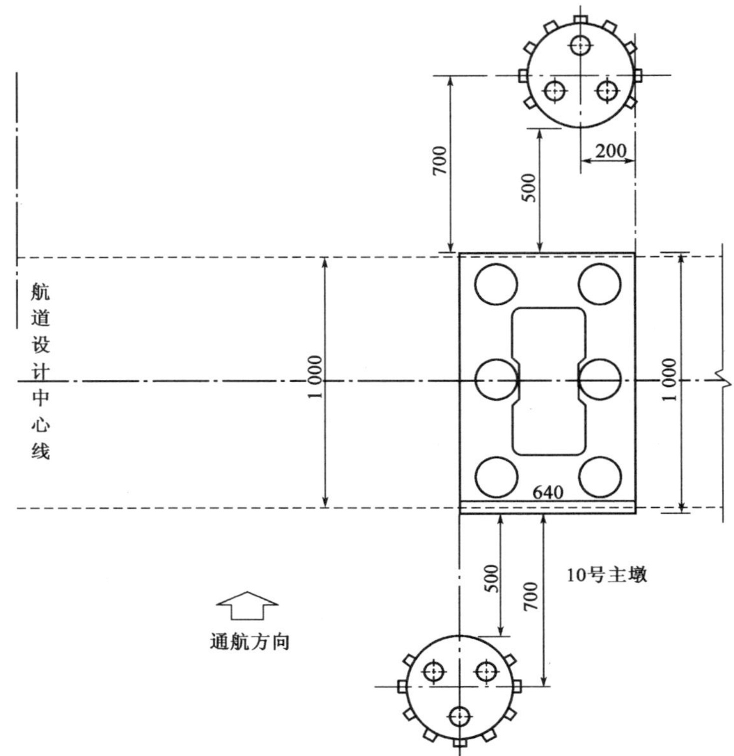

图7 防撞设施平面布置图(尺寸单位:cm)

(2)《内河通航标准》(GB 50139—2004)。

(3)《公路桥涵设计通用规范》(JTG D60—2004)。

(4)《公路工程技术标准》(JTG B01—2003)。

(5)《内河助航标志》(GB 5864—93)。

(6)《公路钢筋混凝土及预应力混凝土桥涵设计规范》(JTG D62—2004)。

(7)《内河交通安全标志》(GB 13851—92)。

(8)《公路桥涵地基与基础设计规范》(JTG D63—2007)。

(9)应遵守的现行国家及行业其他有关法规、标准、规程和规范。

5.2 计算结果

地基土比例系数由上层向下分别为10 000 kN/m^4、15 000 kN/m^4,土的内摩擦角为25°,河底冲刷线高程为0.7m。桩基采用m法、承台下的桩采用群桩计算。

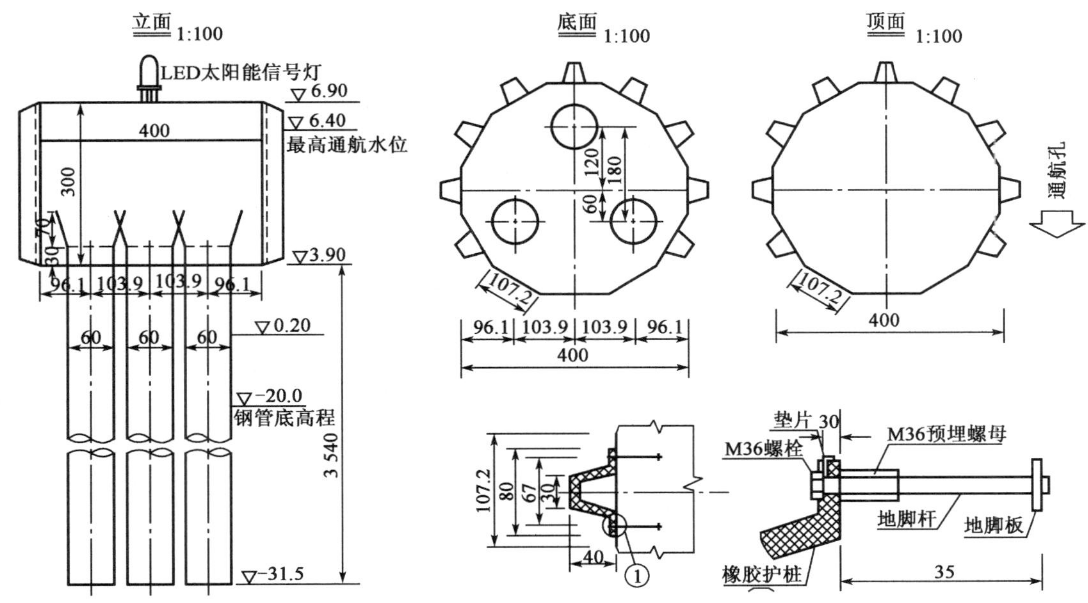

图 8 防撞设施结构轮廓图(尺寸单位:cm)

在墩两侧设置的防撞墩仅是辅助防撞墩,即桥墩能抗船撞力,防撞墩是额外的富余,主要是可减少对主墩的修复。一般等级航道防撞墩都是辅助的,船撞力采用规范值,对桥墩进行验算,防撞墩主要是防止船舶直接横桥向撞桥墩。

桥梁本身能抗船撞,辅助防撞墩可设也可不设。辅助防撞墩仅起挡船撞击作用,有一定的抗船撞能力,根据不同地质条件抗撞能力不同,桩长一般穿过软土层,并不少于 20m 即可。桥墩计算时一般对船撞力(偶然作用)组合进行验算,是把船撞击力作为水平力以及在冲刷线处产生的弯矩,主要计算结果体现在桩体内部的上部配筋。几年来,通过多次实验和对比分析,在国际上首次提出了柔性吸能防撞设施方案,创立了"大撞不倒、中撞可修、小撞不坏"的桥梁三级防撞理论。本桥防撞墩的计算控制采用"中撞可修"原则,桩顶或承台顶位移 6cm 以内(参照杨渡军《桥梁的防撞保护系统及其设计》)确定。

大桥防撞设施单桩顶位移计算表

桩 基 特 性	桩 冲 刷 深	墩顶水平力	墩顶弯矩	墩柱个数	土 层 数
灌注桩	0.0	250.0	0.0	1	2

墩柱截面形状	盖梁斜长	盖梁宽度	盖梁高度	墩柱高度	墩柱直径
圆形截面	0.00	0.00	0.00	7.00	1.30

桩基截面形状	桩基直径	不用	桩基长度
圆形截面	1.30	0.00	20.00

基桩穿过不同土层厚度(m)

土 层 1	土 层 2
5.0	15.0

不同土层地基土比例系数

土 层 1	土 层 2
10 000.0	15 000.0

中间计算结果表

盖 梁 惯 矩	墩 柱 惯 矩	桩 基 惯 矩
0.000 0	0.140 2	0.140 2

桩侧平均土比例系数	桩底土比例系数 kN/m^4	桩的计算宽度 b_1(m)	桩的变形系数(1/m)
10 000.0	15 000.0	2.070	0.361 9

注:计算桩的变形系数时混凝土弹性模量折减 0.6667 倍。

大桥防撞设施单桩桩顶位移计算结果表

墩顶水平位移(cm)	墩顶转角位移	冲刷线处水平位移(cm)	冲刷线处的转角位移
5.265 228 10	0.006 250 34	1.318 303 82	0.004 414 71

注:①土中位移计算时混凝土弹性模量折减 0.6667 倍。
②冲刷线以上位移计算时混凝土弹性模量折减 0.85 倍。

大桥防撞设施单桩圆形截面配筋数据计算

圆柱直径(cm)	保护层(cm)	混凝土等级	重要性系数	计算长度(cm)
130.0	7.0	C30	1.0	1.5

抗弯弯矩(kN·m)	抗弯轴压力(kN)
500.0	66.0

主筋种类	主筋直径(mm)	提高系数
HRB335 钢筋	22	1.00

圆形截面配筋或复核计算结果表(强度配筋结果偏心受压)

强度计算值 M_j	强度计算值 N_j	钢筋面积 (cm^2)	主筋根数初始偏心距 (cm)		计算偏心距 (cm)	偏心距增大系数
1861.85	245.76	0.00	0	757.58	757.58	1.000

不 计 间 接 钢 筋

纵向稳定系数	按轴心受压计算的钢筋面积(cm^2)	钢筋根数	按轴心构件计算受压承载力
1.000 00	0.00	0	16 485.35
最小配筋率全部纵向筋面积(cm^2)			
66.37			

受压高与直径比值 *kc*	系数 *A*	系数 *B*	系数 *C*	系数 *D*
0.050 0	0.042 2	0.040 1	−1.294 6	1.0613

6 结语

三桩式防撞设施具有造价不高、施工不太复杂、维护工程量较小、对航道无影响以及对水深无要求等优点，因此比较适宜在航道通航及水深较深的桥墩处设置。鉴于船桥碰撞问题十分复杂，准确计算实际上是难以实现的，且当前国内外缺乏成熟的有关防船撞设施的计算方法。它是解决内河桥梁桥墩防撞问题的最有效的途径之一，值得推广应用。同时也存在需要进一步讨论的问题：

(1)经过国内外船舶撞桥的事故统计，船舶撞桥的撞击作用点基本在通航水位线以上 2m 左右。通航水位在常水位、最高通航水位、最低通航水位等数据中，采用哪种水位数据较合适，需要综合统计分析确定。

(2)船舶撞击防撞设施，设施位移为多少较为合适，也可以反推船舶缓冲变形多少为合适。

(3)因为桩基垂直力较小，防撞设施桩基的长度确定多少较为合适，桩基部分钢筋配置按照最小配筋率是否合适。

(4)船舶撞击力按照撞击作用标准值取，还是按照动量公式 $F = Mv/T$ 计算。

(5)建议按需设置通航辅助标志。

参 考 文 献

[1] 杨渡军. 桥梁的防撞保护系统及其设计[M]. 北京:人民交通出版社,1990.

[2] 江苏省交通规划设计院，解放军理工大学工程兵工程学院. 苏南运河桥梁桥墩防碰撞技术研究. 2010.

[3] 陈国虞. 防御船撞桥的桥墩防撞装置[J]. 上海海洋钢结构研究所. 航海技术,2001.

[4] 戴彤宇，聂武，刘伟力. 长江干线船撞桥事故分析. 中国航海,2002.

[5] 李建军. 桥梁防撞研究技术与方法. 中国水运,1995(3):32-33.

[6] 姜金辉，金允龙，潘溜溜，梁文娟. 桥梁防船撞设施的比较研究. 上海船舶运输科学研究所运输部. 上海:1000—4696(2008)01—0023—05.

[7] 金吉寅，冯郁芬，郭临义. 公路桥涵设计手册:桥梁附属构造与支座[M]. 北京:人民交通出版社,1998.

[8] 中华人民共和国铁道部. 铁路桥涵设计基本规范(TB10002.1—99)[M]. 北京:中国铁道出版社,2000.

[9] 中华人民共和国交通部. 公路桥涵设计通用规范(JTG D60—2004)[M]. 北京:人民交通出版社,2004.

[10] 中华人民共和国交通部. 港口工程荷载规范(JTJ 215—98)[S]. 北京:人民交通出版社,2003.

[11] 同济大学. 土质学及土力学[M]. 北京:人民交通出版社,1982.

[12] 中华人民共和国建设部. 内河通航标准(GB50139—2004)[M]. 北京,2004.

[13] 钱家欢，殷宗泽. 土工原理与计算(第二版)[M]. 北京:水利水电出版社,1996.

特大桥桥墩防撞加固设计探讨

郭文华 杨建亚

（广东省公路勘察规划设计院股份有限公司 广州 510507）

摘 要：随着防撞课题的深入研究，桥梁的防撞设计问题已有多种解决方案[1,2]。但是，随着经济的发展、河道的整治和航道规划等级的提升等其他环境条件的改善，许多大型桥梁面临着下部结构防船舶撞击等级的提升，旧桥防撞加固工程将越来越多。旧桥桥墩防撞加固涉及到桥墩防撞等级的选择及如何根据旧桥结构特点选择加固方案的问题，本文根据一实际桥梁的防撞加固设计，探讨旧桥的防撞加固。

关键词：旧桥 防撞设计 加固

The study of the old big bridge anti-ship collision reinforcement design

Guo Wenhua Yang Jianya

（Guangdong Highway Design Institute CO. LTD，Guangzhou，510507）

Abstract：With the research about the Ship-Bridge Collision increasing，there are many engineering measures to deal. But with the development of the economic，changing about the river regulation and enhancing the level of channel planning，etc，many old large-scale bridge will face with upgrading the levels of substructure anti-ship collision. Old bridge substructure collision reinforcement involve the choice of anti-ship collision level and how to choice the engineer measures according to the old bridge′s features. Based on the practice of one old bridge reinforcement，this paper studys how to design the anti-ship collision′s engineer measures.

Keywords：old large-scale Bridge；anti-ship collision design；reinforcement

1 引言

随着防撞课题的深入研究，新建桥梁的防撞设计问题已有多种解决方案。随着经济的发展、河道的整治和航道规划等级的提升等其他环境条件的改善，许多大型桥梁面临着下部结构防船舶撞击等级的提升，旧桥防撞加固工程将越来越多。经工程设计实践，我们认识到旧桥防撞加固主要有两个关键问题：

（1）选择合适的防撞等级。

（2）结合旧桥结构特点，选择切实可行的防撞措施。下文将主要针对这两点，结合工程实践探讨旧桥防撞加固。

某航道处三桥并列，A 桥（160m + 160m 单塔斜拉桥、100m + 100m 单塔斜拉桥）及 B 桥（100m +

2×160m+100m 连续刚构桥),均已投入运营十年以上,结构的收缩徐变基本完成;C 桥(100m+2×160m+100m 连续刚构桥),正在施工中。本桥桥址位于西江下游。主1号、主2号与主3号墩之间为主航道,按内河Ⅰ级标准,可通航3 000吨级海轮,航槽水流条件良好,水深基本上在10.0~35.0m之间。现有主通航孔与上下游主航槽对应一致,船舶基本能直线通过桥孔(图1)。

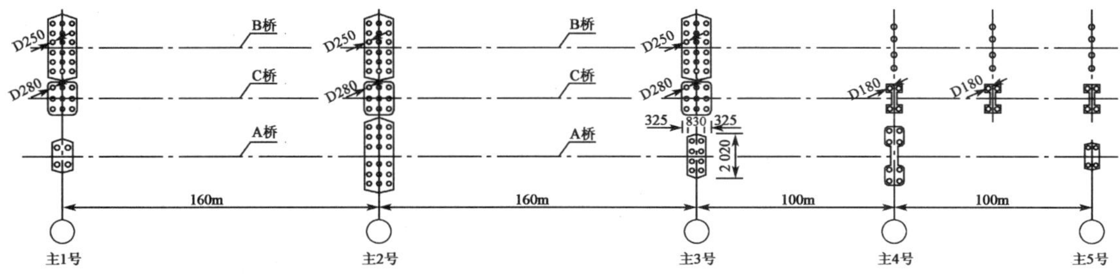

图1 主航道处三座大桥基础平面图(尺寸单位:cm)

后因航道通行环境改变,需要针对主3号墩进行防撞加固。经过各种方案的比选,本桥确定了横桥向1960t的防撞能力,并经过多种方案比选,结合本桥桥梁结构特点,确定了连接相邻三桥桥墩的方法抵抗船舶撞击力(图2)。

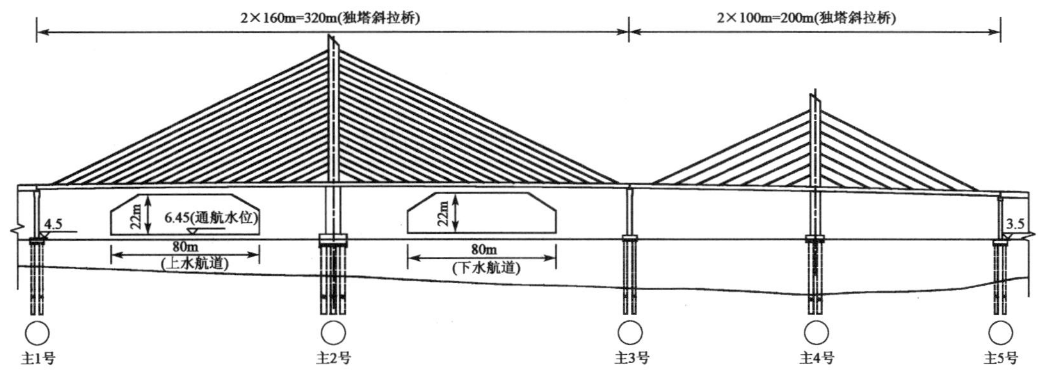

图2 A桥桥型布置图

2 旧桥桥墩防撞标准的选择

在新规范(JTG D60—2004)颁布以前,我国按照75规范以及85规范在各等级航道上修建了大量桥梁。由于新旧规范关于防撞标准的差异以及现行规范与国外常见船舶撞击力计算理论的差异[3-4],使得旧桥防撞加固面临防撞标准的选择难题。

航道代表船型的改变直接带来了船舶撞击力的改变。我国规范对代表船型目前尚无统一的规定,在进行旧桥桥墩防撞加固时,必须首先结合航道规划的变化,充分调查航道资料,如航道规划等级变化、船舶流量及分类、代表船舶的结构、航迹线、流速等。对于船舶流量,特别是计算代表船舶流量要考虑远期规划发展的情况。

2.1 历版公路桥涵规范与美、欧船撞桥规范关于船舶撞击力的规定的区别

从我国最早的75规范、(JTJ 021—89)通用规范以及(JTG D60—2004)通用规范来看,我

国规范将桥墩船舶撞击力处理为偶然荷载，将动力作用等效为一个水平静力作用。由表1可见，规范的演变除了体现在船舶撞击力数值的演进，同时也逐步引入了航道代表船型的概念。

船舶撞击作用标准值统计表 表1

<table>
<tr><th>规　范</th><th>航 道 等 级</th><th>船舶等级 DWT(t)</th><th>横向船舶撞击力（kN）</th><th>纵向船舶撞击力（kN）</th></tr>
<tr><td>75 规范</td><td rowspan="3">内河一级航道</td><td rowspan="2">无</td><td rowspan="2">900</td><td rowspan="2">700</td></tr>
<tr><td>(JTJ 021—89)通用规范</td></tr>
<tr><td rowspan="2">(JTG D60—2004)通用规范</td><td>3 000</td><td>1 400</td><td>1 100</td></tr>
<tr><td>海轮</td><td>3 000</td><td>19 600</td><td>9 800</td></tr>
</table>

在三版规范中，都着重强调了规范中船舶撞击力仅是在供缺乏实际调查资料时使用的数值。这也从侧面反应了，在进行航道上桥梁防撞设计时，进行船舶调查的必要性和采用多种船舶撞击力计算理论估算船舶撞击力的必要性，而不应被规范提供的船舶撞击力标准值所拘囿。

桥梁船撞设计的目的是避免结构灾难，我国规范与美、欧规范（或指南）相比，在考虑问题的细节和方法上有很大差距（表2）。总的来看，我国规范的设计思想和设计策略不明确，对船撞问题的重视程度不够；欧美规范（指南）在细节和形式上略有差别，但基本设计思想和设计策略相同[3]。

中、美、欧规范（指南）船撞桥条款的简要比较[3] 表2

项　目	我国公路规范	欧洲统一规范	ASSHTO 指南
设计思想	不明确	风险与概率分析；目标失效概率约为 10^{-4}（隐含）	直接的风险与概率分析；年目标失效概率 $P=0.001$（普通桥梁）；$P=0.001$（重要桥梁）
设计策略	不明确	防止事故发生； 保护主要构件不失效	防止事故发生；保护主要构件不失效
设计船撞力	根据内河 航道等级选用	直接动力分析或 $0.98(\mathrm{DWT})^{1/2}(v/16)$	直接动力分析或 $v(\mathrm{km})^{1/2}$

2.2 本桥桥墩船舶撞击力的确定

桥址处航道为一级航道，通航代表船舶为 3 000DWT 江海轮。由表1可见，同为3 000 DWT 船舶等级时，内河船舶和海轮撞击力标准值的差异性大。经综合分析，采用《公路桥涵设计通用规范》（JTG D60—2004）3 000DWT 海轮船舶撞击力标准值为主3号桥墩桥墩防撞标准。

在分析过程中，还采用了动力数值模拟法、非线性有限元瞬态动力分析法和 AASHTO 经验公式进行船舶撞击力的估算。

由表3可见，采用不同的计算方法、不同的计算参数时，船舶撞击力虽同在一个数量级，但是数值相对差异性大，这也表明在进行桥梁防撞设计时，必须开展深入的航道船舶调查的必要性。

主3号桥墩碰撞力计算结果 表3

航道等级	代表船型	航行情况（下水）	航速 v(m/s)	AASHTO 计算撞击力（MN）	动拟计算（MN）	有限元计算（MN）
Ⅰ级航道	3 000 吨级沙船	低速	3.0	19.7	19	22.5
		中速	3.9	25.8	22.5	22.5
		高速	4.9	32.4	25.0	25.0
	3 000 吨级货船	低速	3.0	19.7	22.8	21.0
		中速	3.9	25.9	24.7	30.0
		高速	4.9	32.4	31.0	30.0

3 桥墩防撞方案的选择

当船舶撞击桥墩时，船舶撞击力往往大于桥墩的承载能力，当船舶的总撞击动能无法完全被桥墩塑形变形和船头变形所吸收时，必须增设相应的桥墩耗能设施方可减少船毁桥塌的风险。这是因为：

(1)桥墩的刚度较大，不能产生较大的塑性变形来缓解撞击动能。

(2)为了保证桥梁上部结构的安全，不允许桥墩有较大的位移。

(3)不论船头刚度多小，其变形只能由船头钢板的压扁长度提供，故不能产生较大的变形，因此船头变形所能缓解的撞击动能和总的撞击动能相比是较小的。[2]

依据船舶撞击桥墩的特性，经过多年的研究应用，已有多种类型的桥墩防护装置，其基本原理都是基于能量吸收、动量缓冲而设计的。日本学者岩井・聪在20世纪80年代把桥墩防护装置按设置地点分为直接构造和间接构造两大类。1991年，国际桥梁和结构工程协会(IABSE)将通常的桥梁防船撞结构分为五类，即：防护板系统、支撑桩系统、系缆桩系统、人工岛或暗礁保护以及浮动保护系统。常用的桥梁防撞材料包括：橡胶护舷、防撞或系结用缆绳、变形型木结构、用作防撞箱体或桩支撑的混凝土结构、变形型钢结构、变形耗能型高聚物结构、砂围堰人工岛甚至暗礁防护系统等。

3.1 桥墩加固比较方案分析

在桥墩防撞加固比较方案中(图3、表4)，主要从直接构造和间接构造两个方面去分析桥墩防撞设施的适用性。

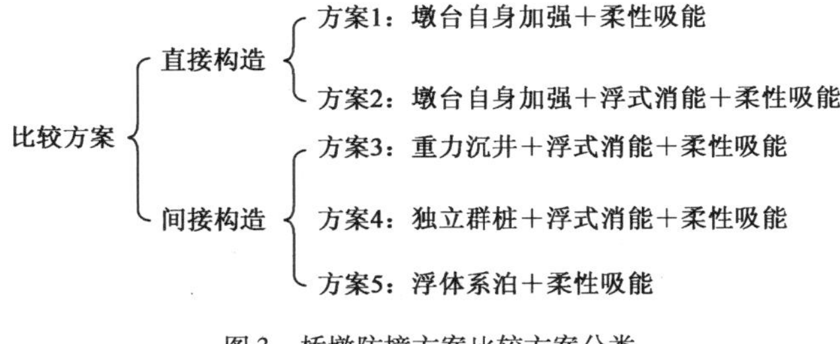

图3 桥墩防撞方案比较方案分类

从各方案工程量造价和工程材料比较:方案优先序列为方案1、方案3、方案5。但是从项目整体而言,以上各方案,没有充分考虑桥梁结构特点,而是主要着眼于采用附属设施消耗船舶对桥墩的撞击力,同时,如果采用以上复杂附属设施方案,也将对桥梁运营管理单位造成日常维护难题。

采取防撞措施前后船舶撞击情况对比分析表 表4

撞击情况	满载吃水(4.85~5.65m)时低水位(-0.084m)通航撞击情况	压载吃水(3.0~3.5m)时高水位(+6.826m)通航撞击情况
无防撞	船首直接撞击桩基	船首直接撞击墩柱
方案1	不会撞击桩基	不会撞击墩柱
方案2	不会撞击桩基	不会撞击墩柱
方案3、4、5	减少撞击概率	减少撞击概率

3.2 桥墩加固实施方案分析

相对于新建桥梁的防撞设施选择,旧桥防撞加固首先应考虑到如何充分挖掘利用旧桥结构。对于本桥而言,其最大的特点是三桥并列,桥墩承台间距小。那么,在对其他桥梁不造成安全性、耐久性影响的情况下,连接三座桥墩承台抵抗横桥向船舶撞击力的措施将是最优选择。

根据本桥结构特点,最终采用了以连接三座桥承台为基本措施的方法进行防撞加固。主3号墩对应三座桥的承台连接后,相当于使得三桥对应桥墩刚度增大,则本方案的设计难点在于根据主3号墩连接后的实际刚度对结构进行复算,以判断承台相连的方案是否合适。

经计算分析,A桥桥墩受到顺桥向撞击(980t)时,大桥本身承受52%的撞击作用,其余两桥承受48%的撞击作用;A桥桥墩受到横桥向撞击(1 960t)时,大桥本身承受24%的撞击作用,其余承受76%的撞击作用。

三座桥承台相连后A桥横桥向撞击力可以满足要求,但顺桥向不满足,所以A桥的承台加大为20.20m×17.70m,纵向添加了8根D250的桩基,如下图4和图5所示。同时对主墩承台以上5m范围填实混凝土。

在连接后承台的侧面布置了防撞护舷,不但保护了承台,也使得在发生小型船舶撞击桥墩时不至于发生船毁事件。

4 结语

因涉及新旧规范衔接以及国内外规范的差异、如何充分利用旧桥的结构特点,使得旧桥防撞设计与新建桥梁的防撞设计有所不同。同时,随着经济的发展、河道的整治和航道规划等级的提升等其他环境条件的改善,许多大型桥梁面临着下部结构防船舶撞击等级的提升,因此,旧桥防撞设计将成为桥梁防船撞设计的一个重要组成部分。

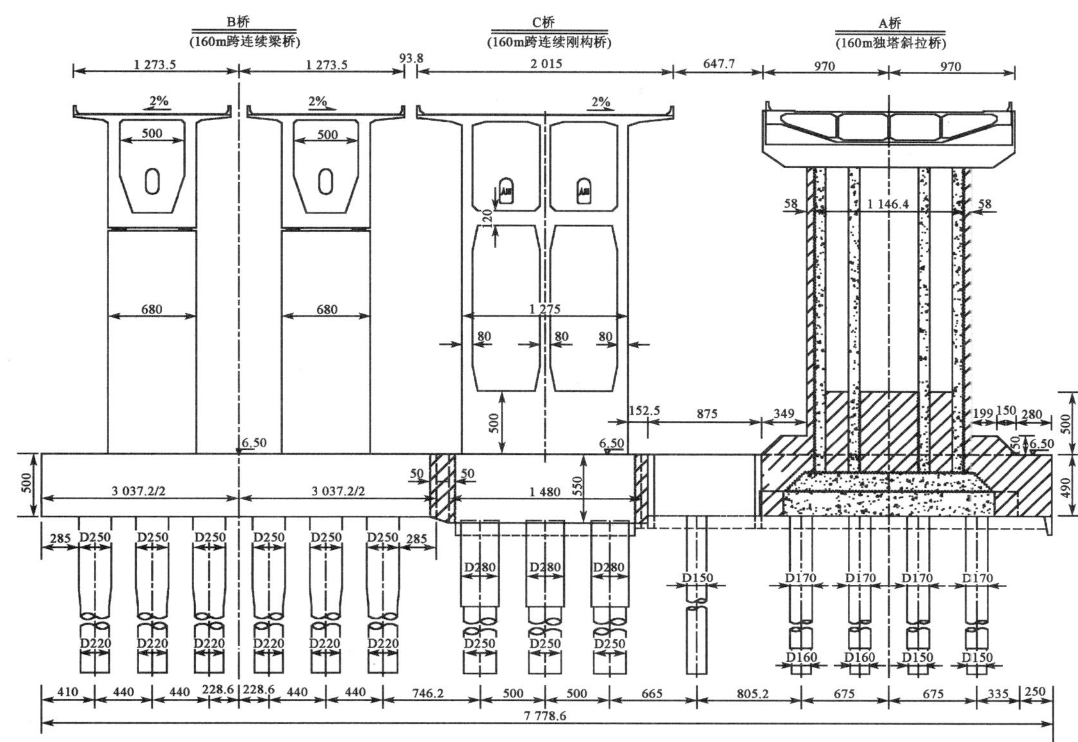

图4 防撞加固实施方案立面图(尺寸单位:cm)

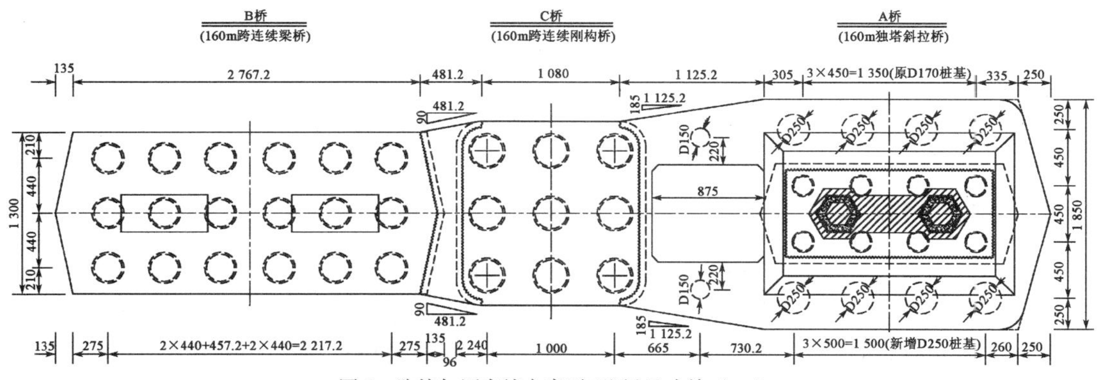

图5 防撞加固实施方案平面图(尺寸单:(cm)

参考文献

[1] 潘晋.船桥碰撞机理及桥墩防护装置研究[D].武汉:武汉理工大学,2003.

[2] 孙振.桥梁防船撞设施的比较研究[D].上海:同济大学,2007.

[3] 项海帆,等.船撞桥设计理论的现状与需要进一步研究的问题.同济大学学报,2002.

[4] 陆宗林,等.统一我国两个桥涵设计规范中船撞力公式的探讨.第十七届全国桥梁学术会议论文集(下册),2006.

非通航孔桥墩设防船舶撞击力计算

江火养[1] 徐宏光[2] 席 进[2] 王君杰[1]

(1. 同济大学桥梁工程系 上海 200092;
2. 安徽省交通规划设计研究院 合肥 230088)

摘 要:通过对 AASHTO 规范最小船撞力要求的分析,提出了非通航孔桥墩设防船舶撞击力的计算方法。方法考虑桥墩的位置、桥区通航船舶类型、水位和流速变化及水位持续时间等对撞击力的影响,为非通航孔桥墩防撞设计提供参考。

关键词:船撞力 AASHTO 非通航孔

A method of barge impact force for non-navigation channel

Jiang Huoyang[1] Xu Hongguang[2] Xi Jin[2] Wang Junjie[1]

(1. Department of Bridge Engineering, Tongji University, Shanghai, 200092);
(2. Anhui Communication Consulting and Design Institute, Hefei, 230088)

Abstract: With the analysis of minimum barge collision force based on AASHTO Specification requirements, a calculating method of pier impact force for non-navigation channel is proposed. This method concerns the influences of pier locations, vessel types, water level, flow speed change and water level duration to the impact force. The method can be used as a reference for designing pier-vessel collision fortifications.

Keywords: barge collision force; AASHTO; non-navigation channel

1 AASHTO 规范[1]最小船撞力要求

目前国际上较为流行的船撞风险分析方法是美国 AASHTO 规范方法。AASHTO 规范方法在我国重大桥梁工程船撞设计中广泛采用,得到认可,如东海大桥、杭州湾大桥、青岛海湾大桥、上海长江大桥、南京第四长江大桥、湛江海湾大桥、苏通大桥[2]等。

AASHTO 规范主要是对离大桥规划航道中心线 3 倍设计船长以内区域的桥墩进行设防,对这个区域以外的桥墩,AASHTO 规范规定了最小船撞力的要求,也就是:对于位于设计水深等于或大于 0.6m 的桥梁构件,在设计考虑船撞时,设计的最小撞击力计算采用空载排水量 200t 驳船以等于水域上的年平均水流速度的漂流速度撞击桥墩来确定。

AASHTO 规范对最小船撞力的规定实际上是对所有的非通航孔桥墩均以最小船撞力设防,为简化的非通航孔桥墩船撞力计算方法。

项目支持:交通部西部科技项目资助,编号:200731882234;交通部行业联合科技攻关项目资助,编号:2008353344340。

作者简介:江火养(1983—),硕士研究生在读,研究方向:桥梁抗震与船撞研究,E-mail:jhykenneth@163.com。

非通航孔以最小船撞力原则设防会出现以下结果:如果设防船撞力偏大,所有的非通航孔桥墩必须设计得强度足够大或者采取必要的防撞措施,比如说采用长距离的防撞缆索防撞系统,以保证桥墩不被撞垮。在非通航孔桥墩较多的情况下,势必增加桥墩的防护费用,使桥梁的整体造价增加,这对投资者是不利的。如果设防船撞力偏小,则靠近通航孔的非通航孔桥墩的设计强度可能不足,增加了这些桥墩被撞垮的危险。从安全性和经济性方面考虑,这两种结果都不合理。

AASHTO 规范规定采用 35ft × 195ft,空载排水量为 200t 的底卸式空驳船作为最小设防船撞力的典型船舶,这主要是针对美国大多数航道中航行驳船的情况,反映了美国航道中船舶的特点,与国内航道船舶不一定相符。在设防船撞力计算时,要根据桥区通航船舶合理选择航道中的典型船舶作为设计代表船舶。

2 本文建议的方法

2.1 非通航孔桥墩以不同船撞力设防

桥位处水位按一年四季变化可分为高水期、中水期和低水期。在这几种水位下,桥墩的船舶可达性会有所变化。高水期,非通航孔桥墩处的水较深,各种类型的船舶都有可能到达绝大多数的桥墩,这些桥墩都有被船舶撞击的危险。

低水期,很多非通航孔桥墩处的水深较小,这种情况下,由于船舶到达不了桥墩,也就没有船舶撞击桥墩的危险。一般而言,越靠近岸边,桥墩处水深越小,到达的船舶就越少,桥墩受船舶撞击的可能性就小,相反靠近航道的桥墩受到各种船舶撞击的可能性会大一些。

因此考虑各非通航孔桥墩所处位置及船舶可达性等因素,使得各非通航孔桥墩在设防船撞力上会有所差别,而不是所有非通航孔桥桥墩以最小船撞力设防。

2.2 船舶可达性分析

船舶可达性分析是桥梁船撞风险分析的一项重要内容[3]。根据水深、船舶吃水、桥轴线上下一定范围内浅滩、礁石分布情况等,对桥墩的船舶可达性进行分析,可以确定各种水位下非通航孔桥墩的分析范围,以达到对非通航孔设防范围的一个初步了解,是非通航孔桥梁船撞分析的一个重要步骤。

长时段水文统计得到的月平均水位能够全面反映一年四季桥位处的水位变化,可以作为船舶可达性的分析水位,是可达性分析的基础数据。通过可达性分析,可以了解船舶在哪个时段可能以多大速度到达桥墩。

2.3 设防船舶选取

由于国内航运的特点,航道通航船舶与美国内河航道船舶不一定相符,选择空载排水量为 200t 的底卸式空驳船作为设防船舶并不一定合理。此外,很多桥区水域通航船舶种类庞杂,选择单一的船舶作为设计代表船舶很困难。为了较全面地反映非通航孔桥区水域实际的通航船舶情况,通过船舶交通流量分析,选择几类流量大的船舶作为设防船舶。将这几种船舶按特征吨位分级,计算各级船舶所占的相对比例作为设防船舶的权数。在这,认为桥区通航的各种船舶的相对比例在全年是稳定的,不考虑船舶的相对比例随季节的变化而变化。实际上是把 AASHTO 规范中的空载排水量为 200t 的驳船拆分为占不同比例的各吨级船舶。

桥梁碰撞事件绝大多数是由于暴风雨气候下空驳挣脱锚缆后顺水路冲击桥梁所致[1]。通常非通航孔水域驳船数量众多,所占比例很大,很多都没有固定航线,最有可能撞上非通航孔桥墩[4]。因此,这里仍然采取 AASHTO 规范规定的基本原则,非通航孔桥墩设防船舶采用空载驳船。

设计中,通过观测和收集桥区非通航区段水域已有的船舶流量、流向、航迹、正常航行速度和船舶种类等,同时考虑由于航道的远期开发规划以及将来港口的发展等对船舶发展的影响,合理分析后选定一定载重排水量范围的驳船作为设计船舶。

2.4 船撞力计算参数

AASHTO 规范对于驳船的撞击力[1](MN)按下式计算:

$$P_B = \begin{cases} 60a_B, a_B < 0.1\text{m} \\ 6 + 1.6a_B, a_B \geq 0.1\text{m} \end{cases} \tag{1}$$

驳船船头损坏长度 α_B(m)按下式计算:

$$a_B = 3.1 \times (\sqrt{1 + 0.13E_k} - 1) \tag{2}$$

式中:E_k——船舶撞击能量,单位为 MJ,计算公式为:

$$E_k = \frac{1}{2}m_B v^2 \cdot c_H \tag{3}$$

式中:m_B——驳船质量(Mkg);

v——船舶撞击速度(m/s);

c_H——水动力质量系数,根据航道水深取为 1.05~1.25。

驳船撞击力参数主要包括驳船质量和驳船撞击速度。与船舶可达性分析相对应,船撞力计算采用的船舶撞击速度为月平均水流速度。

2.5 非通航孔桥墩船舶撞击力公式

非通航孔某桥墩的设防船撞力 F:

$$F = \sum_{i=1}^{n}\sum_{t=1}^{12} P_B(m_{Bi}, v_t) \times p_i \times \frac{q(i,t)}{12} \tag{4}$$

式中:P_B——驳船撞击力,见计算式(1);

i——设防船舶的分类等级;

n——设防船舶分类等级总数;

t——月份;

m_{Bi}——第 i 类船舶的空载质量;

v_t——t 月份的平均水流速度;

p_i——第 i 类船舶占所有设防船舶的比例;

$q(i,t)$——如果在 t 月份水位下,第 i 种船舶到达该桥墩,则 $q(i,t)=1$,否则 $q(i,t)=0$。

3 工程实例分析

某大桥北侧非通航孔桥布置如图 1 所示。根据桥位处船舶通航数据的调查结果,0~200

吨级的船舶占16.49%,200～600吨级的船舶占45.51%,600～1 000吨级的船舶占17.42%,三者之和达到79.42%。因此对于该桥水域,当前通航的船舶主要是中、小船舶,特别集中在200～600吨级的范围内,占45.51%。因此对于非通航孔桥墩,考虑的船舶吨位范围可以相对偏于安全地确定为0～1 000吨级,各级船舶所占比例和主要参数见表1。

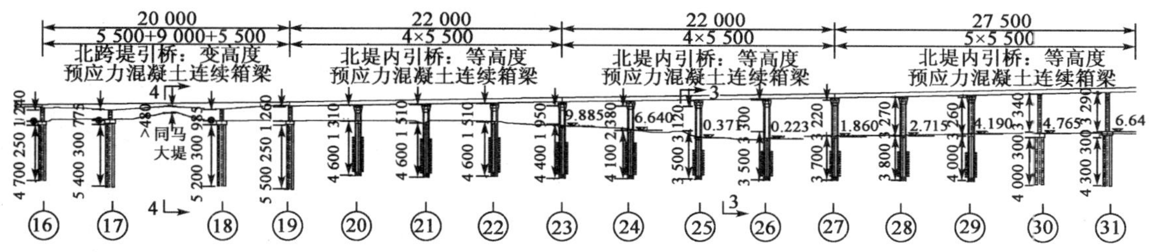

图1　北侧非通航孔桥布置图(尺寸单位:mm)

0～1 000吨级船舶（空载驳船）相对比例和主要参数　　表1

DWT(t)	所占相对比例	排水量 m(t)	吃水(m)	DWT(t)	所占相对比例	排水量 m(t)	吃水(m)
100	10.38%	71	0.81	500	28.65%	281	1.19
200	10.38%	129	0.96	800	25.28%	419	1.34
300	14.77%	182	1.06	1000	10.97%	507	1.41

根据该桥的水文统计报告,桥区水域的月平均水位和平均水流速度见表2。

大桥水域的月平均水位和平均水流速度　　表2

月份	平均水位(m)	平均水流速度(m/s)	月份	平均水位(m)	平均水流速度(m/s)
1	4.19	1.26	7	12.69	1.82
2	4.42	1.06	8	12.34	1.97
3	5.74	1.21	9	11.79	1.87
4	7.6	1.36	10	10.68	1.76
5	10.34	1.52	11	8.35	1.66
6	10.94	1.67	12	5.64	1.46
全年平均	8.81	1.55			

船舶可达性分析时,只列出一个桥墩的分析结果见表3,其余桥墩可参照进行。

27号墩的船舶（空载驳船）可达性　　表3

月份	1	2	3	4	5	6	7	8	9	10	11	12
桥墩处水深(m)	0	0	0.62	2.48	5.22	5.82	7.57	7.22	6.67	5.56	3.23	0.52
DWT 100t	否	否	否	是	是	是	是	是	是	是	是	否
DWT 200t	否	否	否	是	是	是	是	是	是	是	是	否
DWT 300t	否	否	否	是	是	是	是	是	是	是	是	否
DWT 500t	否	否	否	是	是	是	是	是	是	是	是	否
DWT 800t	否	否	否	是	是	是	是	是	是	是	是	否
DWT 1 000t	否	否	否	是	是	是	是	是	是	是	是	否

根据 Yuan[5]等通过对驳船和驳船队有限元数值模拟,研究了驳船(队)撞击力的简化计算方法,考虑了桥墩与驳船几何形状、碰撞持续时间对平均撞击力的影响。对由 AASHTO 计算得到的驳船(队)撞击力进行几何修正。由于驳船和驳船队的相关研究积累还很少,在这驳船队撞击力取单船撞击力的 1.25 倍。表 4 为一月份平均水流速度下特征吨位空载驳船(队)的撞击力计算结果,其余月份参照进行。

一月份特征吨位空载驳船(队)的撞击力计算结果 表 4

DWT(t)	单船撞击力(MN)		船队撞击力(MN)(1.25)
	AASHTO 撞击力	几何修正后的撞击力	
100	0.682	0.682	0.853
200	1.229	1.113	1.391
300	1.735	1.543	1.929
500	2.674	2.519	3.148
800	3.977	3.610	4.512
1 000	4.800	4.109	5.137

根据以上基本数据和本文介绍的计算方法,得到的计算结果如表 5 所示。

非通航孔桥基础设防船撞力 表 5

桥墩编号	23	24	25	26	27	28	29	30	31
设防船撞力(MN)	1.136	2.49	2.72	2.72	2.72	2.72	2.72	2.72	2.72

4 结语

AASHTO 规范最小船撞力的要求对于桥梁设计有一定的局限性。本文提出的最小船撞力计算公式考虑桥墩的位置、桥区通航船舶、水位和流速变化及水位持续时间等对撞击力的影响。通过一个工程实例说明该方法的应用,为非通航孔桥墩防撞设计提供参考。

参 考 文 献

[1] AASHTO. Guide Specification and Commentary for Vessel Collision Design of Highway Bridges. American Association of State Highway and Transportation Officials. Washington D. C,2009.

[2] 王君杰,等. 苏通大桥船撞安全评估[R]. 上海:同济大学,2008.

[3] 王君杰,耿波. 桥梁船撞概率风险评估与措施[M]. 北京:人民交通出版社,2010.

[4] 陈文. 港珠澳大桥非通航区船舶交通现状观测、非通航孔桥船撞力及防撞措施研究. 交通运输工程,2009.

[5] Yuan P, Harik IE. Equivalent Barge and Flotilla Impact Forces on Bridge Piers . JOURNAL OF BRIDGE ENGINEERING ,2010,15(5): 523-532.

船舶撞桥概率的估算方法

王君杰　王　伟

（同济大学土木工程防灾国家重点实验室　上海　200092）

摘　要：船舶撞击桥墩有两种情况，第一种情况是船舶失控后撞击桥墩。本文针对弯曲航道和一般水流条件，导出了船舶失控后的运动方程。根据一般几何运动学原理给出了船桥碰撞的定义和碰撞事件发生的准则，同时给出了考虑水中浅滩和暗礁区域时的危险失控区域的确定方法。给出了给定时间内桥梁遭受漂流船舶撞击概率的估算方法。第二种情况是船舶由于人为失误等原因发生误航后撞击桥墩。本文对Kunz模型进行了修正，给出了误航船舶撞击桥墩概率的估计方法，可以同时考虑弯曲航道以及水中浅滩和礁石的影响。同时引入一个人的干预概率因子来表达人对误航船舶干预的影响。最后根据本文方法编制了计算机程序，并以一个桥梁工程实例演示了本文方法的计算过程。

关键词：漂流船舶　误航船舶　桥梁　碰撞概率　危险失控区　弯曲航道　浅滩　礁石

Probability of ship collision against bridges

Wang　Junjie　Wang Wei

(State Key Laboratory of Disaster Reduction in Civil Engineering, Tongji University, Shanghai, 200092)

Abstract: There are two cases concerning the collision accidents between ships and piers of the bridge. The first one is of drifting ships colliding with the piers. The motion equation of a drifting ship under general current conditions in meandering channels is deduced in this paper. The definition of collision, and the principle of how a collision accident happens is given according to the general principle of motion geometry. The method of how to determine the danger areas considering shoals and reefs in the water area, and the evaluation method of probability of ship collision against bridges when it is out of control during a given period of time is also given in this paper. The second one is of aberrant ships colliding with the piers due to the mistakes of the pilots or other factors. In this case, a rectified Kunz model is introduced to evaluate the collision probability when the channels are meandering, considering the influences of shoals and reefs in the water area. At the same time, an interference factor is introduced to consider whether the pilots take measures or not when the ships become yawed. At last, a computer program is given according to the method introduced in this paper, together with an example of bridge construction which shows the concrete computation procedure.

项目支持：交通部西部科技项目资助，编号：200731882234；交通部行业联合科技攻关项目资助，编号：2008353344340。

作者简介：王君杰（1962—），教授，博士，从事桥梁抗震与船撞研究，E-mail：jjqxu@126.com。

Keywords: drifting ship; aberrant ship; bridge; collision probability; danger areas; meandering channel; shoals; reefs

1 引言

目前桥梁船撞事故发生概率的估算广泛采用经验模型方法，如 AASHTO 公路桥梁船撞设计指南方法[1]、KUNZI 方法[2]、三参数路径积分方法[3-4]、黄平明直航路模型[5]、戴彤宇船撞桥概率模型[6]以及欧洲统一规范[7]等。上述方法在桥梁船撞设计中得到了广泛的应用[4,8-9]。

上述方法不区分桥梁船撞事故发生的具体原因，而是基于对船舶航迹（包括事故航迹）的经验统计建立经验的几何分布模型。然而船舶撞击桥梁的原因很多且复杂，如锚地上的船舶失控、驾驶人员判断错误或操作错误、电子或机械故障等。

从船舶撞击桥梁的事故调查结果来看，一种常见的情况是锚地或航行中的船舶以失控状态（即船舶无动力和无舵效）撞击桥梁。刘明俊[10]、庄元[11]从船舶运动学角度出发，研究了失控漂移的船舶撞击桥墩概率的估算方法，但对水流场做了比较简化的假定，没有考虑水中障碍物（如浅滩、礁石或锚地）的存在对船撞桥墩概率的影响，同时对于船舶与桥墩交叉以及危险区域的确定方法以及航道水域范围也缺少清楚的定义。基于这些问题，本文对失控漂移船舶撞击桥梁的概率的估算方法进行修正和改进。

另一种情况是船舶的动力及舵效正常，但由于人为失误或者恶劣的自然环境，导致船舶偏离正常航道，从而发生船桥碰撞事件。上述各方法均可适用于该种情况下船桥碰撞概率的估算。AASHTO 规范忽视了船舶偏离正常航迹后人的作用，认为船舶一旦驶入船桥撞击区就一定会撞击桥梁；规范给出了船舶误航概率估算公式，但未考虑风及能见度等条件的影响。欧洲规范模型引入了船舶航迹横向分布的概念，但模型没有明确给出各参量的具体估算方法。Kunz 模型克服了欧洲规范模型的这一缺陷，提出了误航角及停船距离这两个随机变量，但只适用于船舶单条航迹下的碰撞概率估算方法，忽视了船舶航迹的横向分布。三参数路径积分方法在 Kunz 模型的基础上考虑了误航船舶航迹横向分布特征，但只适用于直航道，也没有考虑浅滩或暗礁的影响。Kunz 模型和三参数路径积分方法认为，船舶误航后，人一定会采取措施，忽视了人可能处于无意识状态这一情况。黄平明直航路模型只适用于直航道情况。戴彤宇船撞桥概率模型是针对我国通航桥梁的现状提出的，所以在应用上不具有广泛性。针对这些问题，本文对 Kunz 模型进行了修正，以考虑弯曲航道、浅滩（暗礁）的影响。同时引入一个人的干预概率因子来表达人对误航船舶干预的影响。本文中误航船舶的定义为，发生了非正常航行但船舶的动力和舵效犹在。

2 船桥碰撞的定义及判定

2.1 基于几何运动学的船桥碰撞的定义

从工程应用角度考虑，可以将桥墩所占据的平面空间区域模型化为直径为 D 的圆，或边长为 a、b 的矩形区域；浅滩或暗礁可以理想化为凸的多边形；船舶则可以理想化为一个长为 LOA、宽为 B 的矩形。在这些理想化的假定下，船舶与桥墩或暗礁、浅滩的碰撞在几何运动上可以抽象图 1 所示的两种运动—接触数学模型。

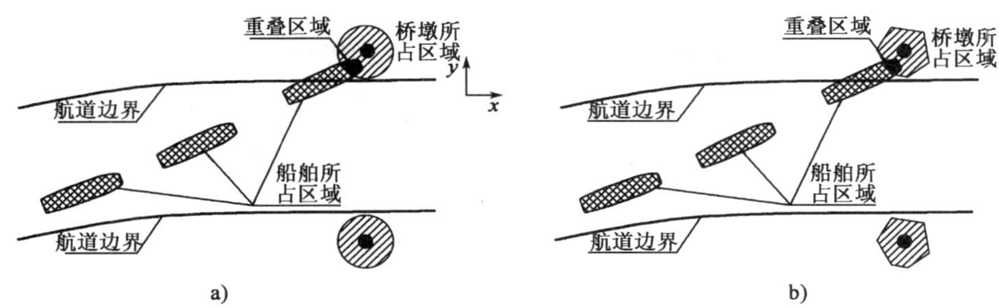

图1　船舶撞击桥墩模式图

a)运动的矩形几何与固定的圆形几何的接触;b)运动的矩形几何与固定的多边形几何的接触

记桥墩或暗礁(浅滩)所占据区域的坐标点集合为 $D_B(x,y)$,船舶所占据的区域为 $D_V(x,y)$,则船舶与桥墩或暗礁(浅滩)发生交叉在数学上可以描述为:集合 $D_B(x,y)$ 所包含 (x,y) 的坐标点集合与集合 $D_V(x,y)$ 所包含 (x,y) 的坐标点集合之间交集非空。

2.2 船桥碰撞的判定

2.2.1 失控船舶撞击桥墩的判定方法

(1)运动矩形与固定圆形接触判断的数学条件与计算流程

假定船舶在 t_0 时刻发生失控漂流,失控点坐标为 (x_0,y_0)。在船舶几何图形上选择若干个特征点 $G_k(x_k,y_k)$,设在 t_i 时刻已经判断没有发生接触,则根据一般几何学原理[13],在 $t_{i+1}=t_i+\Delta t$ 时刻(注:Δt 为计算过程采用的时间增量)运动矩形与固定圆形发生接触的判断条件为:

$$\left(\frac{x_k - X_{B0}}{R_B}\right)^2 + \left(\frac{y_k - Y_{B0}}{R_B}\right)^2 < 1 \qquad (1)$$

式中:X_{B0}、Y_{B0}——圆形几何的中心点坐标;

R_B——圆形几何的半径。

计算流程见图2。

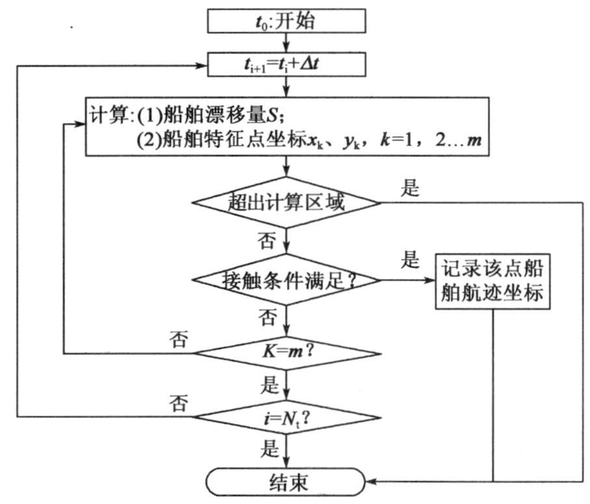

图2　固定几何为圆时的碰撞判断计算流程

(2)运动矩形与固定多边形接触判断的数学条件与计算流程

如图3a)所示,设有 m 条直线:$l_i,i=1,2,...m$,相互连接且闭合,将平面区域分为两个部分:由 l_i 围成的闭合区域,以及以外的开放区域。定义 m 组线对:(l_i,l_{i+1}),其中 $l_{m+1}=l_1$。(l_i,l_{i+1})对应的法线对记为(n_i,n_{i+1})。所有法线均指向闭合区域的充要条件为(n_i,n_{i+1})间的夹角 $\theta_{i,i+1}$ 在 $[0,\pi/2]$ 之间取值,即 $\theta_{i,i+1}\in[0,\pi/2]$。

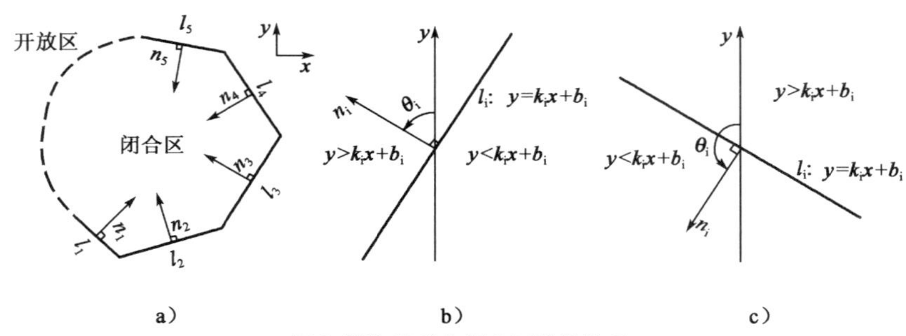

图3 直线、法线与闭合区域的关系

a)外凸的多边形闭合几何区域;b)正法线情况;c)负法线情况

l_i 与坐标轴 y 之间的关系共有两种,见图3b)和图3c)。对于图3b),则由 l_i 规定的处于闭合区域的条件为:$y>k_ix+b_i$;对于图3c),则由 l_i 规定的处于闭合区域的条件为:$y<k_ix+b_i$。此即为判断运动几何与固定多边形是否发生接触的判断条件。计算的流程见图4。

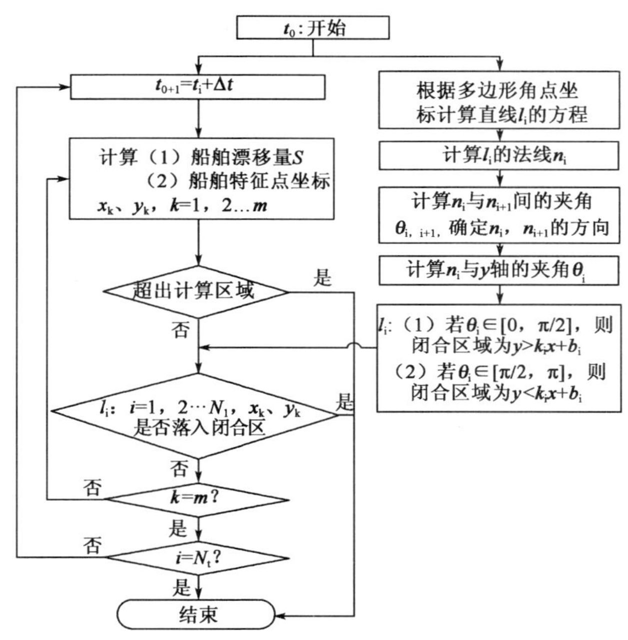

图4 固定几何为凸多边形时的碰撞判断计算流程

2.2.2 船舶误航撞击桥墩的判定方法

对船舶误航撞击桥墩概率的研究基于以下假定:

(1)即船舶误航后直至撞击桥墩前,船舶沿着发生误航时的航线直线行驶。

(2)船舶、桥墩和浅滩(暗礁)假定为特定几何形状的区域,当船舶区域与桥墩区域发生重叠时,碰撞发生。

(3)当船舶区域与浅滩区域发生重叠时,发生搁浅。

在这些理想化的条件下,运动矩形与圆形几何或者多边形几何的边缘碰撞情况如图5所示。当船舶误航后的航迹介于两种边缘碰撞之间时,则发生船桥碰撞事故。

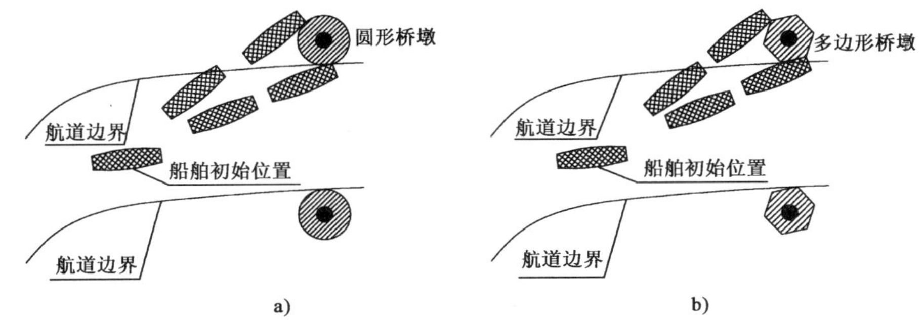

图5 误航船舶撞击桥墩示意图

a)船舶与圆形桥墩的边缘接触;b)船舶与多边形桥墩的边缘接触

3 失控漂流船舶撞击桥墩概率估算

3.1 一般流场情况下漂流量的计算方法

失控漂流船舶将在惯性力、水流和风的作用下发生漂流,船舶的运动模型见图6a),漂流量的计算模型见图6b)。图6a)中,α、β 分别为船舶静水航速方向及水流速度方向与 x 轴的夹角,v_0 为船舶静水航速,U 为水流速度,v 为合速度。图6b)中 $y_{d1}=y_{d1}(x)$、$y_{d2}=y_{d2}(x)$ 分别为下行航道两条边界线的曲线方程;$y_{u1}=y_{u1}(x)$、$y_{u2}=y_{u2}(x)$ 分别为上行航道两条边界线的曲线方程;$y_{d0}=y_{d0}(x)$、$y_{u0}=y_{u0}(x)$ 分别为下行航道中心线和上行航道中心线的曲线方程;α_d、α_u 分别为下行航道和上行航道船舶静水航速方向与 x 轴的夹角;β_d、β_u 分别为下行航道和上行航道中水流速度方向与 x 轴的夹角;θ_d、θ_u 分别为下行航道和上行航道船舶实际航速方向与 x 轴的夹角。对下、上行船舶,设其沿着平行于航道中心线的方向行驶,则其航迹方程分别为 $y_{d0}+c_{d0}$ 和 $y_{u0}+c_{u0}$,c_{d0} 和 c_{u0} 分别表示下、上行船舶偏离相应航道中心线的距离。

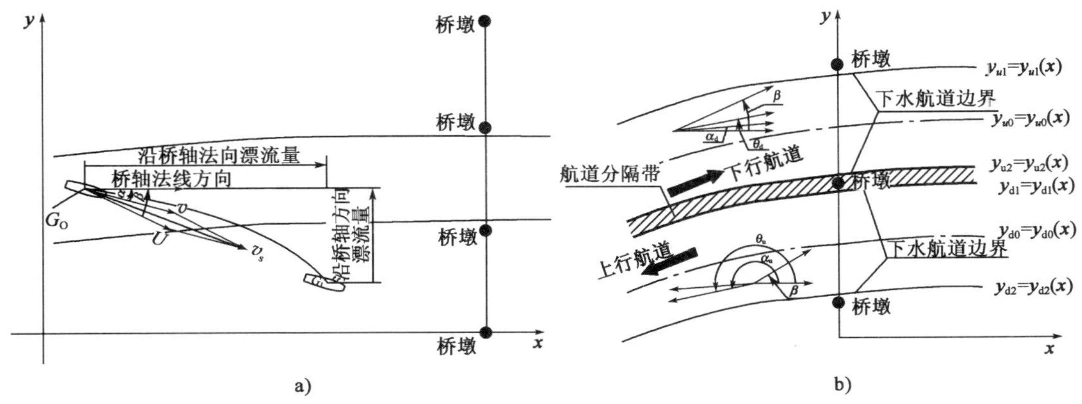

图6 一般流场情况下船舶漂流运动和漂流量的计算

a)船舶的运动模型;b)漂流量计算模型

记船舶实际航向与 x 轴的夹角 θ 为：

$$\theta(x) = \begin{cases} \theta_d(x) = \arctan\left[\dfrac{dy_{d0}(x)}{dx}\right] \\ \theta_u(x) = \arctan\left[\dfrac{dy_{u0}(x)}{dx}\right] + \pi \end{cases} \tag{2}$$

则下、上水失控漂流船舶的运动与漂流量的计算方法在数学上完全相同，因此在以下的数学推导过程中省略了下标“d”和“u”。

设船舶在 $t=0$ 时刻发生失控开始漂移，在时刻 t 船舶的坐标为 $(x(t),\ y(t))$，根据图 6b）可以得到：

$$\begin{cases} dx = u\cos\beta dt + v(t)\cos[\alpha(x_0)]dt + v_s\cos[\alpha(x_0)]dt - v_f\sin[\alpha(x_0)]dt \\ dy = u\sin\beta dt + v(t)\sin[\alpha(x_0)]dt + v_s\sin[\alpha(x_0)]dt + v_f\cos[\alpha(x_0)]dt \end{cases} \tag{3}$$

整理可得到如下非线性微分方程组：

$$\begin{cases} \dfrac{dx}{dt} = u\cos\beta + v(t)\cos[\alpha(x_0)] + v_s\cos[\alpha(x_0)] - v_f\sin[\alpha(x_0)] \\ \dfrac{dy}{dt} = u\sin\beta + v(t)\sin[\alpha(x_0)] + v_s\sin[\alpha(x_0)] + v_f\cos[\alpha(x_0)] \end{cases} \tag{4}$$

式中：u——水流速度，$u=u(x,y)$；

β——水流速度方向与 x 轴夹角，$\beta = \beta(x,y)$；

x_0——船舶失控点的 x 坐标，$x_0 = x(0)$；

$\alpha(x_0)$——船舶静水漂流方向与 x 轴的夹角；

v_s、v_f——风引起的船舶沿船首尾线方向速度增量和正横方向的速度增量，按下式计算：

$$v_s = KK'\sqrt{A_s/B_{ws}}e^{-0.14v}v'_s \tag{5}$$

$$v_f = KK'\sqrt{A_f/B_{wf}}e^{-0.14v}v'_f \tag{6}$$

式中：K'——浅水修正系数，系数取值见文献[10]；

A_s、A_f——水线上船体正面和侧面的投影面积；

B_{ws}、B_{wf}——水线下船体正面和侧面的投影面积；

v——船舶风中船速，即船舶对岸的实际航速；

v'_s、v'_f——相对风速(m/s)沿船首尾线方向和船正横方向的速度分量。

式中 $K=0.039$。

根据初始条件 $t=0$ 时，$x(0) = x_0$、$y(0) = y_0$，可得到微分方程组(4)的数值解，之后利用以下关系式：

$$S^X(t) = x(t) - x(0) \tag{7}$$

$$S^Y(t) = y(t) - y(0) \tag{8}$$

可算得到船舶失控后在时刻 t，分别沿着 x 轴方向和 y 轴方向的漂流量 $S^X(t)$、$S^Y(t)$。

式(4)中的 $\alpha(x)$ 可根据风致船速、流致船速以及静水船速三者合成速度方向平行于航道中心线的假定按图 7 确定，其中，v_Z 为船舶正常航行时的实际航行速度，其他符号意义同前。

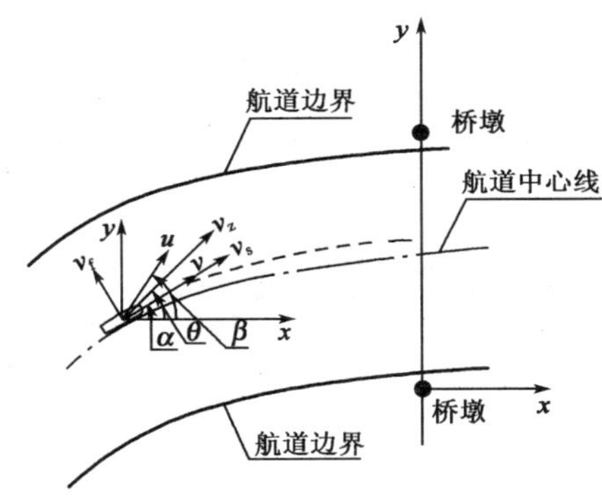

图7 船舶速度合成示意图

根据图7,船舶沿 x 轴方向和 y 轴方向的速度分量分别为:

$$\begin{cases} v_x = v\cos\alpha + u\cos\beta + v_s\cos\alpha - v_f\sin\alpha \\ v_y = v\sin\alpha + u\sin\beta + v_s\sin\alpha + v_f\cos\alpha \end{cases} \tag{9}$$

则:

$$\frac{v_y}{v_x} = \tan(\theta(x)) \tag{10}$$

可根据该式确定 $\alpha = \alpha(x)$ 。

若假定水流速度大小和方向是不发生变化的,分别将 U 和 β 设为常数值,则可以得到刘明俊[10]和庄元[11]给出的结果,是本文结果的一个特例。

锚地上的船舶失控时由于初速度为0,船舶惯性漂流部分为0,而在风与水流作用下的漂流可按前述方法计算。

3.2 危险失控区域的计算方法

危险失控区域是指船舶在该区域内失控,将导致撞击桥梁事故的发生。

无漂流障碍情况下,根据前面的定义和计算方法,通过船舶漂流运动分析即可以得到无漂流障碍物时的危险区域面积 A_1。

对于存在浅滩、礁石或者锚地等漂流障碍的情况,可以分三个步骤来计算危险失控区域的范围和面积。第一步,假定这些漂流障碍不存在,计算出船舶与桥墩发生接触的危险失控区 A_1;第二步,计算出船舶与漂流障碍接触的失控区域,记该区域为 A_2。A_2 表示船舶失控后漂流进入浅滩区域或者触礁或者进入锚地而搁浅,不会发生与桥梁的碰撞;第三步,确定区域 A_1 和区域 A_2 的交集区域 A_{12}。在区域 A_1 中扣除区域 A_{12} 就可得到有漂流障碍时的危险区域 A_{danger},即:

$$A_{danger} = A_1 - A_{12} \tag{11}$$

图8示意性给出了 A_1、A_2、A_{12} 和 A_{danger} 之间的关系。

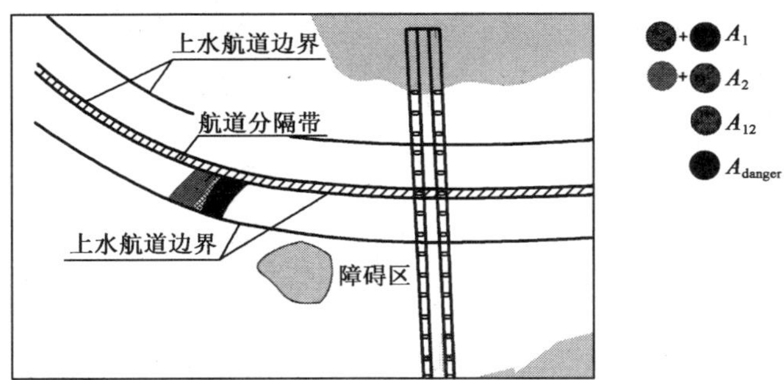

图8 障碍物边界碰撞及危险区域图示

3.3 船桥碰撞概率的估算方法

3.3.1 计算水域的确定

计算水域是指船舶在该水域内失控后,其漂流轨迹线经过桥梁位置。船舶如果在计算水域之外失控，会得到救援或撞击河岸，从而不对桥梁产生威胁。

设船舶失控后会在时间 t 内得到救援，据此可计算出与 t 对应的船舶沿着桥轴法向的顺水漂流量最大值 X_{1S} 和逆水漂流量最大值 X_{1N}；根据河道的宽度可以计算出船舶撞击河岸时沿着桥轴法向的顺水漂流量 X_{2S} 和逆水漂流量 X_{2N}。记 $X_{SX}=\min(X_{1S},X_{2S})$，$X_{SS}=\min(X_{1N},X_{2N})$；上行船舶在航道下游发生漂流时，会先沿着其运动方向漂流，之后顺水漂流。可计算出船舶在改变漂流方向之前沿着桥轴法向的最大漂流量为 X_X。则计算水域如图 9 中阴影部分所示，并记为 A_0。

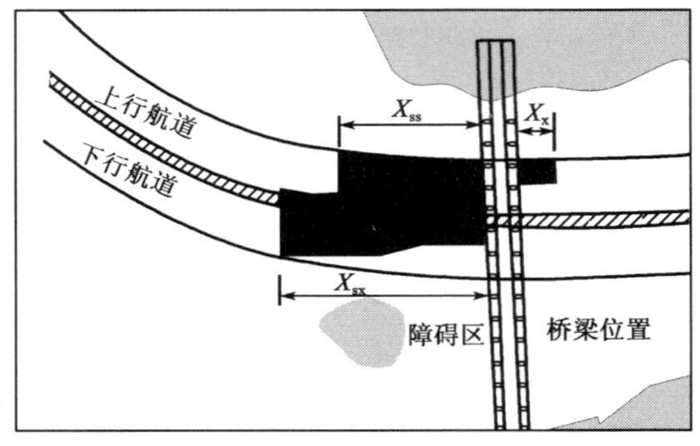

图 9 计算水域示意图

3.3.2 与桥梁发生交叉概率的计算

假定船舶在航行水域内是均匀分布的，并给出船舶失控后撞击桥墩概率的计算方法：

$$P_{\text{collision}}=\frac{A_{\text{danger}}}{A_0} \tag{12}$$

式中：$P_{\text{collision}}$——船舶失控后撞击桥墩的概率。

船舶发生失控漂流的原因有二：①航道中航行的船舶发生主机灭火同时舵机失效的；②锚地中的船舶发生走锚。记第一种情况或第二种情况的发生概率为 P_L。将航道中的船舶或锚地中的船舶划分为 m 个等级，第 i 个等级中的船舶流量（或数目）记为 N_i，$i=1,2,\cdots m$，总的船舶总流量（或数目）为 $N=\sum_{i=1}^{m}N_i$。船舶发生漂流并撞击桥梁的概率可按下式计算：

$$P_{\text{cl}}=\sum_{i=1}^{m}P_{L,i}\cdot N_i\cdot\frac{A_{i,\text{danger}}}{A_{i,0}} \tag{13}$$

式中：P_{cl}——失控漂移船舶（或走锚船舶）撞击桥梁的概率；

$P_{L,i}$——第 i 类船舶发生失控或走锚的概率；

$A_{i,\text{danger}}$——第 i 类船舶的危险失控区域面积；

$A_{i,0}$——第 i 类船舶的计算水域面积。

4 船舶误航撞击桥墩概率估算

4.1 基本公式推导

弯曲航道基本信息如图 10 所示。图中：$y_1=y_1(x)$、$y_2=y_2(x)$ 分别为航道两条边界线的曲线方程；$y_0=y_0(x)$ 为航道中心线的曲线方程。误航船舶撞桥概率的计算模型如图 11 所示。

图 11 中，$f(\theta)$、$f(s)$ 和 $f(y)$ 分别表示船舶误航角分布密度函数、停船距离分布密度函数及横向航迹分布密度函数；u_θ、u_s 和 u_y 分别表示误航角分布均值、停船距离分布均值及航迹分布均值；D 为船舶自原点航行到桥墩处的距离，为积分路径长度。

船舶发生误航撞击桥墩的概率为：

$$P = p_w\int_0^D \lambda(x)\,dx\int_{u_y-3\sigma_y}^{u_y+3\sigma_y} f(y)\int_{\theta_1(x,y)}^{\theta_2(x,y)} f(\theta)\,d\theta dy + p_y\int_0^D \lambda(x)\,dx\int_{u_y-3\sigma_y}^{u_y+3\sigma_y} f(y)F(s)\int_{\theta_1(x,y)}^{\theta_2(x,y)} f(\theta)\,d\theta dy \tag{14}$$

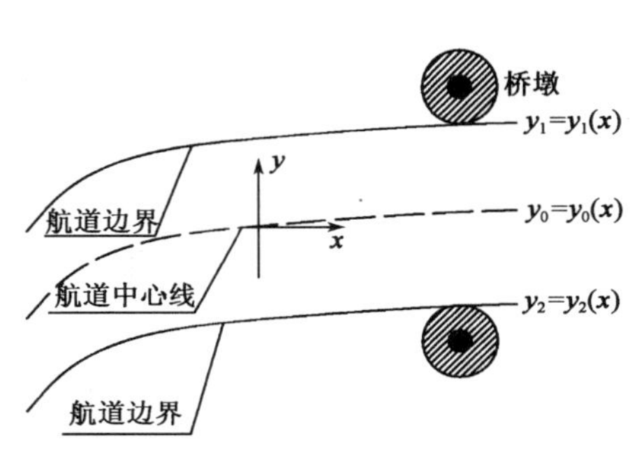

图 10 航道基本信息

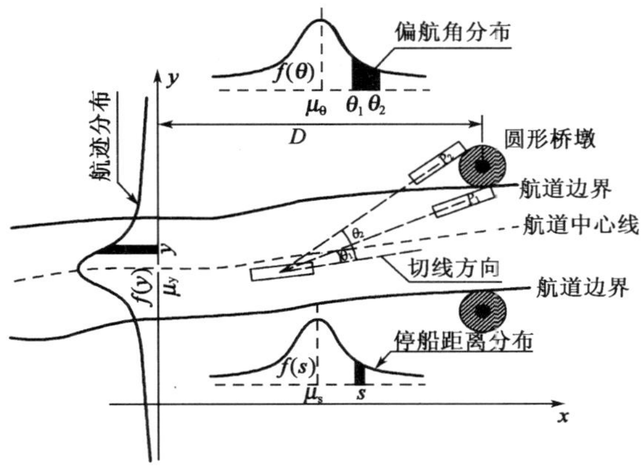

图 11 模型计算图示

其中：

$$F(s) = 1 - \int_0^{D-x} f(s)\,ds \tag{15}$$

式中： p_y、p_w——船舶偏离正常航道后，人采取行动与不采取行动的概率；

$\lambda(x)$——船舶每航行单位距离的失误概率；

$F(s)$——船舶偏离正常航道后，没有停住船的概率；

σ_y——航迹分布标准差；

$\theta_1(x,y)$，$\theta_2(x,y)$——船舶偏离正常航迹后，可能撞击桥墩的误航角范围。

$f(\theta)$、$f(s)$ 和 $f(y)$ 分别如下：

$$f(\theta) = \frac{1}{\sqrt{2\pi}\sigma_\theta}e^{-\frac{(\theta-\mu_\theta)^2}{2\sigma_\theta^2}} \tag{16}$$

$$f(s) = \frac{1}{\sqrt{2\pi}\sigma_s}e^{-\frac{(s-\mu_s)^2}{2\sigma_s^2}} \tag{17}$$

$$f(y) = \frac{1}{\sqrt{2\pi}\sigma_y}e^{-\frac{(y-\mu_y)^2}{2\sigma_y^2}} \tag{18}$$

式中：σ_θ、σ_s——误航角分布标准差和停船距离分布标准差。

4.2 各参数的确定方法

4.2.1 分布均值及标准差的确定

模型中假设船舶误航角、停船距离及横向航迹皆服从正态分布。船舶误航角分布均值 u_θ 和标准差 σ_θ、停船距离分布均值 u_s 和标准差 σ_s 可通过大量的统计数据分析获取。由于航道是弯曲变宽度的，所以船舶航迹横向分布均值 u_y 和标准差 σ_y 是随着横坐标 x 发生变化的，即：$u_y = u_y(x)$、$\sigma_y = \sigma_y(x)$。对于具体的航道，可以通过对航道不同位置处的船舶航迹进行统计获取。由概率论知识知道，$P(u_y - \sigma_y < y < u_y + \sigma_y) = 68.23\%$，$P(u_y - 3\sigma_y < y < u_y +$

$3\sigma_y) = 99.73\%$,积分区域的长度分别为:$2\sigma_y$ 和 $6\sigma_y$。由于船舶在航道内行驶的可能性最大,所以对于航迹服从正态分布的情况,σ_y 介于该处航道宽的 1/6 ~ 1/2。航道在 x 处的宽为:$w(x) = y_1(x) - y_2(x)$,则:$\sigma_y(x) \in (w(x)/6, w(x)/2)$ 。

4.2.2 p_y 和 p_w 的确定

通过对大量船撞事件的原因进行归纳统计,可以区分事故发生前人是否采取了行动,进而确定船舶偏离正常航道后,人采取行动的概率 p_y 与不采取行动的概率 p_w。

4.2.3 单位航程失误概率 $\lambda(x)$ 的确定

为确定 $\lambda(x)$,可预先收集桥区上下游一定范围内的船舶事故数,然后除以每年的总船舶数以及航道总长度便可得到船舶单位航程的事故率。

4.2.4 积分路径长度 D 的确定

模型假定船舶停船距离 s 服从正态分布。由概率论知识,停船距离 s 介于 $u_s - 3\sigma_s$ 和 $u_s + 3\sigma_s$ 之间的概率 $P(u_s - 3\sigma_s < S < u_s + 3\sigma_s) = 99.73\%$ 。所以,可取 $D \geqslant u_s + 3\sigma_s$,从而保证工程计算精度需求。

4.2.5 $\theta_1(x,y)$ 和 $\theta_2(x,y)$ 的确定

模型假定船舶行驶方向与船头方向相一致,且船舶正常行驶时,其船头方向与航道中心线的切线方向相一致。船舶误航角定义为船头实际方向与航道切线方向的夹角。

如果不存在障碍物,对于圆形桥墩和矩形桥墩,$\theta_1(x,y)$ 和 $\theta_2(x,y)$ 的确定如图 12 所示。

图中,θ_{10} 和 θ_{20} 表示船舶误航方向与 x 轴的夹角,θ_0 表示航道中心线切线方向与 x 轴的夹角,θ_1 和 θ_2 为实际误航角。

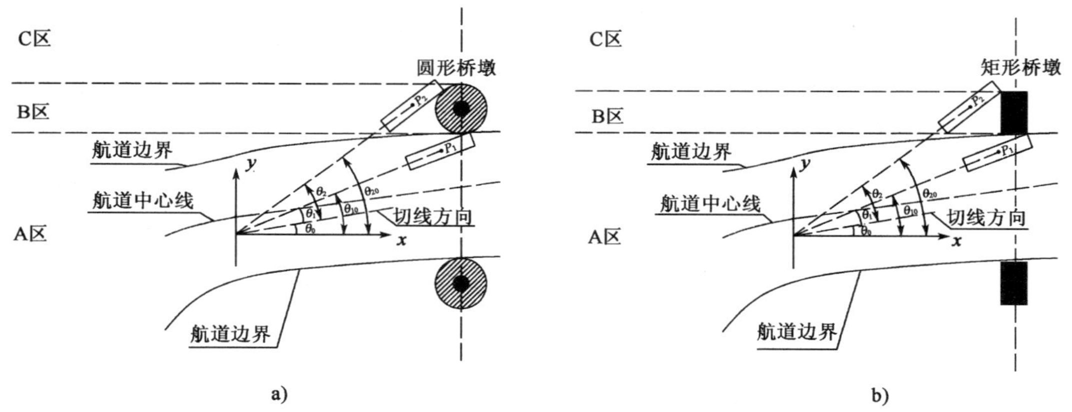

图 12 圆形桥墩和矩形桥墩误航角确定图示

a)船舶与圆形桥墩碰撞;b) 船舶与矩形桥墩碰撞

在横坐标为 x 处,航道中心线切线方向与 x 轴的夹角为:$\theta_0(x) = \arctan(y'_0(x))$ 。

对于圆形桥墩,设船舶发生误航时质心位置为(x,y),桥墩圆心坐标为(x_0,y_0),桥墩直径为 D_p,设船长和船宽分别为 LOA 和 BM。在图 12a)中,由简单的几何关系,得到两种撞击情况下,船舶的质心 P_1 和 P_2 的坐标分别为:

$$P_1: \left[x_0 + \left(\frac{D_p}{2} + \frac{BM}{2}\right)\sin\theta_{10} - \frac{LOA}{2}\cos\theta_{10}, y_0 - \left(\frac{D_p}{2} + \frac{BM}{2}\right)\cos\theta_{10} - \frac{LOA}{2}\sin\theta_{10}\right] \tag{19a}$$

$$P_2:\left[x_0-\left(\frac{D_p}{2}+\frac{BM}{2}\right)\sin\theta_{20}-\frac{LOA}{2}\cos\theta_{20}\ ,\ y_0+\left(\frac{D_p}{2}+\frac{BM}{2}\right)\cos\theta_{20}-\frac{LOA}{2}\sin\theta_{20}\right] \tag{19b}$$

式中

$$\begin{cases}\tan\theta_{10}=\dfrac{\left[y_0-\left(\dfrac{D_p}{2}+\dfrac{BM}{2}\right)\cos\theta_{10}-\dfrac{LOA}{2}\sin\theta_{10}\right]-y}{\left[x_0+\left(\dfrac{D_p}{2}+\dfrac{BM}{2}\right)\sin\theta_{10}-\dfrac{LOA}{2}\cos\theta_{10}\right]-x}\\ \tan\theta_{20}=\dfrac{\left[y_0+\left(\dfrac{D_p}{2}+\dfrac{BM}{2}\right)\cos\theta_{20}-\dfrac{LOA}{2}\sin\theta_{20}\right]-y}{\left[x_0-\left(\dfrac{D_p}{2}+\dfrac{BM}{2}\right)\sin\theta_{20}-\dfrac{LOA}{2}\cos\theta_{20}\right]-x}\end{cases} \tag{20}$$

根据船舶误航地点所处的区域,如图中所示的A、B、C三个区域,可以确定θ_{10}、θ_{20}的上下限。当船舶在A区误航后,$\theta_{10}\in(0,\pi/2)$,$\theta_{20}\in(0,\pi/2)$;当船舶在B区误航后,$\theta_{10}\in(-\pi/2,0)$,$\theta_{20}\in(0,\pi/2)$;当船舶在C区误航后,$\theta_{10}\in(-\pi/2,0)$,$\theta_{20}\in(-\pi/2,0)$。根据式(20),结合θ_{10}、θ_{20}的上下限,可以解出$\theta_{10}(x,y)$、$\theta_{20}(x,y)$。则:$\theta_1(x,y)=\theta_{10}(x,y)-\theta_0(x)$;$\theta_2(x,y)=\theta_{20}(x,y)-\theta_0(x)$。

对于矩形桥墩,设船舶发生误航时质心位置为(x,y),矩形桥墩左下角点坐标为(x_0,y_0);按照顺时针方向,其余三个顶点的坐标分别为:(x_1,y_1);(x_2,y_2);(x_3,y_3)。分以下三种情况讨论:

情况1:误航点位于A区时,两种撞击模式如图12b)所示。由简单的几何关系可确定两种撞击情况下,船舶质心P_1和P_2的坐标分别为:

$$P_1:\left(x_3-\frac{LOA}{2}\cos\theta_{10}+\frac{BM}{2}\sin\theta_{10},y_3-\frac{LOA}{2}\sin\theta_{10}-\frac{BM}{2}\cos\theta_{10}\right) \tag{21a}$$

$$P_2:\left(x_1-\frac{LOA}{2}\cos\theta_{20}-\frac{BM}{2}\sin\theta_{20},y_1-\frac{LOA}{2}\sin\theta_{20}+\frac{BM}{2}\cos\theta_{20}\right) \tag{21b}$$

则关于θ_{10}、θ_{20}的非线性方程组为:

$$\begin{cases}\tan\theta_{10}=\dfrac{\left(y_3-\dfrac{LOA}{2}\sin\theta_{10}-\dfrac{BM}{2}\cos\theta_{10}\right)-y}{\left(x_3-\dfrac{LOA}{2}\cos\theta_{10}+\dfrac{BM}{2}\sin\theta_{10}\right)-x}\\ \tan\theta_{20}=\dfrac{\left(y_1-\dfrac{LOA}{2}\sin\theta_{20}+\dfrac{BM}{2}\cos\theta_{20}\right)-y}{\left(x_1-\dfrac{LOA}{2}\cos\theta_{20}-\dfrac{BM}{2}\sin\theta_{20}\right)-x}\end{cases} \tag{22}$$

式中,$\theta_{10}\in(0,\pi/2)$,$\theta_{20}\in(0,\pi/2)$,从而确定θ_{10}、θ_{20}。则:$\theta_1(x,y)=\theta_{10}(x,y)-\theta_0(x)$;$\theta_2(x,y)=\theta_{20}(x,y)-\theta_0(x)$。

情况2:误航点位于B区时,按照上述同样的方法可得关于θ_{10}、θ_{20}的非线性方程组为:

$$\begin{cases}\tan\theta_{10} = \dfrac{\left(y_0 - \dfrac{LOA}{2}\sin\theta_{10} - \dfrac{BM}{2}\cos\theta_{10}\right) - y}{\left(x_0 - \dfrac{LOA}{2}\cos\theta_{10} + \dfrac{BM}{2}\sin\theta_{10}\right) - x} \\ \tan\theta_{20} = \dfrac{\left(y_1 - \dfrac{LOA}{2}\sin\theta_{20} + \dfrac{BM}{2}\cos\theta_{20}\right) - y}{\left(x_1 - \dfrac{LOA}{2}\cos\theta_{20} - \dfrac{BM}{2}\sin\theta_{20}\right) - x}\end{cases} \tag{23}$$

式中，$\theta_{10} \in (-\pi/2,0)$，$\theta_{20} \in (0,\pi/2)$，从而确定 θ_{10}、θ_{20}。则：$\theta_1(x,y) = \theta_{10}(x,y) - \theta_0(x)$；$\theta_2(x,y) = \theta_{20}(x,y) - \theta_0(x)$。

情况 3：误航点位于 C 区时，关于 θ_{10}、θ_{20} 的非线性方程组为：

$$\begin{cases}\tan\theta_{10} = \dfrac{\left(y_0 - \dfrac{LOA}{2}\sin\theta_{10} - \dfrac{BM}{2}\cos\theta_{10}\right) - y}{\left(x_0 - \dfrac{LOA}{2}\cos\theta_{10} + \dfrac{BM}{2}\sin\theta_{10}\right) - x} \\ \tan\theta_{20} = \dfrac{\left(y_2 - \dfrac{LOA}{2}\sin\theta_{20} + \dfrac{BM}{2}\cos\theta_{20}\right) - y}{\left(x_2 - \dfrac{LOA}{2}\cos\theta_{20} - \dfrac{BM}{2}\sin\theta_{20}\right) - x}\end{cases} \tag{24}$$

式中，$\theta_{10} \in (-\pi/2,0)$，$\theta_{20} \in (-\pi/2,0)$，从而确定 θ_{10}、θ_{20}。则：$\theta_1(x,y) = \theta_{10}(x,y) - \theta_0(x)$；$\theta_2(x,y) = \theta_{20}(x,y) - \theta_0(x)$。

当存在障碍物时，可以按照上述方法确定船舶撞击障碍物时的误航角范围，接着不考虑障碍物，确定出船舶撞击桥墩的误航角范围，扣除两者交叉部分，即可确定 $\theta_1(x,y)$ 和 $\theta_2(x,y)$。如图 13 所示。

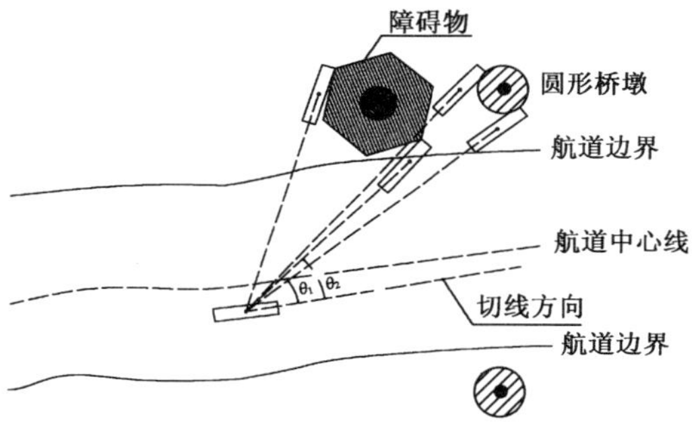

图 13 含障碍物时误航角度确定图示

5 算例

5.1 基本信息

进江海轮代表船型载重 3 000t，长、宽、型深以及吃水深度分别为 115m、19.1m、10.2m、5.4m。各桥墩截面形状为圆形，其直径为 8m。航道水深 6m，根据这些参数，可得到常数 $c = 3\text{min} = 180\text{s}$，从而得到 $m = \ln2/180$；$H/d = 6/5.4 = 1.1$，从而可得到浅水水域横风漂流速度修正系数 $K' = 0.5$，$\sqrt{B_a/B_w} = \sqrt{(10.2 - 5.4)/5.4} = 0.943$。船舶航速 $v_{ship} = 11\text{kn}$，水流速度大小为 $v_{water} = 2.14\text{m/s}$，水流速度方向与航道中心线切线夹角为 $\beta = 7°$，风速为 $v_{wind} = 16\text{m/s}$，与桥轴法向夹角为 60°。并假定失控船舶会在 60min 内得到及时救援。

桥墩布置情况、航道位置以及礁石区域分布如图 14 所示。图中 17 个桥墩自上而下分别编号为 1～17 号桥墩。礁石区域位置如图所示，其质心坐标为(−300,600)，平均直径为 100m。四条航道边界线的曲线方程分别为：$y_{u1} = 10^{-5} \times (x + 800)^2 + 143.6$、$y_{u2} = 10^{-5} \times (x + 800)^2 + 3.6$、$y_{d1} = 10^{-5} \times (x + 800)^2 - 16.4$ 和 $y_{d2} = 10^{-5} \times (x + 800)^2 - 156.4$，上行航

道中心线和下行航道中心线的曲线方程分别为：$y_{u0} = 10^{-5} \times (x + 800)^2 + 73.6$ 和 $y_{d0} = 10^{-5} \times (x + 800)^2 - 86.4$。

5.2 船舶失控撞桥概率计算

5.2.1 漂流航迹

根据本文提供的算法，可绘制出船舶顺水和逆水漂流轨迹线，如图 15 所示（图中绘制的是船舶在航道转折点处发生失控后的漂流轨迹图）。

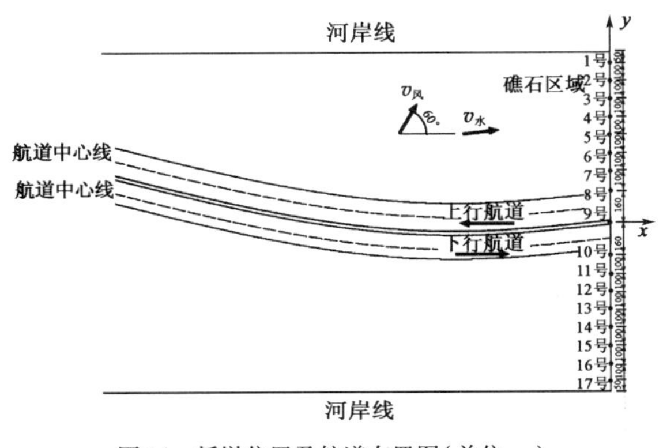

图 14 桥墩位置及航道布置图（单位：m）

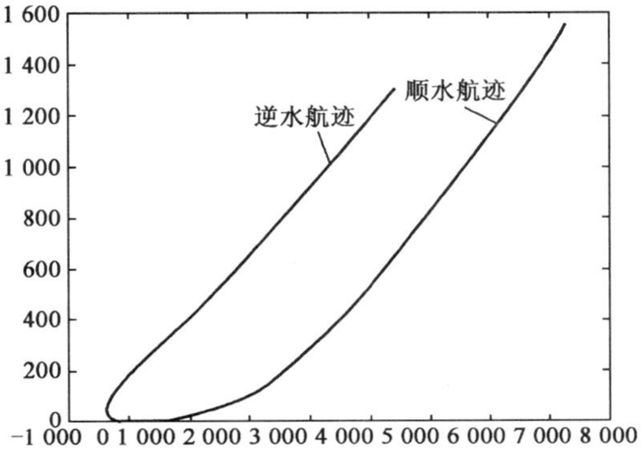

逆水航迹
顺水航迹
1 600
1 400
1 200
1 000
800
600
400
200
0
-1 000 0 1 000 2 000 3 000 4 000 5 000 6 000 7 000 8 000

图 15 船舶顺水和逆水航行漂流轨迹图（单位：m）

5.2.2 绘制危险区域

船舶撞击桥墩危险区域见图 16。图中蓝色区域和黑色区域表示不考虑障碍物影响时确定的危险区域 A_1，红色区域和黑色区域表示撞击障碍物的船舶初始漂流空间区域 A_2，黑色区域即为两者的公共区域 A_{12}。蓝色区域为考虑障碍物影响后最终确定的船撞桥墩危险区域 A_{danger}（下行航道从左至右 8 个蓝色区域分别为船舶在下行航道失控撞击 1 号、2 号、4 号、5 号、6 号、7 号、8 号、9 号桥墩的危险区域；上行航道从左至右 8 个蓝色区域分别为船舶在上行航道失控撞击 1 号、2 号、4 号、5 号、6 号、7 号、8 号、9 号桥墩的危险区域）。

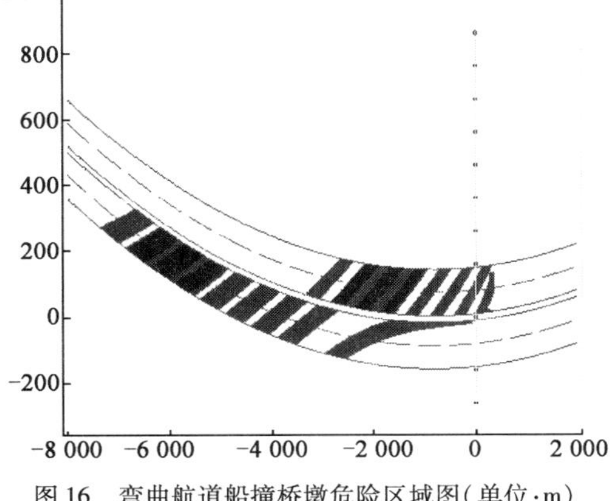

图 16 弯曲航道船撞桥墩危险区域图（单位：m）

5.2.3 撞桥概率计算

由于船舶漂流时间最长不超过 60min（若超过 60min 会得到救援）。船舶顺水漂流 60min，可算得其沿着桥轴法向漂流量最大值为：$X_{1S} = 9\ 373.71$m；船舶逆水漂流 60min，可算得其沿着桥轴法向漂流量最大值为：$X_{1N} = 6\ 545.09$m。根据河道的宽度可以计算出顺水和逆水两种情况下船舶撞击河岸时沿着桥轴法向的漂流量分别为：$X_{2S} = 8009.16$m；$X_{2N} = 3\ 997.51$m。船舶逆水漂流时，其沿着 x 轴负方向漂流的最大距离为：$X_X = 340.21$m。则：$X_{SX} = \min(X_{1S}, X_{2S}) = 8\ 009.16$m，$X_{SS} = \min(X_{1N}, X_{2N}) = 3\ 997.51$m。计算水域的总面积为：$A_0 = (3\ 997.51 + 340.21) \times 140 + 80\ 09.16 \times 140 = 1\ 728\ 563.2\text{m}^2$，据此，计算出了船舶失控后撞击各桥墩的危险区域面积及撞击概率，见表 1。

失控船舶撞击各桥墩危险区域面积及撞击概率 表1

墩号	$S_{X0}(m^2)$	$S_{X1}(m^2)$	$S_{S0}(m^2)$	$S_{S1}(m^2)$	P_{X0}	P_{X1}	P_{S0}	P_{S1}
1	53 406.52	53 406.52	38 722.73	38 722.73	0.031	0.031	0.0225	0.022 5
2	52 917.36	6 016.03	37 896.44	1 898.13	0.030 8	0.003 5	0.022	0.001 1
3	52 356.97	0	37 125.47	0	0.030 4	0	0.021 6	0
4	51 859.46	11 294.65	36 367.05	8 813	0.030 1	0.006 6	0.021 1	0.005 1
5	51 600.82	51 600.82	35 332.28	35 332.28	0.03	0.03	0.020 5	0.020 5
6	51 774.11	51 774.11	33 738.81	33 738.81	0.030 1	0.030 1	0.019 6	0.019 6
7	52 688.97	52 688.97	30 637.54	30 637.54	0.030 6	0.030 6	0.017 8	0.017 8
8	55 530.4	55 530.4	17 776.36	17 776.36	0.032 3	0.032 3	0.010 3	0.010 3
9	102 532.02	102 532.02	2 239.62	2 239.62	0.059 6	0.059 6	0.001 3	0.001 3

注：S_{X0}表示不考虑礁石影响时，下行船舶失控撞击相应桥墩的危险区域面积；S_{X1}表示考虑礁石影响时，下行船舶失控撞击相应桥墩的危险区域面积；S_{S0}表示不考虑礁石影响时，上行船舶失控撞击相应桥墩的危险区域面积；S_{S1}表示考虑礁石影响时，上行船舶失控撞击相应桥墩的危险区域面积；P_{X0}表示不考虑礁石影响时，下行船舶失控撞击相应桥墩的概率；P_{X1}表示考虑礁石影响时，下行船舶失控撞击相应桥墩的概率；P_{S0}表示不考虑礁石影响时，上行船舶失控撞击相应桥墩的概率；P_{S1}表示考虑礁石影响时，上行船舶失控撞击相应桥墩的概率。

根据表中数据，危险区域总面积为：$A_{danger}=554\ 001.99m^2$，船舶失控后撞击桥墩的总概率为：$P=A_{danger}/A_0=0.321\ 0$。

5.3 船舶误航撞桥概率计算

算例中，停船距离分布均值和标准差分别为：$u_s=600m$；$\sigma_s=60m$。误航角分布均值和标准差分别为：$u_\theta=0$；$\sigma_\theta=10^\circ$。船舶航迹分布均值位于航道中心线处，即对于上行航道，航迹分布均值为：$u_y(x)=y_{u0}=10^{-5}\times(x+800)^2+73.6$；对于下行航道，航迹分布均值为：$u_y(x)=y_{d0}=10^{-5}\times(x+800)^2-86.4$。船舶航迹分布标准差为该处航道宽的1/6，即对于上行航道，航迹分布标准差为：$\sigma_y(x)=[y_{u1}(x)-y_{u2}(x)]/6$；对于下行航道，航迹分布标准差为：$\sigma_y(x)=[y_{d1}(x)-y_{d2}(x)]/6$。船舶每航行单位距离的失误概率取为：$\lambda=10^{-6}/m$；积分路径长度$D\geqslant u_s+3\sigma_s=780m$，该处取为：$D=1\ 000m$。$p_y$和$p_w$分别为：$p_y=0.95$；$p_w=0.05$。

根据上述参数，计算得船舶撞击各桥墩的概率如表2所示。

误航船舶撞击各桥墩概率 表2

墩号	P_{X0}	P_{X1}	P_{S0}	P_{S1}	墩号	P_{X0}	P_{X1}	P_{S0}	P_{S1}
1	1.40E-11	1.12E-12	1.12E-10	2.44E-12	10	3.34E-05	3.34E-05	1.64E-06	1.64E-06
2	6.09E-11	6.00E-11	5.61E-10	1.03E-10	11	4.99E-06	4.99E-06	2.58E-07	2.58E-07
3	2.78E-10	2.78E-10	2.89E-09	2.89E-09	12	7.25E-07	7.25E-07	4.71E-08	4.71E-08
4	1.33E-09	1.33E-09	1.54E-08	1.54E-08	13	1.16E-07	1.16E-07	9.70E-09	9.70E-09
5	6.57E-09	6.57E-09	8.92E-08	8.92E-08	14	2.17E-08	2.17E-08	2.12E-09	2.12E-09
6	3.45E-08	3.45E-08	6.01E-07	6.01E-07	15	4.40E-09	4.40E-09	4.83E-10	4.83E-10
7	2.05E-07	2.05E-07	4.45E-06	4.45E-06	16	9.28E-10	9.28E-10	1.14E-10	1.14E-10

续上表

墩号	P_{X0}	P_{X1}	P_{S0}	P_{S1}	墩号	P_{X0}	P_{X1}	P_{S0}	P_{S1}
8	1.40E-06	1.40E-06	3.19E-05	3.19E-05	17	2.01E-10	2.01E-10	2.84E-11	2.84E-11
9	3.21E-05	3.21E-05	3.36E-05	3.36E-05					

注:P_{X0}表示不考虑礁石影响时,下行船舶误航撞击相应桥墩的概率;P_{X1}表示考虑礁石影响时,下行船舶误航撞击相应桥墩的概率;P_{S0}表示不考虑礁石影响时,上行船舶误航撞击相应桥墩的概率;P_{S1}表示考虑礁石影响时,上行船舶误航撞击相应桥墩的概率。

6 结语

本文研究了弯曲航道、一般流场、考虑浅滩和暗礁情况下的船舶撞击桥梁概率的估算方法。

针对失控漂流船舶撞击桥墩这一情况,完成的主要工作和结果如下:

(1)针对弯曲航道和一般流场情况,建立了失控漂流船舶运动轨迹的计算方法。

(2)提出了根据运动几何图形与固定几何图形区域重叠原则确定危险失控区域的方法,可以考虑船舶在漂流过程中发生旋转。

(3)提出了考虑浅滩和暗礁存在条件下,危险失控区的计算方法和计算水域的确定方法。

(4)对误航船舶的误航角给予了新的定义,详细探讨了在考虑浅滩和暗礁等障碍物影响下,误航角的确定方法。

(5)对航道弯曲变宽条件下的船舶航迹分布进行了初步的探讨。

(6)基于船舶的分类给出了给定时间内桥梁遭受漂流船舶撞击概率的估算方法。

(7)根据本文方法编制了计算机程序,并以一个桥梁工程实例演示了本文方法的计算过程。

参考文献

[1] AASHTO. Guide Specification and Commentary for Vessel Collision Design of Highway Bridges. American Association of State Highway and Transportation Officials, Washington D. C. 2009

[2] C. U. Kunz. Ship Bridge Collision in River Traffic, Analysis and Design Practice. Ship Collision Analysis. A. A. Balkema,1998: 13-21.

[3] 重庆市建交委,重庆市三峡库区船撞设计指南,2010.

[4] 王君杰,耿波. 桥梁船撞概率风险分析与措施[M]. 人民交通出版社,2010.3.

[5] 黄平明,张征文. 直航路上船舶碰撞桥墩概率分析. 第十四届全国桥梁学术会议论文集,2000:594-598.

[6] 戴彤宇. 船撞桥及其风险分析. 2002.

[7] European Committee for Standardization, EUROCODE 1-Actions on structures, Part 1-7: General Actions-Accidental actions due to impact and explosions, Third draft 15 November 2002.

[8] Armin Patsch,Carlos F. Gerbaudo, and CarlosA. Prato, Analysis and Testing of Piles for Ship Impact Defenses, ASCE Journal of Bridge Engineering, Vol. 7, No. 4, July, 2002. pp. 236-244.

[9] M. W. Whitney, I. E. Harik, J. J. Griffin, and D. L. Allen, Barge Collision Design of Bridges, ASCE Journal of Bridge Engineering, Vol. 1, No. 2, May, 1996. pp. 47-58.

[10] 刘明俊,李世刚等. 船舶失控后运动状态分析,航海工程,2005(2).

[11] 庄元,刘祖源. 失控船舶撞桥概率分析与预报. 武汉理工大学学报,2007,31(6):962-965.

[12] 贾欣乐,杨盐生. 船舶运动数学模型[M]. 大连海事大学出版社,1999.4.

[13] 张文国,牟卫华,等. 高等数学[M]. 北京:中国铁道出版社,2006.8.

[14] 盛骤,谢式千,等. 概率论与数理统计[M]. 北京:高等教育出版社,2001.12.

偏航船舶撞击桥墩概率估计的修正 Kunz 模型

王君杰　王　伟

（同济大学土木工程防灾国家重点实验室　上海　200092）

摘　要：由于人为失误等原因，船舶可能发生偏航而撞击桥梁。本文对 Kunz 模型进行了修正，给出了偏航船舶撞击桥墩概率估计的估计方法，可以同时考虑弯曲航道以及水中浅滩和礁石的影响。同时引入一个人的干预概率因子来表达人对偏航船舶干预的影响。根据本文方法编制了计算机程序，通过一项桥梁工程实例演示了本文方法的计算过程。

关键词：偏航船舶　桥梁　碰撞概率　弯曲航道　浅滩

Modified kunz model for collision probability of aberrant vessels upon bridges

Wang Junjie　Wang Wei

(State Key Laboratory of Disaster Reduction in Civil Engineering, Tongji University, Shanghai, 200092)

Abstract: The normal-sailing vessels will become aberrant due to the mistakes of the people or the serious element, thus lead to the collision accidents between the vessel and the bridge. This article introduces the evaluation method of collision probability between controllable vessel and bridge under meandering channel conditions, considering the influences of shallow water and reef in the water. At the same time, a factor is drew to consider the influence of the people's action upon the aberrant vessel. At last, a computer program is given according to the given method in this article, together with an example of bridge project which shows the computation procedure.

Keywords: aberrant vessel; Bridge; collision probability; meandering channel; shallow water

1　引言

目前桥梁船撞事故发生概率的估算广泛采用经验模型方法，如 AASHTO 公路桥梁船撞设计指南方法[1]、Kunz 方法[2]、三参数路径积分方法[3,4]、欧洲统一规范[5]等。上述方法在桥梁船撞设计中得到了广泛的应用[4,6,7]。

上述方法不区分桥梁船撞事故发生的具体原因，而是基于对船舶航迹（包括事故航迹）的经验统计建立经验的几何分布模型。然而船舶撞击桥梁的原因很多且复杂，如锚地上的船舶失控、驾驶人员判断错误或操作错误、电子或机械故障等。

项目支持：交通部西部科技项目资助，编号：200731882234；交通部行业联合科技攻关项目资助，编号：2008353344340。

作者简介：王君杰（1962—），教授，博士，从事桥梁抗震与船撞研究，E-mail：jjqxu@126.com。

从船舶撞击桥梁的事故调查结果来看,大部分情况下船舶性能正常(即船舶有动力且舵效正常),但由于人为失误或者恶劣的自然环境,导致船舶偏离正常航道,从而发生船桥碰撞事件。上述各方法均可适用于该种情况下船桥碰撞概率的估算。AASHTO 规范忽视了船舶偏离正常航迹后人的作用,认为船舶一旦驶入船桥撞击区就一定会撞击桥梁;规范给出了船舶偏航概率估算公式,但未考虑风及能见度等条件的影响。欧洲规范模型引入了船舶航迹横向分布的概念,但模型没有明确给出各参量的具体估算方法。Kunz 模型克服了欧洲规范模型的这一缺陷,提出了偏航角及停船距离这两个随机变量,但只适用于船舶单条航迹下的碰撞概率估算方法,忽视了船舶航迹的横向分布。三参数路径积分方法在 Kunz 模型的基础上考虑了偏航船舶航迹横向分布特征,但只适用于直航道,也没有考虑浅滩或暗礁的影响。Kunz 模型和三参数路径积分方法认为,船舶偏航后人一定会采取措施,忽视了人可能处于无意识状态这一情况。

针对上述问题,本文对 Kunz 模型进行了修正,以考虑弯曲航道、浅滩(暗礁)的影响。同时引入一个人的干预概率因子来表达人对偏航船舶干预的影响。本文中偏航船舶的定义为:发生了非正常航行但船舶的动力和舵效犹在。

2 船桥碰撞的定义和判定

本文的研究基于以下假定:

(1)即船舶偏航后直至撞击桥墩前,船舶沿着发生偏航时的航线直线行驶。

(2)船舶、桥墩和浅滩(暗礁)假定为特定几何形状的区域,当船舶区域与桥墩区域发生重叠时,碰撞发生。

(3)当船舶区域与浅滩区域发生重叠时,发生搁浅。

从工程应用角度考虑,本文将桥墩所占据的平面空间区域模型化为直径为 D 的圆,或边长为 a、b 的矩形区域;浅滩或暗礁可以理想化为凸的多边形;船舶则可以理想化为一个长为 LOA、宽为 B 的矩形。在这些理想化的条件下,运动矩形与圆形几何或者多边形几何的边缘碰撞情况如图 1 所示。

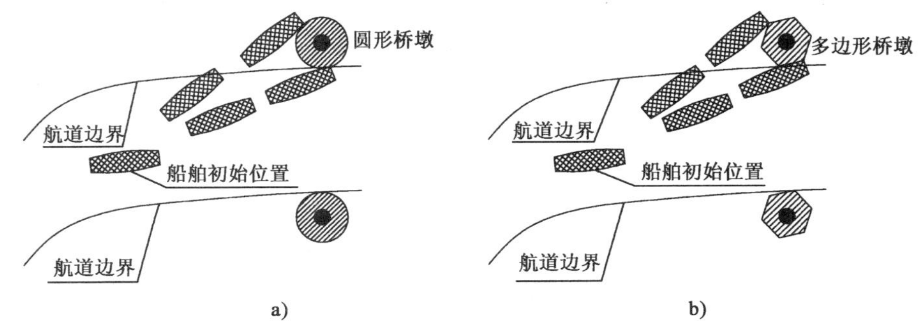

图 1 偏航船舶撞击桥墩示意图

a)船舶与圆形桥墩的边缘接触;b)船舶与多边形桥墩的边缘接触

3 弯曲变宽航道船舶偏航撞击桥墩概率估算

3.1 基本公式推导

弯曲航道基本信息如图 2 所示。图中:$y_1 = y_1(x)$、$y_2 = y_2(x)$ 分别为航道两条边界线的曲线方程;$y_0=y_0(x)$为航道中心线的曲线方程。偏航船舶撞桥概率的计算模型如图 3 所示。

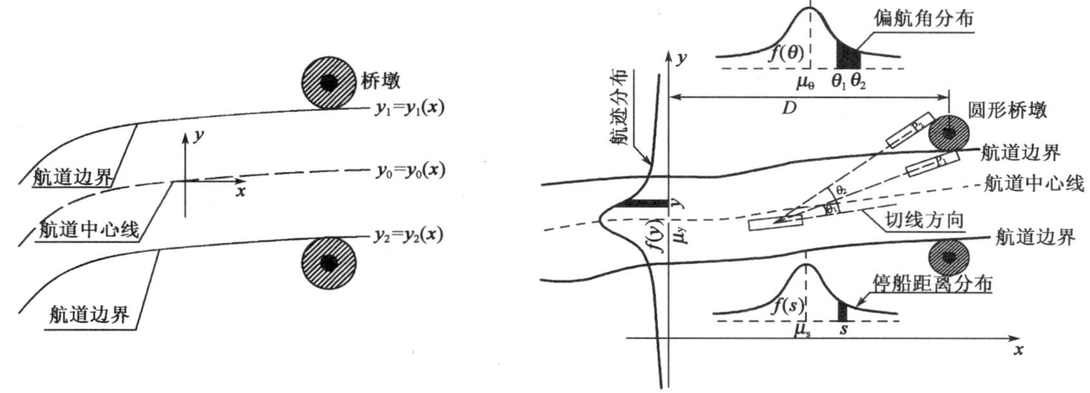

图 2 航道基本信息

图 3 模型计算图示

图 3 中,$f(\theta)$、$f(s)$和$f(y)$分别表示船舶偏航角分布密度函数、停船距离分布密度函数及横向航迹分布密度函数;u_θ、u_s和 u_y 分别表示偏航角分布均值、停船距离分布均值及航迹分布均值;D 为船舶自原点航行到桥墩处的距离,为积分路径长度。

船舶发生偏航撞击桥墩的概率为:

$$P = p_w\int_0^D \lambda(x)\,\mathrm{d}x\int_{u_y-3\sigma_y}^{u_y+3\sigma_y} f(y)\int_{\theta_1(x,y)}^{\theta_2(x,y)} f(\theta)\,\mathrm{d}\theta\mathrm{d}y + p_y\int_0^D \lambda(x)\,\mathrm{d}x\int_{u_y-3\sigma_y}^{u_y+3\sigma_y} f(y)F(s)\int_{\theta_1(x,y)}^{\theta_2(x,y)} f(\theta)\,\mathrm{d}\theta\mathrm{d}y \tag{1}$$

其中:

$$F(s) = 1 - \int_0^{D-x} f(s)\,\mathrm{d}s \tag{2}$$

式中: p_y、p_w——船舶偏离正常航道后,人采取行动与不采取行动的概率;

$\lambda(x)$——船舶每航行单位距离的失误概率;

$F(s)$——船舶偏离正常航道后,没有停住船的概率;

σ_y——航迹分布标准差;

$\theta_1(x,y)$、$\theta_2(x,y)$——船舶偏离正常航迹后,可能撞击桥墩的偏航角范围。

$f(\theta)$、$f(s)$ 和$f(y)$ 分别如下:

$$f(\theta) = \frac{1}{\sqrt{2\pi}\sigma_\theta} e^{-\frac{(\theta-\mu_\theta)^2}{2\sigma_\theta^2}} \tag{3}$$

$$f(s) = \frac{1}{\sqrt{2\pi}\sigma_s} e^{-\frac{(s-\mu_s)^2}{2\sigma_s^2}} \tag{4}$$

$$f(y) = \frac{1}{\sqrt{2\pi}\sigma_y} e^{-\frac{(y-\mu_y)^2}{2\sigma_y^2}} \tag{5}$$

式中:σ_θ、σ_s——偏航角分布标准差和停船距离分布标准差。

3.2 各参数的确定方法

3.2.1 分布均值及标准差的确定

模型假设船舶偏航角、停船距离及横向航迹皆服从正态分布。船舶偏航角分布均值 u_θ 和标准差 σ_θ、停船距离分布均值 u_s 和标准差 σ_s 可通过大量的统计数据分析获取。由于航道是弯曲变宽度的，所以船舶航迹横向分布均值 u_y 和标准差 σ_y 是随着横坐标 x 发生变化的，即：$u_y = u_y(x)$、$\sigma_y = \sigma_y(x)$ 。对于具体的航道，可以通过对航道不同位置的船舶航迹进行统计获取。由概率论知识知道，$P(u_y - \sigma_y < y < u_y + \sigma_y) = 68.23\%$，$P(u_y - 3\sigma_y < y < u_y + 3\sigma_y) = 99.73\%$，积分区域的长度分别为：$2\sigma_y$ 和 $6\sigma_y$。由于船舶在航道内行驶的可能性最大，所以对于航迹服从正态分布的情况，σ_y 介于该处航道宽的 1/6 ~ 1/2。航道在 x 处的宽为：$w(x) = y_1(x) - y_2(x)$，则：$\sigma_y\sigma_y(x) \in (w(x)/6, w(x)/2)$ 。

3.2.2　p_y 和 p_w 的确定

通过对大量船撞事件的原因进行归纳统计，可以区分事故发生前人是否采取了行动，进而确定船舶偏离正常航道后，人采取行动的概率 p_y 与不采取行动的概率 p_w。

3.2.3　积分路径长度 D 的确定

模型假定船舶停船距离 s 服从正态分布。由概率论知识，停船距离 s 介于 $u_s - 3\sigma_s$ 和 $u_s + 3\sigma_s$ 之间的概率 $P(u_s - 3\sigma_s < s < u_s + 3\sigma_s) = 99.73\%$ 。所以，可取 $D \geqslant u_s + 3\sigma_s$，从而保证工程计算精度需求。

3.2.4　$\theta_1(x,y)$ 和 $\theta_2(x,y)$ 的确定

模型假定船舶行驶方向与船头方向相一致，且船舶正常行驶时，其船头方向与航道中心线的切线方向相一致。船舶偏航角定义为船头实际方向与航道切线方向的夹角。

如果不存在障碍物，对于圆形桥墩和矩形桥墩，$\theta_1(x,y)$ 和 $\theta_2(x,y)$ 的确定如图 4 所示。

图中，θ_{10} 和 θ_{20} 表示船舶偏航方向与 x 轴的夹角，θ_0 表示航道中心线切线方向与 x 轴的夹角，θ_1 和 θ_2 为实际偏航角。

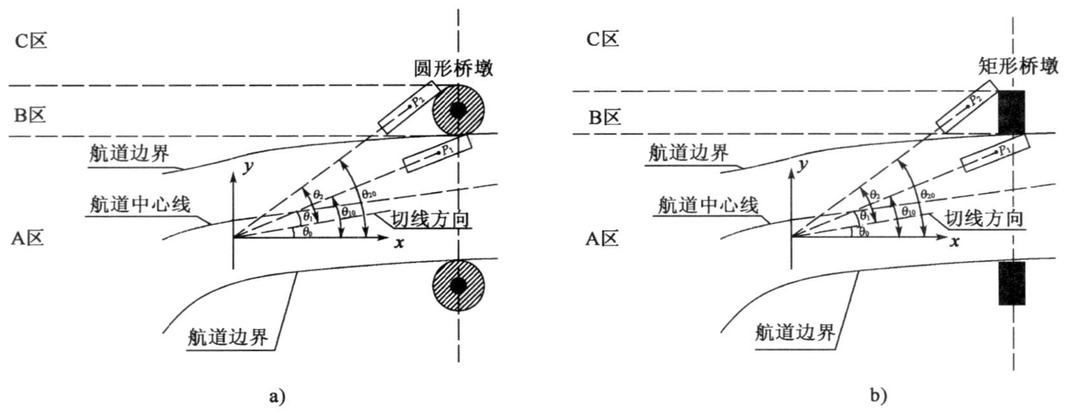

图 4　圆形桥墩和矩形桥墩偏航角确定图示

a）船舶与圆形桥墩碰撞；b）船舶与矩形桥墩碰撞

在横坐标为 x 处，航道中心线切线方向与 x 轴的夹角为：$\theta_0(x) = \arctan(y'_0(x))$ 。

对于圆形桥墩，设船舶发生偏航时质心位置为 (x,y)，桥墩圆心坐标为 (x_0,y_0)，桥墩直径为 D_p，设船长和船宽分别为 LOA 和 BM。在图 4a）中，由简单的几何关系，得到两种撞击情况下，船舶的质心 P_1 和 P_2 的坐标分别为：

$$P_1:\left(x_0+\left(\frac{D_p}{2}+\frac{BM}{2}\right)\sin\theta_{10}-\frac{LOA}{2}\cos\theta_{10},y_0-\left(\frac{D_p}{2}+\frac{BM}{2}\right)\cos\theta_{10}-\frac{LOA}{2}\sin\theta_{10}\right) \tag{6a}$$

$$P_2:\quad\left(x_0-\left(\frac{D_p}{2}+\frac{BM}{2}\right)\sin\theta_{20}-\frac{LOA}{2}\cos\theta_{20},\ y_0+\left(\frac{D_p}{2}+\frac{BM}{2}\right)\cos\theta_{20}-\frac{LOA}{2}\sin\theta_{20}\right) \tag{6b}$$

式中

$$\begin{cases}\tan\theta_{10}=\dfrac{\left[y_0-\left(\dfrac{D_p}{2}+\dfrac{BM}{2}\right)\cos\theta_{10}-\dfrac{LOA}{2}\sin\theta_{10}\right]-y}{\left[x_0+\left(\dfrac{D_p}{2}+\dfrac{BM}{2}\right)\sin\theta_{10}-\dfrac{LOA}{2}\cos\theta_{10}\right]-x}\\ \tan\theta_{20}=\dfrac{\left[y_0+\left(\dfrac{D_p}{2}+\dfrac{BM}{2}\right)\cos\theta_{20}-\dfrac{LOA}{2}\sin\theta_{20}\right]-y}{\left[x_0-\left(\dfrac{D_p}{2}+\dfrac{BM}{2}\right)\sin\theta_{20}-\dfrac{LOA}{2}\cos\theta_{20}\right]-x}\end{cases} \tag{7}$$

根据船舶偏航地点所处的区域,如图中所示的 A、B、C 三个区域,可以确定 θ_{10}、θ_{20} 的上下限。当船舶在 A 区偏航后,$\theta_{10}\in(0,\pi/2)$,$\theta_{20}\in(0,\pi/2)$;当船舶在 B 区偏航后,$\theta_{10}\in(-\pi/2,0)$,$\theta_{20}\in(0,\pi/2)$;当船舶在 C 区偏航后,$\theta_{10}\in(-\pi/2,0)$,$\theta_{20}\in(-\pi/2,0)$。根据式(6),结合 θ_{10}、θ_{20} 的上下限,可以解出 $\theta_{10}(x,y)$、$\theta_{20}(x,y)$。则:$\theta_1(x,y)=\theta_{10}(x,y)-\theta_0(x)$;$\theta_2(x,y)=\theta_{20}(x,y)-\theta_0(x)$。

对于矩形桥墩,设船舶发生偏航时质心位置为(x,y),矩形桥墩左下角点坐标为(x_0,y_0);按照顺时针方向,其余三个顶点的坐标分别为:(x_1,y_1);(x_2,y_2);(x_3,y_3)。分以下三种情况讨论:

情况 1:偏航点位于 A 区时,两种撞击模式如图 4b)所示。由简单的几何关系可确定两种撞击情况下,船舶质心 P_1 和 P_2 的坐标分别为:

$$\left(x_3-\frac{LOA}{2}\cos\theta_{10}+\frac{BM}{2}\sin\theta_{10},\ y_3-\frac{LOA}{2}\sin\theta_{10}-\frac{BM}{2}\cos\theta_{10}\right) \tag{8a}$$

$$\left(x_1-\frac{LOA}{2}\cos\theta_{20}-\frac{BM}{2}\sin\theta_{20},\ y_1-\frac{LOA}{2}\sin\theta_{20}+\frac{BM}{2}\cos\theta_{20}\right) \tag{8b}$$

则关于 θ_{10}、θ_{20} 的非线性方程组为:

$$\begin{cases}\tan\theta_{10}=\dfrac{\left(y_3-\dfrac{LOA}{2}\sin\theta_{10}-\dfrac{BM}{2}\cos\theta_{10}\right)-y}{\left(x_3-\dfrac{LOA}{2}\cos\theta_{10}+\dfrac{BM}{2}\sin\theta_{10}\right)-x}\\ \tan\theta_{20}=\dfrac{\left(y_1-\dfrac{LOA}{2}\sin\theta_{20}+\dfrac{BM}{2}\cos\theta_{20}\right)-y}{\left(x_1-\dfrac{LOA}{2}\cos\theta_{20}-\dfrac{BM}{2}\sin\theta_{20}\right)-x}\end{cases} \tag{9}$$

式中,$\theta_{10}\in(0,\pi/2)$,$\theta_{20}\in(0,\pi/2)$,从而确定 θ_{10}、θ_{20}。则:

$$\theta_1(x,y)=\theta_{10}(x,y)-\theta_0(x);\theta_2(x,y)=\theta_{20}(x,y)-\theta_0(x)$$

情况 2:偏航点位于 B 区时,按照上述同样的方法可得关于 θ_{10}、θ_{20} 的非线性方程组为:

$$\begin{cases} \tan\theta_{10} = \dfrac{\left(y_0 - \dfrac{LOA}{2}\sin\theta_{10} - \dfrac{BM}{2}\cos\theta_{10}\right) - y}{\left(x_0 - \dfrac{LOA}{2}\cos\theta_{10} + \dfrac{BM}{2}\sin\theta_{10}\right) - x} \\ \tan\theta_{20} = \dfrac{\left(y_1 - \dfrac{LOA}{2}\sin\theta_{20} + \dfrac{BM}{2}\cos\theta_{20}\right) - y}{\left(x_1 - \dfrac{LOA}{2}\cos\theta_{20} - \dfrac{BM}{2}\sin\theta_{20}\right) - x} \end{cases} \tag{10}$$

式中，$\theta_{10} \in (-\pi/2,0)$，$\theta_{20} \in (0,\pi/2)$，从而确定 θ_{10}、θ_{20}。则：

$$\theta_1(x,y) = \theta_{10}(x,y) - \theta_0(x)\ ;\ \theta_2(x,y) = \theta_{20}(x,y) - \theta_0(x)$$

情况 3：偏航点位于 C 区时，关于 θ_{10}、θ_{20} 的非线性方程组为：

$$\begin{cases} \tan\theta_{10} = \dfrac{\left(y_0 - \dfrac{LOA}{2}\sin\theta_{10} - \dfrac{BM}{2}\cos\theta_{10}\right) - y}{\left(x_0 - \dfrac{LOA}{2}\cos\theta_{10} + \dfrac{BM}{2}\sin\theta_{10}\right) - x} \\ \tan\theta_{20} = \dfrac{\left(y_2 - \dfrac{LOA}{2}\sin\theta_{20} + \dfrac{BM}{2}\cos\theta_{20}\right) - y}{\left(x_2 - \dfrac{LOA}{2}\cos\theta_{20} - \dfrac{BM}{2}\sin\theta_{20}\right) - x} \end{cases} \tag{11}$$

式中，$\theta_{10} \in (-\pi/2,0)$，$\theta_{20} \in (-\pi/2,0)$，从而确定 θ_{10}、θ_{20}。则：

$$\theta_1(x,y) = \theta_{10}(x,y) - \theta_0(x)$$

$$\theta_2(x,y) = \theta_{20}(x,y) - \theta_0(x)$$

当存在障碍物时，可以按照上述方法确定船舶撞击障碍物时的偏航角范围，接着不考虑障碍物，确定出船舶撞击桥墩的偏航角范围，扣除两者交叉部分，即可确定 $\theta_1(x,y)$ 和 $\theta_2(x,y)$。如图 5 所示。

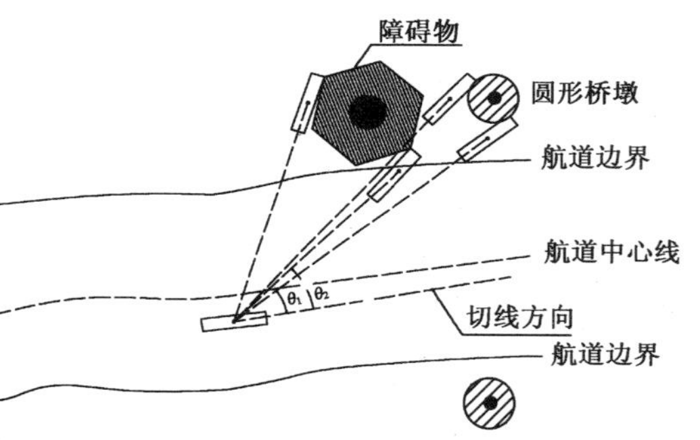

图 5　含障碍物时偏航角度确定图示

4　算例

4.1　基本信息

进江海轮代表船型载重 3 000t，长、宽分别为 115m、19.1m。各桥墩截面形状为圆形，其直径为 8m。

桥墩布置情况、航道位置以及礁石区域分布如图 6 所示。图中 17 个桥墩自上而下分别编号为 1～17 号桥墩。礁石区域位置如图所示，其质心坐标为（−300，600），平均直径为 100m。四条航道边界线的曲线方程分别为：$y_{u1} = 10^{-5} \times (x + 800)^2 + 143.6$、$y_{u2} = 10^{-5} \times (x + 800)^2 + 3.6$、$y_{d1} = 10^{-5} \times (x + 800)^2 - 16.4$ 和 $y_{d2} = 10^{-5} \times (x + 800)^2 - 156.4$，上行航道中心线和下行航道中心线的曲线方程分别为：$y_{u0} = 10^{-5} \times (x + 800)^2 + 73.6$ 和 $y_{d0} = 10^{-5} \times (x + 800)^2 - 86.4$。

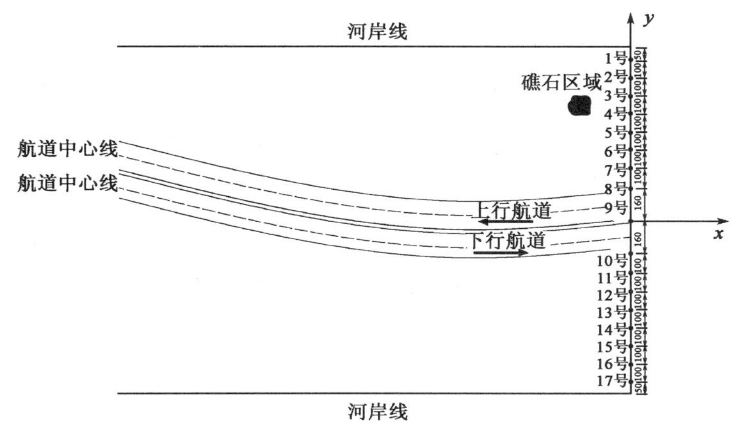

图6 桥墩位置及航道布置图(尺寸单位:m)

4.2 船舶偏航撞击桥墩的概率

算例中,停船距离分布均值和标准差分别为:$u_s=600\text{m}$;$\sigma_s=60\text{m}$。偏航角分布均值和标准差分别为:$u_\theta=0$;$\sigma_\theta=10°$。船舶航迹分布均值位于航道中心线处,即对于上行航道,航迹分布均值为:$u_y(x)=y_{u0}=10^{-5}\times(x+800)^2+73.6$;对于下行航道,航迹分布均值为:$u_y(x)=y_{d0}=10^{-5}\times(x+800)^2-86.4$。船舶航迹分布标准差为该处航道宽的1/6,即对于上行航道,航迹分布标准差为:$\sigma_y(x)=[y_{u1}(x)-y_{u2}(x)]/6$;对于下行航道,航迹分布标准差为:

$\sigma_y(x)=[y_{d1}(x)-y_{d2}(x)]/6$。船舶每航行单位距离的失误概率取为:$\lambda=10^{-6}\text{m}$;积分路径长度$D\geqslant u_s+3\sigma_s=780\text{m}$,该处取为:$D=1\,000\text{m}$。$p_y$和$p_w$分别为:$p_y=0.95$;$p_w=0.05$。

根据上述参数,计算得船舶撞击各桥墩的概率如表1所示。

偏航船舶撞击各桥墩危险区域面积及撞击概率 表1

墩号	P_{X0}	P_{X1}	P_{S0}	P_{S1}	墩号	P_{X0}	P_{X1}	P_{S0}	P_{S1}
1	1.40E-11	1.12E-12	1.12E-10	2.44E-12	10	3.34E-05	3.34E-05	1.64E-06	1.64E-06
2	6.09E-11	6.00E-11	5.61E-10	1.03E-10	11	4.99E-06	4.99E-06	2.58E-07	2.58E-07
3	2.78E-10	2.78E-10	2.89E-09	2.89E-09	12	7.25E-07	7.25E-07	4.71E-08	4.71E-08
4	1.33E-09	1.33E-09	1.54E-08	1.54E-08	13	1.16E-07	1.16E-07	9.70E-09	9.70E-09
5	6.57E-09	6.57E-09	8.92E-08	8.92E-08	14	2.17E-08	2.17E-08	2.12E-09	2.12E-09
6	3.45E-08	3.45E-08	6.01E-07	6.01E-07	15	4.40E-09	4.40E-09	4.83E-10	4.83E-10
7	2.05E-07	2.05E-07	4.45E-06	4.45E-06	16	9.28E-10	9.28E-10	1.14E-10	1.14E-10
8	1.40E-06	1.40E-06	3.19E-05	3.19E-05	17	2.01E-10	2.01E-10	2.84E-11	2.84E-11
9	3.21E-05	3.21E-05	3.36E-05	3.36E-05					

注:P_{X0}表示不考虑礁石影响时,下行船舶偏航撞击相应桥墩的概率;P_{X1}表示考虑礁石影响时,下行船舶偏航撞击相应桥墩的概率;P_{S0}表示不考虑礁石影响时,上行船舶偏航撞击相应桥墩的概率;P_{S1}表示考虑礁石影响时,上行船舶偏航撞击相应桥墩的概率。

5 结语

本文研究了弯曲变宽航道、考虑浅滩和暗礁情况下的正常性能船舶偏航撞击桥梁概率的估算方法。针对弯曲航道,对偏航角给予了新的定义,详细探讨了在考虑浅滩和暗礁等障碍物影响下,偏航角的确定方法。并对航道弯曲变宽条件下的船舶航迹分布进行了初步的探讨。最后在概率论的基础上给出了船撞概率的估算方法。

参考文献

[1] AASHTO. Guide Specification and Commentary for Vessel Collision Design of Highway Bridges. American Association of State Highway and Transportation Officials, Washington D.C, 2009.

[2] C. U. Kunz. Ship Bridge Collision in River Traffic, Analysis and Design Practice. Ship Collision Analysis. A. A. Balkema,1998: 13-21.

[3] 重庆市建交委.重庆市三峡库区船撞设计指南,2010.

[4] 王君杰,耿波.桥梁船撞概率风险分析与措施[M].北京:人民交通出版社,2010.

[5] European Committee for Standardization, EUROCODE 1-Actions on structures, Part 1-7: General Actions-Accidental actions due to impact and explosions, Third draft 15 November,2002.

[6] Armin Patsch,Carlos F. Gerbaudo, and CarlosA. Prato, Analysis and Testing of Piles for Ship Impact Defenses, ASCE Journal of Bridge Engineering,2002,7(4):236-244.

[7] M. W. Whitney, I. E. Harik, J. J. Griffin, and D. L. Allen, Barge Collision Design of Bridges, ASCE Journal of Bridge Engineering,1996,1(2):47-58.

[8] 盛骤,谢式千,等.概率论与数理统计[M].北京:高等教育出版社,2001.

基于数值模拟的船侧撞击桥墩碰撞力估算公式研究

唐 勇 金允龙

(上海船舶运输科学研究所 上海 200135)

摘 要:当船舶横穿水道、失控漂移或者船舶规避正面碰撞等情况下,船舶将有可能与桥墩发生侧撞。由于侧撞时船体附连水质量较大,舷侧与桥墩接触面积也很大,故其对桥梁的撞击危害是不容忽视的。本文以某大型跨江桥梁工程为背景,采用非线性有限元软件 MSC. Dytran,选取 3 000DWT 和 10 000DWT 油船为防撞代表船型,开展在不同失控速度下船舶侧撞桥墩的数值模拟试验,分析得出了不同撞击速度下碰撞力的数据和曲线,并整理出近似的最大侧撞力—速度估算公式,供桥梁防撞设计参考。

关键词:桥墩 船舶侧撞力 撞击速度 改进的 HB 公式

Research on impact force estimating formula of lateral collision between ship and bridge pier based on numerical simulation

Tang Yong Jin Yunlong

(Shanghai Ship & Shipping Research Institute, Shanghai, 200135)

Abstract: It is possible for ship to have lateral collision to bridge pier, when crossing waterway, drifting out of control, avoiding frontal crash and so on. Because of the bigger added water mass of hull, as well as the larger contact area between broadside and pier, the collision to pier is so harmful that is not allowed to be neglectable. Based on the large bridge engineering for river-crossing, this paper, selecting 3,000 DWT and 10,000 DWT tankers for representative ship types, aims to simulate lateral collision between ship and pier under various runaway velocities, by non-linear FEM software MSC. Dytran. The data and curves of collision force are obtained. Moreover, the estimating formula of max collision force-velocity is summarized and provided for bridge designers.

Keywords: bridge pier; ship lateral collision force; impact velocity; improved HB formula

1 引言

国外,海辛(Hysing)和博(Boe)(1989)[1]曾研究过一艘载重 150 000t 散装货船横向撞击一座 24m 宽的桥墩,并提出了船侧撞击时总体撞击荷载的简化经验公式。国内,胡志强、顾永宁[2]模拟一艘排水量为 2 900t 的驳船侧向撞击刚性桥墩的碰撞过程,总结出驳船侧撞桥墩的

项目支持:交通部西部科技项目资助,编号:200731882234。

作者简介:唐勇(1983—),硕士,研究实习员,从事船舶碰撞仿真模拟研究,E-mail:yongt2008@foxmail.com。

碰撞性能。然而所开展的桥梁船撞力的研究工作主要集中在船首正撞或斜撞桥墩的层面上[3-6]，对于船舶货舱区域侧撞桥墩的研究则相对较少。当船舶横穿水道、失控漂移或者船舶规避正面碰撞等情况下，船舶将有可能与桥墩发生侧撞，由于侧撞时船体附连水质量较大，舷侧与桥墩接触面积也很大，故其对桥梁的撞击危害是不容忽视的，因此开展此方面的工作对于完善船撞桥撞击力的研究体系具有积极的作用。

本文以某大型跨江桥梁工程为背景，采用非线性有限元软件 MSC. Dytran，选取 3 000DWT 和 10 000DWT 油船为防撞代表船型，建立货舱区结构有限元模型，开展在不同失控速度下船舶货舱区侧撞桥梁主墩的数值模拟，分析得出了不同撞击速度下碰撞力的数据和曲线，并整理出近似的最大侧撞力—速度估算公式，供桥梁防撞设计参考。

2　船舶碰撞模式

船舶碰撞桥墩一般分为以下两种模式：

(1)艏撞，具体又可以分为艏正撞和艏斜撞。艏正撞的定义为船舶首部结构撞击桥梁结构，撞击方向与桥梁顺桥向垂直，见图 1；艏斜撞则为船舶首部结构撞击桥梁结构，撞击方向与桥梁结构表面成一定角度，见图 2。

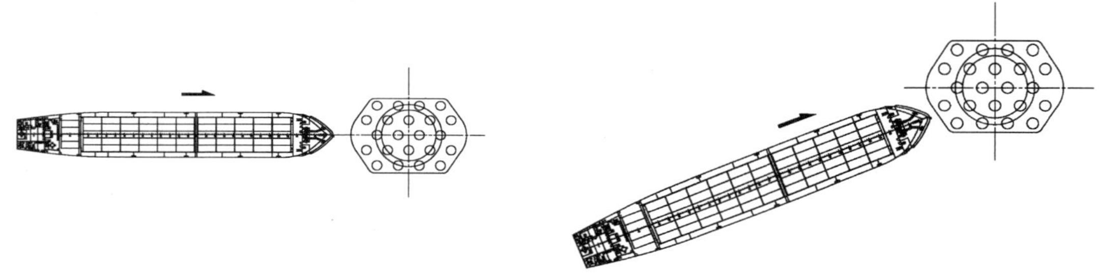

图 1　船首正撞　　　　图 2　船首斜撞

(2)侧撞，船舶侧面结构撞击桥梁结构，撞击方向与桥梁顺桥向垂直或者相一致，见图 3。

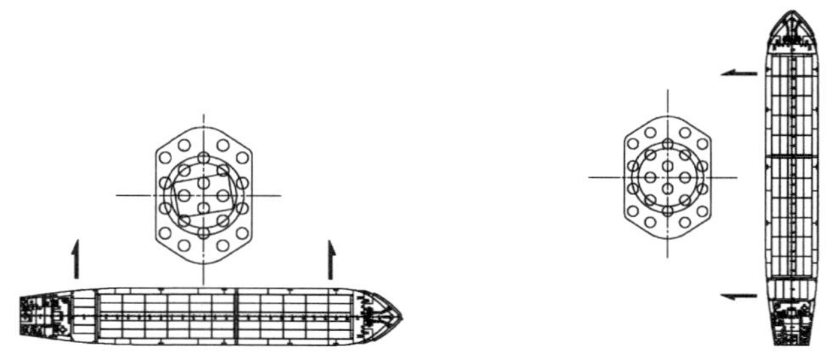

图 3　船舶侧撞(横桥向/顺桥向)

船舶侧撞属于船撞桥事故的模式之一，其中极端工况发生在横漂船舶的撞击点与船舶重心相一致，此时船舶撞击动能主要被桥墩与船舶结构的变形破损所吸收。由于，侧撞载荷与船首载荷相比有不同的特征，侧撞速度一般较低，碰撞时间较短，但碰撞力却与首撞载荷相当或大于首撞载荷。特别是在水文条件复杂的水域，桥梁设计者需要对船舶侧撞载荷予以关注，这也是本文的出发点所在。

3 海辛和博经验公式[1]（以下简称 HB 经验公式）

海辛和博（1989）的研究表明，船侧撞击时载荷历程的变化与船首撞击时不同。首先，侧向撞击的总载荷较之全速船首的迎面撞击要小。第二，船侧撞击过程中，最大总载荷与屈曲有关，且出现在起始撞击时。最大总载荷几乎与船质量和撞击速度无关。最大总载荷到达后，撞击载荷急剧下降，且随强肋骨、船甲板及船底的撞击破坏而降至某一近乎常量。

船侧撞击时导出的经验公式为：

$$P_C = 263F_S[1.0 + 0.88(b/D)^{1.06}](L/300)^{2.20} \quad (1)$$

式中：P_C——船侧撞损载荷（MN）；

F_S——舷侧结构强度系数，对于纵骨架式结构，$F_S = 1.00$；对于横骨架式结构，$F_S = 1.35$；

b——与船侧接触的桥墩宽度（m）；

D——型深（m）；

L——船长（m）。

4 船舶侧撞桥墩有限元仿真

4.1 桥墩主要参数及有限元模型

桥墩由墩身（9.6m × 7.0m）和承台（24.3m × 18.5m）组成，采用混凝土六面体单元建模，并在碰撞区域适当加密网格，见图 4 所示。

由于船舶撞击桥梁是一个瞬态过程，且本文认为桥墩自身具备足够的抗撞能力，即不考虑主墩倒塌现象，故将主墩承台下表面进行刚性约束。

图 4 主墩有限元划分

4.2 船舶主要参数及有限元模型

选取 3 000DWT 和 10 000DWT 油船为防撞代表船型，网格采用 4 节点壳单元，其主尺度数据见表 1。

油 船 主 要 参 数 表 1

项目	3 000DWT	10 000DWT	项目	3 000DWT	10 000DWT
总长（m）	94.6	139.3	吃水（m）	5.6	7.8
垂线间长（m）	88.0	131.1	满载排水量（t）	5 000	18 000
型宽（m）	15.2	20.8	舷侧结构形式	横骨架式	纵骨架式
型深（m）	7.2	11.2			

撞击船计算模型主要由船中碰撞区与首尾两端组成，对碰撞区范围内的船体结构，计算模型做了比较精细的描述，包括了内外板、主甲板、槽型舱壁等主要板材，并采用了弹塑性船用钢材料模型。对于首尾两端部分，由于远离接触碰撞区，在碰撞中基本上不发生变形，因此为了减小模型规模，提高计算效率，简化为刚性板模型，见图 5 和图 6 所示。

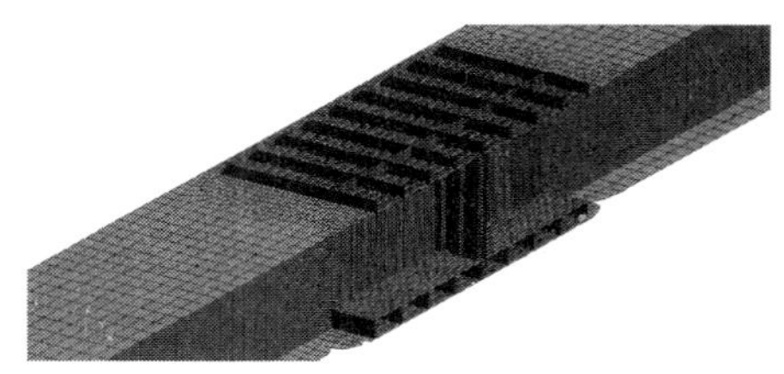

图5　3 000DWT 船侧精细有限元划分图

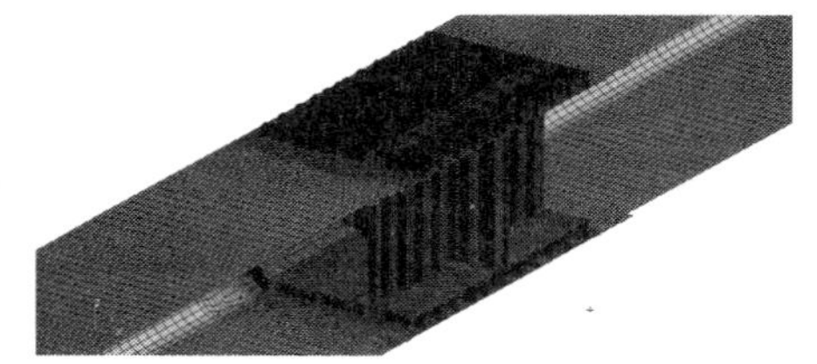

图6　10 000DWT 船侧精细有限元划分图

4.3　流体介质对碰撞的影响

当船侧与桥墩发生碰撞时,船体作横桥向水平运动,此时周围流场对其影响相对于船首正撞桥墩则较大,按照有关文献资料的建议[7],本文附连水质量拟取为船舶排水量的0.8倍。

5　材料模型

5.1　主墩材料模型[8]

考虑到桥墩在碰撞过程中存在硬化效应,故选用弹塑性混凝土硬化断裂本构关系。本文采用了 Colorado 混凝土帽盖材料模型,主要参数见表2。

混凝土材料模型　　表2

ρ	G	K	α	θ	γ	β	R	D	W	X_0
2 700	1.1E10	1.4E10	2.7E7	0.11	8.0E6	1.4E－7	4.43	4.6E－10	0.42	1.1E8

表中,ρ 为密度(kg/m^3),G 为剪切模量(N/m^2),K 为体积模量(N/m^2),α 为破坏包络线参数,θ 为破坏包络线线性参数,γ 为破坏包络线指数参数,β 为破坏包络线指数,R 为硬化帽面长短轴比,D 为硬化法则指数,W 为硬化法则系数,X_0 为硬化法则指数。

混凝土的破坏准则是判断混凝土是否破坏的依据,本文中选用了比较简单的一参数混凝土强度准则模型,即最大拉伸应力理论的破坏准则。按照混凝土结构设计规范,C30 混凝土的抗拉强度标准值取为 2.0×10^6 N/m^2。

5.2　船用钢材料模型

由于撞击损伤区域的局部性能特征,将船体碰撞区视为弹塑性材料结构,将船体其余部分视为刚性材料结构。船体可变形部分采用线性强化弹塑性材料模型,即考虑材料进入塑性后的应变强化。有关参数为:材料密度 $\rho=7\ 850.0$ kg/m^3,弹性模量 $E=2.10\times10^{11}$ N/m^2,硬化模量 $E_h=1.18\times10^9$ N/m^2,屈服应力 $\sigma_0=2.35\times10^8$ N/m^2,泊松比 $\mu=0.3$。材料应变率敏感性的本构方程采用 Cowper-Symonds 本构方程,对船用钢而言,$D=40.4$ 和 $q=5$。

6　撞击工况介绍

本文研究船舶货舱区在不同撞击速度条件下,主墩的碰撞力演变过程,并结合船舶的主尺度设计了8种典型撞击速度,即0.5m/s、1.0m/s、1.5m/s、2.0m/s、2.5m/s、3.0m/s、3.5m/s、4.0m/s。碰撞场景描述,见图7。

图7　船舶侧撞桥墩场景图

7 船舶侧撞桥墩有限元数值仿真结果

在碰撞过程中，船侧结构与主墩墩身接触的部分逐渐崩溃并压入船体，损伤形式主要是甲板和肋板的动塑性屈曲破坏和舷侧外板的塑性拉伸破坏。由于撞击速度不同，碰撞时间也随着发生变化。船舶侧撞桥墩碰撞性能参数总结于表3和表4，碰撞力 P_{FEM} 时程曲线见图8和图9。

3 000DWT 侧撞桥墩碰撞性能参数 表3

撞击速度(m/s)	0.5	1.0	1.5	2.0	2.5	3.0	3.5	4.0
初始动能(MJ)	1.13	4.50	10.13	18.0	28.13	40.50	55.13	72.0
碰撞结束时间(s)	0.38	0.50	0.69	0.91	1.13	1.33	1.58	1.77
船舶结构变形能(MJ)	0.99	4.41	9.90	17.47	26.80	38.09	51.66	66.79
最大碰撞力(MN)	33.67	36.25	40.64	42.60	42.72	45.73	46.77	47.29

10 000DWT 侧撞桥墩碰撞性能参数 表4

撞击速度(m/s)	0.5	1.0	1.5	2.0	2.5	3.0	3.5	4.0
初始动能(MJ)	4.05	16.2	36.45	64.8	101.25	145.8	198.45	259.2
碰撞结束时间(s)	0.74	1.06	1.31	1.60	2.20	2.24	2.75	2.96
船舶结构变形能(MJ)	3.80	15.48	34.54	61.28	93.94	134.03	182.82	238.13
最大碰撞力(MN)	44.39	55.15	60.99	64.91	65.71	68.07	68.86	68.96

由表3和表4及图8和图9可以发现，随着撞击速度的增加，碰撞结束时间不断延长，船舶结构损伤也越严重，最终导致最大撞击力越来越大，但是数值增长的幅度却有所减缓。

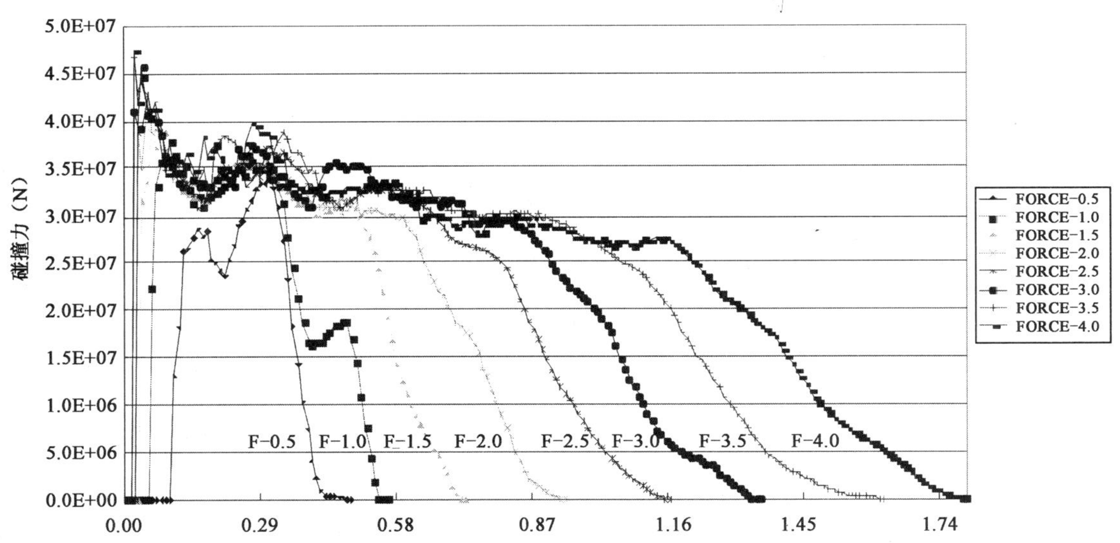

图8 3 000DWT 侧撞力时程曲线

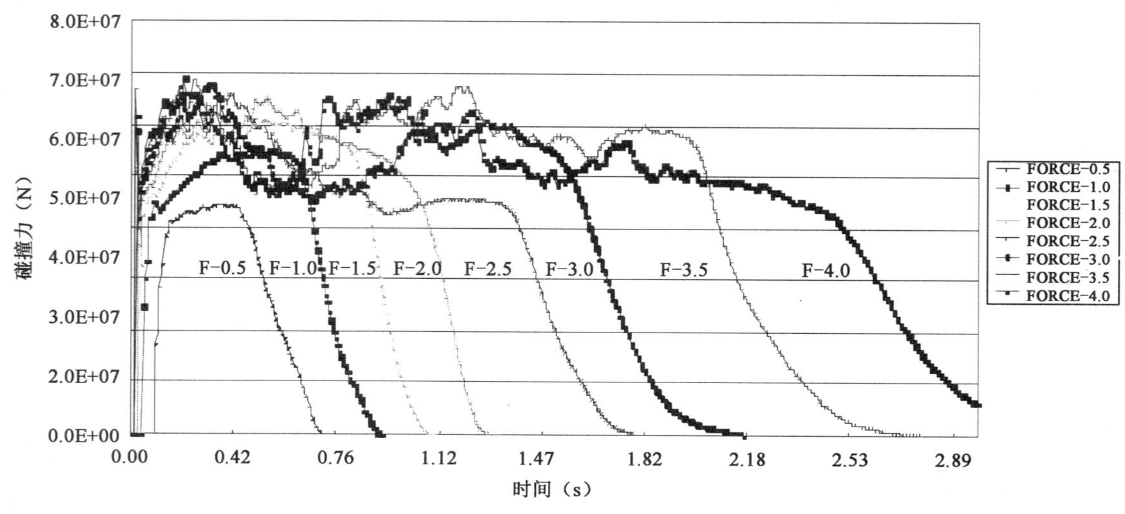

图 9　10 000DWT 侧撞力时程曲线

为了与船首正撞主墩作比较，仿真试验增加了 3 000DWT 船舶横桥向 3.0m/s 艏正撞的工况，且排水量以及撞击速度保持不变。区别之处在于，船体纵向撞击时，附连水质量远小于横向，本文拟取船舶总质量的 0.05 倍[8]，撞击力时程曲线见图 10。

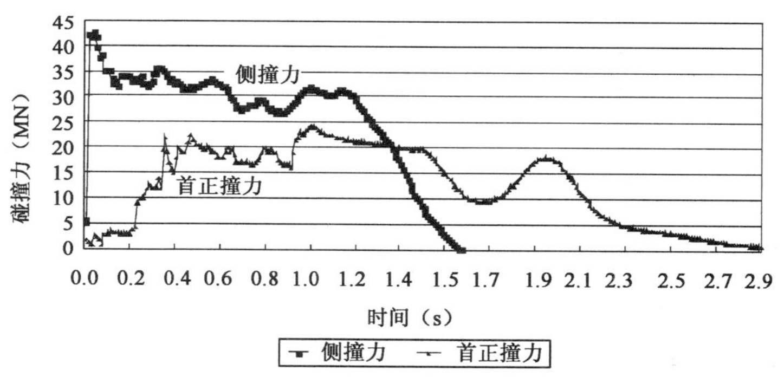

图 10　3 000DWT 侧撞力与首正撞力的比较

将数值仿真试验的结果与海辛和博的研究成果进行比较，得出以下不同：

(1)船舶侧撞力未必比首正撞力小。从图 10 中可以看出，由于船首正撞时船舶的撞击动能小于舷侧碰撞(约 0.58 倍)，所以其峰值要小于侧撞工况。但是，在艏正撞过程中碰撞力逐步增大，峰值出现在船和桥接触一段时间后，碰撞持续时间也较长。这主要是由于艏部结构的柔度要大于船侧结构，碰撞缓冲的效果比较明显。

(2)侧撞最大总载荷未必都发生在起始撞击时，尤其是在低速撞击速度下，最大碰撞力峰值出现了滞后现象。

(3)侧撞最大总载荷与船舶撞击速度有关。但是随着撞击速度增大，最大侧撞力增长幅度减缓明显，并趋于某一固定值。

(4)侧撞力到达峰值后，经过一段小幅波动之后才快速下降，卸载速度比艏正撞明显。

8　改进的 HB 经验公式

根据 HB 经验公式,3 000DWT 和 10 000DWT 船舶的最大侧撞力分别为:

$$P_{C-3\,000} = 263 \times 1.35 \times [1.0 + 0.88 \times (7/7.2)^{1.06}] \times (94.6/300)^{2.20} = 51.97 \quad \text{MN}$$

$$P_{C-10\,000} = 263 \times 1.0 \times [1.0 + 0.88 \times (7/11.2)^{1.06}] \times (139.3/300)^{2.20} = 74.65 \quad \text{MN}$$

将 HB 经验公式的计算结果与仿真试验结果进行比较,见图 11。从图中可以发现,仿真计算结果呈非线性增长趋势,比较符合幂函数规律,因此选用幂函数 $F_C = aV_b = A \cdot P_C V_b$ 对计算结果进行拟合。

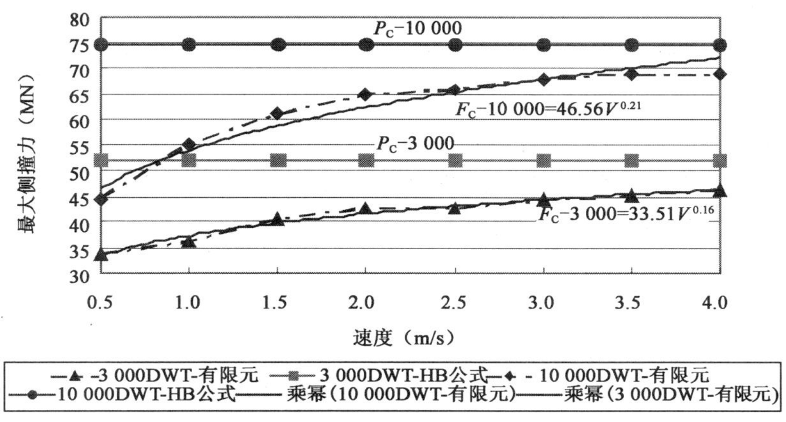

图 11　仿真计算结果与 HB 公式的比较

拟合过程分为三个步骤:

第一步:对于给定的初始撞击速度 v,拟合得到 F_C 与 v 之间的关系($F_{C-3\,000} = 33.51v^{0.16}$;$F_{C-10\,000} = 46.56v^{0.21}$),见图 11;

第二步:对第一步拟合所得到的指数 b,确定变化区[0.16,0.21],可得到 a 的变化区间,进一步可以得到 A 的变化区间;

第三步:根据所得到的 A_i 和 b_i 的系列值,求出 $F_{C,i}$值,并采用最小二乘法确定平方总偏差 $\varepsilon_i = \sqrt{\sum_{i\in[0.5,4.0]}^{v_i} (P_{FEM,v_i} - F_{C,v_i})^2}$,例如表 5。平方总偏差最小值 ε_i 所得到的 A_i 和 b_i,即为最佳拟合曲线的系数值,见表 6。

平方总偏差 ε_i 的计算方法　　表 5

v (m/s)	$P_{FEM-3\,000}$ (MN)	$P_{c-3\,000}$ (MN)	$P_{FEM-10000}$ (MN)	$P_{c-10\,000}$ (MN)	b_i	$A_{i-3\,000}$	$A_{i-10000}$	$A_{i-平均}$	F_{c-3000} (MN)	$F_{c-10\,000}$ (MN)	$\varepsilon^2_{i-3\,000}$	$\varepsilon^2_{i-10\,000}$	ε_i
0.5	33.67	51.97	44.39	74.65	0.16	0.724	0.664	0.736	34.21	49.14	0.29	22.60	7.91
1.0	36.25	51.97	55.15	74.65		0.698	0.739		38.22	54.91	3.90	0.06	
1.5	40.64	51.97	60.99	74.65		0.733	0.766		40.79	58.59	0.02	5.77	
2.0	42.6	51.97	64.91	74.65		0.734	0.778		42.71	61.35	0.01	12.69	
2.5	42.72	51.97	65.71	74.65		0.710	0.760		44.26	63.58	2.37	4.55	
3.0	45.73	51.97	68.07	74.65		0.738	0.765		45.57	65.46	0.03	6.82	
3.5	46.77	51.97	68.86	74.65		0.737	0.755		46.71	67.09	0.00	3.12	
4.0	47.29	51.97	68.96	74.65		0.729	0.740		47.72	68.54	0.18	0.17	

平方总偏差 ε_i 汇总　　表6

序　号	b_i	$A_{i-平均}$	ε_i	序　号	b_i	$A_{i-平均}$	ε_i
1	0.16	0.736	7.91	4	0.19	0.722	6.75
2	0.17	0.731	7.32	5	0.20	0.717	6.83
3	0.18	0.726	6.92	6	0.21	0.713	7.14

由表6可得，当平方总偏差最小值 $\varepsilon_i=6.75$ 所得到的 $A_i=0.722$ 和 $b_i=0.19$ 时，为最佳拟合曲线，即改进的HB公式为：

$$
\begin{aligned}
F_C &= 0.722 \cdot P_C v^{0.19} \\
&= 189.886F_S[1.0+0.88(b/D)^{1.06}](L/300)^{2.20}v^{0.19}, v \in [0,4.0m/s]
\end{aligned}
\tag{2}
$$

式中：F_C——船侧碰撞载荷(MN)；

P_C——HB经验公式中船侧碰撞载荷(MN)；

F_S——舷侧结构强度系数，对于纵骨架式结构 $F_S=1.00$，对于横骨架式结构 $F_S=1.35$；

b——与船侧接触的桥墩宽度(m)；

D——型深(m)；

L——船长(m)；

v——船舶撞击速度。

根据改进的HB公式，计算不同撞击速度下的误差，见表6。

不同撞击速度下的误差　　表6

v (m/s)	$P_{FEM\text{-}3\,000}$ (MN)	$P_{FEM\text{-}10\,000}$ (MN)	$F_{c\text{-}3\,000}$ (MN)	$F_{c\text{-}10\,000}$ (MN)	误差丨|ei－3 000	误差丨ei-10 000丨	e_{MAX}
0.5	33.67	44.39	34.21	49.14	2.37%	6.37%	6.37%
1.0	36.25	55.15	38.22	54.91	3.45%	2.33%	
1.5	40.64	60.99	40.79	58.59	0.34%	4.61%	
2.0	42.6	64.91	42.71	61.35	0.42%	5.33%	
2.5	42.72	65.71	44.26	63.58	4.47%	2.43%	
3.0	45.73	68.07	45.57	65.46	1.04%	2.50%	
3.5	46.77	68.86	46.71	67.09	1.73%	0.75%	
4.0	47.29	68.96	47.72	68.54	3.19%	1.65%	

由表6可以看出，改进的HB公式的最大误差为6.37%(<10%)，符合一般工程的精度要求，可以作为船侧撞击桥墩碰撞力的快速估算公式。

9　结语

根据以上数值模拟计算结果，关于船舶侧撞桥墩的碰撞性能，可以得到以下结论：

(1)侧撞最大总载荷与船舶撞击速度有关。但是随着撞击速度增大，最大侧撞力增长幅度减缓明显，并趋于某一固定值。

(2)鉴于船舶侧撞桥墩的撞击速度一般较小，绝大多数情况下 $v \in [0,3.0m/s]$，且改进的

HB 公式符合一般桥梁工程计算分析的精度要求,可以作为船侧撞击桥墩碰撞力的快速估算公式。

(3)海辛和博(1989)的研究成果中有关侧撞总载荷的描述有一定局限性,不符合侧撞的一般规律。

(4)本文船舶侧撞代表船型只选取了 3 000DWT 和 10 000DWT 两种油船,数量较少且船型单一,建议开展不同载重吨位、多种船型、不同桥墩宽度的侧撞桥墩研究,以不断修正 HB 公式。

(5)本文将流体介质对船体的作用是通过增加一项附连水质量的角度进行考虑,若计算精度有严格要求,开展流固耦合的仿真试验是有必要的。

参考文献

[1] Hysing, T. and Boe, A. 船舶结构与桥墩的撞击(大海带东桥)[R]. Norway: Det Norske Veritas Classification, 1989: Technical Report 890153.

[2] 胡志强,顾永宁. 基于非线性数值仿真的船侧撞桥墩碰撞性能研究[C]//2005 年船舶结构力学学术会议论文集,2005:211-217.

[3] 梁文娟,金允龙,陈高增. 船舶与桥墩碰撞力计算及桥墩防撞[C]//第十四届全国桥梁学术会议论文集. 上海:同济大学出版社,2000: 556-571.

[4] 王君杰,颜海泉,钱铧. 基于碰撞仿真的桥梁船撞力规范公式的比较仿真[J]. 公路交通科技,2006(2):68-73.

[5] 肖波,周楚兵,吴卫国. 船与刚性桥墩的碰撞性能分析[J]. 武汉理工大学学报:交通科学与工程版,2005(12):855-857.

[6] 刘建成,顾永宁. 基于整船整桥模型的船桥碰撞数值仿真[J]. 工程力学,2003(05):155-161 .

[7] 王自力,蒋志勇,顾永宁. 船舶碰撞数值仿真的附加质量模型[J]. 爆炸与冲击,2001(1):29-34.

[8] 刘建成,顾永宁,胡志强. 桥墩在船桥碰撞中的响应及损伤分析[J]. 公路,2002(10):33-41.

桥区船舶交通观测及统计分析

屠海洋

(上海船舶运输科学研究所　上海 200135)

摘　要:近年来,随着世界航运的快速发展,桥区船舶交通流量不断增大。为了加强桥区水域的船舶交通管理,保障船舶交通安全,需要正确掌握水域交通特性,并采取针对性安全保障措施。本文阐述了船舶交通观测与统计的方法及船舶交通的基本特性,对港珠澳大桥和广东九江大桥桥区船舶交通进行了观测与特性统计分析。

关键词:船舶交通　船舶流量　观测方法　统计内容

Analysis of vessel traffic volume observation and statistic

Tu haiyang

(Shanghai Ship & shipping Research institute, Shanghai,200135)

Abstract: As the rapid development of the word shipping, the traffic volume in the bridge area becomes more and more larger than before. In order to enforce management of vessel traffic, protect the vessel sailing safety in the bridge area , it is necessary to get the traffic particular of the water area properly。This paper discuses the way of observation and statistic of vessel traffic volume, and the basic particular of the traffic, then make an analysis of the observation and statistic of ship traffic in HONG KONG-ZHUHAI-MACAO bridge and JIU JIANG bridge area。

Keywords: water traffic; traffic volume; observation method ;statistic content

随着世界航运快速发展,船舶交通日趋繁忙,交通流量也越来越大。在港口航道、桥梁等重要水域往往造成船舶交通密度增加,航道拥塞,交通事故频发。这些问题引起了海事界的高度关注。为了加强桥区水域的船舶交通管理,保障船舶交通安全,有针对性地采取安全保障措施,需要正确把握水域交通特性。船舶交通观测是获得交通量、交通密度等原始数据,统计分析交通特性的唯一方法。

1　船舶交通观测方法

船舶交通是指个别船舶运动的集合或所有船舶行为的总体。船舶流量是指单位时间内通过某一水域某一地点的所有船舶的数目,是表征某一水域水上交通繁忙程度的表征量。目前获取船舶交通信息的交通观测方法主要有:雷达观测、CCTV系统观测、VTS/AIS系统观测和

项目支持:交通部西部科技项目资助,编号:200731882234。

作者简介:屠海洋(1967—),副研究员,从事港口航道安全论证,E-mail:oceantu@126.com。

视觉观测方法等。

(1)雷达观测

雷达观测是利用雷达系统进行船舶交通观测的方法。其优点是:观测范围大,主动测量,实时测量船舶位置信息和流量信息,受天气、能见度的影响较小。其不足之处在于:存在一定的盲区,易受到波浪、建筑物、岛屿的影响。雷达无法自动识别真假回波的信号,从雷达波中难以判断出船的尺寸和类型。

(2)CCTV 系统观测

利用 CCTV 监控系统进行交通观测。现代 CCTV 系统已经可以在复杂背景中自动识别出目标,并且实现对目标的跟踪和判断。和雷达系统相比,它的监控尺度小,设备简单、安装方便,价格便宜。但主要是受光照条件的影响,黑夜和大雾会影响其使用。利用视觉识别技术,可对经过定点航道断面的船舶可以进行交通观测统计,粗略估算其长度及载重吨。

(3)VTS 系统观测:

VTS 系统是由主管当局实施的,旨在改善船舶交通安全,提高船舶交通管理效率以及保护环境的一种服务。VTS 系统可以监视港区水域船舶运动,对船舶提供信息、建议和指示。尽管 VTS 在交通管理方面发挥了巨大作用,但由于 VTS 信息的采集主要靠岸基雷达对所辖区域内目标船的探测和利用 VHF 人工船位报告识别,使得 VTS 采用的岸基雷达在对目标跟踪的精度、分辨率与可靠性存在一定的局限性,它还受自然条件、船舶条件和气象条件的限制。

(4)AIS 系统观测

AIS 是本世纪发展起来的一种新型助航和通信系统,是现代船舶必须安装的标准设备之一。AIS 能自主、自动和连续地在船和船、船和岸之间传输信息。岸上的 AIS 基站可以向在其覆盖范围内的船舶广播其区域内船舶的信息。AIS 传播的信息主要有:船舶识别号、呼号、船名、船舶位置、航速、航向、吃水、船舶长度、船舶宽度和船舶类型等。AIS 的实施,很好地解决了雷达、CCTV 系统中对目标船船名、大小、类型不能识别的缺陷,它抗海浪、雨雪干扰的能力优于雷达和 CCTV 系统。与 VTS 结合,使得 VTS 和船舶均能及时方便、快捷地了解通航水域状况和航行安全信息。另外,AIS 信息可以直接保存到数据库,大大提高 VTS 数据库的准确性,为后续的数据处理和提取打下良好的基础。但船舶必须安装 AIS 设备,并在正常运行条件下,才能获取该船舶的有关静态和动态信息。对于 300t 以下的船舶,国际海事组织没有要求强制安装 AIS 设备,这对 AIS 系统的功能发挥受到限制。

(5)视觉观测

视觉观测利用望远镜目测手段进行观测和记录通过某水道或门线的船舶要素,同时可以利用现有设备测出船舶速度或通过 VHF 与船通话询问船舶相关数据。视觉观测至今仍是海事管理部门最为常用的方法。该方法简单易行,能够很好识别船舶种类。其缺点也是需要有人值班,在能见度不良的条件下,会丢失目标。并且目测船舶速度和长度误差较大。

除上述方法外,有关单位把射频技术应用在内河航运中船舶数据采集管理系统中。它主要是船舶装有船舶身份标志、船舶基本信息、证书信息等信息的“一卡通”,岸上通过主动触发“一卡通”获得船舶的相关资料。它最大的缺点是触发距离近,不适用宽阔的航道。对于通过船闸的船舶的统计管理比较适用。

2 船舶交通统计方法与交通统计特性

2.1 船舶交通统计方法

船舶流量统计方法主要有以下几种:基于视频的船舶自动监测分类、基于 VTS/AIS 系统的船舶流量自动检测系统以及依靠视觉观测的人工统计。基于前两种统计方法,具有连续观测能力强,数据精确度高,后一种具有方便、灵活但劳动强度大、成本高的特点。

(1)利用视频检测进行流量统计

根据视频监测获得的数据进行统计,往往只能统计出进出船舶的数量和大致的船长,覆盖范围不大,只适宜于狭窄的内河航道、港口码头管理、港口口门、船闸。根据视觉检测获得的数据统计存在一定的误差,而且无法统计出不同种类的船舶数据。

(2)利用 VTS/AIS 系统进行统计

根据 AIS 系统获得的数据虽然精确、全面,但它的前提条件是每条船都必须装有 AIS 设备,并且设备正常运行。对于 300t 以下的船舶,国际海事组织没有要求强制安装 AIS 设备,使得根据 AIS 系统的数据统计受到一定的限制,尤其在内河航道。

(3)人工统计方法

现有水上交管系统中的种种船舶自动检测方法,由于受其本身的局限和外界条件的限制,无法涵盖所有区域和各种环境,人工统计仍是水上管理部门最为常用的统计方法。尤其是对一些临时区域。人工统计主要包括:定点定期统计、定线定期统计和区域统计。其中定点定期统计一般选择在狭窄水道、大桥、船闸、港口口门,主要统计船舶的流量、速度和到达规律。定线定期统计一般用在多条航道交叉区域和宽阔复杂的交通领域,利用雷达或水面标设设定水域上的某一条线,来统计船舶经过该线流量和时间规律。区域统计,主要是统计船舶通过该区域的航迹和船舶通过时的前后间距。该方法简单易行,能够很好识别船舶种类。其缺点也是显而易见的,需要有人值班,在能见度不良的条件下会丢失目标。并且目测船舶速度和长度误差较大。依靠人工观测的方式,具有连续观测能力不强、数据精度差、管理成本高、无法大面积推广等缺点,但比较灵活,适用于进行临时统计船舶流量的地方。

2.2 船舶交通统计特性

船舶交通观测数据的统计通常包括交通量、交通密度、交通形式和交通速度等。具体包含如下内容:

(1)船舶到达规律

船舶到达规律是指船舶在某一单位时间内进出港口或水道或水域中某一观测线的船舶数目的变化规律。一般来说,船舶的到达服从泊松分布,两船相继到达的时间间隔服从负指数分布。

(2)船舶到达门线的位置分布

统计单位时间内通过观测门线的船舶交通量及通过的位置,并以直方图的方式标在相应的位置上。对于船舶航迹的特性所做的统计分析的结果,可用以确定航路宽度、分道通航航路的宽度等。

(3)船舶速度分布

船舶速度属于连续型随机变量,大量的实测检验结果表明,船舶速度分布可用正态分布来描述。

(4)船舶间时距

船舶间时距是指前后两艘船到达某一观测线的时间差。描述船舶间时距分布通用的连续型分布函数为负指数分布和爱尔郎分布。

(5)船舶种类

船舶种类可分为营运船舶和非营运船舶,营运船舶一般分为客船、货船、集装箱船、危险品船、滚装船和船队。非营运船主要分为渔船、工程船、工务船。

(6)船舶大小

根据船舶大小进行统计,可以获得不同等级的船舶通过的概率的大小。通常可把船舶长度 L 分成四个等级: $L<30\mathrm{m}$, $30<L<50\mathrm{m}$, $50<L<100\mathrm{m}$, $L>100\mathrm{m}$。根据船舶的主要几何参数的大致范围,上面四个等级基本对应的是小于 100t 的船, 100t 到 1 000t 的船,1 000t 到 1 万吨级的船舶,大于 1 万吨级的船。

3 交通观测统计实例

(1)港珠澳大桥桥区交通观测与统计

港珠澳大桥跨越的珠江口是我国水上运输最繁忙、船舶密度最大的水域,是船舶进出我国南方最重要的港口广州港、深圳港等的必经之地,根据大桥总体方案深化研究的需要,为了保障大桥和船舶的通航安全,研究非通航孔区的船舶通航规律,根据港珠澳大桥(图 1)项目背景、概况、工可阶段防撞研究成果,结合桥区自然条件及通航环境,主要参考通过 VTS、AIS 等观测手段得出的桥区非通航孔船舶交通流观测数据,确定本次船舶交通观测共分 5 个非通航孔区段,设置 5 条观测线。

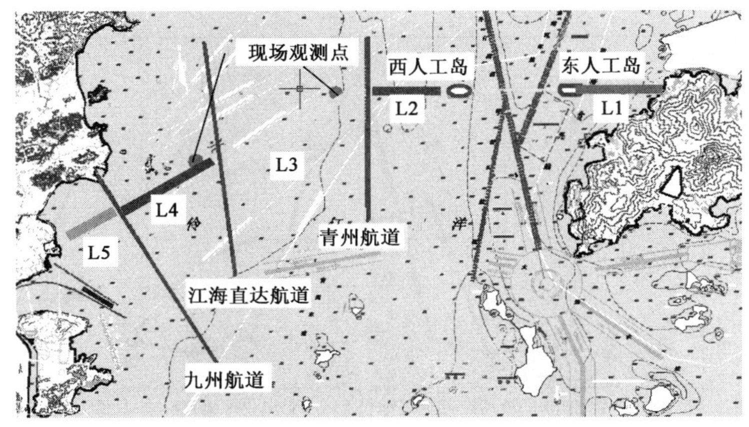

图 1 交通观测线设置示意图

L1-东人工岛以东香港侧水域;L2-隧道西人工岛至青州航道桥间;L3-青州航道至江海直达轮航道间;L4-江海直达轮航道至九州航道间;L5-九州航道以西

本次船舶交通观测采用 VTS、AIS 和现场船舶观测相结合的观测方法;以 VTS、AIS 观测为主,现场船舶观测为辅。通过 VTS 港口雷达系统、AIS 系统获得船舶通过桥位区域的船舶交通量、位置、航速、航向等参数;通过现场船舶观测获取 VTS 系统难以观测到的小型船舶流量。现场设置两个观测点,每个观测点各安排一艘现场观测船舶。根据连续 15 天的观测所获的数据进行统计,得出以下的各种统计图表(图 2 ~图 7)。

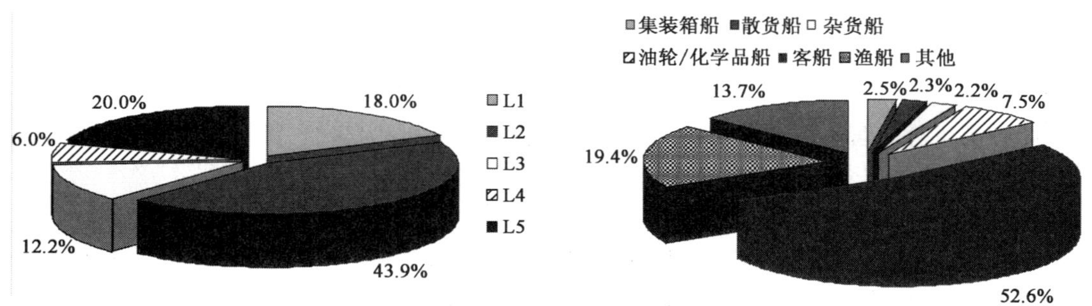

图 2 各观测线交通量分布

图 3 桥区通航船舶类型分布

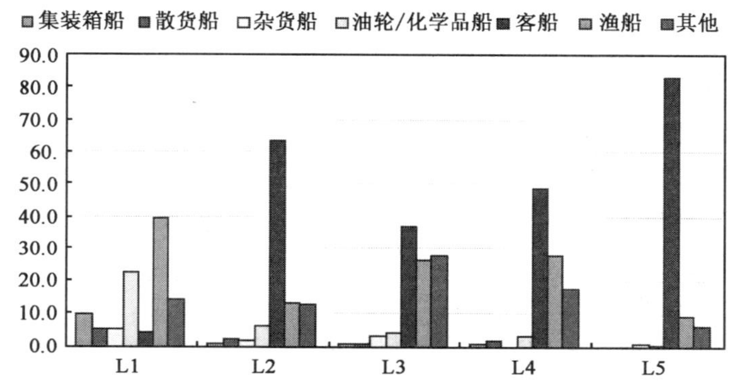

图 4 L1 ~ L5 观测区域船舶类型分布

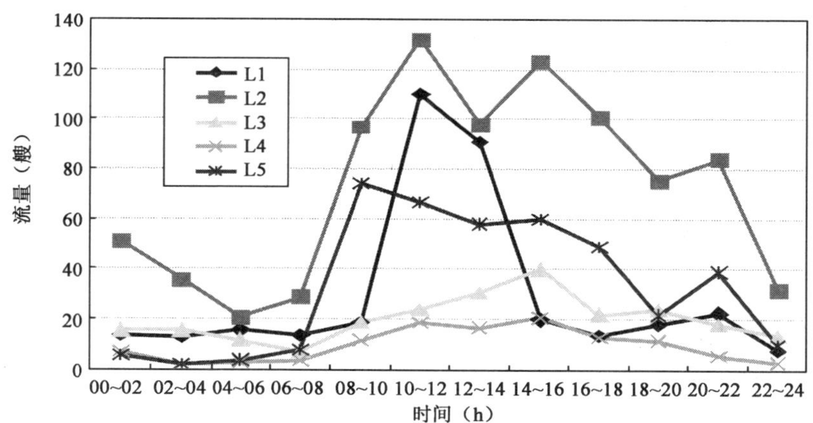

图 5 L1 ~ L5 观测区域船舶通过时间分布

从图 2 可以看出船舶通过 L2 观测线的流量最大,占全部交通量的 43.9%。图 3 的船舶类型统计图看出,非通航区的高速客轮占非通航区总流量的 52.6%。从图 4 到图 7 可以明显地获得各观测线主要通过的船型、船舶通过的集中时间和船舶航行中的船速。根据需要,可对各观测线不同的船型进行速度统计,以获得不同观测线不同船型通过的船速,为非通航孔防撞提供主要依据。

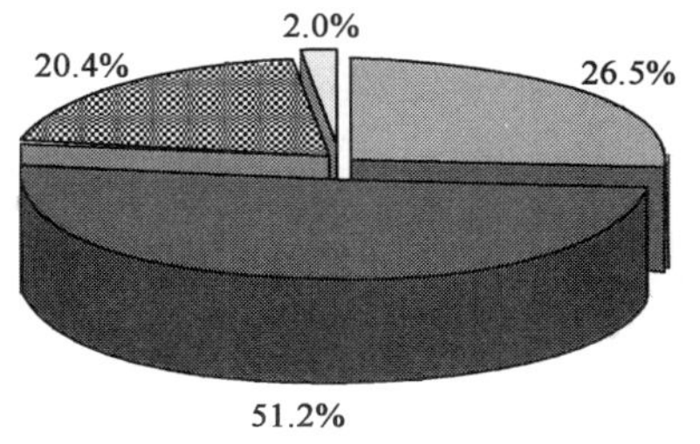

图 6 非通航孔区船舶长度分布

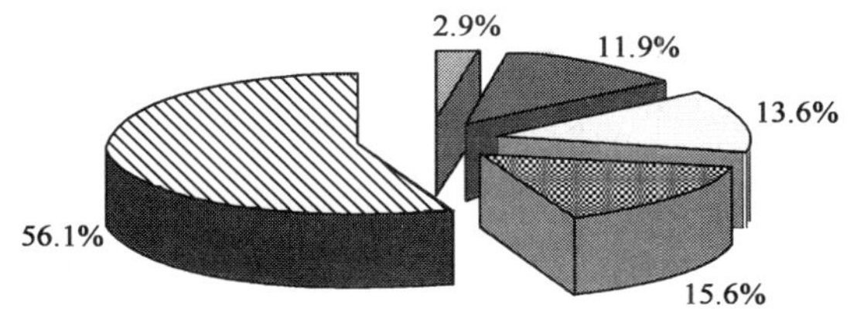

图 7 非通航孔区船舶航行速度分布

(2)广东九江大桥桥区交通观测与统计

广东南海九江大桥(图 8)是 325 国道上的一座特大型桥,跨越西江干流。西江是我国南方的天然河流,其径流量在全国内河中仅次于长江,素有“黄金水道”的美誉。为了保障船舶通航安全和九江大桥的安全,建立大桥的防撞设施,需要对通过大桥航道的船舶流量进行观测和统计。由于条件的限制,对船舶交通观测采用雷达测量和望远镜观测的手段,观测区域为海寿沙和担杆洲之间,主要为大桥上流部分。利用雷达主要测量过往船舶的轨迹、速度和船舶大致长度、利用望远镜获得船舶的类型。

通过连续 3 天对该区域不间断的观测和测量,获得第一手的船舶流量资料。

根据船舶长度和种类的统计分析,桥区通航船舶中,主要以 30 ~ 90m 为主,50m 以下约占 80% ,90m 以上较少。船舶种类中以普通货船为主,约占 70% 。为了获得通航船舶在航道上的轨迹分布规律,我们以上游距桥面 250m 处为横断面,分别对船舶通过此线时偏离航道中心线的距离进行统计,得出结果如图 9 所示。另外根据时间和速度进行统计,可以得出船舶通过大桥的高峰时段和船舶通行的一般速度。通过这些统计分析,大型的船舶通行速度较快,极大部分的船舶过桥通行速度在 2.6 ~ 3.8m/s 之间,超过 4.0m/s 的船舶较少(图 10,图 11)。桥区通航的大型船舶主要为沙石运输船、杂货船和内河集装箱船。这些数据的取得和后续的桥区船舶失控漂移和大桥防撞研究提供了基础。

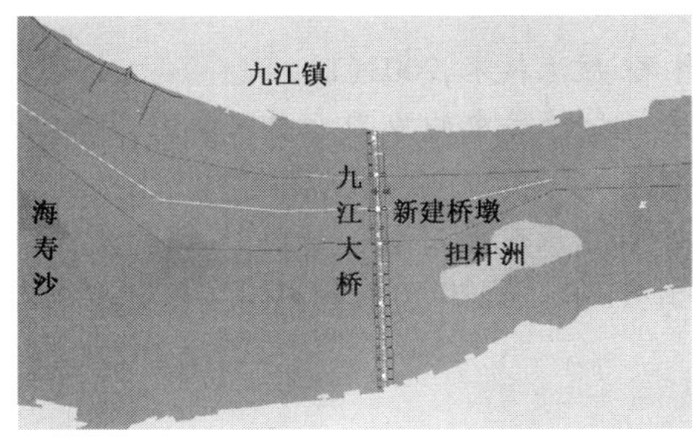

图 8 九江大桥位置图

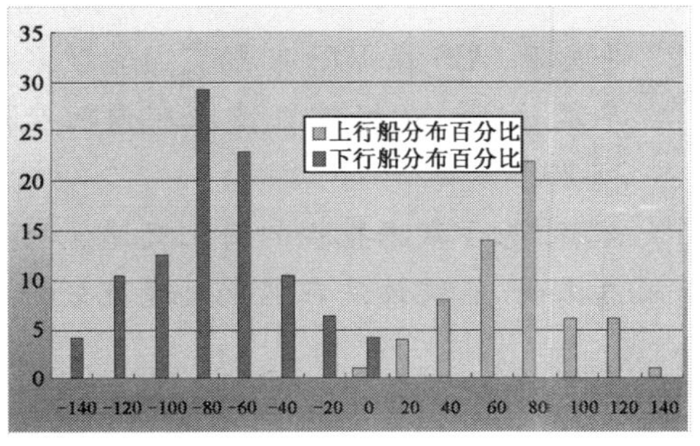

图 9 船舶位置分布

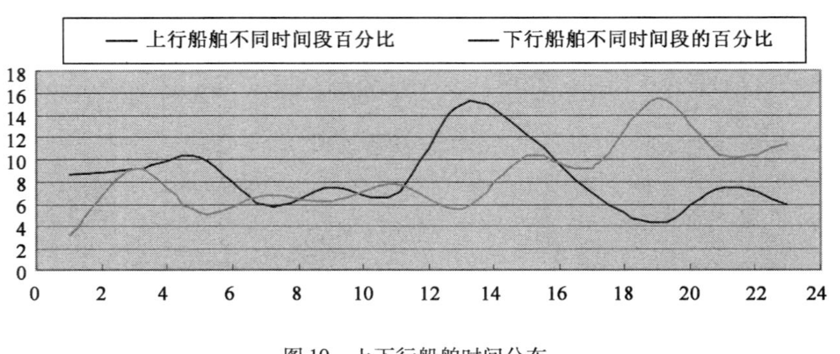

图10 上下行船舶时间分布

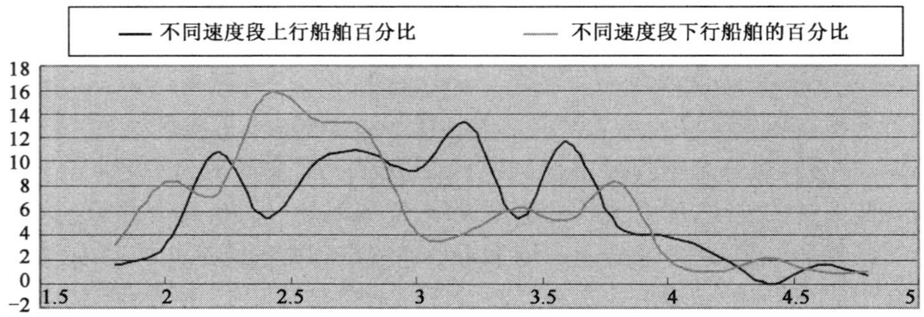

图11 上下行船舶速度分布

4 结语

本文从现有的交通流量观测方法出发,首先初步探讨各种流量观测手段存在的优缺点,然后介绍了流量统计的内容。在实际应用中要根据当地的实际情况,合理利用流量观测的各种方法,取长补短,统计出比较符合实际的船舶流量数据,为客观反映出水路运输中船舶交通量的变化,制定未来航道发展规划战略、合理利用资源和充分发挥水运设施的效益等提供了科学依据。

参考文献

[1] 牛健春. AIS在VTS船舶交通管理系统中的作用. 航海技术,2003(1).

[2] 牟军敏,等. 数据挖掘技术在内河交通事故分析和预防中的应用。中国航海,2004. 1:27-29.

[3] 郑滨. 基于数据挖掘的海上交通流数据特征分析. 中国航海,2009. 1:60-63.

[4] 熊振南. 点统计法在船舶交通流分析中的应用. 中国航海,2009. 1:64-67.

长大型桥梁船撞安全风险概率评估方法

冯清海

(中交公路规划设计院有限公司　北京　100088)

摘　要:长大型桥梁结构的安全以及全桥的通行保障是由桥梁沿线的各个部位组成的,任何部位在船舶撞击作用下而导致的失效都可能使整个桥梁结构体系失效。因此,桥梁船撞倒塌风险概率并非指的单一的通航孔或非通航孔的倒塌概率,而是指整个长大型桥梁的船撞倒塌风险概率。在串联结构的可靠度思想以及桥梁倒塌分析的基础上,针对长大型桥梁结构体系的船撞倒塌风险概率进行分析,得出全桥结构体系的船撞安全风险概率,其结果可为长大型桥梁船撞以及对全桥通行安全保障提供风险分析的支持。

关键词:长大桥梁　船撞　安全风险　评估

Method of safety evaluation for long-span bridge′vessel impact

Feng Qinghai

(CCCC Highway Consultants Co. Ltd. ,Beijing,100088)

Abstract:The safety of long bridges and the whole bridge traffic security determined by each parts of bridge. Failure for any parts caused by vessel impact could lead to the system failure of whole bridge. So, Probability of bridge' vessel impact is not refer to a single navigable or non-navigation channel holes collapse probability, but means the collapsed probability of the whole bridge. Based on the thought of reliability of serial structure and bridge collapse analysis, method of safety evaluation for long bridge' vessel impact if presented, and an example is performed, the result would support long bridge' vessel impact design and management of traffic safety for Bridge.

Keywords:long bridge;bridge vessel impact;safety evaluation

自从通航河流或海域建设桥梁起,就有了船撞桥事故发生的可能性,而且这种可能性是客观存在的。根据相关事故调查,船舶撞击诱发的各类大型桥梁坍塌事故占据桥梁坍塌事故总数的第三位,船舶撞毁桥梁的问题已经成为桥梁工程界面临的尖锐问题之一。

跨江、跨海大桥一般都具有较长的非通航孔桥,整体形成长大型桥梁。客观地讲,存在于水中的桥墩都有被船舶撞击的可能性,只是由于通航孔与非通航孔的不同,各桥墩被船舶撞击的概率不同而已。对于任何一座长大型桥梁,只要桥梁沿线的任何一个部位,包括通航孔桥和

基金项目:交通部西部交通建设科技项目(200731882234);交通建设部标准制修订项目"公路桥梁抗撞防撞设计指南"。

作者简介:冯清海(1980—),博士,主要从事桥梁工程研究,E-mail:fgcfqh@163.com。

非通航孔桥,被船舶撞击且毁坏,都将导致整个桥梁交通的中断,船舶撞击长大型桥梁的任何一个部分所造成的后果都是一样的。如2007年6月15日发生了广东九江大桥遭受运沙船撞击后垮塌的恶性事故,导致交通中断,行车在不知情的情况下仍然行驶导致坠入河内,造成重大损失。

引入结构可靠度的思想,在桥梁倒塌分析的基础上,提出长大型桥梁的船舶撞击倒塌风险概率评估方法。文中所指的桥梁船撞倒塌风险概率并非指的单一的通航孔或非通航孔桥的倒塌概率,而是指整个长大型桥梁的船撞倒塌风险概率。

1 长大型桥梁船撞倒塌风险概率评估的基本思想

一般来讲,在江面较宽或海面上修建桥梁,除了通航孔桥以外,还会有较长的非通航孔桥。通航孔桥由于考虑到船舶通航时船舶通行密度大,船舶撞击桥墩的可能性也相应较大,因此,通航孔桥的抗船撞能力相对较强。同时,由于通航孔桥在整座桥梁结构体系中的重要程度较高,一般也会增设防撞措施,从而更进一步增强了通航孔桥的抗船撞性能。相反,由于非通航孔桥限制了船舶的通行,船舶撞击的可能性要小很多,再加上由于对非通航孔桥的结构防船撞性能的重视程度不如通航孔桥,从经济的角度来设计,非通航孔桥桥墩的抗船撞能力远不如通航孔桥。

长大型桥梁为水上交通的重要通道,甚至是唯一通道,通航孔桥与非通航孔桥在保障水上交通的畅通的作用是同等重要的。长大型桥梁的任何一个部位由于船撞而倒塌都将导致整个水上交通的中断。因此,基于结构可靠度的思想,长大型桥梁可以看成是一个由通航孔桥和若干非通航孔桥串联而成的串联结构体系。对于长大型桥梁的船撞倒塌风险概率评估应从串联结构的角度分析。

长大型桥梁船撞倒塌风险概率评估的基本思想有两点:首先,分析每个通航孔桥和非通航孔桥由于船撞而导致倒塌的风险概率。其次,根据串联结构体系的思想,计算整座长大型桥梁船撞倒塌风险概率,包括最大概率和最小概率,从而更加客观地反映出长大型桥梁由于船撞而导致水上交通中断所受到的最大威胁。

2 长大型桥梁船撞倒塌风险概率的分析模型

长大型桥梁是一个复杂的结构体系,基于结构可靠度的思想,结构体系失效模式可分为串联结构体系、并联结构体系和混联体系。其中,混联体系是指由串联体系和并联体系共同构成的结构体系。因此,对于一个具体的结构都能转化为串联体系或并联体系来分析。串联结构体系的示意图如图1所示,就桥梁船撞事故而导致长大型桥梁交通系统的失效而言,长大型桥梁可以看成是一个串联结构体系。

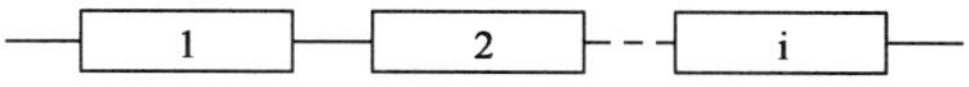

1 —— 2 - - i

图1 串联结构体系的示意图

对于串联结构体系,所有构件都是相互关联的,当其中一个构件或子系统失效时,整个结构体系就失效。当结构中各个构件的功能函数相互关联时,整个体系的船撞安全风险概率可用一个区间来表示:

$$\max_{i=1}^{n}\{P_{\mathrm{i}}\} \leqslant P_{\mathrm{F}} \leqslant 1-\prod_{i=1}^{n}(1-P_{\mathrm{i}}) \tag{1}$$

式中：P_F——长大型桥梁总的船撞倒塌风险概率；

P_i——第 i 个通航孔或非通航孔的船撞倒塌风险概率。

3 长大型桥梁船撞倒塌风险概率分析方法

桥梁船撞倒塌风险概率评估是桥梁船撞风险评估的基础和前提。桥梁船撞倒塌风险概率指的是假定船舶撞击桥梁的事件已经发生，船舶对桥梁结构产生了巨大冲击力，从而导致桥梁结构受损甚至倒塌的概率。

基于串联结构可靠度的思想，长大型桥梁船撞倒塌风险概率的分析主要包括两个部分：即单跨或单联桥墩结构船撞倒塌风险概率的分析和长大型桥梁整体结构体系船撞倒塌风险概率的分析，具体分析方法如下：

(1)根据航道实际情况，确定通航孔代表性船舶类型、吨位和速度，并根据实际调查，确定在非通航孔区可能出现的船舶类型、吨位和速度，以及与之对应的船桥碰撞概率。对于内河长大型桥梁，非通航孔桥区的代表性船舶可以采用通航孔桥的代表性船舶类型和吨位，对于跨海大长大型桥梁建议采用实际调查得到的非通航孔桥可能出现的代表性船舶类型和吨位。

(2)采用规范计算公式，或建立桥墩和船舶动力有限元模型进行数值计算，确定船舶撞击桥墩的最大撞击力。

(3)建立桥墩有限元模型并进行分析，确定桥墩结构极限强度。

(4)根据最大撞击力和桥墩结构极限强度的比值，在如图 2 所示的结构倒塌概率分布(AASHTO，1994)中确定船舶撞击桥墩的倒塌概率。

(5)把结构倒塌概率与船桥碰撞风险概率相乘，得到相应代表型船舶撞击单墩或单联桥墩结构的倒塌概率。

(6)改变桥位和桥墩，重复(1)~(5)步，计算长大型桥梁沿线各桥位的船舶撞击倒塌概率。

(7)根据串联结构体系可靠度的思想，确定长大型桥梁整体结构体系的船撞倒塌风险概率。

长大型桥梁全桥结构体系船撞倒塌风险概率分析流程图如图 3 所示。

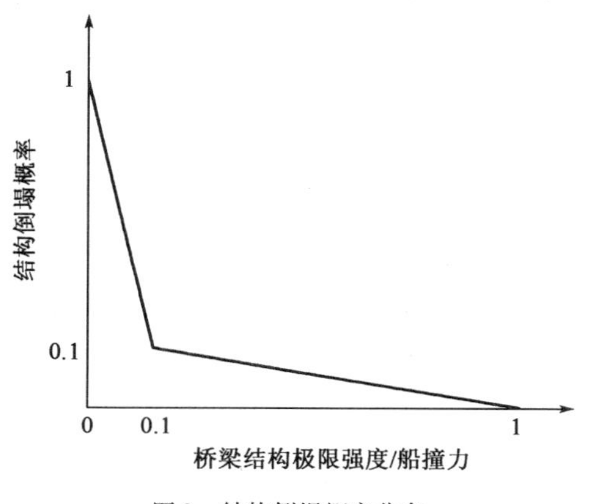

图 2 结构倒塌概率分布

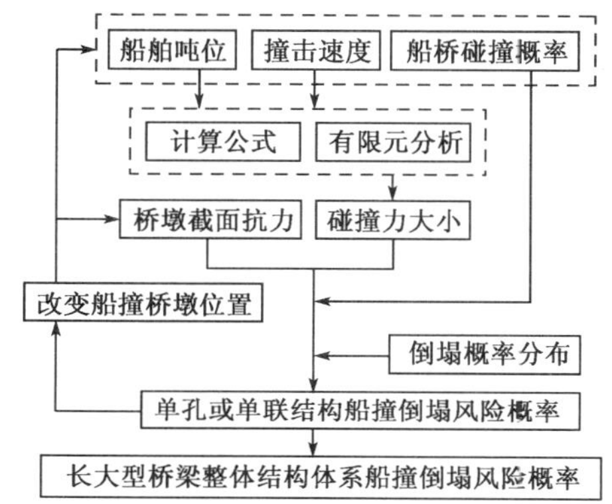

图 3 长大型桥梁全桥结构体系船撞倒塌风险概率分析流程图

4 案例分析

针对内河一座长大型连续梁桥的船撞倒塌风险概率进行分析。桥梁为6跨梁桥,共7个桥墩,如图4所示。其中,中间两孔为通航孔,左右两侧各两孔为非通航孔。考虑到河面较宽,水深也能满足船舶航行要求。为简化说明过程,通航孔与非通航孔的代表性船舶类型和吨位DWT取相同情况,分别为1 000t和4m/s。参考美国AASHTO指导规范中的建议值,通航孔桥墩被船舶撞击的概率取为0.6×10^{-4},非通航孔桥桥墩被船舶撞击的概率与通航孔桥桥墩取值相同。

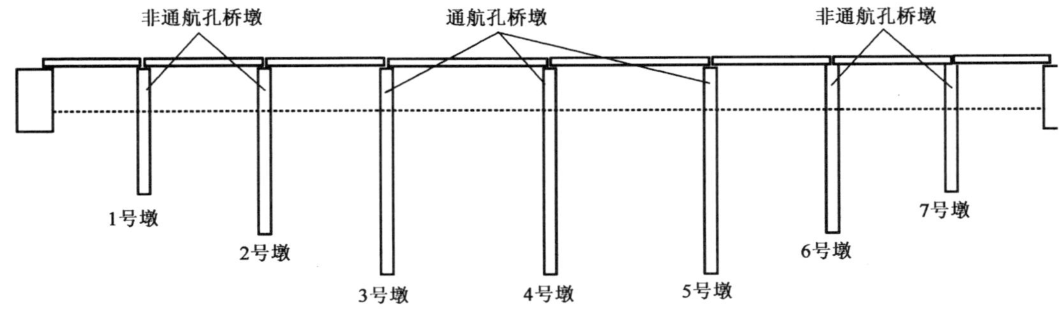

图4 长大桥梁结构示意图

船舶撞击桥墩的正面撞击力采用美国《公路桥梁设计规范》中的公式进行计算,公式如下:

$$P_t = 1.2\times10^5 V\sqrt{DWT}$$

式中,P_t的单位为N,V为船舶撞击速度(m/s);DWT是船舶质量(t)。

船舶撞击桥墩的正面撞击力和各桥墩横桥向的极限强度计算结果均列于表1中,限于篇幅,在此省略计算过程。

长大型桥梁全桥结构体系船撞倒塌风险概率计算结果 表1

桥墩编号	撞击力大小 P(MN)	桥墩极限强度 H(MN)	H/P	结构倒塌概率	船桥碰撞概率	船桥碰撞倒塌概率
1	15.18	14.95	0.98	0.088	0.000 06	0.000 005
2	15.18	12.28	0.81	0.071	0.000 06	0.000 004
3	15.18	10.74	0.71	0.061	0.000 06	0.000 004
4	15.18	11.09	0.73	0.063	0.000 06	0.000 004
5	15.18	9.05	0.60	0.050	0.000 06	0.000 003
6	15.18	11.46	0.75	0.065	0.000 06	0.000 004
7	15.18	13.22	0.87	0.077	0.000 06	0.000 005
桥梁整体结构体系船撞倒塌风险概率					最小值	0.000 005
					最大值	0.000 029

从表1可以看出,该桥梁受到船撞倒塌的风险概率在0.000 005~0.000 029之间,计算结果可供桥长大型桥梁结构船撞风险分析提供基础。

5 结语

长大型桥梁结构沿线各部分在船舶撞击作用下都存在倒塌的可能性,任何一个结构失效都可能导致桥梁全桥结构体系的失效。因此,桥梁船撞倒塌风险概率并非指的单一的通航孔或非通航孔的倒塌概率,而是指整个长大型桥梁的船撞倒塌风险概率。在串联结构的可靠度思想以及桥梁倒塌分析的基础上,针对长大型桥梁结构体系的船撞倒塌风险概率进行分析,计算结果可为长大型桥梁船撞以及对全桥通行安全保障提供风险分析的支持。

参考文献

[1] 陈国虞,王礼立,等.船撞桥及其防御[M].北京:中国铁道出版社,2008.

[2] 冯清海.特大桥梁地震易损性与风险概率分析[D].上海:同济大学博士学位论文,2009.

[3] AASHTO. LRFD Bridge Design Specification and Commentqry. American Association of State Highway and Transportation Officials, Washington D. C. ,1994.

[4] Lupoi A,Franchin P,Schotanus M. Seismic risk evaluation of RC bridge structure[J]. Earthquake Engineering and Structural Dynamics,2003,32(8):1275-1290.

[5] 冯清海,袁万城.基于IDA-MC的桥梁地震风险概率评估方法[J].长安大学学报,2010,30(3):60-65.

概率相关等效静力船撞荷载

卜令涛[1] 王君杰[1] 金允龙[2] 唐 勇[2]

（1. 同济大学桥梁工程系 上海 200092；
2. 上海船舶运输科学研究所 上海 200135）

摘 要：利用500～50000吨位共9艘典型船舶的精细碰撞有限元分析模型，采用LS—DYNA碰撞分析软件得出正撞刚性墙船撞力时程曲线；在时间域内定义了船撞力的发生频率，并据此定义了与发生频率相对应的等效静力船舶撞击力；通过统计分析，给出了不同发生频率下的等效静力船撞力的经验统计公式；将本文基于碰撞数值模拟计算得到的船撞力经验公式与现有广泛使用的船撞力经验公式进行了对比，并对其使用提出了建议。

关键词：船桥碰撞 数值仿真 等效静力

Probabilistic equivalent static loading for ship-bridge collisions

Bu Lingtao[1] Wang Junjie[1] Jin Yunlong[2] Tang Yong[2]

（1. Department of Bridge Engineering, Tongji University, Shanghai, 200092；
2. Shanghai Ship & Shipping Research Institute, Shanghai, 200135）

Abstract: Nine fine FEM models of ships with DWT varying from 500T ~ 50000T have been developed for numerical collision simulation. And the time history for ship-rigid wall collisions can be obtained using the software, LS-DYNA. The equivalent static loading can be yielded by the definition of the frequency of ship collision force in time domain. And through statistical analysis, probabilistic equivalent static loadings under different frequencies are proposed, with f = 0.95 recommended for design. By comparisons between probabilistic equivalent static loadings and several widely used codes and formulas, some recommendations are given. Modification factors are introduced to consider the effects of geometry of a bridge foundation.

Keywords: ship-bridge collision; numerical simulation; equivalent static loading

十几年来，船桥碰撞的数值模拟方法在重大桥梁工程船撞设计专题研究和建立等效静力船撞力计算公式方面得到了广泛的应用[1-9]。本文对文献[4]的研究工作进行了拓展，定义了撞击力时域取值发生频率，并以此定义了具有不同发生频率的等效静力船舶撞击力。之后对国内外广泛使用的等效静力船撞力公式的适用性和差别进行了对比研究。

1 现有的等效静力计算公式

在国内外桥梁船撞设计规范[10-14]中船舶对桥梁的冲击作用等效为一个静力荷载。

项目支持：交通部西部科技项目资助，编号：200731882234；交通部行业联合科技攻关项目资助，编号：2008353344340。

作者简介：卜令涛（1983—），硕士，从事桥梁抗震与船撞研究，E-mail：benblue001@hotmail.com。

美国道路工程师协会颁布的《桥梁船舶撞击设计指南》[10]中给出的等效静力计算公式为：

$$F = 0.122\sqrt{\mathrm{DWT}} \cdot v \tag{1}$$

式中：F——等效静力船撞力(MN)；

v——船舶的撞击速度(m/s)；

DWT——船舶的载重吨位。

考虑到船舶撞击力受众多复杂因素的影响，有很大的不确定性。在式(1)中，采用的是75%分位上的值。

1999年欧洲统一规范 Eurocode 1 的2.7分册规定[11]，在桥梁的船撞设计中，应选用某种统计意义下的设计代表船舶，并按下式来计算船舶撞击力：

$$F = v\sqrt{KM} \tag{2}$$

式中：K——碰撞体的等效刚度；

M——碰撞体的质量。

对于内河船舶，撞击速度 $v = 3\text{m/s}$，碰撞体的等效刚度 $K = 5\text{MN/m}$；对于远洋船舶，撞击速度 $v = 3\text{m/s}$，碰撞体的等效刚度 $K = 15\text{MN/m}$。

我国《铁路桥涵设计基本规范》(TB10002.1—99)[12]中规定的船舶撞击力计算公式为：

$$F = \gamma \cdot v \cdot \sqrt{\frac{W}{c_1 + c_2}}\sin\alpha \tag{3}$$

式中：F——船撞力(KN)；

γ——动能折减系数($S/\sqrt{m}$)，当正向撞击时 γ 取0.3，当斜向撞击时 γ 取0.2；

W——船舶重量(KN)；

c_1——船舶的弹性变形系数；

c_2——被撞桥梁构件的弹性变形系数，在无资料时建议($c_1 + c_2$)取0.000 5m/kN，对于刚度较大的桥墩，$c_2 \approx 0$。

我国《公路桥涵设计通用规范》(JTG D60—2004)[13]则是区分内河航道等级和海轮给出船舶撞击力表格。

1993年，以丹麦大带桥建设为背景，Peterson 教授[14]通过一系列的简化数值计算和统计，给出了计算500～300 000DWT船舶船头正碰撞击力的经验公式：

$$F = \begin{cases} F_0 \cdot \bar{L}[\bar{E}_{\mathrm{imp}} + (5.0 - \bar{L})\bar{L}^{1.6}]^{0.5} & for\ \bar{E}_{\mathrm{imp}} \geq \bar{L}^{2.6} \\ 2.24 \cdot P_0[\bar{E}_{\mathrm{imp}}\bar{L}]^{0.5} & for\ \bar{E}_{\mathrm{imp}} < \bar{L}^{2.6} \end{cases} \tag{4a}$$

$$\bar{L} = L_{\mathrm{pp}}/275 \qquad \bar{E}_{\mathrm{imp}} = E_{\mathrm{imp}}/1425\mathrm{MN \cdot m} \qquad E_{\mathrm{imp}} = \frac{1}{2}m_x v_0^2 \tag{4b}$$

式中：F——船首最大撞击荷载(MN)；

F_0——参考撞击荷载，取210MN；

E_{imp}——塑性变形吸收的能量；

L_{pp}——船舶的长度(m)；

m_x——船舶撞击质量，船头正撞时，等于1.05倍的船舶质量(10^6kg)；

v_0——船舶初始速度(m/s)。

2 代表船舶

2.1 船型及主尺寸

在中国长江流域和沿海,数量众多的是散货轮。本文选择了具有代表性的九艘散货轮进行碰撞有限元建模和碰撞计算,获取船舶撞击力时间过程,作为等效静力船撞力公式建立和比较讨论的基础。这九艘散货轮的基本资料汇总在表1中。

船舶船型及主尺寸参数表 表1

载质量(t)		52000	30000	10000	12000	5000	3000－1	3000－2	1000	500
排水量(t)		62000	43028	18542	16700	6710	3962	6273	1210	797
主尺度(m)	总长	190	186.41	139.3	137	99.9	86.8	108	62	50
	垂线长	182	177	131.1	128	94	83	102.5	59.74	48.2
	型宽	32.26	26	20.8	22.4	16.8	16.2	17	10.6	8.2
	型深	17.2	15	11.2	11	7.8	4.7	8	3.4	3.72
	吃水	12.2	11	7.8	7.8	6.1	2.8	4.2	2.6	3.1
	Cb	0.854	0.85	0.87	0.746	0.696	0.837	0.86	0.82	0.8
	Hs	20	18	14.6	12	11	7	11.1	4.32	5.79
船艏型式		球鼻艏	球鼻艏	球鼻艏	球鼻艏	球鼻艏	球鼻艏	球鼻艏	飞剪型	飞剪型

2.2 船舶有限元模型

船舶碰撞桥梁是一个非线性碰撞过程,在船首与桥梁结构发生接触的过程中,船首结构会出现屈曲、压溃等破坏现象。因此要合理地模拟船舶碰撞桥梁的过程,必须合理地模拟船首的结构。图1和图2给出了9艘船舶的有限元模型。

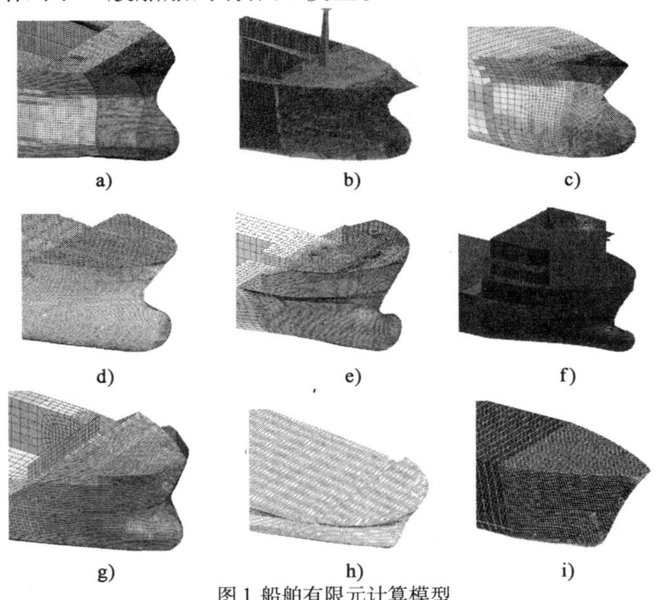

图1 船舶有限元计算模型

a)50 000DWT;b)30 000DWT;c)12 000DWT;d)10 000DWT;e)5 000DWT;f)3 000-2DWT;g)3 000-1DWT;h)1 000DWT;i)500DWT

由于船—桥碰撞场景的复杂性以及桥梁构件(如桥梁下部结构)在几何上变化的多样性,详细的分类研究需要时日,本文研究的是一种最基本的碰撞场景,即船头正撞刚性墙面,见图2。

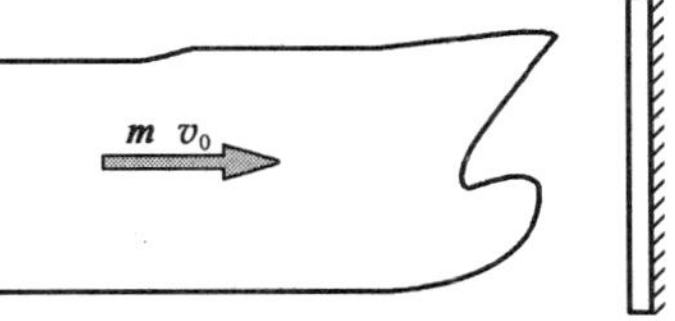

图2 船—刚性墙碰撞场景

3 等效静力船撞力的定义

3.1 碰撞等效持续时间的定义

以5 000DWT为例,在速度$v=5\text{m/s}$情况下,得出的船撞力时间过程见图4。可以看出,在撞击计算过程中,由于计算条件(如总计算时间的选取、船舶与刚性墙初始相对位置的设置等)设置的不同,会导致碰撞后和碰撞前很小的撞击力可能持续很长时间,而这部分对桥梁结构的船撞受力状态影响很小。为了使船撞冲击持续时间有一个物理意义明确的定义,引入有效持续时间,T_{eff},其定义为:

$$T_{eff} = \sum t, F > F_{min}, F_{min} = \eta F_{max} \tag{5}$$

式中:F_{min}——"门槛值",冲击力大于F_{min}的时段计入有效持续时间;

F_{max}——最大船舶撞击力;

η——比例因子。

以5 000DWT的散货轮为例,η取0.03、0.05和0.09时有效持续时间的取值见图3。

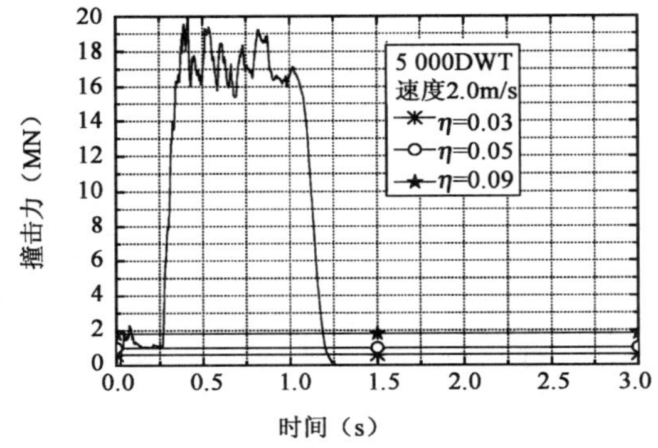

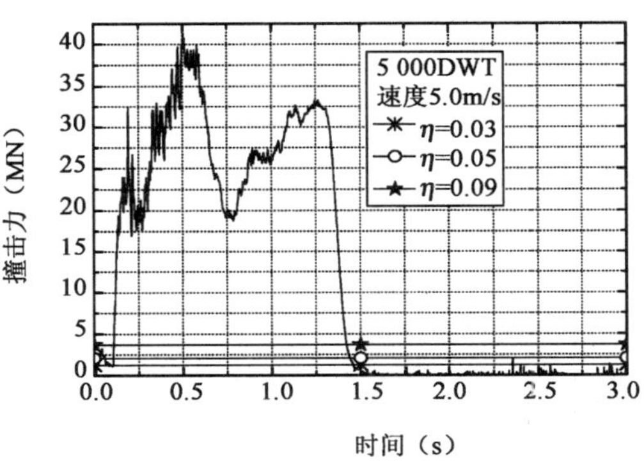

图3 η取值对等效碰撞时间T_{eff}的影响

显然,从绝对量来看,T_{eff}对应的冲量I_{eff}相对计算总持续时间对应的冲量I_0小,η的确定必须保证I_{eff}与I_0的差别不会对碰撞过程发生定量上的大的改变。定义相对误差err为:

$$\text{err} = \frac{I_{eff} - I_0}{I_0} \times 100 \tag{6}$$

表2给出了η在0.01~0.09范围取值时相对误差err的计算结果。

经过3 000DWT、5 000DWT、12 000DWT和50 000DWT的计算结果,在保证I_{eff}与I_0的相对误差err不超过1%的条件下,η的取值确定为0.05。根据上述方法,可以出分别确定出3 000 DWT、5 000DWT、12 000DWT和50 000DWT 5 000DWT船舶,确定出的T_{eff}限于篇幅,没有一一列出。

5 000DWT 船舶相对误差 err 的计算结果(冲量单位:MN×S)　　表 2

速度	1m/s		2m/s		3m/s		4m/s		5m/s	
η	I_0	err	I_0	err	I_0	err	I_0	err	I_0	err
0%	7.781	-0.00	14.661	-0.00	21.75	-0.00	28.90	-0.00	35.57	-0.00
1%	7.778	-0.04	14.658	-0.02	21.73	-0.07	28.86	-0.15	35.52	-0.13
2%	7.772	-0.12	14.655	-0.04	21.72	-0.14	28.84	-0.24	35.49	-0.24
3%	7.767	-0.18	14.649	-0.08	21.71	-0.20	28.78	-0.44	35.44	-0.36
4%	7.762	-0.25	14.642	-0.13	21.60	-0.69	28.71	-0.67	35.38	-0.53
5%	7.753	-0.36	14.622	-0.27	21.56	-0.88	28.68	-0.76	35.35	-0.63
6%	7.573	-2.67	14.467	-1.32	21.52	-1.04	28.62	-0.97	35.29	-0.79
7%	7.328	-5.83	14.425	-1.61	21.48	-1.22	28.58	-1.12	35.25	-0.90
8%	7.293	-6.27	14.387	-1.87	21.43	-1.46	28.56	-1.18	35.22	-0.99
9%	7.251	-6.81	14.358	-2.07	21.41	-1.56	28.55	-1.24	35.19	-1.06

3.2　等效静力船撞力的定义

计 T_{eff}覆盖时间区间内冲击力时间过程的总的离散点数为 N_0，分别计算冲击力小于某一给定值 F_i 的离散值点数 N_i，之后计算频率 f:

$$f = \frac{N_i}{N_0} \tag{7}$$

本文中考虑了以下几个特征的频率值，即 $f=1.00$、0.95、0.90 和在 T_{eff}覆盖时间域内的平均值。以 5 000DWT 散货轮在 5m/s 冲击速度下的冲击力时间过程为例，等效静力船撞力的定义见图 4 和表 3。

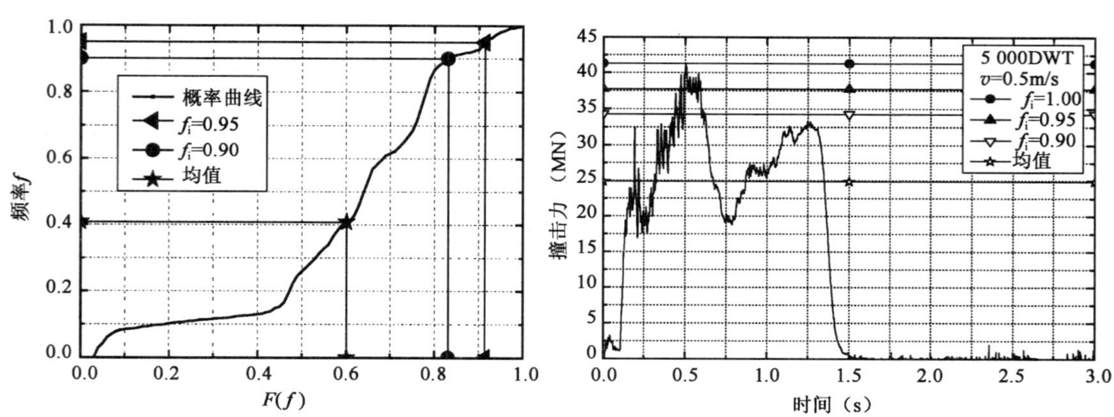

图 4　等效静力船撞力的定义示例

5 000DWT 在速度 1~5m/s 下不同概率对应的力值(单位:MN)　　表 3

速度 v(m/s)	f=1.00	f=0.95	f=90	均值	有效持时(s)
1.0	17.003	16.740	16.449	7.146	1.086
1.5	19.564	18.120	17.837	10.397	1.075

续上表

速度 v(m/s)	f=1.00	f=0.95	f=90	均值	有效持时(s)
2.0	20.222	18.998	18.557	12.331	1.187
2.5	25.456	23.731	22.936	15.332	1.186
3.0	31.561	29.422	28.890	18.379	1.180
3.5	34.258	33.426	32.665	21.565	1.168
4.0	40.047	37.890	36.891	25.468	1.129
4.5	43.465	39.318	36.063	21.488	1.483
5.0	41.286	37.740	34.277	24.836	1.426

根据以上方法可以得到其他船舶在给定速度下不同保证率对应的等效静力船舶撞击力。

4 等效静力船撞力计算公式

4.1 回归统计方法描述

图5和图6给出了概率f=1.0时的等效静力船撞力F(f=1.0)与船舶质量m以及船舶载重吨位DWT之间的关系(这里仅列出4艘船)。从图5和图6可以看出,在给定初始冲击速度下,随着m或DWT的增大,等效静力船撞力呈增长的趋势,但两者之间并非成线性的增长关系。同时,随着初始冲击速度的增加,等效静力船撞力也随之增加。F(f=1.0)与m和DWT呈非线性增长趋势比较符合幂函数规律,因此选用的幂函数$y = ax^b$对计算数据进行拟合,拟合过程分为三个步骤:

第一步:对于给定的初始冲击速度v,拟合得到F与m或DWT之间的关系,得到系数$a(v)$和$b_0(v)$;

第二步:对第一步拟合所得到的指数$b_0(v)$取平均,可得到与速度无关的均值b;

第三步:根据与速度无关的b,重新拟合F与m或者DWT之间的关系,得到新的系数$a(v)$。

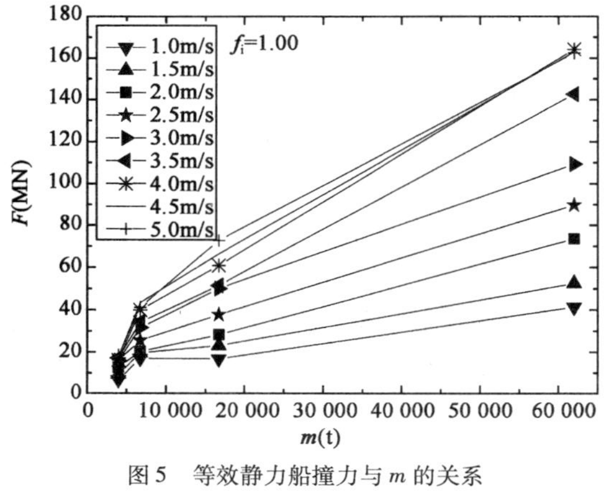

图5 等效静力船撞力与m的关系

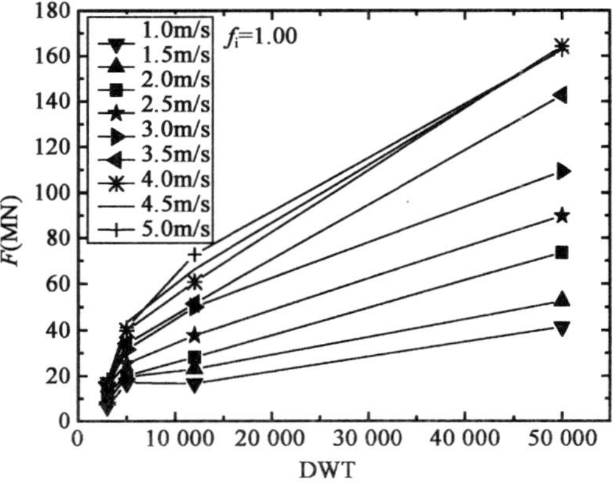

图6 等效静力船撞力与DWT的关系

表4和表5分别给出了F(f=1.0)与m和DWT之间关系的拟合过程以及系数从表4和表5可以看出,按上述方法进行拟合,F(f=1.0)与m或DWT在各种初始撞击速度下均具有

较好的相关性。这表明本文采用这种拟合方法是切实可行的。

$F(f=1.0)$与 DWT 关系的拟合 表 4

DWT	第一次拟合			第二次拟合		
v(m/s)	a_{DWT}	$b_{0,DWT}$	相关系数	a_{DWT}	b_{DWT}	相关系数
1.0	0.253 57	0.474 27	0.846 62	0.096 23	0.57	0.824 87
1.5	0.277 47	0.48649	0.9324	0.11916	0.57	0.916 25
2.0	0.148 69	0.573 84	0.978 51	0.154 61	0.57	0.978 07
2.5	0.175 47	0.577 17	0.989 23	0.188 74	0.57	0.988 54
3.0	0.165 17	0.601 2	0.989 78	0.226 9	0.57	0.986 11
3.5	0.144 36	0.637 79	0.983 74	0.288 14	0.57	0.972 19
4.0	0.182 42	0.629 91	0.966 45	0.335 89	0.57	0.956 97
4.5	0.341 35	0.571 3	0.959 68	0.345 89	0.57	0.959 38
5.0	0.422 57	0.552 41	0.941 12	0.353 44	0.57	0.940 98

$F(f=1.0)$与 m 关系的拟合 表 5

m	第一次拟合			第二次拟合		
v(m/s)	a_M	$b_{0,M}$	相关系数	a_M	b_M	相关系数
1.0	0.122 63	0.531 15	0.938 4	0.043 77	0.63	0.924 7
1.5	0.136 86	0.540 8	0.973	0.054 01	0.63	0.956 7
2.0	0.061 87	0.641 52	0.992	0.069 79	0.63	0.991 9
2.5	0.073 68	0.643 69	0.996 4	0.085 03	0.63	0.995 2
3.0	0.067 36	0.669 59	0.993 3	0.101 96	0.63	0.991 8
3.5	0.051 53	0.718 24	0.994 5	0.1299 9	0.63	0.986 1
4.0	0.065 73	0.709 89	0.992 4	0.151 86	0.63	0.983 2
4.5	0.142 87	0.638 78	0.990 9	0.156 61	0.63	0.989
5.0	0.181 67	0.618 06	0.992	0.160 35	0.63	0.991 6

按照上述方法进行拟合,可得到:

$$F_m(f=1.0)=a_m\cdot m^{0.63} \tag{8}$$

$$F_{DWT}(f=1.0)=a_{DWT}\cdot DWT^{0.57} \tag{9}$$

式中:a_m——等效静力船撞力与船舶质量 m 的关系系数;

a_{DWT}——等效静力船撞力与船舶吨位 DWT 的关系系数。

第二次拟合得到的系数(表 4 和表 5)a_m 和 a_{DWT}的离散值见图 7 和图 8。可以看到 a_m 和 a_{DWT}与初始冲击速度之间呈良好的线性关系,因此采用线性函数拟合 a_m和 a_{DWT}的离散值,得到的拟合曲线和对应的曲线方程见式(10)和式(11)。

4.2 回归统计结果

根据 4.1 节中描述的数据统计回归方法,可以得到不同发生频率下的等效静力船舶撞击力,根据式(8)~式(9),撞击力与 m 和 DWT 之间的关系可一般化为:

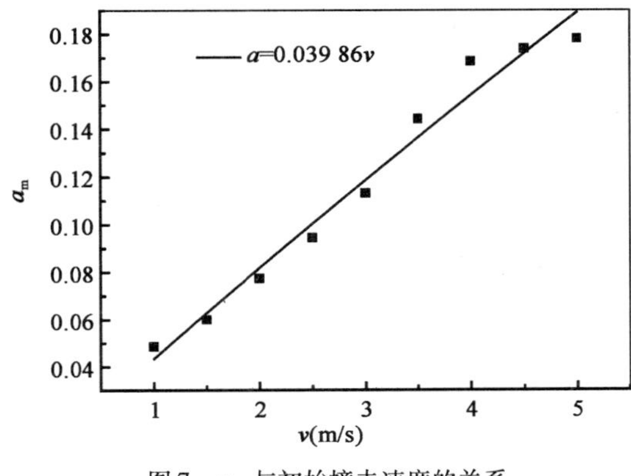

图 7 a_m 与初始撞击速度的关系

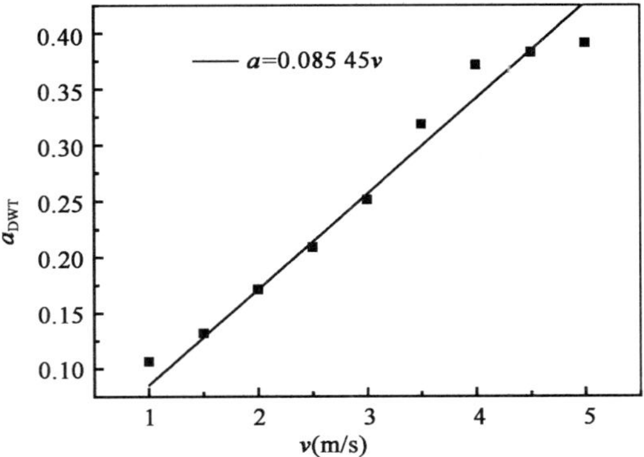

图 8 a_{DWT} 与初始撞击速度的关系

$$F_m(f) = \alpha_m \cdot (m)^{\beta_M} \cdot v \tag{10}$$

$$F_{DWT}(f) = \alpha_{DWT} \cdot (\mathrm{DWT})^{\beta_{DWT}} \cdot v \tag{11}$$

式中： m——船舶总质量(t)；

DWT——载重吨位(t)；

F_m(f)、$F_{DWT}(f)$——相应船撞力(MN)。

式(10)和式(11)中的统计系数的初步取值见表 6。

式(10)和式(11)中的统计系数初步取值 表 6

项目	质量 m			载重吨位 DWT		
概率	α_m	β_m	R_m	α_{DWT}	m_{DWT}	R_{DWT}
f=1.00	0.035 92	0.63	0.959	0.077 21	0.57	0.959
f=0.95	0.032 84	0.62	0.952	0.069 37	0.56	0.952
f=0.90	0.030 26	0.62	0.874	0.071 28	0.55	0.874
均值	0.018 25	0.63	0.892	0.077 21	0.56	0.892

注：R_m 和 R_{DWT} 为相干性系数。

从表 6 可知，β_m 的取值在 0.62 ~ 0.63 之间，β_{BWT} 的取值在 0.55 ~ 0.57 之间。将它们分别取为 0.62 和 0.56，并对 α_m 和 α_{DWT} 重新进行统计回归，结果见表 7。

式(10)和式(11)中的统计系数的最终统计取值 表 7

项目	质量 m		载重吨位 DWT	
概率	a_m	β_m	α_{DWT}	β_{DWT}
f=1.00	0.040	0.62	0.085	0.56
f=0.95	0.033	0.62	0.069	0.56
f=0.90	0.030	0.62	0.064	0.56
均 值	0.021	0.62	0.085	0.56

5 等效静力修正公式

5.1 数据处理原则

撞击力修正系数的分布比较离散，若采用参数统计方法统计 3 000 ~ 50 000DWT 船的撞击力修正系数很难得到一个统一的函数表达式且较为复杂。各种吨位下的 η_1 随承台厚度的增加均呈增长趋势，当承台厚度与船首高度相同时，η_1 取值为 1。从桥梁抗船撞设计角度来看，η_1 值取得偏小对工程安全是不利的，但不考虑其影响又过于保守。综合考虑以上因素，η_1 的值可以取不同船舶撞击力修正系数的外包络线，如图 9 所示。

图中横轴为承台厚度与船首高度的比值 t/H_s，纵轴为最大撞击力的承台厚度修正系数 η_1。将各种计算工况下的修正系数值绘于图中，可得其外包络线为一指数函数，其表达式如下：

$$\eta_1 = 1 - \exp\left(-\frac{6t}{H_s}\right) \tag{12}$$

5.2 船舶计算工况

根据已有船舶的资料，3 000 ~ 50 000DWT 船首高度为 7m、11m、12m、20m 同时假定高水位时高于承台 1.5m，低水位低于承台 1.5m。承台的高度变化为 4m、6m、8m、10m、12m、14m。

以 50 000DWT 船为例，船首高度为 20m，吃水深度为 12.2m。确定需计算承台高度为 4m、6m、8m、10m、12m、14m。以承台高度为 14m、6m 计算所需工况，按照 1m 一个设置间隔，如图 10 所示。

需要计算 18 个工况，可分为 3 个部分：

1 ~ 8 工况，部分承台和船首上部接触；

9 ~ 15 工况，整个承台和船首完全接触；

16 ~ 18 工况，部分承台和船首下部接触。

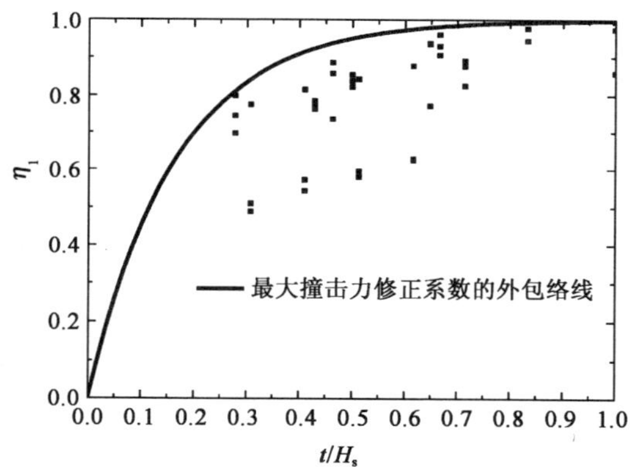

图 9 最大撞击力的承台厚度修正系数外包络线图

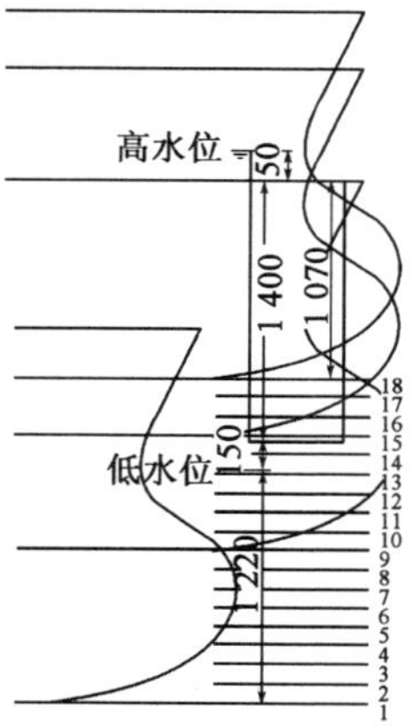

图 10 50 000DWT 与 14m 承台示意图（尺寸单位：cm）

按照碰撞接触理论，并考虑船舶的构造特点，基于以往的碰撞计算分析预测较大的船撞力出现工况 9 ~ 15。

为进一步优化计算工况，以承台厚度 6m 继续进行分析如图 11 所示。当船舶处在位置 1 时，由于球鼻艏位置靠前，首先撞击到承台下面的桩，这种情况更多的考虑是桩的水平抗力，且根据船舶的构造，上部结构较为简单，球鼻艏结构较为复杂，所得计算结果更贴近实际，故位置 1 ~ 6 选取一个位置进行计算，7 ~ 10 位置各作为一个工况进行分析。

根据同样的分析，不同厚度承台需计算工况见表 8。

3 000DWT、5 000DWT、12 000DWT、50 000DWT 需要计算工况分析如下：

3 000DWT 船首高度 7m，吃水 2.8m，计算承台厚度为 4m、6m。

5 000DWT 船首高度 11m,吃水 6.1m,计算承台厚度为 4m、6m、8m、10m。

12 000DWT 船首高度 12m,吃水 7.8m 计算承台厚度为 4m、6m、8m、10m。

按照 50 000DWT 的做法,计算工况类别如表 9。

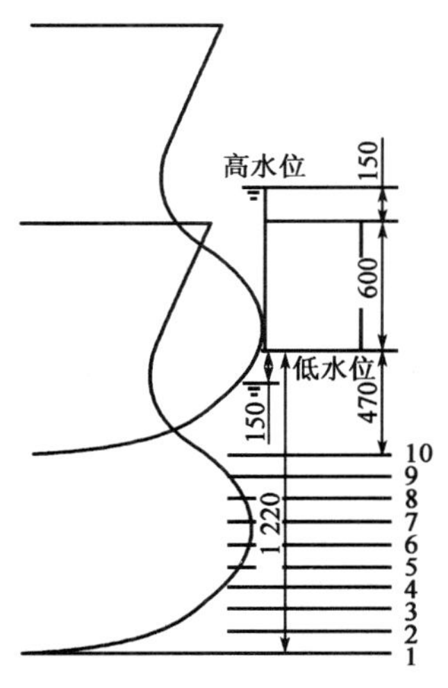

图 11　50 000DWT 与 6m 承台示意图(尺寸单位:cm)

不同厚度承台计算工况　　表 8

承台厚度(m)	初步设置工况(1m 一个)	初步优化工况个数	最终计算工况
4	8	8	3
6	10	10	5
8	12	6	3
10	14	7	4
12	16	6	4
14	18	7	5

注:所有工况的分析为根据以往计算结果和理论得出,可以根据计算结果的差异相应补充所需位置的计算工况。

各艘船计算工况汇总　　表 9

DWT(t)	承台厚度(m)	初步设置工况(1m 一个)	初步优化工况个数	最终计算工况
3 000	4	8	3	3
	6	10	3	3
5 000	4	8	7	5
	6	10	5	5
	8	12	3	3
	10	14	3	3
12 000	4	8	6	4
	6	10	7	5
	8	12	3	3
	10	14	2	2
50 000	4 ~ 14	78	44	24
合计		186	86	60

注:所有工况的分析为根据以往计算结果和理论得出,可以根据计算结果的差异相应补充所需位置的计算工况。

5.3 结果初步处理

将各种计算工况下的修正系数值绘于图 12,图中横轴为承台厚度与船首高度的比值 H/H_s,纵轴为最大撞击力的承台厚度修正系数 η 。可统一为如下公式:

$$\eta = 1 - \exp\left(-a\frac{H}{H_s}\right) \tag{13}$$

参数取值统计列于表 10。

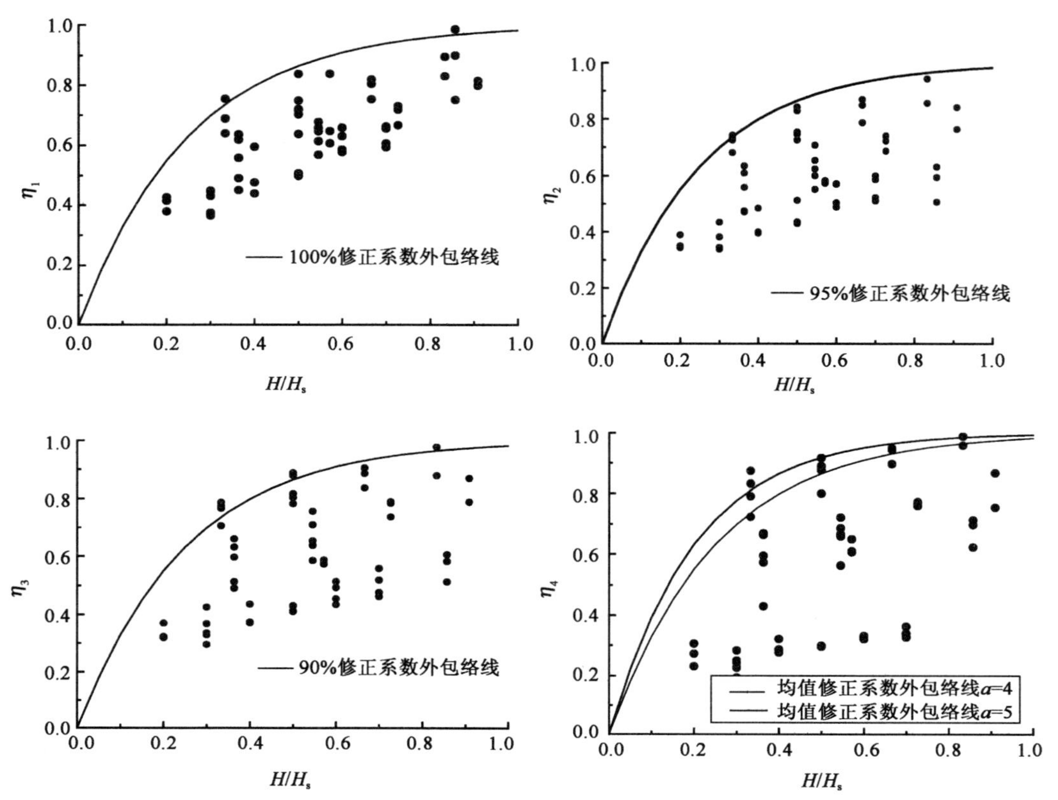

图 12 各种计算工况下的修正系数值

各种计算工况下的修正系数值汇总 表 10

工况	η_1（100%）	η_2（95%）	η_3（90%）	η_4（均值）
a	4	4	4	4 或者 5

由此可以得出修正系数如 14 所示

$$\eta = 1 - \exp\left(-4\frac{H}{H_s}\right) \qquad H/H_s \leqslant 1.0 \tag{14a}$$

$$\eta = 1.0 \qquad H/H_s > 1.0 \tag{14b}$$

5.4 等效静力修正公式

等效静力修正公式可表示为：

$$F_m(f) = \eta \cdot \alpha_m(m)^{0.62} \cdot v \tag{15}$$

$$F_{DWT}(f) = \eta \cdot \alpha_{DWT}(DWT)^{0.56} \cdot v \tag{16}$$

式中： m——船舶总质量(t)；

DWT——载重吨位(t)；

$F_m(f)$、$F_{DWT}(f)$——相应船撞力(MN)

η——承台高度修正系数，数值见表 10。

α_m、β_M 的数值参照表7。

参 考 文 献

[1] 王君杰,陈诚,等.基于碰撞数值模拟的桥梁等效静力船撞力—基本公式.公路交通技术,2009,20(2):66-70.

[2] 王君杰,陈诚.桥墩在船舶撞击作用下的损伤仿真研究[J].工程力学,2007,24(7),156-160.

[3] 王君杰,陈诚,等.上海长江大桥船撞安全性能的数值模拟研究[J].世界桥梁,2009年增刊1:78-81.

[4] 陈诚,王君杰,等.基于碰撞数值模拟的桥梁等效静力船撞力—修正系数,公路交通技术,2009,(3):74-82.

[5] 王君杰,颜海泉,钱铧.基于碰撞仿真的桥梁船撞规范公式的比较.公路交通科技,2006,23(2):68-73.

[6] 刘建成,顾永宁.基于整船整桥模型的船桥碰撞数值仿真[J].工程力学,2003,20(5):156-162.

[7] 胡志强,顾永宁,高震,等.基于非线性数值模拟的船桥碰撞力快速估算[J].工程力学,2005,22(3):235-240.

[8] 陈向东,金先龙,杜新光.基于并行算法的船桥碰撞数值模拟分析[J].振动与冲击,2008,27(9):82-86.

[9] AASHTO 2009. Guide Specifications and Commentary for Vessel Collision Design of Highway Bridges. American Association of State Highway and Transportation Official. Washington D. C.

[10] A. C. W. M. Vrouwenvelder. Design for Ship Impact according to Eurocode 1, Part 2. 7. Ship Collision Analysis. Henrik Gluver and Dan Olsen (eds). A. A. Balkema. Rotterdam, 1998:123-131.

[11] 中华人民共和国铁道部.铁路桥涵设计基本规范(TB10002.1—99)[S].北京:中国铁道出版社,2000.

[12] 中华人民共和国交通部.公路桥涵设计通用规范(JTG D60—2004)[S]北京:人民交通出版社,2004.

[13] P. T. Pedersen, et al. Ship Impacts—Bow Collisions[C]. Publ. No. 821, 3rd Int. Symposium on Structural Crashworthiness and Failure. University of Liverpool. U. K. April, 1993.

动力荷载解析概率模型

卜令涛[1,2] 王君杰[1] 张 龙[1]

(1. 同济大学桥梁工程系 上海 200092;2. 山东省交通规划设计院 济南 250031)

摘 要:目前各国桥梁设计规范中船撞力均被等效为静力荷载,忽略了船撞作用的动力效应。利用 500 ~ 50 000 吨位共 9 艘典型船舶的精细碰撞有限元分析模型,采用 LS—DYNA 碰撞分析软件得出正撞刚性墙船撞力时程曲线。针对撞击力荷载时程,通过统计拟合的方法提出了基于修正半波正弦的解析概率模型。

关键词:船桥碰撞 数值仿真 解析概率模型

An analytical probability model for ship-bridge collisions

Bu Lingtao[1,2] Wang Junjie[1] Zhang Long[1]

(1. Department of Bridge Engineering, Tongji University, Shanghai, 200092;

2. Shandong Provincial Planning and Design Institute, Jinan, 250031)

Abstract: At present, most codes and specifications for bridge design consider ship collision as an equivalent static force, which ignores the dynamical effects of ship collision Nine fine FEM models of ships with DWT varying from 500 ~ 50000t have been developed for numerical collision simulation. And the time history for ship-rigid wall collisions can be obtained using the software, LS-DYNA. By the statistical fitting of ship-collision time-history curves, this paper gives an analytical probability model based on modified half wave sine.

Keywords: ship-bridge collision; numerical simulation; analytical probability model

1 引言

作为与工程实践紧密联系的学科,对于桥梁船撞问题的动力研究,应该紧密结合桥梁设计实践展开。2008 年,我国学者王君杰和范立础[1]在第 18 届全国桥梁学术会议上明确提出建立桥梁船撞动力设计理论与方法的建议。在未来的桥梁设计规范中,船撞荷载应作为一种动力荷载考虑其对结构的动力效应。

近年来大型桥梁船撞安全评估和设计中,碰撞有限元分析技术逐步得到了研究与应用,并被认为是一个可以考虑桥梁船撞动力效应的有效、准确的方法[2-4]。但将碰撞有限元分析技术推广至一般桥梁设计,工程师使用则极为困难,甚至不可行。主要的障碍是:

(1)桥梁船撞数值模拟在理论、方法和数值求解技术方面还存在很多需要进一步解决和

项目支持:交通部西部科技项目资助,编号:200731882234;交通部行业联合科技攻关项目资助,编号:2008353344340。

作者简介:卜令涛(1983—),硕士,从事桥梁抗震与船撞研究,E-mail:benblue001@hotmail.com。

验证的问题,完全成熟尚需时日。

(2)应用碰撞数值模拟方法的人员必须具备很高的冲击动力学基础理论知识,才能正确使用复杂碰撞分析软件。

(3)船舶和桥梁的碰撞建模和碰撞计算过程复杂而耗费大量时间,不适用于在各类大小不同的桥梁船撞设计中广泛使用,即不能为规范采用为一般性的方法。

2 桥梁船撞的强迫振动分析模型

进行桥梁船撞动力响应分析的一种主要方法是将船撞作用作为强迫动力荷载施加在桥梁结构有限元模型上,通过求解动力学的基本方程获得结构的时程响应,桥梁结构可以采用梁单元建模。这种简化分析模型,较具体的桥梁结构与船首结构之间的碰撞接触计算要高效得多。因此提供合适的船撞时程动力荷载曲线是计算模型的关键。此模型的思路见图 1 所示。

3 解析概率模型

参照欧碧峰[5]、孟德巍论文[6],修正半波正弦荷载对原始曲线拟合较好,因此本文也选择修正的半波正弦作为基本的拟合函数,并对原文中的模型加以改进,修正半波正弦如图 2 所示。

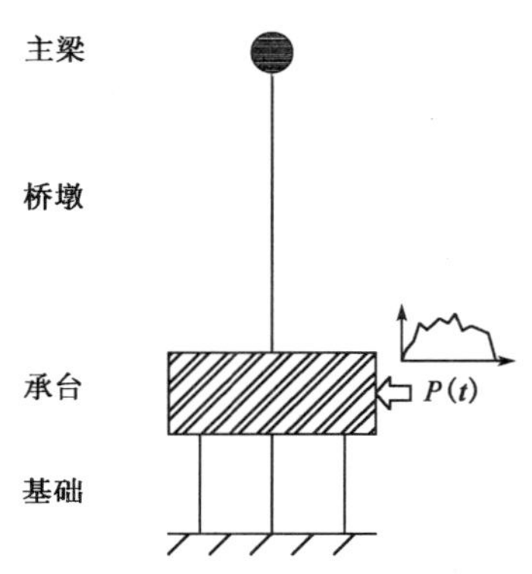

图 1 桥梁船撞的强迫振动分析模型

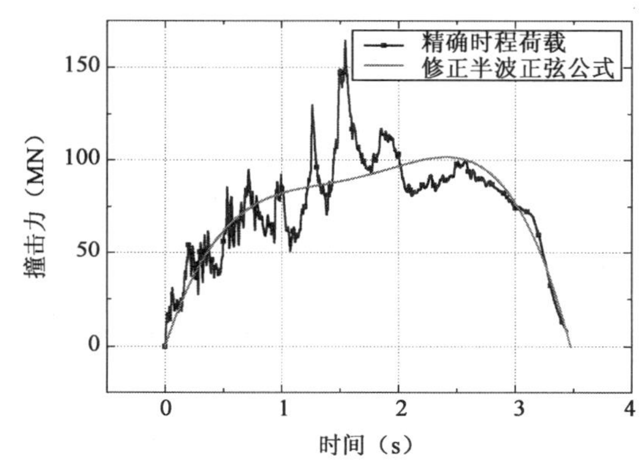

图 2 修正的半波正弦荷载(50000DWT, $v_0 = 4\text{m/s}$)

3.1 函数选取

半波正弦简化荷载的峰值出现在荷载持续时间的中间点上,即简化的荷载形态是固定的。然而实际中,荷载峰值对于时间轴的位置是变化的,荷载的形态也是变化的。修正的半波正弦荷载是在正弦函数的基础上建立的模型,将半波正弦简化荷载公式中的幅值替换为时间 t 的二次函数,以调整简化荷载峰值出现的时刻,其表达式如下:

$$F(t) = d\left[aT^2\left(\frac{t}{T} - \frac{b}{T}\right)^2 + c^2\right]\sin\left(\frac{\pi t}{T}\right) \qquad (0 < t < T) \tag{1}$$

令 $s^2 = \dfrac{c}{a}$,则式(1)可以变形为:

$$F(t) = d\left\{T^2\left[\left(\frac{t}{T} - \frac{b}{T}\right)^2 + \left(\frac{s}{T}\right)^2\right]\right\}\sin\left(\frac{\pi t}{T}\right) \qquad (0 < t < T) \tag{2}$$

式(2)中,需要确定的参数包括 a, $\dfrac{b}{T}$, $\dfrac{s}{T}$, d 和 T。其中,d 为引入的中间参量,是为了保证

模型满足冲量相等原则。

$$I = \int_0^T F(t)\,\mathrm{d}t \tag{3}$$

$$d = \frac{I}{\frac{aT^3}{\pi}\left[1 - \frac{4}{\pi^2} - 2\left(\frac{b}{T}\right)^2 + 2\left(\frac{s}{T}\right)^2\right]} \tag{4}$$

将式(4)代入式(2)可以得到:

$$F(t) = \frac{I}{T} \cdot \frac{\pi}{k}\left\{T^2\left[\left(\frac{t}{T} - \frac{b}{T}\right)^2 + \left(\frac{s}{T}\right)^2\right]\right\}\sin\left(\frac{\pi t}{T}\right) \qquad (0 < t < T) \tag{5}$$

式(5)中,参数 k 为:

$$k = 1 - \frac{4}{\pi^2} - 2\left(\frac{b}{T}\right)^2 + 2\left(\frac{s}{T}\right)^2 \tag{6}$$

3.2 拟合原理

函数形式为 $f(t) = \left[\left(\frac{t}{T} - \frac{b}{T}\right)^2 + \left(\frac{s}{T}\right)^2\right]\sin\left(\frac{\pi t}{T}\right) \qquad t \in [0,T]$ (7)

令 $z = \frac{t}{T}$, $t \in [0,T]$, $z \in [0,1]$

原函数变换为 $f(z) = [(z-m)^2 + n^2]\sin(\pi z) \qquad z \in [0,1] \qquad m = \frac{b}{T} \qquad n = \frac{s}{T}$ (8)

当用修正半波正弦函数去拟合原始曲线时遵循两个基本原则:

(1)拟合曲线和原始曲线对原点的一阶矩相等。

(2)拟合曲线和原始曲线对原始曲线形心的二阶矩相等。

结合图3,有如下定义

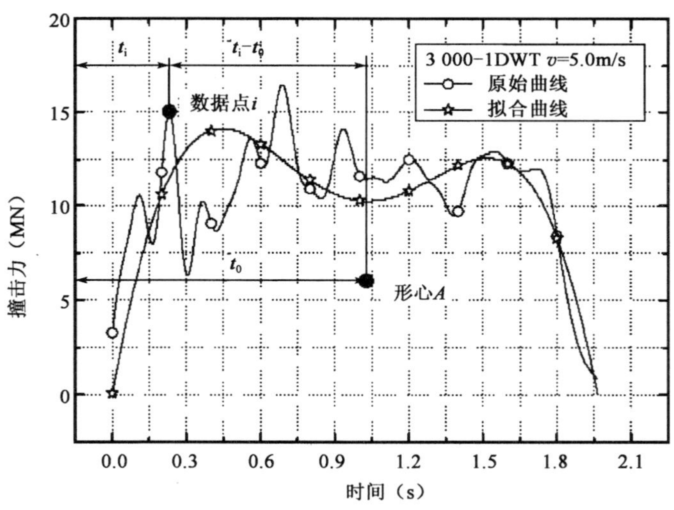

图3 一阶矩二阶矩定义示意图

原始曲线一阶矩为:

$$I_1 = \sum_0^T y_i t_i \tag{9}$$

拟合曲线一阶矩为：

$$I_1' = \int_0^T f(t_i)t_i \mathrm{d}t \tag{10}$$

原始曲线二阶矩为：

$$I_2 = \sum_0^T y_i(t-t_i)^2 \tag{11}$$

拟合曲线二阶矩为：

$$I_2' = \int_0^T f(t_i)(t_i-t_0)^2 \mathrm{d}t \tag{12}$$

根据上面提及的两个原则，可以得出：

$$\begin{cases} \dfrac{I_0}{T}\cdot\dfrac{\pi}{k}\cdot I_1' = I_1 \\ \dfrac{I_0}{T}\cdot\dfrac{\pi}{k}\cdot I_2' = I_2 \end{cases} \Rightarrow \begin{cases} I_1' = \dfrac{I_1}{I_0}\cdot\dfrac{k}{\pi}\cdot T \\ I_2' = \dfrac{I_2}{I_0}\cdot\dfrac{k}{\pi}\cdot T \end{cases} \tag{13}$$

式中：I_0——原始曲线总冲量；

k——系数。

根据以上的原则，对 81 条曲线进行处理，可以得出每条曲线的拟合情况，限于篇幅，举例拟合情况见图 4。

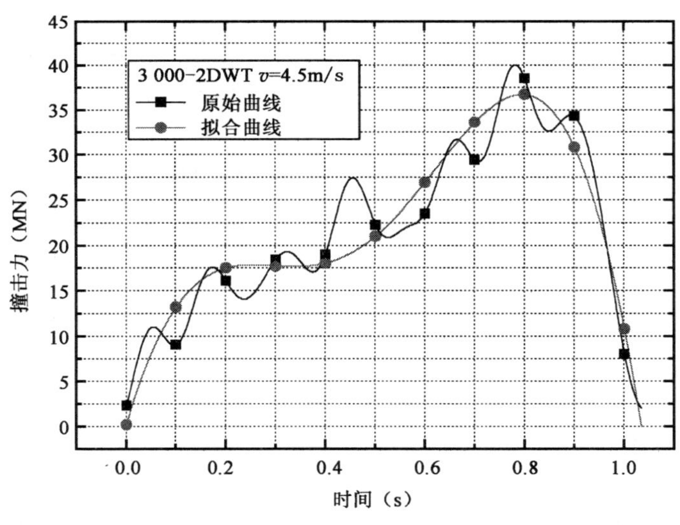

图 4 解析概率模型拟合示意图

3.3 参数统计

根据 3.2 节，可以得出函数中各参数的数值，解析概率模型的公式中需要统计的参数有 4 个，冲量 I，时间 T，m，n。下面就对各个参数进行统计和分析。

3.3.1 冲量 I

冲量的大小主要涉及到两个初始条件，即船舶的吨位和初始速度。为了找出适当的函数形式来拟合，首先得出各艘船冲量与速度之间的关系，通过对 9 艘船 81 条曲线进行统计，选择比较简单幂函数进行拟合,拟合程度见图5,具体的数值见表1。

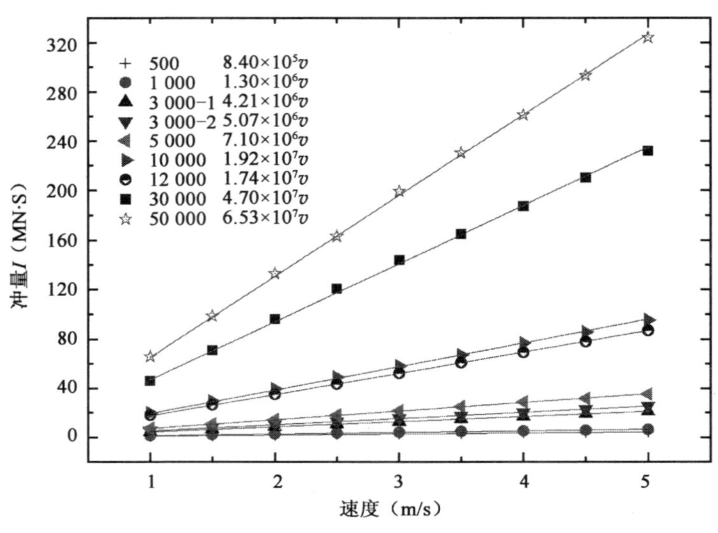

图5 各艘船冲量与速度拟合

各艘船冲量与速度线性关系参数 表1

DWT	500	1000	3000	3000	5000	10000	12000	30000	50000
a	8.40E+05	1.30E+06	4.21E+06	5.07E+06	7.10E+06	1.92E+07	1.74E+07	4.70E+07	6.53E+07

然后将表1中的参数与吨位关系进行拟合,通过图6所示可以看出,采用线性函数具有较好的拟合度。

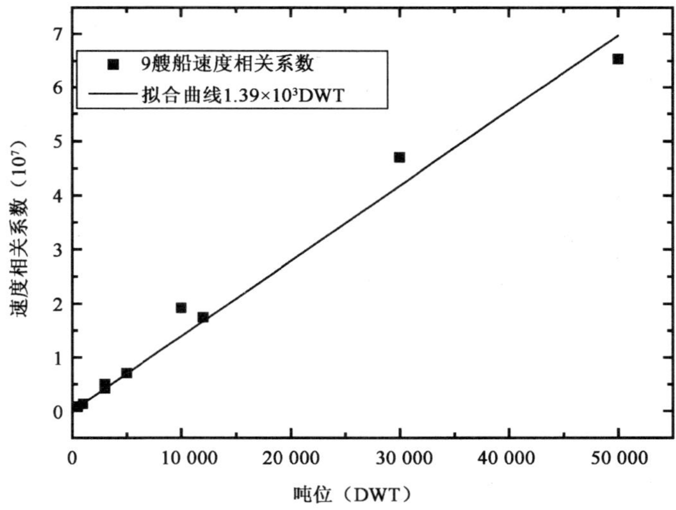

图6 各艘船速度相关系数

综上所述冲量函数的选择为:

$$I = 1.39 \times 10^3 \cdot v \cdot \mathrm{DWT} \tag{14}$$

式中,DWT单位为t,速度v单位为m/s。

3.3.2 时间 T

时间 T 的大小主要涉及两个初始条件，即船舶的吨位和初始速度。为了找出适当的函数形式来拟合，首先得出各艘船与速度之间的关键，选择幂函数进行拟合，拟合程度见图 7。

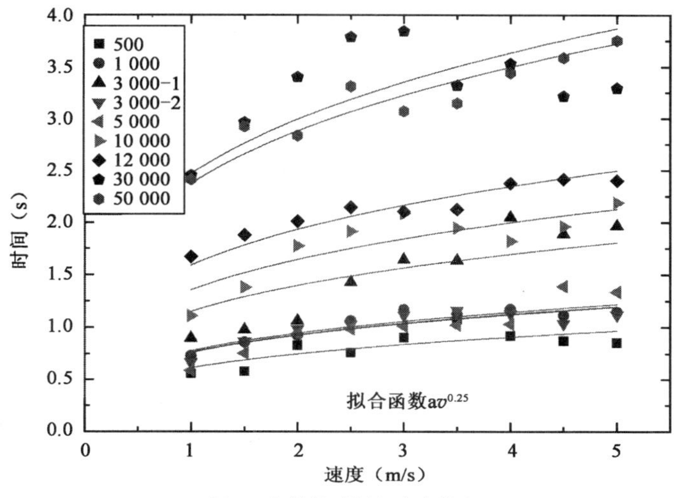

图 7 各艘船时间与速度拟合

拟合的具体的数值见表 2，将表 2 中的参数与吨位关系进行拟合，通过图 8 可以看出，采用幂函数具有较好的拟合度。

各艘船时间与速度关系参数 表 2

DWT	500	1000	3000	3000	5000	10000	12000	30000	50000
a	0.63764	0.78179	1.14312	0.7616	0.77649	1.35071	1.62904	2.41371	2.42253

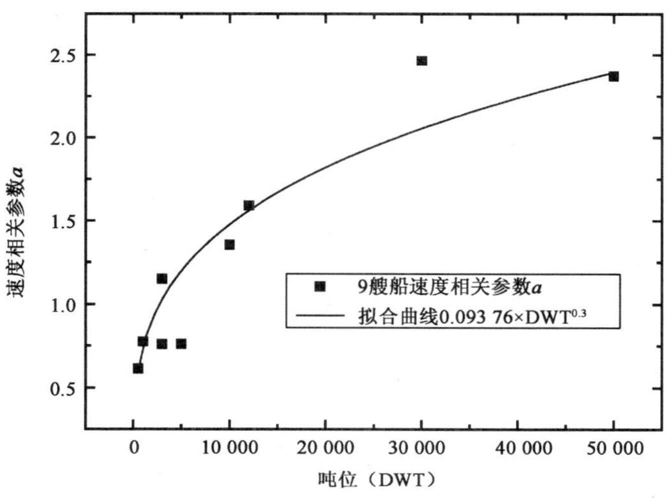

图 8 各艘船速度相关系数

综上所述时间函数的选择为：

$$T = 0.09376 \cdot v^{0.25} \cdot \mathrm{DWT}^{0.3} \tag{15}$$

式中，DWT 单位为 t，速度 v 单位为 m/s，得出时间 T 单位为 s。

3.3.3 参数 $m(b/T)$

通过对9艘船舶共计81条曲线的拟合,可以得出 m 的数值,统计见表3,直方图如图9。

参 数 m 统 计 表3

$b/T(m)$	500DWT	1000DWT	3000-1	3000-2	5000DWT	10000DWT	12000DWT	30000DWT	50000DWT
1.0	0.422	0.443	0.577	0.497	0.404	0.436	0.433	0.672	0.446
1.5	0.401	0.484	0.508	0.482	0.507	0.497	0.439	0.515	0.482
2.0	0.548	0.497	0.473	0.535	0.527	0.582	0.435	0.647	0.420
2.5	0.455	0.547	0.567	0.487	0.485	0.583	0.440	0.789	0.487
3.0	0.546	0.543	0.549	0.490	0.474	0.556	0.413	0.647	0.422
3.5	0.569	0.476	0.508	0.507	0.454	0.465	0.406	0.422	0.412
4.0	0.455	0.485	0.581	0.457	0.443	0.418	0.477	0.444	0.454
4.5	0.427	0.445	0.537	0.401	0.596	0.435	0.466	0.371	0.467
5.0	0.415	0.445	0.516	0.401	0.501	0.492	0.454	0.390	0.499

通过表3,可以得出,参数 m 的均值 $b/T(m)=0.49$,标准差为0.07,变异系数为0.14。其分布类型采用均值分布,区间为0.425~0.525。

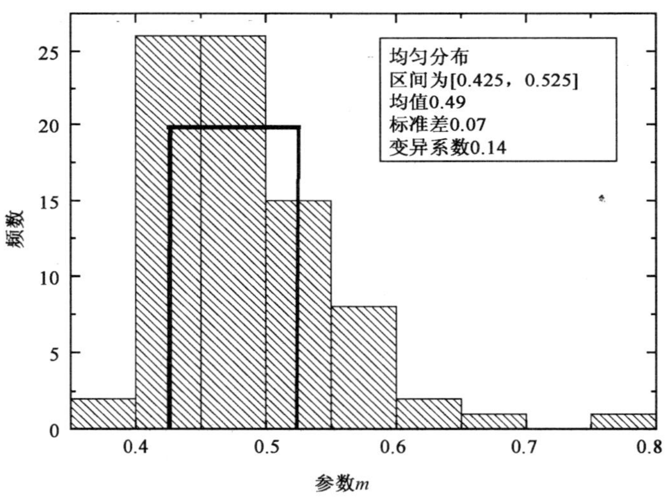

图9 参数 m 分布统计

3.3.4 参数 $n(s/T)$

通过对9艘船舶共计81条曲线的拟合,可以得出 n 的数值,统计见表4,直方图如图10所示。

参 数 n 统 计 表4

$s/T(n)$	500DWT	1000DWT	3000-1	3000-2	5000DWT	10000DWT	12000DWT	30000DWT	50000DWT
1.0	0.372	0.326	0.409	0.353	0.525	0.447	0.303	0.625	0.343
1.5	0.435	0.380	0.366	0.285	0.364	0.425	0.310	0.343	0.339
2.0	0.280	0.381	0.220	0.475	0.299	0.411	0.300	0.602	0.317

续上表

s/T(n)	500DWT	1000DWT	3000-1	3000-2	5000DWT	10000DWT	12000DWT	30000DWT	50000DWT
2.5	0.260	0.394	0.299	0.350	0.263	0.444	0.344	0.768	0.394
3.0	0.404	0.311	0.245	0.357	0.300	0.393	0.333	0.672	0.247
3.5	0.318	0.311	0.272	0.470	0.292	0.324	0.372	0.376	0.328
4.0	0.170	0.354	0.291	0.355	0.303	0.328	0.418	0.542	0.398
4.5	0.221	0.323	0.311	0.268	0.342	0.400	0.310	0.346	0.351
5.0	0.214	0.368	0.275	0.433	0.236	0.436	0.268	0.346	0.495

通过表4，可以得出，参数 n 的均值 $s/T(n)=0.36$，标准差为0.10，变异系数为0.28，并且在0.9的保证率上符合均值为0.36，标准差为0.10的正态分布。

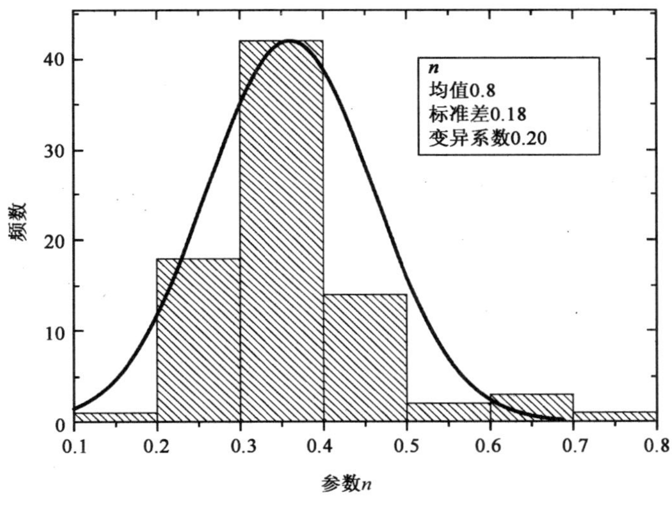

图10 参数 n 分布统计

4 结语

本文讨论的是解析概率模型，通过统计拟合，可以得出一个与撞击速度，吨位相关的函数关系：

$$F(t)=\frac{I}{T}\cdot\frac{\pi}{k}\left\{T^2\left[\left(\frac{t}{T}-m\right)^2+n^2\right]\right\}\sin\left(\frac{\pi t}{T}\right)\qquad(0<t<T)\tag{16}$$

其中：

(1) $k=1-\frac{4}{\pi^2}-2m^2+2n^2$。

(2) I 的取值函数为 $I=1.39\times10^3\cdot v\cdot \mathrm{DWT}$。

(3) 时间 T 的取值可参照函数 $T=0.09376\cdot v^{0.23}\cdot \mathrm{DWT}^{0.3}$。

(4) 参数 m 为均值分布，取值区间为[0.425，0.525]。

(5) 参数 n 为正态分布，均值为0.36，标准差为0.10，变异系数为0.28。

由此给定初始条件，就可以得出相应的力撞击力时程曲线，便于工程实际应用。

参考文献

[1] 项海帆,范立础,王君杰. 船撞桥设计理论的现状与需进一步研究的问题. 同济大学学报(自然科学版),2002(4).

[2] 刘建成,顾永宁. 基于整船整桥模型的船桥碰撞数值仿真[J]. 工程力学,2003,20(5):156-162.

[3] 胡志强,顾永宁,高震,等. 基于非线性数值模拟的船桥碰撞力快速估算[J]. 工程力学,2005,22(3):235-240.

[4] 同济大学土木工程防灾国家重点实验室. 广东湛江海湾大桥防撞系统动力仿真分析,2005.

[5] 欧碧峰. 桥梁船撞安全评估[博士学位论文]. 上海:同济大学,2007.

[6] 孟德巍. 船撞桥的简化动力分析[硕士学位论文]. 上海:同济大学,2009.

基于统计分析的撞击力—时间和撞击力—撞深概率模型

王君杰[1] 卜令涛[1] 金允龙[2] 唐 勇[2]
(1. 同济大学桥梁工程系 上海 200092;
2. 上海船舶运输科学研究所 上海 200135)

摘 要:目前各国桥梁设计规范中船撞力均被等效为静力荷载,忽略了船撞作用的动力效应。利用500~50000吨位共9艘典型船舶的精细碰撞有限元分析模型,采用LS-DYNA碰撞分析软件得出正撞刚性墙船撞力时程曲线。采取了“无量纲”化的处理原则,给出了基于统计分析的无量纲化*F-T*概率模型以及无量纲化*F-D*概率模型。在给定初始条件的情况下,可以随机生成若干条特定吨位速度下的撞击力时程曲线和撞击力撞深曲线,方便实际工程应用。

关键词:船桥碰撞 数值仿真 概率模型

Force—ime and force—displacement probability models based on statistic analysis

Wang Junjie[1] Bu Lingtao[1] Jin Yunlong[2] Tang Yong[2]
(1. Department of Bridge Engineering, Tongji University, Shanghai, 200092;
2. Shanghai Ship & Shipping Research Institute, Shanghai, 200135)

Abstract: At present, most codes and specifications for bridge design consider ship collision as an equivalent static force, which ignores the dynamical effects of ship collision Nine fine FEM models of ships with DWT varying from 500 ~ 50000t have been developed for numerical collision simulation. And the time history for ship-rigid wall collisions can be obtained using the software, LS-DYNA. This paper gives force-time probability model and force-displacement probability model by the dimensionless principle. Thus it can be easily used in practical engineering application.

Keywords: ship-bridge collision; numerical simulation; probability model

1 引言

目前各国桥梁设计规范[1-3]中船撞力往往被等效为静力荷载,这种做法忽略了船撞作用的动力效应,提出桥梁船撞设计的动力分析方法是十分必要的[4]。目前,使用有限元技术分

项目支持:交通部西部科技项目资助,编号:200731882234;交通部行业联合科技攻关项目资助,编号:2008353344340。

作者简介:王君杰(1962—),教授,博士,从事桥梁抗震与船撞研究,E-mail:jjqxu@tongji.edu.cn。

析桥梁船撞问题成为一种主流,比较精确的方法是建立船舶与桥梁结构的有限元模型进行碰撞接触计算。然而这种方法耗时耗力,不便被工程界广泛使用。结合已被普遍掌握的桥梁结构杆系建模技术,可以使用船撞力荷载强迫振动模型和质量—弹簧体系模拟船桥碰撞相互作用,进行桥梁船撞简化分析[5-6]。如图1和图2所示。前者的核心在于提供合适的船撞动力荷载输入,后者在于用一个非线性弹簧表示了碰撞过程中的船首撞击力与撞深的关系。

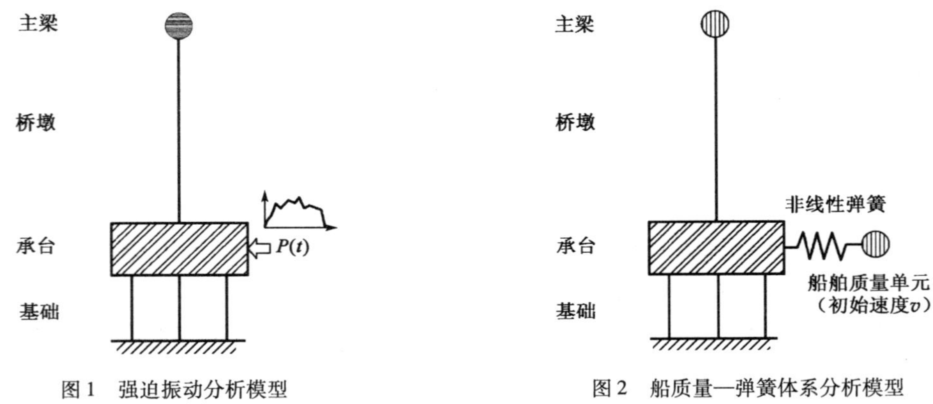

图1 强迫振动分析模型　　图2 船质量—弹簧体系分析模型

2 动力荷载概率模型

2.1 基本思路

美国AASHTO规范[1]对船舶撞击桥墩的撞击力给出了一个静力公式,其数据的来源是Woision做的24组实验,通过理论分析和模型试验数据,Woision[1]建议了一个基于数据平均值的计算公式。Woision认为影响撞击力的大小主要有5个因素:①船舶的吨位;②船舶的类型;③船首的结构形式和刚度;④船首的压仓水量;⑤撞击速度。由于以上因素的影响,同一吨位的船舶力值大小是不同的。根据试验数据,AASHTO在给出静力公式时建议了同一吨位的船其力值服从三角分布概率,如图3,并以70%分位上的值为准。

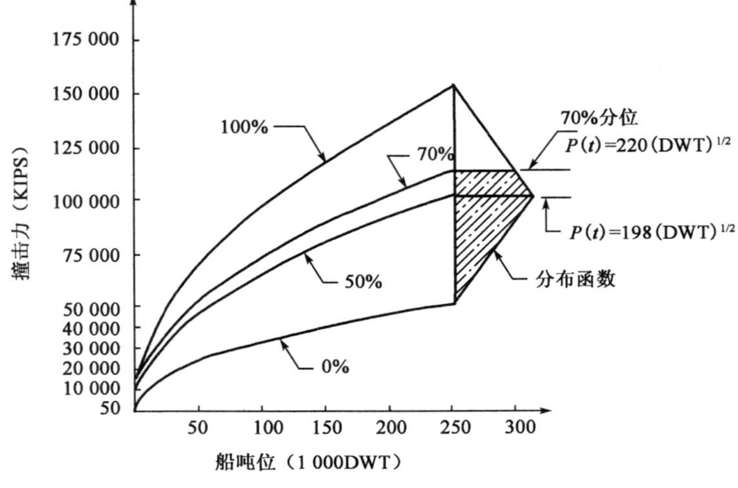

图3 AASHTO三角分布概率与70%分位取值

在通航航道上，不同吨位的船舶结构形式如骨架形式存在差异，即使是同吨位的不同船舶，船首结构形式与尺度不尽相同，因此动力曲线会有所不同。本文有限元计算结果也表明不同吨位的船舶撞击时程和撞深曲线各异，即使对同一艘船舶，不同的撞击速度所得结果也不同，如图 4 所示。尽管时程曲线各异，但与欧洲规范给出的荷载有相似之处，每条曲线大体由三部分组成：上升段，波动段和快速下降段。

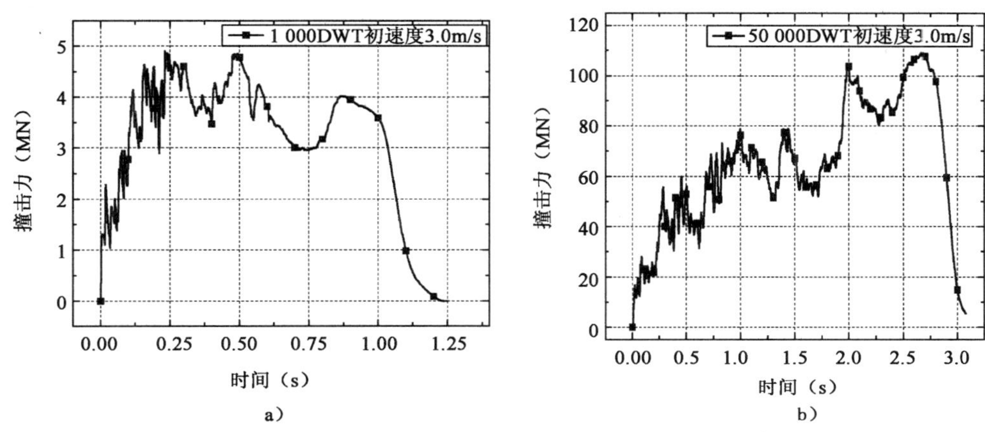

图 4 1 000 与 50 000DWT 船舶时程曲线举例

a)1 000DWT;b)50 000DWT

欧洲统一规范[2]在处理船撞动力问题时，将撞击力小于 5MN 的统一为正弦荷载，当大于 5MN 时整个撞击时间分为了三段：弹性段，塑性段以及回弹段，见图 5。

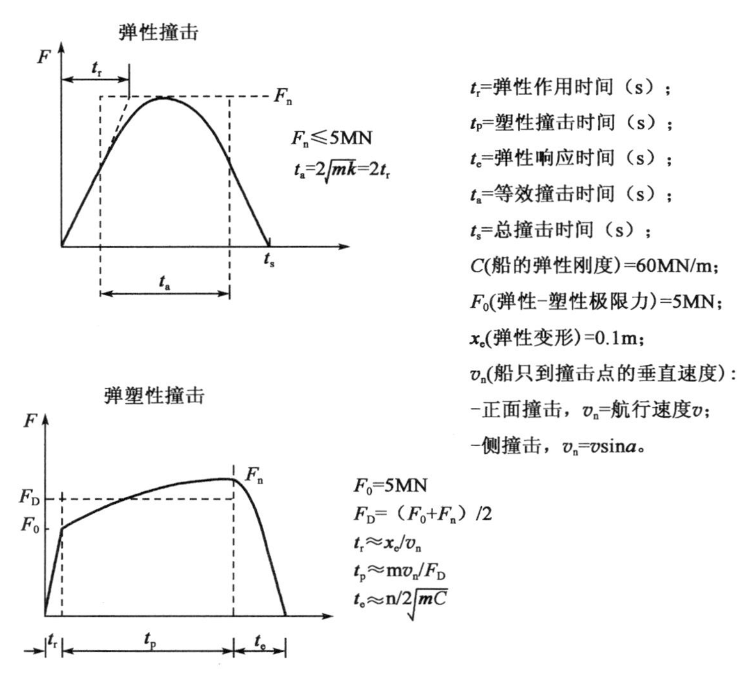

图 5 船舶冲击的荷载—时间函数（弹性和弹塑性船撞）

基于以上的认识对数据有以下处理原则：

(1)考虑到在桥梁防撞设计中即使是同一吨位的防撞等级，不同的船舶所得的结果也是有差异性和不确定性，理想的处理方式是通过建立大量的同一吨位的不同船舶有限元模型，处理同一吨级不同船舶的撞击曲线，借鉴静力的处理方式，给出一个完整时程曲线不同时间点处因船舶不同引起的离散程度，比如给出分布类型等。

(2)本文现有不同吨位的9艘船舶，观察图4可以看出，尽管船舶的吨位结构以及速度的差异会引起曲线的不同。但限于样本的数量，同时又能总体上反应船舶结构不同带来的差异性，借鉴地震中反应谱的处理方式，将9艘船舶81条曲线统一等效无量纲化，如图6所示。可以发现各条曲线，基本上是遵从快速上升，中间波动段和快速下降三个阶段的趋势，而且离散型不大。

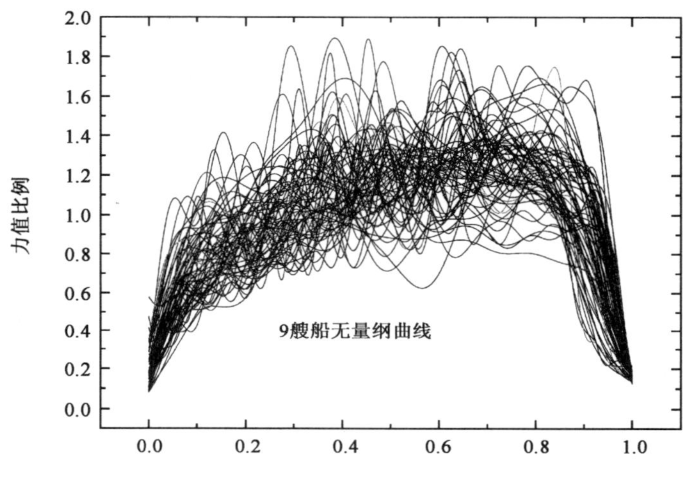

图6 *F-T*无量纲化曲线

根据以上的认识，提出了一种*F-T*概率模型，其处理方式见2.2节，由此在现有的样本基础上，既能考虑船舶吨位和结构差异性的影响，又能给出一个工程可用的方法。

2.2 处理方法

在无量纲的过程中，x轴为时间比例，每条曲线按照最大的时间进行归一处理，y轴为力值比例，每条曲线按照各自曲线的均值进行无量纲化。得出81条曲线汇总如图6。

图6中，x轴为时间比例，选择21点将时间轴等分，在每一个断面上都有81个数值共21组数据。通过分析每一组81个数据来确定其服从何种分布类型，比如均值分布，正态分布等。此模型除了给出21个断面上分布类型外，还需要给出所有曲线的均值$\overline{F}$和时间T的拟合公式。

无量纲*F-T*概率模型的核心是确定均值$\overline{F}$和时间T的拟合公式，以及给出21个断面上的分布类型。

2.2.1 分布类型的确定

通过提取图6中21个断面数值，将21个断面数值及各自断面上的均值曲线画在一起，如图7所示。

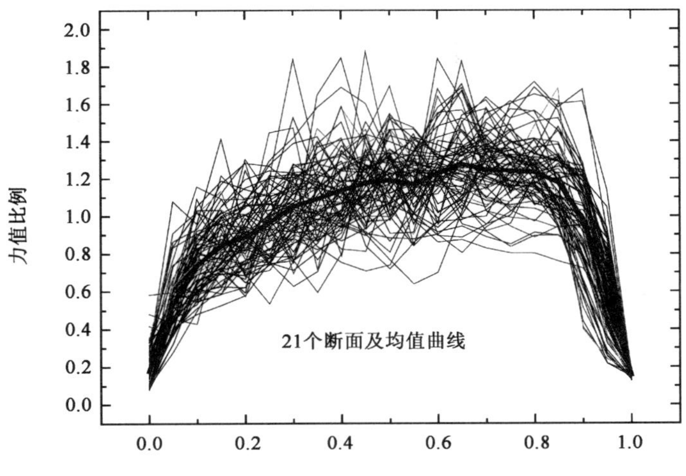

图 7 *F-T* 21 个断面及均值曲线

(1)数据统计方法

每个断面上有 81 个数据,属于大样本($n\geqslant 50$)的情况,采用采用χ^2 卡方检验来看母体分布 $F(x)$是否服从已知分布 $F_0(x)$,且不论 $F_0(x)$是何种分布函数,只要假设 $H_0:F(x)=F_0(x)$成立:

$$\chi_q^2=\sum_{i=1}^{m}\frac{(m_i-nX_i)^2}{nX_i} \tag{1}$$

式中:m——数据所分的组数;

m_i——落入第 i 组的频数;

n——样本容量;

X_i——按假设的理论分布计算得到的落入第 i 组的概率;

nX_i——第 i 组的理论频数。

将 21 个断面上得出的 81 个数据进行统计,其各自断面上的均值,标准方差及相关的信息见表 1。01 和 21 断面给出一个具体固定的值,02 ~ 20 断面按照卡方检验假设为正态分布。由统计值和临界值的对比可以得出,在 0.95 置信水平上有 6 个断面不符合正态分布,但从表中可以看出差别不大,而且变异系数均小于 0.3,因此 02 ~ 20 断面仍然处理为服从各自均值和标准差的正态分布。

F-T 曲线 21 个断面相关信息 表 1

断面	时间比例	均值	标准方差	变异系数	统计值	临界值	正态分布
00	0.00	0	—	—	—	—	—
01	0.025	0.15	—	—	—	—	—
02	0.05	0.533 9	0.146 4	0.274 2	7.96	11.07	接受
03	0.10	0.735 0	0.166 2	0.226 2	19.68	14.07	拒绝
04	0.15	0.846 6	0.170 7	0.201 6	12.30	12.59	接受

续上表

断面	时间比例	均值	标准方差	变异系数	统计值	临界值	正态分布
05	0.20	0.887 0	0.177 8	0.200 5	10.97	12.59	接受
06	0.25	0.964 8	0.168 8	0.175	10.31	11.07	接受
07	0.30	1.050 4	0.208 1	0.198 1	6.72	11.07	接受
08	0.35	1.090 2	0.202 5	0.185 7	6.59	11.07	接受
09	0.40	1.137 4	0.211 2	0.185 7	14.81	12.59	拒绝
10	0.45	1.175 4	0.208 4	0.177 3	8.85	11.07	接受
11	0.50	1.189 9	0.194 4	0.163 4	9.48	11.07	接受
12	0.55	1.169 6	0.176 5	0.150 9	15.24	11.07	拒绝
13	0.60	1.228 8	0.213 2	0.173 5	25.76	12.59	拒绝
14	0.65	1.275 0	0.210 7	0.165 3	11.17	11.07	接受
15	0.70	1.247 1	0.177 3	0.142 2	8.49	12.59	接受
16	0.75	1.240 6	0.178 7	0.144 1	12.82	12.59	接受
17	0.80	1.232 0	0.174 3	0.141 5	12.66	12.59	接受
18	0.85	1.177 1	0.194 4	0.165 2	10.42	12.59	接受
19	0.90	0.984 7	0.256 9	0.260 9	18.78	14.07	拒绝
20	0.95	0.611 8	0.225 4	0.368 4	19.31	12.59	拒绝
21	1.00	0.15	—	—	—	—	—

表 1 中的均值(即图 7 中的均值曲线)可用如下表达式表示:

$$\overline{F} = 0.1 + 7.75t - 22.72t^2 + 28t^3 - 7.37t^4 - 5.6t^5 \qquad t \in [0.025, 0.95] \qquad (2)$$

式中:t——时间比例;

$\overline{F}$——撞击力均值(MN)。

图 8 举例列出了 04、05 断面的直方图和正态分布曲线。

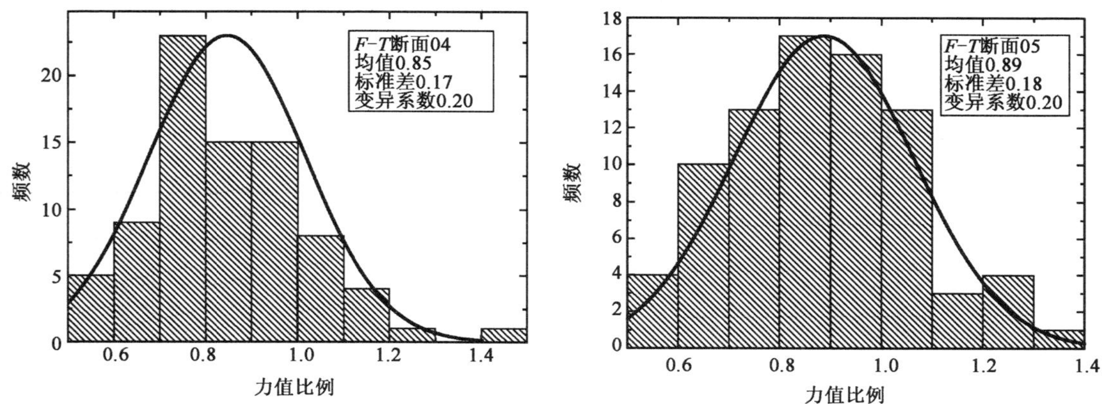

图 8 断面 04、05 分布类型

2.2.2 均值 $\overline{F}$

如前所述，此种概率模型还要给出均值拟合函数。均值$\overline{F}$的大小主要涉及到两个初始条件即船舶的吨位和初始速度。为了找出适当的函数形式来拟合，首先得出各艘船与速度之间的关键，选择幂函数进行拟合，拟合程度见图9。拟合的具体的数值见表2。

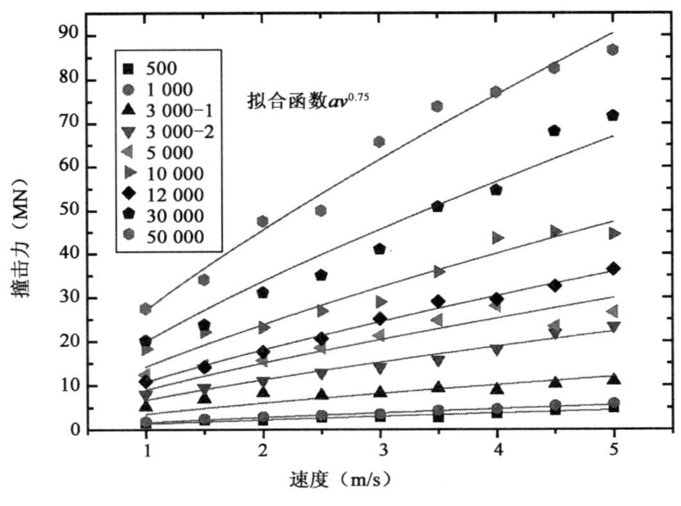

图9　各艘船均值与速度拟合

各艘船均值与速度关系参数　表2

DWT	500	1000	3000	3000	5000	10000	12000	30000	50000
a	1330102	1666681	3563752	6669696	8934560	14165340	10732026	20005423	27038486

然后将表2中的参数与吨位关系进行拟合，通过图10所示可以看出，采用幂函数具有较好的拟合度。

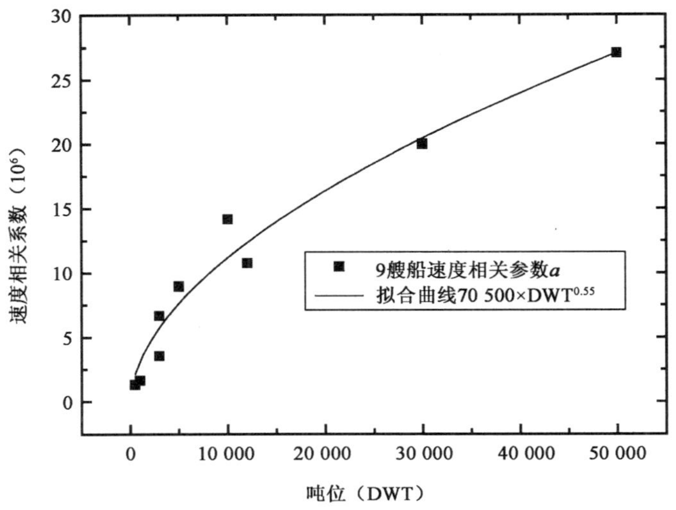

图10　各艘船速度相关系数

综上所述均值函数的选择为：

$$\overline{F} = 70\,500 \cdot v^{0.75} \cdot \mathrm{DWT}^{0.55} \tag{3}$$

式中，DWT 单位为 t，速度 v 单位为 m/s，得出均值 F 单位为 N。

2.2.3 时间 T

时间 T 的大小主要涉及两个初始条件即船舶的吨位和初始速度。为了找出适当的函数形式来拟合，首先得出各艘船与速度之间的关键，选择幂函数进行拟合，拟合程度见图 11。

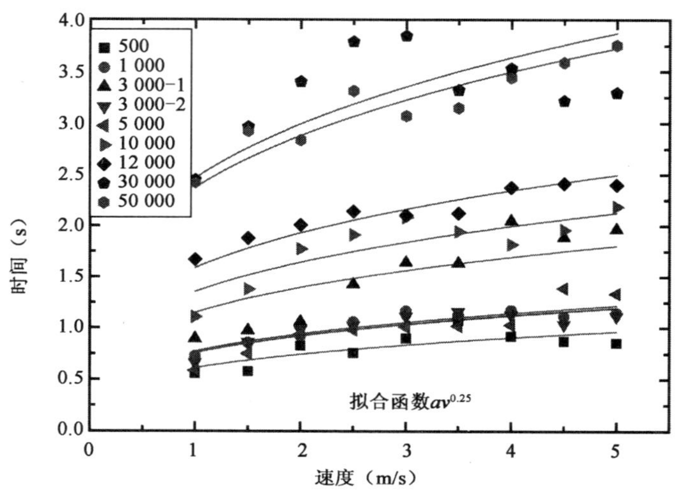

图 11 各艘船时间与速度拟合

拟合的具体的数值见表 3。然后将表 2 中的参数与吨位关系进行拟合，通过图 12 所示可以看出，采用幂函数具有较好的拟合度。

各艘船时间与速度关系参数 表 3

DWT	500	1000	3000	3000	5000	10000	12000	30000	50000
a	0.63764	0.78179	1.14312	0.7616	0.77649	1.35071	1.62904	2.41371	2.42253

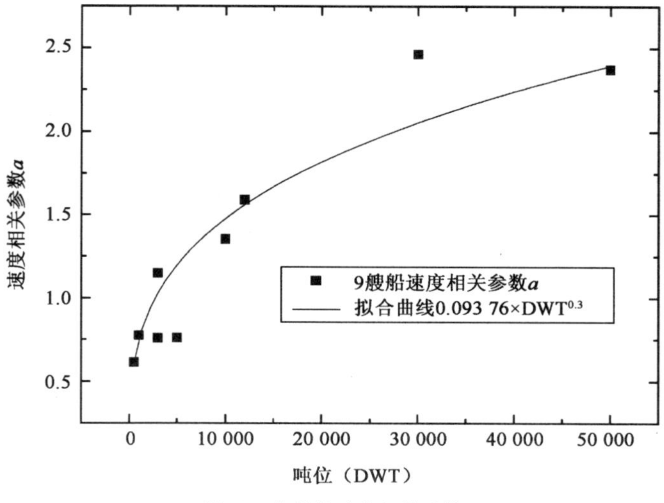

图 12 各艘船速度相关系数

综上所述时间函数的选择为：

$$T = 0.09376 \cdot v^{0.25} \cdot \mathrm{DWT}^{0.3} \tag{4}$$

式中，DWT 单位为 t，速度 v 单位为 m/s，得出时间 T 单位为 s。

2.3 小结

本节通过对 F-T 进行无量纲化处理，提出了一种无量纲化的 F-T 概率模型，并给出了 21 个断面分布类型——正态分布类型的均值，标准差以及变异系数。给定吨位和速度后，就可以按照 2.2 节得出曲线的平均值和时间 T。

(1)轮船撞击力可按式(5)计算：

$$F\left(\frac{t}{T}\right) = F_0 \cdot \beta\left(\frac{t}{T}\right) \qquad (0 < t < T) \tag{5}$$

式中：$F\left(\frac{t}{T}\right)$——撞击力时间过程(MN)；

F_0——基准撞击力(MN)；

$\beta\left(\frac{t}{T}\right)$——无量纲船撞力形状因子。

(2)基准撞击力 F_0 按式(3)计算。

(3)撞击时间 T 按式(4)计算。

(4)无量纲船撞力形状因子 $\beta\left(\frac{t}{T}\right)$ 按表 1 生成。

通过生成 21 个时间点处的随机数就可以得出相应的 F-T 时程曲线。在现有的样本基础上，既能考虑船舶吨位和结构差异性的影响，又能给出一个工程可用的方法。

3 撞击力—撞深概率模型

3.1 基本思路

F-D 概率模型的思路与 F-T 概率模型相同，参见 2.1 节。

3.2 处理方法

在无量纲化的过程中，x 轴为撞深比例，每条曲线按照最大的撞深进行归一处理。超过最大撞深的部分，对应实际的船撞过程，船桥已经基本脱离。因此一旦超过最大撞深，则略去不计。y 轴为力值比例，每条曲线按照各自曲线的均值进行无量纲化。得出 81 条曲线如图 13。

无量纲 F-D 概率模型的核心是确定均值 $\overline{F}$ 和撞深 D 的拟合公式，以及给出 21 个断面上的分布类型。

3.2.1 分布类型的确定

21 个断面以及各自断面上的均值曲线见图 14。

将 21 个断面上得出的 81 个数据进行统计，其各自断面上的均值，标准方差及相关的信息见表 4。01 断面给出一个具体固定的值，02 ~ 21 断面按照卡方检验假设为正态分布。由统计值和临界值的对比可以得出，在 0.95 置信水平上有 5 个断面不符合正态分布，但从表中可以看出差别不大，而且变异系数均小于 0.3，因此 02 ~ 21 断面仍然处理为服从各自均值和标准差的正态分布。

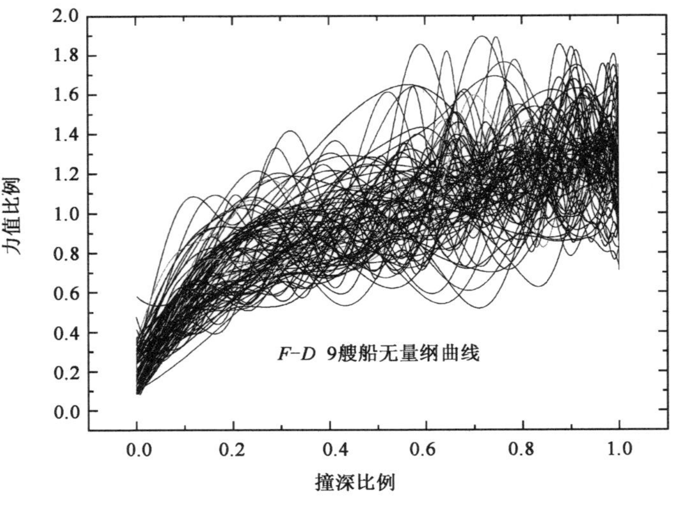

图 13 *F-D* 无量纲化曲线

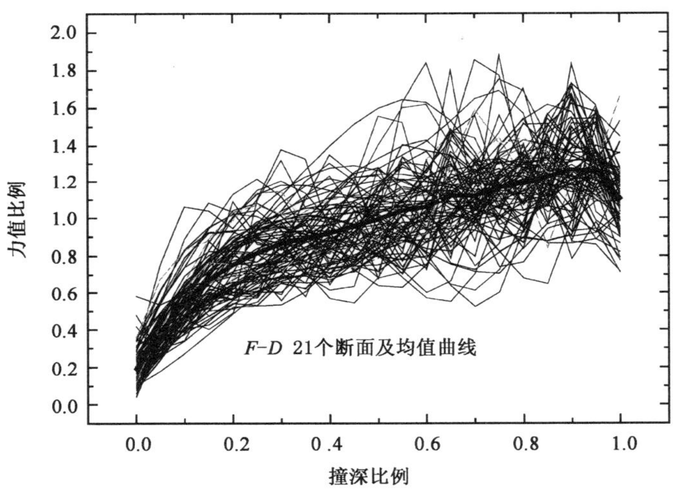

图 14 *F-D* 21 个断面及均值曲线

F-D 曲线 21 个断面相关信息 表 4

断面	力值比例	均 值	标准方差	变异系数	统计值	临界值	正态分布
00	0.00	0	—	—	—	—	—
01	0.025	0.20	—	—	—	—	—
02	0.05	0.383 9	0.105 7	0.275 4	11.66	14.07	接受
03	0.10	0.548 1	0.138 2	0.252 1	11.72	11.07	接受
04	0.15	0.671 9	0.149 0	0.221 8	10.89	11.07	接受
05	0.20	0.753 5	0.161 3	0.214 1	19.98	16.92	拒绝
06	0.25	0.815 1	0.166 3	0.204	8.50	9.49	接受
07	0.30	0.864 5	0.169 4	0.196	13.67	11.07	拒绝

续上表

断面	力值比例	均　值	标准方差	变异系数	统计值	临界值	正态分布
08	0.35	0.890 1	0.164 0	0.184 2	10.00	11.07	接受
09	0.40	0.918 5	0.175 3	0.190 8	11.29	12.59	接受
10	0.45	0.953 7	0.177 7	0.186 3	10.14	12.59	接受
11	0.50	0.992 9	0.193 6	0.195	12.48	11.07	拒绝
12	0.55	1.039 8	0.222 0	0.213 5	8.39	12.59	接受
13	0.60	1.059 8	0.221 7	0.209 2	9.38	15.51	接受
14	0.65	1.119 8	0.238 0	0.212 5	11.66	15.51	接受
15	0.70	1.120 7	0.221 6	0.197 7	10.81	14.07	接受
16	0.75	1.165 5	0.232 3	0.199 3	11.31	12.59	接受
17	0.80	1.191 8	0.207 6	0.174 2	9.42	15.51	接受
18	0.85	1.224 0	0.184 9	0.151 1	8.54	12.59	接受
19	0.90	1.265 3	0.234 9	0.185 6	13.49	15.51	接受
20	0.95	1.257 6	0.185 6	0.147 6	19.53	11.07	拒绝
21	1.00	1.104 7	0.176 9	0.160 2	9.61	9.49	拒绝

表 4 中的均值(即图 14 中的均值曲线)可用如下表达式表示：

$$\overline{F} = 0.18 + 4.83D - 12.98D^2 + 17.04D^3 - 7.92D^4 \qquad D \in [0.025, 1] \tag{6}$$

图 15 举例列出了 08、09 断面的直方图和正态分布曲线。

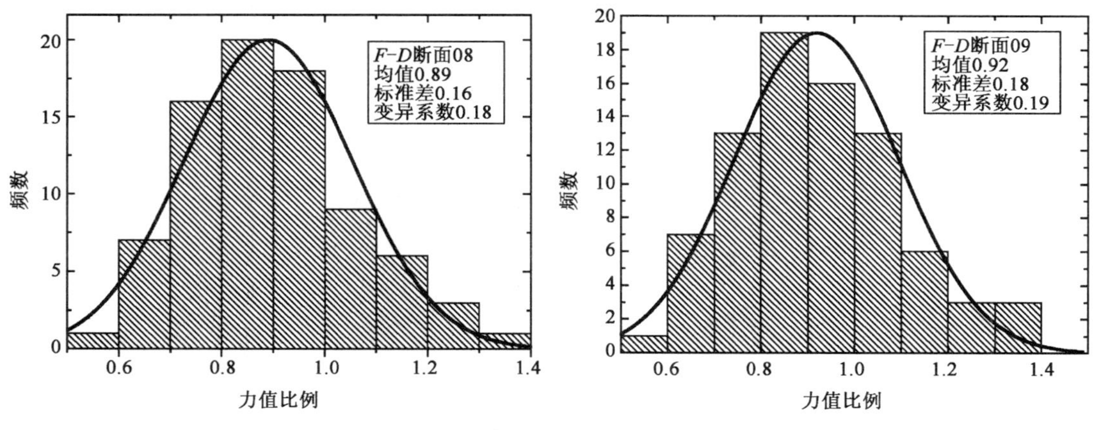

图 15　断面 08、09 分布类型

3.2.2　均值 $\overline{F}$

其中平均值$\overline{F}$的选取可参照第 2 节公式(3)。

3.2.3　撞深 D

撞深的大小主要涉及两个初始条件即船舶的吨位和初始速度。为了找出适当的函数形式来拟合，首先得出各艘船与速度之间的关键，选择比较简单线性函数进行拟合，拟合程度见图 15、图 16，具体的数值见表 5。

各艘船撞深与速度关系参数 表5

DWT	500	1000	3000	3000	5000	10000	12000	30000	50000
a	0.33393	0.40205	0.58842	0.42188	0.40424	0.76944	0.8758	1.24748	1.2678

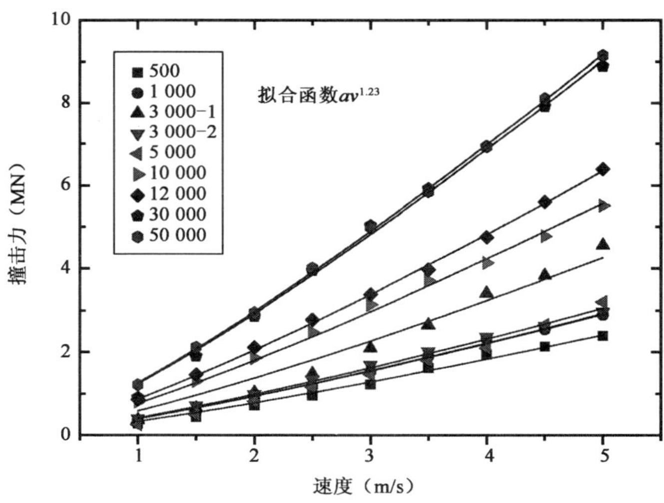

图16 各艘船撞深与速度拟合

然后将表5中的参数与吨位关系进行拟合，通过图17所示可以看出，采用幂函数具有较好的拟合度。

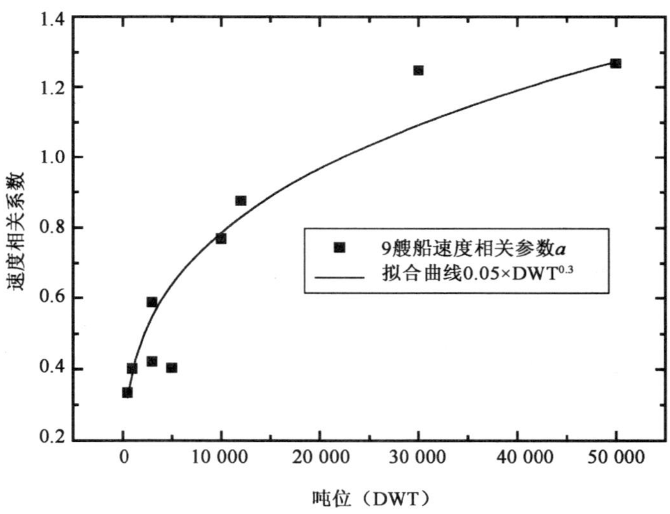

图17 各艘船速度相关系数

综上所述撞深函数的选择为

$$D = 0.05 \cdot v^{1.23} \cdot \mathrm{DWT}^{0.3} \tag{7}$$

式中，DWT单位为t，速度v单位为m/s，得出撞深单位为m。

3.3 小结

本节通过对F-D进行无量纲化处理，提出了一种无量纲化的F-D概率模型，并给出了21

个断面分布类型——正态分布类型的均值,标准差以及变异系数。给定吨位和速度后,就可以按照3.2节得出曲线的平均值和撞深 D。

(1)轮船撞击力可按式(5)计算:

$$F\left(\frac{d}{d_{\max}}\right) = F_0 \cdot \beta\left(\frac{d}{d_{\max}}\right) \qquad (0 < d < d_{\max}) \tag{8}$$

式中:$F\left(\frac{d}{d_{\max}}\right)$——撞击力时间过程(MN);

F_0——基准撞击力(MN);

$\beta\left(\frac{d}{d_{\max}}\right)$——无量纲船撞力形状因子。

(2)基准撞击力 F_0 按式(3)计算。

(3)最大撞深 D 按式(7)计算。

(4)无量纲船撞力形状因子 $\beta\left(\frac{d}{d_{\max}}\right)$ 按表4生成。

通过生成21个时间点处的随机数就可以得出相应的 F-T 时程曲线。在现有的样本基础上,既能考虑船舶吨位和结构差异性的影响,又能给出一个工程可用的方法。

通过生成21个撞深比例处的随机数就可以得出相应的 F-T 时程曲线。在现有的样本基础上,既能考虑船舶吨位和结构差异性的影响,又能给出一个工程可用的方法。

4 结语

通过统计不同吨位船舶在撞击时程同一时间比例,以及同一撞深比例处的数值,给出了一种统计意义上的概率模型。通过分析这两种概率模型,本文找到了一些初步规律,比如各个时间比例和撞深比例处的数值基本服从正态分布。在今后的工作中统计更多相同吨位和不同吨位的船撞时程曲线,可以对这两种概率模型进行优化,以达到更好的工程应用。

参考文献

[1] AASHTO. Guide Specification and Commentary for Vessel Collision Design of Highway Bridges. American Association of State Highway and Transportation Officials. Washington D. C. 1991,2009.

[2] A. C. W. M. Vrouwenvelder. Design for Ship Impact according to Eurocode 1, Part 2. 7. Ship Collision Analysis, 1998.

[3] 中华人民共和国交通部. 公路桥涵设计通用规范(JTG D60—2004). 北京:人民交通出版社,2004.

[4] 王君杰,范立础. 建立桥梁船撞动力设计理论与方法的建议. 第18届全国桥梁学术会议论文集(下册),2008:943-949.

[5] 钱铧. 船舶碰撞的简化分析[硕士学位论文]. 上海:同济大学,2003.

[6] 卜令涛. 船舶对桥梁冲击作用的简化概率方法[硕士学位论文]. 上海:同济大学,2011.

驳船对桥梁冲击的简化静力荷载

曹聪慧[1] 王君杰[1] 耿 波[2]

(1.同济大学 上海 200092;2.招商局重庆交通科研设计院有限公司 重庆 400067)

摘 要:目前的船撞设计规范中专门用于驳船船撞力的设计条款极少,为了确定驳船对桥梁冲击的简化静力荷载,需要做专门的研究。本文计算了5艘驳船模型与刚性墙的有限元碰撞,得到了碰撞力时程曲线,通过碰撞力时程曲线得到了驳船对桥梁冲击的简化静力荷载,最后将简化静力荷载与规范中的碰撞力进行了比较。

关键词:驳船 碰撞力 静力 荷载

Simplified static analysis for barge-Bridge collision

Cao Conghui[1] Wang Junjie[1] Geng Bo[2]

(1. Tongji University, Shanghai, 200092; 2. China Merchants Chongqing Communications Research & Design Institute Co. Ltd., Chongqing, 400067)

Abstract: At present, codes and specifications for bridge design considering ship-bridge collision give seldom specific instructions for barge force and so it still needs to do special research, which ought to be highly sophisticated for engineer application. This paper established five barge-finite-element models and used barge-bow colliding with rigid wall to gain the force-time curve, then analysized them to obtain the simplified static load, and compared with codes and specifications finally.

Keywords: barge-bridge; collision force; static force; load

1 引言

目前的船桥碰撞研究中,轮船、海轮等大型船舶的研究成果比较多,比较系统的有美国AASHTO的《桥梁船撞设计指南》[1]、《欧洲统一规范》[2]等。而驳船作为船舶众多种类中的一种,研究成果相对较少[3-5]。美国AASHTO的《桥梁船撞设计指南》中关于驳船船撞力的条款是根据标准底卸式驳船得出的,不适用于所有的驳船。我国公路桥梁设计规范[6]中区分了海轮和内河船舶的设计准则,没有明确规定驳船的设计准则。我国铁路桥梁设计规范[7]中规定的船撞力设计公式,没有指明适用的船舶种类。上述规范中关于船舶碰撞桥梁的碰撞力条款都是采用等效静力的方法。可以说目前还没有完整和系统的技术标准和规程可以确定驳船对桥梁冲击的静力荷载。

项目支持:交通部西部科技项目资助,编号:200731882234;交通部行业联合科技攻关项目资助,编号:2008353344340。

作者简介:曹聪慧(1962—),硕士,从事桥梁抗震与船撞研究,E-mail:caoconghui116@126.com。

由于现有船撞设计规范中专门用于驳船船撞力的设计条款极少，为了确定驳船撞击桥梁的简化静力荷载，需要做专门的研究。本文首先利用5艘驳船与刚性墙的有限元碰撞得到碰撞力时程曲线，然后对这些碰撞力时程曲线进行分析进而得到方便工程实际应用的简化静力荷载，最后对驳船简化静力荷载与规范中的船撞力进行比较。

2 驳船碰撞力模型及其计算结果

本文对载重90t、300t、490t、840t、1 000t的驳船分别建立简化程度为50%的模型（图1），并进行驳船正撞刚性墙的数值模拟（图2）。驳船的撞击速度分别为0.5m/s、1m/s、1.5m/s、2m/s、2.5m/s、3m/s、3.5m/s、4m/s、4.5m/s、5m/s。

有限元模拟不同初始速度下驳船正撞刚性墙的碰撞力时程曲线如图3所示。从图2中可以看出，有限元模拟驳船与刚性墙碰撞开始时是有一定距离的，由于驳船的速度不同，同一驳船会在不同的时间点开始接触刚性墙，为方便观察，图3中去掉了碰撞力为零的时间段。

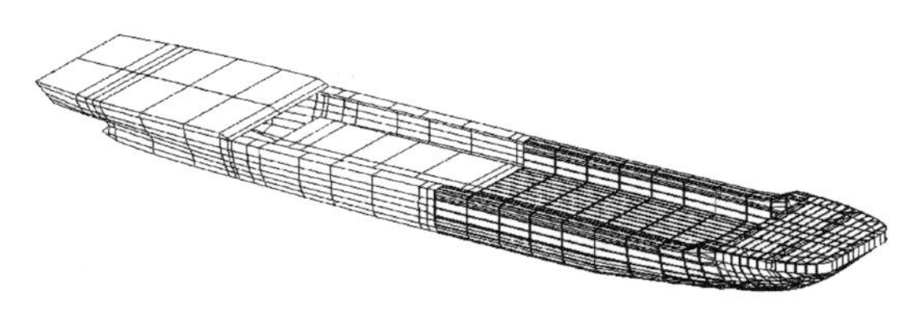

图1 载重490t驳船模型

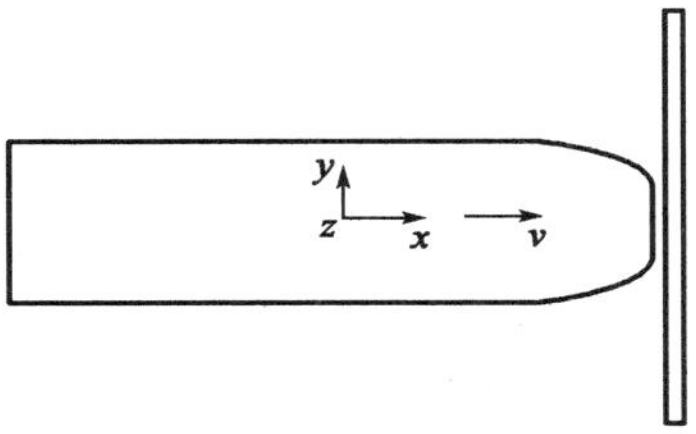

图2 驳船与刚性墙碰撞示意图

对图3进行观察分析，发现以下现象：

（1）在撞击计算过程中，由于驳船与刚性墙初始相对位置的设置、总计算时间的选取等的不同，会导致碰撞前和碰撞后零值撞击力可能持续很长时间，这部分力对桥梁结构的船撞受力状态没有影响；另外，碰撞刚刚开始和即将结束阶段，碰撞力很小，这部分力可以忽略。

（2）驳船接触刚性墙后瞬间出现峰值，并迅速减小到较小的值，较大的值持续时间很短，不排除是由于数值算法产生的。如果以碰撞力最大值作为驳船等效静力值，会使结构设计太“安全”造成不必要的浪费。

（3）驳船以不同初始速度撞击刚性墙时，驳船与刚性墙的接触时间不同，速度越小，两者接触时间越短。如果以有效碰撞力平均值作为驳船等效静力值，会出现驳船速度大但等效静力值小的情况，与实际工程中驳船速度越大对桥梁结构危害越大的情况不符。

3 驳船等效静力的计算方法

为了处理上述现象（1），本文定义碰撞有效持续时间 T_{eff} 为 $F > F_{min}$ 的持续时间。其中 $F_{min} = \eta \cdot F_{max}$ 是“门槛值”，冲击力大于 F_{min} 的时段计入有效持续时间；F_{max} 是最大船舶撞击力；η 是比例因子。

为了确定比例因子 η 的取值，定义碰撞冲量相对误差 err_I 为：

$$err_I = \frac{I_0 - I_{eff}}{I_0} \times 100\% \tag{1}$$

式中：I_0、I_{eff}——原始碰撞冲量和定义了有效持续时间后的碰撞冲量。

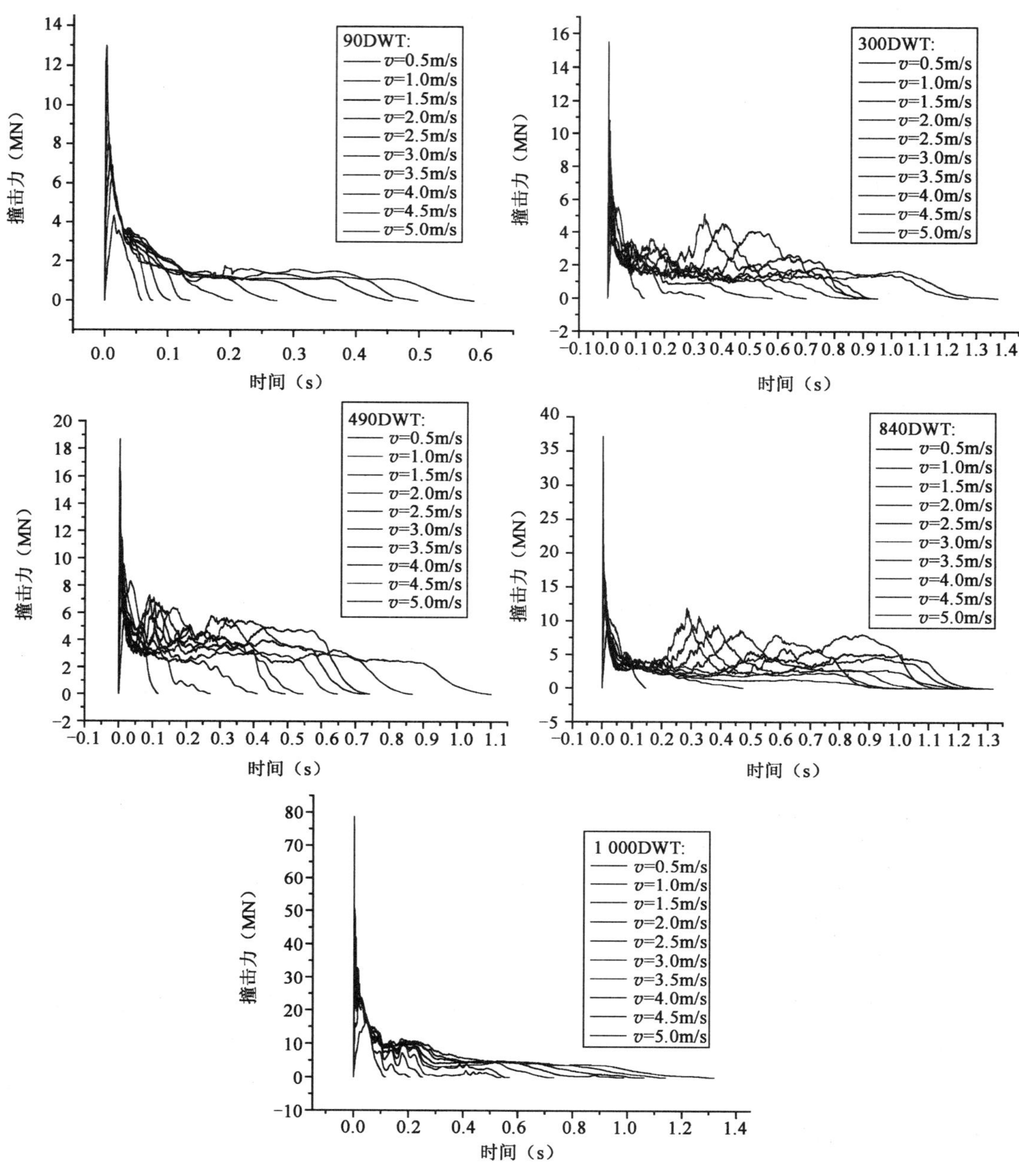

图 3　驳船正撞刚性墙碰撞力时程曲线

为了不影响时程曲线的有效性，err_{I} 一般小于 1%。计算表明，对于本文所计算的工况，取 $\eta=0.01$ 能够满足上述要求。

为了处理上述提到的现象（2）和（3），对驳船正撞刚性墙的等效静力统计包括：碰撞有效持续时间、有效冲量 I（式 2）、有效碰撞力平均值（式 3）、统一碰撞时间的碰撞力平均值（式 5）。

有效冲量 I：

$$I = \sum_{i=1}^{n} F_{\mathrm{i}} \cdot \Delta t \tag{2}$$

$$T_1 = n \cdot \Delta t$$

式中：F_{i}——驳船碰撞力时程曲线上碰撞有效持续时间内的数据点；

Δt——碰撞力时程曲线的输出时间步长；

n——碰撞力时程曲线上碰撞有效持续时间内的数据点数。

有效碰撞力平均值：

$$\overline{F} = \frac{1}{m}\sum_{i=1}^{m} F_{\mathrm{i}} \tag{3}$$

式中：F_{i}——驳船碰撞力时程曲线上碰撞有效持续时间内的数据点；

m——F_{i} 的个数。

驳船的行驶速度多为 2～3m/s，对驳船的碰撞有效持续时间进行统一时，可以分别以初始速度为 2m/s、3m/s 对应的碰撞有效持续时间作为参考时间 T_{ref}进行统一，与参考时间 T_{ref}对应的参考速度为 v_{ref}。

统一碰撞时间的系数 ω：

$$\omega = \frac{T}{T_{\mathrm{ref}}} \tag{4}$$

统一碰撞时间的碰撞力平均值$\overline{F'}$：

$$\overline{F'} = \omega \cdot \overline{F} \tag{5}$$

式中：T——驳船有效碰撞时间；

T_{ref}——参考有效碰撞时间；

$\overline{F}$——有效碰撞平均值。

4 驳船等效静力统计与分析

根据驳船等效静力的计算方法，统计结果如图 4 所示。

观察图 4a）可知，不同载重吨位的驳船以相同速度撞击刚性墙时，载重 300t 驳船的有效碰撞时间比载重 90t 和 490t 驳船的有效碰撞时间长，同样，载重 840t 的驳船比相邻两个载重吨位的驳船的有效碰撞时间长。图 4b）中，驳船以相同的初始速度撞击刚性墙时，有效碰撞时间内的碰撞力平均值没有随驳船载重吨位的增加而增加，如载重 300t 的驳船以某些初始速度撞击刚性墙时，比相同速度下载重 90t 的驳船的有效碰撞力平均值小。这些现象是由于驳船的结构形式不同，驳船的总体刚度也不相同，载重 300t 和 840t 的驳船的总体刚度比较小。

图 4c）、d）分别显示了驳船撞击刚性墙时有效碰撞时间内的冲量与驳船载重、初始速度之间的关系。当初始速度为定值时，冲量随驳船载重吨位的增加而增加；当驳船的载重吨位确定时，冲量随驳船初始速度的增加而增加。与公式 $I = m \cdot v$ 比较吻合。

图 4e）～i）显示的是相同载重的驳船统一碰撞时间后碰撞力均值与速度的关系曲线。相同载重的驳船撞击刚性墙，统一碰撞时间后的碰撞力平均值随速度的增加而增加，基本符合式（6），统计不同参考时间下不同载重驳船的系数如表 1 所示。

v=0.5m/s
v=1.0m/s
v=1.5m/s
v=2.0m/s
v=2.5m/s
v=3.0m/s
v=3.5m/s
v=4.0m/s
v=4.5m/s
v=5.0m/s
有效碰撞时间（s）
载货量（t）
a)
碰撞力均值（MN）
载货量（t）
b)
冲量（MN·s）
载货量（t）
c)
90t
300t
490t
840t
1 000t
冲量（MN·s）
速度（m/s）
d)
载重量为90t的驳船，统一碰撞时间：
以2m/s的有效碰撞时间为参考F=1.474 47v
以3m/s的有效碰撞时间为参考F=0.695 77v
碰撞力均值（MN）
速度（m/s）
e)
载重量为300t的驳船，统一碰撞时间：
以2m/s的有效碰撞时间为参考F=0.738 06v
以3m/s的有效碰撞时间为参考F=0.553 23v
碰撞力均值（MN）
速度（m/s）
f)

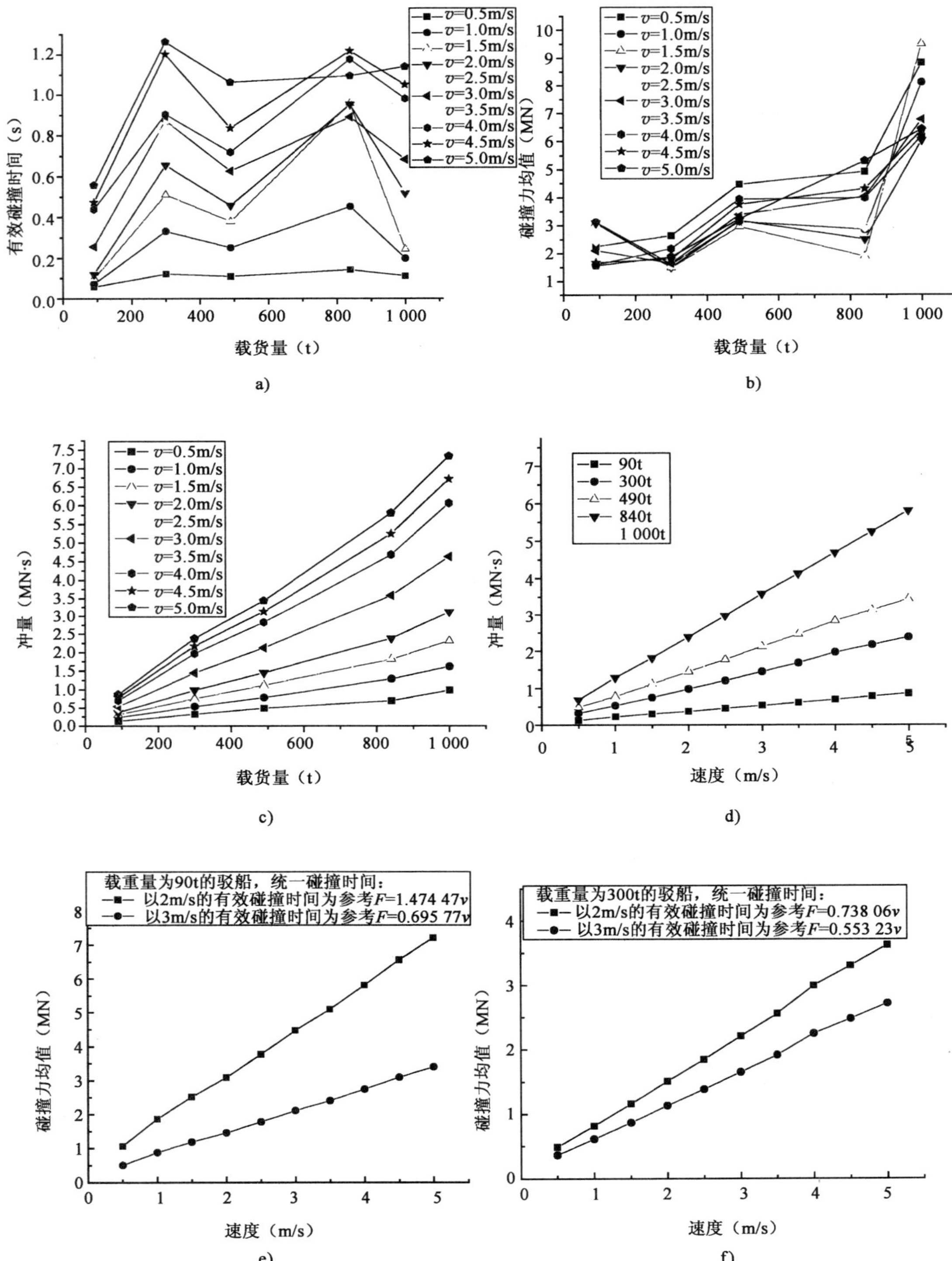

图　4

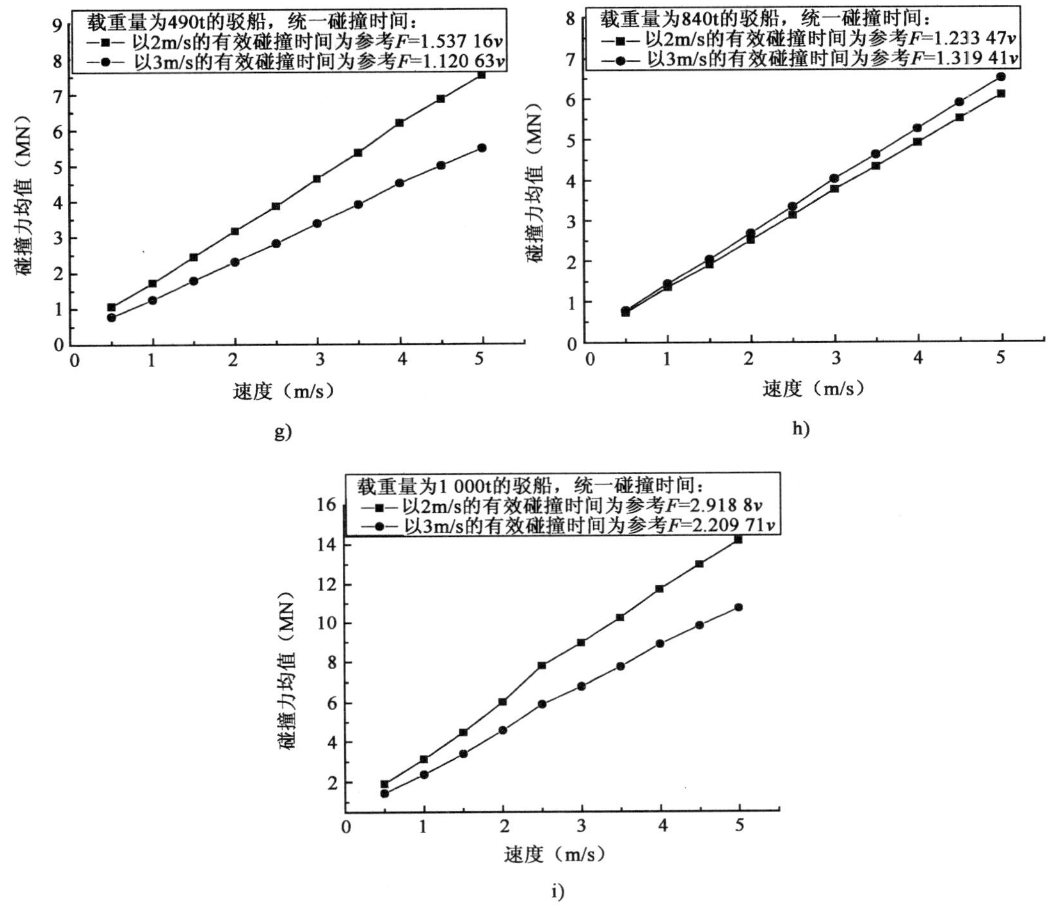

图4　驳船正撞刚性墙静力统计图

a)有效碰撞时间统计；b)有效碰撞力均值统计；c)冲量与载货量统计；d)冲量与速度统计；e)统一碰撞时间的碰撞力均值与速度关系；f)统一碰撞时间的碰撞力均值与速度关系；g)统一碰撞时间的碰撞力均值与速度关系；h)统一碰撞时间的碰撞力均值与速度关系；i)统一碰撞时间的碰撞力均值与速度关系

$$F = \lambda \cdot v \tag{6}$$

式中：F——同一载重的驳船统一碰撞时间后碰撞力均值（MN）；

v——驳船碰撞刚性墙的初始速度（m/s）；

λ——系数（$10^6 \times$kg/s）。

统一参考时间的驳船碰撞力平均值与速度的系数 λ　　表1

载重(t)	$v_{ref}=2$m/s		$v_{ref}=2$m/s	
	有效碰撞时间(s)	λ_1($10^6\times$kg/s)	有效碰撞时间(s)	λ_2($10^6\times$kg/s)
90	0.120 8	1.474 47	0.256	0.695 77
300	0.655 5	0.738 06	0.874 5	0.553 23
490	0.457 1	1.537 16	0.627	1.120 63
840	0.951 8	1.233 47	0.889 8	1.319 41
1 000	0.517 3	2.918 8	0.683 3	2.209 71

5 驳船等效静力与现有规范公式的比较

本文引言部分提及的三种规范缺乏对驳船等效碰撞静力细致直接的规定，本节针对上述三种规范与本文提出的驳船对桥梁冲击的简化静力公式进行比较，以评价上述三种规范中规定的船撞等效静力合适程度。

图 5 给出了驳船正撞情况下的计算结果，撞击速度从 0.5m/s 变化到 5.0m/s。

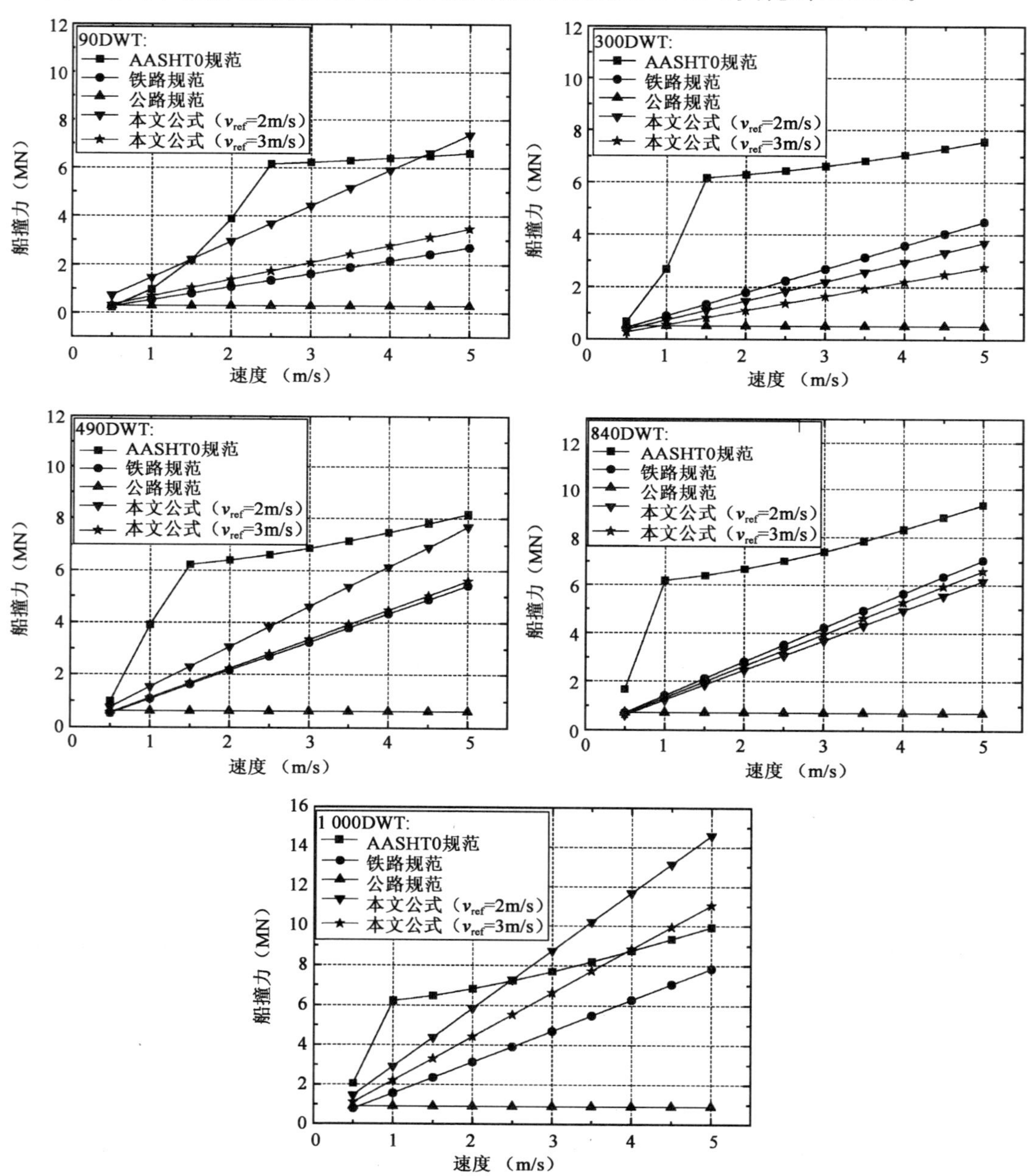

图 5 各船撞力公式正撞刚性墙计算结果比较

从图 5 中可以看出，对于同一吨位的驳船，各船撞力公式计算出的撞击力结果差别较大。一般来讲，0.5m/s 时各公式计算的结果相差不大，其他速度时公路规范计算的结果最小且不随速度变化，AASHTO 规范计算的结果较大。对于 90DWT、490DWT 和 840DWT 驳船，铁路规范和本文公式（$v_{ref}=3m/s$）的计算结果比较接近。对于 90DWT、490DWT 和 1 000DWT 驳船，本文公式（$v_{ref}=2m/s$）的计算结果比铁路规范和本文公式（$v_{ref}=3m/s$）的计算结果大些。

通过以上对船撞力计算公式的比较可以发现，公路规范的船撞力计算结果偏小，不能满足驳船速度越大碰撞力越大的规律；AASHTO 规范计算的船撞力结果适用于标准底卸式驳船，对一般驳船不适用；铁路规范没有区别船舶的种类，没有考虑到各种船舶结构的差异。

6 结语

本文通过观察驳船撞击刚性墙的碰撞力时程曲线，统计出了驳船等效静力公式。由于本文研究所采用的 5 艘驳船在结构形状和结构刚度上的差异较大，虽然本文提出的驳船等效静力是速度的函数，但是没有将驳船等效静力公式与驳船的载重吨位变化联系起来。

通过驳船等效静力公式与现有规范船撞力公式的比较，发现现有规范船撞力公式不适宜驳船船撞力设计。

此外，虽然等效静力方法概念简单、使用方便，易于被工程师接受和使用，但是由于驳船等效静力不能反映驳船对桥梁冲击的动力作用，因此等效静力方法本身存在明显缺陷。

参考文献

[1] AASHTO. Guide Specification and Commentary for Vessel Collision Design of Highway Bridges. American Association of State Highway and Transportation Officials, Washington D. C. , 1991.

[2] A. C. W. M. Vrouwenvelder. Design for Ship Impact according to Eurocode 1, Part 2. 7. Ship Collision Analysis,1998.

[3] G. R. Consolazio, R. A. Cook. Barge Impact Testing of the St. George Island Causeway Bridge Phase I: Feasibility Study, University of Florida ,2002.

[4] G. R. Consolazio, R. A. Cook. Barge Impact Testing of the St. George Island Causeway Bridge Phase II: Design of Instrumentation Systems, University of Florida , 2003.

[5] G. R. Consolazio, R. A. Cook, M. C. McVay. Barge Impact Testing of the St. George Island Causeway Bridge Phase III: Physical Testing and Data Interpretation ,University of Florida, 2006.

[6] 中华人民共和国交通部. 公路桥涵设计通用规范（JTG D60—2004）. 北京：人民交通出版社,2004.

[7] 中华人民共和国铁道部. 铁路桥涵设计基本规范（TB 10002. 1—99）. 北京：中国铁道出版社,2000.

驳船对桥梁冲击的简化动力荷载

王君杰　曹聪慧　张　龙

（同济大学土木工程防灾国家重点实验室　上海　200092）

摘　要：目前的桥梁设计规范中往往将船撞作用等效为静力作用，没有考虑船桥碰撞是动力过程的实际，无法精确地反映船桥碰撞过程。为了较为准确地计算船撞时桥梁的结构反应，本文使用有限元模拟了5艘驳船分别与刚性墙的碰撞，获得了驳船碰撞力时程曲线和撞深时程曲线，然后对这些曲线进行拟合得到了驳船对桥梁冲击的简化撞击力时程曲线和简化碰撞力—撞深关系曲线。验证计算表明，这样的简化动力荷载能够准确地获得船桥碰撞时结构的反应。

关键词：驳船碰撞　碰撞力　撞深　荷载

Simplified dynamic analysis for barge-bridge collision

Wang Junjie　Cao conghui　Zhang Long

(State Key Laboratory for Disaster Reduction in Civil Engineering,
Tongji University Shanghai, 200092)

Abstract: The current bridge design specifications often equal ship collision force to static force, they don't consider that barge-bridge collision is actually a dynamic process, can't reflect barge-bridge collision precisely, either. In order to calculate the barge-bridge collision accurately when it happens, this paper established five barge-finite-element models and used barge-bow colliding with rigid wall to gain the force-time curve and force-displacement curve, then simplified them. Verified calculations show that the simplified dynamic load can obtain the bridge's response accurately when barge-bridge collision happens.

Keywords: barge-bridge collision; collision force; collision displacement; load

1　引言

目前在各国的桥梁设计规范条款中，船撞作用往往被等效为静力作用。这种方法虽然便于应用到工程实际中，但没有考虑到船舶碰撞桥梁是一个动力过程，无法精确地反映船桥碰撞过程[1-5]。因此，为了较为准确地计算船桥碰撞过程中桥梁的结构反应，必须运用动力方法计算船桥碰撞。目前，船桥碰撞动力荷载主要通过建立船舶的有限元模型对桥梁进行碰撞得到的。由于船舶的结构非常复杂，因此对船舶进行有限元建模的工作费时费力，同时利用船舶的

项目支持：交通部西部科技项目资助，编号：200731882234；交通部行业联合科技攻关项目资助，编号：2008353344340。

作者简介：王君杰（1962—），教授，博士，从事桥梁抗震与船撞研究，E-mail：jjqxu@tongji.edu.cn。

有限元模型对桥梁进行碰撞计算的过程也是极其耗时的。从这个角度讲,建立以船舶载重、碰撞速度为变量的碰撞动力荷载模型,是很有意义的。另一方面,尽管船舶的结构复杂,船桥碰撞时,船与桥接触的桥梁下部结构的构造也不尽相同,而且船桥碰撞角度和接触情况也很复杂,但是如果忽略一些次要因素,抓住能够反映船桥碰撞过程的主要矛盾,便能够得到船桥碰撞的动力荷载公式[6-8]。综合上述两个方面,得到船桥碰撞的动力荷载模型是有意义的,同时也是可行的。而驳船作为一种重要的船舶类型,对驳船撞击桥梁的动力荷载模型进行研究是很有必要的。

目前国内外对船桥碰撞动力荷载的研究很多。本文参考孟德巍[7]简化轮船与桥梁碰撞模型的方法,将驳船与桥梁的碰撞模型简化成强迫振动模型和质量—弹簧体系分析模型。这两种简化模型的关键是得到驳船碰撞桥梁的动力荷载,即驳船动力时程荷载(简称 F-t 关系)和驳船碰撞力—撞深关系(简称 F-d 关系)。但是由驳船碰撞刚性墙得到的 F-t 关系和 F-d 关系是很多离散的数据,不便于工程使用。本文首先通过有限元计算获得了 5 艘驳船 10 种速度下碰撞刚性墙的碰撞力时程和撞深时程曲线。通过对这些碰撞力时程曲线进行处理和拟合,得到了简化碰撞力时程荷载(简称简化 F-t 关系)。然后对撞深时程曲线进行拟合,结合简化的碰撞力时程曲线,便得到了简化的碰撞力—撞深关系(简称简化 F-d 关系)。本文最后比较了船桥碰撞下结构反应和两种简化动力荷载作用下结构的反应,以验证两种简化动力荷载的精确度。

2 驳船碰撞刚性墙的计算结果

5 艘驳船 10 种速度下碰撞刚性墙的碰撞力时程曲线如图 1 所示,撞深时程曲线如图 2 所示。

由图 1 可以看出,驳船以较大的速度(≥2m/s)撞击刚性墙后会出现很尖并且持续时间较短的峰值段,然后是持续时间较长的缓和段。

由图 2 可以看出,同一驳船撞击刚性墙的最大撞深随驳船撞击速度的增大而增大,驳船撞深时程曲线形状类似二次抛物线。

3 驳船简化动力时程荷载

由图 1 中驳船正撞刚性墙的碰撞力时程曲线可知,驳船以 0.5 ~ 1.5m/s 的初始速度撞击刚性墙时,碰撞力时程曲线的持续时间较短,较小的碰撞力持续时间较短;驳船以 2 ~ 5m/s 初始速度撞击刚性墙时,碰撞力时程曲线的持续时间较长,较小的碰撞力持续时间较长,峰值较大并且较大的值持续时间短。驳船以 2 ~ 5m/s 的速度正撞刚性墙时碰撞力时程曲线中峰值段的存在,使得不容易找到适当的函数对时程曲线进行拟合,因此,本文先对驳船以大速度(2 ~ 5m/s)撞击刚性墙时的碰撞力时程曲线的峰值段进行处理,再进行类似小速度(0.5 ~ 1.5m/s)碰撞时程曲线的拟合。

3.1 大速度等效时程曲线

比较相同载重不同速度的驳船碰撞力时程曲线发现,在峰值脉冲(即较大的值)范围内,2 ~ 5m/s 的时程曲线在同一时刻的碰撞力相差不大,缓和段的同一时刻碰撞力相差较多,因此考虑将碰撞力时程曲线开始出现差异的时刻作为峰值段与缓和段的分界点。

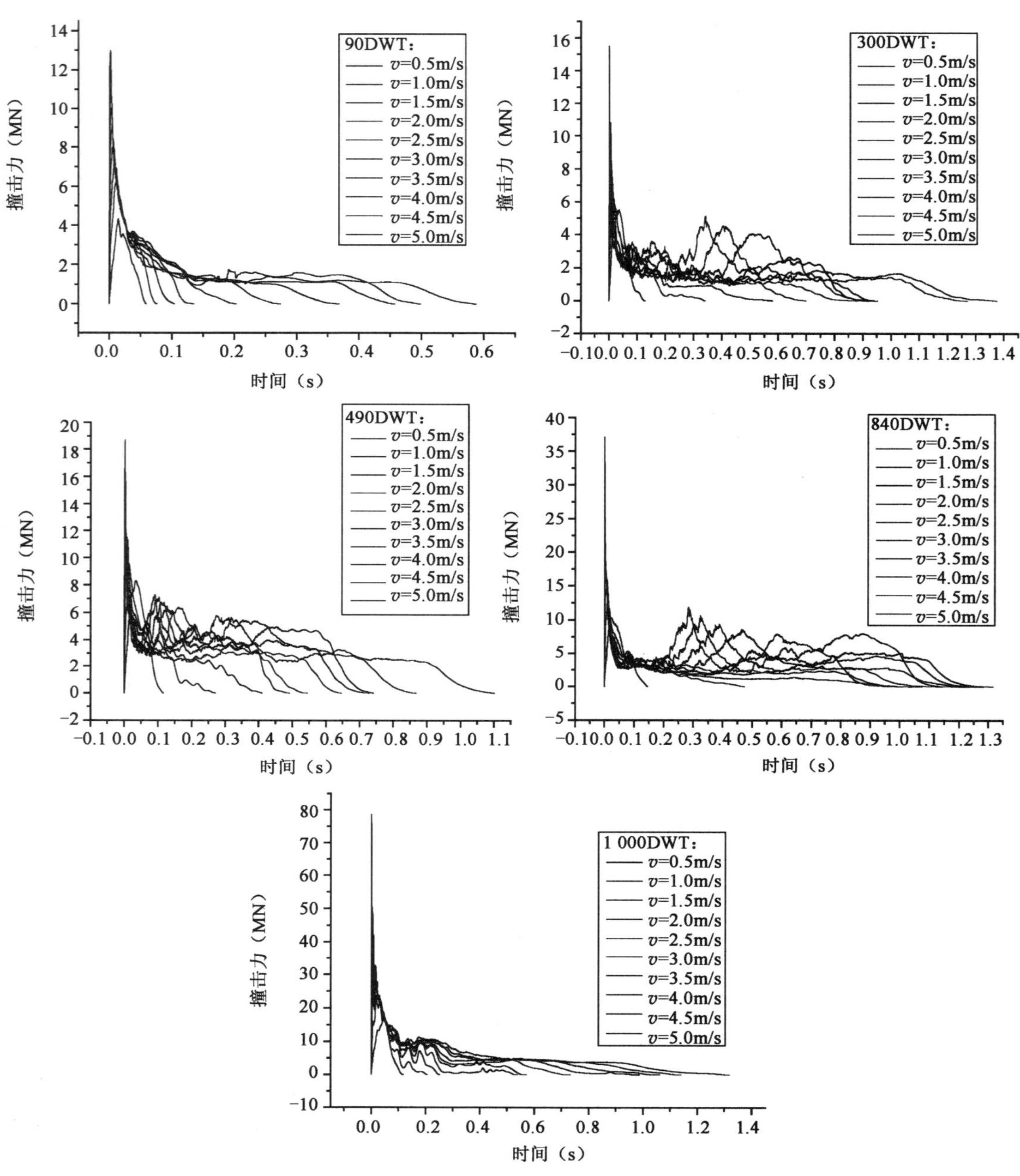

图 1　驳船正撞刚性墙碰撞力时程曲线

分界点确定方法：对同一驳船相同速度的碰撞力时程曲线分段，从有效碰撞时间开始 50 个数据点为一段，共计十余段(因为峰值脉冲与平缓段的分界点大约在 0.05s 左右)，每段有 7 组数据。分别对每段时间的相邻速度的组进行相关性统计，当同一时间段中相关性较差的组数较多时，取上一时间段末位数据点对应的时间为分界点，如图 3 所示。

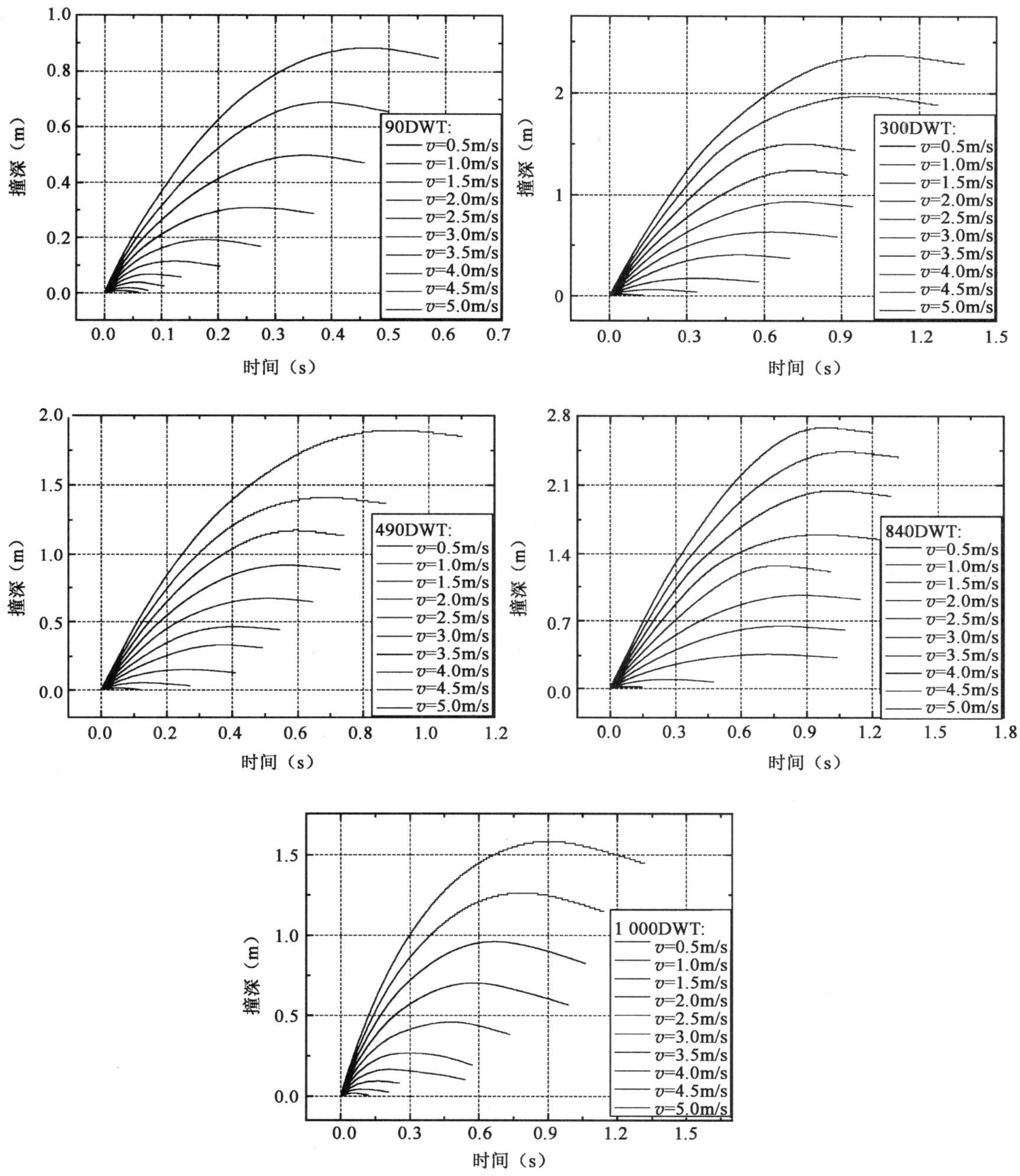

图 2　驳船正撞刚性墙撞深时程曲线

统计不同载重驳船的分段拟合的分界点如表 1 所示。

驳船大速度分段拟合的分界时间统计　　表 1

载重(t)	90	300	490	840	1 000
分界点时间(s)	0.010	0.030	0.025	0.045	0.040

峰值脉冲持续的时间较短,在遵循冲量相等的前提下,可以采用该段的有效碰撞力平均值式(1)对峰值脉冲进行等效。等效后的数据点数应与原来峰值段的数据点数相同。图4显示了驳船原始曲线、等效时程曲线以及等效时程曲线的拟合曲线。

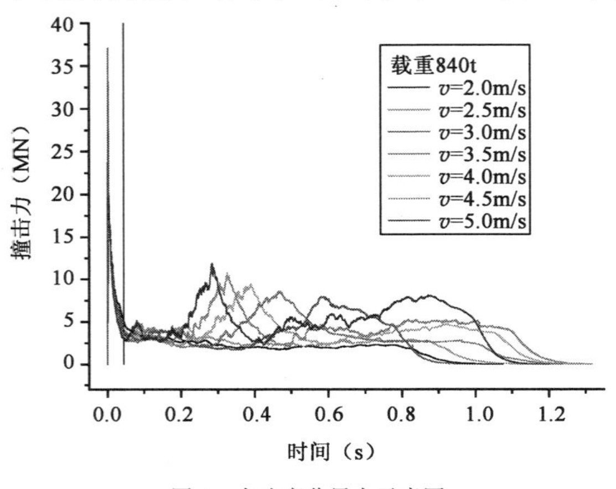

图3 大速度分界点示意图

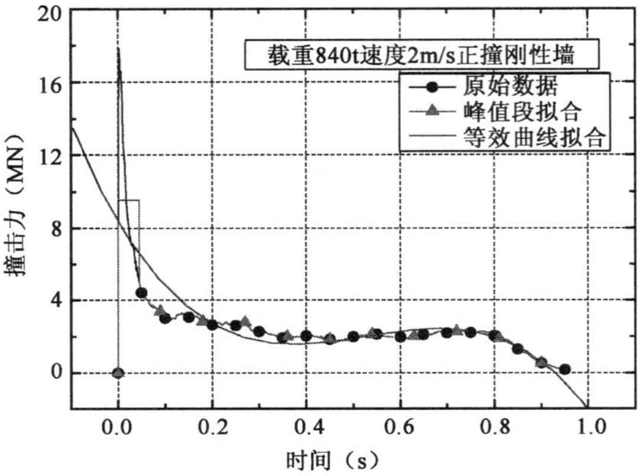

图4 驳船等效时程曲线及其拟合

峰值段的碰撞力平均值:

$$F_1 = \frac{1}{n} \cdot \sum_{i=1}^{n} F_i \tag{1}$$

式中:n——驳船撞击刚性墙时峰值脉冲段的数据点个数;

F_i——峰值脉冲段的碰撞力。

3.2 三次多项式简化荷载

经过多次尝试,发现驳船小速度碰撞刚性墙的碰撞力时程曲线和大速度时的等效碰撞力时程曲线可以拟合成三次多项式曲线,所以按照式(2)对时程曲线进行拟合。根据冲量相等的原则[2](式3),对拟合参数进行修正,修正后的参数如表2所示。

$$F = A + B \cdot t + C \cdot t^2 + D \cdot t^3 \tag{2}$$

式中: F——拟合碰撞力;

t——有效碰撞时间内的时间点;

A、B、C、D——拟合参数。

$$I = \alpha \cdot \int_0^T A + B \cdot t + C \cdot t^2 + D \cdot t^3 \mathrm{d}t \tag{3}$$

式中:α——修正系数;

T——有效碰撞力持续时间。

驳船碰撞力时程曲线按照三次多项式拟合的修正参数 表2

载重(t)	速度(m/s)	A	B	C	D
90	0.5	0.000 0	463.332 8	-16 519.340 2	150 069.908 0
	1.0	0.000 0	571.266 0	-17 450.526 8	136 243.780 6
	1.5	0.000 0	448.062 0	-10 257.107 4	59 371.618 4
	2.0	7.678 4	-177.649 8	2 303.445 8	-11 480.699 3

续上表

载重(t)	速度(m/s)	*A*	*B*	*C*	*D*
90	2.5	7.405 7	−119.537 2	877.399 6	−2 452.082 1
	3.0	7.473 3	−115.714 5	737.238 5	−1 586.165 8
	3.5	7.164 5	−95.279 8	480.665 8	−780.998 1
	4.0	6.716 1	−79.873 9	340.408 6	−446.691 1
	4.5	6.539 2	−76.862 5	322.607 1	−405.966 5
	5.0	5.693 9	−52.191 6	181.254 0	−192.955 5
300	0.5	0.000 0	351.012 7	−6 776.113 6	32 688.898 1
	1.0	5.495 6	−43.731 2	117.491 8	−102.699 3
	1.5	6.029 5	−51.314 9	166.729 7	−178.269 2
	2.0	5.088 3	−37.655 8	111.447 9	−102.235 2
	2.5	4.152 6	−18.918 6	41.914 9	−31.347 6
	3.0	4.335 7	−20.165 7	44.250 7	−30.766 1
	3.5	4.635 1	−25.164 9	61.942 4	−44.881 1
	4.0	4.226 7	−23.013 1	65.561 1	−51.481 4
	4.5	3.023 0	−3.065 8	3.289 9	−2.209 5
	5.0	3.293 0	−4.091 9	4.598 7	−2.523 0
490	0.5	0.000 0	512.369 7	−9 699.415 3	46 249.919 7
	1.0	6.892 7	−10.080 2	−286.853 1	894.649 5
	1.5	7.996 5	−68.415 1	293.645 6	−450.647 3
	2.0	8.356 2	−90.859 3	423.040 6	−581.245 8
	2.5	7.188 2	−52.215 1	229.392 5	−310.093 7
	3.0	6.006 5	−19.369 8	57.379 2	−65.959 4
	3.5	6.440 1	−27.613 9	89.769 3	−92.543 5
	4.0	6.766 6	−35.747 4	125.948 6	−125.684 1
	4.5	5.609 5	−9.229 5	26.667 1	−28.834 1
	5.0	5.911 4	−9.278 4	12.514 0	−8.182 8
840	0.5	0.000 0	542.101 7	−8 959.201 2	37 210.560 8
	1.0	11.838 4	−103.814 2	391.115 6	−527.005 2
	1.5	8.517 6	−45.662 1	86.726 6	−51.346 5
	2.0	8.161 6	−42.116 4	86.384 1	−54.274 6
	2.5	7.722 1	−33.492 0	65.068 4	−38.798 0
	3.0	9.530 5	−71.826 0	199.171 0	−148.260 7
	3.5	5.053 0	−6.280 5	15.370 7	−12.191 3
	4.0	5.711 4	−9.794 5	19.657 7	−12.384 4
	4.5	6.316 4	−13.303 6	26.432 2	−15.452 2
	5.0	7.394 7	−25.755 9	63.560 0	−40.819 7

续上表

载重(t)	速度(m/s)	A	B	C	D
1 000	0.5	0.000 0	900.154 3	-15 614.768 4	67 487.399 8
	1.0	16.295 8	121.721 8	-3 378.804 8	12 336.573 3
	1.5	24.954 9	-225.556 0	838.166 1	-1 263.731 5
	2.0	25.361 3	-167.012 1	374.534 6	-275.756 6
	2.5	26.651 5	-175.000 4	447.929 1	-393.173 9
	3.0	27.154 0	-174.762 7	423.706 7	-333.689 9
	3.5	25.692 7	-146.707 6	320.921 1	-225.316 0
	4.0	23.5186	-106.0909	188.2068	-108.761 4
	4.5	23.430 7	-98.325 5	163.017 7	-87.518 0
	5.0	23.091 1	-86.427 7	128.723 5	-62.528 5

3.3 解析式简化荷载

尝试拟合驳船小速度碰撞刚性墙的碰撞力时程曲线和大速度时的等效碰撞力时程曲线时,发现时程曲线还可以拟合成解析式曲线,即按照式(4)对时程曲线进行拟合。根据冲量相等的原则(式5),对拟合参数进行修正,修正后的参数如表3所示。

$$F = a \cdot t^{b \cdot t^{-c}} \tag{4}$$

式中:F——拟合碰撞力;

t——有效碰撞力持续时间内的时间点;

a、b、c——拟合参数。

$$I = \beta \cdot \int_0^T a \cdot t^{b \cdot t^{-c}} \mathrm{d}t \tag{5}$$

式中:β——修正系数;

T——有效碰撞力持续时间。

驳船碰撞力时程曲线按照解析式拟合的修正参数 表3

载重(t)	速度(m/s)	a	b	c
90	0.5	9E-12	-17.315 67	-0.237 55
	1.0	3.93E-06	-8.481 61	-0.220 03
	1.5	0.000 536	-5.209 67	-0.203 97
	2.0	0.029 1	-2.558 0	-0.170 0
	2.5	0.038 3	-2.369 9	-0.163 3
	3.0	0.081 9	-1.895 1	-0.149 3
	3.5	0.132 6	-1.573 6	-0.135 0
	4.0	0.192 4	-1.328 0	-0.119 8
	4.5	0.368 5	-0.932 3	-0.093 1
	5.0	11.765 8	5.854 7	-0.844 6

续上表

载重(t)	速度(m/s)	*a*	*b*	*c*
300	0.5	1.47E-11	-20.556 83	-0.283 04
	1.0	7.194 53	11.363 26	-1.263 53
	1.5	7.989 269	8.103 71	-1.143 56
	2.0	6.529 2	6.071 6	-1.110 4
	2.5	0.659 0	-0.730 6	-0.111 8
	3.0	3.171 4	6.589 1	-2.109 7
	3.5	2.110 7	11 276.263 5	-36.507 9
	4.0	1.744 9	-0.184 0	-0.002 7
	4.5	1.283 1	-0.454 5	-0.125 3
	5.0	1.347 0	-0.529 1	-0.183 2
490	0.5	1.7E-10	-19.202 02	-0.286 61
	1.0	0.005 917	-4.812 81	-0.246 51
	1.5	7.861 851	6.720 85	-1.319 6
	2.0	9.798 5	3.199 6	-0.849 5
	2.5	7.005 4	3.242 9	-1.192 0
	3.0	4.754 6	13.782 9	-3.501 5
	3.5	4.120 9	2 035.705 6	-14.406 2
	4.0	4.426 9	130 043.530 6	-25.766 5
	4.5	4.740 9	33.917 2	-7.368 0
	5.0	4.041 8	10.921 7	-4.755 4
840	0.5	8.032 792	2 111.630 3	-3.644 87
	1.0	10.276 49	10.415 01	-1.446 72
	1.5	0.401 924	-1.459 71	-0.152 52
	2.0	6.478 0	7.732 2	-1.727 7
	2.5	5.045 1	5.020 9	-1.777 3
	3.0	4.360 8	9 087.840 6	-40.886 3
	3.5	3.967 1	-2.948 4	-49.205 9
	4.0	4.276 2	-1.138 8	-21.080 7
	4.5	4.646 0	-0.253 4	-24.830 6
	5.0	4.947 8	-11.954 8	-9.513 6
1 000	0.5	5.48E-11	-21.454 37	-0.298 53
	1.0	2.44E-05	-9.807 95	-0.262 87
	1.5	23.440 53	19.208 87	-1.688 56
	2.0	24.942 2	14.826 5	-1.634 9
	2.5	27.295 1	9.212 2	-1.440 5

续上表

载重(t)	速度(m/s)	a	b	c
1 000	3.0	28.759 1	9.032 1	-1.417 1
	3.5	27.664 5	9.804 6	-1.520 4
	4.0	17.177 2	19.885 0	-2.752 7
	4.5	2.338 6	-1.054 1	-0.142 6
	5.0	7.384 3	2.564 7	-2.484 5

4 驳船简化碰撞力—撞深关系

由引言中提到的碰撞力—弹簧体系分析模型可知,需要对驳船撞击刚性墙的碰撞力—撞深关系曲线进行简化,来得到 F-d 关系。

上节介绍的不同初始速度下驳船正撞刚性墙的有限元动力计算,得到了一系列时域上的计算结果,例如驳船碰撞力时程曲线(图1),驳船撞深的时程曲线(图2)等。为了获得撞击力 F 与撞深 d 之间的对应关系,需要将时间 t 作为中间变量消去,具体的思路如图5所示。

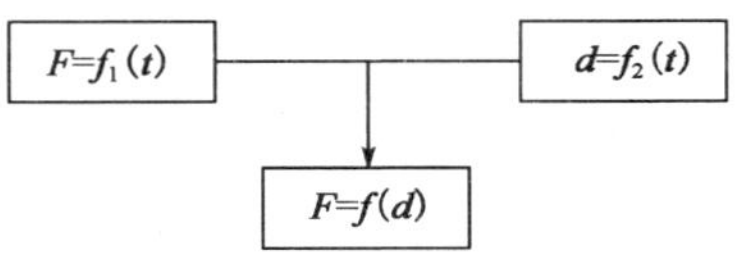

图5 获得撞击力—撞深关系的方法

将不同初始速度下的船撞力 F 转化为驳船撞深 d 的函数:

$$F = f(d) \tag{6}$$

上节已经对驳船撞击刚性墙的碰撞力时程曲线进行了拟合,需要对撞深时程曲线进行拟合。

4.1 撞深时程拟合

驳船正撞刚性墙的撞深时程曲线如图2所示。撞深时程曲线形状类似二次多项式函数曲线,并且初始时刻的撞深为零,因此用常数项为零的二次多项式(式7)对驳船正撞刚性墙的撞深时程曲线进行拟合。拟合结果应该保证拟合撞深的最大值与原始数据的最大撞深值相等,即按照式(8)对拟合结果进行修正,修正拟合参数见表4。

$$d = E \cdot t + F \cdot t^2 \tag{7}$$

式中:d——驳船正撞刚性墙的撞深;

t——驳船正撞刚性墙有效碰撞时间内的时间点;

E、F——参数(表4)。

$$d_{max} = \gamma \cdot (E \cdot t_0 + F \cdot t_0^2) \tag{8}$$

式中:d_{max}——驳船正撞刚性墙的最大撞深;

γ——修正系数;

t_0——拟合曲线最大撞深的对应时间,一般情况下,$t_0 = -\dfrac{E}{2F}$ 或 $t_0 = T$;

T——有效碰撞时间。

驳船正撞刚性墙撞深时程曲线拟合的修正参数 表4

载重(t)	速度(m/s)	修正 E	修正 F	载重(t)	速度(m/s)	修正 E	修正 F
90	0.5	0.527 7	-8.616 6	840	0.5	0.442 1	-2.454 2
	1.0	0.916 7	-10.830 3		1.0	0.675 9	-1.187 7
	1.5	1.273 5	-10.401 5		1.5	1.005 9	-0.697 2
	2.0	1.558 8	-8.939 8		2.0	1.618 2	-1.012 7
	2.5	1.770 9	-6.827 2		2.5	2.172 1	-1.227 5
	3.0	2.093 6	-5.718 7		3.0	3.006 8	-1.777 7
	3.5	2.394 9	-4.635 5		3.5	3.379 3	-1.782 5
	4.0	2.900 4	-4.215 1		4.0	3.912 3	-1.871 4
	4.5	3.524 8	-4.507 6		4.5	4.438 9	-2.019 8
	5.0	3.916 0	-4.339 6		5.0	5.114 3	-2.438 4
300	0.5	0.465 6	-3.532 3	1 000	0.5	0.582 0	-4.634 9
	1.0	0.653 1	-1.702 2		1.0	0.744 1	-3.223 4
	1.5	0.959 8	-1.323 0		1.5	1.157 1	-3.550 5
	2.0	1.610 1	-1.594 2		2.0	1.116 4	-1.858 6
	2.5	2.020 9	-1.618 6		2.5	1.585 5	-2.339 7
	3.0	2.588 0	-1.792 2		3.0	1.947 7	-2.065 6
	3.5	3.232 1	-2.100 2		3.5	2.275 0	-1.839 5
	4.0	3.939 9	-2.579 6		4.0	2.761 2	-1.984 3
	4.5	4.112 9	-2.145 7		4.5	3.215 3	-2.049 2
	5.0	4.587 7	-2.215 6		5.0	3.509 7	-1.946 9
490	0.5	0.535 8	-4.512 4	490	3.0	2.704 9	-2.730 3
	1.0	0.728 3	-2.408 2		3.5	3.225 2	-2.833 8
	1.5	1.140 6	-2.124 8		4.0	3.861 5	-3.172 0
	2.0	1.755 4	-2.290 6		4.5	4.205 9	-3.136 6
	2.5	2.256 9	-2.739 1		5.0	4.424 2	-2.584 6

4.2 碰撞力—撞深关系推导

为了获得较为简便的质量—弹簧体系分析模型的解析公式，本节选取强迫振动分析模型的三次多项式公式及撞深时程的二次多项式公式进行推导，推导过程如下：

碰撞力时程拟合公式：

$$F = A + B \cdot t + C \cdot t^2 + D \cdot t^3 \tag{9}$$

撞深时程拟合公式：

$$d = E \cdot t + F \cdot t^2 \tag{10}$$

由式(10)得

$$t^2 = \frac{d - E \cdot t}{F} \tag{11}$$

将式(11)带入式(9)得:

$$
\begin{aligned}
F &= A + B\cdot t + C\cdot\frac{d - E\cdot t}{F} + D\cdot t\cdot\frac{d - E\cdot t}{F} \\
&= A + \frac{C}{F}\cdot d + \left(B - \frac{C\cdot E}{F} + \frac{D}{F}\cdot d\right)\cdot t - \frac{D\cdot E}{F}\cdot t^2 \\
&= A + \frac{C}{F}\cdot d + \left(B - \frac{C\cdot E}{F} + \frac{D}{F}\cdot d\right)\cdot t - \frac{D\cdot E}{F}\cdot\frac{d - E\cdot t}{F} \\
&= A + \frac{C}{F}\cdot d - \frac{D\cdot E}{F^2}\cdot d + \left(B - \frac{C\cdot E}{F} + \frac{D}{F}\cdot d + \frac{D\cdot E^2}{F^2}\right)\cdot t
\end{aligned}
\tag{12}
$$

由式(10)得:

$$
t = t_i \qquad (i = 1,2) \tag{13}
$$

其中 $t_1 = \dfrac{-E + \sqrt{E^2 + 4\cdot F\cdot d}}{2\cdot F}$,$t_2 = \dfrac{-E - \sqrt{E^2 + 4\cdot F\cdot d}}{2\cdot F}$。

观察图2,撞深时程拟合曲线是开口向下、对称轴在 t 轴正方向的二次抛物线,根据该曲线的特点,得到 $E>0, F<0$,这在表4中得到验证,此时可知,$t_1 < t_2$。因为驳船碰撞刚性墙的过程中,我们主要关心撞深达到最大值之前的过程,因此式(13)中 $t = t_1$。

将式(13)带入式(12)得

$$
\begin{aligned}
F = &\left(A - \frac{B\cdot E}{2\cdot F} + \frac{C\cdot E^2}{2\cdot F^2} - \frac{D\cdot E^3}{2\cdot F^3}\right) + \left(\frac{B}{2\cdot F} - \frac{C\cdot E}{2\cdot F^2} + \frac{D\cdot E^2}{2\cdot F^3}\right)\cdot\sqrt{E^2 + 4\cdot F\cdot d} \\
&+ \left(\frac{C}{F} - \frac{3\cdot D\cdot E}{2\cdot F^2}\right)\cdot d + \frac{D}{2F^2}\cdot d\sqrt{E^2 + 4\cdot F\cdot d}
\end{aligned}
\tag{14}
$$

式中:A、B、C、D、E、F——修正后的参数;

d——撞深;

F——碰撞力。

5 简化动力荷载的检验与评价

为了检验驳船简化动力时程荷载和简化碰撞力—撞深关系的精度,本文以上海长江大桥辅航道桥为背景,比较了不同简化动力荷载下的桥梁结构有限元响应的精度。计算的工况为载重490t的驳船以4m/s的速度撞击辅航道桥主墩。

5.1 桥梁结构的基本资料

上海长江大桥辅通航道桥为主跨140m的两幅分离式混凝土连续箱梁桥,跨径组合为80m+140m+140m+80m,两幅桥上部结构相互分离,桥面宽度33m。主墩和边墩均采用分离式的薄壁箱形空心墩,截面尺寸分别为6.5m×5.0m和6.0m×3.5m,墩柱壁厚0.5~0.6m,主墩最大墩高23.84m,边墩高26.12m。主墩和边墩基础分别采用16根和10根 Φ2.5~3.2m变直径钻孔灌注桩基础,桩长分别为110m和81m,桩身均采用C30混凝土。该桥的有限元建模,如图6所示。

5.2 简化碰撞模型的有效性

为了验证强迫振动分析模型和质量—弹簧体系模型的有效性,进行了有限元碰撞计算与采用精确碰撞力时程荷载(F-t 关系)的强迫振动模型,以及采用精确碰撞力—撞深关系(F-d

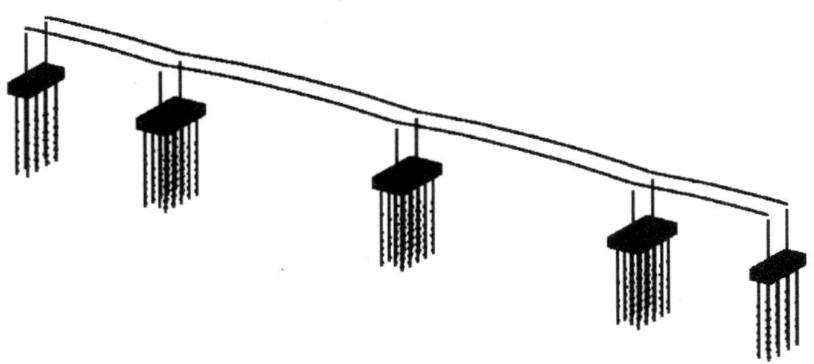

图6 上海长江大桥辅通航道桥有限元模型

关系)的质量—弹簧体系模型的有限元计算对比(图7)。

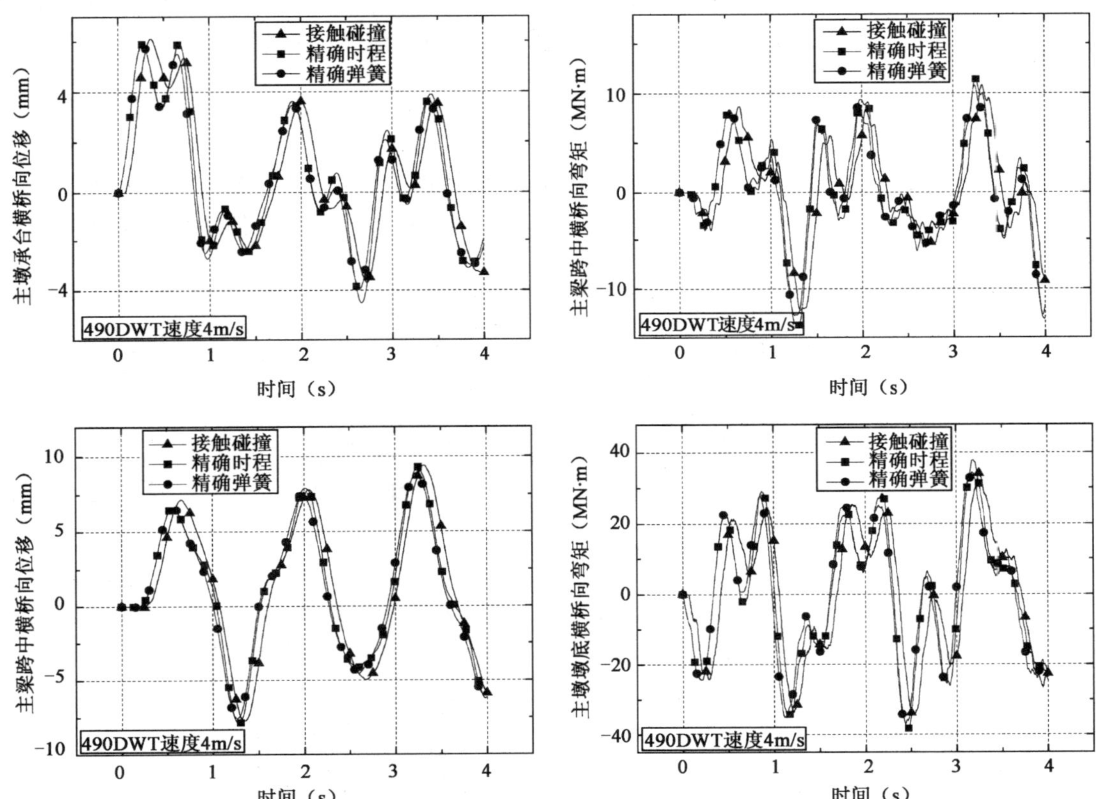

图7 辅航道桥碰撞接触计算与采用精确碰撞力时程荷载的强迫振动模型、精确碰撞力—撞深关系的质量—弹簧体系模型的部分计算结果对比

为了评判简化分析模型计算结果的优劣,规定下列评判标准:

概率论中使用相关系数[9]描述两个随机变量的相关程度,这里引入指标ρ_{12}表示两条时程响应曲线y_1和y_2(各含有i个数据点)的相关程度:

$$\rho_{12}=\frac{\frac{1}{n}\sum_{i=1}^{n}y_{1i}\cdot y_{2i}-\frac{1}{n^2}\sum_{i=1}^{n}y_{1i}\cdot\sum_{i=1}^{n}y_{2i}}{\frac{1}{n-1}\sqrt{\sum_{i=1}^{n}\left(y_{1i}-\frac{1}{n}\sum_{i=1}^{n}y_{1i}\right)\cdot\sum_{i=1}^{n}\left(y_{2i}-\frac{1}{n}\sum_{i=1}^{n}y_{2i}\right)^2}}\tag{15}$$

上式中，ρ_{12}的数值越接近于1，二者的正相关水平越高。

按照相关系数评价指标对图7中的数据进行评比，见表5。

简化碰撞模型的评价指标 P_{12} 表5

工　况	对　比　项	强　迫　振　动	质量—弹簧
位移响应	主墩承台	0.905	0.871
	主梁跨中	0.950	0.919
内力响应	主梁跨中	0.808	0.750
	主墩墩底	0.839	0.771

从表5中可以发现，采用精确时程荷载的强迫振动模型以及精确撞击力—撞深关系的质量—弹簧体系分析模型，其计算结果均与船桥的接触碰撞计算结果有较高的吻合。采用精确 *F-t* 关系的强迫振动模型和采用精确 *F-d* 关系的质量—弹簧体系模型是完全可以替代船桥碰撞接触计算的。

5.3 简化动力荷载模型的有效性

为了验证强迫振动分析模型和质量—弹簧体系模型的有效性，通过桥梁结构的有限元计算，比较使用不同简化的 *F-t* 的强迫振动和简化 *F-d* 关系的质量—弹簧体系分析模型与接触碰撞的计算结果(图8)。

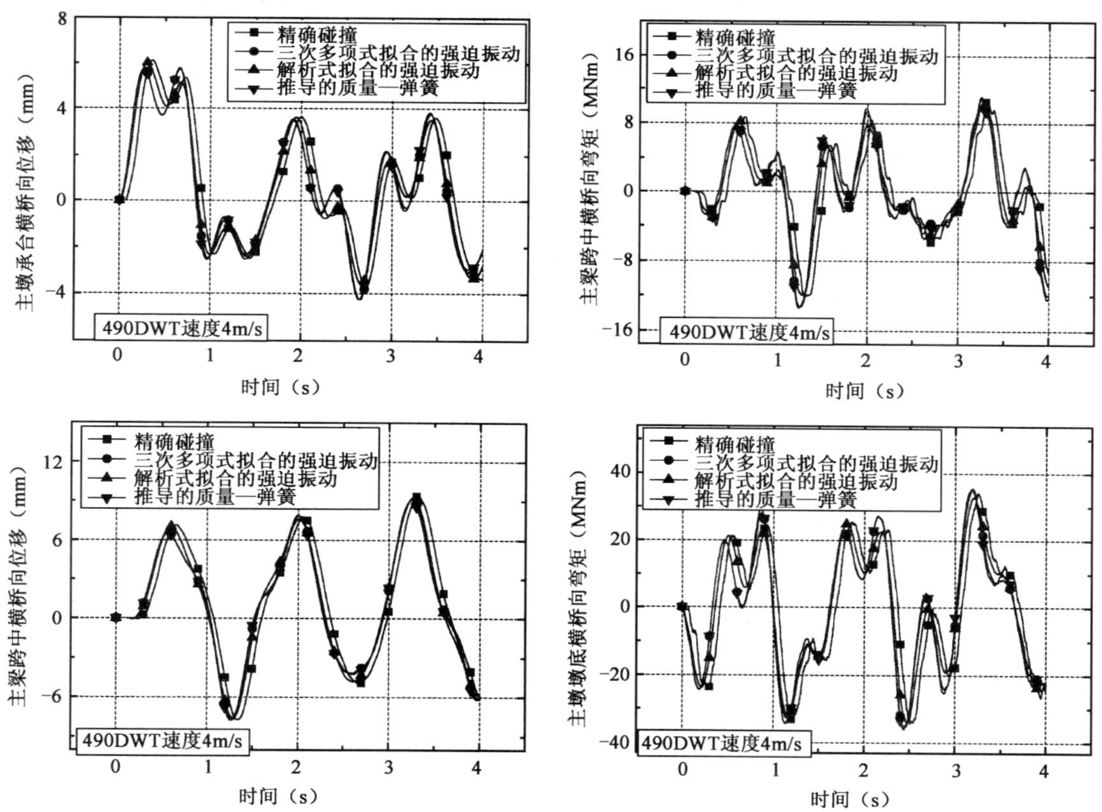

图8 辅航道桥碰撞接触计算与三次多项式、解析式拟合的强迫振动模型及推导公式的质量—弹簧体系模型的部分计算结果对比

按照相关系数评价指标(式 15)对图 8 中的数据进行评比,见表 6。

简化动力荷载模型的评价指标 P_{12} 表 6

工　况	对 比 项	强 迫 振 动		质量—弹簧
		三次多项式	解析式	推导的简化公式
位移响应	主墩承台	0.908	0.951	0.890
	主梁跨中	0.951	0.962	0.942
内力响应	主梁跨中	0.805	0.901	0.775
	主墩墩底	0.836	0.913	0.809

观察表 6 可以发现,采用简化动力时程荷载的强迫振动模型以及简化碰撞力—撞深关系的质量—弹簧体系模型,其计算结果均与船桥的接触碰撞计算结果有较高的吻合。作用在辅桥上的简化强迫振动模型略优于简化质量—弹簧体系模型。

6 结语

本文通过对驳船碰撞力时程曲线的拟合,得到了适用于驳船与桥梁碰撞的强迫振动模型的简化动力时程荷载表达式;通过驳船碰撞力时程曲线的拟合公式与撞深时程曲线的拟合公式,推导出了适用于驳船与桥梁碰撞的质量—弹簧体系分析模型的简化碰撞力—撞深关系表达式。最后以实际工程为背景,比较了不同简化动力荷载下的桥梁结构有限元响应,发现本文通过拟合得到的简化碰撞力时程荷载以及由碰撞力时程公式和撞深时程公式推导出的简化碰撞力—撞深关系均有比较好的计算效果。

但是,本文所得到的驳船动力荷载模型是针对不同载重吨位和不同碰撞初始速度的,这些动力荷载模型相对于载重吨位和碰撞初始速度来说是孤立的,没有得到能够包含载重吨位和碰撞初始速度这两个变量的统一的动力荷载模型。从工程实际应用的角度来说,统一的动力荷载模型是有意义的。

参 考 文 献

[1] 王君杰,范立础.建立桥梁船撞动力设计理论与方法的建议[C].第 18 届全国桥梁学术会议论文集(下册),2008:943-949.

[2] 欧碧峰.基于微平面模型的桥梁船撞数值模拟与简化动力分析[博士学位论文].同济大学,2008.

[3] 陈诚.桥梁设计船撞力及损伤状态仿真研究[硕士学位论文].同济大学,2006.

[4] 颜海泉.桥梁船撞有限元仿真分析[硕士学位论文].同济大学,2004.

[5] 罗林阁,曹映泓,陈国虞,等.船舶撞击桥梁的撞击力计算方法探讨[J].中外公路,2006(5):79-81.

[6] 李雅宁,金允龙,胡志强,等.船舶—桥墩碰撞与防护计算[J].交通部上海船舶运输科学

研究所学报,2004,27(1):9-13.

[7] 孟德巍.船撞桥的简化动力分析.[硕士学位论文].同济大学,2010.

[8] 胡志强,顾永宁,高震,等.基于非线性数值模拟的船桥碰撞力快速估计[J].工程力学,2005,22(3):235-240.

[9] 同济大学应用数学系.概率统计简明教程[M].北京:高等教育出版社,2003.

"桥梁防撞设计规定"的研究

陈国虞

（上海海洋钢结构研究所 201204）

摘 要：本文就船撞桥的冲击动力学原理，船撞墩速度的确定，船撞墩概率，桥墩坚固性与撞塌几率关系等方面进行对比研究。桥梁设计者分析了这几方面之后，便对设计柔性防撞装置的方法有了进一步的认识，将会有助于利用我国公开的企业指南进行防撞装置的设计。此外，本文附带指出，欧洲规范是一个多国共同的标准，它在船舶撞击桥梁方面有精辟的条文，可供对比研究参考。

关键词：船撞桥 偶然作用 对比研究

Studies of the anti vessel-bridge collision design provisions

Chen Guoyu

(Shanghai Marine Steel & Structure Research Institute, Shanghai, 201204)

Abstract: The American Association of State Highway and Transportation Officials (AASHTO) also have a Guide Specification and Commentary for Vessel Collision Design of Highway Bridge. It includes rigidity, elastic-plastic and some soft structures which has been including to The "Specification for Design of Highway Bridge" of AASHTO. In this paper, give out a comparative studies on how to use the impact dynamics view-point to taking collision, how to determine the velocity of the ship in-front the pier, discuss the probability of ship collision and the relation of pier consistence with bridge collapse.

Keywords: ship-bridge collision; casual action; comparative studies

欧洲规范 EN1991-2-7 中的船撞桥部分是按国际"航行船舶与桥梁相互影响"专题会议在 1983 年 6 月哥本哈根会议的要求，经过 8 年的研究于 1991 年形成一个综述和指南，在此指南的基础上编修成的规范，1991 年的"综述和指南"有译本在我国流传。此欧洲规范包括车船对桥梁上部、下部的撞击，还包括爆炸载荷，是一个范围很广的规范。

欧洲的结构规范共有 10 个，即 EN1990 ~ EN1999，题目分别是结构设计基础、结构作用、混凝土结构设计、钢结构设计、钢和混凝土组合结构设计、木结构设计、圬工结构设计、纤维结构设计、抗震结构设计和铝结构设计。我们讨论的只是"EN1991 ——结构作用"当中的一部分。为了对比研究，将该规范（包括"船撞桥"的部分）全译出来，作为附录，供对比研究之参考。

作者简介：陈国虞（1934—），男，研究员，长期从事造船和海洋工程材料的应用研究。

美国的《公路桥梁船撞设计指南》(第二版,2009)[3]是美国各州公路和运输工作者协会的文件,它的特点是对概率分析有独到之处,而且给出的公式有可操作性,最终能得出一项几率的数值,并给出对这项几率数值的衡准值。该指南要求美国所有新建的和现有的桥梁必须按其规定的方法计算出撞塌几率数值,与指南给出的衡准数值作对比,以此决定是否做防撞装置。该指南指出:在世界上美国是唯一作这样规定的国家——使人感到该指南的重要性。该美国指南卷首说明适用于公路桥,其中的船撞击桥墩的力是根据美国公路跨越内河的驳船和商船航线的情况分析研究而来的,而没有提到铁路桥。

以下选几个重要的问题进行对比研究。

1 航行船舶撞击桥墩是一个冲击动力学问题[8]

船撞桥的参数特征如表1所示。

船撞桥的参数特征 表1

船舶质量(kg)	船速(m/s)	尺度(m)	动能(MJ)	撞击时间(s)
$10^6 \sim 10^8$	10^0	10^2	$10 \sim 10^2$	10^0

虽然,航行船舶通过桥梁时的航速,交通部门规定只有每秒几米(多个港口的安全航行监督规定港内航速低于8kn,即≤4m/s),而且航行管理部门还要求过桥减速。至于川江、急流、海峡等航道,流速较大,顺水航行的船舶为了保持舵效,对地航速必须大于流速,这样在某些海峡和内河流速较大的桥梁,船舶对桥墩的航速可能达到5~8m/s之间。

有可能撞坏桥墩的船,它的质量和尺度都比较大,当长度达到100~300m时,冲击波在船体结构中来回传播一次需要1~10s,由于质量大、动能大,想用吸收、消耗掉(一般是转化为势能和热能)大部分能量的防撞方法,则防撞装置将会很大,消耗的财力物力也会很多。

所以说,船撞桥是一个在数秒钟内的时间历程中,具有巨大能量交换的动态过程,本质上是一个复杂的冲击动力学问题。

事实上,以应力波传播理论来看,撞击界面的动态载荷是由撞击物与被撞击物(包括防撞装置)互相耦合的波传播过程共同决定的,而波传播的具体过程则又视船舶、桥墩和防护设施的结构与材料的不同,以及初始边界条件等的不同而明显不同。从这个意义上来说,很难要求用一个简化公式来描述这么复杂的冲击动力学的问题。人们开始转向采用动态有限元方法(例如采用LS-DYNA软件程序)针对各个具体问题作进一步数值模拟分析。数值模拟分析的关键在于正确的物理建模,而其中防撞结构类型设计,是由正确的防撞设计指导思想而来的,有了正确思想指导设计,设计出优良、合用的结构和元件,才能进行物理建模。

2 对使用半经验公式的比较

欧洲规范明确应有动力分析,如果没有进行动力分析时,欧洲规范对内河船撞击桥墩的力给出表C3,并说明需加一个动力放大系数;对海船没有动力分析时,给出的表C4,后者已经加了放大系数。读者会发现这两个表给出的值都相当大,以致对很多现已建造的桥梁均须重新校核。

应该指出,将海船和内河船的船撞力分开两张表的做法,已经起了一些副作用,江海联运

(浅吃水肥大船)的兴起及其近20年来的发展,使一艘船通过河口前后即有两个相差很大的船撞力[7]。

美国指南对船撞击桥墩的力只给出一个经验公式,研究指出[4]这个公式是中国指南推荐的铁路规范公式的一个过分的简化。它将7个变量简化为常数1.2。该文献指出不应使用过分简化的公式。

3 计算船撞力时采用的速度[6]

速度是计算船撞力的重要参数,在多数的经验和半经验公式中,认为撞击力的值正比于撞击速度。

两规范都表明计算船撞力时所采用的速度应该是船撞上墩的速度,但这个速度在桥梁设计时应取多少,是个值得研究的问题。

欧洲规范规定:内河船采用3m/s,港湾区1.5m/s;海船采用5m/s,港湾区采用2.5m/s,两组数值都考虑了流速。

美国规范给出了一个很有意思的图(图1),这个图认为船偏离航道边缘后速度会直线下降,在距离航道边缘3倍船长时,船速下降至年平均流速。

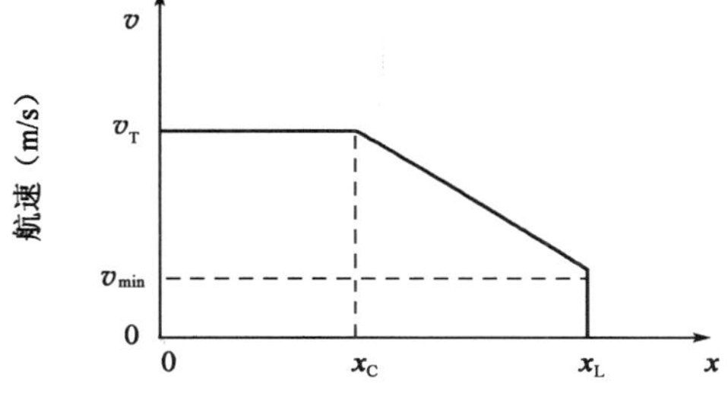

图1 美国指南设计撞击速度分布图

v-设计撞击速度(m/s);v_T-典型船航速(m/s);v_{min}-最小设计撞击速度(m/s),不得小于年平均流速;x-至航道中线距离(m);x_c-至航道边缘距离(m);x_L-典型船船长3倍距离(m)

现在举两个近来发生的船撞桥的例子,其一是美国40号州际公路的阿肯色河桥,于2002年5月26日被驳船撞塌非通航孔的桥墩,导致桥塌。当时驾驶员犯晕,船撞上去才知道,从桥上掉下15车,死14人;其二是广东九江大桥,于2007年6月16日被运沙船撞上非通航孔桥墩,桥塌4孔,死9人,船撞桥后,船头入水,船尾翘起,螺旋桨一直在转。这两例说明船撞上桥墩的偶然事故发生时,实属意外,没有人去关车更谈不上减速。所以称为"失舵不失速"的工况。

两规范选用的速度都指船撞上墩时的速度,当然应该以船撞桥事故发生时的实际情况为依据。

实例证明,船偏离航道以一定角度意外撞上桥墩,在撞击方向上的航速不会下降,只是角度变了。

我国通航论证专业的学者与研究船撞桥的学者一起提出并采用了一种计及该墩墩前速度的较准确的方法[6],墩前速度由实测得出。例如:安庆铁路长江大桥某墩所测得桥位处流速分布如图2所示。桥位实测流速和水深,测时水位5.32m,测时流量16 700m^3/s。

根据前述分析,可以分别按照美国(ASSHTO)指南推荐的船速折减方法和本文考虑流速折减的方法得出船舶撞击速度沿桥向分布比较图,如图3所示。图中原点表示桥梁主跨的中心。

由图3可以看出,当河道比较宽时,美国指南与实际相差越远。

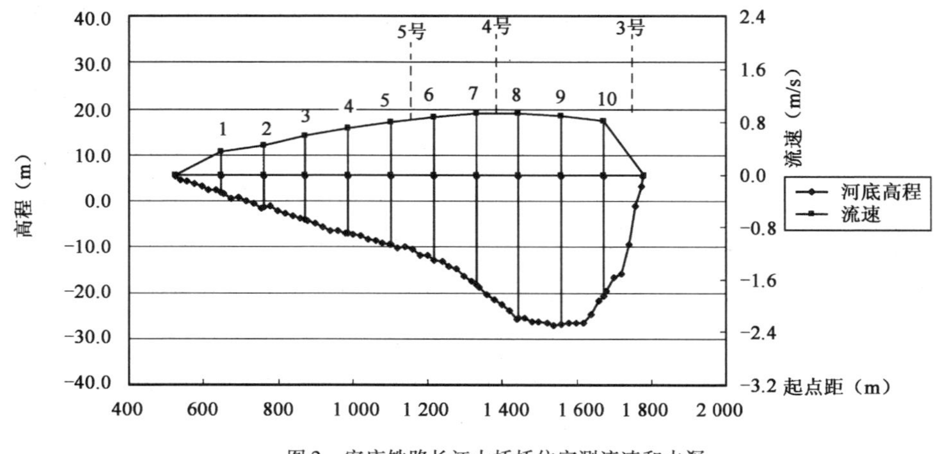

图 2　安庆铁路长江大桥桥位实测流速和水深

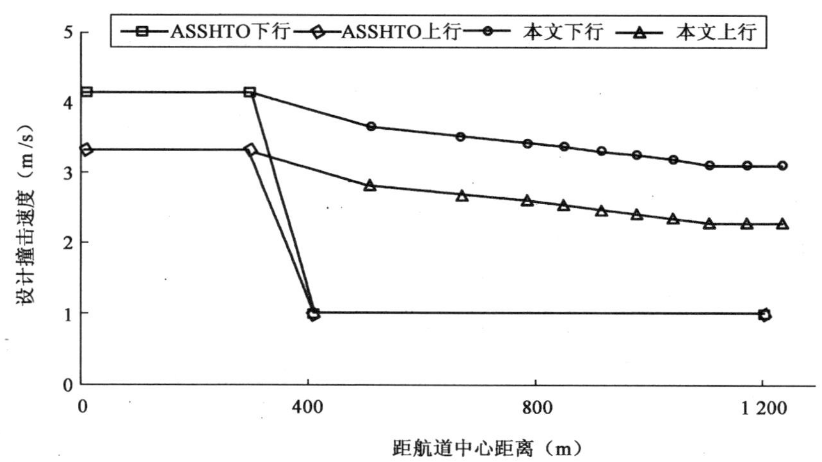

图 3　船舶撞击速度沿桥向分布比较图

4　船撞上桥墩和撞塌桥的概率研究[10]

美国指南对于概率的计算方法是较详细的，是该规范的一个大亮点。尤其是偏航概率和撞上一个桥墩的几何概率，分析影响因素的项目比较仔细，每个项目给定的系数也大体可行，因此能够得出一个几率的数值，规范并且给出年撞塌概率的衡准，重要桥梁为 1/10 000，一般桥梁为 1/1 000。

不足之处在于：该衡准受到欧洲同行的质疑[5]。撞塌概率取决于结构的坚固性与防撞装置的有效性，这两个因素都要在桥梁设计图出来之后，才能决定，因此实际上撞塌概率在桥梁设计的可行性阶段不能进行风险评估计算。

欧洲规范对风险分析中的敏感因素，量化分为 5 个等级。尽管分了 5 等级，但具体船的哪部分撞击桥的哪部分，撞击力是多少，都是很具体、很费时的数值计算，如果评估风险需要花很大的工作量，那么在工程可行性阶段的工作量便会增加很多，而且那时方案设计尚未完成，很多计算是不能进行的。

5 通过桥下船舶的撞击能量

美国指南中通过桥下船舶数量只能以该式中的 N 值计入每年总数量,这个 N 之内,是大船小船不能计算和分析的。

欧洲规范并不讨论航线总通过量,这一点的物理概念是非常明确的——撞塌只是单次行为,主要决定于该次船的质量、速度和桥的强度,与通过量无关。

6 其他方面

欧洲规范有一些参数,使用起来很简单,例如:

(1)"相关的地方应考虑船首、船尾和舷侧的撞击作用,船首的撞击应从主航道方向最大 300 偏角考虑"。

(2)"摩擦撞击力 FR 与撞击力 Fdy 同时发生作用,其值为 $0.4Fdy$,即摩擦系数为 0.4"。

(3)规定了船撞墩时的撞击面积:河船正向撞击 $b \times h = b \times$ 桥墩 $\times 1\text{m}$;侧向撞击 $b \times h = 0.5\text{m} \times 1\text{m}$;海船撞击界限 $b \times h = 0.1 \times$ 船长 $\times 0.05 \times$ 船长。

(4)桥梁撞到船的上层建筑的力以船首墩力的 5% ~ 10% 计算;船桅撞梁的力可算为 1MN。

(5)"必须计入水动力质量的地方,船首撞击时考虑 10% 的船舶排水量;船尾撞击时考虑 40% 的船舶排水量。"

我们体会,能够给出这么多的参数供大家使用,编制者已经进行过大量的动应力计算,但船撞桥的力根据不同具体情况而有差异,计算方法也在发展中,欧洲规范中给出了这样多的简单数值,不容易全面和正确。设计者倒是方便了,但规范的责任大了。倒不如在规范中推荐计算办法和常用的数据,或由设计者自行收集数据自行计算,这样规范不易偏颇、不易过时。

美国指南也有很多自有的东西:

(1)船头损坏长度,可代入公式(9-1)求出,但此公式中只有撞击能量和撞击力,没有船头的强度、刚度参数。

(2)船撞桥梁上部结构的力,可代入公式(10.1-1),但式中只有船撞力和桥梁上部结构与船头总高度之比,这个比能说明什么问题呢?如果桥梁很厚,此比值≥1 是不是撞上部结构的力大于船撞桥的力?

(3)与甲板室碰撞的力规定:当船的 DWT > 100 000t 时,为船撞力的 0.1;当船的 DWT < 100 000t 时,略大于船撞力的 0.1,并给出了计算公式。

(4)船撞桅杆的力,规定了该力为船撞甲板室的力的 0.1。

(5)驳船对桥墩的撞击力:对一艘开底式泥驳有计算公式。

(6)驳船船头损坏有公式。

(7)撞击力对桥的下部结构和上部结构设计时的使用。

(8)规定了防护系统能阻止与船接触,或使船只离开桥墩时,可以允许防护系统损坏或倒塌。

这最后一条对撞击系统中的三部分:桥墩、船和防护装置的关系表示得很清楚。桥墩只要不损坏,防撞装置可以损坏,而船损坏与否,该规范都是不予讨论的[11]。

7 结语

（1）美国指南正如它自己说明的：它是使用“荷载与抗力系数设计法”的指南。编制于1994～2008年。因此它没有使用冲击动力学原理和动态数值模拟计算的内容。对荷载与抗力系数方法来说，它是详细的，可操作的。虽然欧洲一些专家对其概率衡准有质疑，对桥的强度计入撞塌几率中的操作有些困难，但只要不按冲击动力学现在的发展来要求，这是一个可行的规范。

（2）欧洲规范在理论和思想上是高一筹的，它是2006年有效本。除了给出不同尺度船舶撞击桥梁的一整套简单的准静态载荷之外，也显示出应用先进的非线性动力学原理的成果。但是它不是指引设计者（规范的使用者）去进行数值计算，而是将编制规范者已用冲击动力学的原理和非线性数值计算出的结果，编成简单参数，提供给桥梁设计者使用（例如C3、C4）。让桥梁设计者停留在“准静态”阶段。

由于欧洲规范中一些参数比较简约，往往在使用中发生困难。例如一艘载重为1 500t到3 000t（DWT）的内河船均取一个碰撞力，桥梁设计者会认为通航1 500t船的桥梁设计过大，通航3 000t船的桥梁设计过小；规范中同样大小的海船与河船碰撞力不同，一艘江海联运货船由海入江则如何？[7]

（3）讨论：2002年，中国土木工程学会结构和桥梁分会在上海召开的第15届全国桥梁学术会议上，有代表为了适应桥梁设计者的习惯，将数值计算的结果用多种方法换算成准静态的力（也被美国指南2009收入参考资料中）供桥墩水平作用抗力设计者参考。但是，这是一件在原理方面不太顺的事情。应该说，有了地质资料和桥墩设计，用数值方法就可以计算出它对水平作用的抵抗能力（响应）。以耦合计算结果，应用钢结构和混凝土结构在动载荷下的衡准就可以了。根据比较结果，或是加强桥墩或是改良防撞装置进一步降低作用到桥墩的力。实际上将我国指南应用到湛江海湾大桥的防撞装置设计时，也是这样做的[1]。船撞上桥墩，船、防撞装置和桥墩三者组成一个撞击系统，船产生一个动态的随着时间变化的力，桥墩有一个随着时间变化的响应，桥墩的材料和结构能耐受这个响应，设计就成功了。

参考文献

[1] 陈国虞，王礼立. 船撞桥及其防御. 北京：中国铁道出版社，2006.

[2] 周凤华译. 欧洲规范：第一卷 结构作用 第1～7部分 总体作用——偶然作用，BS EN 1991-1-7：2006（船撞击部分），2011.

[3] 宋静娴，等译. 美国各州公路和运输工作者协会（AASHTO）：公路桥梁船撞设计指南，2011.

[4] 陈国虞. 有防撞装置时计算船撞桥的力——铁道桥梁规范中船撞力公式的延伸修订 铁道标准设计，2004.

[5] A·C·W·M 沃文危德. 船舶撞击按欧洲规范1的2.7册设计. 船撞桥论文选，2000.

[6] 陈国虞，陈明栋，郑丹. 计算船撞力选择撞击速度时考虑墩位流速的方法. 广东造船，2010(3).

[7] 陆宗林,陈国虞,张澄.统一我国两个桥涵设计规范中船撞力公式的探讨.第十七届全国桥梁学术会议论文集.北京:人民交通出版社,2006.

[8] 王礼立,杨黎明,陈国虞,陆宗林.船桥相撞时撞击力和动态能量转换的冲击动力学分析,2010.

[9] 陈国虞,张澄,王礼立,黄德进.柔性消能防撞装置的技术特点.桥梁,2007(4):58-62.

[10] 陈国虞.浅谈用概率论研究船撞桥的几个方法问题.第十七届全国桥梁学术会议论文集.北京:人民交通出版社,2006.

[11] 陈国虞.评议桥梁防撞设计的依据.住房和城乡建设部桥梁检测、养护与维修加固创新技术交流研讨会论文集,2010.

[12] 陈国虞,倪步友,张澄,刁金龙,严景,马海友.跨海湾(河湾)桥非通航孔拦船防撞装置.住房和城乡建设部桥梁检测、养护与维修加固创新技术交流研讨会论文集,2010.

桥梁结构防船撞分析的探讨

高 军 许 健 杨允表

（合乐中国有限公司 上海 200021）

摘 要：在桥梁结构设计荷载中，船舶撞击作用是偶然作用的一种，对于跨越通航水道的桥梁结构必须考虑船舶撞击作用。本文以上海长江大桥为例阐述了桥梁结构的船舶撞击作用分析过程、方法以及防船撞保护措施设计，可为类似工程的防船撞分析以及设计提供一定的参考。

关键词：桥梁结构 船舶撞击 作用分析 防撞措施

Study on vessel anti-collision analysis for bridge structures

Gao Jun Xu Jian Yang Yunbiao

(Halcrow China Ltd. ,Shanghai, 200021)

Abstract: Vessel collision effect is one kind of accidental loading in the design loads for bridge structures, which should be taken into account in the design of bridges across navigation channel or waterway. Taking the Shanghai Yangtze River Bridge for example, this paper describes analysis procedure and method for the vessel anti-collision effect on bridge structures, and introduces protection measure design for vessel anti-collision, which can provide valuable design reference for those similar projects.

Keywords: bridge structures; vessel collision; effect analysis; anti-collision measure

1 引言

上海长江大桥跨越长江口的北港，南接长兴岛中部新开港，北至崇明岛陈家镇奚家港西，含长兴岛及崇明岛接线工程，路线总长 16.55km，其中跨越长江口水域部分约长 8.5km，是上海长江隧桥工程的桥梁部分。

大桥桥梁设计方案为主航道桥一座：五跨一联，主跨为 730m 的双塔斜拉桥方案，两边跨各设一个辅助墩，如图 1 所示；辅航道桥一座：四跨一联，主跨为 140m 的预应力混凝土连续梁桥，如图 2 所示。非通航孔桥方案采用 30m、50m、60m、70m 跨预应力混凝土连续梁，以及 100m 跨钢—混凝土结合梁。

上海长江大桥在工程设计中进行了详细的防船撞分析，所以本文以此为例阐述了桥梁结构的船舶撞击作用分析过程、方法以及防船撞保护措施设计，可为类似工程的防船撞分析以及设计提供一定的参考。

作者简介：高军（1973—），工程师，学士，从事桥梁结构设计，E-mail：gaojun730301@163.com。

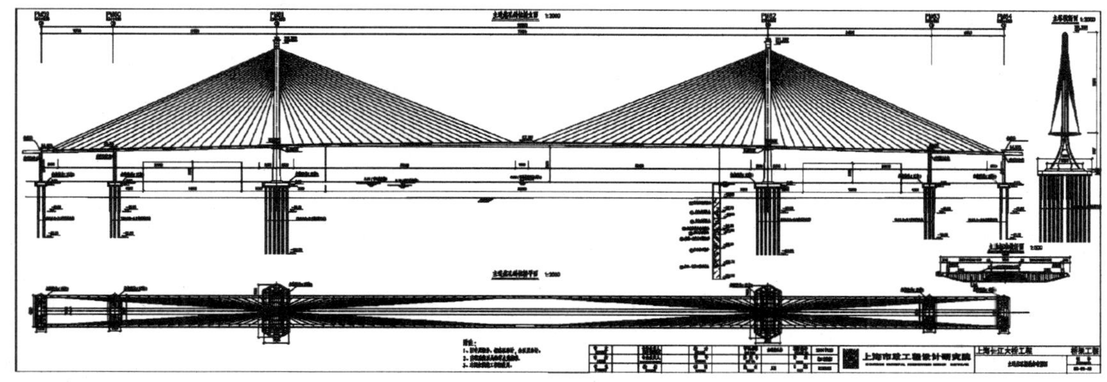

图1 上海长江大桥主航道桥

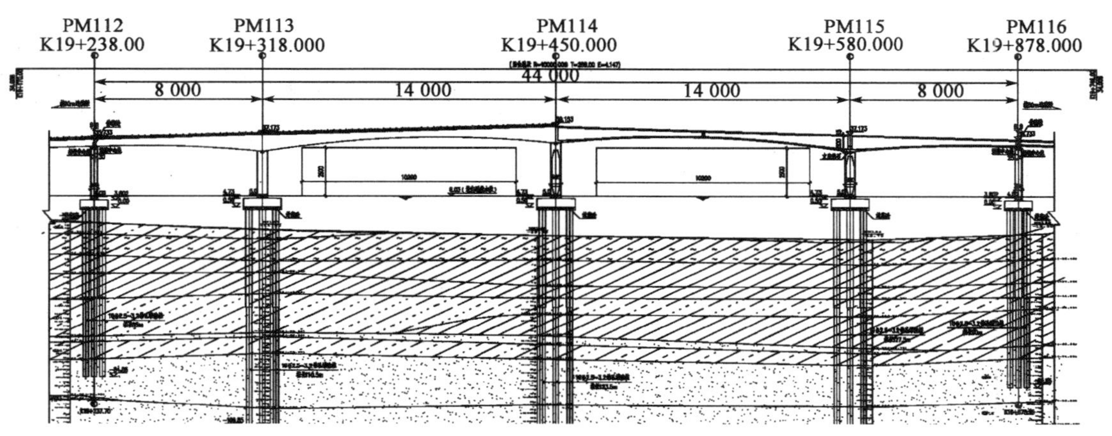

图2 上海长江大桥辅航道桥

2 基础资料的收集

船舶与桥梁结构的撞击与水文、气象、航运、船舶工程、桥梁工程和交通航行等多学科多专业相关联。因此需要收集桥位范围内以下的基础资料以备分析：

(1)气象：包括气温、降水、雾、风况以及与大风有关的主要天气系统。

(2)水文：潮汐、水位、潮流(水流)、水流速、水流方向、波浪、河流断面以及河势情况等。

(3)港口调查。

(4)航道条件、通航水位和通航净空尺度。

(5)通航船舶资料。

此外，对于航行于水道上的特定船型的特性，应根据专门资料来建立。通常需要考虑以下三种形式的船只的数据：油轮、散装货轮和集装箱船。内河航道还应考虑驳船。

应收集的船型数据有：

(1)总载重吨位 DWT。

(2)压舱情况下排水量吨位 W。

(3)满载情况下排水量吨位 W。

(4)压舱情况下的水面以上高度。

(5)满载情况下的水面以上高度。

(6)压舱情况下甲板室高度。

(7)满载情况下甲板室高度。

(8)压舱情况下吃水深度。

(9)满载情况下吃水深度。

(10)长度、宽度、型深。

上海长江大桥根据相关研究和大桥通航船型分析结果,主航道桥近期按照5千吨级船舶防撞,所考虑的防撞船型数据如表1所列。

上海长江大桥设计防撞船型 表1

通航孔	船型	DWG (t)	排水量 (t)	长度 (m)	宽度 (m)	满载吃水 (m)	压舱吃水 (m)	压舱水面以上高度 (m)
主通航孔	集装箱船	5 000	9 000	115	20	6.7	2.5~4.5	9.1~11.1
辅通航孔	散货船	3 000	5 800	100	14	5.0	3.0~4.0	8.8~9.8
非通航孔	散货船	1 000	1 900	68	10	4.2	1.5~3.0	5.9~7.4

此外,分析船舶撞击桥梁结构时需要确定航行时水位。上海长江大桥主通航孔取设计高水位(吴淞:+4.10),设计低水位(吴淞:+0.52);辅通航孔取设计高水位(吴淞:+4.10),设计低水位(吴淞:+0.52);非通航孔取平均高潮位(吴淞:+3.33),平均低潮位(吴淞:+0.86)。

3 船舶撞击桥梁结构概述

3.1 船舶对桥梁结构的撞击

在桥梁规划设计时应充分考虑跨越航道的桥梁的安全,避免桥梁结构被通航船只撞坏。

船舶撞击桥梁结构的部位分以下几类:

①船首、驾驶室、桅杆撞击主梁;②船首、球鼻撞击桥墩墩身;③船首、球鼻撞击承台;④球鼻撞击桩基础。

船舶是否撞击到桥梁结构,取决于桥下能得到的竖向净空、水深,以及船型特性与船舶的装载状况。现今的桥梁设计水平和施工方法有能力满足船舶通航的净高和净宽要求,上海长江大桥各通航孔通航净空尺度如表2所列。

上海长江大桥各通航孔通航净空尺度表(m) 表2

项　目	主通航孔桥			辅通航孔桥	
	南边	主	北边	南主	北主
净高	36	52.7	36	24.7	24.7
净宽	146	585	146	102	102
孔宽	240	730	240	140	140

船舶在其高度上应包括桅杆、驾驶室和天线等附属设备,通常桥梁规划净空足以避免船

首、驾驶室和桅杆等设备撞击桥梁的主梁结构。位于通航河流的桥梁墩台,设计时应考虑船舶的撞击作用。可能遭受大型船舶撞击作用的桥墩,应根据桥墩的自身抗撞能力、桥墩的位置和外形、水流流速、水位变化、通航船舶类型和碰撞速度等因素考虑桥墩撞击荷载作用。船舶与桥梁结构的碰撞过程十分复杂,其与碰撞时的环境因素(风浪、气候、水流等)、船舶特性(船舶类型、船舶尺寸、行进速度、装载情况以及船首、船壳和甲板室的强度和刚度等)、桥梁结构因素(桥梁构件的尺寸、形状、材料、质量和抗力特性等)及驾驶员的反应时间等因素有关。

3.2 船舶对桥梁下部结构的撞击

航行中的船舶对于水中结构物的撞击,根据撞击时船舶和水中结构物的相对位置可分为船首迎面碰撞和船身侧向碰撞,如图3所示。

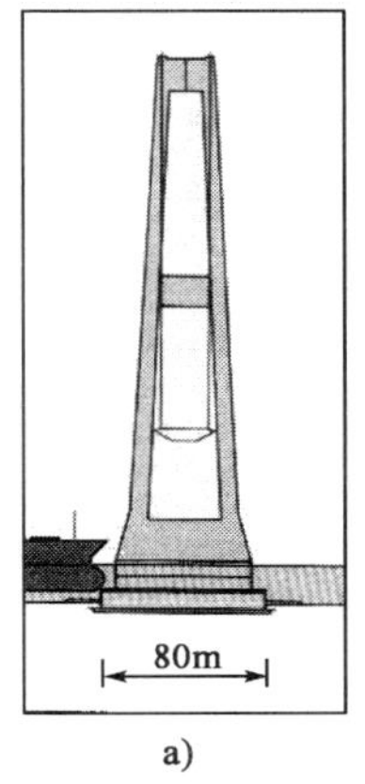

a)

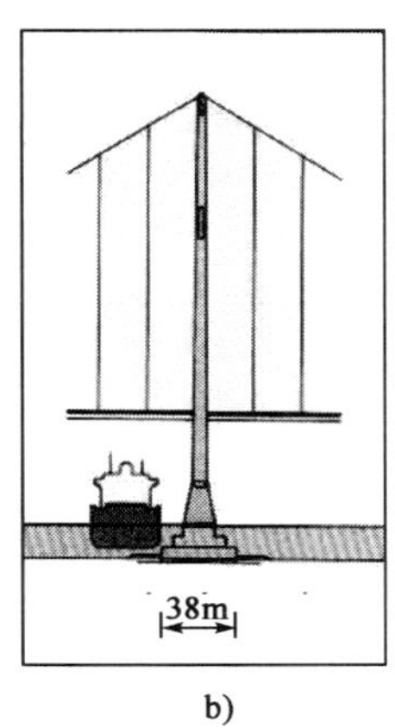

b)

图3 船舶撞击桥梁下部结构示意图

a)船首迎面碰撞示意图;b)船身侧向碰撞示意图

对船首迎面碰撞事故的船舶航行速度应取设计航速,可控制船舶过桥的航行速度一般不超过10kN(5.14m/s)。根据美国《AASHTO LRFD》规范,船头正碰作用于平行及垂直于航道的中心线方向:①在平行于航道中心线的方向,施加设计撞击力的100%,如图4所示;②或者在垂直于航道中心线方向,施加设计撞击力的50%,如图5所示。

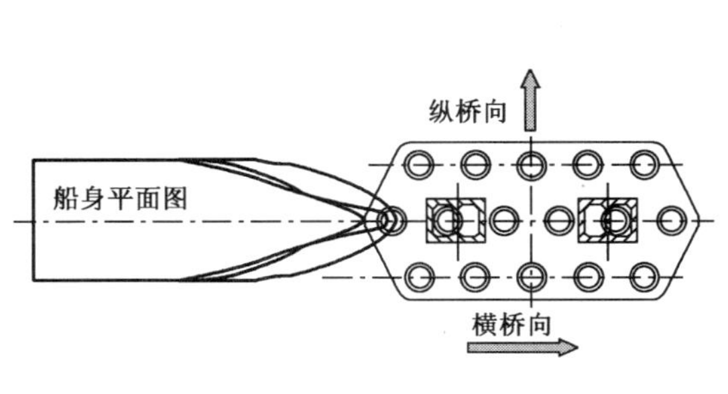

图4 船舶正撞示意图

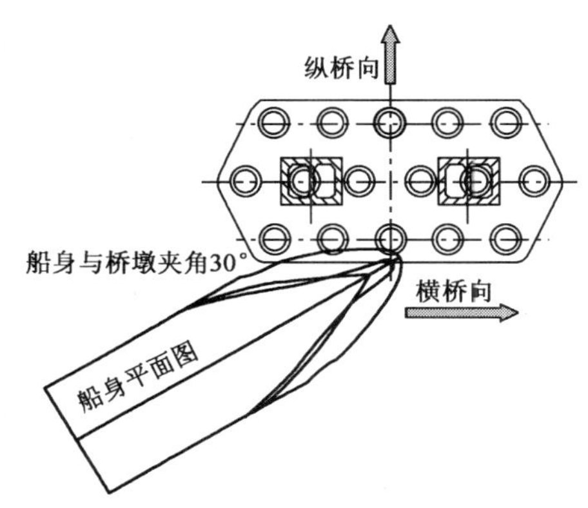

图5 船舶斜撞示意图

如图3b)所示,对船身侧向碰撞事故的船舶速度应取漂流速度。根据丹麦大海带跨海工程进行的研究表明,对于一座不可移动的桥梁结构来说,总的侧向碰撞力和船首碰撞力是属于同一个数量级的;虽然伴随着船的侧向运动流体动力质量会增大5~10倍,但与迎面正碰比较,侧向碰撞的冲击能量,由于低速的缘故,一般是比较小的。

4 船舶撞击力及撞击位置分析

4.1 船舶撞击力

在船只碰撞事故中,要确定船只对桥梁结构的碰撞力是非常复杂的,因为除船撞事故的环境之外,这还取决于船舶特性和桥梁结构。

船舶所能到达的水域,桥梁结构都有船舶撞击的风险。上海长江大桥的船舶撞击力取值是上海船舶运输科学研究所经过非线性有限元碰撞仿真计算得到的,其中主通航孔桥墩船舶撞击力如表3所列。

主通航孔桥桥墩船舶撞击力 表3

位　置	桥　孔	防撞控制船舶 DWT		撞击力(MN)
主通航孔	南主塔墩	5 000	3.7m/s	40.0
	南辅助墩	3 000	4.5m/s	23.9
	南边墩	3 000	2.9m/s	18.2
	南1非通航孔墩	3 000	1.4m/s	8.6
	北主塔墩	5 000	3.7m/s	40.0
	北辅助墩	3 000	4.5m/s	23.9
	北边墩	3 000	2.9m/s	18.2
	北1非通航孔墩	3 000	1.4m/s	8.6

4.2 船舶撞击桥梁结构位置分析

船舶撞击桥梁结构时,所涉及到的桥梁结构破损部位与船首类型、水位、船舶的装载情况、桥梁的结构形状及尺寸与船头破损长度有关。

根据美国《AASHTO LRFD》规范,考虑船舶的装载情况可计算船头与一刚性物体相撞的船头水平损坏长度。

参照丹麦大海带桥有关资料,其船舶破损长度见表4。

船头损坏长度表(m) 表4

DWT(1000)	重　载		压　载	
	t max(s)	l max(m)	t max(s)	l max(m)
2	0.55	1.60	0.42	1.20
4	0.67	2.00	0.56	1.70
5	0.70	2.10	0.58	1.73
10	0.87	2.60	0.65	1.90

注:t-碰撞持续时间;l-船头损坏长度;航速为10kn(5.14m/s)。

根据上海长江大桥的通航标准、基础结构外形及设计高程,另外根据通航条件考虑了两种工况:

(1)第一种工况:设计低水位时满载情况下船舶撞击桥梁下部结构。

(2)第二种工况:设计高水位时压舱情况下船舶撞击桥梁下部结构。

以上两种工况包络了所有的通航工况。

现以上海长江大桥主航道桥辅助墩3000DWT船舶撞击为例,分析以上两种通航情况下,船舶与桥梁下部结构间的相对关系,得到的撞击示意图如图6~图10所示。图7所示,3000DWT船舶(V形船首)在设计高水位压舱情况下撞击桩基承台,考虑到船头破坏长度,在桥墩墩身无保护设施的情况下船头会撞击到桥墩墩身。所以,在可能被船头撞击的高度上应采用混凝土实体墩身,加强配筋。图8所示,3000DWT船舶(有球鼻船首)在设计低水位满载情况下撞击桩基承台,考虑到船头破坏长度,桩基无保护设施的情况下球鼻会撞击到桩基。图10所示,在可能被球鼻所能碰撞到的范围内设置防撞钢套箱,可以避免船舶球鼻撞到桥墩桩基。

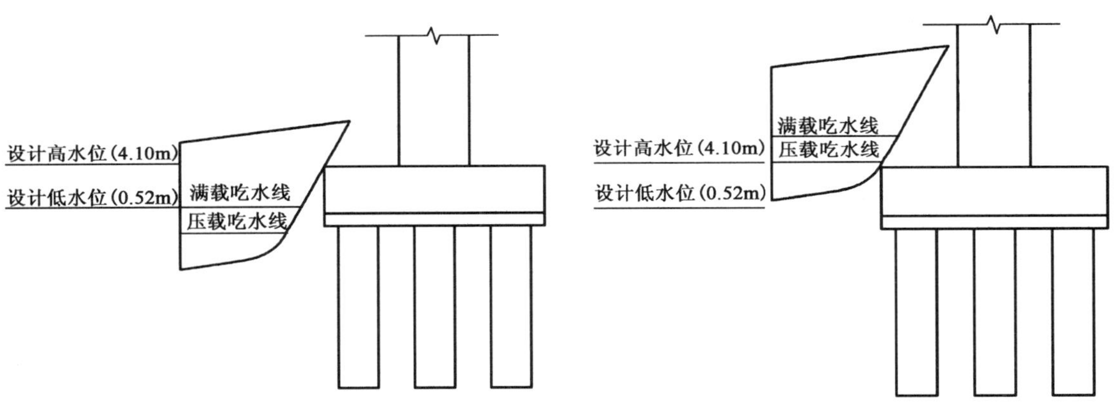

图6 V形船首船舶在第一种工况下的撞击示意图

图7 V形船首船舶在第二种工况下的撞击示意图

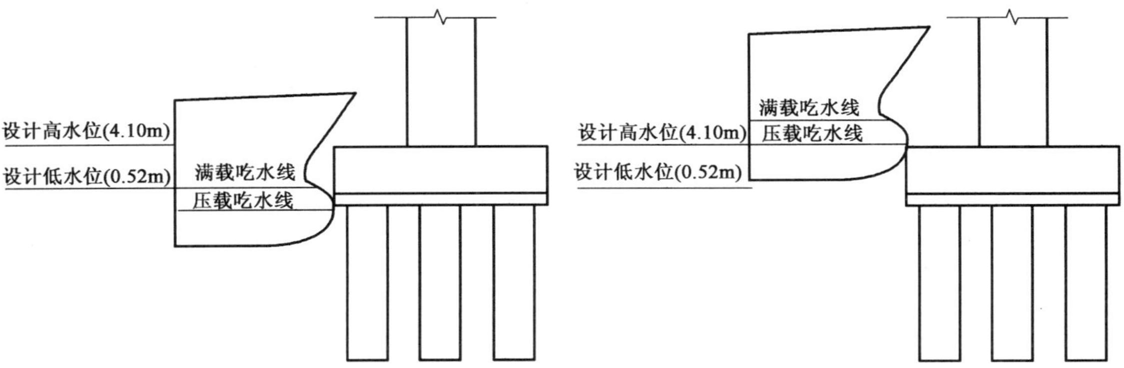

图8 有球鼻船首船舶在第一种工况下的撞击示意图

图9 有球鼻船首船舶在第二种工况下的撞击示意图

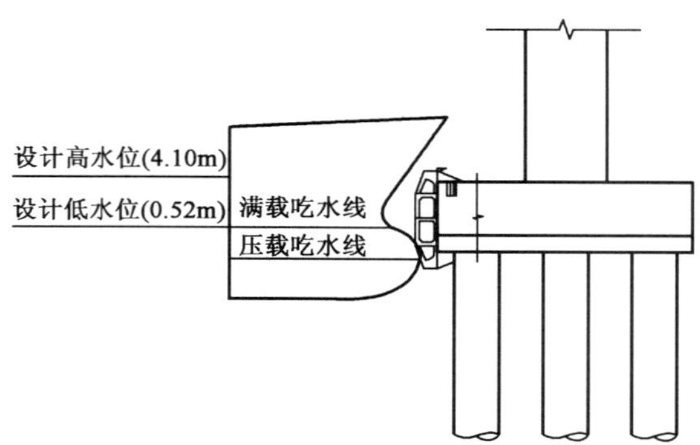

图 10 有球鼻船首船舶在第一种工况下设置了防撞设施后的撞击示意图

5 船舶撞击桥梁结构静力分析

船舶撞击力作为一个集中荷载,在水道的设计高水位处施加在桥梁下部结构上,保证下部结构与基础的整体稳定和进行构件的承载能力验算。

船舶撞击作用作为偶然作用,在偶然组合当中,效应分项系数取 1.0,与偶然作用同时出现的可变作用,可根据观测资料和工程经验取适当的代表值(根据美国《AASHTO LRFD》规范,活载的组合分项系数取 0.5)。

船舶撞击桥梁下部结构时,对桥梁的基础影响较大,在下部结构没有破坏的情况下,结构体系未发生变化,因此对上部结构影响较小;但上部结构主梁的约束作用,相当于一个弹性约束。因此,进行船舶撞击分析所选择的结构模型可以有一下两种型式:

(1)考虑上部结构的作用,即把上部主梁简化为一个作用于墩顶的弹性约束,如图 11 所示的计算模型一。

(2)不考虑上部结构的作用,仅取桩基和承台构成的结构模型,如图 12 所示的计算模型二。

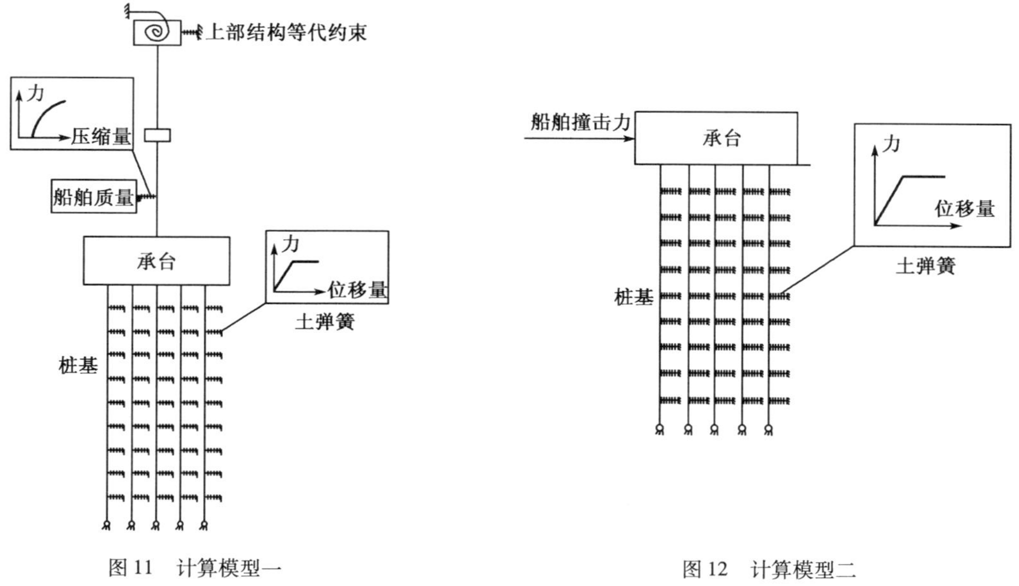

图 11 计算模型一

图 12 计算模型二

以上两种计算模型均把土体简化为土弹簧。两种计算模型各有特点,模型一中考虑到了主梁的作用,更接近于实际结构,但模型中上部约束弹簧刚度与桥梁体系、主梁刚度相关;模型二比较简化,计算结果相对比较保守。

6 结语

以上海长江大桥的防船撞分析为例,本文主要内容可以概括如下:

(1)阐述了分析船舶撞击桥梁结构所需要收集的资料。

(2)概述了船舶撞击桥梁结构的部位及特点,并提出对桥梁设计的通航净空要求;此外,还重点介绍了船舶撞击桥梁下部结构的特点。

(3)简要介绍了船舶撞击力的确定,并详细分析了在最不利通航工况下船舶撞击桥梁下部结构的情况,作为防船撞设施设计的依据。

(4)最后,介绍了船舶撞击力作用下桥梁下部结构的计算分析模型。

以上内容可为类似桥梁的防船撞设计提供有价值的参考。

参 考 文 献

[1] 上海船舶运输科学研究所,等.上海崇明通道长江大桥工程基础防撞专题研究(总报告),2005.

[2] 上海船舶运输科学研究所.上海长江大桥工程基础防撞专题研究(分报告之一),2005.

[3] 同济大学土木工程防灾国家重点试验室.上海崇明越江通道长江大桥工程基础防撞专题研究(分报告之二),2005.

[4] AASHTO LRFD 美国公路桥梁设计规则与说明(LRFD)[S],2004.

[5] 周良,宋杰,等. 上海闵浦二桥主塔基础的防船撞分析[J]. 世界桥梁,2008,139(4):31-34.

[6] 上海崇明通道长江大桥工程基础防撞专题研究(总报告).

[7] (丹麦)大海带桥系列出版物.

数值模拟与试验篇

钢箱计算失效应变的冲击试验研究

李 军 王君杰 孟德巍

（同济大学桥梁工程系 上海 200092）

摘 要：为研究桥梁船撞有限元分析中钢板的网格尺度与钢材失效应变之间的关系，本文进行了3个钢箱模型的落锤冲击试验。采用LS－DYNA软件对于试验模型进行了有限元建模和碰撞计算，与试验结果进行了对比，结果表明，为得到合理精度的计算结果，钢板的计算失效应变的取值应当随钢板网格尺度变化，大的网格尺度对应小的失效应变取值，小的网格尺度对应大的失效应变取值。定义了一个相关系数来反映试验结果与计算结果之间的相关性，并据此定义了与网格尺度相关的计算失效应变合理取值区间。将计算失效应变合理取值区间与自适应网格划分技术结合，可以在保证计算精度的同时，提高计算效率。

关键词：网格尺度 失效应变 计算精度 自适应网格划分 试验校准

Benchmark Study on Computational Strain of Steel Plates

Li Jun Wang Junjie Meng Dewei

（Department of Bridge Engineering, Tongji University, Shanghai, 200092）

Abstract: Impact tests of three steel boxes have been conducted to investigate the relationship between the computational failure strain and meshing size of steel plates. LS-DYNA is employed to simulate the impact tests of the three steel boxes, and the computational results are compared with the testing results, and it is suggested that the computational failure strain is related to the meshing size of the steel boxes. Larger failure strain should be used for smaller meshing size, and smaller failure strain used for larger meshing size. A correlation coefficient is defined to obtain a reasonable failure strain interval related to the meshing size of the steel boxes. The reasonable failure strain interval may give an efficient computation with the use of adaptive meshing , meanwhile a reasonable computational accuracy may be reached.

Keywords: meshing size; failure strain; computational accuracy; adaptive meshing; benchmark study

1 引言

对于桥梁船撞设计，能够把握碰撞力特征和破坏形态具有重要的实际意义。随着计算机技术的快速发展，特别是有限元技术的日益进步和成熟，数值模拟分析在桥梁船撞设计和防撞

项目支持：交通部西部科技项目资助，编号：200731882234；交通部行业联合科技攻关项目资助，编号：2008353344340。

作者简介：李军（1983—），硕士，从事桥梁抗震与船撞研究，E-mail：ottotj@126.com。

设施设计上逐渐得到了广泛的应用。与此同时,数值仿真计算结果的可靠性和如何使用有限元技术对此类碰撞问题进行有效地模拟日益成为关注的焦点。

建立有限元模型是有限元分析过程的关键,而网格划分是建立有限元模型的中心工作,模型的合理性很大程度上可以通过所划分的网格形式体现出来。

对于固体碰撞问题,研究发现网格尺度与材料失效应变的取值存在一定的相关性[1-5]。Lehmann 等[1]、Kitamura[2]、ISSC 委员会[3]分别基于一系列的碰撞试验或钢板拉伸试验总结出:必要的数值失效应变值(在有限元模型中调整该值以匹配试验数据)是网格尺寸的函数,总的趋势是大尺寸的网格需要定义较小的数值失效应变。Paik、Pederson[6]、Kitamura[2]和高震[7]将这种现象解释为:较大的单元减小了高应力点的应力值,以致撕裂不能及时发生,提高了结构抗力;大的网格使用较小的失效应变是考虑了裂缝、侵蚀和冲击载荷等的影响。

然而,由于碰撞的实际行为状态非常重要,因而一个算例或一个试验的结果很难直接应用于其他碰撞情况。船桥碰撞中的不确定因素很多,而这些因素又会对碰撞结果产生极大的影响。换言之,当分析的问题稍有不同时,我们就可能需要对网格尺寸与失效应变的关系进行调整。

本文基于 3 次碰撞试验进一步研究了网格尺寸和失效应变取值之间的关系,对碰撞破坏问题中的网格划分方法进行了进一步的探讨。

2 模型设计与测试

本文以船舶正向撞击钢结构防撞设施为背景,设计了 3 次试验,其初始能量(碰撞前系统的能量)比约为 1:2:3。由于试验中冲头的初始动能基本全部由被撞钢箱吸收,因此 3 次试验中被撞钢箱吸收的能量比例也约为 1:2:3(表 1),并由此来实现被撞钢箱结构不同程度的破坏。试验安装图片见图 1。

落锤冲击试验工况列表 表 1

试 验 编 号	撞击质量(kg)	跌落高度(m)	冲击速度(m/s)	初始动量(kN · m)
1	9 768	1.8	5.94	172 307.5
2	9 768	4.1	8.97	392 478.2
3	14 028	4.5	9.39	618 634.8

试验中的被撞钢箱具体尺寸参见文献[8]。由于被撞钢箱钢板较薄(4.62mm),焊接过程中产生的残余应力将对结构的性能产生很大影响,故而在焊接结束后对被撞钢箱进行了钢板回火处理、焊缝质量检查和钢板的静态拉伸试验等。

试验中,对冲击过程中主动撞击锤的加速度和被撞钢箱上选取点的应变响应进行测量,对冲击结束后被撞钢箱上选取的一些点进行人工位移测量,使用高速摄影设备对冲击过程中被撞钢箱的变形情况进行辅助性的记录。

3 数值计算方法描述

在大量分析和比较的基础上,本文使用以下计算参数:选择在汽车碰撞分析中广泛使用的多段线性塑性模型来代表钢材在冲击作用下的力学属性,采用 Cowper-Symonds 公式[9]

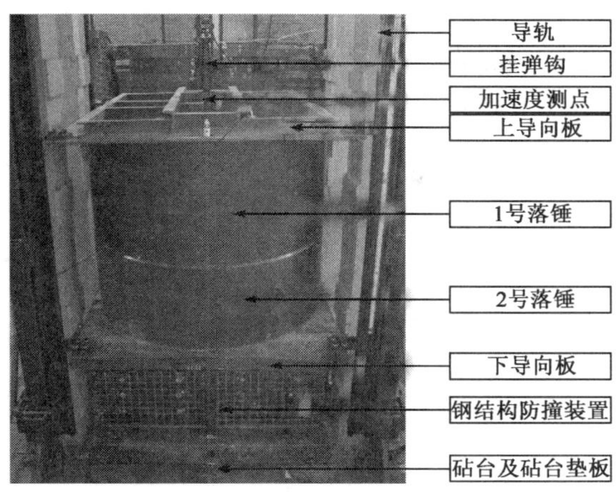

图1 试验安装图

$[\sigma_{Yd}x/\sigma_{Y}=1+(\dot{\varepsilon}/C)^{q}]$来考虑应变率的影响并结合黏塑性公式来减少考虑应变率时的响应噪声，本试验中被撞钢箱为Q235软钢，C取40.4，q取为1/5；利用材料的实际应力—应变关系；钢材的失效模式采用最大有效塑性应变失效模式，失效模式表述为：$\varepsilon_{eff}^{p}\geqslant\varepsilon_{failure}$，即当有限元模型中单元的应变超过设定值后，单元失效，失效后的单元从模型中删除。

4 数值计算结果符合度检验方法

由于冲头相对于被撞钢箱来说刚度极大，因此在试验中，冲头可以近似地视为刚体。因此在得到冲头的加速度时程后，可以根据牛顿第二定律得到碰撞过程中的碰撞力时程。

在进行船舶碰撞的有限元仿真分析时，我们主要关心以下两方面的结果：①船舶与桥梁或防撞结构之间的撞击力特征，主要包括碰撞力轮廓和碰撞力峰值；②船舶或者桥梁的破坏模式或破坏情形。

为了讨论不同网格尺寸对应的最佳失效应变取值，本文定义描述试验加速度结果与数值仿真结果之间差别的两个指标或准则：①计算值与测量值之间的相关系数，采用Pearson相关系数r；②计算加速度峰值与测量值加速度峰值相对误差e。r和e的计算方法见式(1)和式(2)。

$$r=\frac{\sum XY-\frac{\sum X\sum Y}{N}}{\sqrt{\left[\sum X^{2}-\frac{(\sum X)^{2}}{N}\right]\left[\sum Y^{2}-\frac{(\sum Y)^{2}}{N}\right]}} \tag{1}$$

式中：X、Y——两个数值序列。

$$e=\frac{a_{max}-a'_{max}}{a_{max}}=\frac{a'_{max}-a_{max}}{a_{max}} \tag{2}$$

式中：a_{max}——试验最大加速度测量值；

a'_{max}——计算得到的最大加速度值。

3次试验测量得到的加速度曲线见图2。试验数据显示，开始段均具有明显的周期约为0.003 8s的波动段，且该波动段在第一次试验中响应最大，在第三次试验中响应最小，初步判定该响应与试验场地地基有关[10]。这里采用Hilbert-Huang原理修正了第一次和第二次试验的波动段，修正后的加速度曲线见图 2。

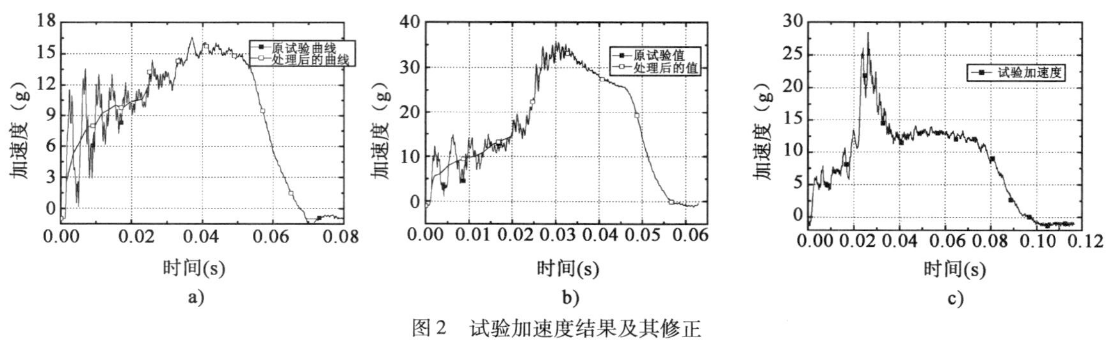

图 2 试验加速度结果及其修正

a）第一次试验；b）第二次试验；c）第三次试验

5 网格划分与失效应变的关系

考虑被撞钢箱上的壳单元边长为 2cm 的情形，将单元的失效应变分别取为 0.12、0.15、0.20、0.25 和 0.30，研究单元失效应变对于数值模拟结果的影响，结果见图 3。

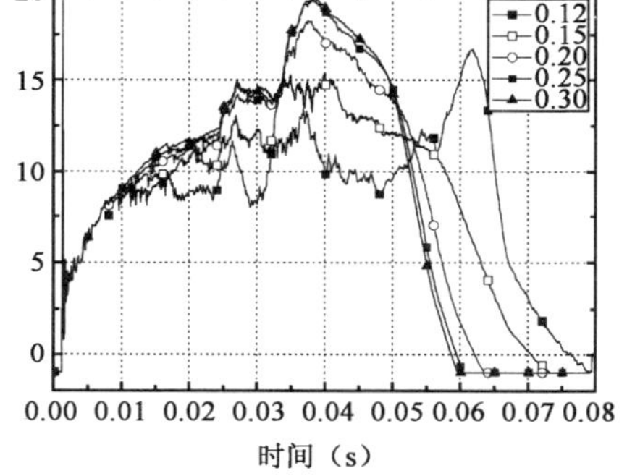

图 3 失效应变对计算结果的影响

如图 3 所示，失效应变取值不同，得到的计算结果的差别很大，说明失效应变的合理取值对船桥碰撞数值模拟计算结果的合理性和可靠性是十分重要的。

本文将被撞钢箱划分了 7 种尺寸的网格（0.5cm、1cm、1.4cm、2cm、2.5cm、3cm、5cm），并采用了多种失效应变（最小 0.05，最大 0.6）来研究失效应变和网格尺寸的关系。r 和 e 的计算结果见图 4 和图 5。

从图 4 和图 5 中可以看到：①失效应变取值为 0.05时（很小时），不同网格尺寸下的计算结果均与试验结果差别很大，加速度总体结果与试验值相关系数小，且可能出现非常大的峰值加速度，这说明失效应变取值过小不能合理预测钢箱发生塑性损伤时的冲击反应；②随着失效应变的增大，大尺寸网格可以率先计算得到较好的结果，随着失效应变继续增加，小尺寸网格依次得到精度较好的计算结果；③存在一个失效应变的取值区间 $[\varepsilon_f^L, \varepsilon_f^U]$，$\varepsilon_f^L$ 为区间的下界，ε_f^U 为区间

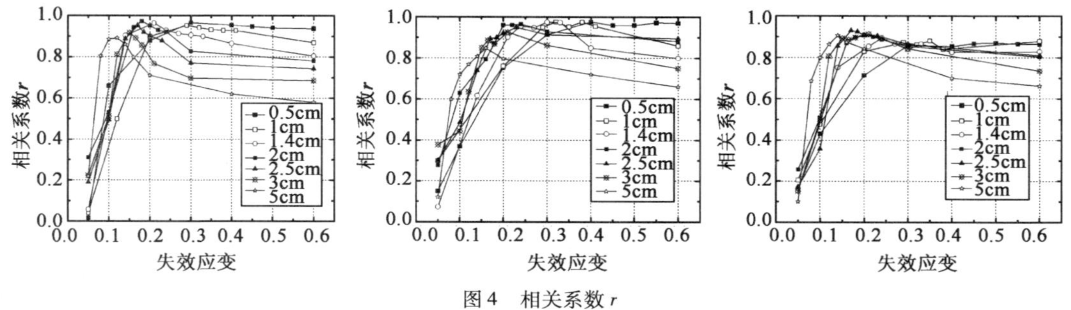

图 4 相关系数 r

a）第一次试验；b）第二次试验；c）第三次试验

的上界,当失效应变在此区间取值时可获得较高精度的计算结果,这个取值区间的范围随网格尺度变化,网格尺度大,区间宽度小,反之网格尺度小则区间宽度大;④当网格尺度足够小时,0.35~0.50的失效应变取值是合理的,但也可以看到,合理的失效应变取值与钢箱遭受的冲击破坏程度可能有关。冲击损伤程度低时,这个取值似应小一些。

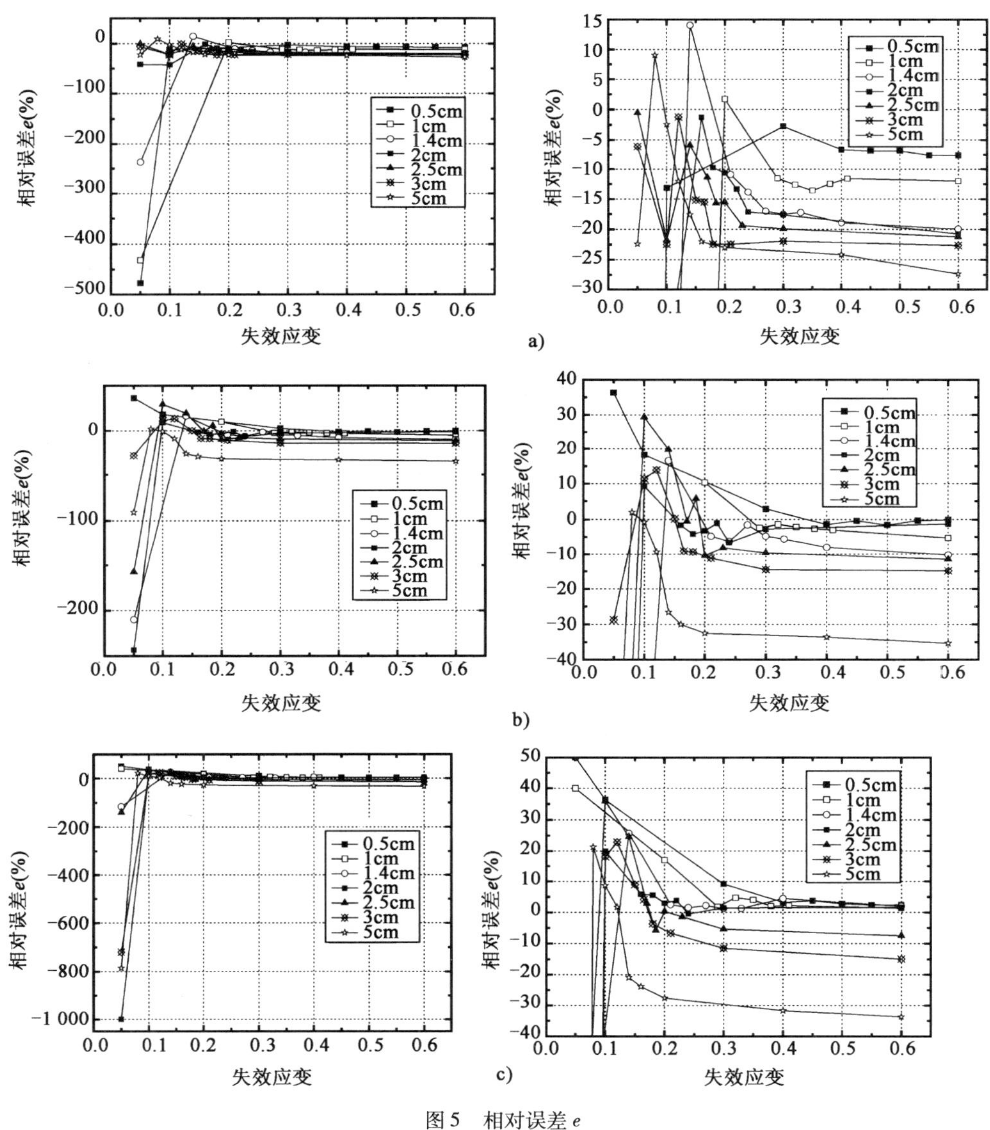

图5 相对误差 e

a) 第一次试验;b) 第二次试验;c) 第三次试验

由图4可以发现,对于同一网格的不同失效应变情形,相关系数总是先增大,再减小。据此定义$[\varepsilon_f^L, \varepsilon_f^U]$为合理取值区间。合理取值区间的下界 ε_f^L 和上界 ε_f^U 根据 $r>0.9$ 的条件确定。图6综合了3次试验的加速度结果,得到了适用于3次试验的失效应变合理取值区间下界和上界范围。图6显示合理区间的下界和上界均随着网格尺寸的增大而逐步变小,上界变化相对较快,区间范围随网格尺寸的增大而变小。

从图6得到的启示是,如果采用大网格模型进行分析,则必须谨慎地定义失效应变值;如果采用小网格模型进行分析,则可以适当地将失效应变值取得大一点,以计算结果逐步稳定时为宜。

有限元仿真模拟的另一项重要内容是对结构的变形模式或破坏形式进行捕捉。图7为第三次试验中被撞钢箱背面钢板出现的褶皱和0.5cm以及5cm网格计算对该褶皱捕捉情况的对比。可见0.5cm网格对该褶皱的描述非常好,且结构变形光滑平顺;而5cm网格则完全没有表现出该处出现的褶皱。这表明,当需要研究结构的变形模式或破坏模式时,需要划分尺寸较小的网格。

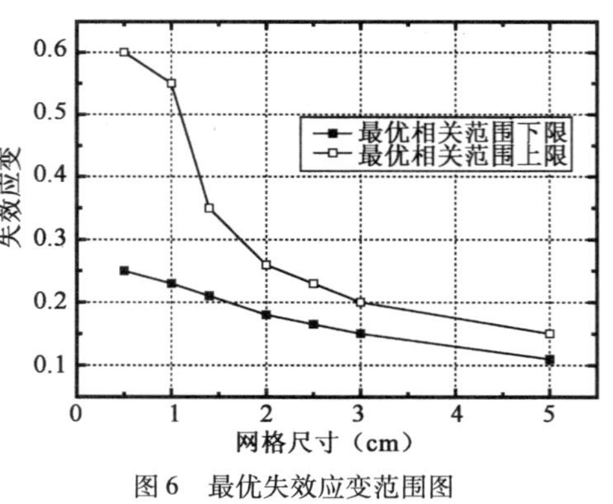

图6　最优失效应变范围图

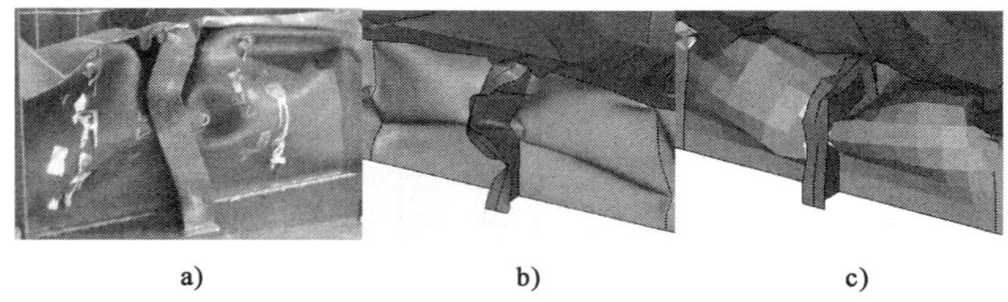

a)　　b)　　c)

图7　试验与计算褶皱的对比

a)第三次试验钢箱背面钢板的褶皱;b) 0.5cm网格计算结果;c) 5cm网格计算结果

6　网格自适应划分

常规有限元计算时,计算者都是根据自己对计算对象的理解和经验划分网格,或者根据已有计算结果重新划分网格。这种人工划分网格的做法,一方面使计算结果难以反映求解问题的真实性态,数据准备工作量十分巨大且容易出错;另一方面因计算者对计算对象的不同理解和经验差异所配置的网格不同,造成计算结果因人而异。若分析对象是复杂结构,一般情况下人们并不知道结构的整体性态,这样欲配置合理的单元网格就相当困难。

自适应网格方法是指在计算中,在某些变化较为剧烈的区域,如大变形、接触间隔面和滑移面等,网格在迭代过程中不断调节,将网格细化,做到网格点分布和物理解的耦合,从而提高解的精度和分辨率的一种技术。LS-DYNA采用自适应网格方法的目的在于使用有限的资源获得最大的计算精度[11]。虽然这种方法并不能完全解决求解过程中的误差,但与固定网格相比,可以使用较少的单元和计算资源来获得尽可能高的计算精度。

针对本文中的3次试验,结合图6及其结论,使用网格自适应技术对3次试验进行了分析,计算模型细节如下:初始网格划分采用5cm为特征长度的网格,采用2级网格重划分,因此2级网格重划分后单元特征长度变为1.25cm,即经过网格重划分后,变形较大的大尺寸单元会逐步分解为尺寸较小的单元;由于在使用小尺寸网格时我们只需在一个相对较大的范围内给出失效应变值就可以得到比较可靠的计算结果,这样在模型中仅需定义一种网格尺寸相应的失效应变,这里失效应变值取为0.35。其中第二次试验的总体变形结果见图8,加速度结果见图9。由两图可见:采用自适应方法计算得到的总体变形和加速度曲线轮廓与试验结果符合得很好,这说明采用自适应网格划分方法可以得到较好的计算结果。

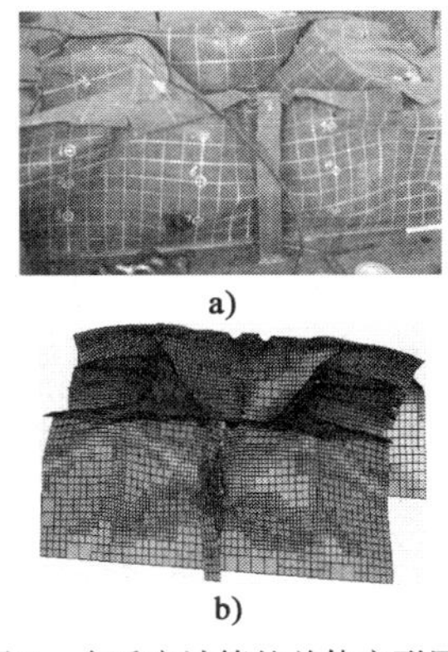

图8 自适应计算的总体变形图
a)试验结果;b)计算结果

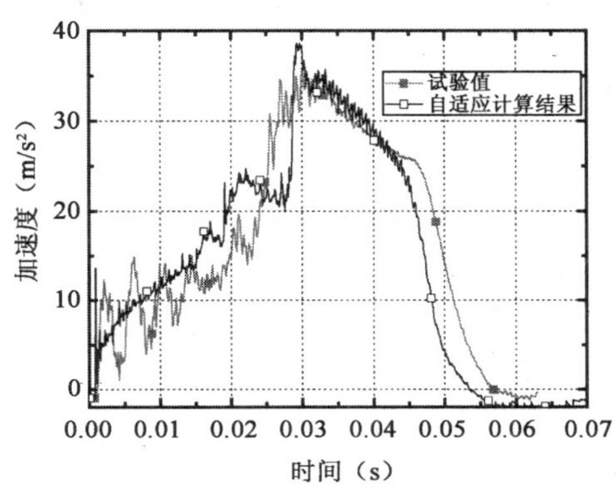

图9 自适应计算的加速度结果

7 结论与建议

(1)网格尺寸与失效应变是相关的,即单元的失效应变值依赖于网格的尺寸,使用大尺寸网格时应采用较小的失效应变,且此时失效应变的定义较为敏感;使用小尺寸网格时应采用较大的失效应变,且失效应变的定义较不敏感。据此,定义了合理失效应变区间。网格大则合理失效应变取值区间小,网格小则合理失效应变取值区间大。

(2)为保证计算结果的精度,建议计算时可逐步细化模型中网格的尺寸并对失效应变的取值进行较大幅度的变化,当失效应变的取值在较大范围内变化而对计算结果的影响较小时,可以认为已经获得了较好的计算模型。

(3)采用自适应网格方法并结合最优失效应变区间概念进行计算分析,可以在获得同等计算精度的同时节省大量的建模时间和计算分析时间。

需要注意的是,本文的结论是在缩尺模型试验中获得的,其适用性有待在足尺试验或实际船撞事故中的进一步验证。

致谢

本文研究工作得到了交通部西部科技项目(200731882234)、交通部科技攻关项目(2008353344340)和国家自然科学基金项目(90715022)的资助。

参考文献

[1] Eike Lehmann, Jorg Peschmann. Energy absorption by the steel structure of ships in the event of collisions. Marine Structures 15(2002):429-441.

[2] Kitamura O. FEM Approach to the Simulation of Collision and Grounding Damage, 2nd International Conference on Collision and Grounding of Ships. Copenhagen Denmark, 2001:

125-135.

[3] ISSC. Reported by Specialist Panel V. 3: Collision and Grounding, 15th International Ship and Offshore Structures Congress. San Diego USA, 2003.

[4] Servis D, et al. The Implementation of Finite Element Codes for the Simulation of Ship-Ship Collision, 2nd International Conference on Collision and Grounding of Ships. Copenhagen Denmark, 2001.

[5] Naar H, et al. Comparison of the Crashworthiness of Various Bottom and Side Structures. 2nd International Conference on Collision and Grounding of Ships. Copenhagen Denmark, 2001.

[6] Pedersen P T, et al. Ship Impacts: Bow Collisions, International Journal of Impact Engineering, 1993, 13(2): 163-187.

[7] 高震, 顾永宁, 胡志强. 结构冲击试验的校准计算. 船舶力学, 2005, 9(2): 77-82.

[8] 李军. 冲击数值模拟可靠性的试验检验. 同济大学硕士学位论文, 2009.

[9] Cowper G R, Symonds P S. Strain hardening and strain rate effect in the impact loading of cantilever beams[R]. Brown University, Applied Mathematics Report, 1958: 28.

[10] 华南理工大学, 等. 地基与基础. 北京: 中国建筑工业出版社, 1991.

[11] LS-DYNA Theory Manual, 2007.

桥梁防撞设施物理模型试验研究

高家镛 张甫杰 马雪泉

（上海船舶运输科学研究所 上海 200135）

摘 要：物理模型试验是预报防撞设施所受撞击力及优化设计方案的主要方法之一。本文结合杭州湾大桥柔性防撞设施及东海大桥独立防撞墩设计方案及方案优化，简述了船—防撞体撞击试验的基本原理及方法、试验方案及相关试验结果，可供预报类似桥梁防撞设施撞击力时参考。

关键词：撞击 防撞 设施 柔性 刚性

A review of research on the model test of anti-collision facility for bridge

Gao Jiayong Zhang Fujie Ma Xuequan

(Shanghai Ship & Shipping Research Institute, Shanghai, 200135)

Abstract: The model test is one of important method to provide information of impact force against facility, and represent an optimized design scheme. In this paper, based on project of flexible anti-collision system for hang zhou wan bridge and design of collision-proof devices for donghai bridge, gives a brief introduction of the basic principle and method of collision test between vessel and anti-collision facility, and some useful conclusions that can be offered for reference of similar bridges.

Keywords: collision; anti-collision; facility; flexible; rigid

为了保护桥梁，防止船舶与桥墩碰撞，或尽量减小船与桥墩碰撞时的撞击力，使桥墩不受大的破坏，桥梁设计研究人员进行了大量研究工作。除了制定严格的船舶通过桥区时的通航规则或监督措施外，设置各种防撞设施也是有效方法之一。目前采用的防撞设施主要有两种：一是直接在桥墩上加防撞装置，一旦失控船舶与桥墩发生碰撞时，利用防撞装置来吸收部分撞击能量，减小船舶对桥墩的撞击力；二是在桥墩外围设置防撞设施，使失控船舶首先撞在外围的防撞设施上，保护桥墩不直接受到船舶撞击，或外围防撞设施受到船舶撞击破坏后，降低船舶的运动速度，从而减小船舶对桥墩的撞击力。

根据发展趋势，上述第二种方法越来越受到设计及使用部门重视，并已提出了各种相应的防撞设施设计方案。任何一种方案的提出，人们关心的是它的防撞能力，这既与确定设计方案时选定的代表性船舶吨位、失控速度有关，也与桥区水域的自然荷载条件（风、浪、流参数）有

项目支持：交通部西部科技项目资助，编号：200731882234。

作者简介：高家镛（1942—），研究员，从事船舶耐波性及稳性研究，E-mail：gao333040903@163.com。

关,当然,更与防撞设施方案吸收撞击能量的能力密切相关。

关于桥梁防撞设施的防撞能力分析,主要有两种研究方法:一是采用数值模拟计算方法,即通过建立船舶及防撞设施的有限元模型,模拟计算船舶及防撞体的变形、局部损伤,从而分析防撞体的消能特性、防撞能力;二是通过物理模型试验来分析防撞设施能力的方法,随着模拟方法及测试技术的提高,这种方法已越来越受到重视。一般来说,在防撞体及船舶的弹性变形范围内,物理模型试验能较好地反映防撞设施的防撞能力。

桥墩外围的防撞设施有各种形式,按大的类型分,主要有两种:一种是刚性防撞装置,一旦船舶失控,首先与钢结构的刚性防撞装置碰撞,阻挡船舶冲向桥墩,即使防撞装置撞坏,也将会大幅降低船速,减小对桥墩的撞击力,比较有代表性的是设置在东海大桥主通航孔桥主墩侧的独立防撞体;另一种是柔性防撞装置,利用锚链或缆索阻挡船舶运动,或降低船速、减小对桥墩的撞击力,比较有代表性的是设置在杭州湾大桥非通航孔桥墩侧的锚链—缆索防撞系统。

对上述两种防撞装置都进行了物理模型试验来分析其防撞能力,并对设计方案提出改进建议,目前已在实际工程中应用。本文详细介绍了分析这两种防撞设施防撞能力的物理模型试验方法,得出有关试验结果及分析意见。

1 防撞装置物理模型试验设计的基本原理

船舶与防撞装置碰撞时,从能量转换角度分析,其中一部分能量消耗于碰撞时产生的船舶运动及周围水的运动,另一部分被结构的弹性、塑性变形,或结构撕裂所吸收。因此,撞击力的详细计算将涉及船舶及周围水的运动、结构变形及能量的吸收等方面。在工程设计中,常采用简易而直观的方法来计算分析撞击力。首先,根据下式计算船舶动能:

$$E_0 = 0.5CMv^2 \tag{1}$$

式中:E_0——船舶有效撞击能量;

C——有效动能系数,考虑到船体运动等消耗的能量而取的系数($C<1$);

M——船舶质量,包括船体质量以及运动产生的附连水质量。附连水质量与船型及船舶装载状态(满载、半载或压载)等因素有关;

v——船舶撞击时的速度。

然后,计算防撞装置的受力—变形—吸能曲线。假定船舶的有效撞击能量被防撞装置吸收(两者相等),则可计算得到撞击力。

根据这个原理,防撞装置模型试验设计制作时,防撞装置模型的受力—变形—吸能曲线与实体相似将是确保试验可靠性的主要因素之一。由于在撞击时,船体也将发生一定的变形,包括弹性范围内的弹性变形及塑性变形(不能恢复的大变形),因此,船舶模型局部(主要是艏部)的受力—变形—吸能曲线也应与实船相似。另外,船舶模型的动能应与实体相似,即船舶形状、质量及船速应满足要求的相似准则。

由以上分析,在物理模型试验设计中,主要满足下列相似准则:

(1)几何相似。模型与实体对应的线性尺度比相同,即:

$$L_s/L_m = \lambda \tag{2}$$

式中:L_s——实体的任意线性尺度;

L_m——模型的对应尺度;

λ——模型的缩尺比；

下标 s、m——分别代表实体及模型（以下同）。

（2）流体动力相似。遵循重力及惯性力相似条件，要求模型与实体的傅汝德数相等，即：

$$\frac{v_s}{gL_s}=\frac{v_m}{gL_m}=F_n^2 \tag{3}$$

式中：v——速度；

L——长度 ；

g——重力加速度；

F_n——傅汝德数。

（3）非定常流动相似。模型和实体的斯特哈尔数相等，即：

$$\frac{v_s\times T_s}{L_s}=\frac{v_m\times T_m}{L_m} \tag{4}$$

式中：T——时间间隔或摇荡周期。

（4）结构动力相似。主要指结构物的刚性（弹性）相似，在满足流体动力相似条件下，模型与实体的刚性系数应满足下式：

$$\frac{C_s}{C_m}=\lambda^2 \qquad \frac{F_s}{\delta_s}=\frac{F_m}{\delta_m}\cdot\lambda^2 \tag{5}$$

式中：C——刚性系数；

F——力；

δ——变形量。

结构物刚性相似（主要指刚性防撞装置、船体局部结构）。

（5）对于柔性防撞装置（锚链或缆索），模型锚链（或缆索）的受力—伸长关系应与实体相似，并满足下式：

$$\Delta L_m=\frac{T_m L'_m}{(EA)_m} \tag{6}$$

$$(EA)_m=\frac{(EA)_P}{\lambda^3} \tag{7}$$

$$(EA)_P=\frac{1}{2}E_P\pi d_P^2 \tag{8}$$

式中：ΔL_m——模型锚链伸长（m）；

T_m——模型锚链拉力（N）；

L'_m——模型锚链长度（m）

$(EA)_m$——模型锚链抗拉刚度（N）；

$(EA)_P$——原型锚链抗拉刚度（N）；

E_P——原型锚链的有效弹性模量（Pa）；

d_P——原型链环杆的直径（m）。

上述相似准则中，（1）、（2）、（3）条表征了船舶动能的相似，（4）、（5）条表征了撞击体变形能的相似。

2 杭州湾大桥非通航孔柔性防撞设施物理模型试验

2.1 柔性防撞设施原理简述

(1)简易柔性防撞设施的受力分析。

作者在研究船闸防撞设施时,曾对简单的缆索防撞设施进行了受力分析(文献[1])。假定缆索(一根或多根钢丝绳、尼龙缆或其他柔性缆绳)两端系在刚性固定装置上,不附加其他的消能措施,当缆索受到船舶撞击时,其受力情况见图1。

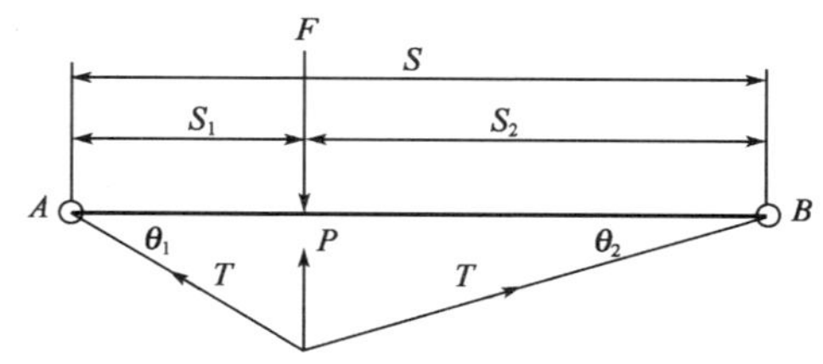

图1 缆索撞击受力示意图

S-缆索长,S_1、S_2-作用力 F(船舶撞击点)距缆索两端的距离;P-缆索制动力;T-缆索伸长时的张力。

由图中力的分析可得:

$$P = T_1\sin\theta_1 + T_2\sin\theta_2 \tag{9}$$

制动力所做的功为:

$$U = \int_0^y P\mathrm{d}y = \int_0^y T(\sin\theta_1 + \sin\theta_2)\mathrm{d}y \tag{10}$$

缆索的张力 T 仅与缆索的伸张率 $\eta(\delta_S/S,\delta_S$ 为缆索伸长量)有关,对于给定的缆索,可确定张力 T 与伸张率 η 的关系 $T=f(\eta)$。因此,由船舶动能与制动力所做功的平衡关系,计算得缆索对船舶的制动力、制动距离及缆索张力等,并通过计算选用合理的缆索。

从上述计算公式也可分析得出,对于吨位大、速度大的船,仅采用缆索(锚链或缆绳等)将无法阻止失控船的前进运动,必须附加其他的消能措施。柔性船闸防撞设施上常采用挂重物(将船舶动能转化为重物升高的势能),或与液压油缸连接等方法来吸收船舶动能。

对于杭州湾大桥非通航孔的柔性防撞设施,失控船舶的吨位大、失控速度大,柔性防撞设施必须在缆索设施上附加其他的消能措施。应专门对此进行研究,并通过物理模型试验来验证及优化设计方案。

(2)杭州湾大桥非通航孔柔性防撞设施设计方案简介。

柔性防撞设施系通过拦截索系统(墩台+锚链+浮箱等)来阻挡失控船舶,从原理上讲,就是由拦截索系统来吸收船舶的动能。船舶撞击拦截索系统后,仍有一定的运动距离,能消耗一定能量,减小撞击力;再利用拦截索(锚链或钢丝绳等)伸长变形来吸收船舶动能,拦截索系统是多锚链的组合体,撞击力的分配比较分散,能避免撞击力过分集中。对于长的桥梁,非通航孔多而长,采用柔性防撞设施后能节省大量投资。

这是一种较新型的防撞设施,该系统能否达到预期的防撞效果,尤其是对于吨位较大、失控速度大船舶的防撞能力如何,目前还难于通过理论计算来分析,必须通过物模试验来验证,并通过试验来优化设计方案。

2.2 设计及试验方案简介

(1)设计方案一(图2):杭州湾大桥的桥区很长,非通航孔的柔性防撞设施方案由一系列防撞单元体组成。各单元体都由独立群桩、浮体及拦截索体系组成。对于每个防撞单元体,在桥墩一侧相隔一定距离设置两个墩台,墩台中间布置一个浮箱,用于拦截船舶的锚链一端系在墩台上,另一端系在浮箱上,浮箱左右两侧各两根锚链;浮箱的上下游两端设置系泊锚链,桥墩侧一根,船撞侧两根,系泊锚链上端系在浮箱上,下端用锚(沉块)抓在海底的沙土上。多个防撞单元体连在一起组成桥梁的防撞系统。撞击位置示意图见图3。

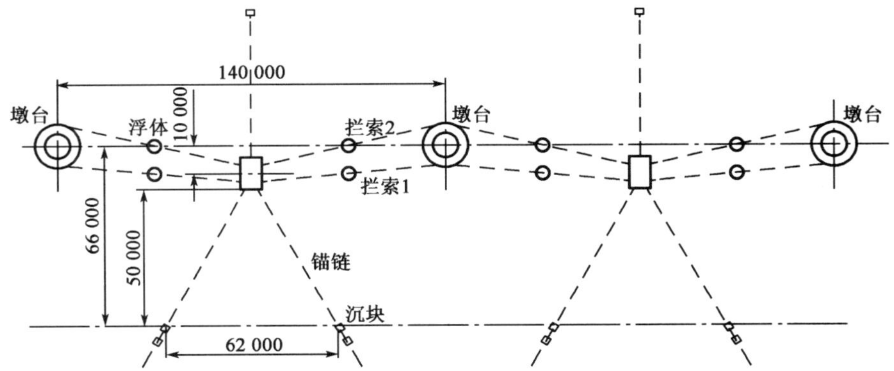

图2 设计方案一(尺寸单位:mm)

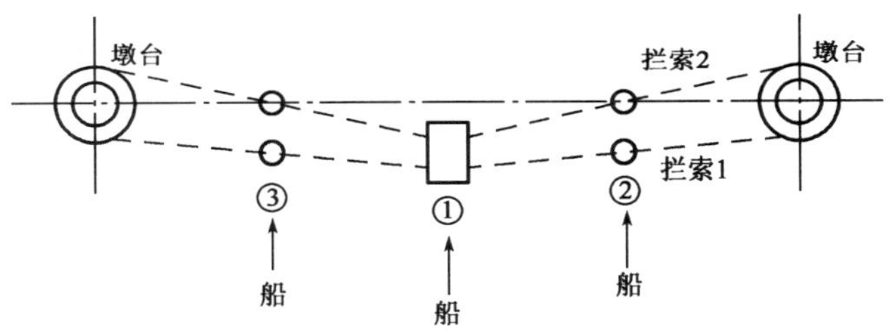

图3 撞击位置示意图

(2)设计方案二(图4):在设计方案一的基础上,改变墩台及浮箱间的拦截索布置方式。将浮箱前后两端的拦截索分开,桥墩侧的拦截索两端直接系在墩台上,拦截索间设置几个小浮体,用于支撑拦截索重量,确保拦截索离水面有一定距离,并使拦截索对小吃水船舶起到拦截作用。船撞侧的拦截索一端在墩台上,另一侧的大浮箱下设置系泊链及锚块,大浮箱与墩台间设置小浮体,支撑拦截索。此方案,一旦船撞侧拦截索断裂,桥墩侧拦截索将发挥防撞作用,并对小船或大船压载状态能有较好的拦截效果。

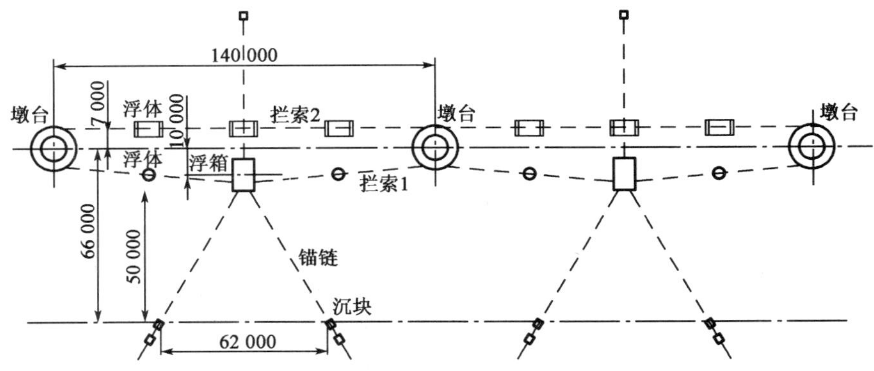

图4 设计方案二布置示意图(尺寸单位:mm)

(3)设计方案三:在设计方案二的基础上,改变小浮体下的系泊链长度、锚块质量及数量,利用沉块的升高(动能转化为势能)及沉块在海底的移动(动能转化为摩擦耗能)来进一步吸收船舶动能。

2.3 防撞代表船型及船速

根据桥区附近锚地系泊船及通过桥梁船舶的类型、吨位、失控速度及吨位论证分析,杭州湾大桥非通航孔区设置了几个防撞区域,每个防撞区域对应不同吨位的失控船舶及失控速度。由于研究的主要目的是分析柔性防撞系统防撞能力,所以选取1万吨级货船为代表船型及相应的最大撞击速度。

1万吨级船舶主尺度:

船舶总长 $L_{OA}=150$m,两柱间长 $L_{PP}=140$m,船宽 $B=20.0$m,型深 $H=11.0$m,满载吃水 $d=8.8$m,满载排水量 $\Delta\cong16\,000$t,最大撞击控制船速2.4m/s。

2.4 物理模型试验方法

(1)模型制作。

墩台模型:墩台实体上端为预制混凝土套箱承台,下部为钢管支撑桩,钢管桩插入海底泥沙中。其模型制作类似于上述的独立防撞体模型,套箱承台作刚性处理,假定不变形,钢管桩满足抗弯剖面刚度相似,即采用特种材料,在保持两者长度及外径几何相似的条件下,抗弯剖面刚度相似,受到碰撞时能弹性变形。

锚链模型:模型与实体满足长度相似,单位长度质量相似,模型锚链(或缆索)的受力—伸长关系应与实体相似。采用满足单位长度质量相似的小型锚链,配上相应的弹簧组成。

浮箱模型:主要起支撑锚链的作用,需满足几何相似及重力相似条件,采用木材制作。

船模:采用木材制作,对于柔性防撞系统物模试验,不考虑艏部受撞击后的变形。船模为遥控自航模型,有电动机、螺旋桨、轴系及舵,能控制航速及航向。

(2)试验方案。

①不同撞击船型。

②不同船舶撞击速度。

③不同船舶吃水。

④不同撞击位置:a.撞击浮体;b.撞击墩台与浮体之间、浮体与浮体之间的拦截索。

⑤变化拦截索及系泊链长度,块沉参数。

⑥沉块埋入沙中试验。

试验布置及改进方案试验见图5、图6。

2.5 柔性防撞装置试验结果综合分析

(1)柔性防撞系统拦截索受到的力主要与船舶吨位(排水量)、船速以及拦截索系统(拦截索长度、弹性及锚链沉块组合体)的消能特性有关。对一定的拦截索系统,拦截索受到的力与船舶吨位(排水量)、船速有关,其中,船速的影响更为明显。拦截索系统中,锚链及沉块部分的消能作用是影响拦截索受力的主要成分,必须选择合理的系泊链长度、锚块质量及形状。

(2)增加船撞侧浮箱下系泊链长度,并在锚链下端部分连接小沉块,船舶撞击拦截索时,沉块移动及抬起,使船舶动能转化为摩擦能及势能,从而减小拦截索受到的张力。

(3)内外侧拦截索分开，增加拦截索长度，船撞侧及非船撞侧拦截索均由小浮体支撑，能增加船舶移动距离，减小船舶的撞击能量。

图5　试验布置

图6　改进方案试验

3　东海大桥独立防撞体防撞能力模拟试验

3.1　独立防撞体简介

独立防撞体(防撞岛)设置于东海大桥主墩横桥方向两侧，每个防撞体由3个小防撞体组成，小防撞体上端为预制混凝土套箱承台，承台采用8根直径为1.5 m的钢管桩支撑，钢管桩下部以不同的斜率插入海底一定深度(图7)。

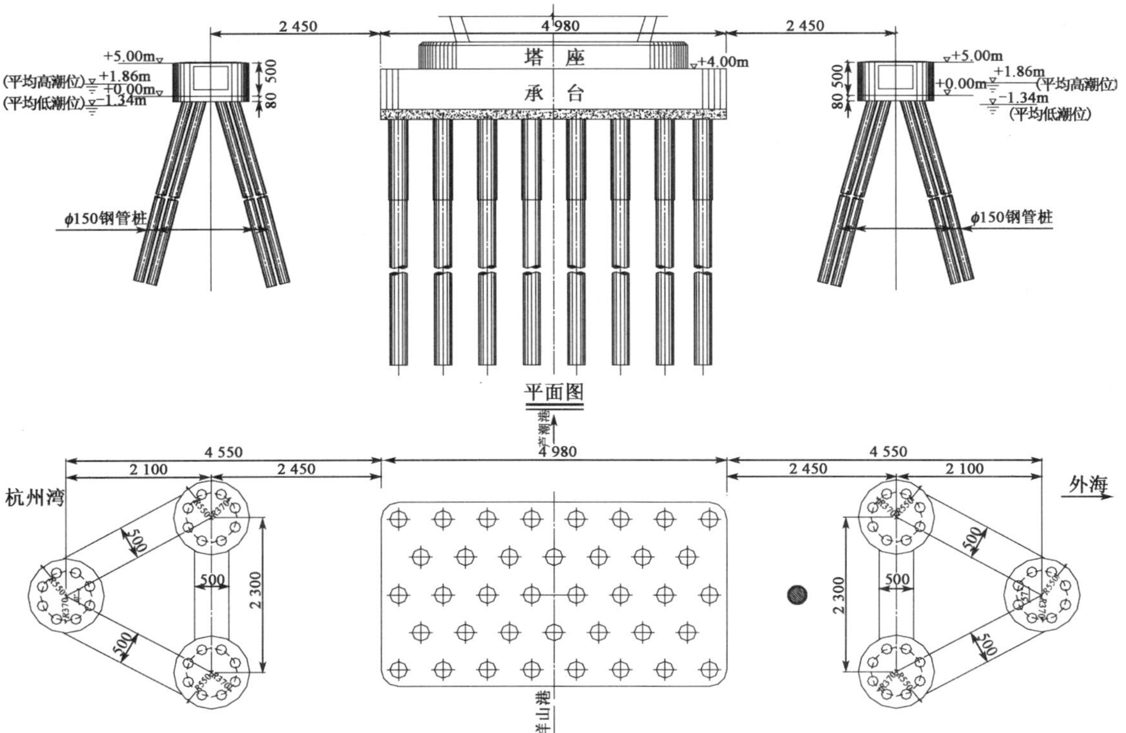

图7　独立防撞体的结构及桩位布置图(尺寸单位:cm)

3.2 独立防撞体的模拟

防撞体由 3 个小防撞体组成,小防撞体上端为预制混凝土套箱承台,承台采用钢管桩支撑,3 个小防撞体通过系梁联结成整体(图 8)。

模型设计制作时,考虑到试验(图 9)目的是分析防撞体的防撞能力,测量防撞体受到船舶撞击时的撞击力,主要模拟下部钢管桩的变形及吸收的能量,即认为船舶的撞击动能由钢管桩的变形所吸收。上端的预制混凝土套箱承台及系梁作为刚体处理,受到船舶撞击时不产生变形或破坏。

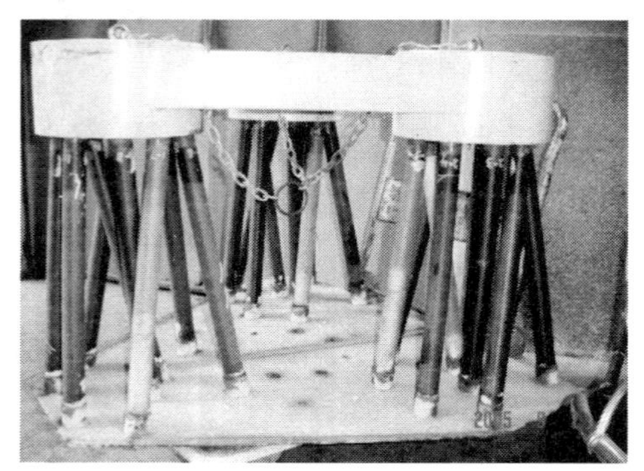

图 8 防撞体及钢管桩模型

图 9 防撞体及船舶碰撞试验

按上节所叙述的模型试验相似准则,欲满足结构动力相似条件,钢管桩模型与实体的抗弯剖面刚度相似,即:

$$\frac{E_m \times I_m(x)}{L_m^5} = \frac{E_s \times I_s(x)}{L_s^5} \tag{11}$$

$$E_m \times I_m(x) \times \lambda^5 = E_s \times I_s(x) \tag{12}$$

式中:E——材料的弹性模数;

I——材料的剖面惯性矩;

L——长度;

λ——模型缩尺比。

钢管桩为环形剖面,剖面惯性矩:

$$I = \frac{\pi}{64}(D^4 - d^4) \tag{13}$$

式中:D——外径;

d——内径。

经分析,在保证钢管桩模型外径及长度与实体几何相似的条件下,应使模型与实体的抗弯剖面刚度相似。

3.3 船舶模型

(1)代表船型。

东海大桥主墩防撞能力设计时,取载质量为 1 万吨级的船舶作为代表船型,撞击速度 4.0 m/s。此吨位船舶的主尺度为:

船舶总长 L_{oa} = 150m;两柱间长 L_{pp} = 140 m;船宽 B = 20.0 m;型深 H = 11.0 m;结构吃水 T_1 = 7.8 m;试验吃水 T_2 = 7.3 m;船舶排水量(试验吃水)Δ = 16 352t;船舶撞击主墩时船速 v = 4.0m/s。

(2)船舶模型制作。

船舶与桥墩或防撞墩撞击时,桥墩或防撞墩变形或破坏,同时,船体也将(一般认为是船首部分)发生变形或破坏。因此,模型设计时,应考虑撞击过程中船体的变形。由于撞击过程中的船体变形极为复杂,目前还难于制作出严格与实船变形相似的船舶模型。船舶模型的设计制作中,参考了理论计算得到的撞击力—船首变形(水平撞深)的关系曲线,采用与多级压缩弹簧联结的活动船首模型,利用压缩弹簧模型的变形来模拟船舶与防撞体撞击时的船首变形及能量吸收,使撞击过程中船体变形吸收的能量与实体相似。撞击力—船首变形(水平撞深)的关系曲线见图10(正撞)。

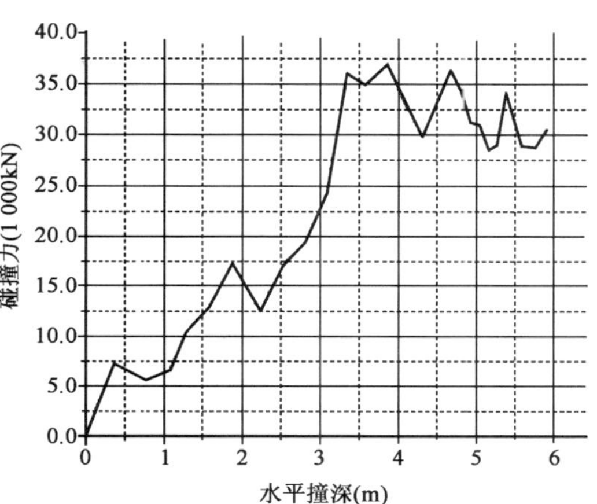

图10 撞击力—船首变形关系曲线(正撞)

3.4 试验方法及方案

采用自航船舶模型进行试验,由遥控装置控制船模以一定速度及航向撞击独立防撞体的不同部位,利用安装于防撞体模型底部的两分力传感器测量防撞体受到的X、Y方向的分力,利用位移传感器测量防撞的体位移量。

试验方案:船舶以一定速度及不同方向撞击防撞体不同部位,见图11。

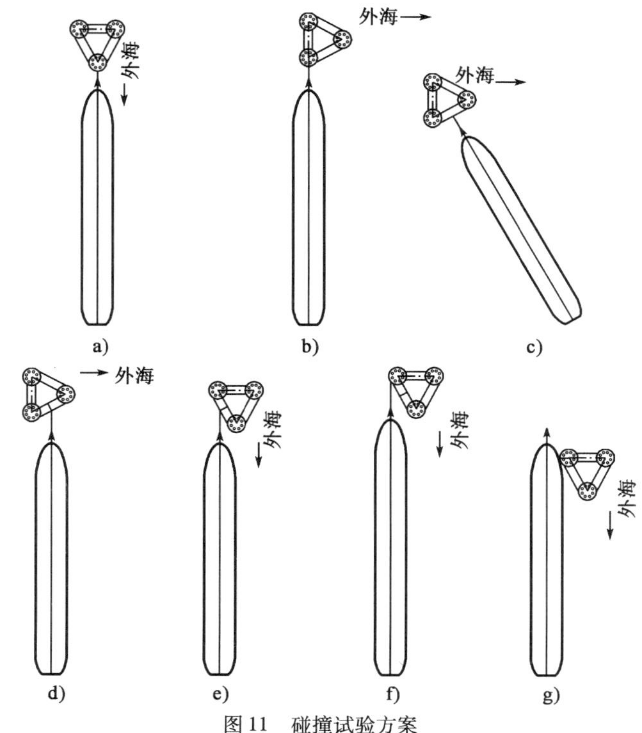

图11 碰撞试验方案

a)正撞防撞体1;b)正撞防撞体2;c)正撞系梁;d)斜撞系梁1;e)斜撞系梁2;f)船侧撞防撞体1;g)船侧撞防撞体2

3.5 试验结果分析

(1)船舶以一定的失控速度撞击防撞体,防撞体受到的撞击力大小与撞击方向有关。最大撞击力发生在船舶正撞小防撞体及系梁的方向上。

(2)船舶以不同方向正撞小防撞体及系梁,X、Y 方向的受力有较大差异,但合力的量级比较接近。

(3)独立防撞墩采用预制混凝土套箱承台、系梁及钢管桩的结构形式,支撑承台的钢管桩以不同斜率插入海底的泥土中,这种斜桩结构形式具有较强的抗防撞能力。

(4)船舶撞击防撞体后的运行轨迹测量试验结果表明:船舶斜撞系梁状态相对船舶正撞防撞体状态来说,撞击力较小,船舶斜撞系梁后,船首向防撞体外侧方向偏转,不会继续向桥墩方向移动,防撞体起到了相当好的保护桥墩的作用。

船舶垂直于桥墩方向撞击桥墩左侧或右侧的小防撞体状态,船舶撞击小防撞体后,有可能出现船首继续向桥墩与防撞体之间的间隙中移动,船首或船侧可能会碰到桥墩。但船速降低,撞击力减小。一般来说,出现这种撞击现象的概率较小。

4 展望

随着物理模型试验的模拟技术及测试技术的发展,通过物模试验来预报船—桥、船—船间撞击载荷的方法已愈来愈受到设计研究人员的重视。通过物模试验来预报实体的撞击载荷,最重要的条件是满足有关的相似准则。以上叙述的相似准则中,最重要的是结构动力相似。从目前的研究水平来看,在撞击体的结构动力相似方面,主要是在弹性范围内,即结构物的受力—变形关系满足有关相似准则。一般来说,满足该条件下的测试结果偏保守。实际上,撞击往往会导致结构物破坏,超过材料弹性范围的塑性变形。如上述独立防撞墩钢管桩的断裂或永久变形、混凝土套箱承台的损坏、钢丝绳或锚链断裂、船体的损坏等都属于塑性变形范围,如何在物模试验中模拟,是今后物模试验研究的重点。

参 考 文 献

[1] 高家镛, 董国祥, 李向群. 船闸防撞装置撞击载荷计算及试验研究. 船舶力学, 1999,5.

[2] 杭州湾大桥非通航孔防撞物理模型试验. 上海船舶运输科学研究所报告,2008.

[3] Kristjan Tabri, Joep Broekhuijsen. Parametric Study on Ship Collision Based on Experimental Testing. 4th International Conference on Collision and Grounding of Ships,2007.

[4] Ranta J, Tabri K. Study on the Properties of the Polyurethane Foam for Model-Scale Ship Collision Experiments. Helsinki University of Technology, Report M-297,2007.

[5] 东海大桥主通航孔主墩防撞研究—独立式防撞体撞击模型试验研究. 上海船舶运输科学研究所报告,2006.

[6] 波浪模型试验规程. 中华人民共和国交通部,2004.

静态轴向荷载作用下泡沫金属铝填充圆钢管平均压溃力及吸能

张君健[1,2] 王君杰[2] 屈亚军[1]

(1. 湖北省公路管理局 武汉 430030 2. 同济大学桥梁工程系 上海 200092)

摘 要:泡沫填充圆管在轴向荷载作用下,有着比空圆管更优秀的吸能性能,因此被广泛用于各个消能领域。本文在空圆管受静态轴向压屈模型的基础上,建立了泡沫填充圆管受静态轴向压缩模型,并提出了泡沫填充圆钢管受静态轴向压屈时的平均压溃力公式;采用了LS-DYNA软件对泡沫圆钢管受静态轴向压缩进行数值模拟,将其平均压溃力与本文分析结果进行比较,验证了本文理论分析的正确性。

关键词:泡沫铝 圆钢管 平均压溃力 能量吸收

Mean Crushing load and Energy-absorption of Aluminum Foam-filled Circular Steel Tubes under Quais-static Axial Crushing

Zhang Junjian[1,2] Wang Junjie[2] Qu Yajun[1]

(1. Hubei Province Highway Administration, Wuhan, 430030;

2. Department of Bridge Engineering, Tongji University, Shanghai, 200092)

Abstract: Foam-filled thin-walled circle tubes are considered to be desirable energy absorbers under axial loading due to their higher energy absorption compared with empty tubes. In this paper, a model was developed to calculate the mean crushing loads of aluminum foam-filled circular steel tubes under axial quasi-static loading on the base of the model which calculate the mean crushing loads of empty circular tubes. The mean crushing load of aluminum foam-filled circular steel tubes under axial-static loading were also investigated numerically using LS-DYNA software. The numerical results agree well with the analytical results.

Keywords: aluminum foam; circular steel tube; mean crushing load; energy-absorption

泡沫金属铝填充圆钢管作为一种优良的新型吸能结构,被广泛地应用于汽车被动安全性设计、火车紧急制动及航天器回收等领域。近些年来,M. Seitzberger[1]和Sigit P. Santosa[2]等人对泡沫金属铝填充的圆截面和方形截面的铝管和钢管的吸能特性进行了大量试验研究[3]。由于泡沫金属铝和管壁之间的相互作用进一步增强了能量吸收能力,本文在Alexander[4]提出的圆管在轴向荷载作用下发生圆环模式压溃理论模型的基础上,考虑了填充材料泡沫的作用,将平均压溃力表示成圆管的平均压溃力和泡沫的压溃力之和,从而得到泡沫填充圆管的平均压溃力。

项目支持:交通部西部科技项目资助,编号:200731882234;交通部行业联合科技攻关项目资助,编号:2008353344340。

作者简介:张君健(1983—),硕士,主要从事桥梁船撞研究,E-mail:zjj. chang@163. com。

1 泡沫填充圆管的平均压溃力理论分析

从试验现象中我们可以观察到，与没有填充材料的空圆管比较，塑性褶皱的长度减小，向管内侧的褶皱减少，如果填充材料的强度足够，圆管将不会存在向内侧弯曲的褶皱。所以我们可以在空圆管压溃模型（Alexander 模型）的基础上考虑填充材料的作用，即假定向内侧弯曲的褶皱完全被填充材料阻止，当圆管被压溃时，所有的褶皱完全向外弯曲，具体的模型见图 1。

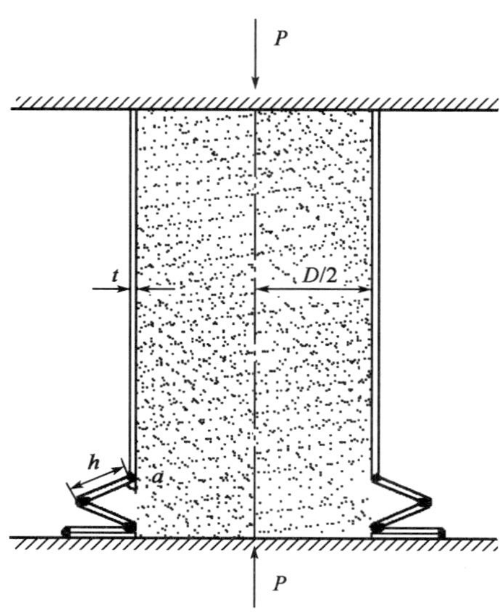

图 1 泡沫填充圆管压溃模型

当泡沫压缩时，在平台阶段之后应力会急剧增大（即泡沫被压实），此时的应变即为锁定应变 ε_D，也是泡沫填充圆管的压实形成的极限，它减小了每个褶皱的有效长度，导致更高的平均应力。泡沫填充圆管在轴向压缩时，当整体压应变达到锁定应变 ε_D 时，即认为一个褶皱变形停止。那么在一个褶皱内，圆管的轴向应变为：

$$\varepsilon_D = 1 - \cos\alpha \tag{1}$$

因此，有：

$$\alpha = \cos^{-1}(1 - \varepsilon_D) \tag{2}$$

泡沫的锁定应变和泡沫的相对密度 ρ^*/ρ 有关系，在这里 ρ^* 是泡沫材料的密度，ρ 是泡沫基体材料的密度。由于泡沫填充铝的密度一般都比较小，根据 M. Seitzberger[5] 的试验，当泡沫铝的密度取在 0.71 时，会导致整个泡沫填充圆钢管在受轴向荷载时发生欧拉失稳现象，所以近似地将锁定应变确定为：

$$\varepsilon_1 = 1 - 2\rho^*/\rho \tag{3}$$

在式(3)中，系数 2 可以根据泡沫材料的相对密度 ρ^*/ρ 来取值，当相对密度值较小时，可以取 3。

将式(3)代入到式(2)中，可以得到：

$$\alpha = \cos^{-1}(2\rho^*/\rho) \tag{4}$$

1.1 圆管的平均压溃力

一个褶皱的形成，会出现 3 个圆形轴向塑性铰。外力对圆管所做的功被 3 条铰线以及铰线之间材料的周向伸长所消耗。我们假定材料是理想刚塑性的，而且弯曲和拉伸没有耦合作用。所以在褶皱形成的过程中，塑性弯曲所消耗的能量为：

$$\begin{aligned} W_1 &= 2M_0\pi D\alpha + 2M_0\int_0^{\alpha}\pi(D + 2h\sin\theta)\,\mathrm{d}\theta \\ &= 4\pi M_0[D\alpha + h(1 - \cos\alpha)] \end{aligned} \tag{5}$$

式中：M_0——管壁的单位长度的塑性极限弯矩；

D——圆管的直径；

α——管壁向外弯曲角。

拉伸所消耗的能量为3个塑性铰之间面积的改变量与单位长度的屈服膜力的乘积，屈服膜力为 Yt，t 为圆钢管的壁厚。

3个塑性铰之间面的改变量为：

$$\Delta S = 2\pi[\int_0^h (D + 2s\sin\alpha)\mathrm{d}s - 2rh] = 2\pi h^2\sin\alpha \tag{6}$$

拉伸所消耗的能量为：

$$W_2 = \Delta SYt = 2\pi Yth^2\sin\alpha \tag{7}$$

根据能量守恒，外力对圆管所做的功等于弯曲和拉伸所消耗的能量，因此有：

$$P_{\mathrm{mt}} \cdot 2h(1 - \cos\alpha) = W_1 + W_2 \tag{8}$$

由式(3)、式(4)、式(6)可以得到圆管的平均压溃力：

$$P_{\mathrm{mt}} = 2\pi M_0\left[\frac{D\alpha}{h(1 - \cos\alpha)} + 1\right] + \frac{\pi Yth\sin\alpha}{(1 - \cos\alpha)} \tag{9}$$

单位长度的塑性铰极限弯矩 $M_0 = Yt^2/4$，当不存在泡沫时，在 Alexander 模型中，$\alpha = \pi/2$，将 $\alpha = \pi/2$ 和 $M_0 = Yt^2/4$ 带入式(7)中，得到：

$$\frac{P_{\mathrm{m}}}{Y} = \frac{Dt^2}{4h} + \pi th \tag{10}$$

根据 P_{m} 是 h 的函数，为了使 P_{m} 取最小值，因此令 $\partial P_{\mathrm{m}}/\partial H = 0$，即可得到：

$$h = \sqrt{\frac{\pi}{4}} \cdot \sqrt{Dt} \tag{11}$$

泡沫的存在使褶皱长度 h 略微减小，但我们假定与中空薄圆管相同，将式(9)带入到式(7)中，得到：

$$P_{\mathrm{mt}} = 2\pi M_0\left[\sqrt{\frac{4D}{\pi t}} \cdot \frac{\alpha}{(1 - \cos\alpha)} + 1\right] + \frac{\pi Yt\sin\alpha}{(1 - \cos\alpha)} \cdot \sqrt{\frac{\pi}{4} \cdot Dt} \tag{12}$$

将式(4)代入到式(12)中可以得到：

$$P_{\mathrm{mt}} = 2\pi M_0\left\{\sqrt{\frac{4D}{\pi t}} \cdot \frac{\cos^{-1}(2\rho^*/\rho)}{1 - 2\rho^*/\rho} + \sqrt{\frac{\pi \cdot D}{t}} \cdot \frac{\sin[\cos^{-1}(2\rho^*/\rho)]}{1 - 2\rho^*/\rho} + 1\right\} \tag{13}$$

1.2 泡沫金属铝的平均压溃力

泡沫金属铝在压溃过程中，可以取应力为其平台应力 σ_{p}，根据 A. Reyes * [6] 提出的公式，泡沫金属铝的平台应力和其相对密度有关系，公式为：

$$\sigma_{\mathrm{p}} = 590 \cdot \left(\frac{\rho^*}{\rho}\right)^{2.21} \tag{14}$$

式(14)中,σ_p 的单位为 MPa。那么泡沫金属铝的平均压溃力为:

$$P_{mf} = \sigma_p \cdot \frac{\pi D^2}{4} \tag{15}$$

1.3 泡沫金属铝填充圆管的平局压溃力

根据式(13)和式(15)可以得到,泡沫金属铝填充圆管的平均压溃力为:

$$P_m = P_{mt} + P_{mf} \tag{16}$$

1.4 泡沫金属铝填充圆管的吸能

由平均压溃力即可以得到泡沫金属铝填充圆管的吸能为:

$$W = P_m \cdot l \tag{17}$$

式中:l——压缩位移。

2 数值模拟

为了验证上面的理论分析结果,对泡沫金属铝填充圆钢管受轴向压缩的工程进行相应的数值模拟研究。

2.1 准静态压缩的数值模拟方法

采用 LS-DYNA 软件进行泡沫金属铝填充圆钢管准静态压缩的数值模拟。圆钢管的尺寸为:长 70mm,直径 40mm,壁厚 1mm;圆钢管材料为低碳钢,$E = 206\text{GPa}$,$\sigma_0 = 235\text{MPa}$,$\rho = 7\ 850\text{kg/m}^3$,具体应力—应变曲线见图 2。泡沫金属铝的密度为 $\rho = 340\text{kg/m}^3$。

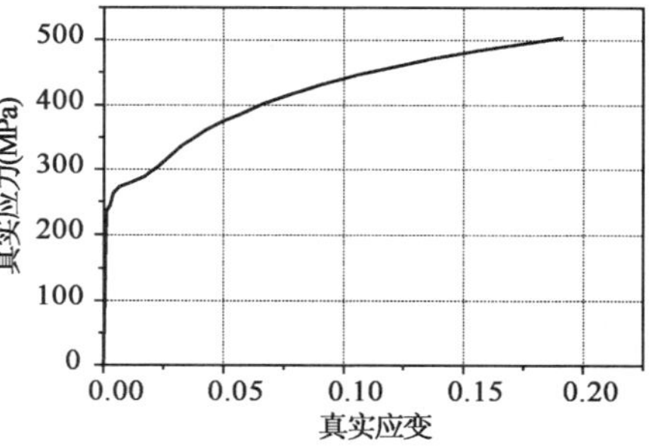

图 2 低碳钢的真实应力应变曲—压缩位移曲线

圆钢管划分为 4 节点壳单元,网格尺寸为 1mm,采用 Belytschko-Tsay[7] 算法,沿壳厚度方向取 5 个积分点;泡沫金属铝划分为六面体单元,单元尺寸为 4mm,采用 Deshpande and Fleck Foam 材料模型进行模拟。构件的顶端与刚性墙相连,给刚性墙施加一个速度场,以便模拟准静态压缩,构件的底端固结。泡沫填充圆管有限元模型见图 3。

速度场公式为:

$$v(t) = \frac{\pi}{\pi - 2} \cdot \frac{d_{max}}{T}\left[1 - \cos\left(\frac{\pi}{2T} \cdot t\right)\right] \tag{18}$$

式中:d_{max}——最终位移;

T——加载的总时间。

2.2 数值模拟结果分析

从图 4 中的 a)和 b)的比较可知,由于填充泡沫金属铝的作用,改变了圆钢管的破损模式,由原来的手风琴和钻石的交互模式变为单纯的手风琴模式。我们可以这样理解这个现象:由于泡沫的作用,减小了圆管向内弯曲的空间,而发生钻石压屈模式时,圆管向内弯曲得很厉害,这就使得圆管发生了屈曲模式的改变,变为向内弯曲较小的模式,即为手风琴模式。

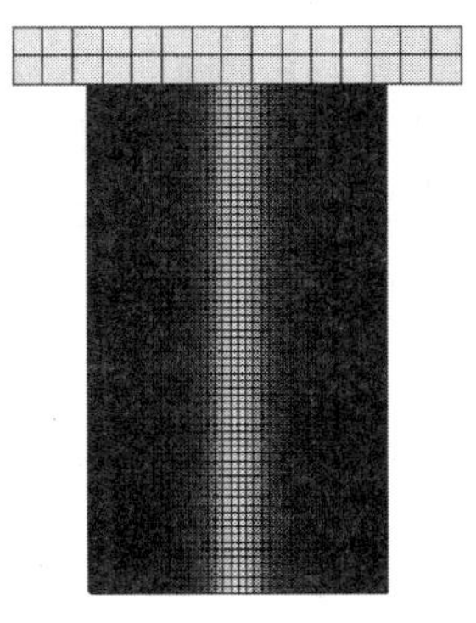
图3 泡沫填充圆管有限元模型

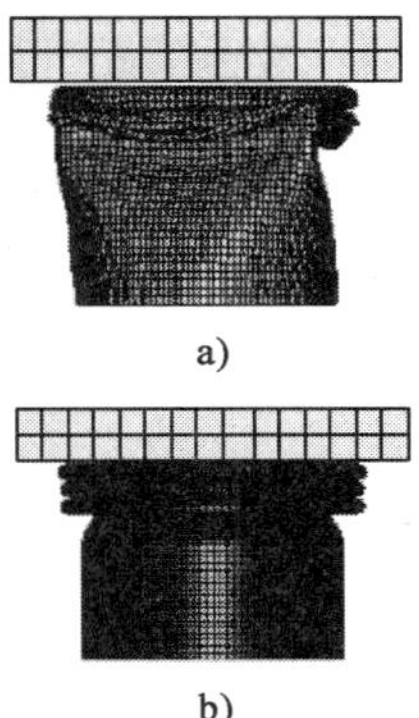

图4 泡沫填充圆管受轴向压缩时变形
a)空圆管受轴向压缩时变形图;b)有填充泡沫时受轴向压缩时变形图

$$F_m(s) = \frac{W(s)}{s} = \frac{\int_0^s F_m(\bar{s})\,\mathrm{d}\bar{s}}{s} \tag{19}$$

式中:$F_m(s)$——平均压溃力;

$W(s)$——压溃过程中吸收的总能量;

$F_m(\bar{s})$——压缩位移为 $\bar{s}$ 时的压溃力。

将图5中的压溃力—压缩位移曲线代入到式(18)中即可得到 $F_m(s)=26.11\text{kN}$,而通过1.2中的理论公式算得的 $P_m=26.26\text{kN}$。

将本文的公式和余同希的公式以及用式(19)算得的平均压溃力值进行三种情况下的比较:

第一种是在圆钢管的直径为40mm,壁厚为1mm,泡沫金属铝的密度分别取0.17kg/cm³、0.34kg/cm³、0.51kg/cm³下的平均压溃力,泡沫金属铝密度为0.34kg/cm³时,3个平均值都很接近,而密度为0.17kg/cm³和0.51kg/cm³时,本文值和数值模拟平均值很接近,而余同希值[8]则有一定的误差,具体见图6~图8。

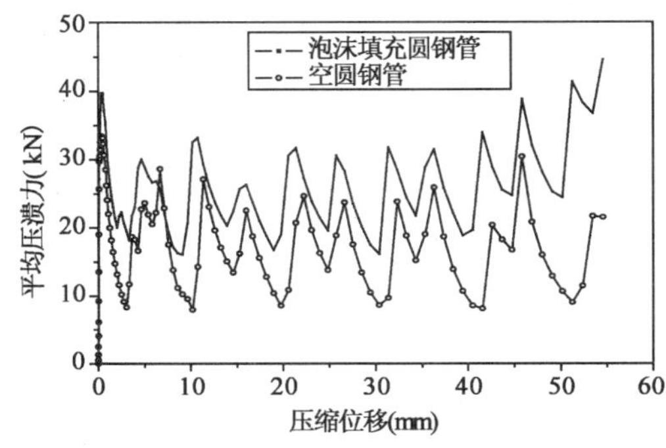

图5 泡沫金属铝填充圆钢管压溃力

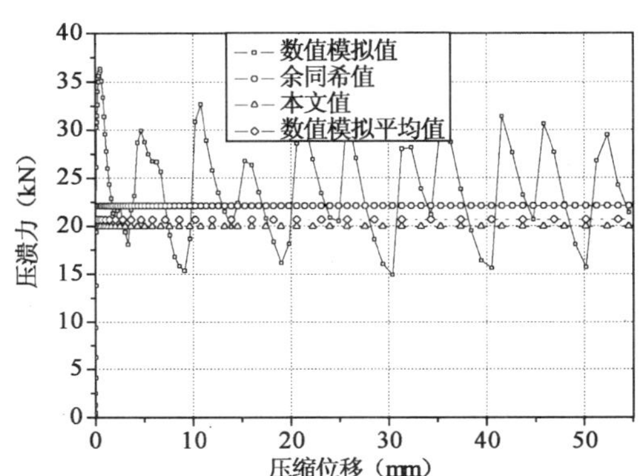

图6 密度为0.17kg/cm³各种值比较图

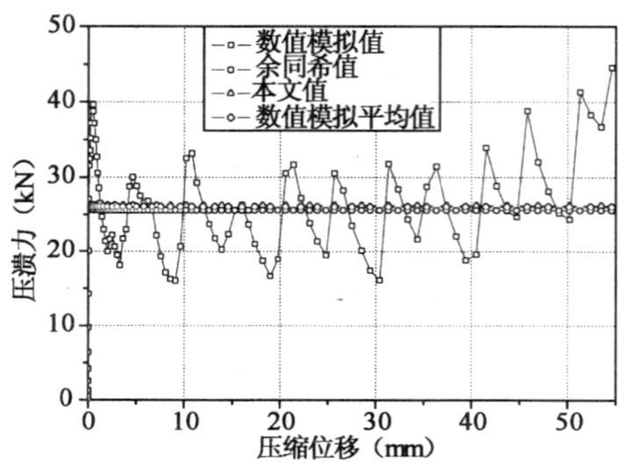

图7 密度为0.34kg/cm³ 各种值比较图

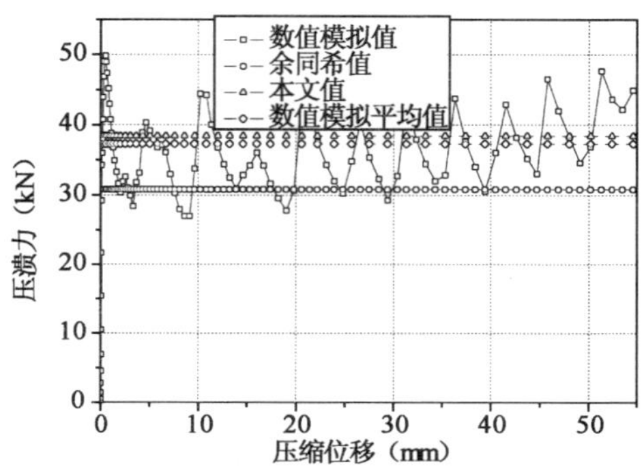

图8 密度为0.51kg/cm³ 各种值比较图

第二种是在泡沫金属铝的密度为0.34kg/cm³，圆钢管直径为40mm时，圆管壁厚分别取1.5mm、2mm、2.5mm和3mm下的平均压溃力，通过比较发现，本文值和数值模拟平均值相差很小，但随着壁厚的增大，差值增大，而余同希值则有一定误差，且大于本文的值，具体见图9～图12。

第三种是在泡沫金属铝的密度为0.34kg/cm³，圆钢管壁厚为1mm时，圆管直径分别取3cm、3.5cm、4.5cm和5cm下的平均压溃力，通过比较发现，本文值和数值模拟平均值相差很小，但随着壁厚的增大，差值增大，而余同希值则有一定误差，且大于本文的值，具体见图13～图16。

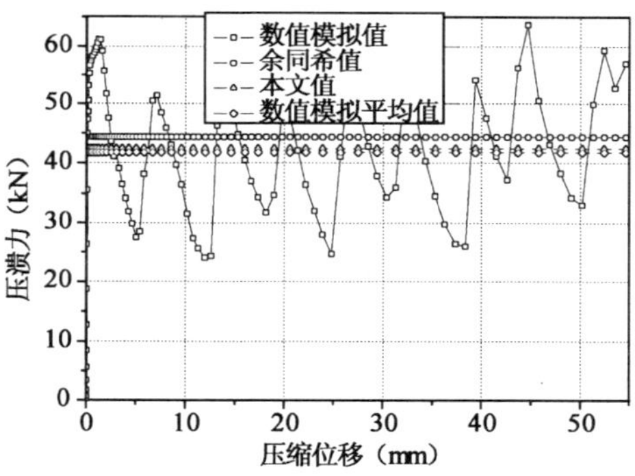

图9 壁厚为1.5mm 各种值比较图

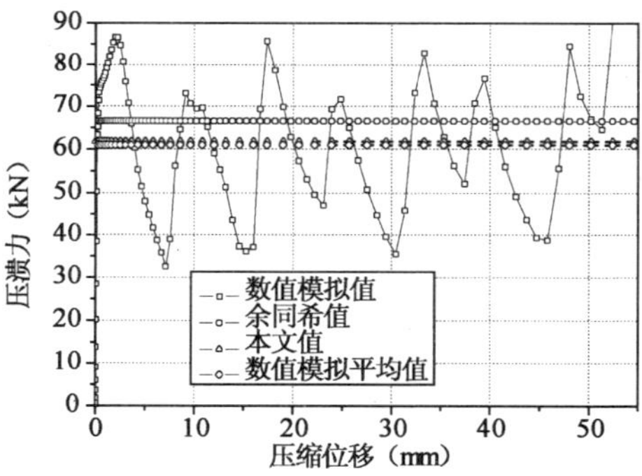

图10 壁厚为2mm 各种值比较图

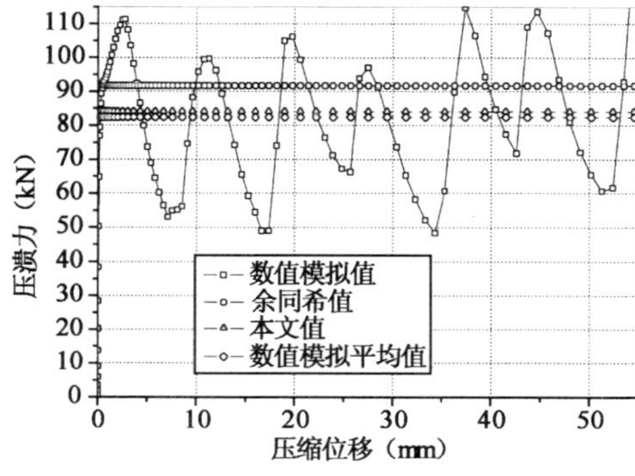

图11 壁厚为2.5mm 各种值比较图

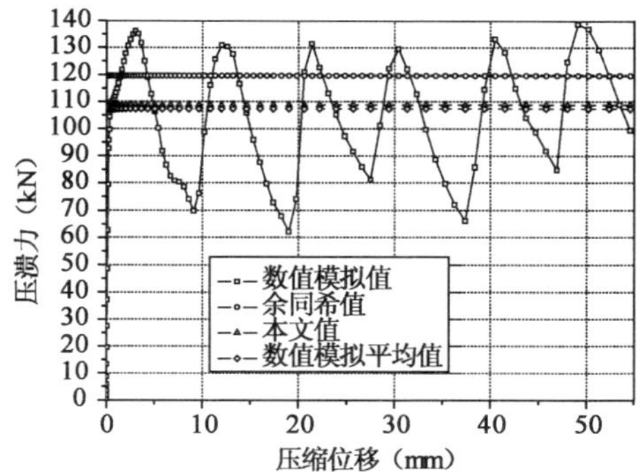

图12 壁厚为3mm 各种值比较图

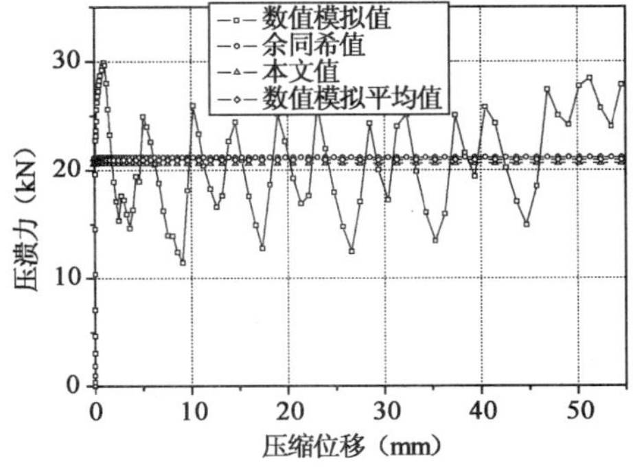

图 13　直径为 30mm 各种值比较图

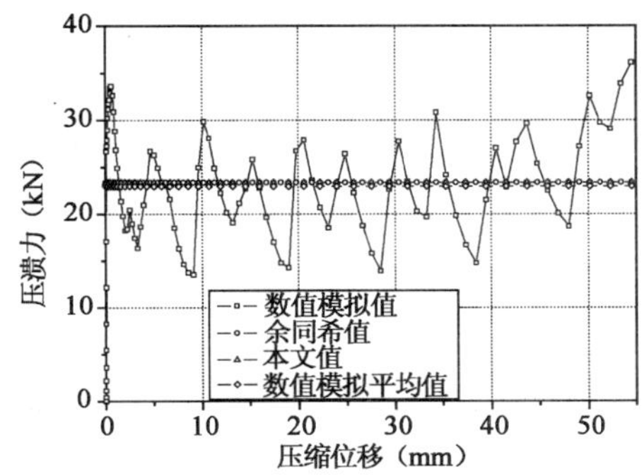

图 14　直径为 35mm 各种值比较图

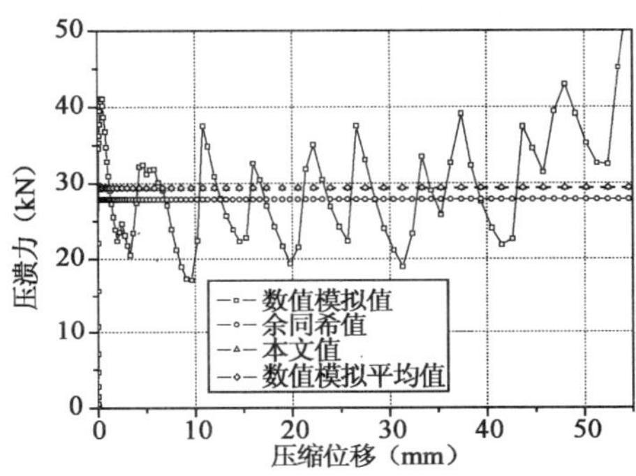

图 15　直径为 45mm 各种值比较图

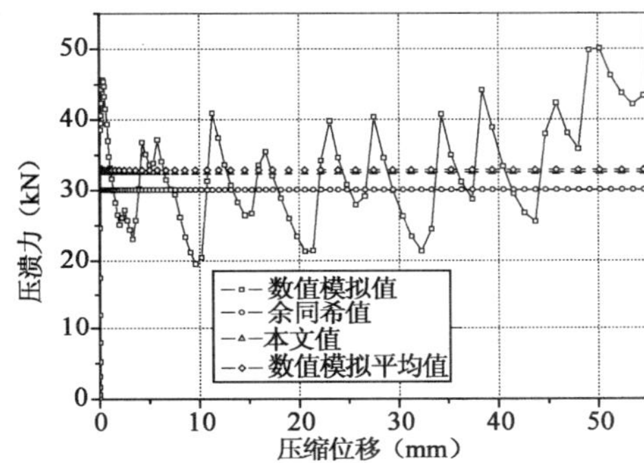

图 16　直径为 50mm 各种值比较图

下面计算了 3 组数据，第一组是当填充泡沫金属铝的密度为 0.34g/cm^3 时，不同圆钢管壁厚下分析值和数值模拟值进行比较的结果；第二组是当圆钢管壁厚为 1mm 时，填充不同密度的泡沫金属铝下的分析值和数值模拟值之间的比较结果；第三组是不同直径下的数值模拟平均值、本文值、余同希值的比较结果，分别见表 1 ~ 表 3。在这 3 个表中，数值模拟值是由式(19)得到，误差均以数值模拟值为标准。

密度为 0.34g/cm^3 不同壁厚下的平均压溃力　　表 1

圆管壁厚(mm)	数值模拟值(kN)	本文值(kN)	误差(%)	余同希值(kN)	误差(%)
1	26.11	26.26	0.57	25.59	-2.00
1.5	41.77	42.42	1.53	44.32	6.10
2	60.94	61.82	1.42	66.52	9.16
2.5	82.52	84.06	1.83	91.73	11.16
3	107.42	108.88	1.34	119.62	11.34

壁厚为 1mm 不同密度泡沫下的平均压溃力　　表 2

泡沫密度(g/cm^3)	数值模拟值(kN)	本文值(kN)	误差(%)	余同希值(kN)	误差(%)
0.17	20.65	19.12	-8.00	22.07	6.88
0.34	26.11	26.26	0.57	25.59	-2.00
0.51	37.29	38.42	1.40	30.81	-17.38

密度为 0.34g/cm³ 不同管径下的平均压溃力　表 3

圆管直径(mm)	数值模拟值(kN)	本文值(kN)	误差(%)	余同希值(kN)	误差(%)
30	20.95	20.61	-1.65	21.18	1.10
35	22.95	23.36	1.76	23.39	1.93
40	26.11	26.26	0.57	25.59	-2.00
45	29.40	29.32	-0.27	27.81	-5.41
50	32.88	32.55	-1.01	31.75	-3.44

2.3 数值模拟结果分析

从表 1、表 2 和表 3 中,我们可以看到,分析结果和数值模拟结果相差很小,而余同希值则部分和数值模拟值比较接近,但大部分还是有一定的误差;当泡沫金属铝的密度为0.17kg/cm³时,本文值和数值分析的值相差较大,这是由于此时泡沫密度很小,根据前面的假定,当泡沫的很小时锁定应变应该取为:

$$\varepsilon_1 = 1 - 3\rho^* / \rho \tag{20}$$

将式(19)取代 $\varepsilon_1 = 1 - 2\rho^* / \rho$ 进行计算得到平均压溃力为 19.95kN,这样与数值模拟计算得到的值相差只有 3.51%。

除了泡沫铝的密度为 0.17kg/cm³ 的数值计算比分析值要大以外,其他的都有一个共同的特点,那就是分析的结果比数值模拟的结果要大,究其原因,在分析过程中我们将压溃模式作了两个简化。

认定由于泡沫填充材料的作用,导致圆管在屈服时只发生向外的弯曲,不考虑向内的弯曲。而在实际中,由于泡沫填充材料的可压缩性,圆管在压屈时可以发生向内的弯曲,只不过和空圆管比较起来,向内弯曲的部分有一定的减少。这就说明在实际的压屈中,由塑性铰吸收的能量即式(5)有所减小,而在分析中没有考虑向内的弯曲,导致由于塑性铰吸收的能量比实际中的要大。

没有考虑压溃工程中泡沫材料由于圆管在压屈过程中对泡沫的作用,而实际中,在压溃过程中,泡沫填充材料由于圆管的压屈导致在径向截面上有一定的压缩(具体见图 17),这势必会消耗一部分能量,而在分析过程中并没有计入这部分能量。

在这两个简化中,第一个简化导致分析结果增大,而第二个简化导致分析结果减小,对最终的分析结果而言,刚好做了一部分的抵消,从而和数值分析结果吻合得很好。

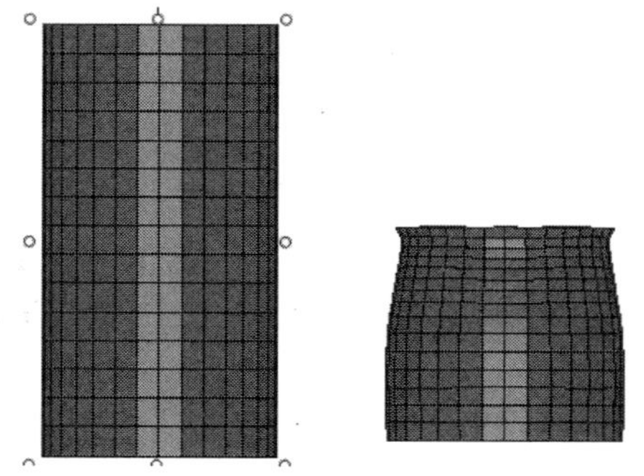

图 17　填充金属泡沫铝受轴向压缩的有限元模型

3 结语

在 Alexander 模型的基础上提出了泡沫填充圆管的平均压溃力公式,并对通过数值模拟得到的平均压溃力进行验证,发现两者符合得很好,可以通过圆管的尺寸以及填充泡沫的基本参数计算出泡沫填充圆管的吸能能力。通过数值模拟可以验证填充泡沫能改变圆管的压溃模式,同时能提高圆管的压溃力,提高圆管的吸能能力。

参 考 文 献

[1] M Seitzbergera *, FG Rammerstorfera, R Gradingerb, et al. Experimental studies on the quasi-static axial crushing of steel columns filled with aluminium. International Journal of Solids and Structures 37, 2000: 4125-4127.

[2] Sigit P Santosaa, Tomasz Wierzbickia *, Arve G Hanssenb, et al. Experimental and numerical studies of foam-filled sections. International Journal of Impact Engineering 24, 2000: 509-534.

[3] 桂良进,范子杰,王青春. 泡沫填充圆管的轴向压缩能量吸收特性[J]. 清华大学学报(自然科学版),2003,43(11):1526-1529.

[4] 余同希,卢国兴. 材料与结构的能量吸收. 北京:化学工业出版社,2006:127-130.

[5] M Seitzbergera*, F G Rammerstorfera, H P Degischer, et al. Crushing of axially compressed steel tubes filled with aluminium foam. Acta Mechanica 125(1997): 93-105.

[6] A Reyes*, O S Hopperstad, T Berstad, et al. Constitutive modeling of alumnium foam including fracture and statistical variation of density. European Journal of Mechanics A/Solids 22, 2003: 815-835.

[7] Ahmad Z, Thambiratnam DP. Crushing response of foam-filled conical tubes under quasi-static axial loading. J Mater Design(2008), doi:10.1016/j.matdes, 2008, 10.017.

[8] A Reyes *, A G Hanssen, O S Hopperstad. Crashiworthiness of aluminum extrusions sbjected to oblique loading: experiments and numerical analyses. International Journal of Mechanical Sciences 44, 2002: 1965-1984.

[9] Ahmad Z, Thambiratnam DP. Dynamic computer simulation and energy absorption of foam-filled conical tubes under axial impact loading. Computers and Structures 87, 2009: 186-197.

[10] D C Hana, S H Parkb*. Collapse behavior of square thin-walled columns subjected to oblique loads. Thin-Walled Structures 35, 1999: 167-184.

船舶上部结构撞击力研究

姜金辉　夏　雪　金允龙

（上海船舶运输科学研究所　上海　200135）

摘　要：本文采用动力模拟方法和非线性有限元方法对船舶上部的甲板室、桅杆撞击桥梁的碰撞力进行了计算分析，并与国外相关规范计算值进行了比较，发现规范计算值明显偏小。因此，在桥梁相应结构抗撞防撞设计时予以特别注意。

关键词：甲板室　桅杆　船舶撞击　撞击力

Study on collision force of the ship superstructure

Jiang Jinhui, Xia Xue, Jin Yunlong

(Shanghai Ship & Shipping Research Institute, Shanghai,200135)

Abstract: In this paper, dynamic methods are applied to analysis the collision force of deckhouse or mast structure of the ship. Comparing with AASHTO guides, the results are obvious larger than the rule values. Therefore, special attention should be paid to the bridge structure which is expected to resist the collision force.

Keywords: deckhouse; mast; ship collision; collision force

位于航道上的桥梁对通航净空高度要求均有特定限制。国内外已经发生多起大型桥梁上部结构遭受船舶撞击的事故（图 1、图 2），内河小型桥梁上部结构遭受船舶撞击事故更加频繁。撞击大桥部位包括主梁、拱形根部，船舶与桥梁碰撞部位包括桅杆、甲板室、船首。与船舶撞击桥墩的碰撞力相比，一般撞击力较小，但由于撞击力作用部位较高，桥梁上部结构抗横桥向水平力较弱，撞击事故容易造成桥梁上部结构及其支撑结构损伤，甚至坍塌。研究桥梁上部

图 1　撞击丹麦大带西桥船舶（2005 年 3 月）

图 2　金塘大桥“327”船撞事故

项目支持：交通部西部科技项目资助，编号：200731882234。

作者简介：姜金辉（1977—），硕士，助理研究员，从船舶与海洋结构物设计制造．E-mail:jjh964111@tom.com。

结构防撞问题对非通航桥墩的防撞也具有重要意义。作为非通航设计桥跨，桥面的净高和净宽不满足多数船舶的通航要求，所以船舶撞击桥梁上部结构的事故经常发生在桥梁的非设计通航区域。

为了解决船舶撞击桥梁上部结构问题，需要依据船舶撞击部位结构与桥梁结构特性，建立计算模型，进行撞击力计算。一般将船舶上部结构分为甲板室和桅杆撞击桥梁的不同情况分别进行研究。

1 甲板室撞击力

甲板室撞击力大小与甲板室宽度、甲板室高出大桥主梁范围、撞击区域结构强度、撞击速度等多种因素相关。

1.1 动力模拟法计算甲板室撞击力

船舶碰撞动力数值模拟法[1]是通过研究船舶碰撞的内部机理、外部机理，建立船舶碰撞的动力学模型，动力模拟法采用切片方法计算船体在流场中的运动，用数值计算方法在时域中积分求解运动方程，得到碰撞力、能量和船体在碰撞过程中的时间历程。

(1)1 000 吨级船舶甲板室撞击力计算。

船舶甲板室撞击大桥主梁，主要发生在高水位且船舶处于压载状态。依据 1 000 吨级船舶尺度，甲板室撞击大桥产生水平的碰撞力计算结果见表 1。

甲板室撞击力（排水量 =995 t，压载状态） 表 1

碰撞位置	碰撞速度（m/s）	碰撞时间（s）	甲板损坏长度（m）	碰撞力（MN）	碰撞能量（MJ）
罗经甲板	2.0	0.8	0.845	3.17	2.09
	3.0	1.1	1.67	3.17	4.70
	4.0	1.3	2.71	3.74	8.36

(2)2 000 吨级船舶甲板室力撞击计算。

依据 2 000 吨级船舶尺度，罗经甲板厚 6mm，围壁厚 5mm，罗经甲板和桥梁相撞产生水平的碰撞力计算结果见表 2。

2 000t 级船舶甲板室力计算结果（压载排水量 =1 384t） 表 2

碰撞位置	碰撞速度（m/s）	碰撞时间（s）	甲板损坏长度（m）	碰撞力（MN）	碰撞能量（MJ）
罗经甲板	1.0	0.5	0.265	4.67	0.727
	2.0	0.65	0.672	5.43	2.91
	3.0	0.85	1.27	6.26	6.54
	4.0	1.05	2.08	6.26	11.6

1.2 有限元法计算甲板室撞击力

采用有限元方法分析船撞桥问题是一个通用且有效的手段[2]，可以求解此类问题的大型非线性有限元程序有DYNA3D、MARC、ABAQUS、DATRAN等，都可以考虑结构的大变形、接触、材料非线性和结构失效等情况。本文中采用MSC. Dytran计算软件进行分析。

(1)有限元计算工况。

本文选取不同吨位的船舶，分别按照一定的速度对船舶的甲班室结构撞击桥梁进行计算，计算工况见表3。

有限元计算工况表 表3

撞击船舶	速度(m/s)	工况
1 000 吨级	3.0	1
	4.0	2
3 000 吨级	4.0	3
5 000 吨级	4.0	4
	5.0	5
10 000 吨级	4.0	6
	5.0	7

(2) 船舶甲板室撞击桥梁的有限元分析模型介绍。

有限元计算模型见图3。

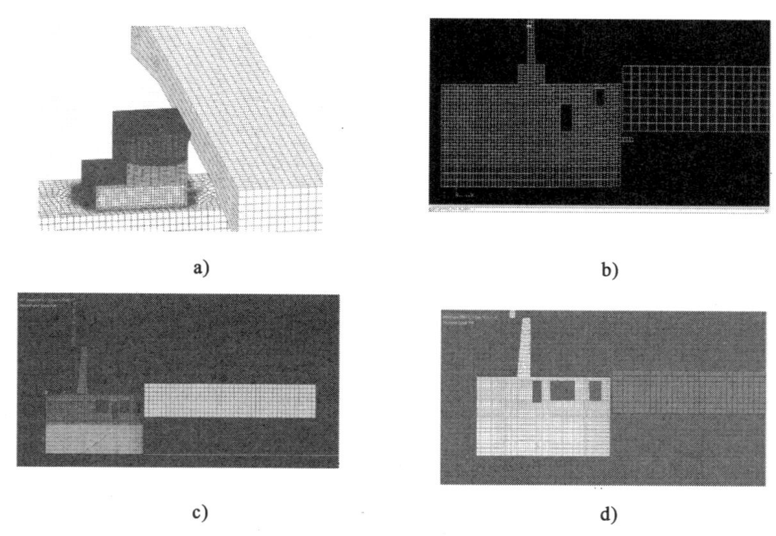

图3 船舶甲板室撞击力有限元计算模型

a)1 000 吨级船舶甲板室撞击大桥主梁模型；b)3 000 吨级船舶甲板室撞击大桥主梁模型；c)5 000 吨级船舶甲板室撞击大桥主梁模型；d)10 000 吨级船舶甲板室撞击大桥主梁模型

(3)有限元计算结果。

有限元计算结果见图4。

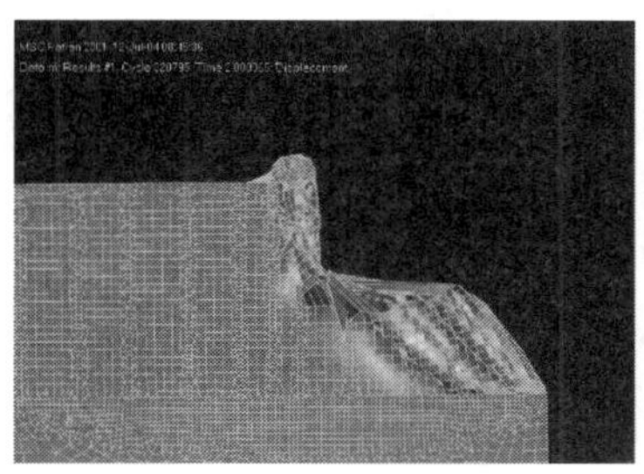

工况1 甲板室变形(t=2.0s)

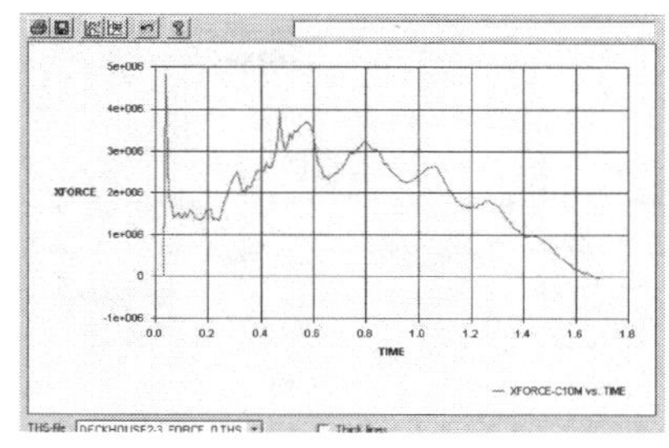

工况1 甲板室碰撞力时间历程(v=3m/s)

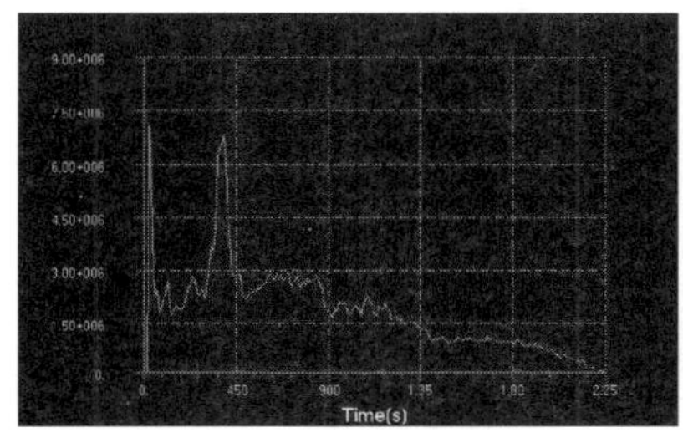

工况2 甲板室碰撞力时间历程(v=4m/s)

工况3 甲板室变形(t=1.5s)

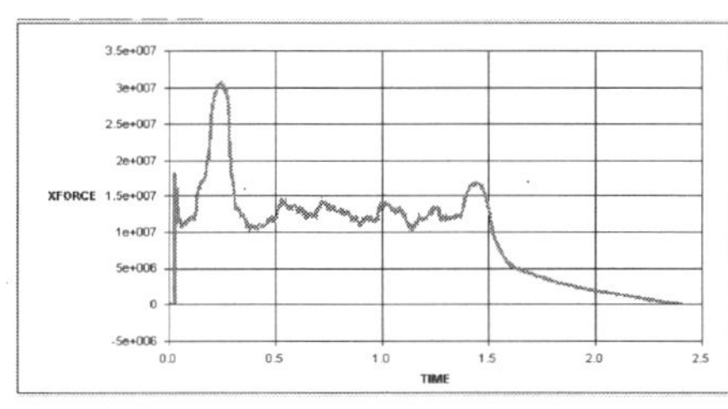

工况3 甲板室碰撞力时间历程(v=4m/s)

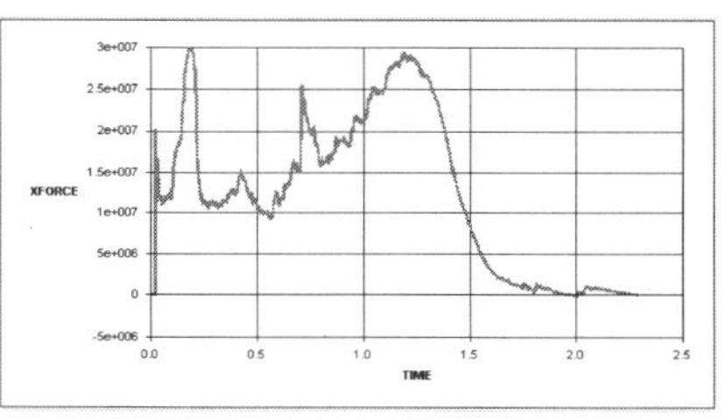

工况4 甲板室碰撞力时间历程(v=5m/s)

工况5 甲板室变形(t=2.0s)

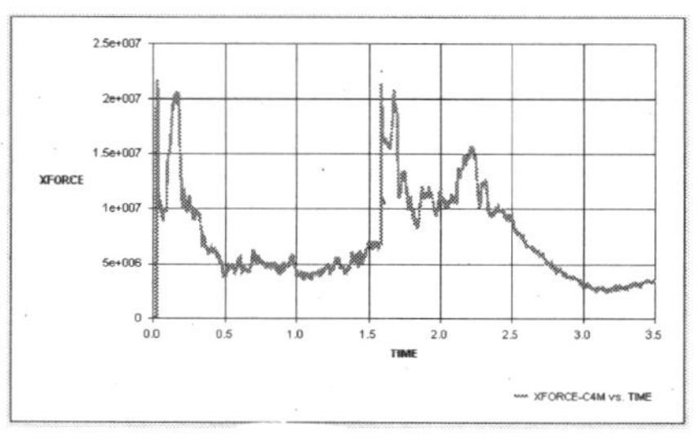

工况5 甲板室碰撞力时间历程(v=4m/s)

图 4

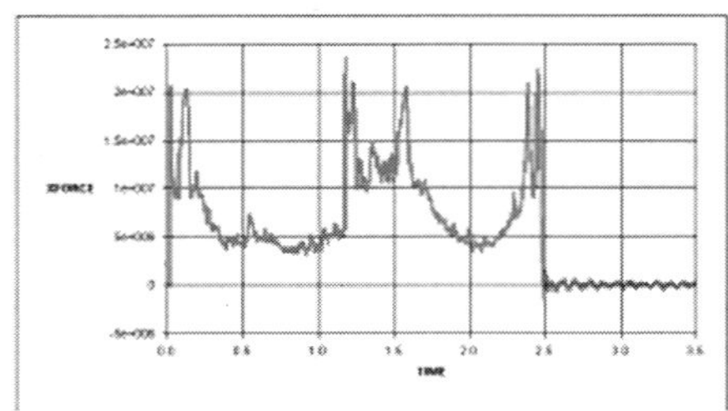

工况6 甲板室碰撞力时间历程(v=5m/s)

工况7 甲板室变形(t=2.0s)

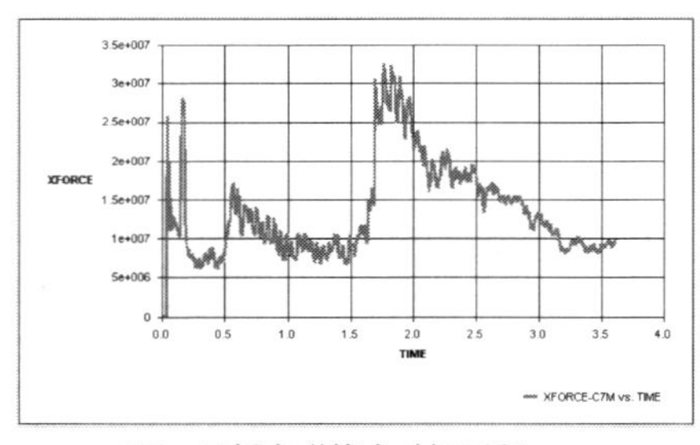

工况7 甲板室碰撞力时间历程(v=4m/s)

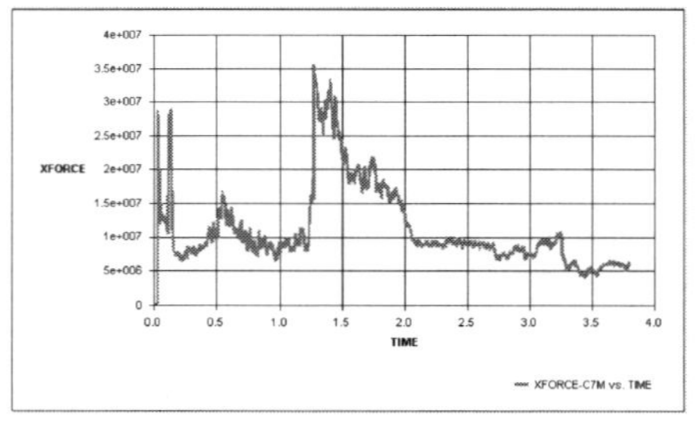

工况8 甲板室碰撞力时间历程(v=5m/s)

图4 不同吨级船舶甲板室撞击大桥主梁有限元计算结果

1.3 国外规范计算甲板室撞击力

参照 AASHTO 规范[2]，甲板室撞击主梁的撞击力计算结果见表4。

AASHTO 规范船舶甲板室撞击力 表4

DWT \ 速度(m/s)	1	2	3	4	5	6
1 000	0.76	1.51	2.27	3.02	3.78	4.53
2 000	1.06	2.13	3.19	4.25	5.31	6.38
3 000	1.29	2.59	3.88	5.18	6.47	7.77
5 000	1.65	3.31	4.96	6.62	8.27	9.93
10 000	2.28	4.56	6.84	9.12	11.40	13.68

1.4 船舶甲板室撞击力计算结果比较

不同方法的计算结果比较见表5，对计算结果的分析结论见本文的结论部分。

船舶甲板室撞击力计算结果比较 表5

船舶 DWT	有限元甲板室碰撞力(MN)	AASHTO 甲板室碰撞力(MN)	有限元结果/AASHTO 比值	3 倍 AASHTO 甲板室碰撞力 $P_{DH}=3R_{DH}P_s$
	速度 5m/s			
1 000	6.6	3.78	1.75	11.33
2 000	6.26(动力模拟值)	5.31	1.18	15.94
3 000	30.0	6.47	4.64	19.42
5 000	22.0	8.27	2.66	24.82
10 000	35.0	11.40	3.07	34.20

2 桅杆撞击力

桅杆是典型的船舶最上部结构物，通常是用来安装信号灯、悬挂信号旗、架设无线电天线等航行通信设备。

与前面计算甲板室船舶撞击力的分析方法相似，分别采用有限元建模模拟碰撞方法和AASHTO 公式方法，计算典型船舶的桅杆撞击力，并作比较，计算结果见表 6，对计算结果的分析结论见本文的结论部分。

船舶桅杆撞击力计算结果比较 表 6

DWT	有限元桅杆碰撞力（MN）	AASHTO 桅杆碰撞力（MN）	有限元结果/AASHTO 比值	4 倍 AASHTO 桅杆碰撞力 $P_{MT}=0.40P_{DH}$
	速度 5m/s			
1 000	1.0	0.378	2.65	1.510
2 000		0.531	—	2.125
3 000	2.1	0.647	3.25	2.590
5 000	4.0	0.827	4.84	3.309
10 000	4.1	1.140	3.60	4.560
50 000	4.0	2.012	1.99	8.050
150 000	10.0	2.324	4.30	9.295

3 结语

（1）船舶上部结构撞击桥梁载荷一般垂直桥轴线方向，水平方向作用于桥梁上部结构。

（2）船舶上部桅杆、甲板室撞击力都明显大于 AASHTO 规范计算值，平均有 3 ~ 4 倍的系数。

（3）船舶上部的甲板室撞击载荷与甲板室宽度、撞击速度、撞击区域结构崩溃强度相关；甲板室高度超过桥梁高度越大，撞击载荷越大。

（4）船舶桅杆撞击载荷与桅杆结构形式、撞击部位有关。简易型桅杆撞击载荷较小，撞击点位于桅杆顶部，载荷较小。由于桅杆破坏时消耗能量远小于船舶动能，桅杆撞击载荷与撞击速度关系不明显。

（5）依据船舶上部结构撞击桥梁的载荷特点，甲板室碰撞以预防为主的同时，针对船舶桅杆撞击桥梁应有足够的抗撞力。

参考文献

[1] 梁文娟. 船舶碰撞的三维分析. 交通部上海船舶运输科学研究所学报，1986(1).

[2] AASHTO，2009 公路桥梁船舶撞击设计规范.

驳船有限元模型简化程度对计算精度的影响

张　龙　曹聪慧　王君杰

（同济大学土木工程防灾国家重点实验室　上海　200092）

摘　要：在进行桥船碰撞有限元模拟时，全船的有限元建模和计算费时费力，一般需要对船模进行简化处理。为了确定合适的船模简化程度，本文研究了驳船模型的简化程度对计算精度的影响。首先分别建立了将驳船船尾部分的0%、50%、75%及85%简化为刚体的有限元模型，然后进行驳船与刚性墙碰撞计算。通过分析计算结果，认为船尾部分50%简化为刚体比较适合驳船碰撞研究。

关键词：驳船　撞击　有限元　简化模型

The influence of calculation accuracy with the simplified degree of finite element barge model

Zhang Long　Cao Conghui　Wang Junjie

(State Key Laboratory of Disaster Reduction in Civil Engineering, Tongji University, Shanghai, 200092)

Abstract: The model needs to be simplified, because the whole-barge finite element model is complicated. In order to ascertain a suitable simplified degree, this paper introduces the influence of calculation accuracy with the simplified degree of finite element barge model. This paper establishes rigid part of finite element model with 0%、50%、75% and 85% to calculate the barge-rigid wall collision, with 50% recommended as a suitable simplified degree.

Keywords: barge; collision; finite element; simplified model

1　引言

碰撞数值模拟方法在桥梁船撞安全问题的研究中已经得到了越来越广泛的使用[1]。在碰撞数值模拟中，船舶的建模是一个关键的技术问题。船舶体系十分复杂，精确的有限元建模意味着庞大的单元数目（一般为几十万或几百万个单元）和巨大的计算时间耗费（一般计算时间为几十小时），在一般的工程设计中直接使用存在很大困难，探讨适度简化的船舶碰撞建模技术是解决这一困难的一个技术途径。

本文以一艘载质量90t的驳船为例，采用LS-DYNA软件对其进行不同简化程度的碰撞计

项目支持：交通部西部科技项目资助，编号：200731882234；交通部行业联合科技攻关项目资助，编号：2008353344340。

作者简介：张龙（1988—），硕士研究生在读，桥梁船撞，E-mail：longlong6296@163.com。

算,通过船撞力时程的精度对比讨论简化计算模型的精度,并对在工程设计中驳船简化碰撞计算模型的建立提出建议。

2 驳船建模与计算参数

2.1 模型介绍

选取驳船模型的载质量为90t。驳船的主要几何尺寸为:总长30m,型宽7m,型深1.6m,吃水1.05m,排水量162.311t,方形系数0.813。

为了研究驳船建模简化程度对计算精度的影响,对驳船进行以下几种精度的建模:

(1)全船精细的有限元建模。

(2)简化长度(从船尾起算)分别占全船的50%、75%及85%,其中简化程度为85%的模型只对船首进行精细建模。

简化原则:①从船尾起算的简化部分只保留船的外壳和甲板;②保持质量、重心、惯性矩、线形等与原模型一致[6],重新计算简化部分的密度;③将简化部分的材料设置为刚体,如图1所示。

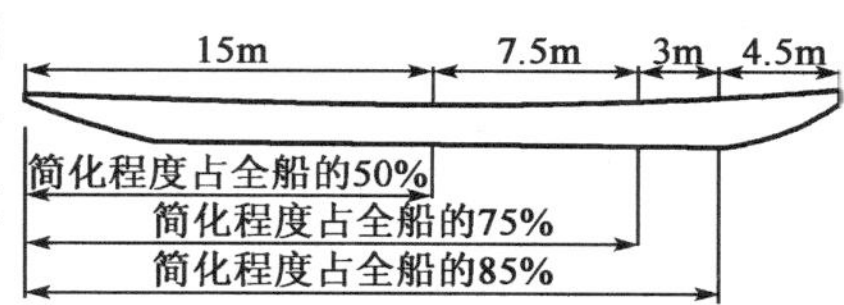

图1 不同简化程度的驳船示意图

2.2 本构关系与计算参数

驳船模型中采用的单元形式为壳单元。规则曲面中多采用四边形壳单元,不规则曲面则采用三角形壳单元和四边形壳单元结合的形式,以提高计算精确度[7],如图2所示。此外,尽量避免不规则的网格,以减小沙漏。

驳船模型材料定义为双线性弹塑性材料[8-9],材料达到屈服后应力按线性硬化,如图3所示。钢材材料参数取值如下:密度为7 850kg/m^3,弹性模量为2.06×10^5MPa,泊松比为0.3,切线模量为1.18×10^3MPa,屈服强度为235MPa。由于驳船所用的低碳钢的塑性性能对于应变率是高度敏感的,其屈服应力和拉伸强度极限随应变率的增加而增加,所以在材料模型中引入应变率敏感性的影响[10],本文采用Cowper Symonds本构方程[11]:

$$\sigma'_0/\sigma_0 = 1 + (\dot{\varepsilon}/D)^{1+q} \tag{1}$$

式中:σ'_0——在塑性应变率$\dot{\varepsilon}$时的动屈服应力;

σ_0——相应的静屈服应力;

D、q——对于具体材料来说是常数,对船用钢而言,$D=40.4$,$q=5$。

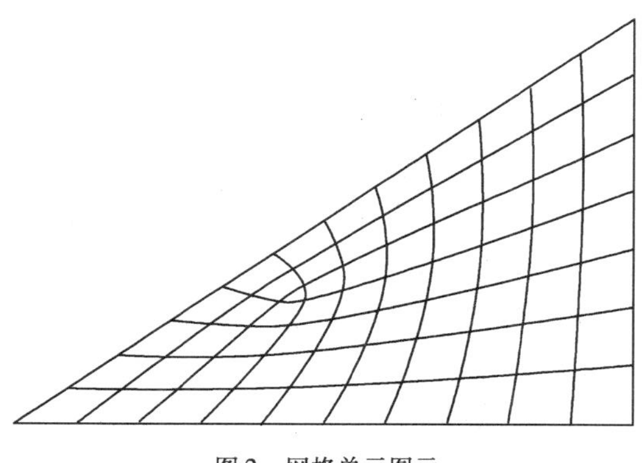

图2 网格单元图示

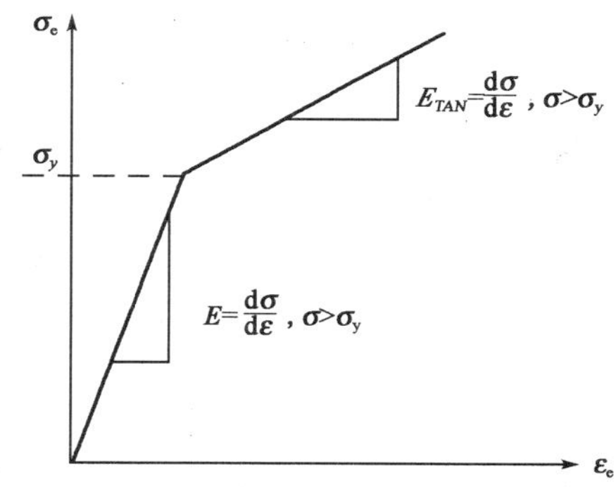

图3 双线性弹塑性材料本构模型

因为实际工程中的桥墩尺寸、形状各不相同，造成同等计算工况下的船撞力大小不一，所以采用刚性墙这一简单被撞结构作为基本形式。刚性墙采用实体单元模拟，材料选为钢筋混凝土，密度取 2 500kg/m^3，弹性模量为 3.3×10^4MPa，泊松比为 0.167。

船与刚性墙的接触定义为双向自动接触；船体内部接触定义为单向自动接触。自动接触方式是自动从壳单元的两边进行接触检测，可以避免人工判断壳单元发生接触的方向。接触算法为对称罚函数法[8]，该接触算法方法简单，很少激起网格的沙漏效应，没有噪声，动量守恒准确，不需要碰撞和释放条件。

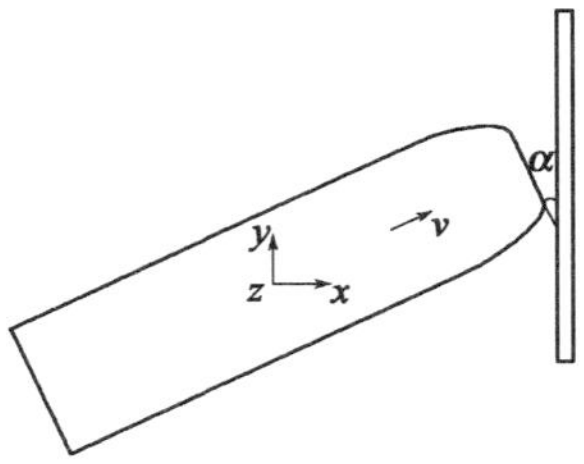

图 4 驳船与刚性墙碰撞示意图

2.3 碰撞计算示意图

驳船与刚性墙的位置及碰撞方向如图 4 所示，碰撞角 α 定义为船轴与刚性墙法向的夹角。坐标系 x 轴以驳船重心垂直并指向刚性墙为正；y 轴平行于刚性墙并以指向驳船左舷为正；z 轴以垂向由驳船船底向上为正，z 轴过驳船重心。碰撞时，船速方向定义为沿驳船船轴指向船首方向。

3 碰撞分析

为验证在不同碰撞速度和碰撞角度下，驳船简化程度对计算精度的影响，计算工况包括：驳船速度为 0.5m/s、1m/s、2m/s、3m/s、4m/s、5m/s 的正撞；速度为 2m/s 或 4m/s 时驳船与刚性墙夹角分别为 5°、10°、20°、30°的斜撞。

3.1 正撞

3.1.1 小角度问题

统计正撞计算结果时发现，最大值与相邻值的落差较大，形成了一个尖峰。数值模拟时，驳船船首与刚性墙相撞是平面与平面的接触碰撞，接触面积大，最大值偏高，实际驳船船首与桥墩碰撞时，这种完全大面积接触的情况一般不会出现。为了防止数值模拟失真，应以小角度斜撞来模拟实际船桥“正撞”。因此本文比较了驳船与刚性墙不同小角度撞击，统计其最大值，见式(2)，以确定合适的模拟船桥正撞的“小角度”取值，如图 5 所示。

计算工况包括：简化程度为 50%，速度分别为 2m/s、4m/s；简化程度为 75%，速度分别为 3m/s、5m/s。计算的角度有：0°、0.01°、0.02°、0.025°、0.03°、0.05°、0.1°、0.25°、0.5°、1.0°。

碰撞力最大值：

$$F_{\max} = \max(F_{\mathrm{i}}) \tag{2}$$

F_{i} 取驳船碰撞力时程曲线上碰撞有效持续时间内的数据点。

由图 5a) 可见，碰撞速度为 2m/s 时，最大值随碰撞角度的变化比较缓慢。随着速度的增大，较小角度对应的最大值变化剧烈，当速度为 5m/s 时，0° ~ 0.025°碰撞角对应最大值变化最为剧烈。这种剧烈的变化说明了模拟正撞时，碰撞角度若设为 0°或很小(<0.025°)，数值计算结果会失真。当碰撞角大于等于 0.03°时，从图 5a) 可以看出，各速度下的碰撞力随角度的变化较为缓和，可以认为数值模拟的结果是合理的。

图 5b)、c) 给出了两个工况的时程曲线，驳船不同小角度撞击刚性墙的时程曲线只有峰值部分有较大变化，其余部分力值相近。

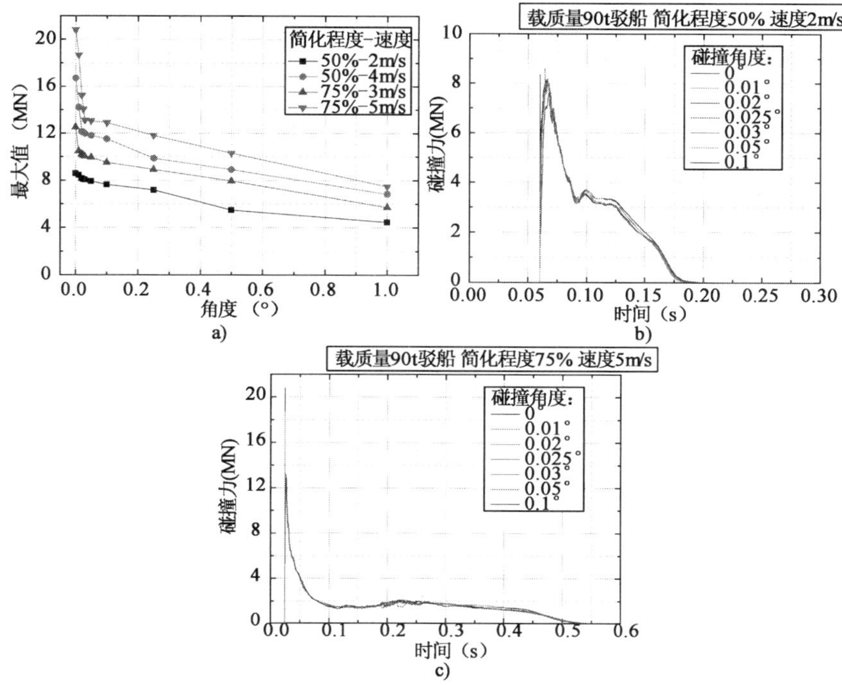

图5 小角度碰撞刚性墙最大值统计及部分碰撞力时程曲线

a)最大值统计图;b)时程曲线图1;c)时程曲线图2

综合以上分析,模拟正撞的碰撞角取0.03°比较合理。以下驳船与刚性墙正撞均用碰撞角为0.03°的工况模拟。

3.1.2 碰撞有效持续时间

在撞击计算过程中,由于驳船与刚性墙初始相对位置的设置、总计算时间的选取等的不同,会导致碰撞前和碰撞后零值撞击力可能持续很长时间,这部分力对桥梁结构的船撞受力状态没有影响;另外,碰撞刚刚开始和即将结束阶段,碰撞力很小,这部分力可以忽略。本文定义碰撞有效持续时间T_{eff}为$F>F_{min}$的持续时间。其中$F_{min}=\eta F_{max}$是“门槛值”,冲击力大于F_{min}的时段计入有效持续时间;F_{max}是最大船舶撞击力;η是比例因子。

当η取0.01、0.03和0.05时,部分碰撞力时程曲线有效持续时间的取值见图6。

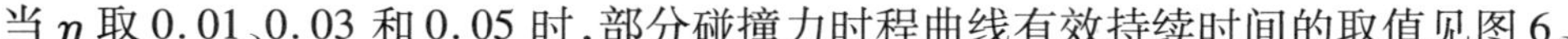

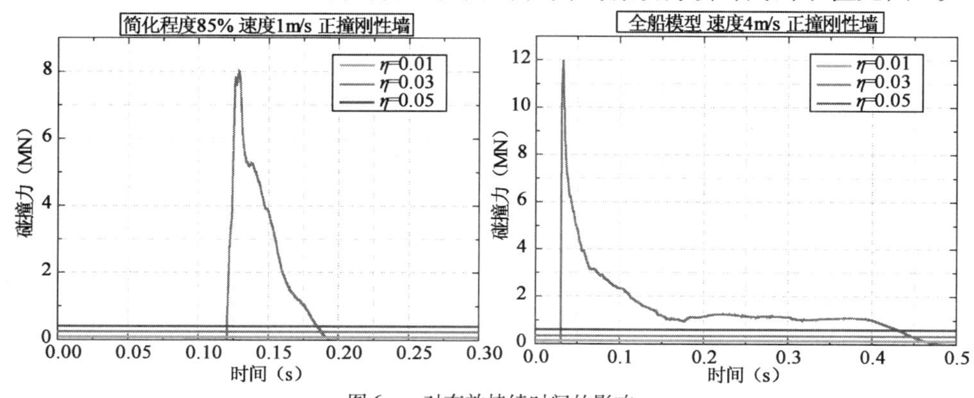

图6 η对有效持续时间的影响

观察图6可知,驳船正撞刚性墙时,有些时程曲线较小碰撞力的持续时间较长。当 η 取值过大时,会导致驳船碰撞桥梁的冲量(即碰撞力时程与横轴所围成的面积)误差增大,会影响统计计算结果。

为了确定比例因子 η 的取值,定义碰撞冲量相对误差 err_{I} 为:

$$err_{\mathrm{I}} = \frac{I_0 - I_{\mathrm{eff}}}{I_0} \times 100\% \tag{3}$$

式中:I_0、I_{eff}——原始碰撞冲量和定义了有效持续时间后的碰撞冲量。

表1给出了当 η 分别取0.01、0.03和0.05时,驳船在不同速度下相对误差 err_{I} 的计算结果。

不同速度下载质量90t的驳船碰撞冲量相对误差 表1

速度 v(m/s)	比例因子 η	85%	75%	50%	0%
0.5	0.01	0.07%	0.02%	0.02%	0.02%
	0.03	0.22%	0.14%	0.11%	0.08%
	0.05	0.54%	0.35%	0.29%	0.21%
1	0.01	0.09%	0.09%	0.04%	0.03%
	0.03	0.31%	0.40%	0.15%	0.13%
	0.05	0.74%	0.85%	0.35%	0.26%
2	0.01	0.17%	0.06%	0.12%	0.13%
	0.03	0.60%	0.27%	0.33%	0.47%
	0.05	1.18%	0.67%	0.57%	0.98%
3	0.01	0.23%	0.18%	0.10%	0.10%
	0.03	0.71%	0.65%	0.79%	0.56%
	0.05	1.39%	1.34%	1.72%	1.30%
4	0.01	0.15%	0.16%	0.11%	0.14%
	0.03	0.79%	0.78%	0.90%	0.77%
	0.05	1.60%	1.53%	2.11%	1.78%
5	0.01	0.13%	0.19%	0.21%	0.21%
	0.03	0.73%	0.95%	1.05%	1.03%
	0.05	1.44%	2.22%	2.22%	2.34%

从表1可以发现,当 η 取0.01时,碰撞冲量相对误差 err_{I} 没有超过1%,对计算结果影响很小。本文对计算结果进行处理时,η 取值为0.01。

3.1.3 输出时间步长的确定

输出时间步长决定了船与刚性墙碰撞的应力、应变、能量等的输出时间间隔。与计算时间步长不同,输出时间步长可以设定,步长越小,越能真实反映碰撞过程,但计算结果文件在硬盘上占用的存储空间会增大。需要注意的是,计算软件LS-DYNA限制输出时间步长不小于计算时间步长,当设定的输出时间步长小于计算时间步长时,软件将自动将输出时间步长设定为计算时间步长。

为了有效反映驳船与刚性墙的碰撞过程，并兼顾计算机数据存储空间的限值，需要确定合适的输出时间步长。本文分别对简化程度为75%、碰撞速度为3m/s和简化程度为50%、碰撞速度为5m/s两种工况进行了计算，统计了x方向的最大值[式(2)]、平均值[式(4)]、有效点数m，如表2所示。

载质量90t驳船输出时间步长统计 表2

输出时间步长(s)	5.0×10^{-3}	1.0×10^{-3}	5.0×10^{-4}	1.0×10^{-4}	5.0×10^{-5}	1.0×10^{-5}	5.0×10^{-6}	1.0×10^{-6}
简化程度75%速度3m/s 0.03°正撞	9.199	9.975	9.975	10.014	10.019	10.024	10.025	10.025
	2.073	2.111	2.114	2.113	2.113	2.114	2.113	2.113
	50	254	508	2 541	5 081	25 401	50 813	83 898
简化程度50%速度5 m/s 0.03°正撞	11.837	12.756	12.756	12.990	13.006	13.101	13.106	13.109
	1.591	1.559	1.564	1.564	1.565	1.564	1.566	1.565
	112	557	1 115	5 572	11 139	55 718	111 352	220 626

碰撞力平均值：

$$\overline{F} = \frac{1}{m}\sum_{i=1}^{m}F_i \tag{4}$$

F_i取驳船碰撞力时程曲线上碰撞有效持续时间内的数据点，m是F_i的个数。

从表2可以看出，随着输出时间步长成倍减小，有效点数m成倍增多，最大值F_{max}逐渐增大，有效平均值$\overline{F}$趋于稳定。同时，计算结果文件占用计算机的硬盘空间增加。输出时间步长为5.0×10^{-3}s时，简化程度为75%的计算工况下有效点数m仅有50个，此情况不利于数据统计，并且可能因为步长太大，不能真实输出最大值。输出时间步长为1.0×10^{-6}s时，简化程度为75%的模型计算结果实际输出步长为$3.028\,2\times10^{-6}$s，简化程度为50%的模型计算结果实际输出步长为2.5237×10^{-6}s，这是因为输出时间步长小于计算时间步长时，实际输出时间步长为计算时间步长，此时输出结果真实反映了计算结果，但是简化程度为50%的计算工况下有效点数m达到了220 626个，如此多的有效点数会影响数据统计的效率。

综合以上分析，输出时间步长为$1.0\times10^{-4}\sim1.0\times10^{-5}$s时，输出结果能真实有效地反映计算结果。本文取输出时间步长为1.0×10^{-5}s。

3.1.4 正撞碰撞力时程曲线

驳船与刚性墙正撞，典型的碰撞力时程曲线如图7所示。

从图7可以看出，驳船接触刚性墙后瞬间出现峰值，并迅速减小到较小的值。驳船撞击刚性墙的初始速度增大时，两者的碰撞接触时间增长。驳船低速(如0.5m/s)撞击刚性墙时，碰撞时间较短，碰撞力峰值出现后快速衰减到零，此时驳船与刚性墙分开；而驳船初始速度较大(如5m/s)时，驳船与刚性墙的碰撞力从峰值衰减到零较慢，较小的值持续时间长。

3.1.5 计算结果比较与分析

为了确定合适的正撞时驳船的简化程度，计算了载质量90t的不同简化程度的驳船与刚性墙的碰撞，统计其碰撞力最大值[式(2)]、有效碰撞力平均值[式(4)]和有效碰撞持续时间，并以完整驳船的计算结果作为参照，按照相关系数[式(5)]进行碰撞曲线之间的优劣比较，比较结果见图8。

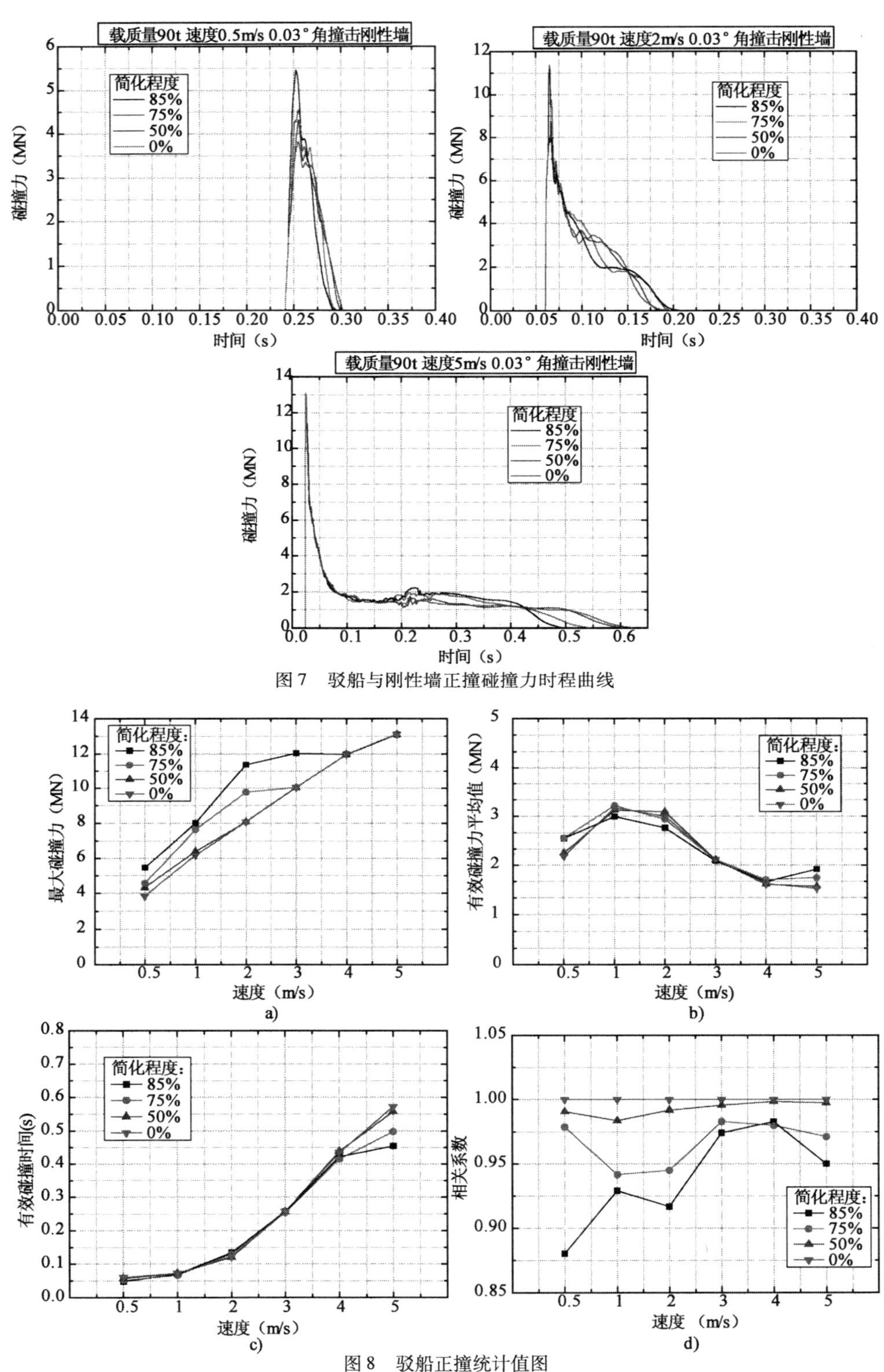

图7 驳船与刚性墙正撞碰撞力时程曲线

图8 驳船正撞统计值图

a)碰撞力最大值统计；b)有效碰撞力平均值；c)有效碰撞时间统计；d)相关系数统计

概率论中使用相关系数描述两个随机变量的相关程度，这里引入相关系数ρ_{12}表示两条时程响应曲线 F_1 和 F_2 的相关程度[12]：

$$\rho_{12} = \frac{\frac{1}{n}\sum_{i=1}^{n}F_{1i}\cdot F_{2i} - \frac{1}{n^2}\sum_{i=1}^{n}F_{1i}\cdot\sum_{i=1}^{n}F_{2i}}{\frac{1}{n-1}\sqrt{\sum_{i=1}^{n}(F_{1i}-\frac{1}{n}\sum_{i=1}^{n}F_{1i})^2\cdot\sum_{i=1}^{n}(F_{2i}-\frac{1}{n}\sum_{i=1}^{n}F_{2i})^2}} \tag{5}$$

式中：F_1——简化模型的时程曲线；

F_2——全船模型的时程曲线；

n——全船模型与刚性墙碰撞时有效碰撞持续时间内的数据点个数，时程响应曲线 F_1 和 F_2 各含有 n 个数据点。

ρ_{12}的数值越接近于1，二者的正相关水平越高。

观察图 8a）中相同速度时的碰撞力最大值可知，驳船初始速度为 0.5～3m/s 时，驳船的简化程度越大，对应速度下驳船撞击刚性墙的碰撞力最大值越大，简化程度为 50% 的驳船碰撞力最大值与全船模型的碰撞力最大值吻合较好。速度为 4m/s 或 5m/s 时，同速度下所有模型的碰撞力最大值相差不大。

图 8b）中，相同速度下，简化驳船模型的有效碰撞力平均值在全船模型的有效碰撞力平均值上下波动，其中简化程度为 50% 的驳船模型的有效碰撞力平均值与全船模型的有效碰撞力平均值吻合较好。

图 8c）中，当驳船撞击刚性墙的初始速度为 0.5～4m/s 时，相同初始速度下不同简化程度的驳船模型撞击刚性墙的有效碰撞时间相差不大；当驳船以 5m/s 的初始速度撞击刚性墙时，简化驳船模型的有效碰撞时间与全船模型的有效碰撞时间相差较大，其中简化程度为 50% 的驳船撞击刚性墙的有效碰撞时间与全船的有效碰撞时间最接近。

图 8d）显示，相同初始速度下，驳船的简化程度越高，以全船模型撞击刚性墙的碰撞力时程曲线为基准的相关系数越小。简化程度为 50% 的驳船碰撞力时程曲线与全船模型的碰撞力时程曲线相关性最高。

此外，简化程度越高，计算时间越少，计算结果占用硬盘空间越小，建模花费的时间越短。

综合以上因素，正撞时采用简化程度为 50% 的驳船模型能够获得较高的碰撞力计算精度。

3.2 斜撞

驳船斜撞刚性墙时，碰撞力时程曲线中较小的碰撞力持续时间较短，这样"门槛值"对驳船斜向碰撞刚性墙时的冲量相对误差 err_I 的影响较小。斜撞的"门槛值"比例因子 η 采用和正撞时相同的"门槛值"比例因子 0.01。驳船斜撞刚性墙时采用与正撞相同的输出时间步长 1.0×10^{-5}s。

3.2.1 斜撞碰撞力时程曲线

驳船斜撞刚性墙，典型的碰撞力时程曲线如图 9 所示。

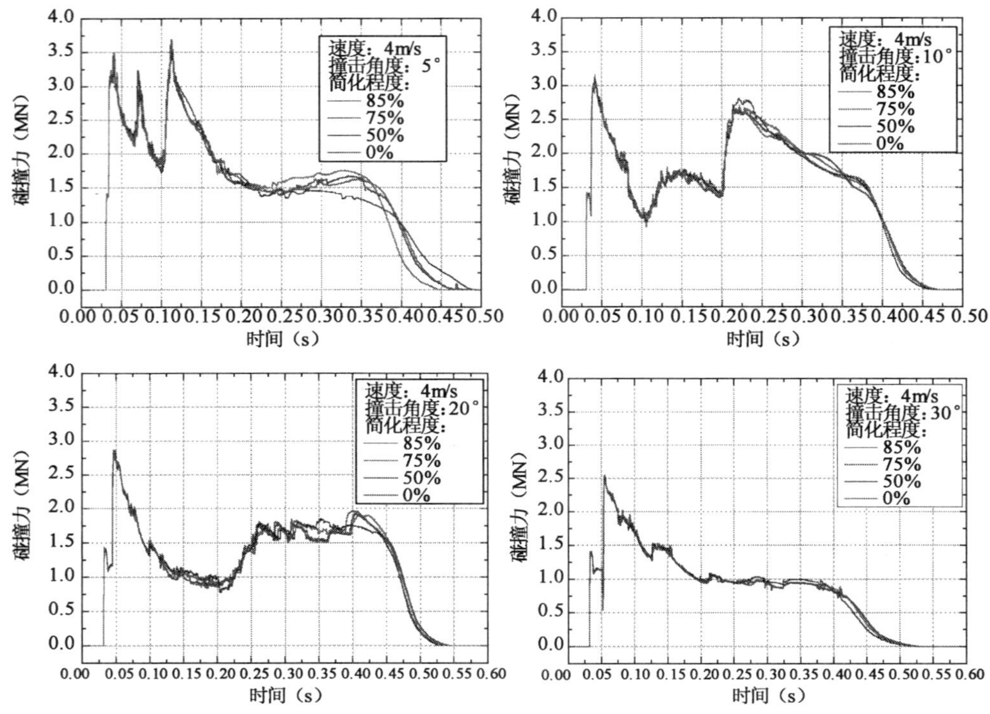

图9 驳船与刚性墙斜撞碰撞力时程曲线

由图9可以看出，驳船与刚性墙斜撞时，碰撞力峰值出现的时间随碰撞角度的增大而延迟，一些碰撞力时程曲线会出现多个峰值，所有时程曲线中偏小的碰撞力持续时间都比较短。

3.2.2 计算结果比较与分析

为了确定合适的斜撞时驳船的简化程度，计算了载质量90t的不同简化程度的驳船斜向碰撞刚性墙，统计其碰撞力最大值[式(2)]、有效碰撞力平均值[式(4)]、有效碰撞持续时间，并以完整驳船的计算结果作为参照，按照相关系数[式(5)]进行碰撞曲线之间的优劣比较，比较结果见图10。

图10a)中显示，驳船以同一角度、同一速度斜撞刚性墙时的碰撞力最大值均接近。与全船碰撞力最大值相差最多的是简化程度为85%的驳船模型以速度4m/s、5°角斜撞时的碰撞力最大值，两者差值与全船模型碰撞力最大值的比值达到了4.59%；简化程度为50%的驳船与同种计算工况下的全船模型碰撞力最大值的差值比最多为0.95%。

由图10b)中可见，驳船以速度4m/s、5°角斜撞刚性墙时，简化程度为50%的驳船有效碰撞力平均值与全船模型的有效碰撞力平均值吻合较好，另外两个简化模型的有效碰撞力平均值与全船模型的有效碰撞力平均值偏离较大。其余同工况下的有效碰撞力平均值均接近。

图10c)显示，简化程度为50%的驳船模型与同工况下全船模型的有效碰撞持续时间均吻合较好，另外两个模型除速度4m/s、5°角斜撞的工况外与其他同工况下全船模型的有效碰撞时间均接近。

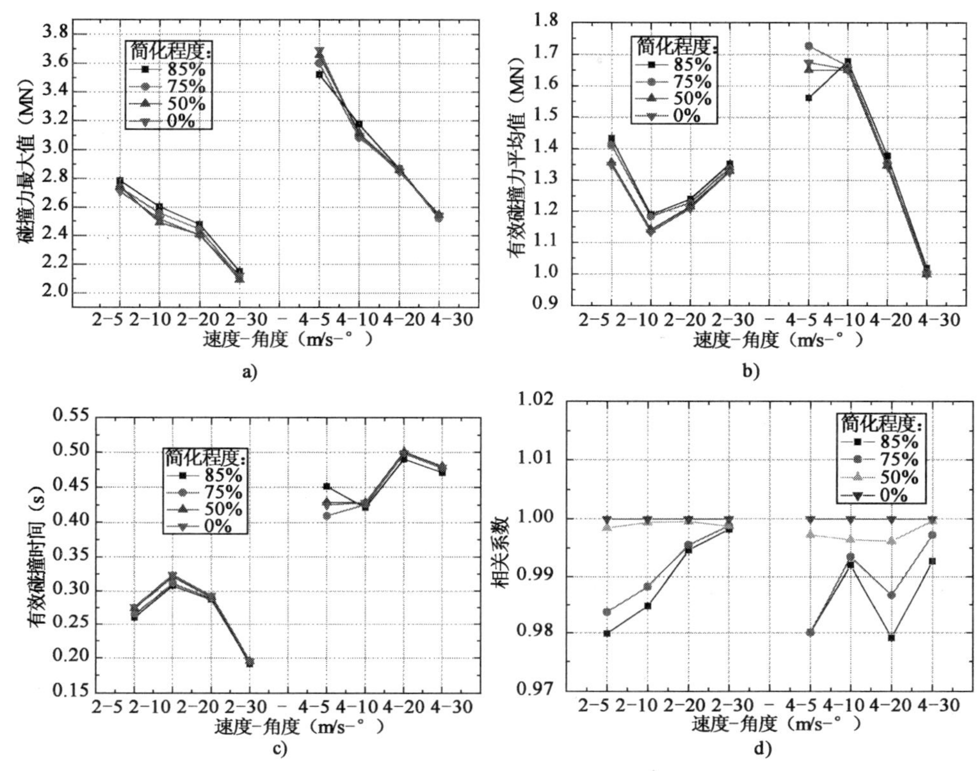

图 10 驳船斜撞统计值

a）碰撞力最大值统计；b）有效碰撞力；c）有效碰撞时间统计；d）相关系数统计

图 10d）显示，简化程度为 50% 的驳船模型与全船模型在同一工况下撞击刚性墙的碰撞力时程曲线相关性最高，简化程度为 75% 和 85% 的驳船模型的碰撞力时程曲线与同一工况下全船模型的碰撞力时程曲线相关性较差。驳船模型简化程度越高，同种工况下简化的驳船模型碰撞力时程曲线与全船模型的碰撞力时程曲线相关性越小。

综上所述，斜撞时采用简化程度为 50% 的驳船模型能够获得较高的碰撞力计算精度。

4 结语

本文利用建立的载质量 90t 完整驳船模型及其不同简化程度的模型，进行碰撞刚性墙的数值模拟，利用数学统计方法比较分析三种简化模型发现：

（1）驳船与刚性墙正撞时应选取适当的小夹角，以消除由于仿真计算失真引起的随小角度剧烈变化的峰值。

（2）应合理设置输出时间步长，使输出结果既能反映真实的数值模拟结果，又能提高数据统计的效率，并有效节省计算结果文件占用计算机硬盘的空间。

（3）船身非碰撞区简化程度的大小对计算精度有一定的影响，简化程度越大，对碰撞计算精度的影响越大。

（4）在遵循简化模型与原船的质量、重心、惯性矩、线形等一致的原则下，可以简化驳船模型，本文建议简化长度占全船的 50% 。

参考文献

[1] Gary R. Consolazio, Ronald A. Cook. Barge Impact Testing of the ST. George Island Causeway Bridge/Phase Ⅱ: Design of Instrumentation Systems, Final Project Report[R]. Florida: University of Florida, 2006.

[2] 陈向东,金先龙,杜新光.基于并行算法的船桥碰撞数值模拟分析[J].振动与冲击,2008,27(9):82-86.

[3] 姜金辉,金允龙,等.桥梁防撞研究技术与方法[J].上海船舶运输科学研究所学报,2008.6,31(1):23-27.

[4] 刘建成,顾永宁.基于整船整桥模型的船桥碰撞数值仿真[J].工程力学,2003.10,20(5):155-162.

[5] 黄丹.三峡库区船桥碰撞力有限元数值分析[D].重庆交通大学,2007.

[6] 江华涛,顾永宁.整船碰撞非线性有限元仿真[J].上海造船,2002,2:16-21.

[7] MSC. PATRAN&MSC. NASTRAN 使用指南.

[8] 赵海鸥.LS-DYNA 动力分析指南[M].北京:兵器工业出版社,2003.9.

[9] LSTC. LS-DYNA USER'S MANUAL,2001.

[10] 王自力,顾永宁.应变率敏感性对船体结构碰撞性能的影响[J].上海交通大学学报,2000.12,34(12):1704-1707.

[11] Jones N. Structural Impact[M]. Cambridge: Cambrige University Press,1989:211-217.

[12] 同济大学应用数学系.概率统计简明教程[M].北京:高等教育出版社,2003.

粉房湾长江大桥船撞数值模拟分析

汪 宏

（招商局重庆交通科研设计院有限公司 重庆 400067）

摘 要：桥梁在船舶碰撞时受到的动力载荷和响应是复杂的动力非线性问题，在分析碰撞仿真基本理论和关键技术的基础上，借助于非线性有限元软件 LS-DYNA，仿真分析了船舶撞击桥梁的基本过程，得到了船舶与主塔碰撞时碰撞力、能量转化及结构变形的时间历程，所得结论对桥梁设计与碰撞后损伤评估有重要参考价值。

关键词：船桥碰撞 数值模拟 碰撞力 结构损伤

Numerical simulation of vessel-bridge collision of fenfangwan yangtze river bridge

Wang Hong

(China Merchants Chongqing Communications Research & Design Institute Co. Ltd., Chongqing, 400067)

Abstract: It is very difficult to accurately calculate the collision force and nonlinear responses of bridge during vessel-bridge collision course. In this paper, on the basis of basic theories and key technologies of numerical simulation, The whole process of vessel collision with the main tower of bridge is simulated and analyzed by LS-DYNA, simultaneously the time history of the collision force, the exchange of energy and the deformation of the bridge is presented, and can be used as reference to the design and damage estimation of bridge.

Keywords: vessel-bridge collision; numerical simulation; collision force; structural damage

1 工程背景

江津粉房湾长江大桥位于重庆市江津主城区和九龙坡区西彭镇境内，全长 3.9 km，桥跨布置为 216.5m + 464m + 216.5m。主塔塔高 188.3m，其中桥面以上 150.5m，桥面以下为 37.8m；基础采用 64 根 ϕ3.0m 钻孔灌注桩，桩基呈正方形布置，桩底持力层为微风化砂质泥岩。最低通航水位 192.0m，最高通航水位 197.0m。桥型布置见图 1。

项目支持：交通部西部科技项目资助，编号：200731882234。

作者简介：汪宏（1963—），教授级高工，硕士，从事公路桥梁设计，科研研究，E-mail：wanghong1@cmhk.com。

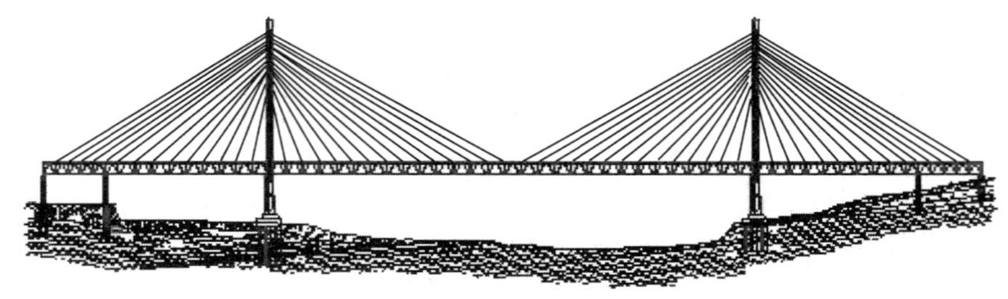

图1　桥型布置图

2　数值计算模型

2.1　船舶模型

根据粉房湾长江大桥桥区通航状况选择5 000DWT级散货船作为设计代表船型，船舶基本资料见表1。

5 000DWT主尺度参数　　表1

船舶吨级 DWT	排水量(t)	总长(m)	型宽(m)	型深(m)	吃水(m)	方形系数	船首形式
5 000	7 200	92	16.2	4.7	2.8	0.837	球鼻艏

船舶碰撞桥梁是一个非线性碰撞过程，在船首与桥梁发生碰撞的过程中，船首结构会出现屈曲、压溃等破坏现象。因此，要得到一个真实的撞击过程，必须准确地模拟船首的形状和结构。图2为船首构造图。

船首内部由多层水平甲板[图2a)]、水平甲板垂直的竖向肋[图2b)]以及球鼻艏相互连接，共同组成船头内部的受力框架。

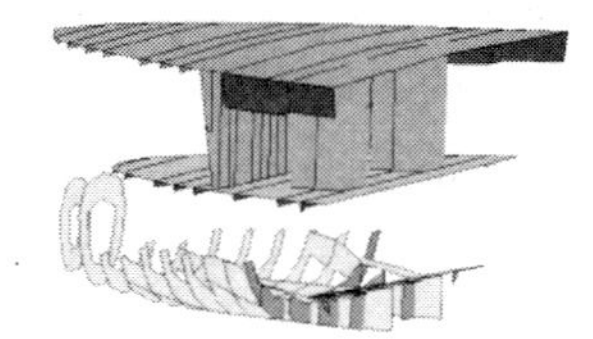

a)

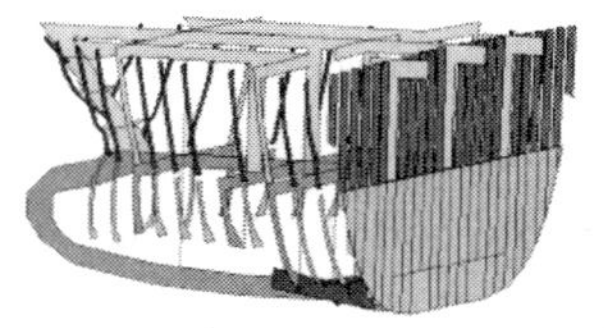

b)

图2　船首构造图

a)水平甲板；b)垂直肋

船体3个部位有限元尺寸划分为：船头部分采用10cm×10cm的四边形单元，货舱部分与船体后部的四边形单元由10cm×10cm逐步过渡到50cm×50cm。全船共30 145个单元。

根据船体不同部位的计算要求，将整个船体分为3个部分，分别采用不同的材料本构关系来描述。第一部分为船首，采用塑性动力学材料本构＊MAT-PLASTIC-KINEMATIC，该模型为各向同性和随动硬化的混合模型，与应变率相关，可考虑失效。密度为7.8×10^3kg/m^3，弹性模量为2.1×10^{11}Pa，泊松比为0.3，屈服强度为235MPa，切线模量为1.18GPa，应变率参数C为40.4，应变率参数P为5.0，失效应变为0.34。第二部分为船首内部支撑柱，采用线弹性材料本构＊MAT-ELASTIC，密度为7.8×10^3kg/m^3，弹性模量为2.1×10^{11}Pa，泊松比为0.3。第三部分为船舱，采用刚体材料 * MAT-RIGID，改变刚体密度到 1.6×10^5kg/m^3 以模拟满载排水时船体质量的情况，且此种改变对计算结果影响甚微，弹性模量为 2.1×10^{11}Pa，泊松比为0.3。

2.2 桥梁模型

粉房湾长江大桥数值计算模型见图3。

考虑到粉房湾长江大桥全桥结构模型在计算中所要达到的精确、高效的计算目的，并且还要很好地反映混凝土的非线性变形及断裂特性，于是在模拟计算中将全桥材料本构分为两部分处理。其一，将被撞主塔下部采用HJC混凝土模型进行模拟；其二，将其他部分包括主梁、拉索、主塔和桩考虑为线弹性材料本构。

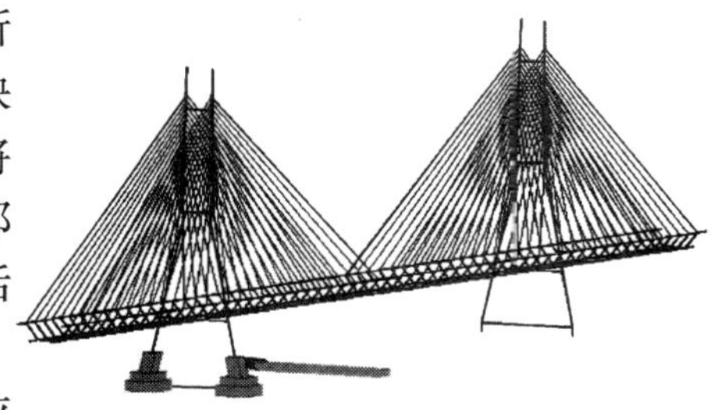

图3 船舶撞击桥梁数值计算模型

混凝土HJC模型是一个在撞击和侵彻领域广泛应用的模型，本次数值计算中其参数见表2。

HJC模型参数表 表2

R_0	G	A	B	C	N	FC	T
2 500	1.2×10^{10}	0.79	1.6	0.007	0.61	1.5×10^7	4×10^6
$EPSO$	EF_{min}	SF_{max}	PC	UC	PL	UL	FS
1×10^5	0.01	7	1.6×10^7	0.001	8×10^8	0.1	0.34
D_1	D_2	K_1	K_2	K_3			
0.04	1	8.5×10^{10}	-1.7×10^{11}	2×10^{11}			

其他部分材料本构为线弹性材料，其中主塔、横系梁和桩密度为 2.5×10^3kg/m^3，弹性模量为 3.0×10^{10}Pa，泊松比为0.17；斜拉索和主桁梁密度为 7.8×10^3kg/m^3，弹性模量为 1.95×10^{11}Pa，泊松比为0.3。

斜拉桥主塔下部被撞部分采用实体单元进行模拟，这样可以有效提高计算精度；而其余部分则采用梁单元进行模拟，并且赋予截面特性和材料密度；根据桥址处地质情况桩长考虑3m予以固结处理。

3 计算结果分析

3.1 计算工况的选取

本节共选用3种工况进行计算分析，以便得出船舶在不同水位、船速及碰撞角度下的船舶碰撞力和桥梁关键部位的结构响应。如表3所示：工况1、2分别为197m、190m水位下船舶正撞主塔墩；工况3为197m水位下、碰撞角度为45°时撞击主塔墩。

计算工况汇总表 表3

工　况	水位(m)	船速(m/s)	碰撞角度(°)	船舶吨位(DWT)	排水量(t)
1	197	5.0	90	5 000	7 200
2	192	5.2	90	5 000	7 200
3	197	5.0	45	5 000	7 200

3.2 不同工况下的船撞力

图4为3种工况下船舶与斜拉桥撞击过程中碰撞力的时程曲线。从图中可以看出碰撞力曲线具有明显的非线性特征,在碰撞的不同时段碰撞力曲线出现了多次卸载现象,每一次卸载都代表了某一构件的失效或破坏。同时可以知道,工况1和工况2,即197m水位和192m水位下碰撞力峰值较接近,分别为28MN和27MN,且均出现在碰撞过程的靠后阶段,曲线整体呈现一种缓慢上升直到峰值点后迅速下降的过程。而工况3,即斜向45°撞击时碰撞力则大大减小了,峰值仅为16MN,碰撞力曲线包络区域大致为正方形,经过短暂的上升段后,缓慢地增长,基本呈现一条与横坐标平行的曲线。

下面将工况1计算结果与美国ASSHTO规范中简化力计算公式进行对比知道,在ASSHTO规范中碰撞力:

$$P_{max} = 0.98 \times \sqrt{DWT} \times \frac{v}{8} = 0.98 \times \sqrt{5\,000} \times \frac{5}{8} = 43MN$$

较数值模拟计算结果28MN偏大;而对比我国《铁路桥涵设计基本规范》(TB 10002.1—99)公式:

$$P_{max} = \gamma \cdot \nu \cdot \sin\alpha \cdot \sqrt{\frac{w}{c_1 + c_2}} = 0.3 \times 5 \times \sin 90° \times \sqrt{\frac{72}{0.5}} = 18MN$$

数值模拟结果则略微偏大。

从能量转化来看,桥墩以及全桥结构的弹塑性变形能、船舶的动能、结构摩擦引起的热能损失、界面接触产生的滑移能以及沙漏损失等能量之间发生着相互转化,动能不断减小的同时系统内能在不断地增大,其间伴随着接触界面的滑移能和很小的沙漏能。图5为工况2时的能量变化图。

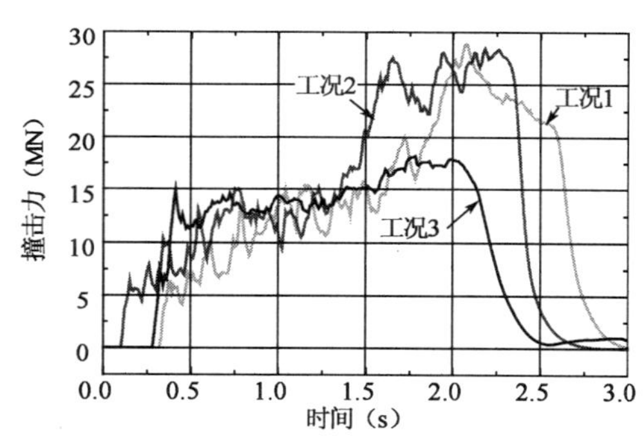

图4 碰撞力时程曲线

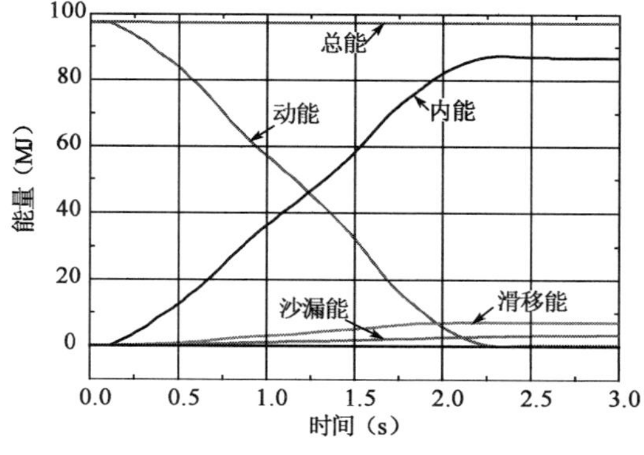

图5 能量变化曲线

由图5可知系统的总能量约为98MJ,船舶的动能几乎全部转化为弹塑性变形能,沙漏能和滑动界面能占总能量的很小一部分。

3.3 船舶的变形

图6给出了工况1时的船首变形图,变形图显示船首的变形主要集中在与主塔接触的球鼻艏和艏楼部分。计算表明,碰撞一开始便伴随着构件的塑性屈曲失效,典型的损伤形式为褶皱、撕裂和弯曲。图7则为3种工况下的撞深时间历程曲线。从曲线可以看出船舶正向撞击时,船首撞深大于斜向撞击时的撞深。其中,192m水位时最大撞深为6.9m,而斜向撞击时不到其一半,仅为3.2m。

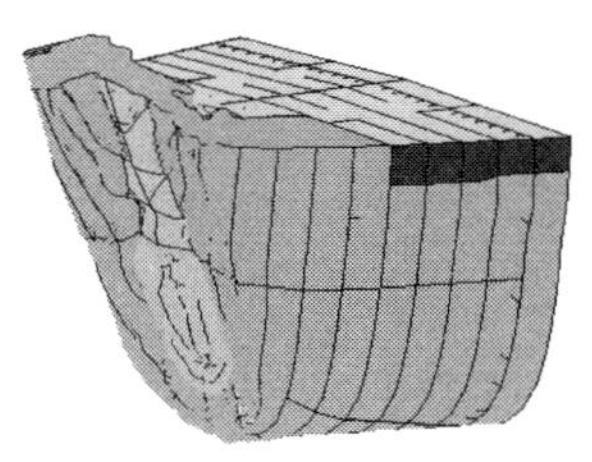

图 6　船首变形图

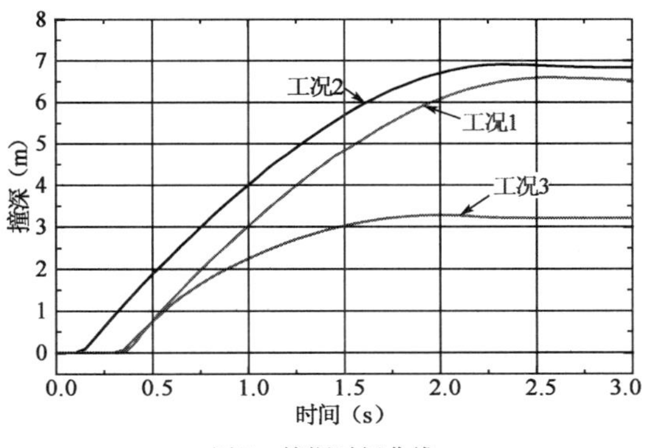

图 7　撞深时间曲线

3.4　桥梁的动力响应

计算结果表明(图 8),由于主塔刚度较大,塔顶横向位移较小,在船舶撞击方向最大位移是 197m 水位下的 5mm。随着水位的降低,撞击点也相应下降,于是在 192m 水位下最大位移只有 4mm;当船舶斜向 45°碰撞主塔时,塔顶的横向位移较上述两种工况时还要略小,且在计算末端塔顶位移方向还呈现相反的趋势。

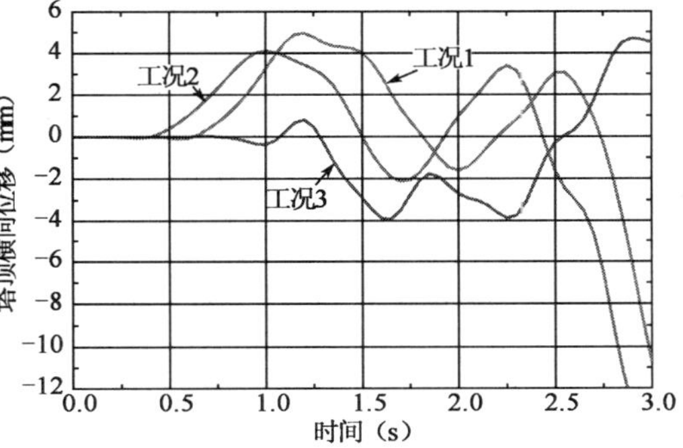

图 8　塔顶横向位移时程曲线

图 9 和图 10 则显示了主梁在船舶撞击力作用下的位移变化以及主梁上下桁之间的相对位移情况。从图中可以看出,随着撞击持续时间的增大,主梁的横向位移也相应变大,且工况 3 即斜向 45°撞击作用时,主梁跨中位移方向与工况 1 和工况 2 正好相反,这一趋势正好同塔顶位移的变化趋势相同。而主梁的上下桁的变位则会直接影响到桥上轨道交通的安全,从图中可以看出主梁上下桁梁的相对位移即错动最大值为工况 3 时的 5.3mm。

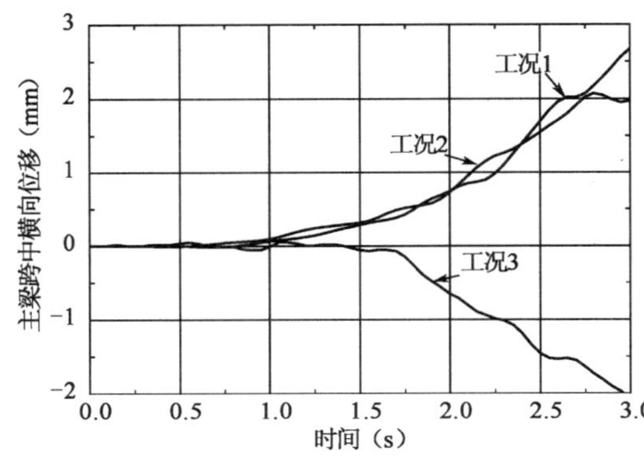

图 9　主梁跨中横向位移时程曲线

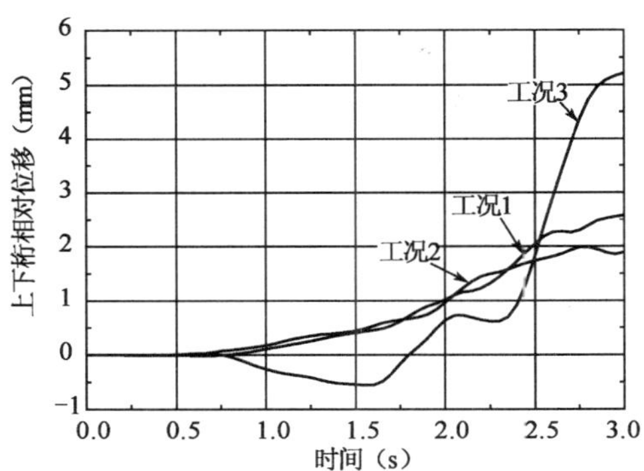

图 10　上下桁相对位移时程曲线

由图 11 可知,船舶斜向撞击时塔底截面最大应力在 2.2s 时达到 1.5MPa,应力变化趋势同撞击力变化趋势类似,随着船首的破坏失效,撞击作用力越来越大,塔底截面的应力也越来越大，到达峰值后迅速下降。工况 3 应力曲线包络面积明显大于工况 1 和工况 2。由此可以知道，当需要重点考虑塔底截面应力大小对结构的安全影响时，斜向 45°撞击将成为控制计算工况。

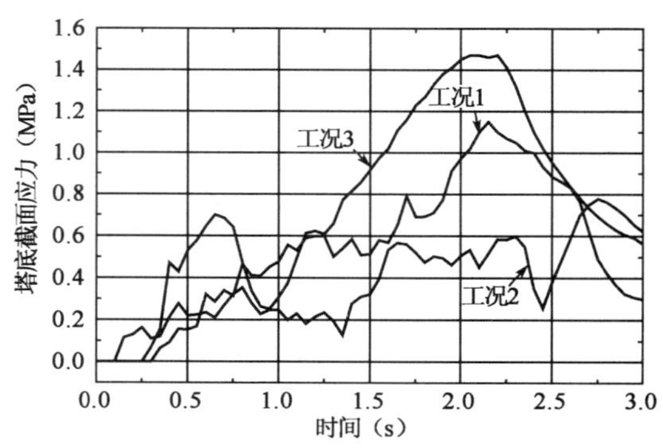

图 11 塔底截面应力时程曲线

4 结语

(1)利用非线性动态响应有限元分析软件 LS-DYNA 对粉房湾长江大桥船舶撞击过程进行了数值模拟，全面细致地再现了船舶与桥梁碰撞的整个时间历程，这是当前解析方法或试验方法难以实现的。

(2)碰撞力曲线具有明显的非线性特征，在碰撞的不同时段碰撞力曲线出现了多次卸载现象，每一次卸载都代表了某一构件的失效或破坏。

(3)船首的变形主要集中在与主塔接触的球鼻艏和艏楼部分，计算表明碰撞一开始便伴随着构件的塑性屈曲失效，典型的损伤形式为褶皱、撕裂和弯曲。

(4) 应力变化趋势同撞击力变化趋势类似，随着船首的破坏失效，撞击作用力越来越大，塔底截面的应力也越来越大，到达峰值后迅速下降。

(5) 采用 HJC 混凝土材料本构模型模拟主塔墩，到达了很好的效果。

参 考 文 献

[1] 范立础. 桥梁工程：上册[M]. 北京：人民交通出版社，2001.

[2] 刘建成，顾永宁. 船桥碰撞力学问题研究现状及有限元仿真计算[C]. MSC. Software 中国用户论文集，2001.

[3] 王勖成. 有限单元法[M]. 北京：清华大学出版社，2003.

千厮门大桥数值模拟分析

应　立[1]　汪　宏[2]　耿　波[2]

（1. 重庆交通大学土木建筑学院　重庆　400074；
2. 招商局重庆交通科研设计院有限责任公司　重庆　400067）

摘　要：本文以千厮门索辅梁桥为例，针对500t和3 000t的船舶撞击桥梁主塔的过程进行数值模拟，并对结果数据进行分析，从而为千厮门索辅梁桥的船撞防护提出见解。分析结果表明，500t和3 000t船舶正向撞击对该桥主塔损害不大，桥梁在发生船撞事故时，主塔与基础连接处应力最大，建议在设计和施工过程中应加以考虑。

关键词：索辅梁桥　船撞　动力分析

Numerical simulation analysis of Qiansimen bridge

Ying Li[1]　Wang Hong[2]　Geng Bo[2]

(1. School of Civil Engineering & Architecture, Chongqing Jiaotong University, Chongqing, 400074;
2. China Merchants Chongqing Communications Research & Design Institute Co. Ltd., Chongqing, 400067)

Abstract: The paper researched the numerical modeling during 500t ship and 3000t ship collision with Qiansimen Cable auxiliary beam bridge. ,analyzed the data about displacement ,force, energy and stress, put forward the suggestion of the author. The result had shown that the bridge had not been serious damaged during the process of the ships with it. The maximal stress value exist in the bottom of the bridge tower. The author suggest that the engineer should focus on the bottom of the tower in the construction of bridge.

Keywords: cable auxiliary beam bridge; vessel-bridge collision; vessel-bridge collision

1　引言

随着我国综合国力的增强，我国投入了大量的人力、物力来加快公路、桥梁等基础设施的建设，与此同时，我国水上交通也在迅速发展。桥梁对于快速发展的水上交通来说，无疑已成为了一种障碍物。虽然桥梁船撞只是一个小概率事件，但是随着交通事业的发展，船撞事件将会越来越频繁，最终变得不可避免。国际上目前有较多关于船舶撞击力的经验规范公式，如

项目支持：交通部西部交通建设科技项目，编号：200731882234。

作者简介：应立（1987—），男（汉族），重庆万州人，硕士研究生，主要从事桥梁结构分析研究，E-mail：y312563060@foxmail.com。

Woisin 公式、Pedersen 公式、AASHTO 规范公式、Knott 公式、欧洲规范公式、挪威规范公式、我国公路规范公式及铁路规范公式[2-7]。

本文主要针对千厮门嘉陵江大桥进行数值仿真分析，通过动力分析的方法得出结果，经过分析后提出作者意见，同时也为将来针对索辅梁桥的数值模拟分析提供参考。

2 工程概况

千厮门嘉陵江大桥为独塔斜拉桥，每侧边跨各设置一个辅助墩，总长为878m，分上下两层，上层设置人行道及双向4车道，下层为双向轨道线。大桥斜拉索采用扇形布置，大桥设10对斜拉索，拉索在主梁上间距为16m，在主塔上的间距为3.4m，桥型布置见图1。

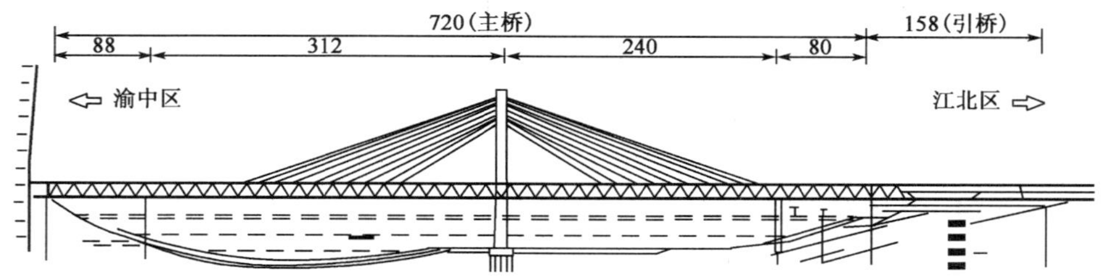

图1 桥型布置图(尺寸单位:m)

3 有限元模型

3.1 桥梁模型

该桥梁共有63 972个单元，67 773个节点，桁架、拉索均采用杆件单元模拟，主塔底部固结，主梁两端竖向位移约束，主梁与主塔之间采用MPC连接，保证连接的两点在竖向具有相同位移。主塔采用C50混凝土，拉索采用$\phi^{S}15.2$mm钢绞线，钢丝强度为1 860MPa。桥梁有限元模型见图2。

3.2 船舶模型

本次数值模拟船桥碰撞采用作者自建的500t船舶和3 000t船舶，船舶有限元模型见图3、图4。

图2 桥梁有限元模型

图3 500t船舶有限元模型

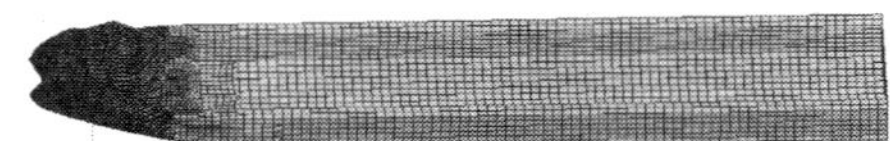

图4 3 000t船舶有限元模型

本次模拟将空载船舶以 4.59m/s 的速度正向撞向主塔，主要观察整个过程中船桥接触面的位移、应力、内力以及能量随时间的变化，从而对船桥碰撞的整个过程有一个清晰的认识。

4 计算结果

4.1 500t 船舶撞击情况

4.1.1 位移

在船桥碰撞过程中，主要观察船首碰撞面和桥梁接触面的位移，此处我们还将考虑主梁与主塔连接处以及塔顶的位移情况，其位移分别如图 5～图 8 所示。

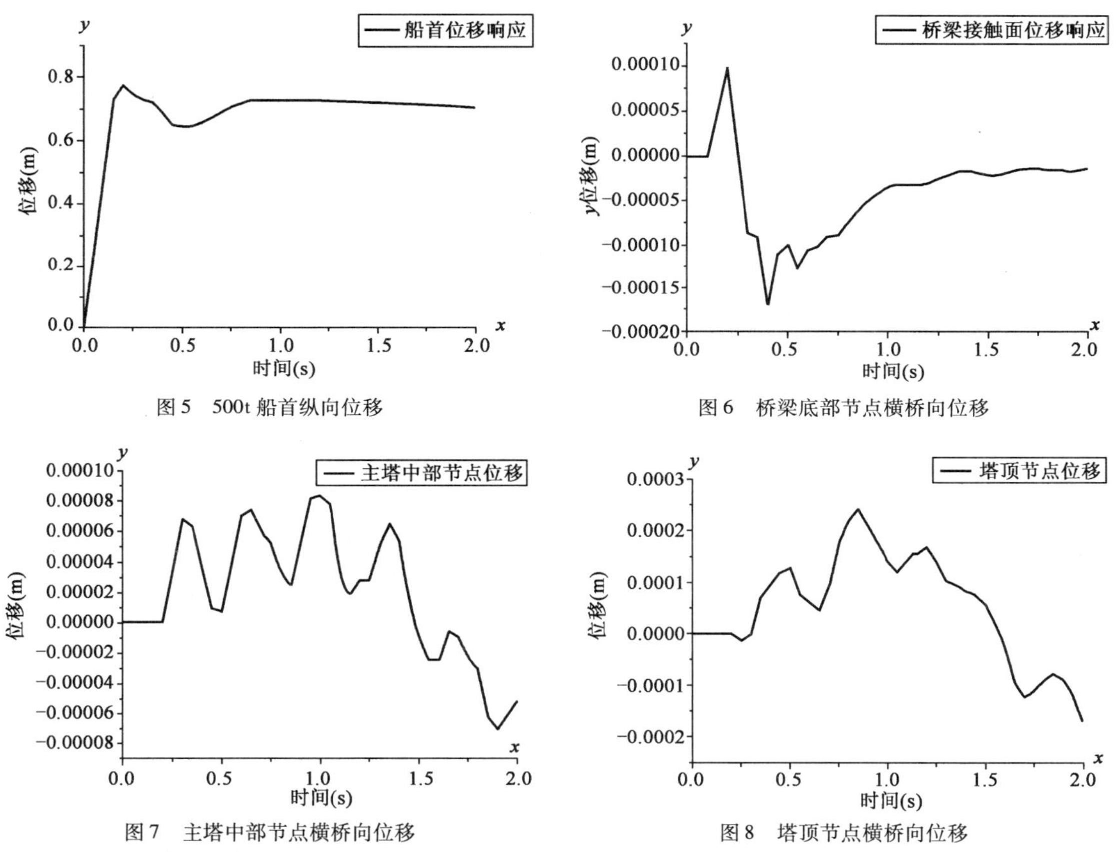

图 5 500t 船首纵向位移

图 6 桥梁底部节点横桥向位移

图 7 主塔中部节点横桥向位移

图 8 塔顶节点横桥向位移

由图 5～图 8 可以发现，千厮门嘉陵江大桥在遭受 500t 船舶撞击时位移变化极小，而船舶在碰撞过程中发生了较大的变形，船首接触处的节点位移最大达到了 0.8m。各部分节点位移均极小并呈现一定振荡反复的形态，笔者认为这和实际情况中大型结构在动力荷载下的位移响应是一致的。

4.1.2 碰撞力和能量

从分析结果发现，船舶在运动将近 0.2s 后与桥梁发生碰撞，碰撞过程持续约 0.6s，然后船舶以一定速度弹开。船桥碰撞力的变化呈现反复的趋势，笔者认为这与实际相符。图 9 碰撞力曲线图显示了碰撞力的整个变化过程，图 10 能量曲线图则显示了整个过程中总能量、动能和内能的变化以及相互之间的关系。

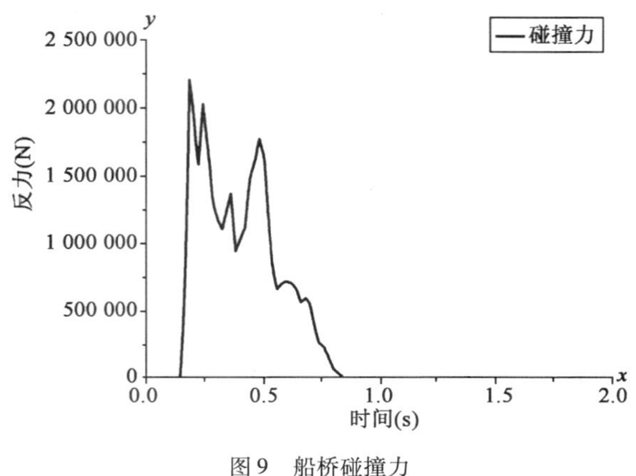

图9 船桥碰撞力

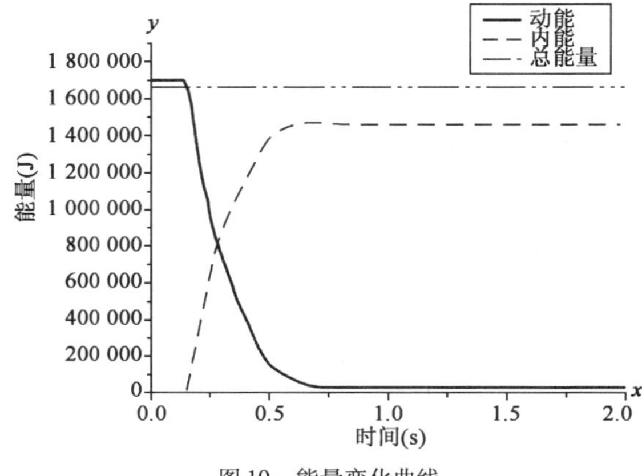

图10 能量变化曲线

图11 沙漏能与滑面接触能

由图10可以发现,内能的变化小于动能的变化,而在数值模拟过程中存在“沙漏”现象,实际上少的这部分能量是由于沙漏能和滑面接触能损失掉的,见图11。

综合碰撞力和能量的分析结果,作者认为整个数值模拟过程中能量是守恒的,得到的最大碰撞力为2.1MN。

4.1.3 应力

由图12、图13可以看出主塔底部具有相对较大应力,但很显然500t船舶的撞击对主塔并未产生较大应力,对船舶则产生了很大的应力,并使船首发生了部分塑性变形。

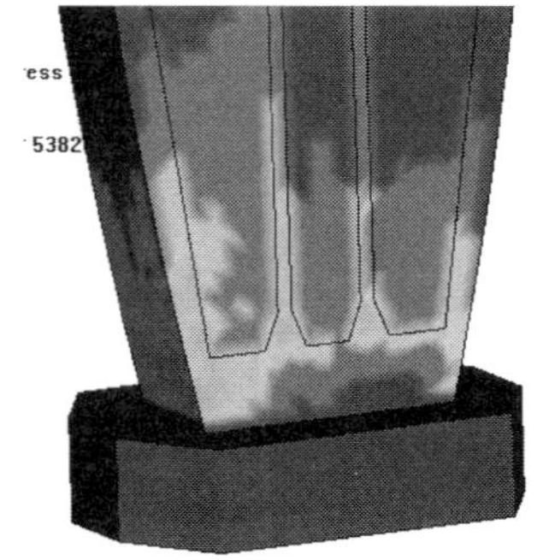

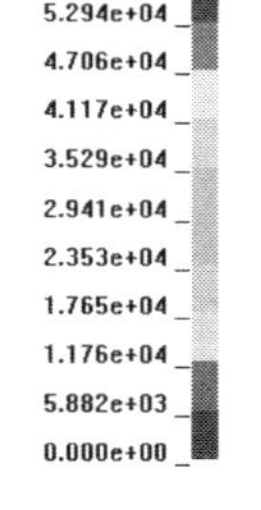

图12 主塔主拉应力

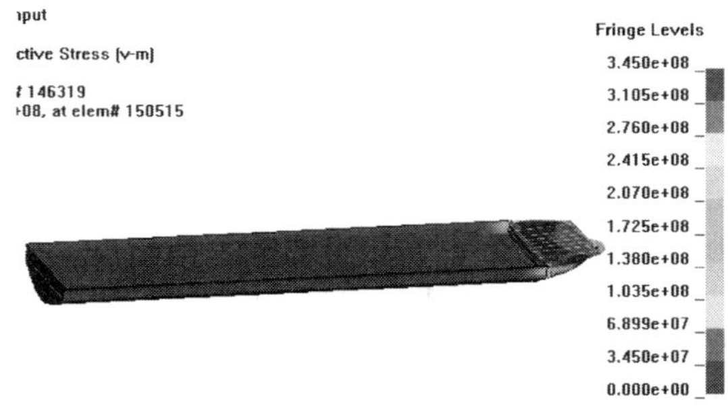

图13 船舶MISES应力

4.2 3 000t船舶撞击情况

4.2.1 位移

图14、图15分别展示了3 000t船舶以4.59m/s的速度撞击该桥梁主塔后,船舶的撞深以

及主塔各部分节点位移情况。

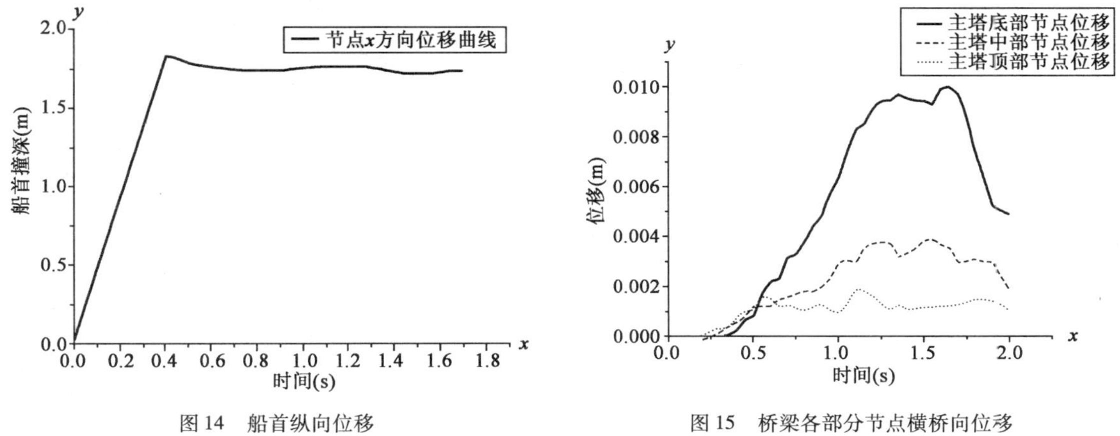

图14 船首纵向位移

图15 桥梁各部分节点横桥向位移

通过将图15与图6～图8的对比不难发现,桥梁主塔在500t船舶撞击的情况下几乎不产生位移,而在3 000t船舶撞击下的主塔底部位移最大为1cm且处于弹性范围阶段,笔者认为3 000t船舶撞击不会造成该桥主塔出现过大位移。

4.2.2 碰撞力和能量

3 000t船舶的速度加以4.59m/s的速度撞向主塔,撞击力如图16所示,我们发现整个过程中,撞击力最大值达到了约16MN,是500t船舶撞击力的8倍,但是仍小于千厮门大桥主塔的抗力设计值45MN,故笔者认为该桥主塔在3 000t船舶撞击的情况下仍处于安全状态。图17显示了在撞击的过程中各种能量的变化,总能量守恒,动能经过明显变化后逐渐趋于零,内能不断增加,数值模拟过程中的沙漏现象还产生了一部分沙漏能,经分析与实际情况相符。

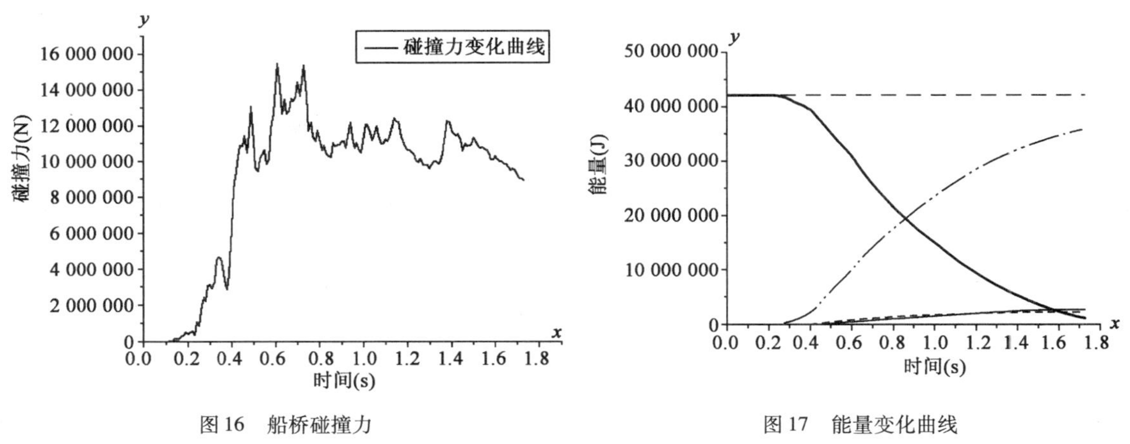

图16 船桥碰撞力

图17 能量变化曲线

4.2.3 应力

由图18、图19可以看出,主塔底部具有相对较大应力,很显然3 000t船舶的撞击对主塔底部产生的最大主拉应力为1.6MPa,相比500t船舶撞击的情况,桥梁所受应力明显增大,且桥梁中部也产生了一定的应力,船舶船首出现了更为明显的变形。

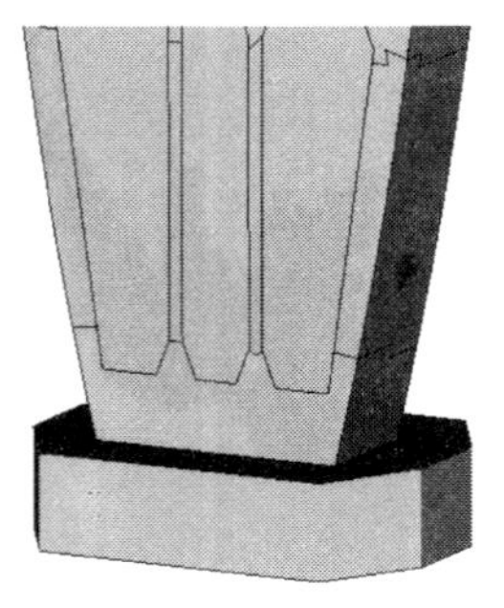

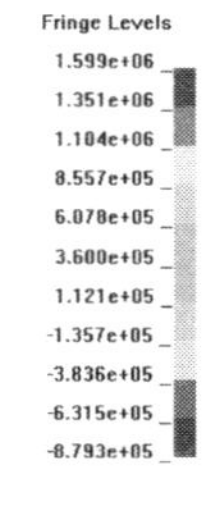

图 18 主塔主拉应力

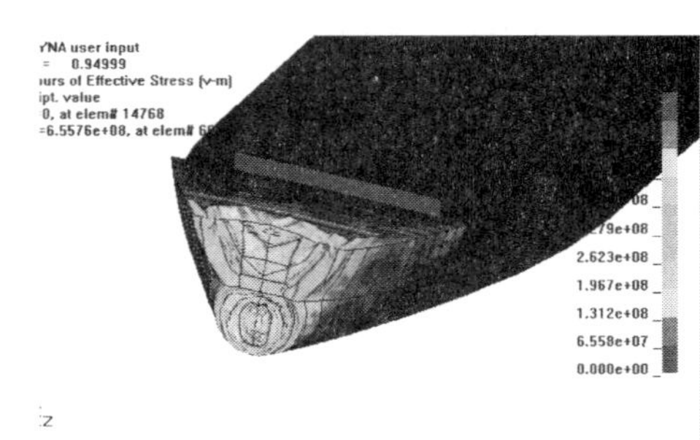

图 19 船舶 MISES 应力

5 结语

本文针对千厮门嘉陵江大桥，运用 PATRAN—FEMB28—LS-DYNA 软件进行船桥碰撞数值模拟，计算结果表明，该桥主塔在500t船舶正向撞击的过程中应力不大，桥梁的横桥向位移较小。在3 000t船舶撞击的过程中，应力和桥梁位移都有了明显增大，但是仍处于安全范围以内。此次数值模拟仅采取船舶对主塔进行横桥向撞击，考虑到主塔结构，预计在实际情况中当更大吨位的船舶以一定的角度撞向主塔时将产生明显的位移和较大应力，而主塔产生的应力主要集中在主塔下部与基础连接处。考虑到该桥处于市中心且属于公轨两用桥，建议应对该桥进行防撞设计，并且在桥梁施工设计过程中应着重加强此处构造，以确保即使发生船桥碰撞事件也不会造成重大的安全事故。

参考文献

[1] 陈国虞，王礼立，等. 船撞桥及其防御[M]. 北京：中国铁道出版社，2006.

[2] Woisin G. Design Against Collision//International Symposium On Advances in Marine Technology[C]. Trondheim：[S. n.]，1979.

[3] AASHTO. Guide Specifications and Commentary for Vessel Collision Design of Highway Bridges[M]. Washington D. C：AASHTO，1991.

[4] ACWM Vrouwenvelder. Design for Ship Impact According to Eurocode 1[M]. Rotterdam：A-A Balkema，1998.

[5] TB 10002.1—99 铁路桥涵设计基本规范[S].

[6] JTG D60—2004 公路桥涵设计通用规范[S].

[7] 王胜斌，朱宇. 内河桥梁船撞力计算方法比较分析[J]. 工程与建设，2009(1)：9-11.

[8] 王君杰，陈诚，汪宏，等. 基于碰撞数值模拟的桥梁等效静力船撞力—基本公式[J]. 公路交通技术，2009(2)：66-70.

[9] 钱铧. 桥梁受船舶碰撞的动力计算方法[J]. 上海公路，2009(4)：40-46.

[10] 梁文娟，金允龙，陈高增. 船舶与桥墩碰撞力计算及桥墩防撞// 第十四届全国桥梁学术会议论文集[C]. 上海：同济大学出版社，2000：566-571.

影响桥梁船撞力的主要因素的数值模拟研究

颜海泉

（同济大学建筑设计研究院　上海　200092）

摘　要：桥梁抗船撞设计的关键是确定船舶撞击力。本文采用碰撞有限元方法计算了一艘50 000DWT的船舶在各种工况下的撞击力时间过程，讨论了影响桥梁船舶撞击力的几个主要因素，这些因素主要包括速度、接触面积、船舶质量和碰撞角度，研究了这些因素和船撞力之间的关系。其结果对改进船撞力的简化计算公式和防撞设施的设计有参考价值。

关键词：船桥碰撞　数值仿真　船撞力

A research of main factors on ship-collision force by FEM simulation

Yan Haiquan

(Architectural Design & Research Institute of Tongji University, Shanghai, 200092)

Abstract: Confirming the ship collision force is the key in the design of bridge against ship collision. In this paper the processes of a 50 000 DWT ship collision with ideal rigid wall are simulated by FEM and the time histories of collision forces for various cases are obtained. The influence of several major factors including velocity, the contact area, ship mass and collision angle, were discussed. The relation between these factors and ship collision force was investigated. The results obtained this paper can be used to modify the empirical formula for estimation of ship collision force and to modify the design of collision-resistance structures.

Keywords: ship-bridge collision; numerical simulation; ship collision force

1　简介

试验方法是科学理论研究的主要手段之一，但代价昂贵，而且并不是所有的科学问题都可以通过试验手段解决。随着有限元理论、软件和计算机技术的高速发展，数值模拟技术在科学和工程研究中起到越来越大的作用。

仿真计算在当今工程领域中的应用是很广泛的，在一些大型的汽车公司使用有限元仿真分析的方法来进行汽车的碰撞模拟，指导汽车的设计；在航天工业方面，可以采用仿真分析的方法来模拟飞行器的着陆；大气风场也使用计算机模拟方法进行研究。数值模拟在土木工程

作者简介：颜海泉（1978—），博士，从事桥梁抗震与船撞研究，E-mail：jxyhq2005@163.com。

中亦有广泛的应用，进行静动力问题的仿真分析，如数值模拟地震时的结构倒塌过程等。

船舶与桥梁的撞击问题是修建跨大河（如长江）和跨海桥梁（如平谭海峡）必须考虑的重要技术问题，往往控制大桥基础的设计。用试验的方法研究和确定桥梁的设计船撞力费用过于昂贵，几乎不可行，小比例尺模型试验取得定性的结果是可能的，但若要定量地在设计中利用小比例尺模型试验的结果则存在很大的困难。数值模拟技术可以避免试验的上述缺点，只要使用得当，可以给出设计可用的定量结果。

本文采用碰撞分析的数值模拟技术研究影响船撞力的主要因素。

2 仿真计算的基本原理

碰撞仿真计算的关键是用计算机来模拟两个物体之间的碰撞，在这里需要引入一个接触（contact）的概念。在建立模型的过程中，若发生相撞的两个物体之间的不定义接触，在计算中当两个物体相碰撞时，会彼此视对方为无物，直接穿体而过，只有定义了接触，计算时相撞的两个物体才能感觉到对方的存在，从而模拟出真实的碰撞情况。发生碰撞的两个物体的表面分别被称为从面和主面，一般情况下，被撞物体的表面作为主面，碰撞物体的表面作为从面。从面上的结点称为从结点。主面则是由多个主面段构成。对于主面和主面段之间的关系可以这样理解，主面相当于一个面，当对该面进行了网格划分后，主面段就相当于一个单元，也就是说主面段是组成主面的小区域，它们之间的关系见图 1。

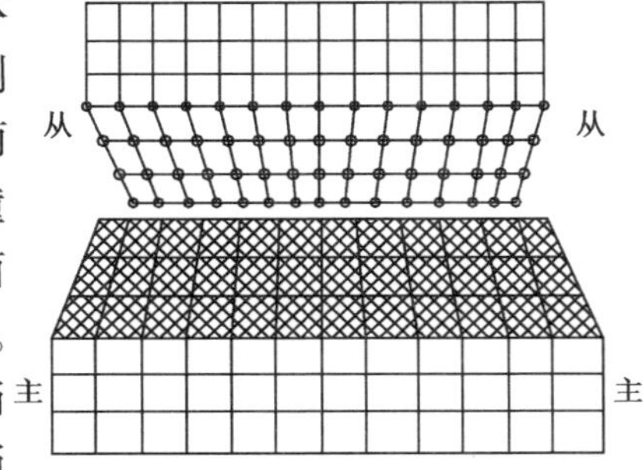

图1 接触的两个面

由于计算十分耗时，计算采用的是显示积分方法[8-9,11]。在每一个时间步中，程序将会对每一个从结点进行检查，搜索距该从结点最近的主面段，并判断该从结点是否穿透了主面段，若没有则不对该从结点进行任何处理，进行下一个时间步的计算，如果发生穿透，则会在该从结点与主面段之间引入一个较大的界面接触力，该力的大小与从结点的穿透深度和接触界面刚度成正比，用以限制从结点对主面段的穿透。当从结点的穿透达到一定的深度时，程序会自动取消接触力，不再对该结点进行任何处理，此时接触结束，结点与该主面段之间没有力的作用。将每一个时间步内的接触力按照一定的方式组合起来，得到的合力便是我们所关心的该时间步内的总碰撞力。

除了接触的概念之外，在进行仿真计算时，还有很多因素要考虑，比如计算的临界时间步长[2,4]、沙漏能的控制[3]、摩擦的考虑、材料的硬化及应变速率的影响[5]、失效应变的选取、划分网格的尺寸等，这里就不一一详述了。

国际上已经开发出了多种可以用于碰撞分析的有限元软件，比较著名的有 LSTC 公司的 LS-DYNA 和 MSC 公司的 DYTRAN。这两个软件在汽车、航天航空、兵器等多个不同领域内已经获得广泛的应用。实践表明，只要使用得当，碰撞有限元分析可以给出可靠和实用的结果。本文的计算结果是使用 LS-DYNA 得到的。

3 船舶计算模型

本文计算选用了一艘50 000DWT的散装货轮为计算对象,满载排水量为62 000t。船模型的外观见图2。

该船的船体长度为186.65m(从船首至船尾的距离),其中船首部分长16.65m,宽26.3m,高19.5m。设计水线12m,满载水线12.5m。本文计算考虑船首正碰情况,在建模时船首部分使用壳单元划分有限元网格,见图3,船体防撞舱壁后面部分则作为刚体考虑。

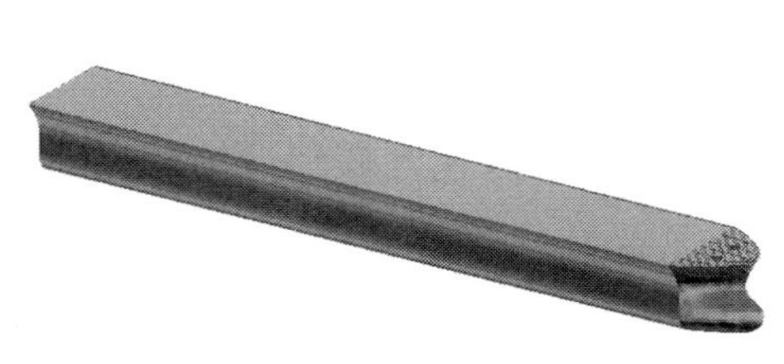

图2 船模型的外观

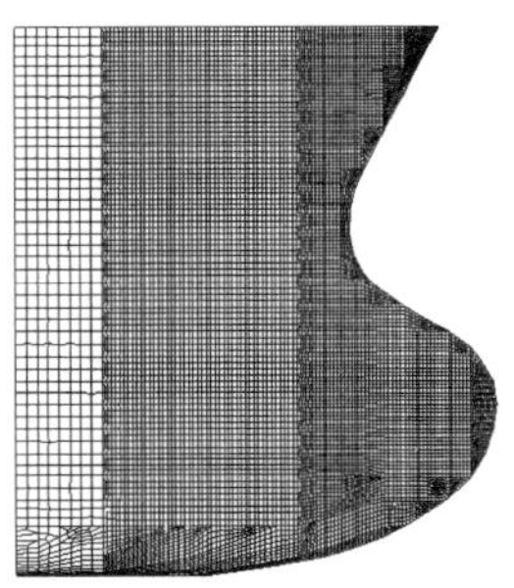

图3 船首下部网格划分

整个模型共包含101 295个结点,单元数为107 037,其中船首部分包含单元数为90 731,船体后部的刚体包含单元数为16 306。

从理论上讲,单元的尺寸越小,用有限元程序算出来的接触力越准确,但单元尺寸划分得过小,会增大模型的规模和减小使计算稳定的临界时间步长,导致大量的计算时间的消耗。故在保证计算精度的前提下应尽可能避免过小的单元。在本文的计算中船首前部即船首上部和球鼻前部的网格划分得较密,网格的尺寸在10cm左右,其后的区域网格尺寸在10~15cm范围内,再往后网格的尺寸增大至15~20cm,最后在船首后部的网格尺寸为40cm左右。将船首处的网格划得很密,向后逐渐变疏,是基于效率和精度两方面的考虑。

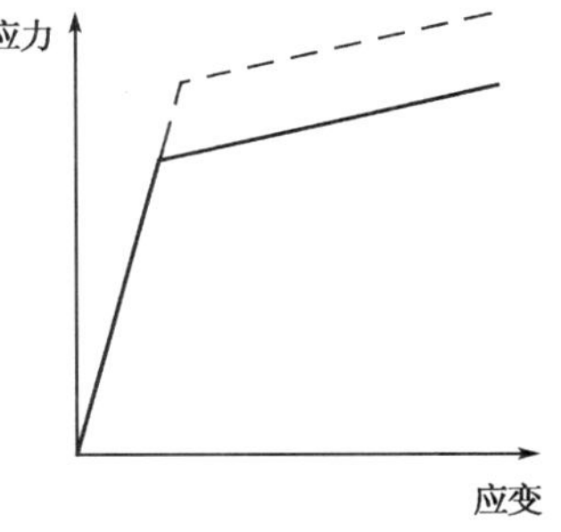

图4 双线性模型和Cowper-Symonds模型

船首部分为钢结构,处理为弹塑性材料,使用双线性模型,见图4,弹性模量为2.1×10^5MPa,泊松比为0.3,屈服强度为235MPa,硬化模量为2.1×10^2MPa,失效应变取为0.35,为了考虑应变速率对材料屈服强度的影响,在材料中采用了Cowper-Symonds模型,其中$C=40.4$,$p=5.0$,见图4。计算过程中考虑摩擦的作用,摩擦系数取为0.3。

4 影响船撞力的因素

由于讨论影响船撞力的因素,为简化起见,在这里将桥墩简化为刚性墙来考虑。

4.1 速度的影响

考虑船与刚性墙的正碰情况,计算模型见图5。调整船舶的速度,使之分别为2m/s,4m/s和6m/s。计算结果见图6。

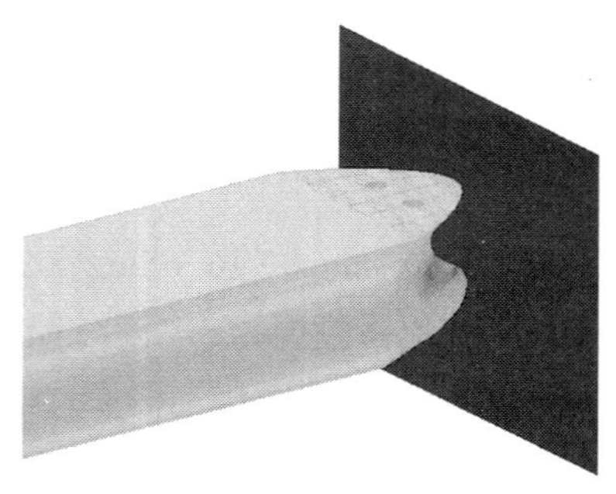

图5 船与刚性墙正撞计算模型

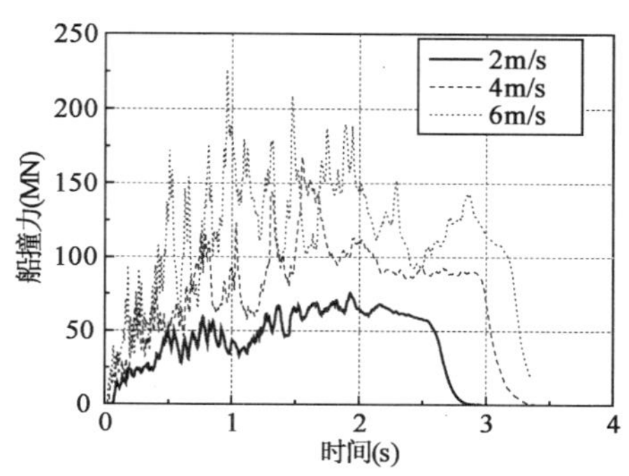

图6 不同速度下的船撞力比较

从图6中可以看出，船撞力的峰值随着速度的增加而增大，当速度分别为2m/s、4m/s和6m/s时，相应的峰值分别为75.74MN、168.26MN和226.39MN，其比值为1:2.22:2.99，与速度的比值1:2:3非常接近，可以近似认为速度和船撞力峰值之间具有线性关系。从图中还可以看出，随着速度的增加，碰撞力到达峰值的时间前移，碰撞的持续时间延长。图7给出了船撞力峰值与撞击速度的关系，可以观察到船撞力峰值与撞击速度基本呈线性关系。

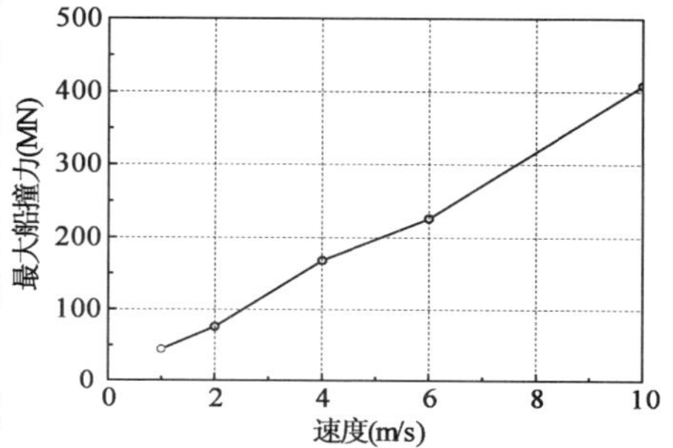

图7 速度与船撞力峰值的关系

根据仿真计算的结果，可以认为船撞力的峰值和撞击速度呈线性关系。但在进行桥梁船撞设计时，选用的设计船撞力往往并不是这个峰值，通常是在某个时域内的平均力[6]，而这个力和速度之间是否呈线性关系，则需要进一步的研究。

4.2 接触面积的影响

调整刚性墙的位置，分别使整个船首与刚性墙发生碰撞；船的球鼻部分与刚性墙发生碰撞，而船首上部不与之碰撞；仅让船的球鼻的下部与刚性墙发生碰撞。3种情况的模型见图8，计算结果见图9。

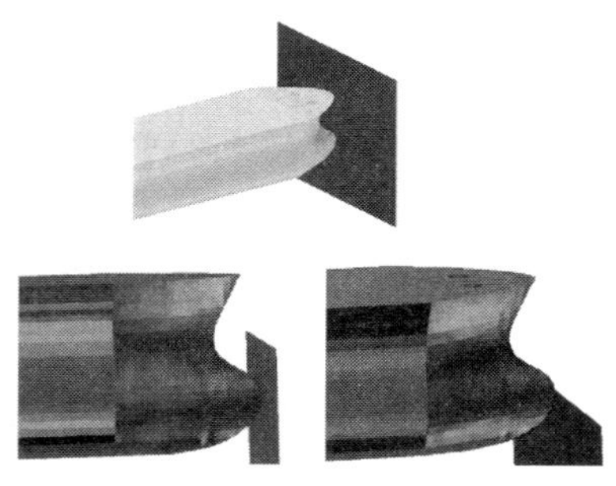

图8 计算模型图

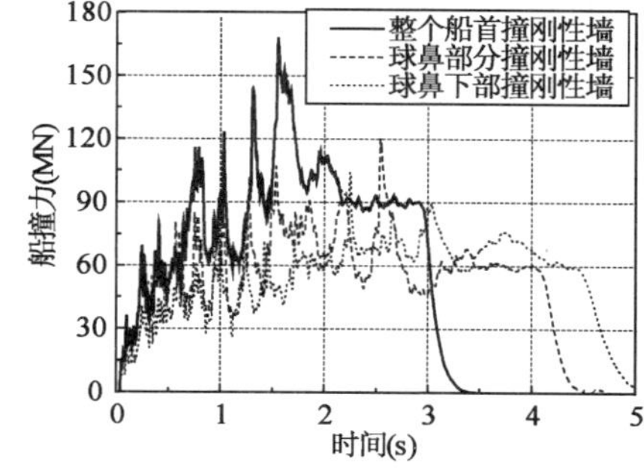

图9 不同接触面积下的船撞力比较

从图9中可以明显看出，在相同的条件下，碰撞接触的面积越大，碰撞力的峰值也越大，撞击所持续的时间则越短。之所以会有这种情况产生是因为，在相同条件下，当接触面积大时，两个相撞的物体相互间产生的力也大。而整个碰撞过程是将船舶的动量变为零,最后再给船舶一个反方向很小的动量,在冲量相同的情况下,当力越大时,所用的时间就越少,因此接触面积越大,力的峰值越大,碰撞所持续的时间也就越长。接触面积对于船撞力的峰值的影响较大。从上面的例子中可以看到,船首全部参与碰撞的力比仅球鼻下部参与碰撞的力大了约50%,这一点是应当引起注意的。

为进一步说明接触面积对船撞力的影响,再来研究图10所示的理想化例子[1]。

图10中,最左边的块体为1个刚体,上面固结着3个圆筒,这3个圆筒在物理尺寸和材料特性上是完全一样的,最右边的是刚性墙,空间6个自由度固结。刚体和圆筒用来表示船舶,刚性墙用来表示桥墩。第一次计算只有1个圆筒与刚性墙相撞,第二次有两个圆筒与刚性墙发生相互作用,第三次3个圆筒全部撞上刚性墙。每次撞击的速度都一样。计算结果见图11。

图10 理想化算例模型

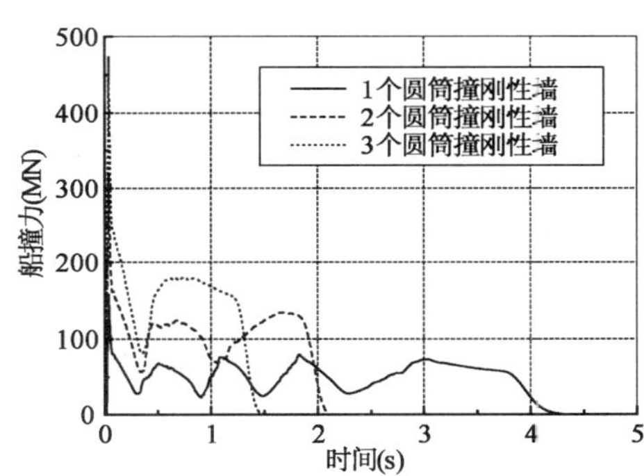

图11 理想化算例的撞击力比较图

从图11中可以得出和上面一样的结论:接触面积大,碰撞持续时间短,但碰撞力大;接触面积小,碰撞持续时间长,碰撞力小。上图中当3个圆筒撞刚性墙时,不论初始时的脉冲,还是后面的碰撞力,都要比1个圆筒撞刚性墙时的大。而圆筒相应的破坏长度则要比1个圆筒撞击刚性墙时要小。这一点从图12中的变形可以更清楚地看出。

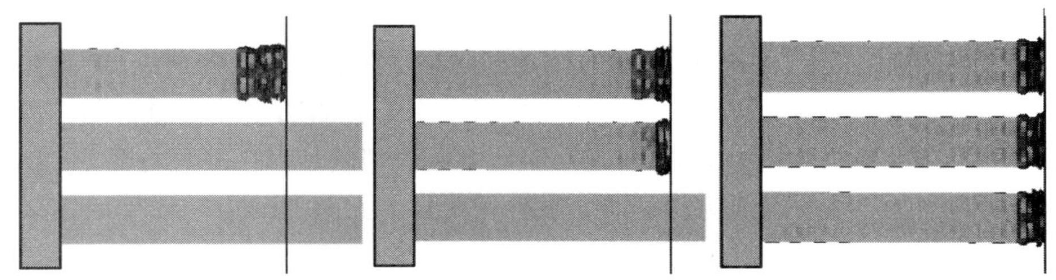

图12 3种情况下的变形图

从理想模型和前面的仿真计算结果中可以认为,在其他条件不变的情况下,发生碰撞的接触面积越大,船撞力也越大。

4.3 船舶质量的影响

计算模型与4.1中的模型一样,按比例调整船体所有材料的密度,使船的质量改变为50 000t和100 000t,其余的参数均保持不变,计算结果见图13。

从图13中可以看出，船舶的质量不同，计算出来的碰撞力的峰值也相差很多。当船舶的质量分别为50 000t、62 000t和100 000t时，计算出来的碰撞力的峰值分别为：151.14MN、168.26MN、194.89MN，质量增大，碰撞力的峰值也随之增大，但并不是线性关系。质量增加了一倍，船撞力的峰值增加了近30%，碰撞的持续时间，随着船舶质量的增加而延长。可见船舶的质量越大其碰撞的持续时间和船撞力的峰值也越大，这是因为质量越大，其动能也越大，整个碰撞系统需要更多的时间来消耗动能。从上面的分析中可以看到，船撞力的最大值随着质量的增加而增加，但不是线性关系，试将质量的平方根和船撞力的最大值画在一张图（图14）中，（其中$\sqrt{50\,000}=223.6$，$\sqrt{62\,000}=249$，$\sqrt{100\,000}=316.2$）可以认为船撞力的峰值与质量的平方根呈线性关系。

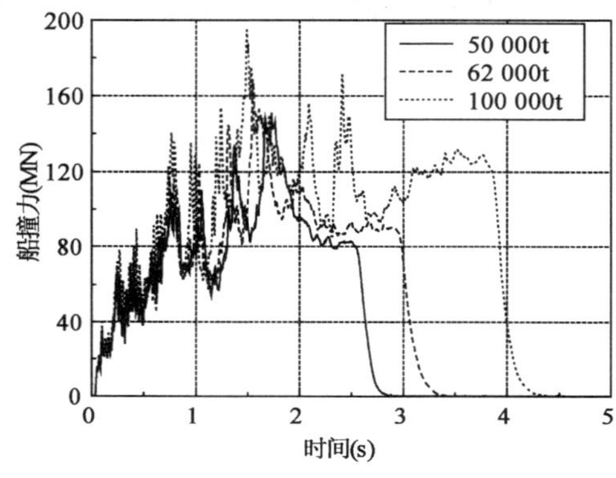

图13 不同质量船舶的船撞力比较

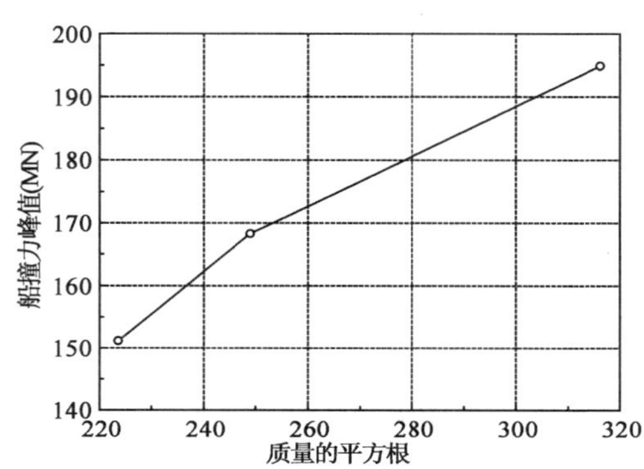

图14 质量的平方根与船撞力峰值关系

在现行的一些规范中（如欧洲规范）[7]规定了船撞力和船舶质量的平方根成正比，仿真计算验证了这一点。

4.4 碰撞角度的影响

在这里，角度是以船舶航行的方向与刚性墙的法线之间的夹角来计的。计算仍是利用4.1中的模型来进行计算，只是将4.1模型中的船旋转了30°和45°，即在4.1中船的航行方向与刚性墙的法线方向之间为0°角，此处船的航行方向与刚性墙的法线分别成30°角和45°角。对在不同角度下船舶的撞击力进行一下比较。由于在4.1中船舶是垂直撞击刚性墙，故在求得的船撞力中只有沿着船航行方向的力，现在船与刚性墙相撞时存在一个角度，不妨设刚性墙的法向为X方向，刚性墙的切向为Y方向，分别研究两个方向上的力。计算的结果见图15和图16。

从上面的两个图里面，可以看出，当船与刚性墙的法线方向的夹角在0°～45°之间变化时，随着角度的增加，碰撞的持续时间减小，0°的时候，碰撞的持续时间最长，45°的时候，碰撞的持续时间最短。这是因为角度越大，船舶沿刚性墙的法线方向（即X方向）的速度分量就越小。当船舶斜向撞击刚性墙时，X方向的速度变为零或者反方向时，船舶就会与刚性墙脱离，所以X方向的速度越小，船舶脱离刚性墙所用的时间就会越少，也就是碰撞持续的时间越短。

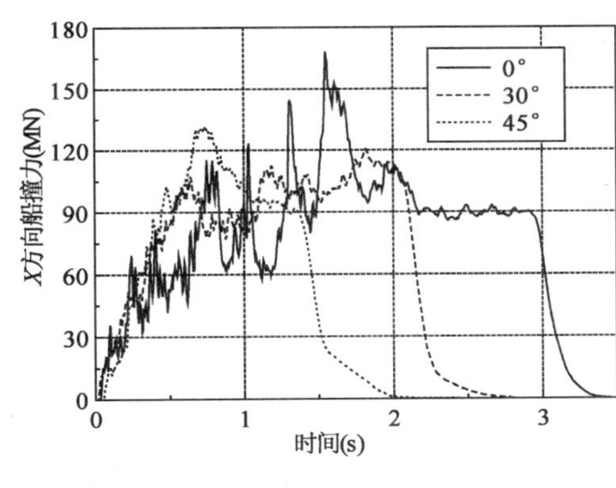

图 15　X 方向船撞力比较

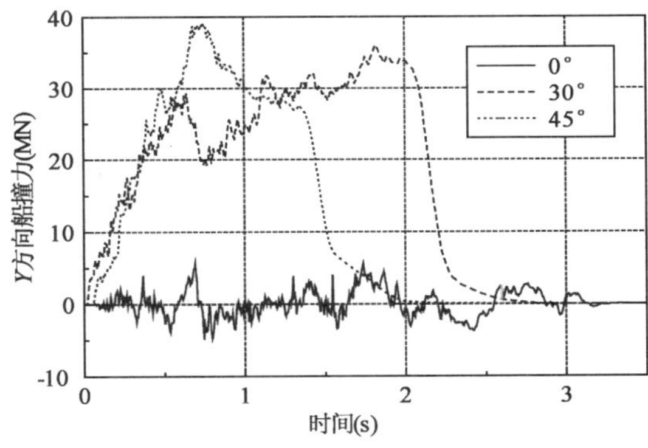

图 16　Y 方向船撞力比较

根据前面的讨论可知，X 方向船撞力的大小主要取决于船舶在 X 方向的速度分量的大小及船舶与刚性墙之间的接触面积，Y 方向船撞力的大小则和摩擦系数的值、船在 Y 方向的速度分量的大小以及 X 方向的船撞力的大小有关。从上面的图 15 中还可以看出，在 X 方向，船撞力的大小与角度之间并不是简单的单调增减关系，0°的时候船撞力最大，但 45°时候的船撞力并不是最小的，30°时候的船撞力就要比 45°时候的船撞力要小。这主要是因为船舶在与刚性墙成不同角度时，由于形状的原因，其接触面积与角度之间并不是线性关系而造成的。这一点可以用图 17 和图 18 来说明。

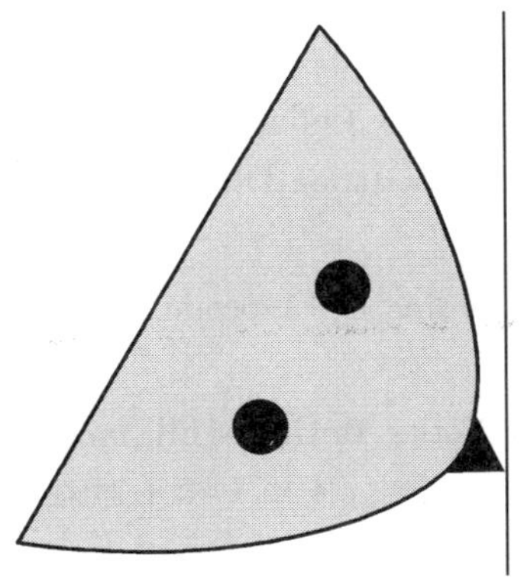

图 17　30°角撞击刚性墙

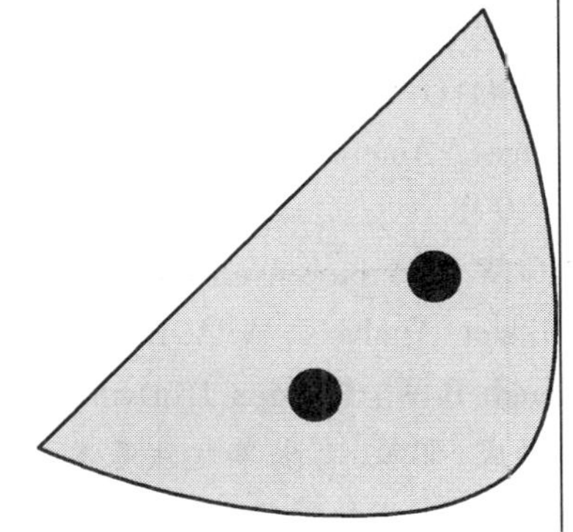

图 18　45°角撞击刚性墙

从图 17 和图 18 中显然可以看出当以不同的角度撞击刚性墙时，碰撞的接触面积也是不同的。对于本节的算例，由于形状的原因，显然以 45°角撞击刚性墙时的接触面积要比以 30°角撞击刚性墙的接触面积大。因此，尽管 30°角撞击刚性墙时，船舶 X 方向的速度大，但是由于接触面积的关系，45°角撞击刚性墙时 X 方向的船撞力要比 30°角撞击刚性墙时 X 方向的船撞力大。而 Y 方向的力则与 X 方向的力的大小有联系，因此出现了 45°角撞击刚性墙时 Y 方向的力比 30°角撞击刚性墙时 Y 方向的力大。

由于斜撞的问题比较复杂，涉及的方面比较多，上面的算例不能够说明全部的问题，还需要做更多的算例，进行更深一步的研究。现有的规范中对于角度的影响有规定的并不多，我国的铁路桥规[10]将角度的影响取其正弦值作为因子，计入船撞力中。从本文的研究结果来看，对于大型船舶撞击桥梁的问题，这种基于刚体碰撞原理得到的结果是有很大疑问的。

5 结语

本文采用有限元仿真的方法，讨论了船桥碰撞过程的主要问题影响等，得到了以下结论：

(1)船撞力的峰值和速度之间具有线性关系，如何选取设计船撞力及设计船撞力是否和速度成线性关系则需要进一步的研究。

(2)在其他条件不变的情况下，接触的面积越大，其相应的船撞力也就越大。

(3)碰撞力峰值随着船舶质量的增加而增大，与质量的平方根具有良好的线性关系。

(4)斜撞时的撞击力小于正撞时的撞击力，但撞击力与角度的关系很复杂，需作更深入的研究。

本文是在对一艘 50 000DWT 的船舶进行分析的基础上完成的，得到的相关结论尚需更多的研究来加以验证。

参 考 文 献

[1] 颜海泉. 桥梁船撞有限元仿真分析. 同济大学硕士学位论文,2004.

[2] LS-DYNA USER'S MANUAL, Version970, 2003.

[3] ANSYS 公司. ANSYS/LS-DYNA 培训手册.

[4] ANSYS 公司. ANSYS/LS-DYNA 使用指南.

[5] 赵海鸥. LS-DYNA 动力分析指南. 北京:兵器工业出版社,2003.

[6] AASHTO. Guide Specifications and Commentary for Vessel Collision Design of Highway Bridges. American Association of State Highway and Transportation Official, Washington D. C, 1991.

[7] A C W M Vrouwenvelder. Design for Ship Impact According to Eurocode 1, Part 2. 7, Ship Collision Analysis, A. A. Balkema, Rotterdam, 1998.

[8] Clough R W, Penzien J. Dynamics of Structures. New York: McGraw-Hill, Inc, 1993.

[9] 王勖成,邵敏. 有限单元法基本原理和数值方法(2 版). 北京:清华大学出版社,1997.

[10] 中华人民共和国行业标准. TB 10002. 1 −99 铁路桥涵设计基本规范. 北京:中国铁道出版社,2000.

[11] 王光远译. 结构动力学. 北京:科学出版社,1981.

船桥撞击力非线性数值模拟与试验对比研究

姜河蓉　张小雅　高家镛

（上海船舶运输科学研究所　上海　200135）

摘　要：以东海跨海大桥桥墩防撞设施为研究对象，基于 MSC\Dytran 软件平台，分别考虑了船撞击桥墩防护装置可能出现的两种不同撞击，对碰撞过程进行非线性数值模拟，得到了撞击过程中船撞击力和船首应力分布随时间的变化情况，并对其进行了详尽的分析，揭示了船撞桥梁防护装置的非线性过程，并将数值模拟结果与船撞桥墩防护装置的缩尺模型试验结果进行了对比。研究表明：基于 MSC\Dytran 的非线性数值模拟，船桥撞击力预测结果相对较好，数值模拟可以弥补撞击试验的不足，能够较准确地获得船舶的撞击载荷，为桥梁及桥梁的防撞装置的设计提供依据。

关键词：桥梁防撞　船撞力　非线性数值模拟　船桥撞击试验

Nonlinear numerical simulation for ship-bridge collisions force and its comparison with experimental results

Jiang Herong Zhang Xiaoya Gao Jiayong

（Shanghai Ship & Shipping Research Institute, Shanghai, 200135）

Abstract: The max collision force of ship-bridge collision is one of the most important factors for bridge design. Based on the platform MSC/Dytran software, the nonlinear numerical simulations are carried out for the ship-protection device of the DongHai Seacrossing Bridge, considering the deferent collision directions. The collision force and the nonlinear collision process are obtained. Meanwhile, the ship-protection device collision test is conducted. The study of comparison with the results from the simulation is presented.

Keywords: ship collision; collision force; non-linear finite element simulation; ship-bridge collision test

1　引言

船桥撞击载荷是桥梁结构设计的控制载荷之一，对桥梁结构进行合理的防护设计是保证其安全的关键因素。我国《公路桥涵设计规范》（1989）和《铁路工程技术规范》（TB 100021—99）关于船桥撞击力的计算部分多年来一直未做修订。而且按照设计规范计算得到的船桥碰

项目支持：交通部西部科技项目资助，编号：200731882234。

作者简介：姜河蓉（1978—），硕士，助理研究员，从事船舶结构工程，E-mail：jjr29@21cn.com。

撞力存在很大的缺陷:①不同规范计算出来的船撞力相差较大[1];②规范采用太过简化的公式忽略了诸多因素的影响,导致计算得到的船撞力与实际情况有较大差异。对于船舶撞击防护装置的撞击力的计算,规范中还无相应的计算依据。对船桥碰撞进行全尺度试验,可以得到真实的船桥撞击载荷,但费用太高,可行性不大。采用缩尺模型试验不失为一种较为理想的方法,通过试验可以较为准确地获得船撞桥的撞击载荷,为桥梁的结构设计提供合理的载荷值。船桥撞击力之所以难以预测,是因为船桥碰撞的过程是一个动态过程,其行为特征相当复杂,涉及很多因素,如船舶类型、航行速度、撞击角度、航道水深、流速以及桥梁或桥梁防护装置基础的稳定性等。而且在碰撞过程中,结构经受了弹性、塑性变形直至撕裂,并且是短时间内的冲击过程,现有的理论分析方法无法对复杂的船体结构建立动塑性方程及其解析解。因此,除了试验手段外,很多研究者开始利用现代非线性有限元技术和软件,通过碰撞过程的数值仿真计算,获得船桥碰撞过程中船舶对桥墩的撞击力、船舶的撞击动能、船舶的变形能和损伤程度等[2,3]。非线性数值计算方法较之传统的试验手段主要有以下优点:成本低,周期短,效率高;可以全尺度模拟,不受研究对象尺度的影响;除此之外,还可以方便地变化各种参数以研究不同参数的影响。

本文以东海跨海大桥桥墩防护设施为研究对象,基于 MSC\Dytran 软件平台,分别考虑了船撞击桥墩防护装置中可能出现的两种不同撞击情况,对碰撞过程进行非线性数值模拟,得到撞击过程中船撞击力和船首应力分布随时间的变化情况,并对其进行了详尽的分析,揭示了船撞桥梁防护装置的非线性过程,并将数值模拟结果与水池模型试验数据进行了对比。结果表明:基于 MSC\Dytran 的非线性数值模拟,船桥撞击力预测结果相对较好,数值模拟可以弥补撞击试验的不足,能够较准确地获得船舶的撞击载荷,为桥梁及桥梁的防撞装置的设计提供依据。

2 船—桥碰撞非线性数值模拟方法

2.1 东海跨海大桥船舶与桥梁防护设施结构有限元模型

东海大桥主通航孔采用主跨 420m、双塔中央索面、主梁 5 跨布置的斜拉桥方案。主通航孔设计通航万吨级船舶,经分析,主墩本体的防撞能力有限。为使主墩具有足够的防撞能力,采取独立式防撞体(防撞墩)作为防撞措施。独立式防撞体(防撞墩)设置于主墩横桥方向两侧,每个防撞体由 3 个小防撞体组成,小防撞体上端为预制混凝土套箱承台,承台采用 8 根直径为 1.5m 的钢管桩支撑。3 个小防撞体通过 4 ×2.5m 的系梁联结成整体,如图 1 所示。

撞击船是一艘 10 000DWT 多用途船舶,船长 128m,型宽 22.4m,型深 11.0m,满载吃水 7.8m,船首有球鼻,船舶向桥墩的独立式防撞体(防撞墩)航行,碰撞速度为 4m/s,船首正面垂直撞击桥墩的独立式防撞体(防撞墩),满载排水量为 15 556t。

建立全船船体有限元模型,其中船首部分详细建立了各类板架和骨架的有限元模型,如外板、各层甲板和平台、横舱壁、强弱横框架的腹板、中纵舱壁、其他纵舱壁以及纵框架的腹板,它们都用弹塑性板壳单元建立。同时,在碰撞接触区域采用精细有限元网格,最小单元尺寸约为 150mm ×150mm。船体后部不参加碰撞变形,用刚性板壳单元模拟。

独立式防撞体的计算模型由套箱承台、钢管桩、弹簧组成,在防撞体的钢管桩底部采用非

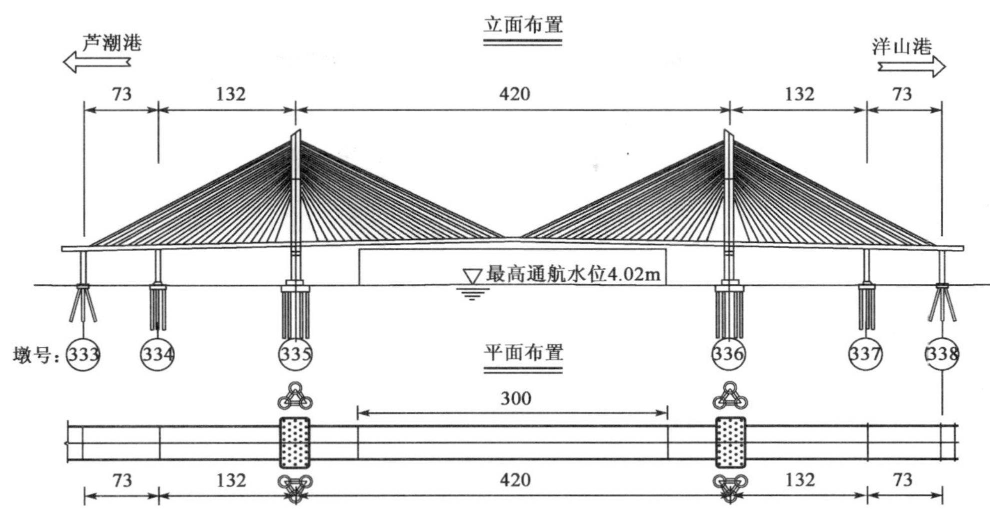

图1 主通航孔桥梁设计方案图(尺寸单位:m)

线性弹簧模拟桩与泥土的作用。小防撞体上端为预制混凝土套箱承台,不考虑结构变形,计算结果是偏于安全的。

2.2 非线性数值模拟计算工况

靠近航道布置的独立防撞墩受到偏移船舶撞击的概率较大,各种角度的撞击中,选择了最危险的两个正撞的工况进行计算比较:工况一是船舶横桥向正撞外侧的小防撞体;工况二是船舶垂直于系梁,斜撞防撞墩系梁,如图2、图3所示。

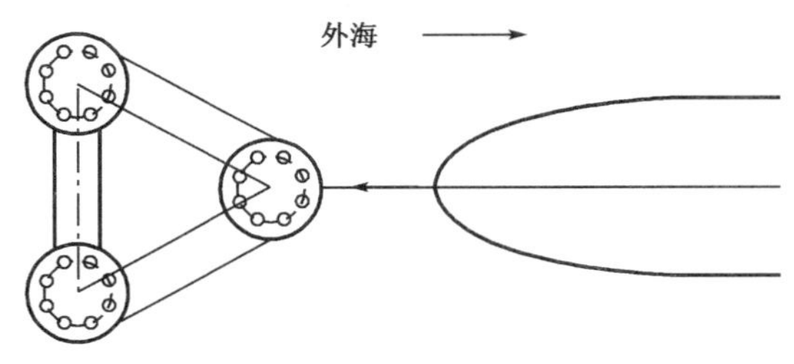

图2 工况一:正撞防撞墩

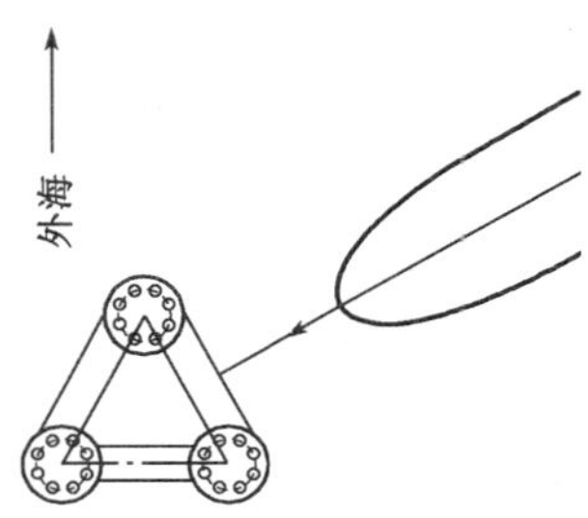

图3 工况二:斜撞防撞墩系梁

2.3 非线性数值模拟计算结果

船和防撞体在仿真过程中应力变形见图4、图5,碰撞力和碰撞能随时间变化的曲线如图6~图9所示。从图中我们清楚看出:在工况一的碰撞过程中,船首的球鼻部分起初撞上防撞体的承台,碰撞面积较大,在巨大的冲击载荷作用下,产生很大的变形,碰撞力马上达到了峰值40MN,船首发生严重的塑性变形破坏,吸收了大部分的撞击动能,占总碰撞能量的71%,被球鼻艏撞击的钢管桩也发生了塑性变形破坏,吸收了小部分能量,占总碰撞能量的15%。其他撞击动能转化为沙漏能等,整个碰撞时间为2.5s。工况二的碰撞为球艏撞击系梁,船首吸收了绝大部分的碰撞动能,碰撞峰值相比工况一滞后,最大碰撞力为33MN,碰撞时间也较工况一长,为3s。可见,在碰撞过程中,船首的吸能量很大,在两次的碰撞过程中都占了大部分。

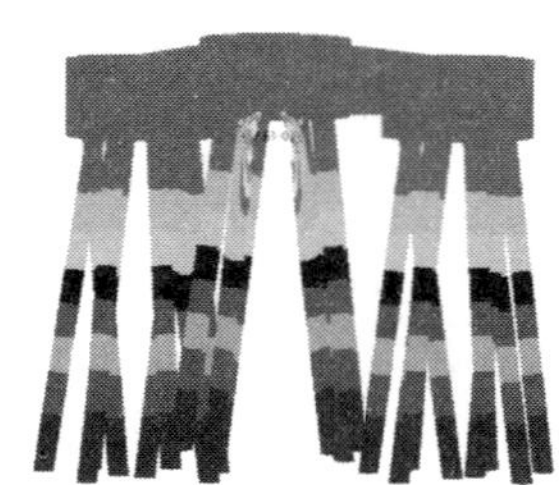

图4 工况一:碰撞结束时船和防撞墩应力分布图

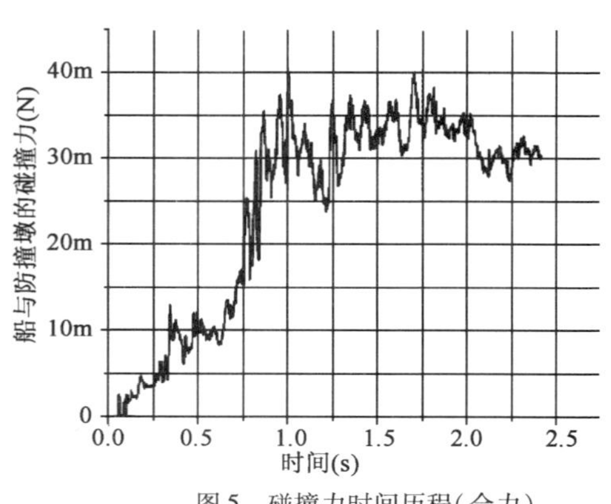

图5 碰撞力时间历程(合力)

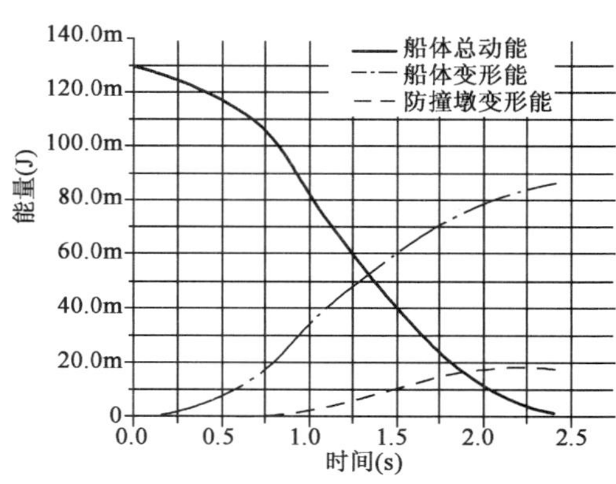

图6 船首及防撞体能量转换时间历程

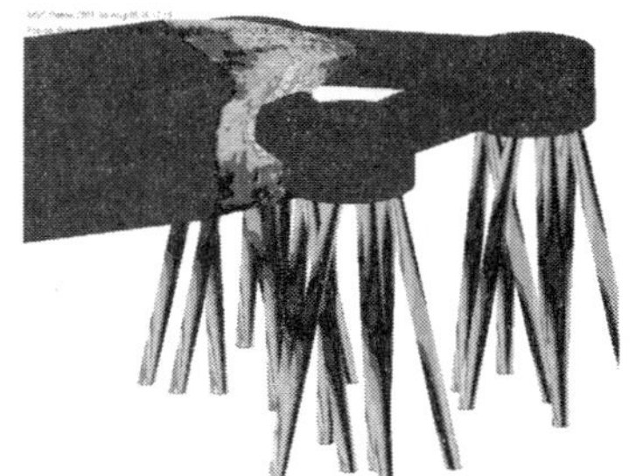

图7 工况二:碰撞结束时船和防撞体应力分布图

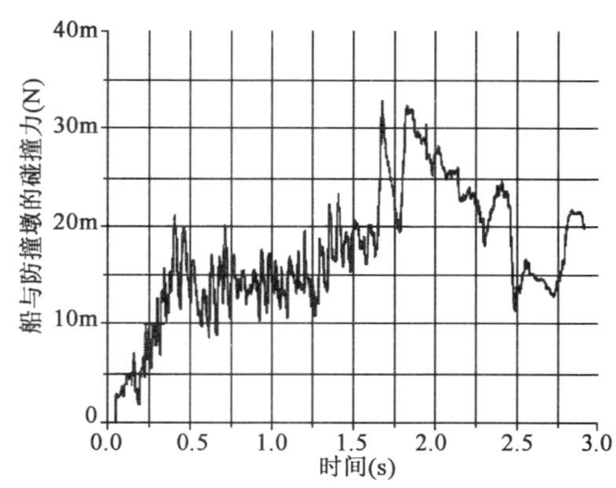

图8 碰撞力时间历程(合力)

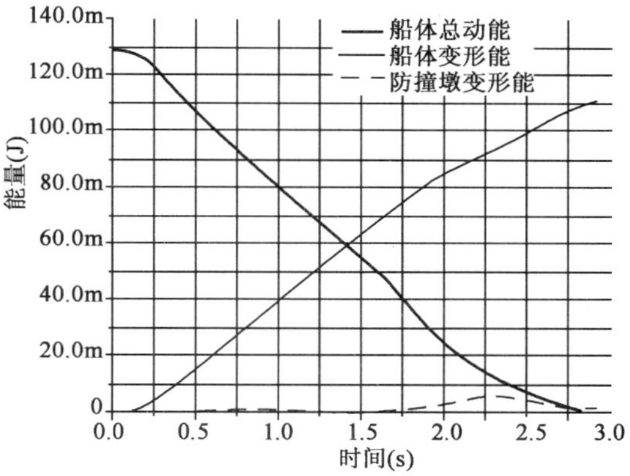

图9 船首及防撞体能量转换时间历程

3 数值模拟结果与碰撞模型试验结果的对比

3.1 物理模型

模型试验的研究对象是船舶在水流作用下对水上固定建筑物的撞击载荷等,模型试验的设计满足下列主要的相似准则:几何相似——模型与实体对应的线性尺度比相同;流体动力相似——遵循重力及惯性力相似条件,要求模型与实体的傅汝德数相等;非定常流动相似——模型和实体的斯特哈尔数相等;结构动力相似——主要指结构物的刚性(弹性)相似。

为了便于与数值模拟结果对比,实际模型进行了必要的简化,缩尺比取为1:37。独立防撞体模型制作时分两部分考虑,上端承台部分作为刚体处理,假定独立防撞体受到船舶撞击时不产生变形或破坏。而钢管桩部分能发生弯曲变形,承台与系梁的外形与实体几何相似,钢管桩模型与实体的抗弯剖面刚度相似。

由于钢管桩和船首结构在碰撞中肯定会进入塑性变形破坏,所以在模型的制作中对非线性刚度的模拟采用了理论计算与试验相结合的方法考虑。关于模拟钢管桩变形超出弹性范围的模型,首先,通过理论计算算得每根钢管桩实体在上端受力时弯曲变形与力的关系曲线,以及极限弯矩。然后选择合适的材料,使每根钢管桩模型的极限弯矩满足相似条件。钢管桩模型制作时,每根钢管桩模型的长度以及在防撞体底部的位置、斜率与实体几何相似。计算每根钢管桩实体极限弯矩值后,选择铜作为制作钢管桩模型的材料。在保证长度几何相似的条件下,加工成铜管,通过改变剖面面积(改变外径及壁厚),使钢管桩模型的极限弯矩与实体相似。

船舶模型设计时,主要考虑撞击过程中船首的变形。由于撞击过程中的船体变形极为复杂,目前还难于制作出严格与实船变形相似的船舶模型。船舶模型的设计制作中,参考了理论计算得到的撞击力—船首变形(水平撞深)的关系曲线,采用与多级压缩弹簧联结的活动船首模型,利用压缩弹簧模型的变形来模拟船舶与防撞体撞击时的船首变形。

3.2 模型试验及结果比较

数值模拟和模型试验结果最大碰撞力见表1。

数值模拟和模型试验结果最大碰撞力 表1

工况	方法	X方向受力 F_X(t)	Y方向受力 F_Y(t)	合力 $F(t)$	备注
工况一	模型试验	4 343	164	4 346	正撞防撞墩
	数值模拟	4 020	122	4 028	
工况二	模型试验	2 010	2 650	3 326	斜撞防撞墩系梁
	数值模拟	1 980	2 618	3 312	

注:*X*方向——桥墩纵向(垂直于大桥方向),*Y*方向——桥墩横向(平行于大桥方向)。

试验结果表明,防撞体的钢管桩在受到船舶正撞的撞击作用下,部分钢管桩变形超过了钢管桩的弹性变形范围,虽未断裂,但钢管桩产生了永久变形。受撞击后的钢管桩永久变形见试验照图10,与数值模拟的变形结果符合较好。从试验结果及试验现象观测,每个小防撞体的8根钢管桩斜插于海底,各根钢管桩的斜率不同,再由系梁将3个小防撞体联结在一起,在系梁

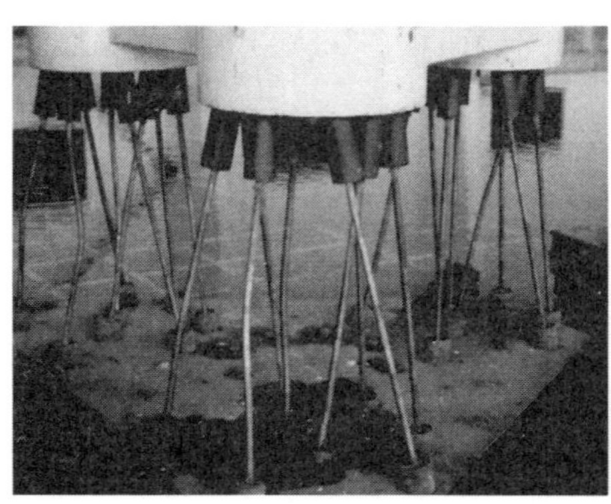
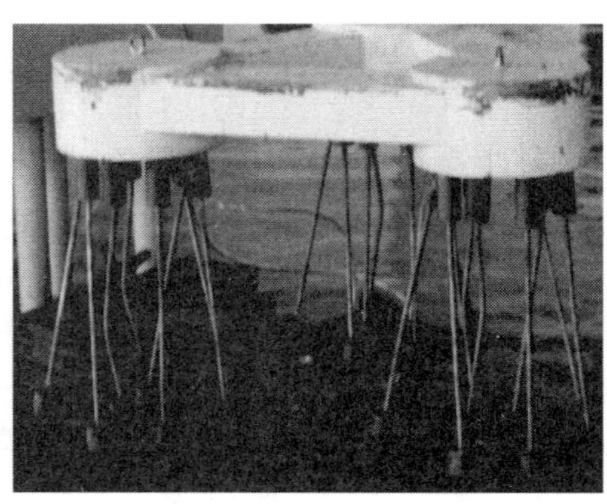

图 10 受撞击后的钢管桩永久变形试验照

不断裂的情况下,具有较强的抗撞能力,也表明钢管桩的斜率分配比较合理。

通过数值模拟结果与碰撞模型试验结果的比较可以看出,采用数值模拟计算的结果能够很好地反映碰撞力随时间变化的趋势。从表 1 可以看出,最大碰撞力数值模拟结果与模型试验的结果符合较好,工况一的数值模拟的结果相对较小。

数值模拟碰撞力的影响因素众多,这些因素包括碰撞区结构强度、碰撞区域有限元网格的精度和最小网格的大小、碰撞接触面参数的设置等,在这些因素中,球艏模型对计算结果起主要作用。而在模型试验的设计时,由于撞击过程中的船体变形极为复杂,目前还难于制作出严格与实船变形相似的船舶模型。而数值模拟可以弥补试验困难,能够方便准确地模拟实际的船首结构,是获取船桥碰撞过程中船撞击载荷的有效方法。

4 结语

本文基于 Dytran 软件平台,采用非线性数值模型对东海大桥中的船桥碰撞过程中的船撞击载荷进行了数值模拟,并将计算结果与水池模型试验结果进行了对比。结果表明,采用合适的碰撞模型和网格,数值计算可以得到船桥碰撞过程中的非线性变化过程及船桥撞击载荷。虽然某个时间段的模拟结果和试验结果可能存在较大差别,但综合以后船桥碰撞力的最大值和变化趋势则非常接近。数值模拟可以弥补试验困难,是获取船桥碰撞过程中船撞击载荷的有效方法,所得结果可供桥梁及桥梁防撞设施设计时参考。

参考文献

[1] 梁文娟,金允龙,陈高增.船舶与桥墩碰撞力计算及桥墩防撞.第十四届全国桥梁学术会议论文集,2000:566-571.

[2] 王自力,顾永宁.船舶碰撞动力学过程的数值仿真研究.爆炸与冲击,2001,21(1):29-34.

[3] Liu Jiancheng, Gu Yongning. Simulation of the Whole Process of Ship-Bridge Collision[J]. China Ocean Engineering, 16(3):369-382.

船舶撞击群桩式防撞墩的数值模拟研究

姜河蓉 黄伟忠 金允龙

(上海船舶运输科学研究所 上海 200135)

摘 要:以东海大桥和金塘大桥的群桩式防护设施为研究对象,基于 MSC Dytran 软件平台,分别考虑了船舶正面撞击防撞体的最危险的撞击情况,对碰撞过程进行非线性数值模拟,得到撞击过程中船撞击力和船舶动能随时间的变化情况,并对其进行了详尽的分析,揭示了船撞群桩式防护装置的非线性过程,并将数值模拟结果进行了相互比较。研究表明:群桩式防撞体通过桩底的拉拔摩擦以及自身的塑性变形破坏吸收了较多的撞击动能,能有效防止船舶的撞击,保护桥墩安全,是一种较有效的防护装置。

关键词:桥梁防撞 群桩式 非线性数值模拟

The finite element simulation on the pile-group type of ship collision

Jiang Herong Huang Weizhong Jin Yunlong

(Shanghai Ship & Shipping Research Institute, Shanghai, 200135)

Abstract: Based on the platform MSC/Dytran software, the nonlinear numerical simulations are carried out for the pile group type of ship-protection device of the DongHai Seacrossing Bridge and JinTang Bridge, considering the most dangerous collision directions. The collision force and the nonlinear collision process are obtained. Some conclusions are obtained: the pile-group type of ship-protection device is effective for avoiding direct ship collision.

Keywords: ship collision; pile group; non-linear finite element simulation

1 引言

在各种防船撞系统中,群桩式防护系统属于间接构造弹性变形型,也是较为常见的一种防撞装置,包括从廉价而常见的原木梅花桩(仅适用于使低能量船只偏离)到用刚性盖梁连接在一起的大直径桩群。集群桩可与桥墩完全无关,也可以被支撑在桥墩上。在国外的运用有挪威 Tromso 桥、澳大利亚的 Tasman 桥,国内有东海大桥、金塘大桥等。

本文以东海大桥和金塘大桥的群桩式防护设施为研究对象,基于 MSC\Dytran 软件平台,分别考虑了船舶正面撞击防撞体的最危险的撞击情况,对碰撞过程进行非线性数值模拟,得到撞击过程中船撞击力随时间的变化情况和能量相互转化关系,并对其进行了详尽的分析,揭示了船撞群桩式防护装置的非线性过程,并将数值模拟结果进行了对比。

项目支持:交通部西部科技项目资助,编号:200731882234。

作者简介:姜河蓉(1978—),硕士,助理研究员,从事船舶结构工程,E-mail:jjr29@21cn.com。

2. 船—桥碰撞非线性数值模拟方法

2.1 东海跨海大桥与金塘大桥的群桩式防撞设施结构有限元模型

东海大桥主通航孔设计通航万吨级船舶，经分析，主墩本体的防撞能力有限，为使主墩具有足够的防撞能力，采取群桩式防撞设施作为防撞措施。群桩式防护系统设置于主墩横桥方向两侧，每个防撞体由3个小防撞体组成，小防撞体上端为预制混凝土套箱承台，承台采用8根直径为1.5m的钢管桩支撑。3个小防撞体通过4×2.5m的系梁联结成整体[1]，如图1所示。

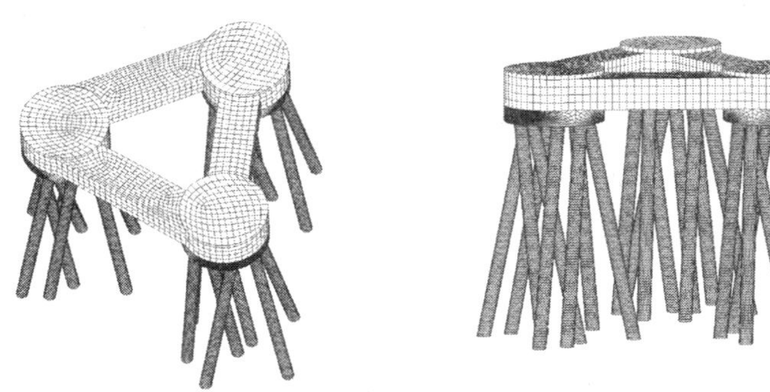

图1 东海大桥防撞体模型

金塘大桥主通航孔桥的辅助墩D2、D5和过渡墩D1、D6在承台主撞侧设独立式群桩防撞方案[2]，如图2所示。防撞控制船舶为5万吨级，辅助墩D2和D5中间为航道，故靠近航道侧的辅助墩D2和D5比过渡墩的防撞船舶速度较大。

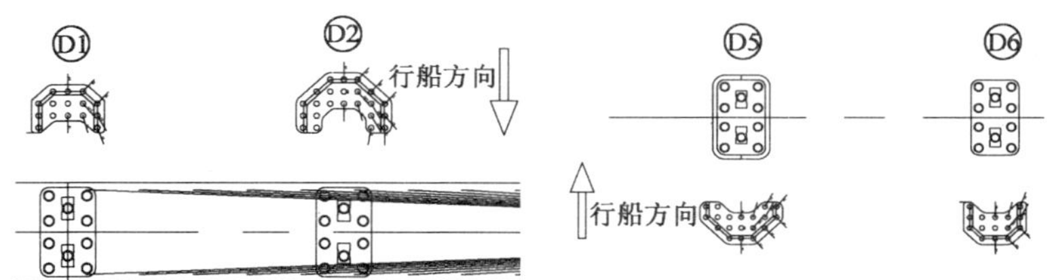

图2 金塘大桥过渡墩D1、D6和辅助墩D2、D5墩的群桩防撞体示意图

金塘大桥主通航孔桥的过渡墩D1的防撞墩上端为长约20m、宽约14m、型深约6.5m的预制混凝土套箱承台，承台下采用15根直径为1.5m的钢管桩支撑。辅助墩D2的防撞墩上端为长约26.5m、宽约17.5m、型深约6.5m的预制混凝土套箱承台，承台下采用23根直径为1.5m的钢管桩支撑。

分别对万吨级船舶和5万吨级船舶建立全船船体有限元模型，其中船首部分详细建立了各类板架和骨架的有限元模型，如外板、各层甲板和平台、横舱壁、强弱横框架的腹板、中纵舱壁、其他纵舱壁以及纵框架的腹板，它们都用弹塑性板壳单元建立。同时在碰撞接触区域采用精细有限元网格，最小单元尺寸约为150mm×150mm。船体后部不参加碰撞变形，用刚性板壳单元模拟。

群桩防撞体的计算模型由套箱承台、钢管桩、弹簧组成，在防撞体的钢管桩底部采用非线性弹簧模拟桩与泥土的作用。防撞体上端为预制混凝土套箱承台，采用刚性材料，模拟承台质量及其刚度，连接钢管桩单元，计算结果是偏于安全的。钢管桩模型采用理想弹塑性材料，弹性模量 $E = 2.1 \times 10^{11}$ Pa，密度 $\rho = 7\,850.0 \mathrm{kg/m^3}$，泊松比 $\mu = 0.3$，材料的屈服应力 $\sigma_y = 3.45 \times 10^8$ Pa。材料破裂失效准则取为当单元等效塑性应变 $\varepsilon_{\mathrm{eff}}$ 达到最大塑性失效应变 $\varepsilon_{\max} = 0.35$ 时该单元失效，表示结构破裂。

2.2 非线性数值模拟计算工况

东海大桥选择了最危险的两个正撞的工况进行计算：工况一是船舶横桥向正撞外侧的小防撞体；工况二是船舶垂直于系梁，斜撞防撞墩系梁，如图 3、图 4 所示。

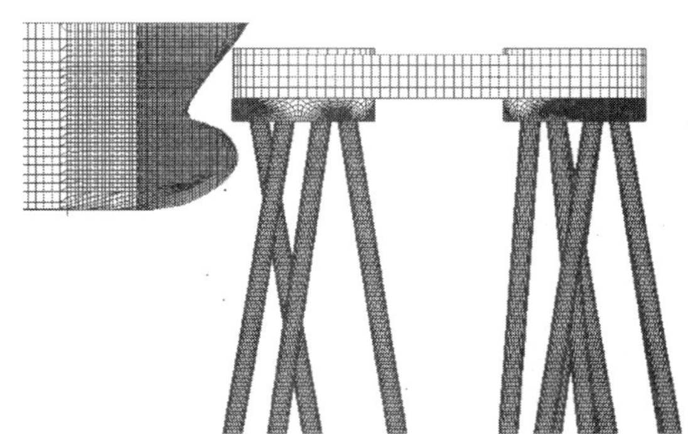

图 3 工况一：正撞防撞墩

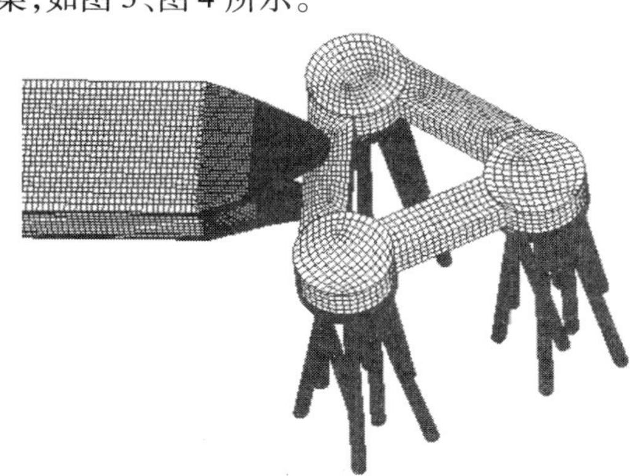

图 4 工况二：斜撞防撞墩系梁

金塘大桥过渡墩 D1、D6 墩和辅助墩 D2、D5 墩的群桩防撞体中，选择典型的 D1、D2 墩的群桩式防撞体进行船舶正面撞击有限元模拟计算，如图 5 所示。

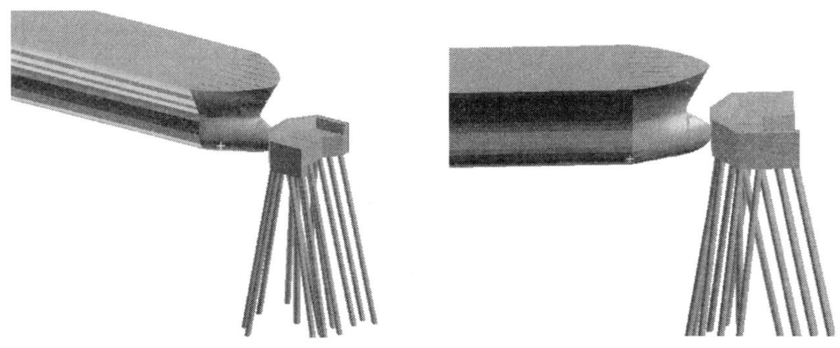

图 5 金塘大桥过渡墩 D1 和辅助墩 D2 的群桩防撞体撞击工况图

2.3 非线性数值模拟计算结果

2.3.1 东海大桥的群桩式防撞体非线性数值模拟计算结果

船和防撞体在仿真过程中的应力变形见图 6、图 7，碰撞力和碰撞能随时间变化的曲线如图 8 ~ 图 11 所示。从图中我们清楚看出：在工况一的碰撞过程中，船首的球鼻部分起初撞上防撞体的承台，碰撞面积较大，在巨大的冲击载荷作用下，产生很大的变形，碰撞力马上达到了峰值 40MN，船首发生严重变形破坏，吸收了大部分的动能，占总碰撞能量的 71%，被球鼻艏撞击的钢管桩也发生了塑性变形破坏，吸收了小部分能量，占总碰撞能量的 15%。其他撞击动能转化为沙漏能等,整个碰撞时间为2.5s。工况二的碰撞为球艏撞击系梁,船首吸收了绝大部分的碰撞动能,碰撞峰值相比工况一滞后,最大碰撞力为33MN,碰撞时间也较工况一长,为3s。可见,在碰撞过程中,船首的吸能量很大,在两次的碰撞过程中都占了大部分。

图6　工况一:碰撞结束时船和防撞墩应力分布图

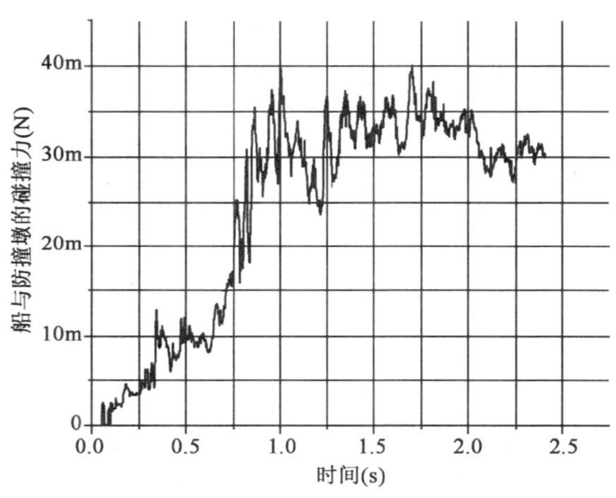

图7　碰撞力时间历程(合力)

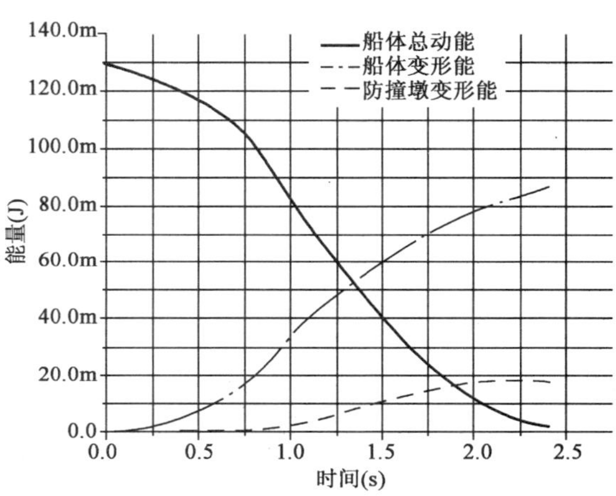

图8　船首及防撞体能量转换时间历程

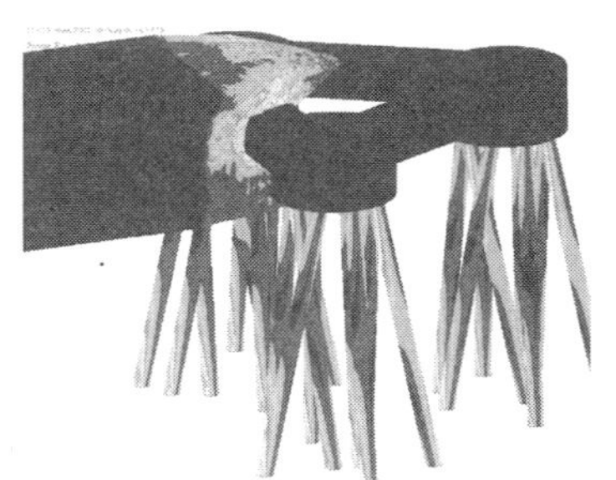
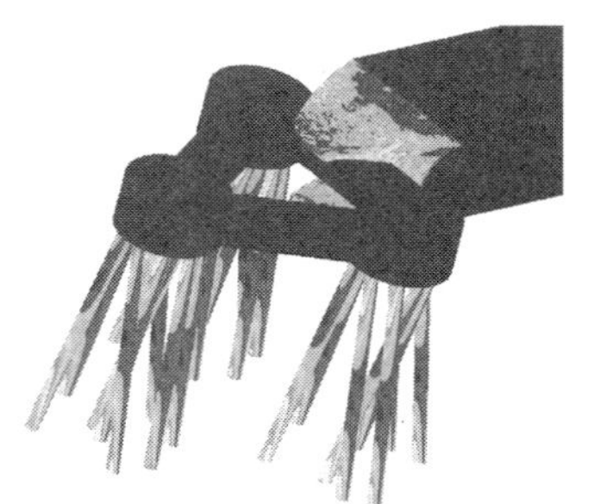

图9　工况二:碰撞结束时船和防撞体应力分布图

防撞体的钢管桩在受到船舶正撞的作用下,部分钢管桩变形超过了钢管桩的弹性变形范围,虽未断裂,但钢管桩局部产生了永久塑性变形破坏。整个防撞体并没有失效破坏。

2.3.2　金塘大桥的群桩式防撞体非线性数值模拟计算结果

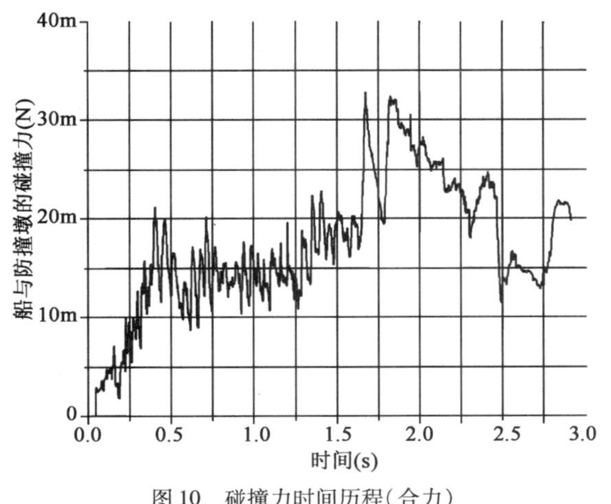

图 10　碰撞力时间历程(合力)

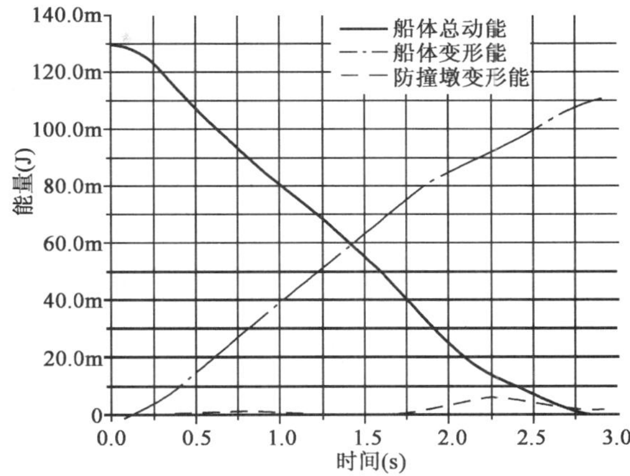

图 11　船首及防撞体能量转换时间历程

船和防撞体在仿真过程中应力变形见图 12、图 13,碰撞力和碰撞能随时间变化的曲线如图 14 ~ 图 17 所示。从图中我们清楚看出:辅助墩 D2 墩离航道略近,设防控制的 5 万吨级船舶速度稍大,故撞击能量大,导致最大碰撞力为 31MN,而过渡墩 D1 墩离航道略远,设防控制的 5 万吨级船舶速度稍小,撞击动能小,最大碰撞力为 19.5NM。撞击两墩的船舶破损吸收了约 40% 的能量,可见金塘大桥的群桩式防撞体通过自身的塑性变形以及桩底的拉拔摩擦吸收了较多的能量。在碰撞过程中,群桩式防撞体的破坏吸能量很大,在两次的碰撞过程中都占了大部分。

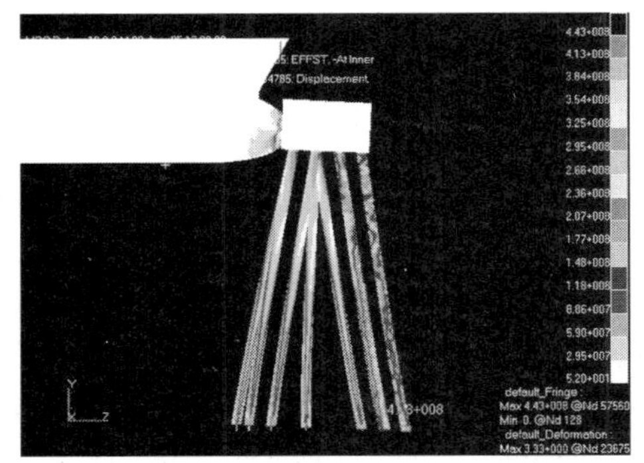

图 12　船和防撞墩变形应力云图(D1 墩)

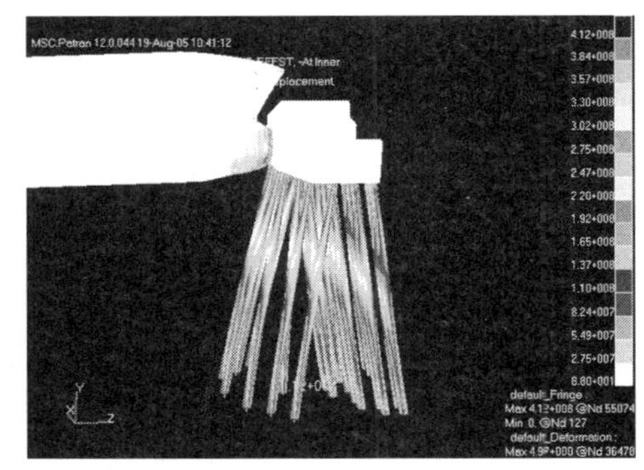

图 13　船和防撞墩变形应力云图(D2 墩)

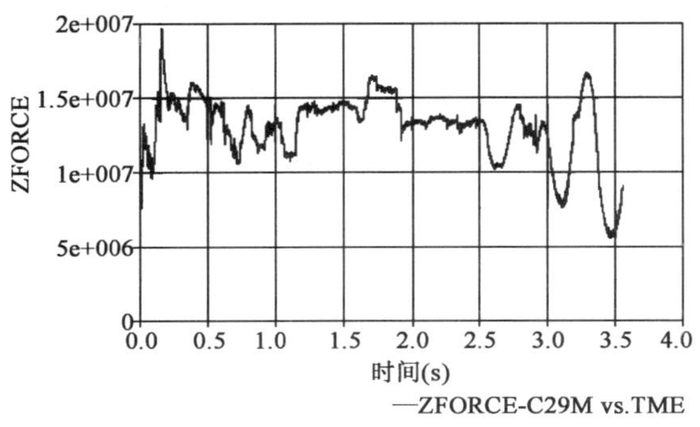

图 14　碰撞力时间历程(D1 墩)

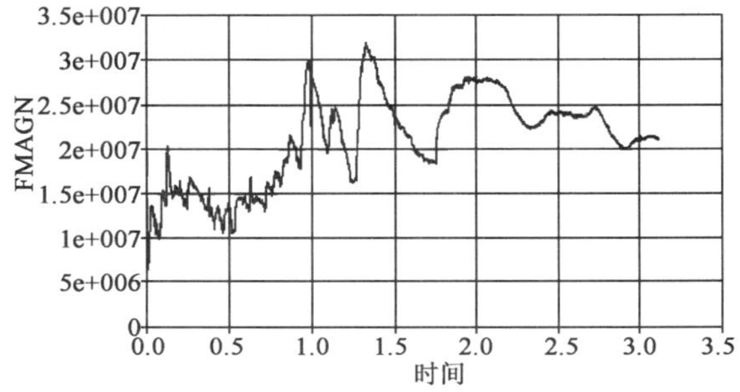

图 15　碰撞力时间历程(D2 墩)

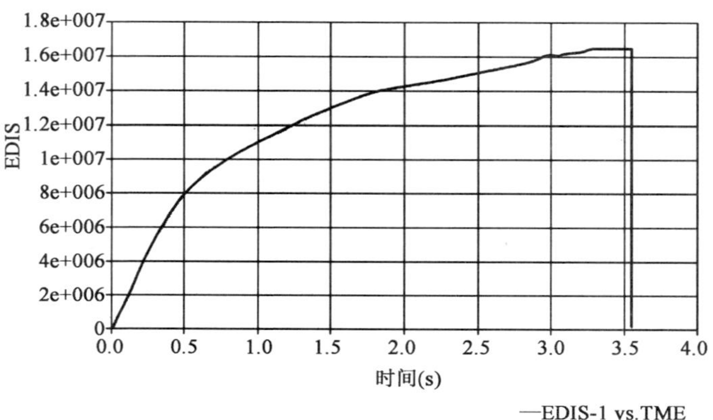

图 16 船首变形能时间历程(D1 墩)

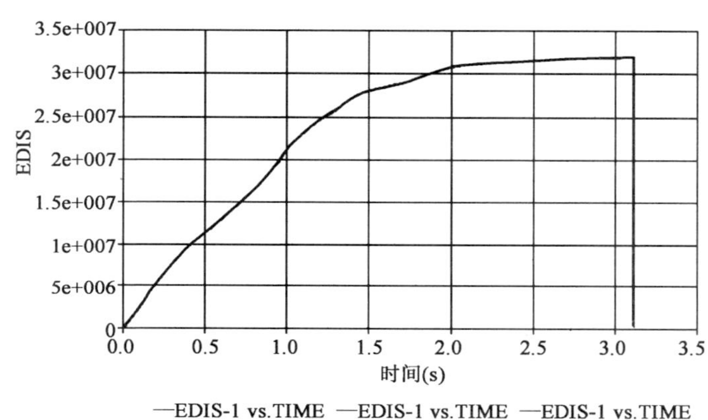

图 17 船首变形能时间历程(D2 墩)

2.3.3 两类群桩式防撞体结果对比

通过上面的有限元模拟分析可见,东海大桥和金塘大桥的群桩式防撞体都具有较强的抗撞能力,也表明钢管桩的斜率分配比较合理。但东海大桥的群桩式防撞体采用3个小承台互相连接的形式,主尺度较大,自身刚度较大,结构较强,对船舶的损坏较大,导致船舶的破损吸能量大,而三角形墩台的布置有利于使撞击船舶偏转;而金塘大桥的群桩式防撞体为单体承台式,平面尺度略小,整体结构略弱,在船舶碰撞的过程中,群桩变形/破损吸能量较大。

群桩式防撞体作为一种独立于桥墩外的独立防撞墩,具有安装方便、适应水文条件能力强的特点。在防撞效果方面,群桩式防撞体能够通过合理设计,有效地防止偏航船舶的撞击,并能够通过桩底的拉拔摩擦和自身的变形破坏吸收较多的能量,使船舶的损坏较小。

3 结语

本文基于 Dytran 软件平台,采用非线性数值模型对东海大桥和金塘大桥的群桩式防护设施进行了船舶碰撞数值计算,并将计算结果进行了比较。结果表明,群桩式防撞体能通过桩底的拉拔摩擦以及自身的塑性变形破坏吸收较多的撞击动能,削弱对船舶的损坏,能有效防止船舶的撞击,保护桥墩安全,是一种较有效的防护装置。

跨海桥梁承台和防撞设施波浪力的数值预报

魏　琳　姜金辉　金允龙

(上海船舶运输科学研究所　上海　200135)

摘　要:通过基于三维线性势流理论的数值模拟方法,计算和分析了桥梁主墩承台在有和无防护设施情况下承受的波浪荷载。通过计算各种波向和频率的规则波对承台作用力的响应幅算子 RAO,得到波浪荷载传递函数。根据线性系统响应关系由波浪谱和传递函数计算出承台能量谱和短期统计特征值,最终得到不同水位和波浪条件下的承台波浪荷载预报。

关键词:跨海桥梁　桥梁承台波浪力　桥墩设计荷载　波浪力数值计算

The wave load numerical prediction of sea-crossing bridge caps and collision-proof facilities

Wei lin　Jiang Jinhui　Jin Yunlong

(Shanghai Ship & Shipping Research Institute, Shanghai, 200135)

Abstract: This paper calculates & analyses wave load of bridge main pier caps with and without collision-proof facilities, by using the numerical simulation method based on 3d linear potential flow theory. The wave load transfer function can be got through calculating response amplitude operator RAO of forces of regular waves of every wave directions and frequencies on caps. Based on linear system response relationship, by using wave spectrum and transfer function, energy spectrum and short-term statistics eigenvalues can be calculated. Eventually it gets cap wave load prediction under different water levels and waves.

Keywords: sea-crossing bridge; wave load; pier design load; wave load numerical prediction

跨海桥梁主墩承台在海洋环境中受到波浪的作用,为保证桥梁的结构安全,桥墩和桥桩在承担各种功能载荷的同时,应该能够承受按一定超越概率水平确定的承台海洋波浪力载荷。当桥墩承台采用防撞设施保护时,由于防撞设施改变了承台受波浪作用的几何形状,因此需要计算带防撞设施承台的波浪力,需要研究比较加装防撞设施前后承台波浪载荷大小的变化,确定这个载荷对于桥梁设计有重要的参考价值。

桥梁承台的波浪载荷可以由物理缩尺模型的水池试验结果按相似理论推算,也可以用现代流体动力模型计算得到。数学模型分析的成本远低于水池试验的费用,可以在更短的时间内考察较多的设施方案和波浪状态。本研究基于三维线性势流理论[1],通过一阶辐射和绕射

项目支持:交通部西部科技项目资助,编号:200731882234。

作者简介:魏琳(1985—),硕士,从事船舶耐波性及系泊研究,E-mail:llkie@163.com。

计算得出物体表面的波浪压力。按照微幅线性波理论[2]与线性系统的响应关系[3]，可以得出响应幅算子 RAO，即规则波波幅等于 1m 时波浪力的幅值对于波幅的比，并以此响应和 PM 海浪谱为基础，计算承台波浪力能量谱，进而对波浪动力载荷进行短期预报。本文采用此数值分析方法对桥梁主墩单独承台波浪力与防撞设施—承台系统的波浪力进行了计算分析，最终提供桥墩承台本身和带防撞设施的承台在多种潮位和波浪条件下的波浪载荷资料。

自 20 世纪 90 年代起，本文介绍的方法已经广泛应用于船舶与海洋平台设计的波浪载荷预报，其可信性和工程精度已被业界确认和接受，它同样可以作为一种经济、可靠的方法用于跨海桥梁承台和桥墩水下部分的波浪载荷计算。

1 理论计算

1.1 规则波的波浪力计算

在流场中波浪粒子运动对物体表面的动压力用势流理论中的一阶辐射—绕射效应计算。假定流场中的理想流体作时域谐和运动，物体湿表面上的辐射—绕射速度势由格林函数积分方程的解求得。在采用离散数值模型计算方法时，该格林函数积分方程离散化为代表每一个网格平面的一组复数代数方程。流场速度势可以表示为：

$$\Phi_t(x,y,z,t)=\Phi_I(x,y,z,t)+\Phi_D(x,y,z,t)+\sum_{r=1}^{6}\Phi_r(x,y,z,t) \tag{1}$$

等号右边各项依次为入射势、反射势和辐射势。当入射波为规则波时，关于 t 的函数关系以简谐形式表达，则：

$$\Phi_t(x,y,z,t)=R_e(\Phi_I(x,y,z)e^{i\omega t})+R_e[\Phi_D(x,y,z)e^{i\omega t}+R_e[\sum_{r=1}^{6}\Phi_r(x,y,z)p_r e^{i\omega t}] \tag{2}$$

设入射波为 Ariy 波（余弦波），则：

$$\Phi_I=\frac{igA}{\omega}e^{k_0 z}e^{ik_0(x\cos\beta-y\sin\beta)}$$

$$k_0=\frac{\omega^2}{g} \tag{3}$$

式中：A——波幅；

k_0——波浪数；

β——波向角。

约束性条件：

(1) $\nabla^2\Phi_D=0 \qquad \nabla^2\Phi_r=0$ （基于势流假定） (4)

(2) $-\omega_e^2\Phi_D+g\dfrac{\partial\Phi_D}{\partial z}=0 \qquad -\omega_e^2\Phi_r+g\dfrac{\partial\Phi_r}{\partial z}=0$ （自由液面条件） (5)

(3) $\dfrac{\partial\Phi_D}{\partial n}=\dfrac{\partial\Phi_I}{\partial n} \qquad \dfrac{\partial\Phi_r}{\partial n}=\dot{u}_r n_r$ （刚性物体表面边界条件） (6)

(4) $\lim\limits_{R\to\infty}\sqrt{R}\dfrac{\partial\Phi_D}{\partial R}=0,\ \lim\limits_{R\to\infty}\sqrt{R}\dfrac{\partial\Phi_r}{\partial R}=0$ 其中 $R=\sqrt{x^2+y^2+z^2}$ （辐射条件） (7)

得到速度势后,可运用伯努利方程求得物体表面的波浪压力:

$$P = -\rho\left[\frac{\partial \Phi_{t}}{\partial t} + \frac{1}{2}(\nabla \Phi)^{2} + gz\right] \tag{8}$$

1.2 波浪力传递函数

规则波波面水粒子垂向运动的表达式为:

$$a = Ae^{i\omega t} \tag{9}$$

式中:A——波浪幅值;

ω——波浪圆频率。

按照微幅线性波理论,余弦波作用在物体上的波浪力也是余弦函数,力的幅值正比于波幅。计算所有可能波频的波浪力 RAO,得到频率轴上的 RAO 曲线,称为波浪力的频率响应函数 FRF 或称为传递函数,一般用记号 $H(\omega)$ 表示。

进一步考虑,波浪可能从各个方向到达,对于非圆形桥墩和承台,不同方向的波浪对物体的作用力不同,每一个计算波向各有一条传递函数曲线,计算所有波浪方向上的传递函数曲线,得到波频轴上的传递函数曲线族。在此曲线族上,每一条曲线的峰值是该波向的最大波浪力响应,其对应的频率为最不利波频,传递函数曲线族中最高的曲线对应了产生最大波浪力的波向。

当已知一个规则波的波向、频率和波幅时,从传递函数曲线上找到对应的 RAO,乘以波幅即得此规则波对水中物体波浪力的幅值。

2 波浪力统计预报

实际海洋波浪极少情况下呈现规则波的形态,一般是不规则的随机运动,视为各种不同能量不同频率规则波的组合,通过能量谱密度函数描述,称为海浪谱。本文采用 Pierson-Moskowitz 提出海浪谱(PM 谱)函数,因为可以代表大多数海洋环境的波浪而为船舶与海洋工程广泛使用,其表达式为:

$$S_{w}(\omega) = \frac{A}{\omega^{5}}\exp\left(-\frac{B}{\omega^{4}}\right)\text{(双参数谱)} \tag{10}$$

$$A = \frac{173H_{S}}{T_{0}^{4}}$$

$$B = \frac{691}{T_{0}^{4}}$$

式中:H_S——随机观测的有义波高;

T_0——波浪平均越零周期。

由随机波浪产生的物体波浪力响应也是随机变量,它同样可以用能量谱密度函数表达。根据经典的概率统计理论,在激励谱(此处对应于波浪谱)和响应谱(此处对应于波浪力谱)之间,有简单关系:

$$S_r(\omega) = H^2(\omega) \cdot S_w(\omega) \tag{11}$$

式中：$S_r(\omega)$——波浪力响应谱；

$H(\omega)$——传递函数；

$S_w(\omega)$——波浪谱。

在已知波浪谱并计算得到传递函数后，即可按上式求得波浪力响应谱。

随机波浪力幅值为 A_F，它应服从雷利分布，其概率密度函数为：

$$f(A_F) = \frac{A_F}{2\pi\sigma^2} e^{-A_F^2/2\sigma^2} \tag{12}$$

式中：σ——随机波浪力方差。

幅值超过某一定值 x_1 的超越概率：

$$P(X > x_1) = e^{-x_1^2/2\sigma^2} \tag{13}$$

称大于某定值 $X_{1/n}$ 的随机变量的平均值为 $1/n$ 最大平均值，可由下式计算：

$$\bar{x}_{1/n} = \frac{\int_{x_{1/n}}^{\infty} x f(x)\,\mathrm{d}x}{\int_{x_{1/n}}^{\infty} f(x)\,\mathrm{d}x} \tag{14}$$

通过传递函数求得波浪力响应谱后，可以从其响应谱求得零阶谱矩即波浪力方差：

$$\sigma^2 = m_0 = \int_0^{\infty} S_r(\omega)\,\mathrm{d}\omega \tag{15}$$

进而计算各种水平超越概率的短期预报值，常用的有 1/3、1/10、3/100 和 1/100 最大平均值。

3 数值模拟

3.1 计算对象与计算状态

本文对东海大桥中 90m + 160m + 160m + 90m 连续桥梁主桥墩（PM418 419 420）单独承台与承台—防撞设施系统两种受力物体建立流体动力模型进行波浪力计算分析。承台吃水分为 3 个水位：极端高水位，承台吃水为 4.63m；设计高水位，承台吃水为 3.48m；平均高水位，承台吃水为 2.86m。防撞设施主尺度为：总长 51.8m（不包括护舷），总宽 21.0m（不包括护舷），型深 6.2m。

防撞设施外表面有开孔，这部分面积的缺失对波浪力有减弱作用，按面积等效在计算模型上开孔，计算有开孔设施外表面的波浪力。为进行比较，在模拟过程中计算了无开孔防撞设施的波浪力，考察开孔的效果。限于篇幅，本文在输出图和表格时并没有写出无开孔的防撞设施的波浪力。一些计算项目如表 1 所示。

计 算 状 态 表1

序 号	桥 墩	结构对象	模 型	吃水(m)
1	160m桥墩	承台	M-1	4.63
2				3.48
3				2.86
4		承台+防撞开孔	M-2	4.63
5				3.48
6				2.86

3.2 计算模型与坐标系

本计算用挪威船级社研制的海洋工程载荷与结构分析软件系统[4] SESAM 中的相关程序完成,其中桥墩、承台等物体湿表面模型用 PATRAN-PRE 程序,传递函数计算用 WADAM 程序,短期统计预报用 POSTRESP 程序完成。计算模型见图1、图2。

在承台上建立参考坐标系,其原点位于承台底面中心,X 轴沿承台长边方向,Y 轴沿短边方向,Z 轴垂直向上。在承台坐标系中定义波浪方向,规定逆 X 轴为0°波向角,在 X-Y 平面内按右手规则绕 Z 正向为正角。在实际地理环境中,桥轴线与正北方向成35°夹角,承台长轴与正北夹角55°。坐标系与方向图见图3。

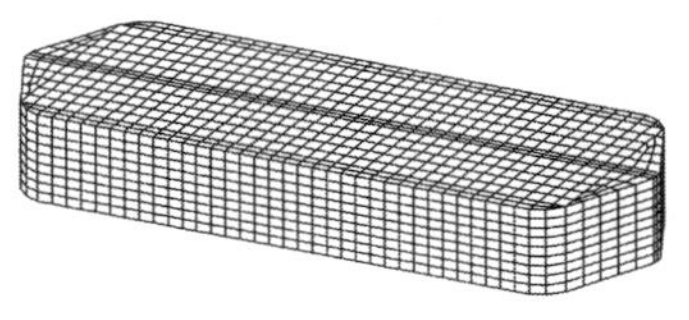

图1 承台流体动力计算模型

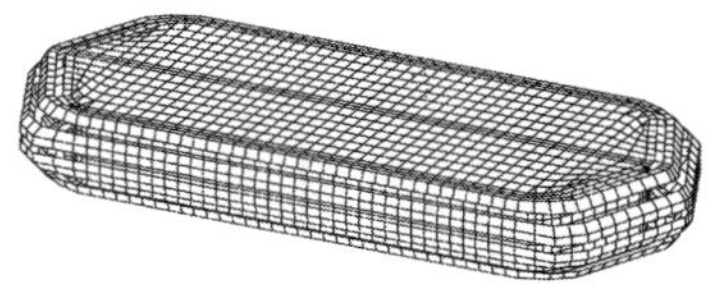

图2 承台带开孔防撞设施的流体动力计算模型

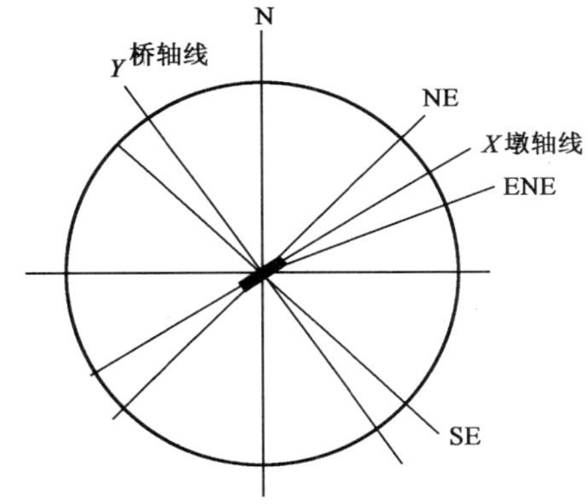

图3 坐标系与方位图

按承台的外部几何形状建立离散的平板模型,称为流体动力模型。每一个平板板格是一个流体动力计算单位,用格林函数积分计算单个规则波在其上的复数力,全体板格汇总即得到承台的总波浪力。承台防撞设施的外部开孔对应位置处没有平板板格单元,因而不发生波浪力。

3.3 计算途径与计算结果

按表1所列6个计算状态计算波浪作用在对象上,在承台上坐标系中的3个力分量 F_X、F_Y 和 F_Z,其中 F_X 沿承台长轴,F_Y 沿桥轴线,F_Z 向上。承台和防撞设施上的波浪力 F_X、F_Y、F_Z 随波向、波频变化,传递函数的计算从0.1~1.5每隔0.05为一个计算频率,共28个波频;考虑波向从承台长轴方向为0°起,每10°为一个计算波向,到180°止共19个波向的波高为1.0m的规则波。波频与波向组合共532个规则波,覆盖了海区几乎所有可能波长的波浪和全部浪向。计算得到与表1中6个计算状态对应的6组传递函数曲线,每组有 F_X、F_Y 和 F_Z 三个分量的传递函数曲线图,每一个曲线图中有19条曲线对应19个波向。限于篇幅,大量计算结果无法一一给出,作为示例,仅摘录90°~180°波浪方向承台吃水在4.63m时的最大响应幅算子RAO和主要计算结果数据,见图4、图5、表2。

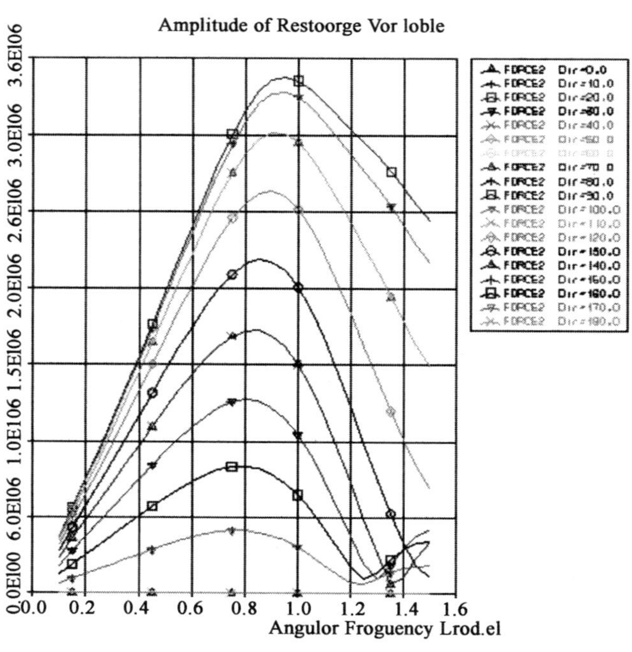

图4　承台吃水4.63m,F_Y传递函数

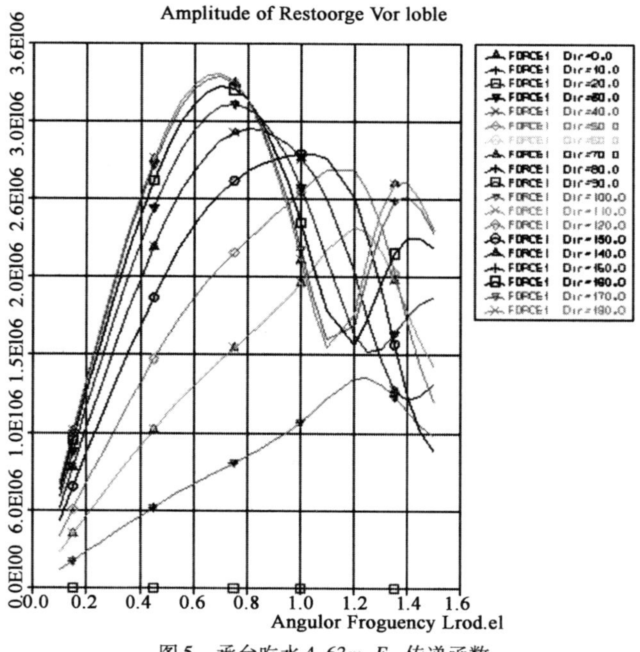

图5　承台吃水4.63m,F_X传递函数

无防护承台波浪力响应幅算子 RAO 表2

承台吃水(m)	波向	F_X(MN)		F_Y(MN)		F_Z(MN)	
		波频	响应幅算子RAO	波频	响应幅算子RAO	波频	响应幅算子RAO
4.63	180	0.69	1.32	—	0	0.2	6.45
	170	0.7	1.31	0.76	0.4	1.4	0.25~1.25
	160	0.71	1.28	0.8	0.85		
	150	0.74	1.23	0.81	1.28		
	140	0.8	1.19	0.83	1.72		
	130	1.04	1.12	0.85	2.2		
	120	1.15	1.08	0.9	2.72		
	110	1.2	0.93	0.92	3.0		
	100	1.22	0.53	0.93	3.28		
	90	—	0	0.94	3.36		

根据50年一遇的短期海况计算承台波浪载荷。已知海域海况50年一遇的统计数据如表3所示。

海浪统计资料 表3

承台吃水(m)	波浪地理方向	$H_{1\%}$(m)	$H_{1/3}$=Hs(m)	T_Z(s)	波浪谱与短期预报计算
3.48	NNE	4.37	2.89	6.01	S1
	SE	2.8	1.85	5.0	S2
4.63	NNE	6.56	4.337	7.76	S3
	SE	4.48	2.962	6.26	S4

采用PM谱,由参数H_S和T_Z决定波浪谱曲线,对应表3的吃水和波向共有4个波浪谱曲线。对于每一个波浪谱曲线,由对应的F_X、F_Y和F_Z传递函数计算得到3个响应谱曲线,本计算总共有12个响应谱曲线。对每一个响应谱曲线进行谱矩积分计算可以得到波浪力短期预报特征值。以承台和防撞设施承台在吃水4.63m和3.48m时的波浪载荷短期预报值为例,见图6~图11、表4~表9。

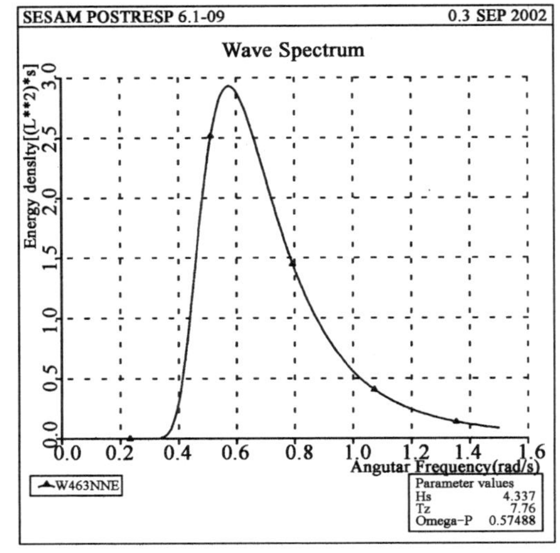

图6 承台吃水4.63mNNE方向波浪谱

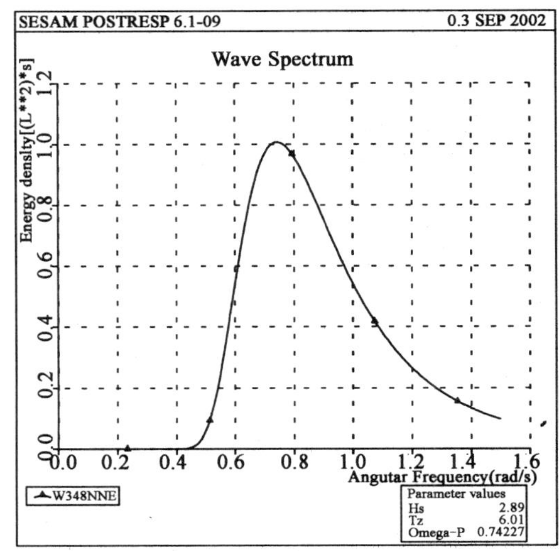

图7 承台吃水3.48mNNE方向波浪谱

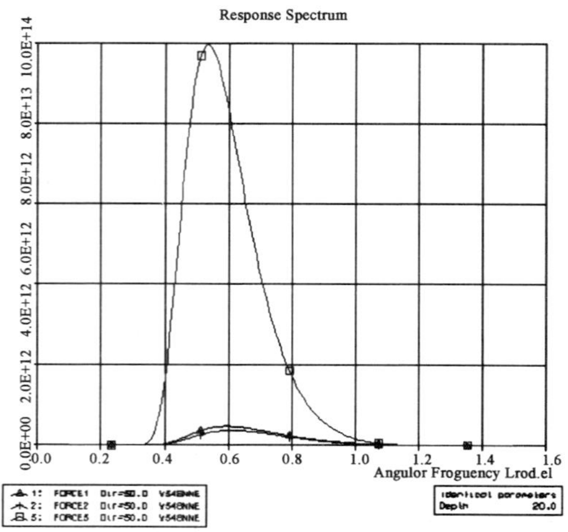

图8 防撞设施承台吃水4.63mNNE方向波浪力响应谱

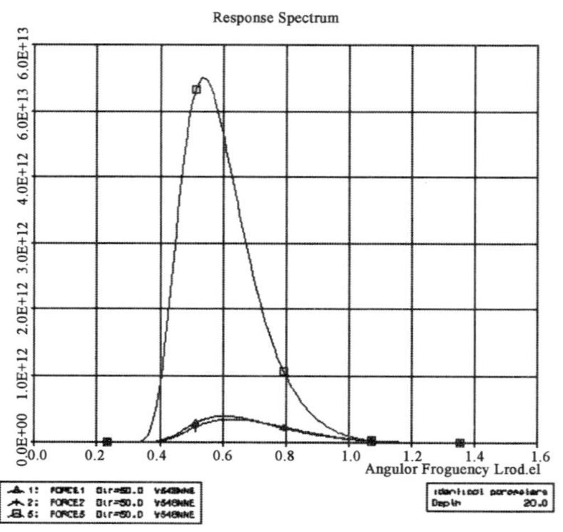

图9 承台吃水4.63mNNE方向波浪力响应谱

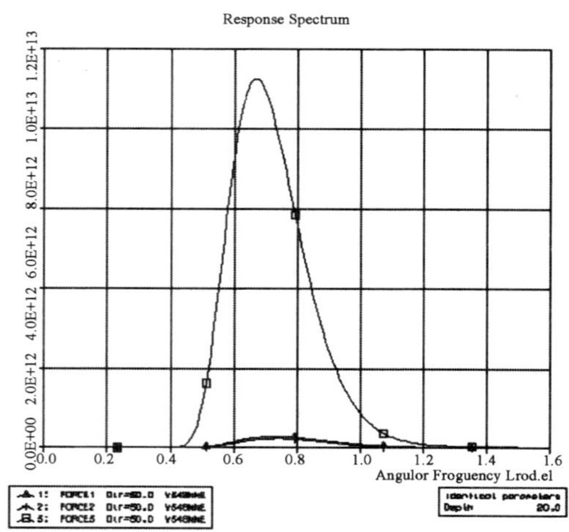

图10 防撞设施承台吃水3.48mNNE方向波浪力响应谱

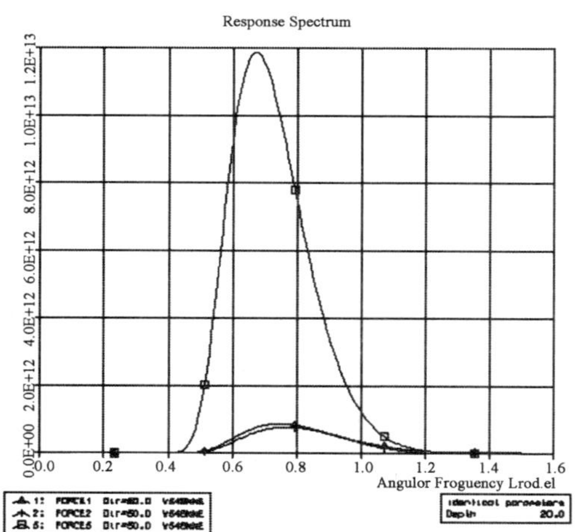

图11 承台吃水3.48m NNE方向波浪力响应谱

承台波浪力,吃水4.63m(单位:MN) 表4

波浪方向	波浪力	1/3最大平均	1/10最大平均	1/100最大平均
NNE $H_S=4.337$ $T=7.76$	F_X	2.411	3.069	4.025
	F_Y	2.310	2.940	3.855
	F_Z	7.637	9.721	12.750

防撞设施承台波浪力,吃水4.63m(单位:MN) 表5

波浪方向	波浪力	1/3最大平均	1/10最大平均	1/100最大平均
NNE $H_S=4.337$ $T=7.76$	F_X	2.567	3.267	4.284
	F_Y	2.260	2.877	3.772
	F_Z	10.02	13.00	17.05

防撞设施承台波浪力对无防撞设施承台波浪力之比值,吃水 4.63m 表 6

波浪方向	波浪力	1/3 最大平均	1/10 最大平均	1/100 最大平均
NNE H_S =4.337 T=7.76	F_X	1.065	1.065	1.064
	F_Y	0.978	0.979	0.978
	F_Z	1.312	1.337	1.337

承台波浪力,吃水 3.48m(单位:MN) 表 7

波浪方向	波浪力	1/3 最大平均	1/10 最大平均	1/100 最大平均
NNE H_S =2.89 T=6.01	F_X	1.162	1.486	1.940
	F_Y	1.062	1.352	1.773
	F_Z	3.729	4.746	6.223

防撞设施承台波浪力,吃水 3.48m(单位:MN) 表 8

波浪方向	波浪力	1/3 最大平均	1/10 最大平均	1/100 最大平均
NNE H_S =2.89 T=6.01	F_X	1.020	1.299	1.703
	F_Y	0.881	1.122	1.471
	F_Z	5.168	6.578	8.626

防撞设施承台波浪力对无防撞设施承台波浪力之比值,吃水 3.48m 表 9

波浪方向	波浪力	1/3 最大平均	1/10 最大平均	1/100 最大平均
NNE H_S =2.89 T=6.01	F_X	0.878	0.874	0.878
	F_Y	0.830	0.830	0.830
	F_Z	1.386	1.386	1.386

4 结语

(1)海中桥墩的波浪载荷应考虑海浪的随机特性,采用短期统计方法计算。

(2)跨海桥梁桥墩的波浪载荷计算可以使用在船舶与海洋工程中常用的波浪载荷预报理论、方法和软件,花费较小的人力和财力,考察大范围、多工况条件下的波浪载荷,取得可靠的结果,作为设计依据。

(3)对于本文考察的桥墩承台计算结果,可有以下分析结论:

承台和承台防撞设施系统受到的纵向波浪力 F_X 在 NNE 浪向上最大,侧向波浪力 F_Y 在 SE 浪向时最大。

随吃水增加,波浪力增大。在 3.48m 吃水时,防撞设施有减小水平波浪载荷的作用,其 F_X 为无防撞设施承台 F_X 的 86% ~88%,F_Y 为无防撞设施承台 F_Y 的 83% ~87%。在 4.63m 吃水时,防撞设施对波浪力有少量变化,其 F_X 为无防撞设施承台 F_X 的 106% ~110%,F_Y 为无防撞设施承台 F_Y 的 98% ~100%。加装了防撞设施后,垂向波浪载荷比单独承台增大,3.48m 吃水时,F_Z 增大到承台 F_Z 的 139% ~157%;4.63m 吃水时,增加到 134% ~140%。

50 年一遇 1/100 最大平均波浪载荷值,对于承台:F_X =4.025MN,F_Y =6.937MN,F_Z =

12.75MN；对于带防撞设施的承台 $F_X = 4.284$MN，$F_Y = 6.959$MN，$F_Z = 17.05$MN。

上述计算结果未考虑波流组合效应及波浪与承台（或防撞设施）非线性效应。

参 考 文 献

[1] 戴仰山，沈进威，宋竞正．船舶波浪荷载．北京：国防工业出版社，2007．

[2] 黄祥鹿，陆鑫森．海洋工程流体力学及结构动力响应．上海：上海交通大学出版社，1992．

[3] 盛振邦，刘应中．船舶原理．上海：上海交通大学出版社，2004．

[4] DNV software. Application manual of WADAM.

桥墩防船撞拦截体系防撞性能有限元仿真研究

姜金辉　伏耀华　金允龙

（上海船舶运输科学研究所　上海　200135）

摘　要：针对跨江、跨海大桥的水中非通航孔桥墩的一种新型防撞设计——桥墩防船撞拦截体系，本文采用非线性有限元方法进行了数值仿真研究。对该防撞拦截体系和防撞代表船型进行有限元建模，通过模拟分析船舶撞击拦截体系的不同计算工况可知，该拦截体系能满足船舶撞击载荷要求，拦截撞击船舶，达到保护大桥安全的防撞设计要求。

关键词：桥墩　防船撞　拦截体系　有限元

Study on a new ship intercept system preventing collision by finite element analysis

Jiang Jinhui　Fu Yaohua　Jin Yunlong

(Shanghai Ship & Shipping Research Institute, Shanghai, 200135)

Abstract: A new ship intercept system is introduced which designed for protecting the non-navigation spanning piers on sea or river. Finite Element Analysis is adopted to study the intercept system performance. A finite element analysis model of the system and the collision ship was made and several different collision cases were run. The FEA results show that the system can satisfy the design loads of ship impact and hold up the ships, thereby protect the bridge.

Keywords: pier; prevent ship collision; intercept system; finite element analysis

随着经济的快速发展，为适应交通运输便捷、畅通的需求，近年来我国设计、建造了一批跨江、跨海大桥。与此同时，国内航运业发展迅速，运营中的船舶数量不断增加，吨位不断增大，大量的各种类型船舶需要频繁地安全通过跨越在航道上的大桥，因此桥梁的防船撞问题成为了桥梁设计、建造的一个重要研究课题。

有些跨海大桥水域长度长达几十公里，水中建有众多桥墩，包括数目众多的非通航孔桥墩，非通航孔桥墩跨度较小，桥墩自身的防撞能力相对也较小，这不仅增加了船舶撞击大桥的风险，也增加了桥梁被船舶撞损的危险。非通航孔引桥墩主要的船撞风险因素有两个：①锚泊船舶走锚风险，如果大桥水域附近有锚地，锚地锚泊船舶在大风浪、急流综合作用下有走锚的可能性并发生撞击桥墩的情况；②失控漂移船舶，在大风浪、急流条件下典型船舶失控后可能发生撞击桥墩的情况。

项目支持：交通部西部科技项目资助，编号：200731882234。

作者简介：姜金辉（1977—），硕士，助理研究员，从船舶与海洋结构物设计制造，E-mail：jjh964111@tom.com。

为更好地保护大桥，根据撞击风险和经济成本，对可能遭受船舶撞击的水中引桥墩一定区域采用防撞拦截体系的防撞措施，可以较好地解决某些跨海大桥数量众多、范围较长的非通航孔引桥墩的防撞问题。

本文中针对某跨海大桥的非通航孔引桥墩的防船撞拦截体系的设计方案，采用非线性有限元数值仿真技术进行了船撞性能的研究，为桥梁防撞的设计及施工工作提供技术依据。

1 桥墩防船撞拦截体系设计介绍

1.1 设计思路

非通航孔引桥墩的大桥墩台本身抗撞力较弱，故必须选择独立于大桥墩台的防撞方案，为了更全面地保护船撞风险区域的桥墩，可采用独立于桥梁的防撞拦截体系拦截漂流船舶，从而达到保护大桥的目的。

1.2 拦截体系工作原理

拦截体系由独立防撞墩 + 拦截索链 + 锚泊浮体 + 锚碇沉块组成（图 1），形成一个拦截区域保护大桥。船舶撞击时，可能会撞击到独立防撞墩、拦截索链或锚泊浮体这三个部分。

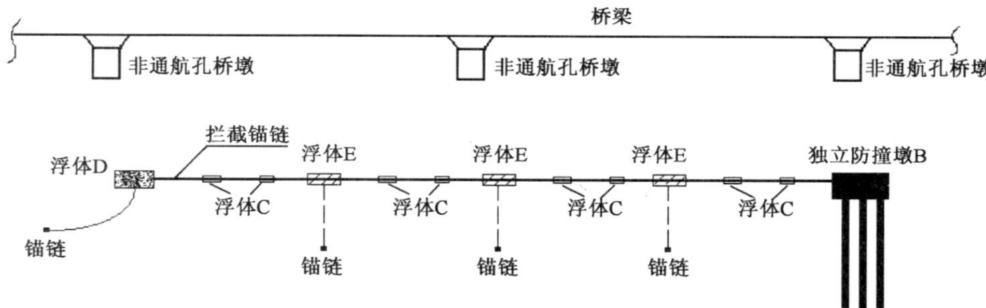

图 1 桥墩防撞拦截体系组成示意图

(1)撞击独立墩台时，通过桩基的变形、破断和墩台的破坏、位移等消除船舶撞击能。

(2)撞击索链或锚泊浮体时，船舶带动锚泊浮体一起移动，通过锚碇沉块的位移消能。

2 防撞分析的相关参数

2.1 防撞设施设计参数

(1)设计流速：涨潮 3.24m/s，流向 223°～233°；落潮 2.84m/s，流向 27°～52°。

(2)设计水位：高水位 +5.19m，低水位 −1.2m（国家 85 高程）。

(3)设计波浪：波浪特征见表 1。

波浪特征表

表1

波　　向	$H_1\%$(m)	$H_4\%$(m)	$H_{13}\%$(m)	$T_{平均}$(s)
NE	4.93	4.23	3.44	6.94
ENE	5.23	4.75	3.92	7.46
E	4.38	3.75	3.04	6.52
ESE	4.22	3.61	2.92	6.40
SE	3.99	3.40	2.75	6.28

(4)设计冲刷:

①独立防撞墩:按照冲刷试验300年一遇风暴潮考虑,约20m;

②锚碇沉块:按照公路水文勘测设计规范300年一遇风暴潮考虑,约8m。

2.2 防撞船型

船型尺度见表2。

船型尺度表

表2

防撞区域	典型漂流船舶(t)	船舶总长(m)	垂线间长(m)	型宽(m)	型深(m)	平均吃水(m)	
						满载	压载
海中某区域	300	38	36	6.2	3.5	2.4	1.6

2.3 防撞工况

考虑到实际风险和成本控制,在适当降低风险控制水平下提出更可行、更经济的优化方案保护大桥,控制工况见表3。

设计防撞工况表

表3

研究区域	船舶类型	船舶(t)	漂移速度(m/s)	撞击能量(MJ)	防撞区域
海中某区域	漂流失控	300	5	3.93	海中平台匝道上游区域

3 拦截体系防撞性能有限元仿真研究

本文介绍的防船撞拦截体系在国内尚属创新,相关的研究数据十分有限,故设计单位在对拦截体系进行物模试验的同时采用非线性有限元方法进行了数值模拟,分析结果可以为设计施工单位提供更全面的技术支持。

船舶碰撞问题是求解非线性瞬态动力响应问题,可以求解此类问题的大型非线性有限元程序有DYNA3D、MARC、ABAQUS、DATRAN等,都可以考虑结构的大变形、接触、材料非线性和结构失效等情况。本文中采用MSC. Dytran计算软件进行分析。

3.1 拦截体系300吨级船舶撞击有限元分析模型介绍

浮体C、D、E采用壳单元模拟,独立防撞墩采用壳单元模拟,锚链采用梁单元进行建模计算,有限元计算模型见图2~图5。

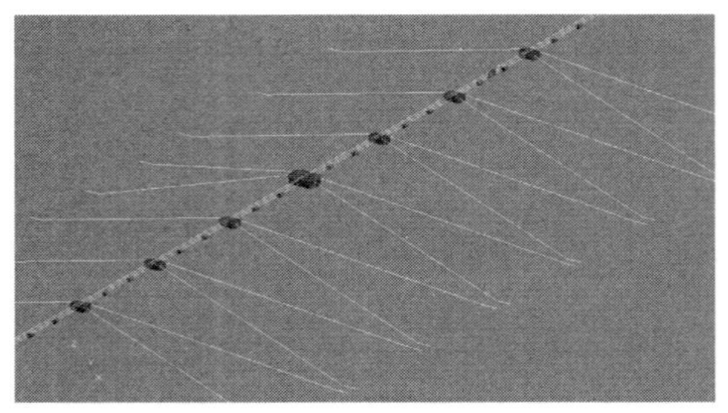

图2 海中某区域拦截体系有限元计模型
（浮体 C、D、E + 独立防撞墩 + 锚链 + 缆索 + 锚）

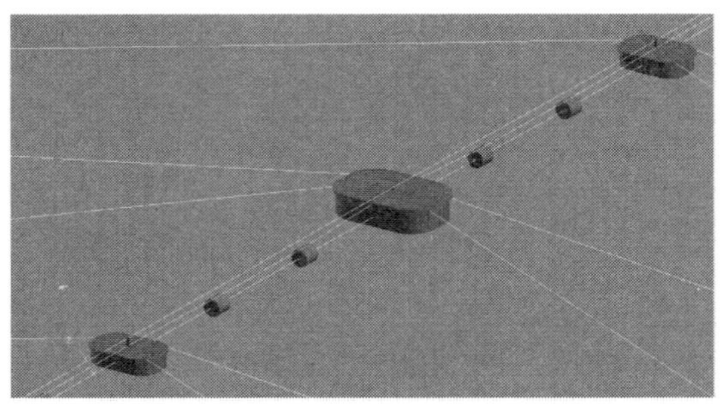

图3 海中某区域拦截体系（局部）有限元计模型

图4 独立防撞墩有限元计模型

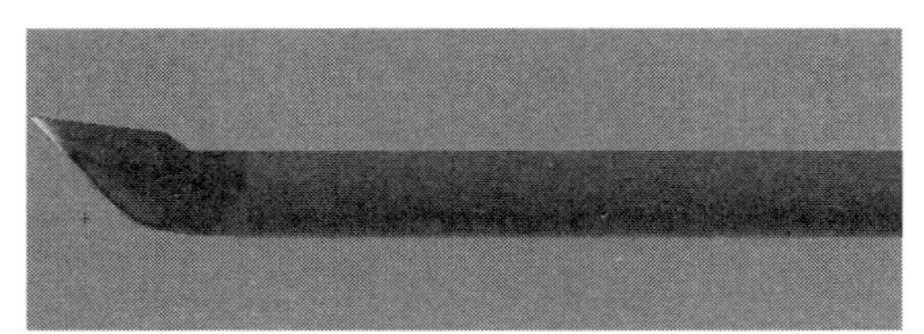

图5 撞击船舶（某300t 船舶）有限元模型

3.2 有限元计算工况

针对船舶可能撞击防撞体系的不同位置，设计了4个计算工况，见表4及图6。

有限元计算工况表 表4

工 况	船舶(t)	撞 击 位 置	速度(m/s)	撞击动能(MJ)	撞 击 角 度
1	300	独立防撞墩	5.0	3.93	艏正撞
2	300	钢浮体 D	5.0	3.93	艏正撞
3	300	钢浮体 E	5.0	3.93	艏正撞
4	300	拦截索	5.0	3.93	艏正撞

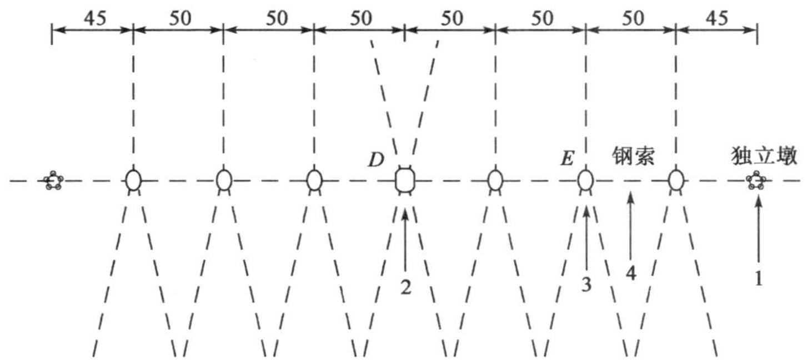

图6 计算工况撞击点示意图（尺寸单位：m）

3.3 有限元计算结果及分析

有限元仿真计算结果见图7～图26、表5。

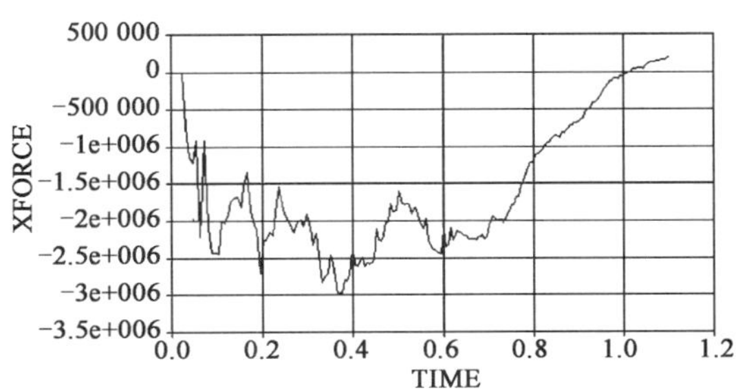

图7 工况一 碰撞力时间历程

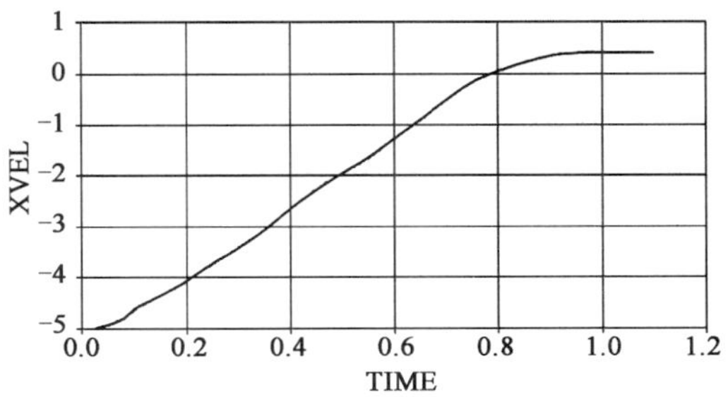

图8 工况一 碰撞速度时间历程

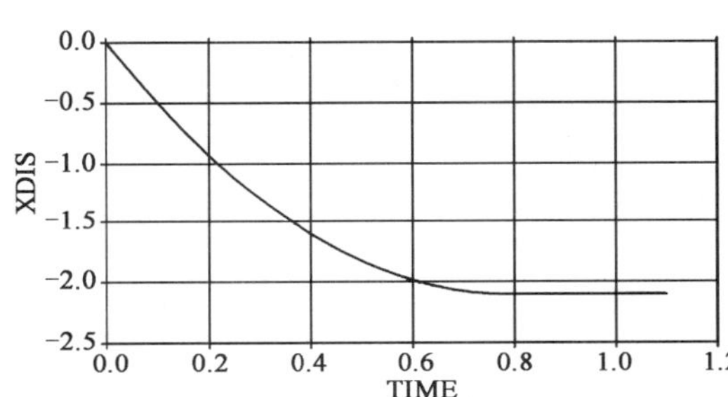

图9 工况一 撞击船舶水平位移时间历程

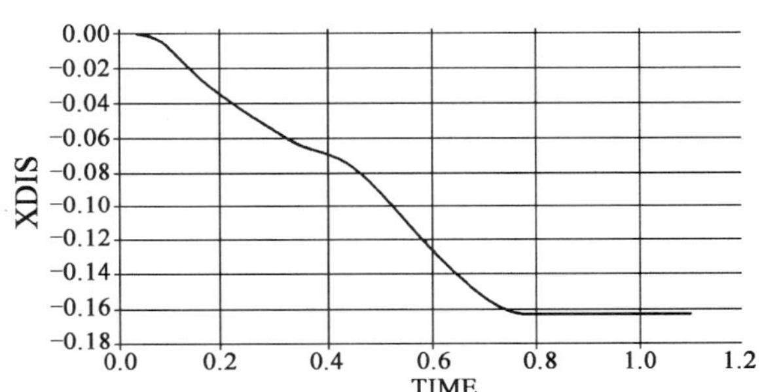

图10 工况一 独立防撞墩墩台水平位移时间历程

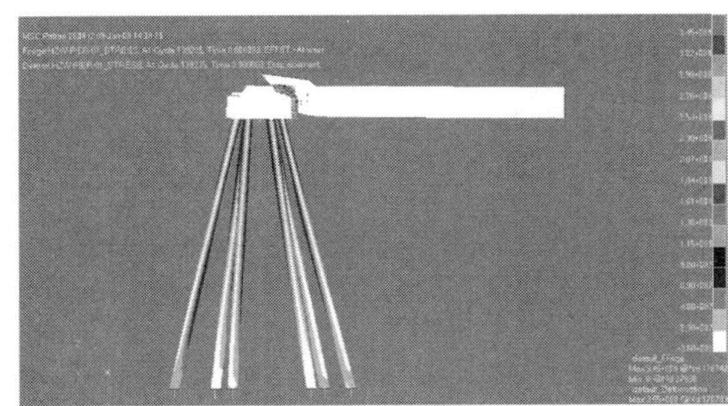

图11 工况一 0.8 s时变形及等效应力分布图

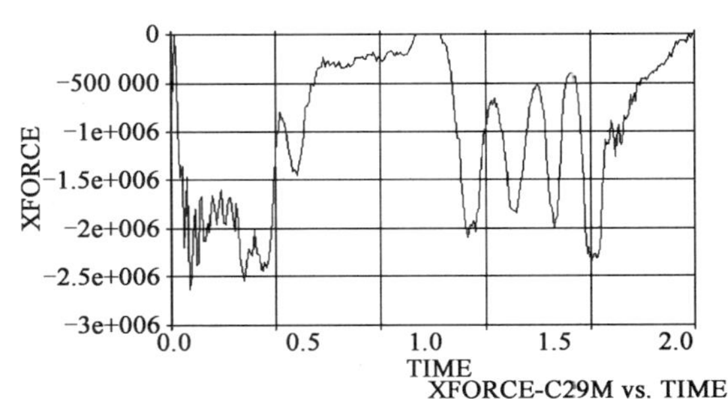

图12 工况二 碰撞力时间历程

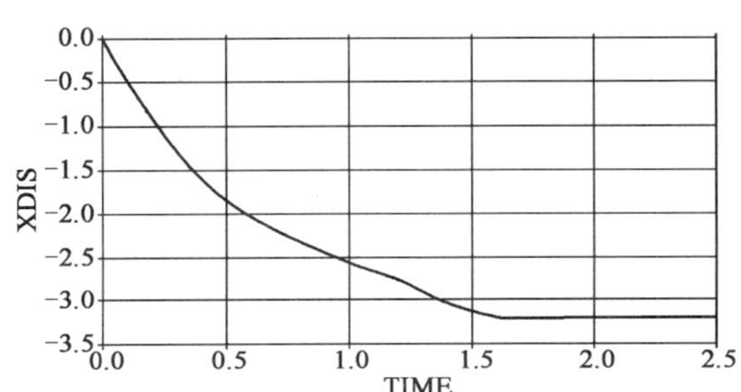

图13 工况二 撞击船舶水平位移时间历程

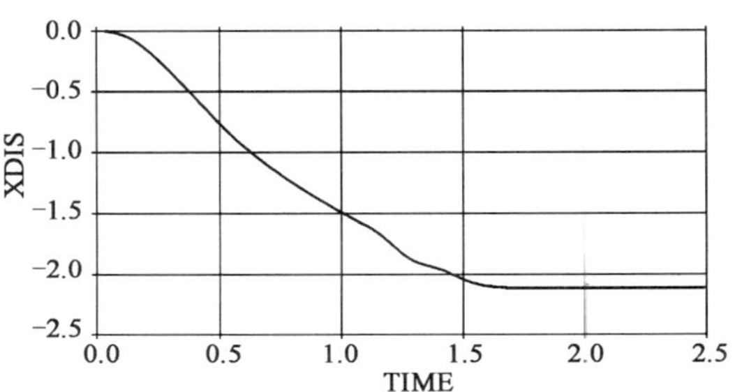

图14 工况二 钢浮体D水平位移时间历程

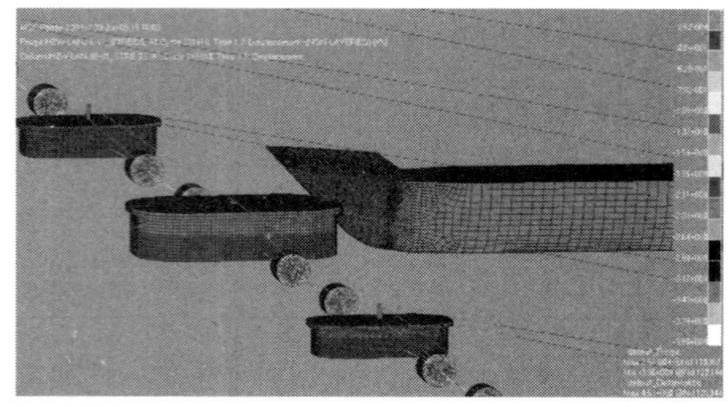

图15　工况二　1.7s时撞击变形

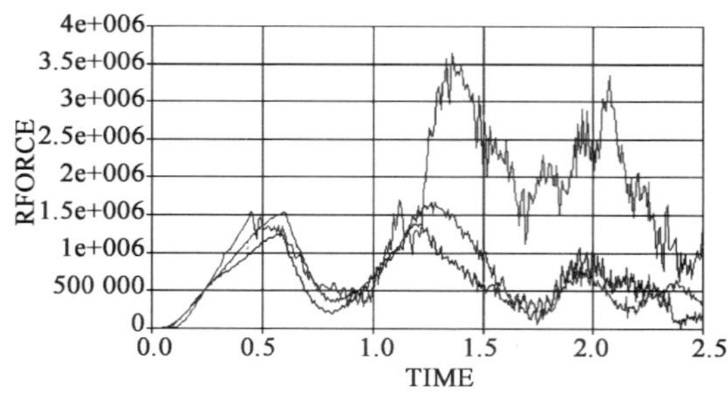

图16　工况二　拦截索负荷时间历程

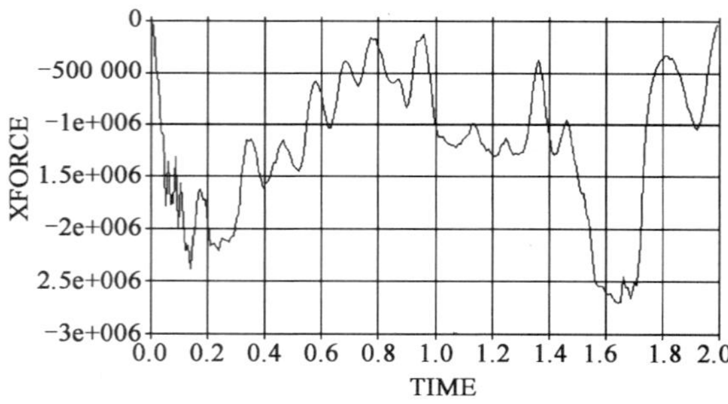

图17　工况三　碰撞力时间历程

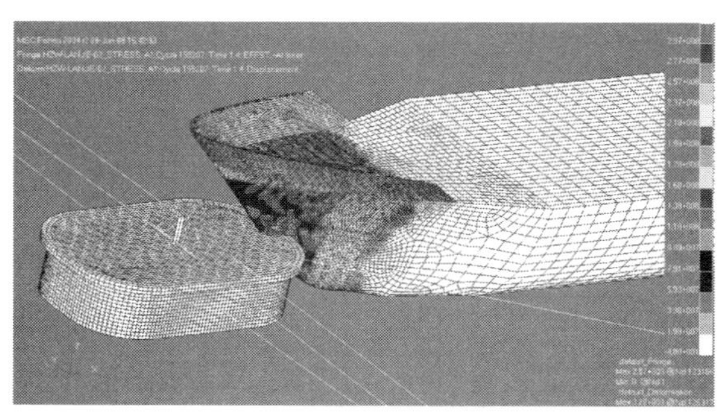

图18　工况三　1.4s时变形及等效应力分布图

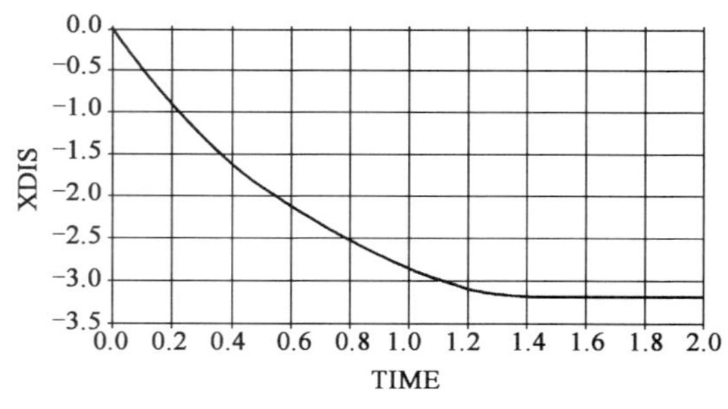

图19　工况三　撞击船舶水平位移时间历程

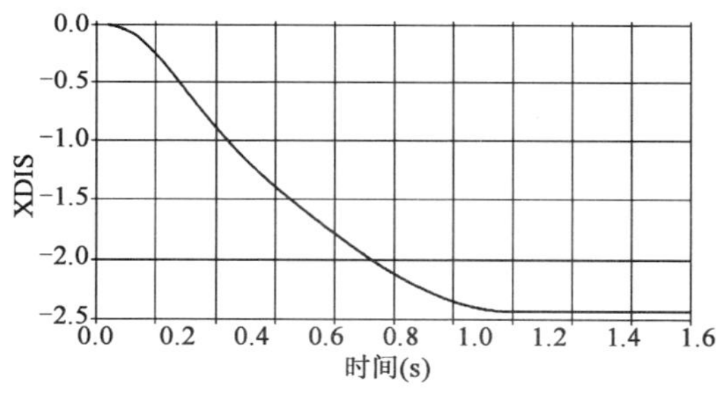

图20　工况三　钢浮体E水平位移时间历程

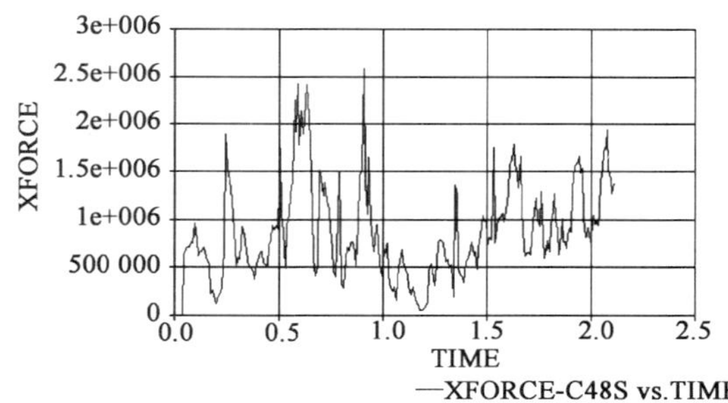

图21　工况四　碰撞力时间历程

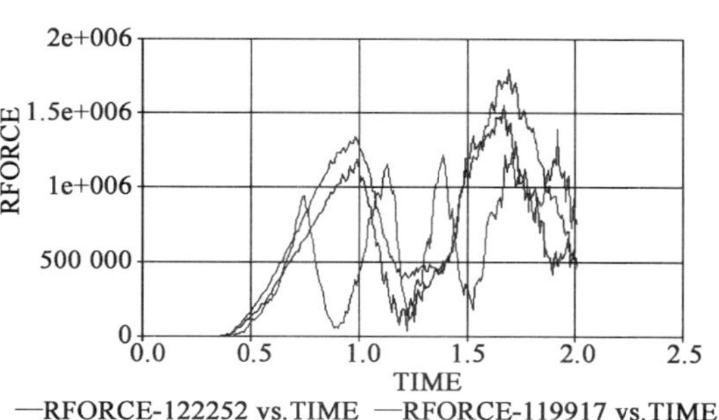

图22　工况四　拦截索负荷时间历程

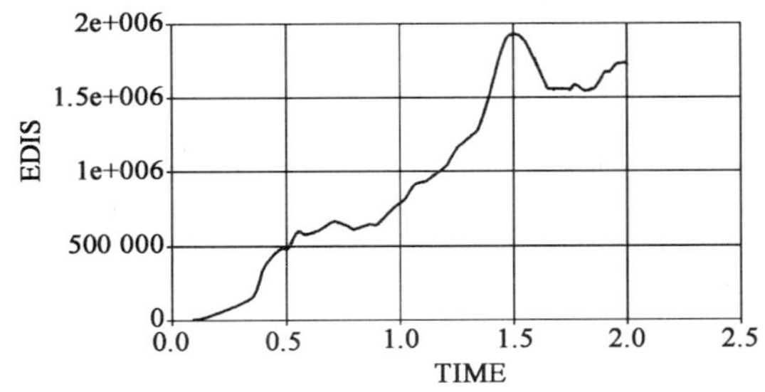

图 23 工况四 拦截索变形吸能时间历程

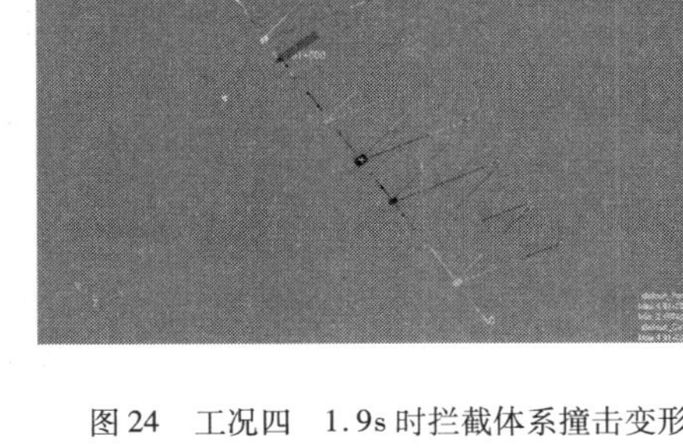

图 24 工况四 1.9s 时拦截体系撞击变形

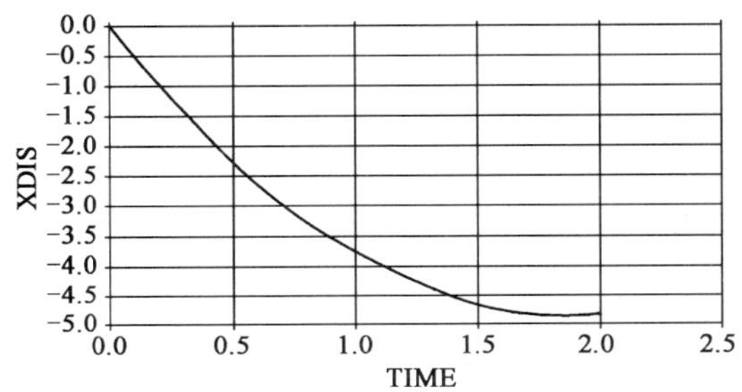

图 25 工况四 撞击船舶前进方向位移时间历程

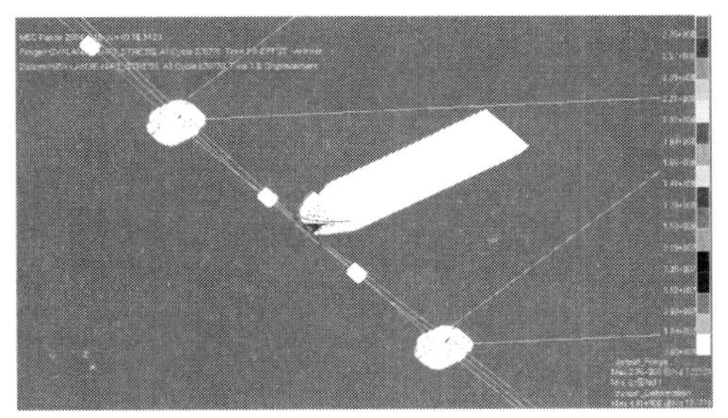

图 26 工况四 1.9s 时变形及等效应力分布图

300t 船舶撞击海中某拦截区域计算汇总表 表 5

工 况	船速 (m/s)	最大碰撞力 (MN)	3 根拦截索最大负荷 (MN)	船首破损长度 (m)	拦截体系最大位移 (m)
一	5	3.00	—	2.56	0.16
二	5	2.63	1.68/1.38/3.65	1.66	2.12
三	5	2.70	2.48/2.52/0.54	1.06	2.44
四	5	2.55	1.76/1.55/1.48	0.25	4.33

上面的有限元模拟船舶撞击计算结果可知,300t 漂流船舶以 5.0m/s 速度撞击拦截体系的独立墩时,最大碰撞力 3.0MN,约 0.79s 后撞击速度下降为 0m/s,船舶可以被拦截;当撞击拦截体系的浮体 D 时,最大碰撞力 2.63MN,3 根拦截索最大负荷分别为 1.68MN、1.38MN 和 3.65MN,拦截钢索型号为 AM4 60,破断负荷为 3.867KN,拦截钢索不会破断,船舶可以被拦截,拦截体系的最大位移为 2.12m;当撞击拦截体系的浮体 E 时,最大碰撞力 2.70MN,3 根拦截索最大负荷分别为 2.48MN、2.52MN 和 0.54MN,拦截钢索型号为 AM460,破断负荷为 3.867KN,拦截钢索不会破断,船舶可以被拦截,拦截体系的最大位移为 2.44m;当撞击拦截体系的拦截索时,最大碰撞力 2.55MN,3 根拦截索最大负荷分别为 1.76MN、1.55MN 和 1.48MN,拦截钢索型号为 AM460,破断负荷为 3.867KN,拦截钢索不会破断,拦截体系的最大位移为 4.33m。在上述计算工况二、三、四中,船舶拖动防撞体系的锚碇发生一定的移动而消耗了部分的撞击动能。

通过本文有限元仿真分析可以得出结论，该设计防撞拦截体系在300t漂流船舶5.0m/s速度撞击条件下可以拦截撞击船舶，满足跨海大桥该区段桥梁的防撞设计要求。

4 结语

（1）对于跨度较大、数量较多的非通航孔桥墩的防撞问题，目前常规的针对单个桥墩的防撞设计方案一般并不适用，综合考虑经济性与桥梁安全性，在某些船撞风险区域采用本文介绍的防撞拦截体系可以较好地实现这一设计目标。

（2）文中采用有限元数值模拟方法，对某防撞拦截区域的设计代表船型可能发生的撞击分别进行了计算分析，通过对拦截体系不同撞击点，包括独立墩、浮体D、浮体E和拦截索的仿真计算，验证了上述结论，同时表明该方法是分析复杂防撞体系的有效手段。

参考文献

[1] 上海船舶运输科学研究所.杭州湾大桥非通航孔防撞研究报告,2009.

开发应用篇

上海长江大桥主桥墩防撞钢吊箱设计与施工

唐 启[1] 周玉娟[2,4] 曾 健[3] 曲洪春[1] 荀东亮[2,4] 钟永新[1]

(1. 中交二航局第四工程有限公司 芜湖 241006;
2. 中交第二航务工程局有限公司技术中心 武汉 430040;
3. 中交武汉港湾工程设计研究院有限公司 武汉 430040;
4. 长大桥梁建设施工技术交通行业重点实验室 武汉 430040)

摘 要:以上海长江大桥主桥为例,介绍了防撞钢吊箱的设计与施工技术。采用专业有限元软件进行分析,得到钢吊箱在施工期间的变形和受力情况,并结合防撞和施工设计了防撞钢吊箱。防撞钢吊箱采用整体制作、滑道下水、远距离浮运、双浮吊抬吊就位方案的总体施工方案,提高了特大型深水基础的设计施工技术水平。文章对我国防撞钢吊箱的设计与施工具有借鉴意义。

关键词:上海长江大桥 防撞 钢吊箱 设计 施工

Design and construction of the anti-ship collision suspended steel cofferdam in Shanghai Yangtze River Bridge

Tang Qi[1] Zhou Yujuan[2,4] Zeng Jian[3] Qu Hongchun[1] Xun Dongliang[2,4] Zhong Yongxin[1]

(1. The 4th Engineering Company of CCCC 2nd Navigational Engineering Co. Ltd., Wuhu, 241009;
2. Technology Center of CCCC 2nd Navigational Engineering Co. Ltd., Wuhan, 430040;
3. CCCC Wuhan Harbour Engineering Design & Research Institute, Wuhan, 430040;
4. Key Lab for Large-span Bridge Construction Technology, Wuhan, 430040)

Abstract: As an example, the design and construction technology of the anti-ship collision suspended steel cofferdam in Shanghai Yangtze River Bridge is discussed . By using the finite element method , the deformation and strain state under the stage of construction and floating-transportation are analyzed . Considering both the anti-ship collision and and the constuction, the anti-ship collision suspended steel cofferdam is designed . In construction stage, the following methods are developed: the integrally manufacturing method in factory, launching method to river in slideway, fioating-transportion method to the pier position in long distance and set-to-place method by synchronous lifting of two floating cranes. The design and construction technology level for deep-water fundatione is developed in the project. These results listed in this paper are benefieial to the design and constuction of the anti-ship collision suspended steel cofferdam.

项目支持:交通部西部科技项目资助,编号:200731882234。

作者简介:唐启(1975—),高级工程师,本科,从事大跨度桥梁施工技术研究,E-mail:tangqi@163.com。

Keywords: Shanghai Yangtze River Bridge; anti-ship collision; suspended steel cofferdam; design; construction

1 工程概况

1.1 上海长江大桥主桥概况

上海长江隧桥工程是交通运输部确定的国家重点公路规划中上海至西安公路的重要组成部分,全长25.5km,是目前世界上最大的隧桥结合工程。其中主通航孔桥为双塔双索面、全漂浮结构斜拉桥。主桥桥跨布置为:92m + 258m + 730m + 258m + 92m = 1 430m,主塔为“人”字形索塔;主梁为分离式钢箱梁,钢箱梁宽51.5m,其上构为公(双向六车道)轨(两侧为轻轨)共面;斜拉索为空间扇形双索面(图1)。

图1 上海长江大桥主桥照片

1.2 主桥桥墩

两主墩基础均为60根直径为3.0~2.5m的变截面钻孔灌注桩,桩底标高为 -109.85m(南主墩)和 -106.85m(北主墩),桩顶标高 -2.0m;承台尺寸(长×宽×高)为72.2m×37.2m×6.0m,承台顶标高为 +4.0m,承台底标高为 -2.0m,承台厚度为6m,承台结构上下游呈尖圆形。

1.3 桥墩防撞研究概述

船撞桥的有关研究工作早在20世纪60年代末就已开展了,在最初的十几年当中进展非常缓慢。直到1983年,国际桥梁及结构工程协会IABSE(International Association for Bridge and Structural Engineering)在哥本哈根举行了一次以船撞桥合理设计与分析为专题的国际研讨会,这是国际上第一次以此为专题进行专门研讨,此后船撞桥问题的研究步入了一个较快的发展时期。在我国,船撞桥问题的研究主要是在20世纪90年代以后开始进行的。

一般的桥梁防撞研究涉及两个方面的问题:船撞力标准研究和防撞设计。桥梁的防撞措施一般可分为两种方式:主动防撞和被动防撞。主动防撞是指通过对船舶的航行管理和航行轨迹的干预,避免船撞桥事故发生。

上海长江大桥主通航孔跨距较大,主墩本身的结构较强,近期采取自身抗撞为主、周围安装套箱的防撞方案。发生船舶碰撞时套箱变形消能,减小船舶撞击力,并对基础局部结构进行保护,同时也能减少撞击船舶的损伤。上海长江大桥主墩钢吊箱防撞方案设计属于被动防撞方式,即通过桥墩自身的加强或防护设施来抵抗船舶的撞击威胁。

2 防撞钢吊箱的设计

2.1 钢吊箱设计思路

为节约材料、减少施工程序,钢吊箱按照与承台的防撞体相结合的思路进行设计。总体构思是设计主墩防撞设施与施工期需要的围堰结合在一起的结构,该结构既要满足防撞功能的要求,又作为承台施工时的挡水和模板结构,满足施工期各工况受力要求。钢吊箱平面尺寸为:长76.4m,宽41.4m,高10m。防撞钢吊箱为兼有桥墩缓冲、消能和承台围水结构功能的大型钢结构,其四周壁体为保护桥墩的防撞、消能结构,在被船体撞击破损后,破损部分采用割除替换的方法进行更换,正常使用条件下的设计使用寿命为30年。

2.2 施工设计条件

(1)波浪:根据现场水文,钢吊箱安装后,承台施工前,考虑最大波高 $H_{max}=2.0$m(ENE,E)。

(2)流速:施工期间最大流速 $v=1.86$m/s(流速与桥轴线垂直)。

(3)风速:$v=25.0$m/s。

(4)设计潮位:0.8~4.5m。

(5)泥面标高:-12~-16m。

(6)护筒:ϕ3 186mm×18mm;护筒顶标高:+6.2m。

(7)封底:厚2.0m,考虑一次性封底。

(8)运输方式:浮运。

(9)起吊方式:两艘浮吊抬吊。

(10)起吊动力系数:动力系数1.25。

(11)封底混凝土与钢护筒间握裹力:150kN/m^2。

2.3 防撞钢吊箱结构设计

钢吊箱为长方形结构,总长76.4m,总宽41.4m,总高10m。钢套箱为双层板架结构,双层间距为2m,在双层板架之间设置垂向舱壁板和水平环形板,并在钢吊箱外板设置垂向角钢,内外壁之间通过舱壁板连接而形成整体,内壁密封,外壁开孔与海水相连。

钢吊箱底板主梁采用H400型钢,次梁采用H175型钢,底板面板采用6mm厚的钢板。为增加底板刚度,在平行钢吊箱长边方向布置了两道桁架,平行于短边方向布置了一道桁架。同时,为抵抗吊装工况及抽水工况产生的水平力,在钢吊箱顶口纵横方向设置水平撑,水平撑采用 ϕ1 000mm×10mm 钢管;为满足浮运的需要,将钢吊箱底口以上4m范围内的消波孔全部封起来,形成封闭结构。

施工过程中,最终确定防撞体下4m范围内的消波孔全部封起来。同时,将壁体在平面上分成8个密封舱,即使有两个舱发生漏水,吊箱仍会浮在水面上。防撞体基本结构见图2。

2.4 荷载参数

防撞钢吊箱水流力、防撞钢吊箱风荷载、防撞钢吊箱波浪力、桩的波浪力桩的水流力,参照规范采用。

2.5 防撞钢吊箱结构设计计算

防撞钢吊箱结构设计、验算采用有限元程序ANSYS程序模拟防撞钢吊箱施工全过程各阶段的不利受力情况。防撞钢吊箱计算共分为7个工况,分别为:

工况1:防撞钢吊箱下水阶段受力计算;

工况2:防撞钢吊箱浮运过程中受力计算;

工况 3:防撞钢吊箱吊装过程中受力计算;

工况 4:防撞钢吊箱仅安装四周及中间两排拉杆时的结构强度;

工况 5:防撞钢吊箱所有拉杆均安装到位、钢吊箱壁体固定时的结构强度;

工况 6:底板上浇注 2m 厚封底混凝土时防撞钢钢吊箱的结构强度;

工况 7:防撞钢吊箱内水全部抽完后防撞钢吊箱和混凝土底板的结构强度。

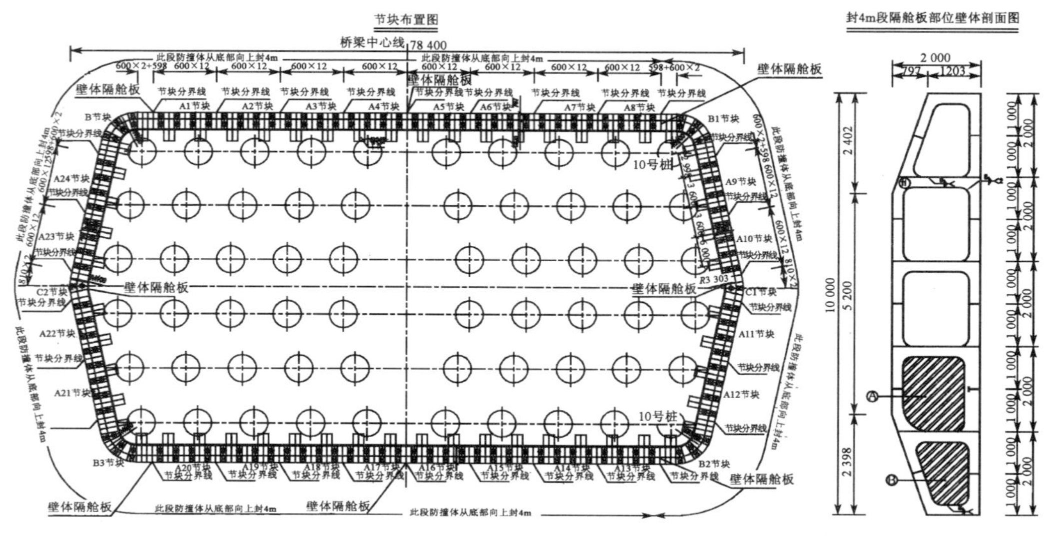

图 2　防撞体基本结构总图(尺寸单位:mm)

2.5.1　工况 1——防撞钢吊箱下水阶段受力计算

为便于钢吊箱下水施工,钢吊箱拟决定直接在斜坡滑道上进行制作,钢吊箱制作完毕,解除滑道上的限位装置,钢吊箱在自重的作用下下滑入水(图 5)、自浮。钢吊箱制作的立面图见图 3。工况一计算模型见图 4。

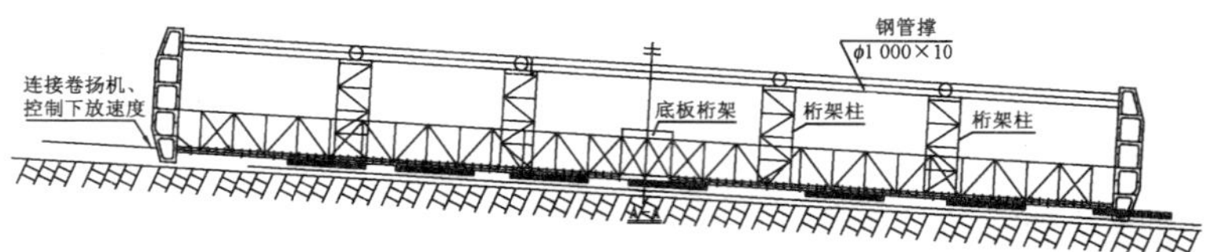

图 3　斜坡滑道立面图

防撞钢吊箱下水局部结构强度计算得外侧 4 个支点反力为均 3 200kN,内侧 4 个支点反力均为 520kN。

2.5.2　工况 2——钢吊箱浮运过程中受力计算

钢吊箱下水自浮后,采用拖轮将其拖运至施工现场。采用阿基米德定律计算浮力:$F_{浮}$ = 17 334kN。拖运时,迎水方向为短边方向,万一发生碰撞,短边两个舱容易进水,两个舱产生的浮力 $F_{浮}$ = 2 370kN,$F_{剩}$ = 1 733.4 − 237 = 1 496.4kN > 14 30kN。因此,即使钢吊箱短边两个舱进水,钢吊箱仍会浮在水面上。

2.5.3　工况 3～工况 7 主要计算结果

工况 3 ~ 工况 7 的描述见前节，是主要的施工阶段，其计算模型见图 6，主要计算结果见表 1。从表 1 中可以看出，防撞钢吊箱最大应力为 258MPa，在安全范围之内；防撞钢吊箱最大竖向变形为 93mm，钢护筒最大竖向变形为 101mm。其他附属结构如吊耳等受力均满足要求（图 7）。

工况 3 ~ 工况 7 钢吊箱的计算结果　表 1

序　号	类　　别	位　　置	工况 3	工况 4	工况 5	工况 6	工况 7
			钢吊箱吊装过程	钢吊箱仅安装四周及中间两排拉杆	钢吊箱所有拉杆均安装到位	底板上浇注 2m 厚封底混凝土	钢吊箱内水全部抽完
1	应力（MPa）	底板面板	62.9	101	189	-211	—
2	应力（MPa）	底板主梁	67.8	-185	-239	-184	—
3	应力（MPa）	底板次梁	-45.9	-173	-148	-191	—
4	应力（MPa）	主桁架	-83.4	23.8	-179	-33.6	—
5	应力（MPa）	次桁架	-135	-88.1	-160	-49	—
6	应力（MPa）	桁架柱	18	-96.2	-107	-70	-139
7	应力（MPa）	钢管撑	102	56.5	165	55.3	140
8	应力（MPa）	内壁板	156	66.9	189	114	122
9	应力（MPa）	外壁板	40.6	31.8	42.7	40.6	38.2
10	应力（MPa）	夹壁肋板	176	79.9	258	82.2	107
11	钢吊箱最大竖向变形（mm）	—	81.2	90.9	93.3	16	—
12	钢护筒最大竖向变形（mm）	—	—	101	12.3	11.4	1.9

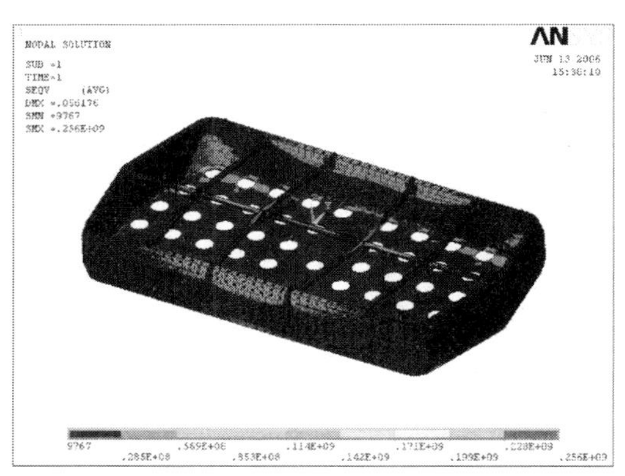

图 4　工况 1 计算模型

图 5　防撞钢吊箱下水照片

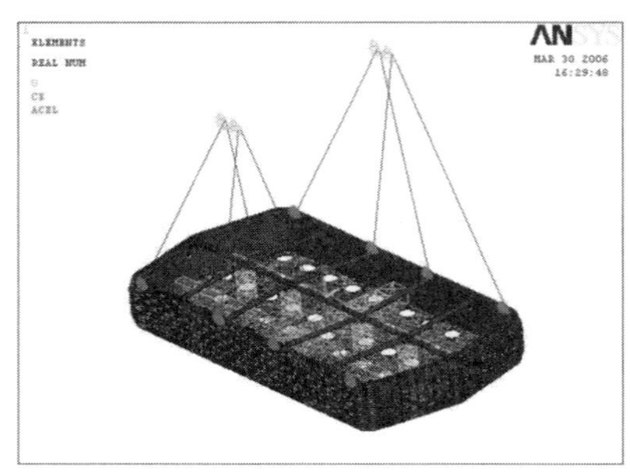

图6　工况3计算模型

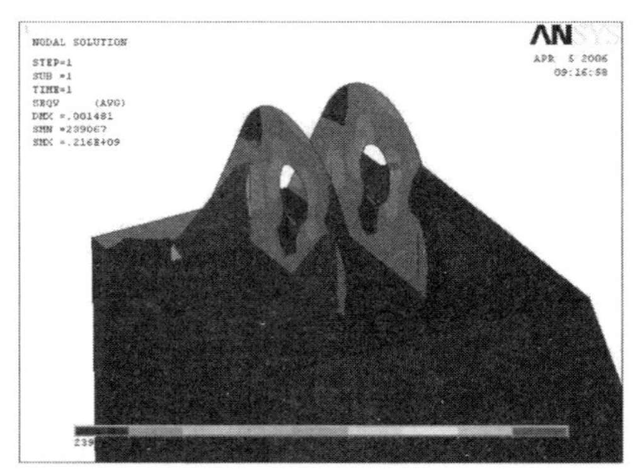

图7　工况3吊耳应力云图

3　防撞钢吊箱的施工关键技术

3.1　总体施工工艺

目前特大型钢吊箱常用的施工方法为在钻孔桩施工结束后，在钻孔平台上搭建钢吊箱拼装平台，然后在平台上组拼钢吊箱，钢吊箱组拼完毕后采用浮吊或千斤顶等设备将钢吊箱整体下放到位，或者为减少主线施工时间，在现场大型驳船上组拼钢吊箱，组拼完毕后，采用大型浮吊整体吊装就位。但是，上海长江大桥主墩防撞钢吊箱采用工厂内整体制作、整体下水、用拖轮浮运至施工现场、现场采用浮吊整体吊装就位的方案。

3.2　钢吊箱制作

钢吊箱的制作分为防撞壁体制作和底板及桁架、横撑、拉杆等的制作。防撞壁体共分30节段（其中标准节段24节，拐角弧形段4节，尖圆弧形段2节），节段的制作工序为搭设胎架→下料→单元板件焊接→组装成节段→焊接→矫正→喷砂除锈→涂装。根据现场实测的钢护筒顶、钻孔桩顶平面位置，在底板上标出护筒开孔线和下支座位置，然后利用龙门吊进行壁体分块组拼，安装底板桁架、主动横撑，拉杆下支座安装焊接，完成钢吊箱的组拼。具体加工工艺较为常规，此处不再赘述。

3.3　钢吊箱下水

钢吊箱在船台上制作完毕，下水前在滑道上浇上石蜡，并在岸侧用卷扬机将吊箱带住，拆除吊箱底板及壁体下胎架，打下快速支墩，让吊箱荷载全部支撑在滑道上，然后割除后端牵引钢丝绳，吊箱在自重作用下下滑入水。

钢吊箱下滑力为830kN，钢吊箱首部距中1 600mm在底板处装焊两只600kN吊耳，用ϕ43mm钢缆与船台连接，滑道上选用2只500kN助滑液压千斤顶。

3.4　钢吊箱浮运

3.4.1　概述

钢吊箱从造船厂水运至崇明与长兴岛之间的上海长江大桥工程施工水域，其地理里程约200余公里，航行里程约240余公里。

3.4.2 浮运过程中受力计算

经过计算,在工况 1(正常风速流速下拖航有效功率计算),拖轮拖力应不小于 16.823/0.36 =467.3kN。在工况 2(考虑涨大潮逆流时的拖航有效功率计算),拖轮拖力应不小于 36.64/0.36 =1 018kN。经比较,采用 3 条拖轮进行拖运,拖轮额定总拖力为 1 335kN。另外根据现场实际情况制订了驳运过程中的防汛、防风、防雾预案。

3.5 钢吊箱吊装

3.5.1 概述

PM61 号、PM62 号两主墩承台施工采用钢吊箱作为挡水结构物。为降低施工成本,钢吊箱设计、制作与防撞体相结合,即将防撞体作为钢吊箱的侧壁板。钢吊箱平面尺寸为:长 76.4m,宽 41.4m,重约 14 800kN。

3.5.2 吊装方式确定

钢吊箱位于平台的端头,钢吊箱吊起后先横向移动一段距离,然后再前后移动实现钢吊箱的就位。钢吊箱重 14 800kN,附加 1.25 的动载系数,单个浮吊吊重为:14 800 × 1.25/2 = 9 250kN。钢吊箱采用两台浮吊进行抬吊,整个钢吊箱共布置 8 个吊点,每长边布置 4 个。吊装采用 2 艘浮吊进行抬吊,每艘浮吊采用 2 个大钩,吊索选用 ϕ120mm 钢芯钢丝绳,单根长 80m,共计 4 根。ϕ120mm 钢芯钢丝绳破断拉力为 12 501kN。

3.5.3 钢吊箱吊装施工工艺流程

钢吊箱吊装施工工艺流程见图 8。

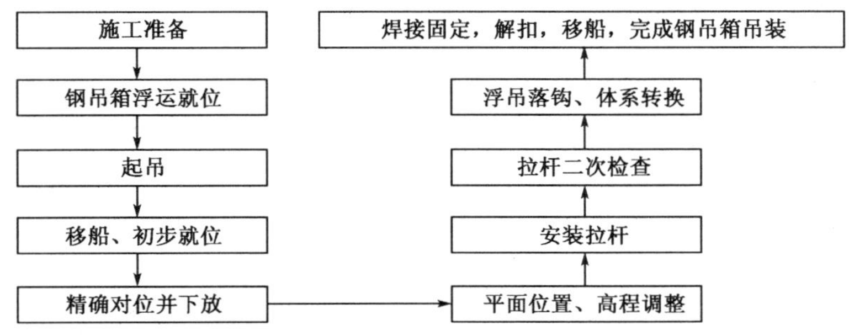

图 8 防撞钢吊箱施工工艺流程图

3.5.4 钢吊箱封底施工工艺

一次封底即整个钢吊箱一次封底完成,小吊箱多采用这种方法。一次封底的优点是吊箱底板能够协调变形,施工缝数量相对较少,同时降低材料用量,降低工作量,降低吊装重量。

4 结语

上海长江大桥主桥两主墩钢吊箱分别于 2006 年 7 月 2 日和 2006 年 8 月 3 日顺利安装到位。总体隧桥工程已经于 2009 年 10 月 31 日建成通车,目前运营状况良好,没有出现船桥碰撞事故。在上海长江大桥复杂的施工环境下进行大型钢吊箱安装的设计和施工,有以下几个创新点:

(1)进行了防撞体与施工钢吊箱相结合的设计、施工技术研究,形成了一整套特大型防撞体以及与施工钢吊箱相结合的设计、施工技术,为类似工程提供了范例。

(2)对巨型钢吊箱(76.4m×41.4m×10m,质量达1 480t)滑道下滑、尾浮、瞬间反力、下滑长度等进行了一系列研究,形成了特大型钢吊箱滑道下水的关键施工技术。

(3)将钢吊箱壁体对称分成8个密封舱,成功、安全地将尺寸为76.4m×41.4m×10m、质量达1 480t、相当于3万多吨的方驳拖运200多公里,这在国内属于首次。

文章对我国防撞钢吊箱的设计与施工具有借鉴意义。

参考文献

[1] 罗荣. 船桥碰撞机理及桥墩防护装置研究[D]. 武汉:武汉理工大学,2005.

[2] 姜金辉,金允龙,潘溜溜,等. 桥梁防撞研究技术与方法[J]. 上海船舶运输科学研究所学报,2008(6):23-27.

[3] 李宗平,杨志德,唐亮. 上海长江隧桥主桥墩钢吊箱施工技术[J]. 桥梁建设,2007(5):59-61.

重庆万州长江公路大桥弧形水上升降式防撞装置初步研究

余　葵[1]　胥润生[1]　李晓飚[1]　吴　俊[1]　倪志辉[1]　唐　亮[2]

(1. 重庆西南水运工程科学研究所　重庆　400016;
2. 重庆大学资源及环境科学学院　重庆　400044)

摘　要:三峡水库175m蓄水后,万县长江公路大桥部分拱圈及两端立柱被淹没,存在严重船撞风险。在认真分析万县长江公路大桥防撞装置设置基本原则的基础上,提出了适用于西部通航河流拱桥防撞的新型结构。防撞结构由自浮式弧形防撞带、钢制浮筒、导向井三部分组成。防撞带对拱桥易撞部分进行区域包围式防护,防撞带两端连接在钢质浮筒上,浮筒置于导向井内,整个防撞装置在导向井的限位下随水位变化自动升降。在建立船舶、防撞带、钢浮箱及导向井的有限元模型的基础上,模拟了多种船舶撞击工况,仿真结果表明弧形水上升降式防撞装置具备较好的防撞能力,能够适用于万县长江公路大桥防撞工程。

关键词:万县长江公路大桥　水上升降式　防撞装置　有限元分析

Preliminary study on water lift arc anti-collision setting of Chongqing Wanzhou Yangtze River Road Bridge

Yu Kui[1]　Xu Runsheng[1]　Li Xiaobiao[1]　Wu Jun[1]　Ni Zhihui[1]　Tang Liang[2]

(1. Chongqing Southwest Research Institute of Water Transport Engineering, Chongqing, 400016;
2. Chongqing University, Chongqing, 400044)

Abstract: When Three Gorges Reservoir storages water to 175m, part of the arch ring of Wanxian Yangtze River Road Bridge is submerged, and the bridge is faced with serious risk of ship collision. Based on the earnest analysis of setting fundamental principles, the new structure which is suitable for arc bridge in western navigable rivers is proposed. The new structure consists of three parts: self-floating cambered anti-collision belt, steel box and guide wells. Self-floating cambered anti-collision belt realizes the surrounded regional protection to the easy hit part of the bridge, both ends of the belt are linked to the steel boxes, which are placed in guide wells. The whole anti-collision setting lifts up and down automatically as the water level changes with the direction limit of guide wells. Finite element analysis results show that the anti-collision setting has good crash capabilities which can be applied to the anti-collision project of Wanxian Yangtze River Road Bridge.

Keywords: Wanxian Yangtze River Road Bridge; water lift; anti-collision setting; finite element analysis

---

作者简介:余葵(1965—),男,四川金堂人,副研究员,1990年毕业于重庆大学,主要从事水工结构防撞设计、桥梁通航安全研究、桥梁健康监测等方面的研究工作,Email: yukui_xk@126.com。

1 引言

重庆万县长江公路大桥位于重庆市万县主城区长江上游 7km 处(长江航道里程 338.4km),是国道 318 线(川—渝—鄂—沪)上跨长江的一座特大跨度钢筋混凝土箱形拱桥,全长 856.12m,桥宽 24m,单孔跨长江,净跨 420m。该大桥于 1994 年 5 月开工建设,1997 年 6 月建成通车,其跨度居同期同类型桥梁世界第一。

由于大桥处于三峡库区常年回水区,库区正常蓄水后,一年中有半年时间处于 175m 的高水位,加上该桥拱圈基座高程较低,仅为 152.59m,因此一年之中大部分时间部分拱圈将被淹没。

拱桥结构多为静定结构或多次超静定结构,桥梁本身、特别是拱圈的防撞能力较弱。随着库区蓄水位的抬升,航道变宽、水深加深,船舶载重也越来越大,一旦船舶失控或走偏航道碰撞拱圈,将会导致拱桥垮塌,引发极为恶劣的安全事故,造成严重的社会、经济后果。

该大桥具有防撞能力弱、河段水深较深、航道较窄等特点,现有的附着式防撞装置、独立式防撞装置、人工岛防撞装置均不适用。为了避免船桥相撞的恶性事故发生,必须深入分析万县长江公路大桥的结构及桥区河段水流特点,提炼出拱桥防撞装置的设置原则,并以防撞装置设置原则为基础,提出适用于西部山区河流拱桥防撞的新型结构。

2 万县长江公路大桥防撞装置设施原则分析

根据《万县长江公路大桥安全评估报告》中的计算结果,万县长江公路大桥拱圈最大仅能承受 20MN 的侧向船撞力,立柱侧向抗力只有 3.5MN。附着式防撞装置由于需附着于桥梁结构,经防撞装置消耗后的能量最终还需桥梁结构承担。由于万县长江公路大桥防撞代表船型为 5 000 吨级,撞击能量高,因此附着式防撞装置不适用,必须采用独立于主桥的防撞装置。

现有的独立式防撞装置主要以独立或集群式的防撞墩来实现对船舶的防撞效果,但该防撞方式仅在中等水深(10 ~ 15m)有效。由于万县长江公路大桥桥区河段为 V 形断面,若构建集群式防撞墩系统,防撞墩高度最长可达七八十米,显然不具备较好的防撞效果。不仅该防撞装置会在航道内形成碍航建筑物,而且还不能实现对船舶的良好保护。为此新型防撞结构必须尽量减小对航道的影响,且必须实现对桥梁船舶的双重保护。

另外,由于万县长江公路大桥位于三峡库区回水变动区,防撞装置安放于水中后,将在近 30m 的大水位差变幅下运行,桥区附近的复杂水流环境与大水差的运行特点将会严重影响整个防撞系统的长期运行可靠性,因此防撞新结构需经济、稳定、可靠。

3 弧形水上升降式防撞结构

3.1 整体布置形式

在认真分析防撞装置设置原则的基础上,提出了如图 1 所示的弧形水上升降式防撞装置。

由图 1 可见,该装置为一种独立式防撞装置,其由自浮式弧形防撞带、浮筒、导向井三部分组成。防撞带对拱桥易撞部分进行区域包围式防护,防撞带两端连接在钢质浮筒上,浮筒置于导向井内,整个防撞装置在导向井的限位下随水位变化自动升降。

这种弧形布置结构不仅能够将船舶撞击力快速传递至导向井,有效保持防撞带自身结构的稳定性,而且弧形的碰撞面能够使船舶改变航行方向,减小撞击力,最大限度地对船舶与防撞装置进行双重保护。同时,防撞装置的弧形布置结构还能有效减少防撞装置对水流流态与航道的影响;在近岸设置导向井,解决了库区大水位变幅下防撞带的整体定位与布置问题,使整个防撞装置在航道区域内无任何碍航建筑物;防撞带外形圆滑光顺,不易缠挂水中漂浮物,保证了使用过程中的稳定性,降低了维护成本,延长了使用寿命。

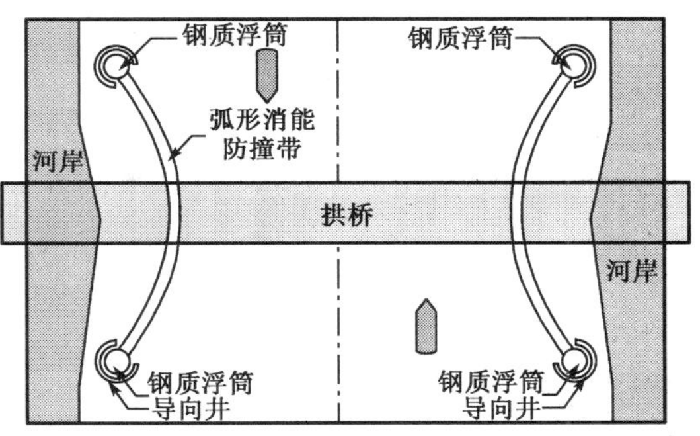

图1　弧形水上升降式防撞装置布置示意图

3.2　防撞带结构

防撞带整体采用矢径比为1∶3的布置形式。由图2所示的防撞带剖面结构可见，防撞带剖面结构分为内、外两部分:内部为空心双层钢管混凝土刚性材料,内层为空心,内外钢管之间浇注混凝土,可抵抗船舶的巨大撞击力,内层钢管通过偏心布置使浮心处于重心以上,并将防撞带内层空心部分分成若干独立的密闭舱室,保持防撞带浮态的稳定性(撞击破损造成个别舱室进水情况下仍能保持浮态),同时舱室隔板还可看作加劲肋,能够增加防撞带的防撞能力;外部为柔性橡胶材料,在保证防撞带浮态的同时,可吸收船舶撞击时的巨大能量。内、外结构形成双重保险防线,确保桥梁和船舶的安全。

3.3　导向井结构

导向井为单边缺口式环形钢筋混凝土结构。导向井与防撞带连接示意图如图3所示。

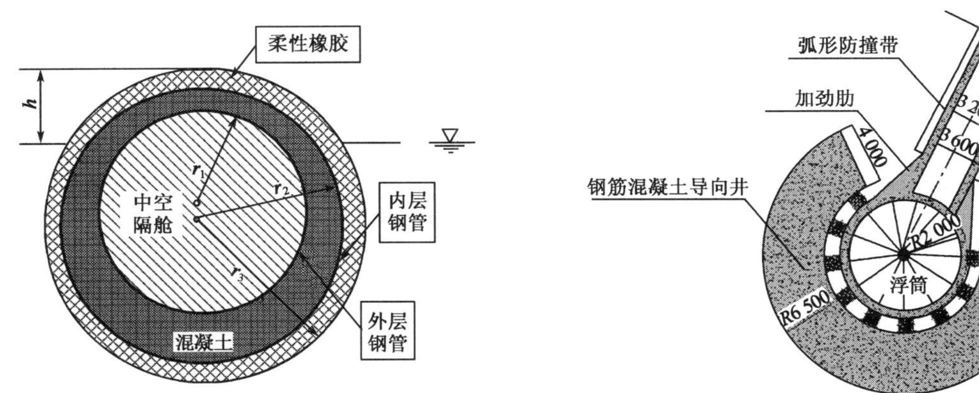

图2　防撞带断面结构示意图　　图3　导向井与防撞带连接示意图(尺寸单位:mm)

防撞带两端为钢质圆柱形浮筒,将浮筒嵌入导向井内,浮筒上安装橡胶滚轮,当水位变化时,保证浮筒沿导向井内壁上下移动。当防撞带受船舶撞击时,浮筒上安装的橡胶滚轮可对由弧形防撞带传递的船舶撞击力进行二次消能,有效保护防撞装置。

3.4　水上升降式工作原理

三峡库区每年的最高蓄水位为175m,最低蓄水位为145m,库区水位最大变幅达30m左右。在如此大的水位变幅下,防撞带应具备适应水位变化的自动升降能力。

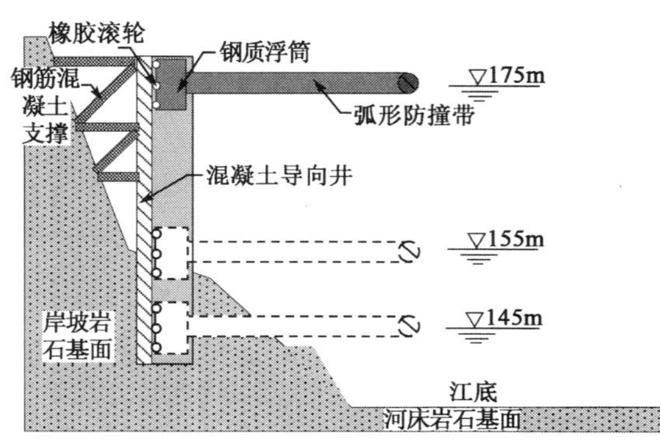

图4 防撞带随水位变化工作示意图

本文提出了一种将弧形防撞带两端浮筒嵌入岸坡混凝土导向井内进行固定的水上升降式防撞装置。145～175m 蓄水位时，防撞装置随水位变化的示意图如图 4 所示。

图 4 中，在岸坡岩石基面开挖竖井，浇注混凝土导向井至 180m 高程，然后在混凝土导向井内嵌入浮筒，使浮筒和整个防撞带利用水的浮力沿混凝土导向井上下升降。当水位在 145～175m 之间变化时，防撞带与浮筒构成的一体式自动升降防撞系统不仅能够保证原有防撞带的弧形自稳结构，而且能够随水位变化自动升降。

弧形空心双层钢管混凝土和钢质浮筒承担碰撞力和满足自浮要求，导向井主要起到平面定位约束、竖向适应大变幅水位变化的作用。

4 结构仿真计算

结合诸多有限元分析的方法，对船舶撞击防撞装置的有限元模型进行了优化。船舶考虑为梁板结构，船舶外形尺寸同原型，选用覆盖船的材料为钢板，钢板厚度为 10mm，在船的高度方向上，船一周按间隔 2m 加钢板的骨架，在船头和船身之间加了一道钢板。其中钢板的材料参数为：弹性模量 210GPa，泊松比 0.3，屈服应力 418MPa。

4.1 防撞带结构计算

对于防撞结构而言，材料为中空双层钢管混凝土，其外层钢管直径为 3.6m，内层钢管直径为 3.2m，钢管壁厚均为 10mm，内外钢管间充填 C50 混凝土。整个防撞带径距 240m，矢高 80m。C50 混凝土的弹性模量为 25.38GPa，泊松比为 0.167。

结构仿真计算包括船舶 45°斜撞拱顶、斜撞距拱顶 1/4 处两种工况。船舶总质量为 7 000t，撞击速度为 4m/s。计算工况示意图如图 5 所示。

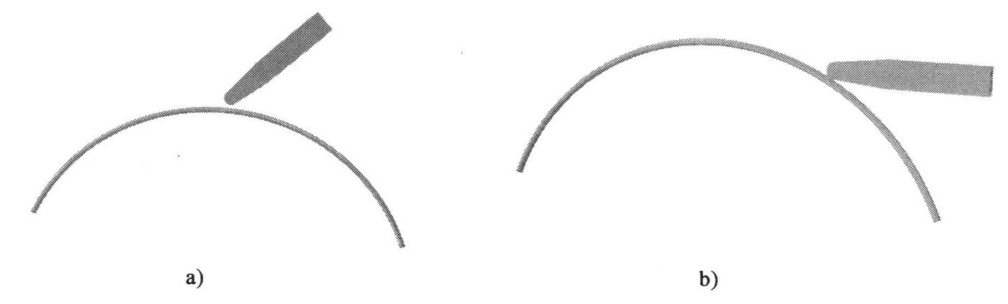

图5 撞击工况

a）船舶 45°斜撞拱顶；b）船舶斜撞距拱顶 1/4 径距处

计算得到的船撞力时程曲线如图 6。

计算成果如表 1 所示。

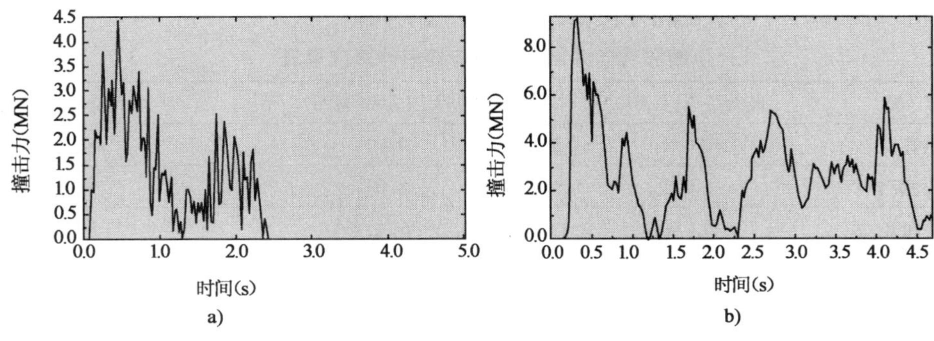

图6 船舶撞击力时程曲线

a)船舶45°斜撞拱顶;b)船舶斜撞距拱顶1/4径距处

防撞带各工况结构受力与变形计算成果表 表1

计算项目	计算工况	
	45°斜撞拱顶	斜撞距拱顶1/4处
最大撞击力(kN)	18 300	10 300
最大拉应力(MPa)	315(钢管) 36(混凝土)	117(钢管) 13(混凝土)
最大压应力(MPa)	334(钢管) 36(混凝土)	127(钢管) 14(混凝土)
最大垂直支反力(kN)	12 200	22 800
最大水平支反力(kN)	15 500	13 400
最大位移(m)	0.79	0.53

由表1可以看出,两种工况下,除撞击点小范围以外均在防撞带材料的设计强度之内,证明该防撞带结构设计能够满足大桥的防撞要求。

4.2 导向井结构计算

导向井设计为单边缺口式环形钢筋混凝土悬臂结构,臂高为30m,外环直径为13.6m,内环直径为5m,壁厚4.3m,材料为C50混凝土,弹性模量为25.38GPa,泊松比为0.167。浮筒材料与防撞带相同,结构尺寸为外环直径4m,内环直径2.5m。取x方向及y方向最大力为30 000kN,力的作用点取距悬臂端4m处(175m水位)。导向井有限元模型图如图7所示。

图7 导向井及浮筒有限元模型图

通过对导向井及浮筒结构的仿真计算,统计出各部件指标最大值,如表2所示。

由表2统计数据可知,浮筒钢管和内部混凝土均小于材料的容许应力,混凝土导向井所有部位压应力均小于容许应力,且留有较大富余。但在导向井根部突变处有应力集中现象,可采取倒角和加厚等工程措施加以解决。也就是说,当船舶撞击防撞带时,混凝土导向井完全能承受5 000t船舶任何方向的冲击力作用,通过优化导向井结构,可以使其结构更加合理并使之处于正常工作状态。

浮筒和导向井结构受力与变形计算成果表 表2

计算工况	最大拉应力(MPa)	最大压应力(MPa)	最大挠度(m)
浮筒钢管	70.8	74.2	—
浮筒内部混凝土	7.2	8.03	—
混凝土导向井	9.76(根部)	9.46(根部)	0.023 3(顶部)

5 结语

通过对万县长江公路大桥防撞装置设置原则的分析,提出了弧形水上升降式防撞新结构。通过建立船舶、防撞带、钢浮箱及导向井的有限元模型,模拟了总质量5 100t船舶以4m/s速度45°斜撞拱顶、斜撞距拱顶1/4处两种工况。通过分析仿真计算结构发现,防撞带除撞击点小范围外均在防撞带材料的设计强度之内,混凝土导向井根部突变处存在应力集中现象,其他部位压应力均小于容许应力,且留有较大富余。仿真计算结果表明,该防撞新结构适用于万县长江公路大桥防撞工程。

参考文献

[1] 赵劲松.船—桥碰撞与南京长江大桥的防碰问题[J].大连海运学院学报,1992,18(1):77-81.
[2] 范鸿乔.船桥碰撞事故原因浅析和安全对策[J].中国港监,2000(2):21-25.
[3] 潘晋.船桥碰撞机理及桥墩防护装置研究[D].武汉:武汉理工大学,2003.
[4] 孙振.桥梁防船撞设施的比较研究[D].上海:同济大学,2007.
[5] 蔡爱杰,刘宏波.虎门大桥辅航道防撞岛沉井施工技术[J].桥梁建设,1998(4).
[6] 刘建成,顾永宁.船桥碰撞力学问题研究现状及有限元仿真计算.MSC, Software中国用户论文集,2001.
[7] 李雅宁,船—桥碰撞非线性有限元仿真研究[D].上海:上海交通大学,2003.
[8] 颜海泉.桥梁船撞有限元仿真分析[D].上海:同济大学,2004.

青岛海湾大桥基础防撞设施设计

王君杰[1] 王 麒[2] 卜令涛[1]

(1. 同济大学桥梁工程系 上海 200092;
2. 中交公路规划设计院有限公司 北京 100088)

摘 要:本文通过青岛海湾桥的计算,对大桥基础防撞设施提出了钢套箱的防撞方案,给出了钢套箱的相关构造,并通过有限元计算验证了其有效性。

关键词:防撞设施 数值仿真 钢套箱

Anti-vessel collision facilities for Qingdao Bay Bridge

Wang Junjie[1] Wang Qin[2] Bu Lingtao[1]

(1. Department of Bridge Engineering, Tongji University, Shanghai, 200092;
2. CCCC Highway Consultants Co. Ltd., Beijing, 100088)

Abstract: This paper suggests a kind of steel box as the anti-vessel collision facilities for Qingdao Bay Bridge and gives detailed structures of the steel box. The finite element calculation verifies the validity of the scheme.

Keywords: anti-vessel collision facilities; numerical simulation; steel box

1 概述

青岛海湾大桥是青岛市道路交通网络布局中东西岸跨海通道的重要组成部分,共设3处通航孔桥,分别位于大沽河口、红岛和沧口水道。由于大沽河和沧口桥的防撞方案相同,本文以大沽河口为例,介绍青岛海湾大桥的防撞建议方案。

大沽桥是一座独塔自锚式悬索桥,跨径布置为80.0mm+190.0mm+260.0mm+80.0m,通航净空190m×51m。桥面宽44m,设2.5%的纵坡。主塔采用独柱式变截面塔柱,塔高156.896m(从承台算起),承台下为24根钻孔灌注桩,桩径为2.5m。主缆直径为399mm,两主缆之间设横向连杆。主跨两侧设置辅助墩和过渡墩,辅助墩采用空心墩柱形式,承台下为19根直径2.5m的钻孔灌注桩。过渡墩采用空心墩柱形式,承台下为16根直径2.5m的钻孔灌注桩。具体布置见图1和图2。

项目支持:交通部西部科技项目资助,编号:200731882234;交通部行业联合科技攻关项目资助,编号:2008353344340。

作者简介:王君杰(1962—),教授,博士,从事桥梁抗震与船撞研究,E-mail:jjqxu@tongji.edu.cn。

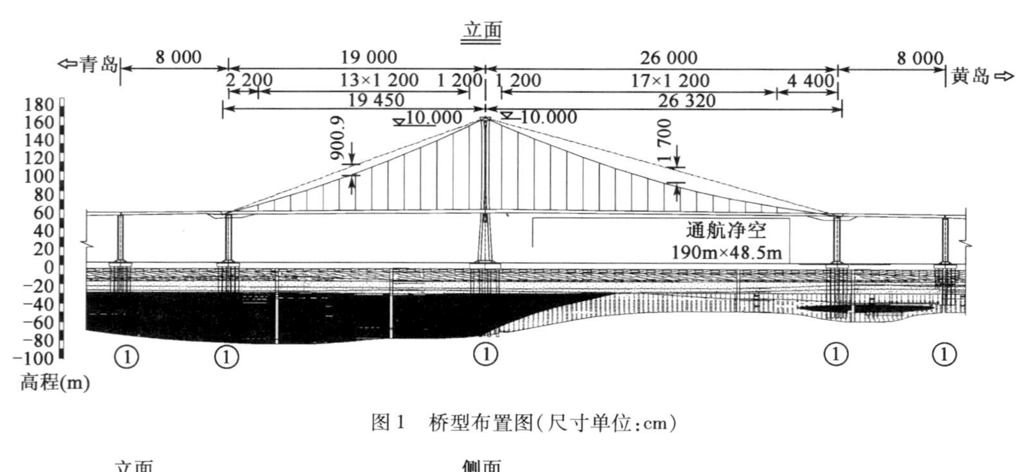

图1 桥型布置图(尺寸单位:cm)

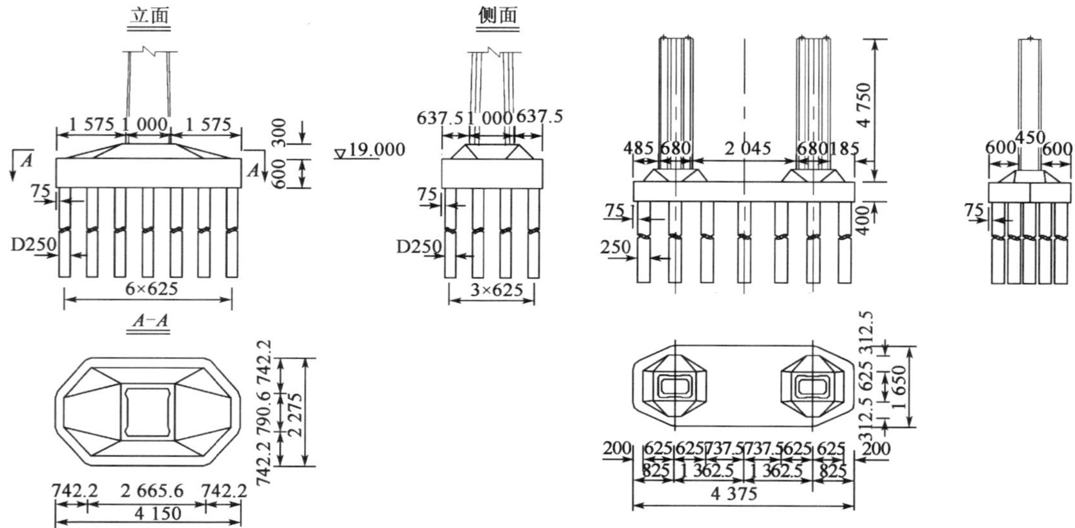

图2 大沽河悬索桥主塔与辅助墩构造图(尺寸单位:cm)

2 防撞设计代表船舶及有限元模型

2.1 防撞设计代表船舶

依据大桥的通航净空尺度论证结果和桥区船舶通航发展趋势,大沽河航道桥近期可能通航2 000GT(排水量3 500t)客船,少量的5 000GT(排水量7 500t)客船,故近期选用排水量介于2 000GT和5 000GT客轮之间的3 000吨级货轮(排水量5 332.6t)作为防撞研究和计算的船舶。远期防撞船舶确定将考虑桥墩周围水深条件、远期通航船舶吃水,按照5 000吨级船舶防撞。

2.2 桥梁有限元模型

大沽河航道桥建立了主墩和辅助墩的三维有限元实体模型,桩基础采用梁单元模拟,碰撞区域网格密度采用20~30cm单元边长,非碰撞区域网格较稀,单元边长大致为50~100cm。3 000t和5 000t船模采用壳单元模拟,船首单元边长控制在10~20cm,以保证碰撞分析的有效性。有限元模型见图3和图4。

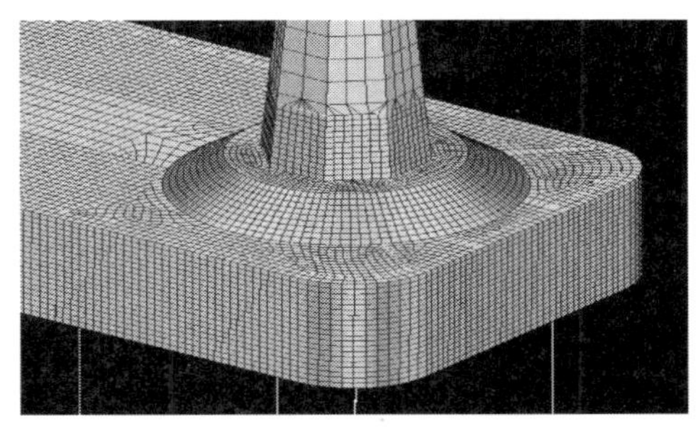

图3 桥墩有限元模型

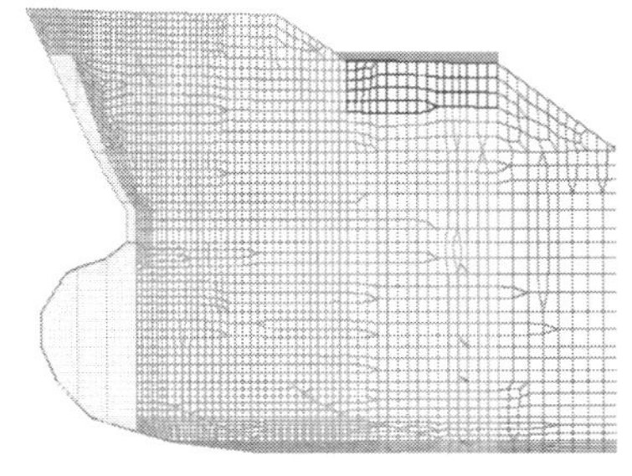

图4 3 000t 船体有限元模型

3 大沽河桥船撞计算

3.1 近期碰撞仿真模拟分析结果

近期选用排水量介于2 000GT和5 000GT客轮之间的3 000吨级货轮(排水量5 332.6t)作为防撞研究和计算的船舶。主塔墩和辅助墩的近期碰撞分析选取了船速3.7m/s的工况,计算结果如表1所示。

四种工况计算结果 表1

工况	最大撞击面积正撞		平均低潮位(-1.40m)		平均高潮位(1.39m)		以30°斜撞承台		设计值(MN)
船撞力(MN)	主塔墩	辅助墩	主塔墩	辅助墩	主塔墩	辅助墩	主塔墩	辅助墩	
	19.47	20.3	19.04	13.61	13.41	12.52	12.7	14.2	20.8

3.2 远期碰撞仿真模拟分析结果

远期防撞船舶确定将考虑桥墩周围水深条件、远期通航船舶吃水,对大沽河按照5 000吨级船舶防撞,其计算结果见表2。

主塔墩和辅助墩远期最大撞击面积正撞计算结果 表2

最大撞击面积正撞	主 桥		辅助墩(4号墩)	
船撞力(MN)	计算值	设计值	计算值	设计值
	31.0	20.8	27.1	20.8

3.3 小结

根据本节的研究,可以得知近期整体抗船舶撞击能力能满足要求,但其安全储备稍显不足,因此宜通过合理防撞设计适当降低船舶撞击力。远期5 000DWT船舶撞击下,大沽河主塔墩、4号辅助墩的整体抗撞击能力远小于撞击力。根据以上结论,无论近期还是远期,都需要采取适当的防撞措施。

4 防撞方案比选和建议方案

4.1 桥墩防撞方案的概念比较

经过多年的研究应用,世界上出现了多种类型的桥墩防撞设施,但其基本原理都是基于能量吸收、缓冲而设计的,每种防撞设施都有其特点和使用条件。具体来说,防撞设施可分为两大类,一为间接式,其特点为:在桥墩之外另设防撞设施,桥墩不直接受力,如桩群方式、重力方式、薄壳筑沙围堰方式、人工岛方式、锚系浮体方式等;二为直接式,其特点为:力经过缓冲后直接作用在桥墩上,如护舷方式、绳索变形方式、缓冲材料设施方式、缓冲设施工程方式及固定或浮式套箱防撞设施等。

4.2 大沽河桥防船撞设计的建议方案

根据前面的叙述,大沽河桥防船撞设计的建议方案如下。

4.2.1 近期防撞设计方案

拟采用套箱施工方案。从第3节计算分析可以看出桥墩基本具有总体抗撞能力,但整体能力偏小,据此需要采取适当的防撞设施达到以下几个目的:提高墩的整体抗撞安全储备,防止船舶撞击到桩和墩,防止承台的局部撞损,对船只有一定的保护作用。

建议对施工套箱作一些特殊考虑,在施工完成后作为防撞设施工作。这种方案的显著优点是,既可以达到上述四个目的,又可以不增加或仅增加少许的额外投资。设计方案如图5所示。

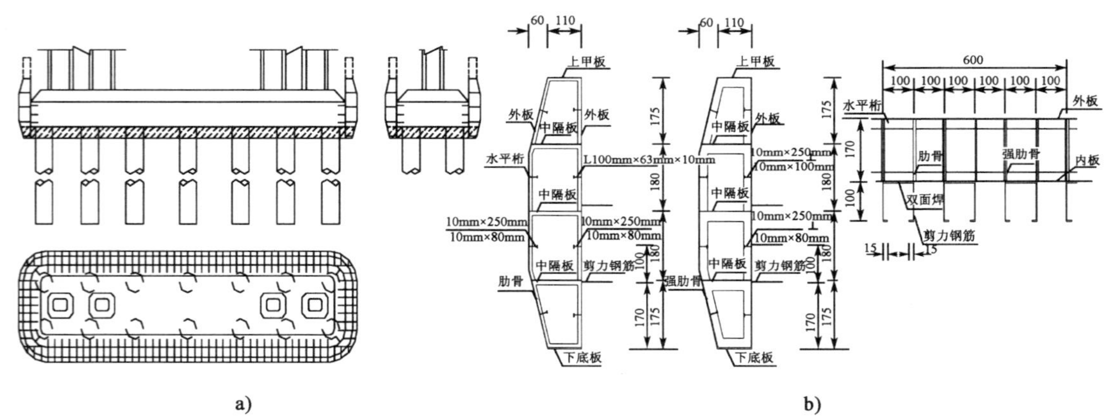

图5 近期防撞设计方案(尺寸单位:cm)

a)钢套箱整体布置图;b)钢套箱局部图示

钢套箱的具体构造和局部细节如图6所示。

4.2.2 远期防撞设计方案

从第3节计算分析得到的结论可以看到,远期5 000DWT船舶撞击下,桥墩的整体抗撞能力不足,而且在计算工况下,桩基和桥墩都会受到撞击。即使考虑了近期防撞设施,桥墩的整体抗撞能力仍然不足。因此初步建议远期5 000DWT轮船通航时,建造独立式防撞结构。拟采用矩形和三角形两种防撞方案,如图7所示。

4.3 大沽河桥近期防撞设施计算

主塔墩和辅助墩的近期碰撞分析选取3 000t的满载散货船、船速3.7m/s的两种工况。

主塔墩最大面积船桥碰撞和船首变形图如图8所示。

主塔墩有无防撞设施对比结果见表3。

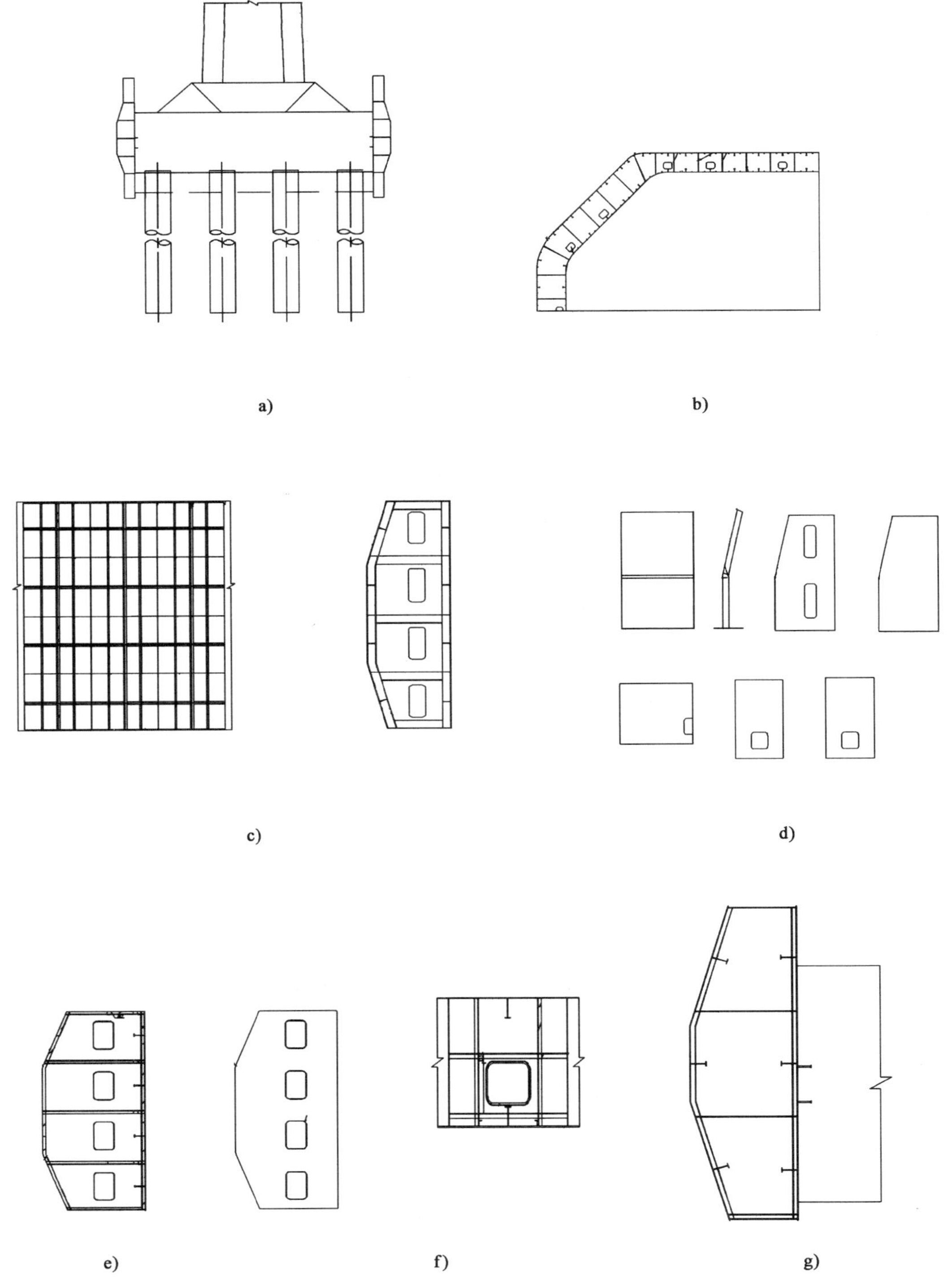

图 6

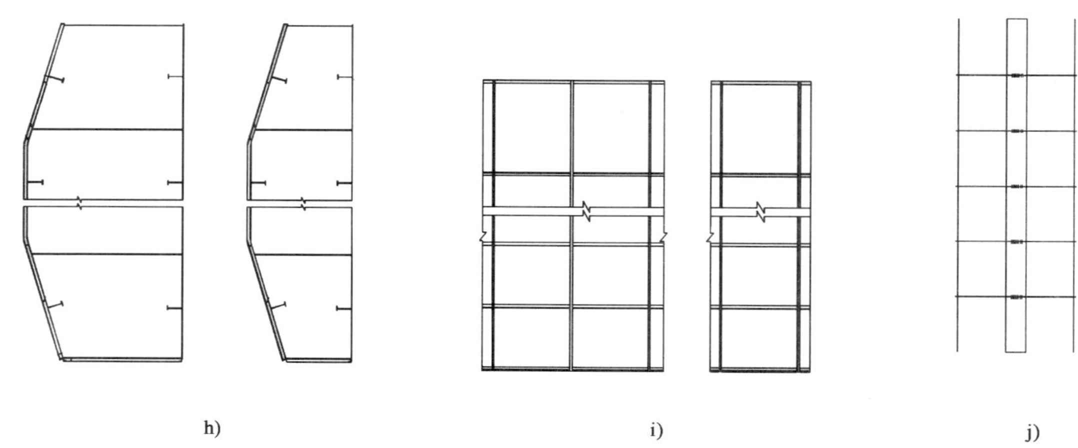

图6 钢套箱构造图

a)侧面图;b)1/4 平面图;c)标准舱构造图截面;d)竖向隔板和水平隔板;e)标准舱人孔立面构造图;f)标准舱人孔平面构造图;g)剪力钉构造;h)2.5m 和 1.7m 防腐钢套箱;i)防腐钢套箱外壁板;j)爬梯构造

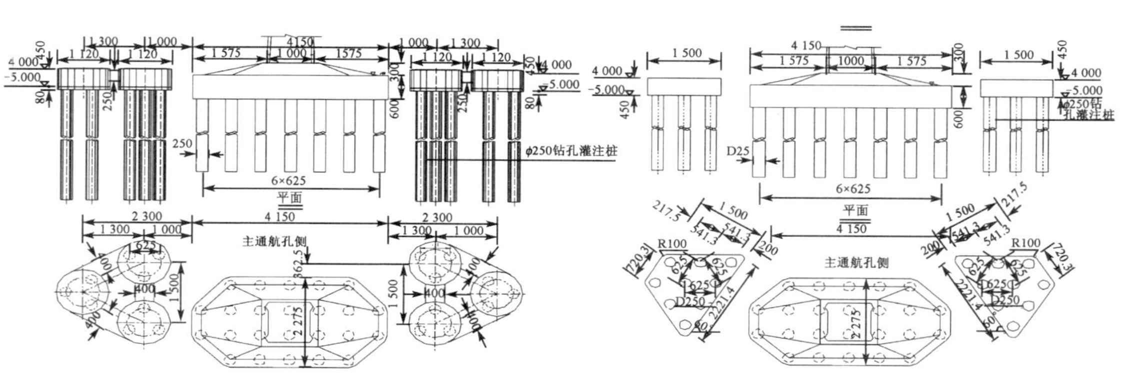

图7 远期三角和矩形承台防撞设计方案(尺寸单位:cm)

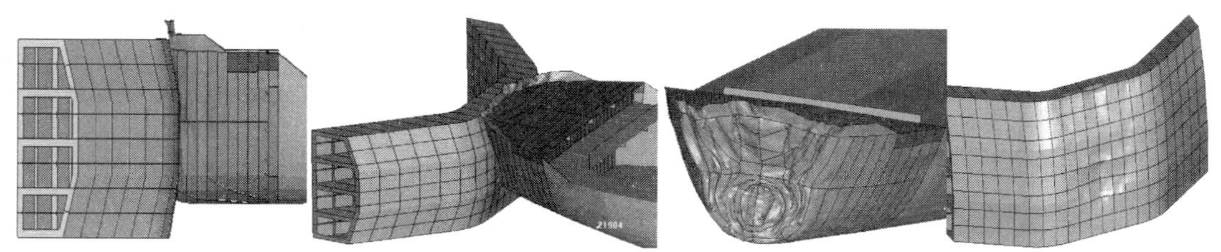

图8 主塔墩最大撞击面积船桥碰撞

主塔墩有无防撞设施对比 表3

船 撞 力	最大撞击面积正撞			平均低潮位(-1.40m)正撞		
	有钢套箱	无防护措施	设计值	有钢套箱	无防护措施	设计值
主塔墩(MN)	16.28	19.47	20.8	14.51	19.04	20.8
辅助墩(MN)	12.96	20.3	20.8	11.10	13.61	20.8

4.4 大沽河桥远期防撞设施计算

远期独立防撞设施分别采用了三角形承台和矩形承台两种形式作为方案可行性的概念分析,考虑40MN的水平推力。桩侧土的作用简化为土弹簧。

三角形承台防撞设施:图9为桩基的布置形式,采用了14根桩径2m的钻孔灌注桩,桩长50m,桩间距为5m,桩外侧距承台边缘距离为0.6m,承台高度为5.3m。

矩形承台防撞设施:图10为桩基的布置形式,采用了9根桩径2.5m的钻孔灌注桩,桩长50m,桩外侧距承台边缘距离为0.75m,满足规范规定的最小间距要求,承台高度为4.5m。

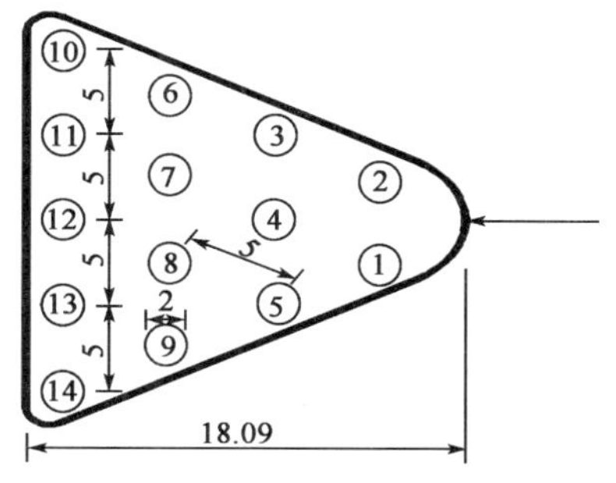

图9 桩基布置图(尺寸单位:m)

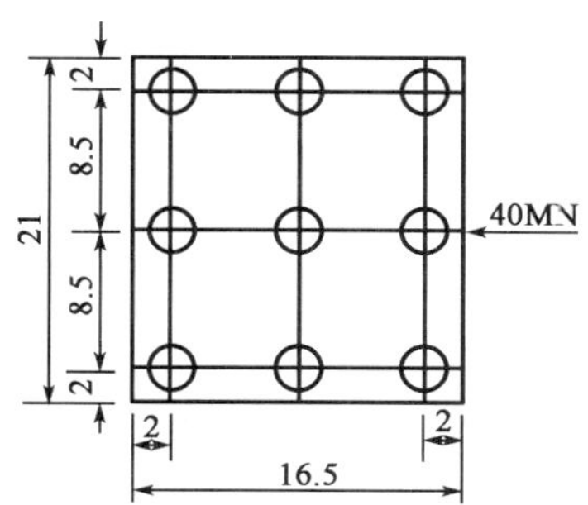

图10 桩基布置图(尺寸单位:m)

采用这两种承台方式所得的桩基内力汇总如表4所示。

桩基内力汇总表(单位:MPa) 表4

承台形式	三角形	矩形
大沽桥3号墩	22.25	23.000
大沽桥4号墩	22.87	21.977

由表6中数据可知,两种方案桩顶压应力沧口桥桥墩稍大于C30混凝土的标准抗压强度21.0MPa。从前面的计算结果可以看到,远期防撞方案成立。因此若将来实现万吨级船舶的通航,大桥的防撞问题在技术上可以解决。本节的计算是概念性的。防撞承台的构造和消能性能都可以改进,桩的直径和桩顶部的设计都可以变化,增加其延性,达到增加耗能能力的目的。

5 结语

本文在先期船撞力设防标准研究基础上,对青岛海湾大桥一期工程大沽河桥进行了初步的船撞研究和防撞设计工作,取得的成果如下。

近期船舶撞击力标准是基本合理的,整体抗船舶撞击能力能满足,但其安全储备稍显不足,因此宜通过合理防撞设计适当降低船舶撞击力。

就近期防撞要求,为大沽河桥设计了固定钢套箱防撞设施,主塔墩防撞设施在一定程度上减小撞击力(最大撞击力减小了16.4%,),最大撞击力由19.47MN减小到16.28MN(设防标准为20.8MN),安全储备得到了较大的提高,同时有效保护了承台,也减少了对船舶的破坏,防撞设施达到了预期的效果。对于航道桥辅助墩,从最大撞击力工况和低水位撞击工况来看,钢套箱不但有效地减少了船舶撞击力(最大撞击力由20.3MN减至12.96MN,减幅达

36.2%)，同时也避免了桩被直接撞击的危险，保护了桩基础。而从套箱变形和船舶撞深来看，钢套箱对保护承台和船舶也是很有利的。

就远期防撞研究成果，大沽河桥主塔墩和辅助墩采用5 000t满载散货船进行撞击分析，大沽河主塔墩、4号辅助墩的整体抗撞击能力显著不足，采用独立防撞墩方案可以解决远期万吨级船舶的防撞问题。

参考文献

[1] 王君杰，等. 湛江海湾大桥防撞系统动力仿真分析[J]. 2003.

[2] 王君杰，等. 苏通长江公路大桥船撞数值仿真模拟与动力反应分析[J]. 2003.

[3] 王朝军，陈传尧，章建军，刘小虎. 桥墩防护装置数值模拟分析[J]. 国外桥梁，2001(4).

[4] 杨渡军. 桥梁的防撞保护系统及其设计[M]. 北京：人民交通出版社，1990.

[5] 上海船舶运输科学研究所. 苏通长江公路大桥基础防撞结构研究报告[D]. 2004.

苏通大桥防撞设计介绍

张喜刚　袁　洪　孔海霞　季卫红

（中交公路规划设计院有限公司　北京　100088）

摘　要：本文介绍了苏通大桥的防撞设计理念，并对防撞设计方案进行了研究，开创性地提出了承台施工钢吊箱与封底混凝土共同作为防撞设施的方案。

关键词：设计理念　防撞方案　主动防护系统　防撞设施

Introduction for anti-collision design of Sutong Yangtze River Bridge

Zhang Xigang　Yuan Hong　Kong Haixia　Ji Weihong

（CCCC Highway Consultants Co. Ltd.，Beijing，100088）

Abstract：This paper introduces anti-collision design concept of Sutong Yangtze River Bridge, does some research on anti-collision design schemes, and puts forward an initiating scheme of combining steel suspension box for cushion cap construction with bottom sealing concrete to be the anti-collision scheme.

Keywords：design concept；anti-collision scheme；initiative defending system；anti-collision establishment

1　引言

2007 年 6 月 18 日上午 10 点，连接“人间天堂”苏州与“中国近代第一城”南通的长江公路大桥——苏通大桥，提前实现全线贯通，世界最大跨径的斜拉桥成功合龙了。

大桥的顺利建成凝结着一代代中国桥梁建设者的集体智慧，是新中国桥梁建设 50 年的技术积累，标志着中国从桥梁大国向桥梁强国跨越的重要一步。

跨越航道修建桥梁，设计者首当其冲要考虑的重要安全问题就是船撞。苏通大桥在防撞设计理念及防撞措施的设置上具有相当的前瞻性，其领先水平被业界认可。

2　苏通大桥的防撞设计理念

2.1　防撞系统设计指导思想

苏通大桥位于长江下游，为长江船舶航行密度最大的地区之一。全桥长 8 146m，其中主桥为 100mm + 100m + 300m + 1 088m + 300m + 100m + 100m = 2 088m 双塔双索面钢箱梁斜拉桥；辅桥总长 923m，包括 140m + 268m + 140m = 548m 的 PC 连续刚构和 5 ×75m = 375m 的 PC

基金项目：交通部西部交通建设科技项目，编号：200731882234；交通部标准制修订项目“公路桥梁抗撞防撞设计指南”。

连续梁;其余为南北引桥,长5 135m,跨径为30m、50m、75m,PC连续梁。规划航道布置见图1,苏通大桥通航孔一览表见表1。

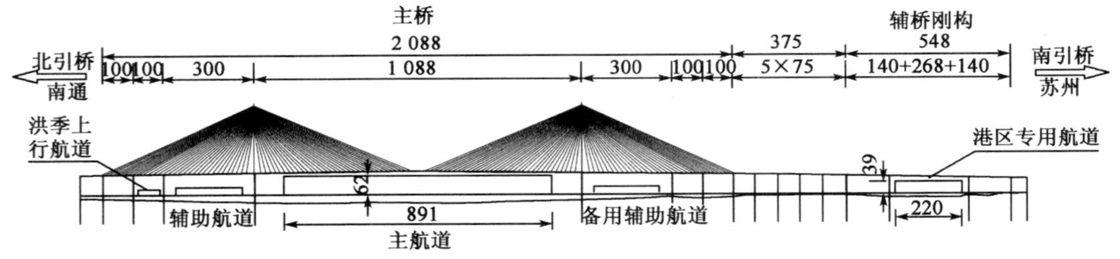

图1 苏通大桥规划航道布置示意图(尺寸单位:m)

苏通大桥通航孔一览表 表1

规划通航孔	航道	通航净宽(m)	净高(m)	跨距(m)	代表船型
主通航孔	单孔双航道	891	62	1 088	5万吨级
主通航孔南北边孔	单孔单航道	220	24	300	万吨级船队
洪季上行通航孔	单孔单航道	70	15	100	千吨级船舶
专用通航孔	单孔双航道	220	39	268	万吨级船舶

其主航道规划除通航5万吨级海轮,4.8万吨级船队,尚有10~30万吨级的修造船舶。

为了解决大桥与通航船舶的关系问题,苏通大桥实施过程中开展了一系列关于水文、船舶通航、船舶撞击及大桥防撞专题研究。包括工可阶段的"桥梁通航净空尺度和技术要求论证研究"、"船舶撞击力标准及防撞方案研究";初步设计阶段的"船舶通航实船试验及模拟研究"、"船舶撞击数模分析及基础防撞方案研究"等;技术设计和施工设计阶段的"桥区附近失控船舶漂流数值模拟"、"苏通长江公路大桥基础防撞研究"。另外,针对大桥所在河段特点,进行了船舶撞击风险评估,提出了减小失控船舶撞击风险的措施。综合各项研究成果及各桥墩基础设计防撞能力,确定苏通大桥各桥墩船舶撞击力标准,见表2。

苏通大桥各桥墩基础船舶撞击力标准 表2

桥墩	方向	桥墩设计抗撞力(MN)	桥墩	方向	桥墩设计抗撞力(MN)
主桥北、南主墩	横桥向	130	南边墩6	横桥向	2.33
	顺桥向	65		顺桥向	1.2
南、北近塔辅助墩	横桥向	40.6	北边墩4	横桥向	10.8
	顺桥向	20.3		顺桥向	5.4
远塔辅助墩	横桥向	14.5	北边墩5	横桥向	9.1
	顺桥向	14.8		顺桥向	4.6
过渡墩	横桥向	14.5	北边墩6	横桥向	5.3
	顺桥向	14.8		顺桥向	2.7
南边墩4	横桥向	10.59	其他非通航孔桥墩	横桥向	2.33
	顺桥向	5.3		顺桥向	1.2
南边墩5	横桥向	7.6	专用航道桥主墩	横桥向	60
	顺桥向	3.8		顺桥向	55

考虑到苏通大桥桥位处的航道和航运特点,为降低船舶特别是大型船舶直接撞击桥梁的风险,确保大桥和航行安全,防撞系统设计的指导思想是:

(1)建立主动防护系统,降低船舶直接撞击桥梁的风险。

(2)基础整体防撞能力应满足设防标准要求,确保在预期情况下的结构安全。

(3)设置必要的防撞设施,加强局部构造处理,避免局部损坏导致结构整体破坏。

主动防护系统主要包括桥区失控船舶应急系统、桥区船舶航行管理系统(VTS)等,其中VTS是主动防护系统的重要组成部分,委托专业对口单位进行了专门研究。

VTS系统可通过动态监视和跟踪设定区域内的目标,为过往船舶提供桥区水流、风速、风向等实时情况,指导船舶进入各自的航道,避免船舶无序航行的发生。这样可以提高通行船舶流量,减少船舶偏航概率,确保船舶进入大桥航道时的航行安全。

通过VTS系统研究,提出一套可行的能确保大桥及船舶安全并对船舶的航行影响最小的"苏通大桥VTS系统"解决方案,为建设"苏通大桥船舶航行管理系统"提供依据。

简言之,由于传统的防船撞设施无法满足工程需要,因此采用主动与被动相结合的方式。一方面利用船舶交通安全管理系统对桥区通航船舶进行24h监控,一方面利用施工承台用的双壁钢吊箱及封底混凝土,形成了保护桥塔基础的"盔甲"。

2.2 防撞设施的设置原则

(1)由于基础整体防撞能力满足设防标准要求,防撞设施的作用主要是保护主体结构局部构造。

(2)为保证高水位时塔柱和墩身能够承受船舶局部撞击力,根据结构自身特点,通过分析,对可能受到撞击区域进行了必要的局部加强,不设专门的防撞设施进行保护。

(3)钻孔灌注桩单桩较薄弱,受到船舶撞击后容易产生局部损坏,是防撞设施防护的重点。

3 苏通大桥的防撞方案

3.1 常用防撞方案研究

采取船舶管理措施可减小船舶撞击桥墩的概率,但仍不能消除船舶撞击桥墩的可能性,需要采取可靠的桥墩防撞系统。防撞设施按照与主体结构的关系主要包括两大类:一类为依附于主体结构存在的防撞设施,暂称为A类,如缓冲消能防撞设施、浮体系泊防撞设施、围堰等;另一类为独立于主体结构之外存在的防撞设施,暂称为B类,如独立桩群防撞、人工岛等。各类防撞设施的主要特点见表3。

B类防撞设施由于独立于主体结构存在,水深过大,则需要较大的钢板桩长度,同时还要加强钢板桩的强度,为避免过大的造价,水深不宜太深,一般适合应用于水深不超过10~15m的水中。苏通大桥主墩不考虑冲刷影响,最大水深为19.7m、27.5m(最高通航水位),因此以考虑A类防撞设施为主。首先对浮式消能箱进行了研究,之后又创造性地提出了利用承台施工双壁钢吊箱和封底混凝土来实现防撞,使结构自身有效地抵御船舶撞击力,最终采用后者。节约钢材约1万t,取得了显著的技术经济效益。

国外几座著名大桥的防撞方案见表4。

各类防撞设施的主要特点 表3

<table>
<tr><td colspan="2" rowspan="2">防撞设施</td><td colspan="2">A 类</td><td colspan="2">B 类</td></tr>
<tr><td>缓冲消能设施</td><td>浮体系泊</td><td>独立墩防撞(人工岛)</td><td>独立桩群防</td></tr>
<tr><td colspan="2">组成</td><td>在主墩周围安装消能设施,主要由钢结构主体、消能箱、橡胶件组成</td><td>在防撞的一侧设置,由浮箱及系泊系统组成</td><td>由钢板桩组成围堰,内填摩擦角大的砂石。水线以上钢板桩间施焊加固连接,并开孔穿钢筋与混凝土牢固连接</td><td>采用钢管桩内填混凝土,在群桩顶端采用桁架结构连接或混凝土承台,外侧用钢结构护舷,部分采用斜桩</td></tr>
<tr><td colspan="2">防撞范围</td><td>各角度撞击</td><td>有限防撞角</td><td colspan="2">有限防撞角</td></tr>
<tr><td colspan="2">河床冲刷相互影响</td><td colspan="2">较小</td><td colspan="2">大,需防冲刷保护</td></tr>
<tr><td colspan="2">建造工艺特点</td><td colspan="2">船台建造,水上安装</td><td colspan="2">水上施工</td></tr>
<tr><td colspan="2">撞损后修复费用</td><td colspan="2">小</td><td colspan="2">大</td></tr>
<tr><td rowspan="2">采用防撞措施后主墩防撞力变化</td><td>横桥向</td><td colspan="2">-30% ~ -50%</td><td colspan="2">-30% ~ -50%</td></tr>
<tr><td>顺桥向</td><td>约 -30%</td><td>0</td><td colspan="2">0</td></tr>
</table>

几座著名大桥防撞方案 表4

大桥名称	通航跨度 m	高度 m	航行船舶最大吨位 DWT	撞击力 MN	防撞设施	VTS
青马桥	1 377	62.1			人工岛	
汀九桥	448 +475	76.4	220 000		人工岛	
大海带东桥	1 624	65	250 000	673	人工岛	有
奥兰松桥	490	57	180 000	550	人工岛	
诺曼底桥	856	50	130 000		围堰	
明石海峡桥	1 990	65			缓冲垫	
东京湾高速公路桥			7 000		桩群	
达姆岬桥	396	53.4			独立防撞墩	
新悉尼莱尼欧桥	381	56.4			人工岛	

3.2 苏通大桥防撞方案

3.2.1 基础防撞设施

苏通大桥主桥 1 ~8 号墩、辅桥刚构两个主墩的基础防撞主要采取以下的结构措施:

(1)加厚或局部加厚(经分析必要时)封底混凝土并利用承台施工吊箱共同抵抗船舶撞击,确保低水位时桩基不直接受到船舶的撞击。吊箱内浇注一定高度的混凝土,增强抗撞能力。

(2)设置剪力键加强承台吊箱与承台、封底混凝土之间的连接。

(3)在封底混凝土内设置适当数量的桁架并伸入承台,加强封底混凝土的整体性和封底与承台间的连接。

(4)采用变截面桩并考虑钢护筒作用,提高单桩强度。

主桥主墩基础防撞设施构造示意图见图2。

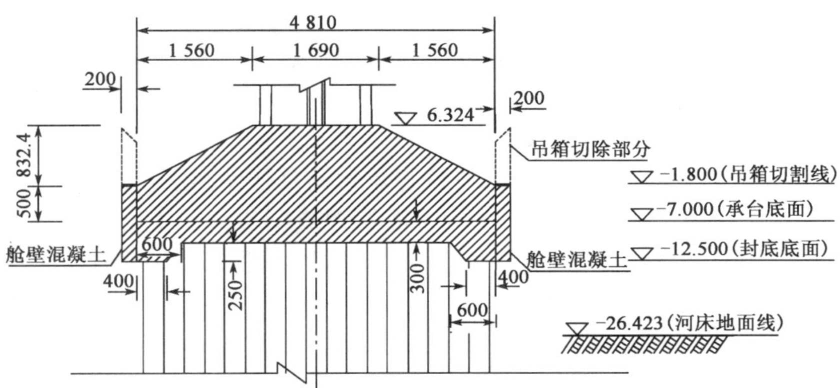

图2　主桥4号主墩基础防撞设施示意图(尺寸单位:cm,高程单位:m)

(1)低水位时,根据5万吨级船满载吃水深度确定封底混凝土底面高程,同时封底混凝土底面不应低于防护后的河床面。由此确定封底混凝土底面高程4号主墩为－12.5m,5号主墩为－10.0m。

(2)为减轻结构自重,4号主墩封底混凝土采取变厚度方式。在外部直接承受船撞力的区域,封底混凝土厚度为5.5m,这部分混凝土平面范围至少包括最外侧的一排钻孔桩,其余部分封底混凝土厚度为3m,厚度变化部分采用直线平缓过渡。5号主墩采用3m等厚度的封底混凝土。

(3)封底混凝土内布置钢桁架,见图3,其构造根据承包商拟定的吊箱结构和防撞要求确定。桁架的高度从吊箱底板起进入承台底面40cm;桁架宽度结合桩径和群桩布置形式,顺桥向为3.375m,横桥向为2m。桁架的杆件尺寸根据计算确定,并且不小于一定的含钢量,以保证封底混凝土的整体性。桁架与吊箱应进行可靠连接。

(4)吊箱内壁设置伸入承台的剪力键,剪力键采用900mm×200mm×25mm的钢板,平面间距1.5m,竖向间距1.0m,剪力键布置范围自吊箱底板以上至吊箱切割线之间。

(5)吊箱内浇注舱壁混凝土至－2.0m。

(6)采取构造措施,确保钢护筒共同参与受力。

为了确保钢护筒参与整体受力,将承台封底混凝土顶面上的钢护筒切割成锯齿状的板条,见图4。

图3　主桥主墩封底混凝土浇注前的钢桁架

图4　主桥主墩封底顶面上的钢护筒切割施工

3.2.2 墩身防撞方案

苏通大桥的防撞设计不仅针对通航孔桥的承台与基础,同时针对通航孔桥的塔柱、墩身及非通航孔桥,在船舶撞击风险概率研究的基础上,提出了相应的设防标准。

(1)主桥下塔柱局部受撞。

由于地基承载能力较低,为减轻自重,在确保承台满足强度和刚度的条件下,将承台顶表面处理成斜坡。不利条件是最高通航水位4.3m时代表船型压载撞击承台表面而继续前移撞击下塔柱。

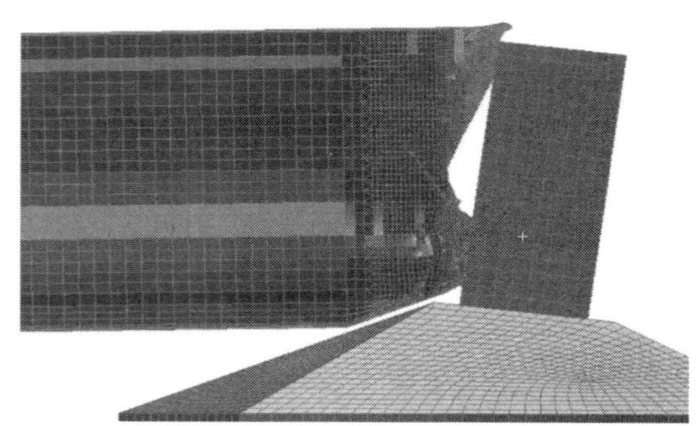

图5 最高通航水位4.3m,5万吨级船舶压载时撞击承台终止位置

该撞击过程为碰撞—搁浅—再碰撞,属于复杂的非线性动力响应问题。分析时,船舶与承台摩擦系数取0.1~0.35,计算得到的最终形态见图5。船舶在撞击承台表面后继续前行12.3m,并撞击下塔柱。球首对下塔柱的水平撞击力为26MN,首楼对塔柱的水平撞击力为14MN。考虑上述撞击力,对下塔柱一定高度范围内进行了局部加强。

(2)辅桥刚构墩身。

辅桥刚构主墩墩身船舶撞击力标准见表5。

辅桥连续刚构桥主墩墩身船舶撞击力标准 表5

横桥向船撞力(MN)	纵桥向船撞力(MN)	在墩身表面分布范围 宽度(m)×高度(m)	撞击中心点高度(m)(距承台顶面)
5.0	2.5	2.5×0.2	9.1

辅桥刚构主墩墩身采用空心双薄壁墩,平面尺寸为2.5m×7.5m,长边壁厚0.6m,短边壁厚0.8m,墩底2m范围为实心段。为承受可能出现的撞击荷载,墩身中设置了厚度为60cm,高度为8.5m的隔墙,如图6所示。过渡墩墩身采用空心墩,平面尺寸为4m×7.5m,长边壁厚0.7m,短边壁厚1m,其墩顶及墩底2m范围为实心段;同时,为承受可能出现的撞击荷载,实心段之上9m范围内的⑥、⑦号钢筋进行了加强,钢筋直径由16mm调整为20mm,中心线距桥轴线8.7m。

为增强墩身的延性,在墩顶、墩底8m区域对箍筋进行了加密,并将墩身壁厚内的定位钢筋做成180°的弯钩。

(3)非通航孔桥墩身。

合理确定承台顶标高,在墩身可能遭遇船舶撞击的部位采用实心段,其余为空心墩。水中非通航孔墩身承台顶以上墩身实心段高度为4m。

4 结语

苏通大桥提出了主动与被动相结合的防撞设计理念,开创性地提出了采用承台施工双壁钢吊箱和封底混凝土来实现防撞的方案,在节约工程造价的同时,又确保了主体结构的安全。

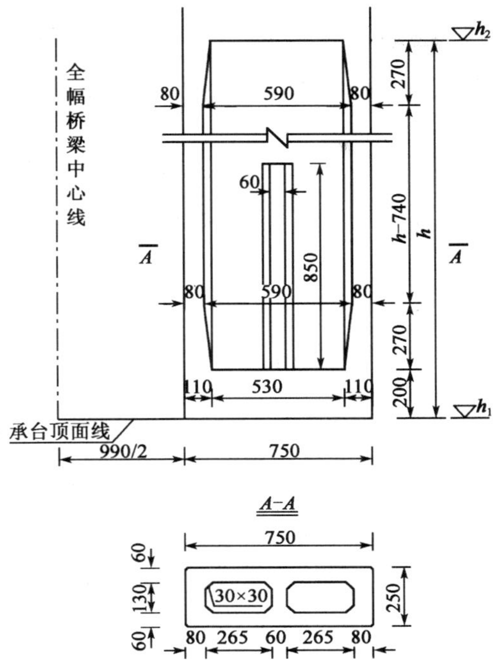

图6 辅桥刚构主墩墩身防撞构造(尺寸单位:cm)

参 考 文 献

[1] 中交公路规划设计院,等. 苏通长江公路跨江大桥工程施工图设计. 2004.

[2] 苏通长江公路大桥跨江大桥工程设计指南.

[3] 上海船舶运输科学研究所,同济大学. 苏通长江公路大桥基础防撞研究. 2004.

重庆万州长江大桥防撞方案研究

耿　波[1]　王福敏[1]　王君杰[2]
(1. 招商局重庆交通科研设计院有限公司　重庆　400067;
2. 同济大学桥梁工系系　上海　200092)

摘　要:主跨为420m的万州长江大桥是世界上跨径最大的拱桥,随着三峡枢纽的运行,三峡库区的水位将会逐渐提高到175m,大桥的拱圈及桥墩将会被淹没。加上库区内船舶通航密度的增大,桥梁被撞击的风险也将逐步提高。根据大桥所处河流及航道的特点,在对大桥进行风险分析的基础上,提出了三种大桥的防撞设计方案,为类似环境下的桥梁防撞设计提供参考。

关键词:重庆万州长江大桥　防撞系统　方案设计

The anti-collision scheme research on Chongqing Wanzhou Yangtze River Bridge

Geng Bo[1]　Wang Fumin[1]　Wang Junjie[2]
(1. China Merchants Chongqing Communications Research & Design Institute Co. Ltd., Chongqing, 400067; 2. Department of Bridge Engineering, Tongji University, Shanghai, 200092)

Abstract: Main span of Wanzhou Yangtze River Bridge is 420m, the largest arch span in the world. With the operation of Three Gorges Reservoir, the water level will increase to 175m, meanwhile the bridge arch and the pier will be submerged. And with the increase of vessel traffic density, the risk of vessel-bridge collision will be gradually increased. According to the characteristics of rivers and waterways of bridge, based on risk analysis. Three anti-collision scheme for the bridge piers are put forward, which will provide reference for the similar bridges.

Keywords: Chongqing Wanzhou Yangtze River Bridge; anti-collision system; scheme design

1　工程简介

万州长江公路大桥位于万州区主城上游7km黄牛孔处,是国道主干线(成都—上海)跨越长江的一座特大型公路桥梁。1994年5月1日正式动工,1997年建成通车。该桥为主跨420m的钢管劲性骨架混凝土上承式拱桥,净矢高84.0m,净矢跨比1/5,主拱圈高7m,宽16m,在同类桥梁中跨径最大。桥梁纵向桥跨布置为5×30.668m(简支T梁)+420.0m(单室三箱

项目支持:交通部西部科技项目资助,编号:200731882234。

作者简介:耿波(1979—)博士,副研究员,主要从事桥梁结构与船撞研究,E-mail:gengbo01@163.com。

拱）+8×30.668m（简支T梁），全长856.12m；桥面横向布置为0.25m（栏杆）+3.0m（人行道）+0.5m（防撞护栏）+7.75m（车行道）+1m（中央分隔带）+7.75m（车行道）+0.5m（防撞护栏）+3.0m（人行道）+0.25m（栏杆）=24.0m。主桥桥型布置见图1。

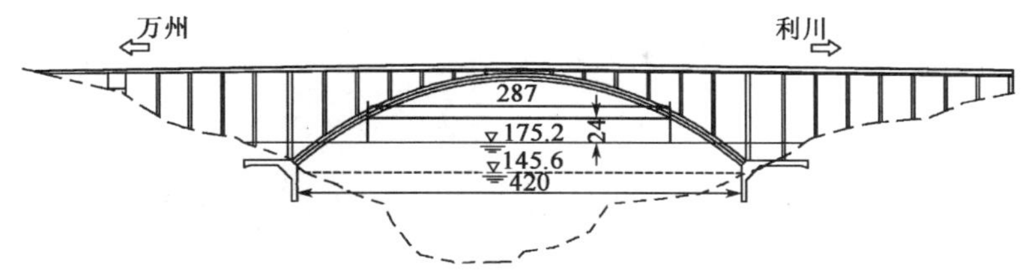

图1 重庆万州长江大桥桥型布置图（尺寸单位：m）

随着三峡枢纽的运行，水库运行水位逐年提高，特别是三峡枢纽正常运行后，在175.2m水位时，该桥的部分拱圈及桥墩将被淹没，成为水中建筑物，该桥存在被船舶撞击的危险，所以需要采取防护措施防止事故发生。

2 桥位环境特点

2.1 桥区水文特点

长江万州河段位于长江上游，处于三峡水库常年回水区内，上起三洲溪，下至银萧溪，全长16km，河槽单一，水域宽阔，整个河段平面形态成90°河湾形状。万州长江大桥桥位河段位于长江万州弯道上游，其航道里程为338～339km（距宜昌）。桥位河段河槽单一，中上段顺直，下段微弯。三峡蓄水后桥位河段枯、中、洪水河宽变化不大，河宽在470m左右。桥位河段两岸多石岩、石盘和突咀。

根据三峡水库坝前水位的调度，库区正常蓄水后，一年之中将有半年时间处于175m（吴淞高程）的高水位，由于万州长江大桥拱圈基座高程较低，仅为152.59m（黄海高程，对应吴淞高程154.33m），因此一年中大部分时间拱圈将被部分淹没，桥区可通航的区域较以前变窄，对船舶的习惯航迹产生一定的影响，存在失控船舶撞击拱圈的隐患。

2.2 桥位处航运特点

三峡蓄水后，桥区水位大幅提高，通航条件有显著改善，通航等级按一级标准设计。桥区河段主力船型为3 000吨级的干散货船，但5 000吨级和8 000吨级干散货船也已开始出现。现运行长江上游船队主要以长航集团的万吨级船队为主。

根据“万州长江公路大桥有效通航净空尺度及防碰方案涉及航道影响专题研究”报告，在三峡水库按175m蓄水运行后，研究代表船舶（队）为1 942kW拖轮与1 500t驳船组成的万吨级船队和3 000吨级干散货船。由于集装箱船舶较多，5 000吨级甚至8 000吨级干散货船已经在库区出现，需开展适当兼顾这类船型的安全通航研究。

2.3 桥梁船撞风险分析

三峡水库建成蓄水后，一年之中将有半年时间处于175m（吴淞高程）的高水位，大桥的拱圈都将处于水中。图2照片拍摄于2009年10月，拱圈已经没入水中，而且抗撞能力更弱的拱座上的立柱也已入水，受船舶撞击的风险非常大。

图2 万州长江大桥现场照片(水位:168m,黄海高程)

根据“万州长江公路大桥安全评估报告”中的计算结果,拱圈最大仅能承受20MN的侧向船撞力,立柱侧向抗力则只有3.5MN。拱圈及立柱侧向极限抗力计算结果见表1。

拱圈及立柱侧向极限抗力计算结果 表1

名　　称	拱圈侧向极限抗力(MN)	立柱侧向极限抗力(MN)
万州长江公路大桥安全评估报告	20	3.5

3 桥墩防护措施分析

针对万州长江大桥拱圈及拱上立柱横向抗力弱、桥区水位落差大、河床岩石裸露等特点,防撞系统设计时,主要思想是将船舶隔离在距离桥梁一定距离的安全范围之外,尽量不让拱圈和拱上立柱直接遭受船舶的撞击,这主要通过改变船舶行进方向或消能手段来实现。同时,还要辅以一定的助航措施以及局部防护措施,一方面引导船舶顺利通过桥区,另一方面减少由于碰撞导致的桥梁局部损伤。

万州长江大桥防撞系统的设置应遵循以下原则:

(1)尽量保证偏航船舶不直接撞击桥梁结构。

(2)对船舶碰撞的撞击能量进行转移或消能缓冲。通过拨转船头的方式将偏航船舶引入正常航行轨迹,使撞击动能持续保留在船舶上,减小防撞设施的受力;或通过消能方式持续消耗船舶的撞击能量,把船舶碰撞力减小到安全范围内。

(3)防撞设施不能影响航道的通航,占用可通航水面的范围尽量少。

(4)通过合理的防撞结构设计、高性能材料选择,尽量减少船舶的损伤。

(5)防撞设施功能可靠,制造、安装经济方便。

(6)防撞设施应尽可能地减少维修养护费用,并考虑其被撞坏后易修复。

按以上原则,防撞方案主要考虑以下4种。

3.1 方案1:浮式钢箱+钢臂+水下基础组合方式

该方案主要是在距离桥梁上、下游一定距离处设置圆弧式浮式密封钢箱,通过浮于水上的两段铰接密封钢臂使浮式钢箱随水位上下浮动,同时在迎船侧辅以一定的锚固缆索体系,减小钢臂的受力。一旦发生船撞作用,整个结构体系可协作受力,以改变船舶的行进方向为主要目标,起到“四两拨千斤”的作用,并同时吸收一定的撞击能量,减小船舶的撞击力。

钢箱防撞主体结构类似于船体结构，由内围壁、外围壁、底板、上甲板、下甲板、纵横舱壁等板架构件组成，这些构件将浮箱分隔为若干个水密区域，防撞设施各个构件的布置和组成件尺度应符合下述要求：①当受到严重碰撞时能通过自身的变形和破坏充分吸收船舶动能，减少船对桥的碰撞力；当受到较小的碰撞时又能有足够的强度和抗变形能力，尽可能保持防撞设施的整体完好性；②在无事故发生时具有一定的浮力，灵活、方便地使用压载水使防撞设施保持良好的浮态；在受撞破损后，能使破损范围限制在一定区域内，防撞设施仍可保持必需的浮力和必要的浮态，不发生沉没，使防撞设施修复方便；③能够可靠、方便地安装各种必要的设备、装备；④防撞钢箱可以有效地保护桥墩和船舶，对船舶的损伤较小。

该方案示意图见图3。

图3 方案1：浮式钢箱+钢臂+水下基础组合方式示意图

该方案的特点：

(1)采用圆弧形的钢箱形状，发生船撞作用时，能拨转船头，减小防撞设施的受力。

(2)采用封闭式矩形断面的两段铰接钢臂固定钢箱，在库区水位发生变化时，能像人的手臂一样自由调整钢箱的悬浮状态，无论高水位还是低水位，防撞设施均可起到良好的保护作用。

(3)下水迎船侧采用水下基础系缆方式，发生船撞作用时，可有效分担钢臂的受力，共同抵御船舶以及水流对防撞设施的冲击作用；上水迎船侧可取消水下基础，发生船撞作用时，防撞设施本身就可起到阻力作用，消耗船舶的撞击能量。

(4)防撞设施有效防护范围大，高水位时防撞设施可在钢臂带动下外伸，符合危险范围随水位变化的规律，且自水中到岸边均可起到防护作用。

(5)水下系缆基础顶面高程控制在145m左右，可方便低水位时换缆的要求，同时由于系缆的存在，对靠近岸边的偏航船舶也能起到良好的防护作用，且低水位时基础本身就可起到防撞作用。

(6)整个防撞系统大部分由钢结构组成，可方便工厂加工和现场安装。

(7)该防撞系统适合所有船型，无论船舶吨位大小、船头形状(V形或球鼻艏)均可起到防护作用。

3.2 方案2：浮筒+重力坠+水下基础组合方式

该方案类似于绳索的防护方式，为了适应桥区水位落差大、河床岩石裸露无覆盖层、防撞设计船舶吨位大的特点，首先在河床进行水下施工，水下基础高程控制在低水位高程左右，水面防撞浮筒通过钢缆穿过水下承台后与一重力坠相连，水面上的浮筒采用钢缆连接，发生船撞作用时,通过浮筒浮于水面的钢缆挂住船舶,提升水下重力坠消耗船舶的撞击能量,将危险船舶拦截在桥梁的安全范围之外,达到保护桥梁的目的。

该方案示意图见图4。

图4　方案2:浮筒+重力坠+水下基础组合方式示意图

该方案的特点:

(1)采用类似于网的拦截方式,发生船撞作用时,能有效消耗船舶的撞击能量,将船舶隔离在安全范围之外。

(2)采用浮筒+重力坠的悬浮形式,在库区水位发生变化时,能自由调整浮筒系缆的长度,高水位时能有效对浮筒进行定位,低水位时由于岸边水深较浅,可采用人工收放缆的方式进行调整。

(3)发生撞击作用时,重力坠的提升可大量消耗能量,降低危险船舶的速度,同时还可以起到复位作用。

(4)有效防护范围较大,自水中到岸边均可起到防护作用。

(5)水下基础顶面高程控制在145m左右,可方便低水位时换缆的要求,且低水位时基础本身就可起到防撞作用。

(6)该防撞系统主要适用于带球鼻艏的船型,对于V字形船首的船型有一定的适用性。

(7)由于整个系统关键构件为钢缆,一旦因锈蚀或发生船撞作用导致钢缆断裂,换缆工作需水下作业。

3.3　方案3:浮式钢箱+重力坠+水下基础组合方式

该方案首先在距离桥梁一定距离处进行水下施工,建造一个水下基础平台,水下平台高程控制在低水位高程左右,然后将制造好的直径40m的圆形密封钢箱通过钢缆穿过水下承台后与一系列的重力坠相连,发生船撞作用时,通过圆形钢箱拨转船头并同时提升水下重力坠,使能量进行转移和消耗,从而达到保护桥梁的目的。

该方案示意图见图5。

该方案的特点:

(1)采用圆形的钢箱形状,发生船撞作用时,能拨转船头,减小防撞设施的受力,同时钢箱平台还可考虑作为观景平台使用。

(2)采用圆形钢箱+重力坠的悬浮形式,可使钢箱系缆受力均匀,在库区水位发生变化时,能自由调整钢箱系缆的长度,高水位时能有效对浮筒进行定位,低水位时需对岸边浅水区的重力坠进行人工调整,使得重力坠处于悬垂,从而保证钢箱的水平状态。

图5 方案3:浮式钢箱+重力坠+水下基础组合方式示意图

(3)下水迎船侧采用一定的系缆方式,一方面发生船撞作用时,也可与钢箱共同抵御船舶的撞击作用,另一方面可以抵御水流的冲击作用;上水迎船侧可取消系缆,发生船撞作用时,防撞设施本身就可起到阻力作用,消耗船舶的撞击能量。

(4)水下基础顶面高程控制在145m左右,可方便低水位时钢箱检修。

(5)整个防撞钢箱由钢结构组成,可方便工厂加工和现场安装,同时一旦发生船撞作用导致主体钢结构损坏,能方便快速地完成修复工作。

(6)该防撞系统适合所有船型,无论船舶吨位大小、船头形状(V形或球鼻艏)均可起到防护作用。

(7)该防撞系统有效防护范围有限,能对大部分偏航船只起到防护作用。

3.4 方案4:独立防撞悬臂结构

该方案是在距离桥梁一定距离处设置一平行于拱圈的钢桁架悬臂结构,其高度与拱圈保持一致,整个防撞悬臂结构通过扣缆锚固于岸坡上,悬臂结构迎船侧可设置一定数量的缓冲装置,发生船撞作用时,悬臂结构通过变形和缓冲消能,减小船舶的撞击力。

该方案示意图见图6。

图6 方案4:独立防撞悬臂结构示意图

该方案的特点:

(1)采用平行于拱圈的等尺寸钢桁架悬臂结构,发生船撞作用时,悬臂结构通过变形和缓冲消能,减小船舶的撞击力,尤其对于船舶上部结构(甲板室和桅杆)具有较好的防护性能。

(2)该防撞系统不受库区水位落差的影响,通过对钢桁架进行外观装饰,可具有良好的景观效果。

(3)整个防撞钢箱由钢结构组成,可方便工厂加工和现场安装,同时一旦发生船撞作用导致主体钢结构损坏,能方便快速地完成修复工作。

(4)该防撞系统对于大吨位船头直接撞击的情况能起到一定的防护作用。

4 结语

三峡库区正常蓄水后,万州长江大桥处水位大幅提高,部分拱圈和立柱淹没于水中,长江航道水运的改善,增加了来往船舶的密度,也给大桥的安全运营带来挑战。本文就桥位处水文、航道等资料,结合结构分析,提出了适于该类环境下对桥梁安全有利的防护设计方案,为库区同类型桥梁的防撞设计起到抛砖引玉的作用。

参考文献

[1] 重庆交通大学,等. 万州长江大桥工程竣工图纸. 1994.

[2] 长江重庆航道局,中交武汉港湾工程设计研究院有限公司. 万州长江公路大桥有效通航净空尺度及防碰方案涉及航道影响专题研究. 2009.

[3] 重庆交通科研设计院. 万县长江公路大桥安全评估报告[R]. 2008.

[4] 重庆市港航管理局. 三峡库区船撞风险分析研究报告[R]. 2007.

[5] 戴彤宇. 船撞桥及其风险分析[D]. 哈尔滨:哈尔滨工程大学,2002.

[6] 耿波. 桥梁船撞安全评估[D]. 上海:同济大学,2007.

[7] 杨渡军. 桥梁的防撞保护系统及其设计[M]. 北京:人民交通出版社,1990.

黄花园嘉陵江大桥船桥碰撞有限元计算模型的选择分析

吴永固

(四川丽攀高速公路有限责任公司　成都　610041)

摘　要:船桥碰撞模型大体分为三类:船撞刚性墙模型、船撞单墩模型和整船整桥模型。本文通过对黄花园嘉陵江大桥在三种计算模型下的船桥碰撞数值模拟分析,得到了三种计算模型的特点及适用条件。同时也得到了在全桥模型下船舶与主墩碰撞时碰撞力、船首结构变形、桥梁上部结构的动力响应等。

关键词:船桥碰撞　数值模拟　计算模型　选择分析

Selection of vessel-bridge collision model of Huanghuayuan Jialing River Bridge

Wu Yonggu

(Sichuan Lipan Expressway Co. Ltd., Chengdu, 610041)

Abstract: Vessel-bridge collision model can be divided into three categories: rigid wall model of ship collision, the ship hit single pier model and the entire ship full bridge model. In this paper, on the basis of numerical simulation of three compute model, the characteristic and applicable conditions of three compute model is presented. Simultaneously, the force, the deformation and the reaction of the up structure is also presented.

Keywords: vessel-bridge collision; numerical simulation; compute model; selection analysis

在船桥碰撞的有限元数值模拟分析中,可以考虑相撞结构材料的非线性本构关系,定义构件之间的碰撞接触面,在时域中计算每一步相撞结构的内力和变形,直至碰撞能量耗散。通过数值模拟计算,船舶与桥梁的接触、碰撞力、损伤变形、内部应力和能量吸收的时间历程可以完整重现,从而可以详细描述整个碰撞过程中的各种力学现象。

船桥碰撞模型归纳起来大体可以分为三类:一是船撞刚性墙模型;二是船撞单墩(塔)模型;三是整船整桥模型。上述三种模型均各有其特点及应用范围,鉴于此,下面将重点针对黄花园嘉陵江大桥的特点来选择适合的计算模型。

1　工程背景

本文以重庆黄花园嘉陵江大桥为背景进行船撞数值模拟分析。该桥为一座跨越嘉陵江的

项目支持:交通部西部科技项目资助,编号:200731882234。

作者简介:吴永固(1986—),助理工程师,硕士,从事桥梁结构分析研究,E-mail:wuyonggu@126.com。

五跨预应力混凝土连续刚构桥，跨径为 137.16m + 3 × 250.0m + 137.16m，主桥下部四个主墩为 7m × 2.5m 的空心或空心双肢薄壁墩，墩高 43 ~ 57m，最低通航水位 165.0m，最高通航水位 190.0m。规划通航 3 000DWT 级船舶。桥型布置图如图 1 所示。

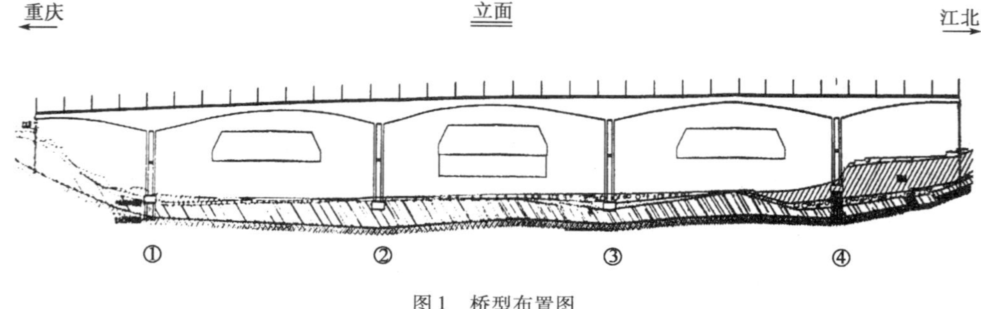

图 1 桥型布置图

2 有限元计算模型

2.1 桥区通航船舶

三峡水库正常蓄水后，嘉陵江河口至合川航道等级已达 III 级航道。其代表船舶如图 2 ~ 图 4 所示。

图 2 小型运沙船

图 3 散货船

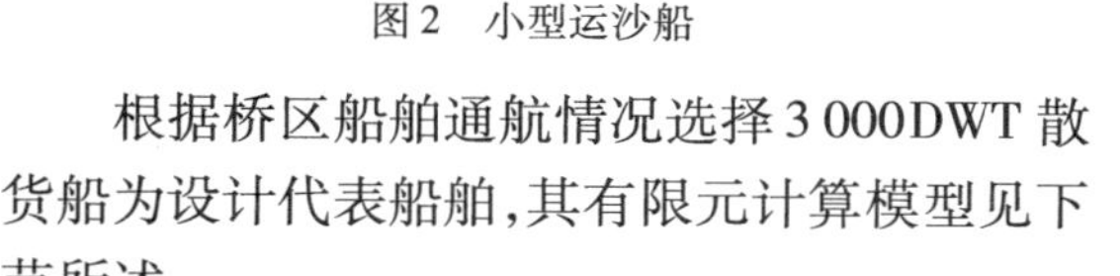

根据桥区船舶通航情况选择 3 000DWT 散货船为设计代表船舶，其有限元计算模型见下节所述。

2.2 撞击船的计算模型

本文选用一艘 3 000DWT 级集装箱船作为代表船舶进行数值计算。集装箱船体结构有限元模型完全按照船体的几何和构造参数建立。为了精确模拟碰撞中船首受碰撞部位钢板的大变形、屈服以及船体内部钢板自接触等力学行为，在集装箱船模型有限元划分中，将

图 4 集装箱船

船首处的有限单元划分得充分细密,以满足计算精度的需要。同时,为了减少有限单元数量,保证计算的效率,船舶后部距船首相对较远,不参与碰撞的部分的有限单元,便可以划分得稀疏一些。船舶外形见图5。船舶基本资料见表1所示。

图5 3 000DWT 散货船外形

3 000DWT 主尺度参数 表1

船舶吨级 DWT (t)	排水量 (t)	总长 (m)	型宽 (m)	型深 (m)	吃水 (m)	方形系数	船首高度 (m)	船首形式
3 000	3 960	92	16.2	4.7	2.8	0.837	6.7	球鼻艏

根据船体不同部位的计算要求,将整个船体分为三个部分,将各部分分别采用不同的材料本构关系来进行描述。第一部分为船首,采用塑性动力学材料本构 * MAT-PLASTIC-KINEMATIC。该模型为各向同性和随动硬化的混合模型,与应变率相关,可考虑失效。密度为 $7.8\times10^3\text{kg/m}^3$,弹性模量为 $2.1\times10^{11}\text{Pa}$,泊松比为0.3,屈服强度235MPa,切线模量1.18GPa,应变率参数 C 为40.4,应变率参数 P 为5.0,失效应变为0.34。第二部分为船首内部支撑柱,采用线弹性材料本构 * MAT-ELASTIC,密度为 $7.8\times10^3\text{kg/m}^3$,弹性模量为 $2.1\times10^{11}\text{Pa}$,泊松比为0.3。第三部分为船舱,采用刚体材料 * MAT-RIGID,改变刚体密度到 $8.8\times10^4\text{kg/m}^3$,以模拟满载排水时船体质量的情况,且此种情况改变对计算结果影响甚微,弹性模量为 $2.1\times10^{11}\text{Pa}$,泊松比为0.3。

2.3 桥梁的计算模型

如图6所示,全桥共分1号、2号、3号和4号主墩,其中1号墩为被撞墩,故在有限元建模时将1号墩用实体单元模拟,以提高计算精度,桩基固结长度为3倍直径6.6m。而其他非被撞墩2号、3号和4号墩用梁单元模拟,并且考虑到三个非被撞墩对计算结果的影响已非常小,所以在建模时略去承台和桩基,只模拟桥墩。

数值模拟中的一个关键是:材料本构的选择和参数的确定,考虑到此处只是对计算模型做一个比较选择,所以无论是刚性墙模型、单墩模型或是全桥模型,三者的材料本构均选为线弹性材料,且密度为 $2.5\times10^3\text{kg/m}^3$,弹性模量为 $3.0\times10^{10}\text{Pa}$,泊松比为0.17。

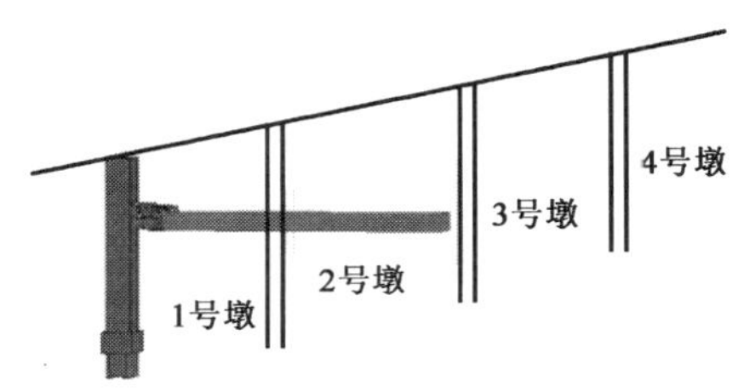

图6 船舶撞击桥梁模型

3 计算模型的选择

通过船撞刚性墙模型、船撞单墩模型和船撞全桥模型计算得到的碰撞力呈曲线,见图7所示。

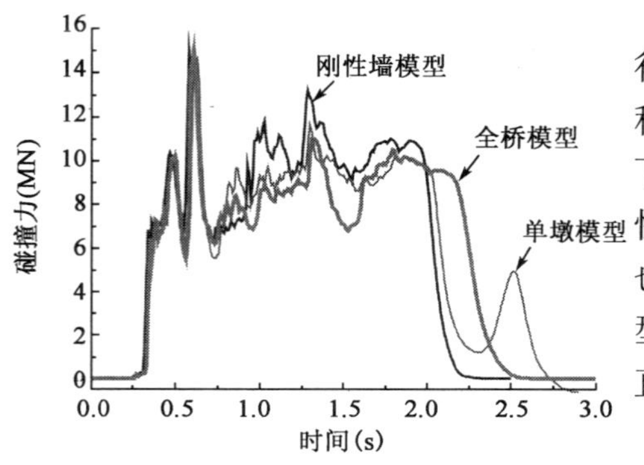

图7 碰撞力时程曲线

从图中可以看出三种模型碰撞力峰值大小相差很小,均发生在0.6s,且在达到峰值之前,碰撞力时程曲线几乎是重合的,在碰撞力峰值过后,曲线开始下降,呈现出高度的非线性。其中刚性墙模型非线性的上升表现得最为明显,同时其最后阶段的下降也出现得很早;全桥模型下降段出现得最晚;单墩模型在最后阶段还有小幅的上升趋势但又迅速下降,直至出现负方向的碰撞力。

将上述计算结果与美国ASSHTO规范中简化力计算公式进行对比可知,在ASSHTO规范中碰撞力为:

$$P_{max} = 0.98 \times \sqrt{DWT} \times \frac{v}{8} = 0.98 \times \sqrt{3\,000} \times \frac{4}{8} = 26.8MN$$

较上述计算结果15MN偏大;而对比我国铁路规范公式:

$$F = \gamma \times v \times \sin\alpha \times \sqrt{\frac{W}{C_1 + C_2}} = 0.3 \times 4 \times \sin 90° \times \sqrt{\frac{39.6}{0.5}} = 11MN$$,则略微偏大。

从能量转化来看,如图8和图9所示,在船舶撞击单墩模型和全桥模型中,桥墩以及全桥结构的弹塑性变形能、船舶的动能、结构摩擦引起的热能损失、界面接触产生的滑移能以及沙漏损失等能量之间发生着相互转化,动能不断减小的同时系统内能在不断的增大,其间伴随着由于接触界面的滑移能和很小的沙漏能。由图10可知系统的总能量为32MJ,船舶的动能几乎全部转化为弹塑性变形能,沙漏能和滑动界面能占很小部分。

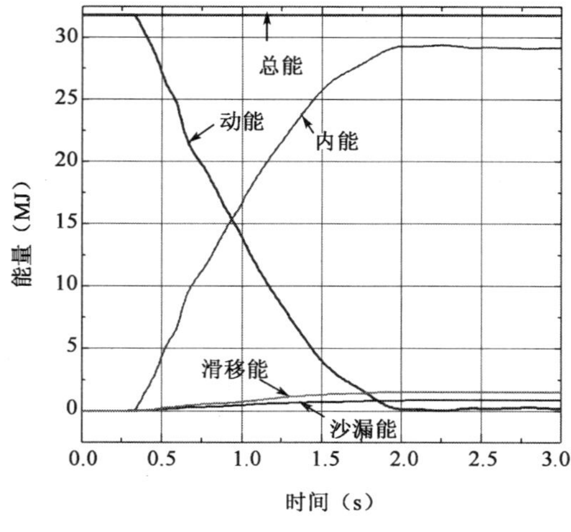

图8 单墩模型能量图

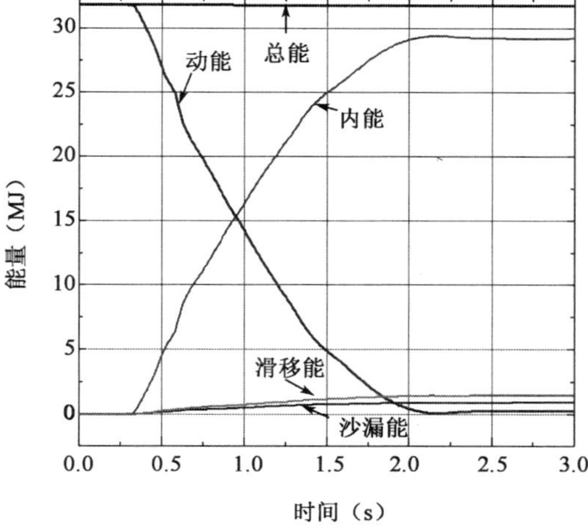

图9 全桥模型能量图

关于船舶的损伤情况可以用船首撞深来描述,三中模型均能很好地反映出船首的变形情况。从图11知道:刚性墙模型船首撞深小于其他两种模型,而单墩模型和全桥模型船首撞深表现出了高度的一致性,由此我们可以看出对于船首变形的描述使用上述两种模型并无太大的区别。

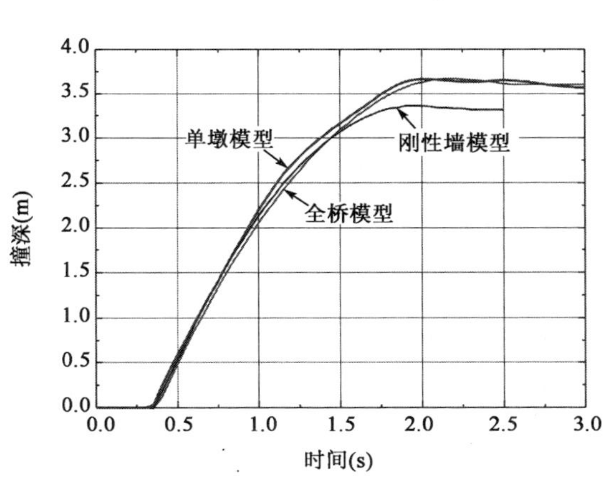

图10 船首撞深时程曲线图

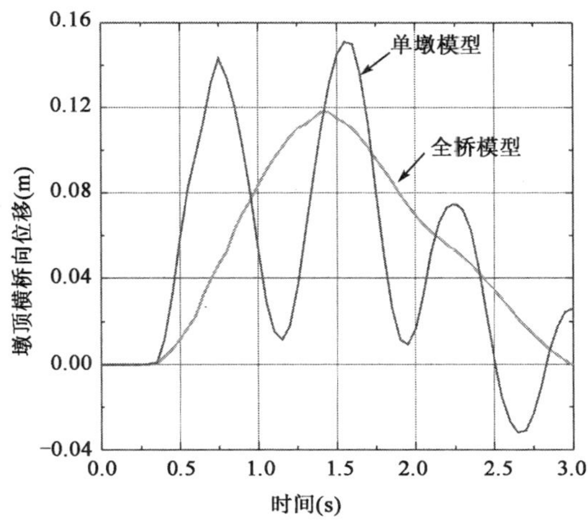

图11 墩顶横桥向位移曲线

桥梁结构的动力响应直接关系到桥梁的安全运营问题。从图11和图12可以看出,船舶撞击主墩时,墩顶的横桥向位移和顺桥向位移均有较大的差别。出现这种状况的原因主要是由于单墩模型没有考虑桥梁上部结构的影响,所以出现了较大的位移,而全桥模型则能够很好地反映桥梁结构的动态响应。

与此同时,墩底最不利单元应力也有较大的差别。单墩模型墩底最大单元应力可达到14.2MPa,而全桥模型却只有11.3MPa,并且两者应力曲线与墩顶横桥向位移曲线有很大的相似性,见图13。

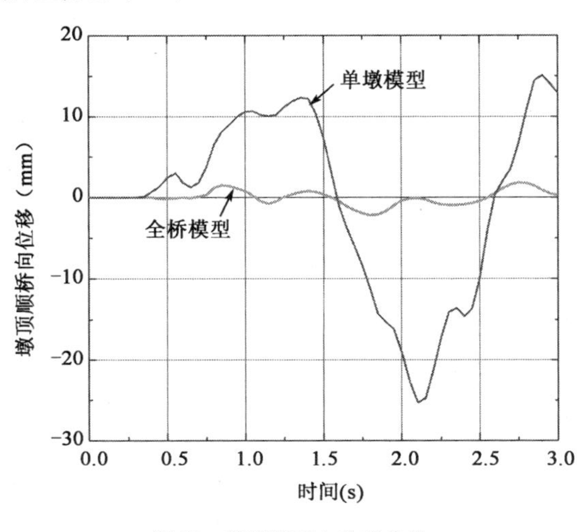

图12 墩顶顺桥向位移曲线

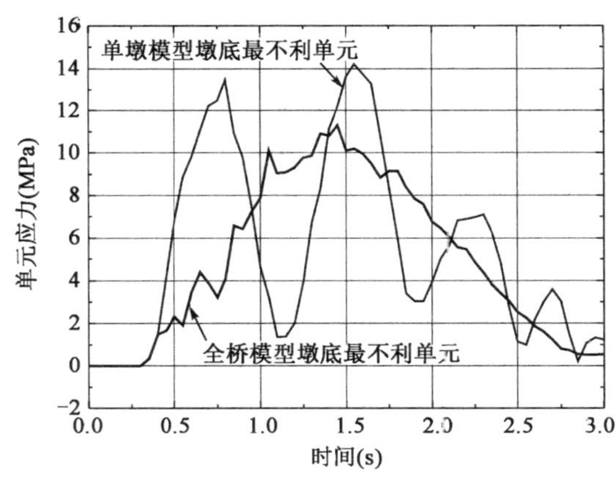

图13 墩底最不利单元应力曲线

除此之外,全桥模型还能够反映出桥梁上部结构在船舶撞击时的各种响应。如图14所示,主梁和墩顶在船舶撞击力作用下发生了最大3.3mm的相对位移,其时程曲线与船舶碰撞力时程曲线趋势相似,发生最大相对位移的时间碰撞力峰值时间一样都是0.6s,并且主梁在船舶撞击作用下的位移在顺桥方向上随着距离的增大而增加。图15为4个主墩墩顶主梁处横桥向位移的变化情况。从图中可以看出:1号主墩最大横向位移为11cm,2号、3号和4号依次递减,且均为较小的位移,都在1cm以内。

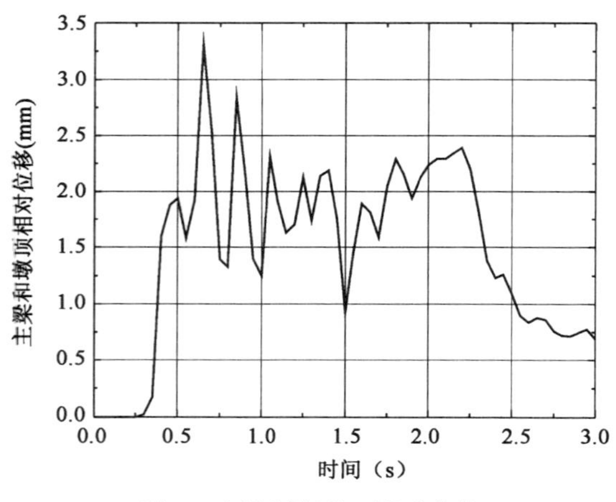

图14 主梁和墩顶相对位移曲线

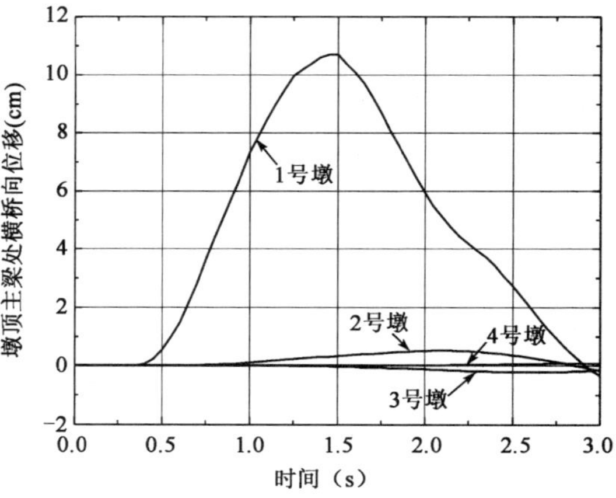

图15 墩顶主梁处横桥向位移曲线

综上所述,船撞刚性墙模型将桥梁结构等代为刚性墙,这样计算得出的撞击力与其他两种模型几乎一样,但是只适合于桥墩体系刚度很大且撞击面形状相对规则的情形,或者用于检验船舶模型。船撞单墩(塔)模型考虑桥墩结构体系的柔性,但忽略了上部结构或相邻结构对碰撞过程的影响。由于撞击持续时间很短而桥梁结构尺度一般较大,因此对碰撞分析有意义的时段内应力波和位移的传递对桥梁上部结构和相邻结构的扰动较小,因而有比较广泛的适应范围,在桥墩体系刚度较大、上部结构较柔的桥梁结构计算上有较好的效果。整船整桥模型包括了整个桥梁结构,考虑了上部结构和相邻结构的影响,其计算结果更为精确。特别是当需要重点研究上部结构在船舶撞击下的动态响应时,运用整船整桥模型进行计算就变成是一种必然的选择。

鉴于船撞力这种动力作用下桥梁结构的动态响应十分复杂,为比较准确地模拟结构响应,建议在船舶撞击力作用下考虑全桥模型,以便得出相对精确的桥梁控制部位的位移与应力情况。所以在接下来的黄花园嘉陵江大桥各种工况作用下桥梁结构的模拟分析中将采用全桥模型进行模拟。

4 结语

(1)船桥碰撞数值模拟分析大体可以分为船撞刚性墙模型、船撞单墩模型和整船整桥模型。

(2)船撞刚性墙模型将桥梁结构等代为刚性墙,适合于桥墩体系刚度很大且撞击面形状相对规则的情形,或者用于检验船舶模型。

(3)船撞单墩(塔)模型考虑桥墩结构体系的柔性,但忽略了上部结构或相邻结构对碰撞过程的影响。

(4)整船整桥模型包括了整个桥梁结构,考虑了上部结构和相邻结构的影响,其计算结果更为精确。

重庆菜园坝长江大桥边墩防撞方案研究

张 茜[1,2] 汪 宏[2]

（1. 重庆交通大学 重庆 400074；

2. 招商局重庆交通科研设计院有限公司 重庆 400067）

摘 要：根据重庆菜园坝长江大桥所处河流及航道的特点，通过风险分析，介绍了大桥需设置防撞设计桥墩的选择方法，并重点分析了 P15、P16 边墩防撞设计方案，为类似环境下的桥梁防撞设计提供参考。

关键词：菜园坝长江大桥 防撞系统 方案设计

The research on side pier anti-collision scheme of Chongqing Caiyuanba Yangtze River Bridge

Zhang Xi[1,2] Wang Hong[2]

（1. Chongqing Communication University, Chongqing, 400074；

2. China Merchants Chongqing Communications Research & Design Institute Co. Ltd., Chongqing, 400067）

Abstract: According to the characteristics of rivers and waterways for the Caiyuanba Yangtze River Bridge, introduced the selection methods of anti-collision design for the bridge pier and analyzed the P15, P16 side pier anti-collision design scheme. It is hope to provide reference for the bridge anti-collision under similar condition.

Keywords: Caiyuanba Yangzte River Bridge; anti-collision system; scheme design

1 工程简介

菜园坝长江大桥地处重庆市主城区，北接渝中区菜园坝和中山三路，南接南岸区南坪地区。该桥已经在 2007 年 10 月 29 日建成通车，成为重庆主城区路网中连接渝中区、江北区和南岸区，沟通长江南北两岸的重要通道。

菜园坝长江大桥主桥采用刚构与提篮式钢箱系杆拱和桁梁的组合结构，为公轨两用桥梁。系杆拱桥主跨 420m，对称布跨的边跨和侧跨分别为 102m 及 88m，主桥总长 800m，总体布置见图 1。该桥横跨长江，所处航道在三峡水库正常蓄水后，一年之中将有半年时间处于 175m（吴淞高程）的高水位，航道条件的改善使得通往库区的船舶吨位逐渐加大，船只来往频繁，必将

基金项目：交通部西部交通建设科技项目，编号：200731882234。

作者简介：张茜（1981—），女，研究生，主要从事桥梁设计与科研工作。

给航道上桥梁造成威胁。因此,从安全运营的角度考虑,桥梁防护显得尤为重要。

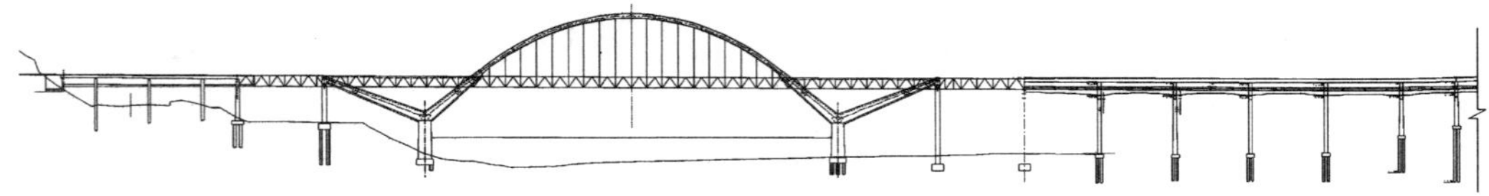

图1　菜园坝长江大桥总体布置图

2　桥位环境特点

2.1　桥位处水文特点

长江流经重庆市,在桥址处河面宽约为600~1 000m,常年洪水位一般为180.00~181.00m(黄海)汛期最大流量为86 200m³/s(1981年7月),最高流速为4.07m/s,调查的历史最高水位为196.25m(黄海,1870年),最低水位为158.08m(黄海,1987年)。

菜园坝长江大桥桥址处洪水频率及水位由市防洪指挥部提供(瞬时值,黄海),见表1。

菜园坝大桥洪水频率及水位表　　表1

频率(%)	1	2	5	10	20
对应重现期(年)	100	50	20	10	5
黄海高程水位(m)	194.43	191.63	189.33	187.53	185.03
吴淞高程水位(m)	196.10	193.30	191.00	189.20	186.70

根据"重庆菜园坝长江大桥通航净空尺度和技术要求论证报告",在天然情况下,桥位上游河段黄沙碛一带河道较顺直,至谢家碛开始缩窄转弯,角度约为100°,弯顶位于九口缸处,枯水水面宽度仅约200m。下到牛头溪河道开始分汊,主航槽位于南岸。长江枯水期,主流偏南岸而下,至石板坡桥官脑壳岸阻隔,主流移向河心。洪水期,主流移至河心,当遭遇常年洪水珊瑚坝淹没时,主流区位于河心偏左一侧。中枯水期,南岸苏家坝至王爷庙水流扫弯,长江10m水位以下,王爷庙至石板坡桥有夹堰和泡水出现,随水位上升而逐渐消失。洪水期水流取直,王爷庙以下段水流较缓,退水后苏家坝一带有淤沙。官脑壳处有斜流,其下为回流沱。

三峡工程的兴建将改变桥区河段在天然情况下的水文条件,施工导流期及水库建成后的蓄水初期,该河段的水位与天然情况基本一致。当水库按正常蓄水175m运行之后,桥区河段每年的最低水位出现在库区水位消落期的5月份和汛期流量较小的情况,低水位较天然情况亦有所提高。根据三峡施工进展情况,库区蓄水可大致分为四个阶段:

(1)天然及一、二期导流期:2002年以前,水库不蓄水。

(2)三期导流期:2003~2006年,坝前水位按135m(吴淞)运行,水库对桥区河段水位无调蓄。

(3)初期蓄水期:2007~2009年,坝前水位按156m—135m—140m(吴淞)运行方案调度,水库对桥区河段水位无调蓄。

(4)正常蓄水期:2009年以后,坝前水位按175m—145m—155m(吴淞)运行方案调度,桥区河段处于水库回水变动区中上段。

2.2 桥位处航运特点

重庆有着西南地区经济中心和水陆交通枢纽的特殊地位，历来是川、渝、云、贵物资进出长江的集散地，是长江上游唯一的水陆联运对外贸易港口，相邻的铁路干线主要有成渝线、襄渝线、渝黔线，其中兰家沱、猫儿沱河九龙坡港区均有铁路专用线。长江上游重庆辖区范围内的货运港区主要有兰家沱、猫儿沱、大渡口和九龙坡以及拟建的佛耳岩等。菜园坝长江大桥位于九龙坡港区下游约4.5km处。

1998年以前菜园坝桥河段按二级航道标准进行维护，维护尺度为650m×60m×2.7m。1998年国家三部委《关于内河航道技术等级的批复》交水发〔1998〕659号文中，将重庆朝天门以上(包括菜园坝)河道定位三级航道。

根据交通运输部《三峡通航标准》的规定，三峡工程建成正常蓄水后，作为长江上游经济中心的重庆港将通行万吨级船队，而重庆市主要港区九龙坡等港口均位于桥址以上，因此，大型船队将通过菜园坝河段。根据重庆菜园坝长江大桥"通航净空尺度和技术要求论证研究报告"，菜园坝长江大桥桥孔通航等级按一级标准设计，届时将有万吨级船舶通过。

3 桥梁防撞墩选择

3.1 环境影响分析

随着三峡水库蓄水的完成，菜园坝长江大桥将位于三峡水库变动回水区上段，大桥除P17和P18两个主墩位于水中外，北引桥的多个桥墩(P11～P16)也将逐渐被水淹没，这些桥墩一年之中将有半年时间处于175m(吴淞高程)的高水位，从而存在被失控船舶撞击的危险。枯水期桥位情况参见图2。

图2 桥位布置图

2007年，项目组收集了菜园坝长江大桥48～72h内过桥船舶的习惯航迹线(图3)，并对船舶过桥时的航迹分布(几何分布)、偏航角分布和航速分布进行了统计分析。经过数据分析判断枯水期船舶航迹线有整体偏向北主墩的趋势，对桥墩的威胁较小；洪水期下船舶航迹线主要偏向南主墩一侧，受其主要影响的桥墩有主墩及靠近航道的P15、P16墩。

3.2 结构分析

根据《公路桥涵设计通用规范》(JTG D60—2004)4.4.2的规定，内河船舶的撞击作用点假定为计算通航水位线以上2m的桥墩宽度或长度的中点，内河船舶对桥梁墩台的撞击作用可以按"静力法"来计算。

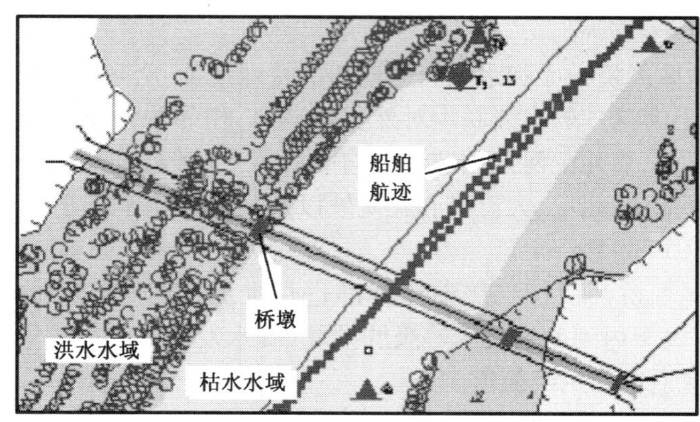

图3 实时监控电子江图示意图

菜园坝长江大桥基础抗力计算是根据桥墩在整个结构中的作用,将主桥的主墩、边墩和过渡墩简化为门形刚架,上部结构的压力和横向弯矩作为节点荷载作用在门形刚架上。计算大桥基础抗力时,将横桥向的水平力施加到水位线以上2m的地方,计算桥墩墩底的内力和桩基的最不利内力。计算出内力后,按照《公路钢筋混凝土及预应力混凝土桥涵设计规范》(JTG D62—2004)5.3.5的规定,用矩形截面偏心受压构件计算其正截面抗压承载能力。墩底或者桩基的压力接近构件自身的抗力时,施加在构件上的水平力即是基础自身的最大抗力。

根据"菜园坝长江大桥船撞风险分析报告"中的计算结果得出P17和P18两个主墩的抗力较大,能够靠桥墩自身的结构抵抗船舶的撞击;而P15、P16墩实际抗力与所需抗力差值较大,两墩实际抗力约为3~5MN,而所需抗力约为27~33MN,抗力差值约24~28MN,可见P15和P16墩的抗船舶撞击能力较弱,需要采取桥墩的防护措施加以保护。

4 桥墩防护措施分析

综合前几小节的分析可以看出菜园坝长江大桥具有桥区水位落差大、船舶撞击风险高的特点,特别是在P15、P16墩处水深达30m,而且这两个桥墩抗力也较小,因此主要选择P15和P16墩采取防撞措施来增加桥梁的安全性能。

针对菜园坝长江大桥P15、P16墩横向抗力弱、桥区水位落差大等特点,考虑了两方面的防撞系统设计思路。

(1)主要思想是将船舶隔离在距离桥梁一定距离的安全范围之外,尽量不让P15、P16墩直接遭受船舶的撞击,这主要通过改变船舶行进方向或消能手段来实现。

(2)如果船舶进入受撞范围,则主要考虑增强桥梁自身抗撞击能力,通过加强被撞桥墩的自身结构来实现。同时,还要辅以一定的助航措施以及局部防护措施,一方面引导船舶顺利通过桥区,另一方面减少由于擦碰导致的桥梁局部损伤。

综合菜园坝长江大桥的地质、水位、通航船舶、航道、施工难易等因素,菜园坝长江大桥P15、P16主要考虑以下3种防撞方案。

4.1 拦截索防撞方案

该方案类似于绳索的防护方式,为了适应桥区水位落差大、河床覆盖层浅、防撞设计船舶吨位大的特点,可在枯水期河滩裸露时施工锚碇系统,承台高程控制在河滩面高程左右,水面防撞浮筒可采用复合材料制作,并通过系缆固定在承台或锚碇上,浮筒间采用钢缆连接并通过锚固装置固定。发生船撞作用时,浮筒通过浮于水面的钢缆挂住船舶,系缆下的锚碇拖住船舶,从而消耗其撞击能量,将危险船舶拦截在桥梁的安全范围之外,达到保护桥梁的目的。

该方案效果图见图4和图5。

图4　拦截索防撞方案(通航水位175m)

图5　拦截索防撞方案(最高通航水位)

该方案的特点:

(1)采用类似于绳索的拦截方式,发生船撞作用时,能有效消耗船舶的撞击能量,将船舶隔离在安全范围之外。

(2)浮筒可根据库区水位变化而上下浮动,采用承台固定悬浮浮筒,高水位时能有效对浮筒进行定位,枯水位时河滩裸露,浮筒落于河滩表面,不影响桥区景观。

(3)浮筒锚固基础分为桩基承台固定体系和可锚碇体系两种,拦截索两端采用固定基础,中间采用可移动锚碇。当船舶撞击作用时,船通过拦截索拖动锚碇缓慢前行,可大量消耗能量,起到拦截防撞的作用。

(4)有效防护范围较大,能有效保护P15和P16桥墩免受船舶撞击,对于其余边墩也具有一定的防护作用。

(5)该防撞系统适合所有船型,尤其适用于带球鼻艏的船型。

(6)由于整个系统关键构件为钢缆,一旦因锈蚀或发生船撞作用导致钢缆断裂,换缆工作可在低水位或者枯水季节进行,维修养护方便。

(7)整个系统可选在低水位或者枯水期施工,经济方便。

4.2　薄壁围堰防撞方案

该方案主要是将墩柱分别用围堰包围,围堰与桥墩墩柱不接触,主要分为上下两个部分:上部为钢围堰,起主要防撞作用,并在钢围堰内部用钢材支撑,分别包围两个立柱的钢围堰间靠钢横梁连接;下部为混凝土围堰,主要起支承和防撞作用。一旦发生船撞作用,钢围堰吸收大部分能量,并阻止船撞向桥墩,起到缓冲作用,达到保护桥墩的目的。整个围堰结构支承在桥墩的扩大基础上。

钢围堰防撞主体结构由上、下板,内、外侧板,横隔板和纵横肋板等板架构件组成,下部由混凝土围堰支承。防撞设施各个构件的布置和组成件尺度应符合下述要求:①当受到严重碰撞时能通过自身的变形和破坏充分吸收船舶动能,减少船对桥的碰撞力;当受到较小的碰撞时又能有足够的强度和抗变形能力,尽可能保持防撞设施的整体完好性;②能够可靠、方便地安装各种必要的设备、装备;③钢围堰防撞箱可以有效地保护桥墩和船舶,对船舶的损伤较小。

该方案效果图见图6。

图6 薄壁围堰防撞方案(通航水位175m)

该方案的特点:

(1)采用带分水尖的围堰形状,发生船撞作用时,能有效拨转船头,减小防撞设施的受力。

(2)下部采用混凝土围堰,节约了钢材,并更好地支承上部钢围堰部分,低水位时也能起到防撞作用。

(3)整个防撞系统大部分由钢结构组成,可方便工厂加工和现场安装。

(4)一旦发生船撞作用导致主体钢结构损坏,能方便快速地完成修复工作。

(5)破坏严重或达到防腐年限后,整个钢结构防护系统可进行再回收利用。

(6)该防撞系统适合所有船型,无论船舶吨位大小、船头形状均可起到防护作用。

(7)该方案围堰直接靠桥墩底部扩大基础支承,不另外进行基础施工,避免了对原桥梁扩大基础周围土层的破坏,枯水期河床覆盖层浅的特点较适宜施工。

4.3 结构自身加强防撞方案

因为P15和P16墩墩高达50m以上,桥墩墩柱间距为16.8m和42.8m,无横向联系,所以抗船舶撞击能力较弱,因此考虑在桥墩墩柱间设置一个桥墩,并增加2排横梁连接3个桥墩,加强横向联系以及抗撞击能力。

该方案效果图见图7。

图7 结构自身加强防撞方案(最高通航水位)

该方案的特点：

(1)增加中间桥墩和横梁,加强了原来结构的横向联系,增强了桥梁自身抗撞击能力。

(2)有效防护范围较大,在各个水位情况下都起到防护作用。

(3)该防撞系统适合所有船型,无论船舶吨位大小、船头形状(V形或球鼻艏)均可起到防护作用。

(4)加强墩柱下靠方桩基础,不影响原桥墩扩大基础周围土层,枯水期河床覆盖层浅的特点较适宜施工。

(5)后期维修养护可与桥梁主体结构同时进行,方便快捷。

4.4 防护设施应用探讨

以上3种桥墩防护措施都具有弥补墩位处水位落差大和桥墩抗力不足的特点的优势,但也有不足。具体分析见表2。

各方案特点综合比较表 表2

方　案	拦截索防撞方案	薄壁围堰防撞方案	结构自身加强防撞方案
防护特征	1. 当船舶撞击时,类似于绳索的拦截方式,挂住船体,并拖动锚碇,对船舶起到缓冲减速作用,将船舶隔离在安全范围之外; 2. 浮筒可随水位变化上下浮动,并采用承台或可移动锚碇固定,高低水位时均不影响桥区景观	1. 采用带分水尖的箱形,发生船撞作用时,能拨转船头,减小防撞设施的受力; 2. 当船舶撞击作用时,围堰部分能有效保护桥墩不受直接撞击;下部采用混凝土围堰,节约钢材,并能更好地支承上部钢围堰部分,低水位时也能起到防撞作用,且不影响桥区景观	增加中间桥墩和横梁,加强了原来结构的横向联系,增强了桥梁自身抗撞击能力
防护范围	1. 有效防护范围大,对于大吨位船舶失控的情况,能起到有效的防护作用; 2. 该防撞系统适合所有船型,尤其适用于带球鼻艏的船型; 3. 对其余边墩具有一定的防护作用	1. 对P15、P16墩起到有效防护作用,对所有偏航船只起到防护作用; 2. 该防撞系统适合所有船型,无论船舶吨位大小、船头形状均可起到防护作用	1. 有效提高P15、P16墩的抗船舶撞击能力,对所有偏航船只起到防护作用; 2. 该防撞系统适合所有船型,无论船舶吨位大小、船头形状均可起到防护作用
防护有效率	拦截索加可移动锚碇方式,能起到有效的隔离和消能作用,防护有效率达100%	围堰式防护与桥墩不接触,起到一定隔离和消能作用,可有效折减船撞力30%以上	可将P15、P16桥墩的自身抗力提高到所需抗力,满足全桥的可接受风险标准
构造特点	浮箱由复合材料制作而成,采用桩基承台和锚碇固定	由钢围堰和混凝土围堰组成,底部支撑在桥墩扩大基础上	增加钢筋混凝土桥墩和方桩基础
施工难度	浮箱方便工厂加工和现场安装,枯水季节施工方便	易制作、安装,枯水季节施工方便	枯水季节可搭支架施工
后期维护	1. 平时无需人工维护; 2. 一旦发生船撞作用导致缆索损坏,能方便快速地完成修复工作; 3. 复合材料浮筒耐久性和经济性较好	1. 平时无需人工维护; 2. 一旦发生船撞作用导致主体钢结构损坏,能方便快速地完成修复工作; 3. 破坏严重或达到防腐年限后,钢结构防护系统可进行再回收利用	1. 平时无需人工维护; 2. 一旦发生碰撞导致结构损伤,应及时进行加固维修

续上表

方　案	拦截索防撞方案	薄壁围堰防撞方案	结构自身加强防撞方案
造价	中等	高	低
社会影响	无	有一定社会影响	社会影响较大
综合考虑	推荐	比选	比选

5　结语

菜园坝长江大桥所处地理位置优越，是重庆水路和陆路的重要交通枢纽，其运营期间的安全性能就显得尤为重要。采用先进的桥梁防撞分析方法，通过采集的桥位处水文、航道等资料，并结合结构分析，合理地选择需要重点防护的桥墩，从而有针对性地选择桥墩的防护措施方案，做到有理有据，择优选取经济、适用、美观的防护措施，为桥梁和船舶营造一个和谐安全的陆路水运环境。

参考文献

[1]　中华人民共和国行业标准. JTJ 311—97 通航海轮桥梁通航标准[S]. 北京:人民交通出版社,1997.

[2]　中华人民共和国行业标准. JTJ 312—2003 航道整治工程技术规范[S]. 北京:人民交通出版社,2003.

[3]　中华人民共和国行业标准. JTG D63—2007 公路桥涵地基与基础设计规范[S]. 北京:人民交通出版社,2007.

[4]　中华人民共和国国家标准. GB 50139—2004 内河通航标准[S]. 北京:中国计划出版社,2005.

[5]　中华人民共和国行业标准. JTG D60—2004 公路桥涵设计通用规范[S]. 北京:人民交通出版社,2004.

[6]　中华人民共和国行业标准. JTG D62—2004 公路钢筋混凝土及预应力混凝土桥涵设计规范[S]. 北京:人民交通出版社,2004.

[7]　中华人民共和国国家标准. GB 50017—2003 钢结构设计规范[S]. 北京:中国计划出版社,2003.

[8]　重庆交通科研设计院. 菜园坝长江大桥船撞风险分析咨询报告[R]. 2008.

[9]　重庆西南水运工程科学研究所. 重庆菜园坝长江大桥通航净空尺度和技术要求论证报告[R]. 2002.

[10]　菜园坝长江大桥工程竣工图纸. 2003.

重庆黄花园嘉陵江大桥主墩防撞方案研究

张　茜　张长青　耿　波　李　军

（招商局重庆交通科研设计院有限公司　重庆　400067）

摘　要：根据重庆黄花园嘉陵江大桥所处河流及航道的特点，采用先进的风险分析方法进行分析，为大桥柱墩选择合理的防撞设计方案，给类似环境下的桥梁防撞设计提供参考。

关键词：黄花园大桥　防撞系统　方案设计

The research on main pier anti-collision scheme of Chongqing Huanghuayuan Jialing River Bridge

Zhang Xi　Zhang Changqing　Geng Bo　Li Jun

(China Merchants Chongqing Communications Research & Design Institute Co. Ltd., Chongqing, 400067)

Abstract: According to the characteristics of rivers and waterways for the Huanghuayuan Jialing Bridge, adopt to the advanced risk analysis methods to analyze, which aim to choice a reasonable anti-collision design scheme for the bridge piers. It is hope to provide reference for the bridge anti-collision under analogy condition.

Keywords: Huanghuayuan Bridge; anti-collision system; scheme design

1　工程简介

重庆黄花园嘉陵江大桥南起渝中区石板坡，经黄花园跨嘉陵江，北止五里店，全长 4.4km。主桥南起渝中区黄花园，北至江北区廖家台，桥址位于重庆市嘉陵江与长江汇合口朝天门上游 2.2km 处。主桥为 137.16m + 3 × 250.00m + 137.16m 的五跨预应力混凝土连续刚构，主桥长 1 024.32m。总体布置见图 1。

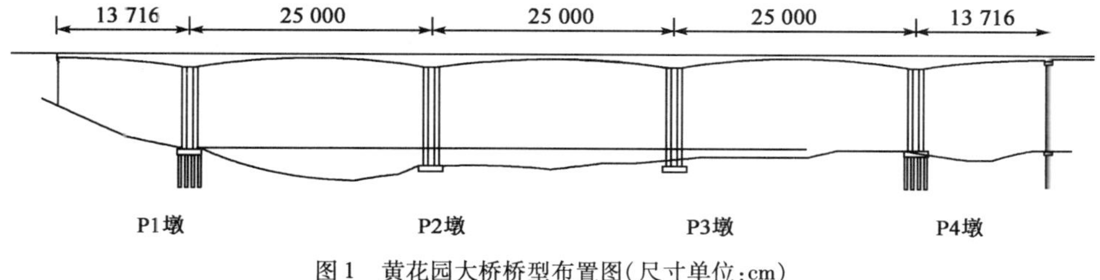

图 1　黄花园大桥桥型布置图（尺寸单位：cm）

基金项目：交通部西部交通建设科技项目，编号：200731882234。

作者简介：张茜（1981—），女，研究生，主要从事桥梁设计与科研工作。

主桥下部4个主墩为断面7m×2.5m的实心或空心双肢薄壁墩，墩高43~57m；两个边主墩（1号、4号主墩）基础分别采用16根直径2.2m的桩基础，两个中主墩（2号、3号主墩）基础为扩大基础；桥面宽31m，分左右两幅独立修建；南岸引桥为单孔25m的预应力箱形板梁，U形桥台，北岸引桥为四孔35m长的预应力箱形板梁。

2 桥位环境特点

2.1 桥区水文特点

重庆段嘉陵江径流具有洪峰流量大、来流变幅大的特点。径流的流水主要来源于降水，降水主要集中于每年4~9月，且多发暴雨或大暴雨，造成洪水频繁；洪水主要发生在汛期的5~9月，洪水过程线多呈暴涨陡落形式，下游洪水多呈双峰或多峰型，峰高历时短，峰顶持续时间约4h左右，具有典型的山区河流的特点。嘉陵江水位的骤起骤降和流量大给沿岸停泊的船只带来非常不利的影响。同时，大桥经受风、浪、流联合作用，船舶很容易偏离航线，给沿线桥梁带来潜在危险。

根据三峡水库坝前水位的调度，库区正常蓄水后，一年之中将有半年时间处于175m（吴淞高程）的高水位，由于该桥P2墩地面高程约为160m（黄海高程，对应吴淞高程分别为161.74m），因此一年中P2墩大部分时间将处于水中，存在被失控船舶撞击的危险。

2.2 桥位处航道特点

嘉陵江是长江的主要支流，是连接合川、北碚和重庆主城的重要水上交通枢纽，而桥区河段正处于重庆主城港区，码头密布，船只往来频繁。三峡工程建成后，嘉陵江回水至北碚麻柳坪（距朝天门55.1km），桥区航道处于回水变动区中上段，在枯水期，三峡按正常蓄水位175m运行，桥区河段水位最大升高约15m，航道尺度可明显增加，通航条件大幅提高。“十一五”期间，交通运输部和重庆市对该段航道进行整治或低坝渠化，使嘉陵江河口至合川航道达到规划的长年III级航道。

3 桥梁防撞墩选择

3.1 船撞风险分析

根据三峡水库坝前水位的调度，库区正常蓄水后，一年之中将有半年时间处于175m（吴淞高程）的高水位，大桥的P1、P2、P3墩都将处于水中，枯水位时桥位处嘉陵江主航道位于P1墩和P2墩之间，P2墩与P3墩间有大片的漫滩，见图2。P1和P2墩全年受失控船舶撞击的风险较大。

图2 黄花园嘉陵江大桥现场照片（水位:150m，黄海高程，2010-3-10）

“嘉陵江黄花园大桥船撞风险分析报告”P1 号主墩、P2 号主墩随年份变化的年倒塌频率的趋势图见图 3 和图 4。

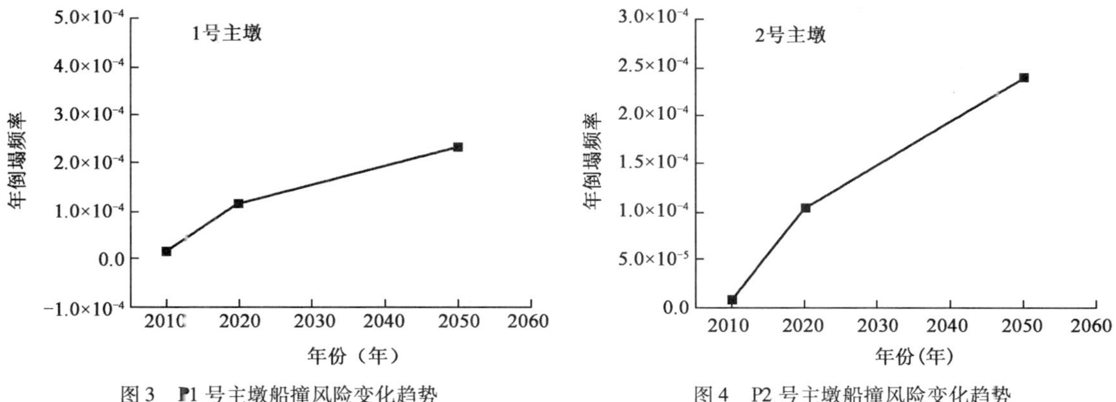

图 3 P1 号主墩船撞风险变化趋势　　图 4 P2 号主墩船撞风险变化趋势

从图中可看出，随着年份的增加，通航量不断增加，1 号主墩、2 号主墩年碰撞频率和年倒塌频率具有不断增长的特征，其中 2 号墩的趋势更为显著。表 1 给出了全桥随年份变化的年碰撞频率和年倒塌频率，图 5 绘出了其变化趋势。

黄花园大桥全桥船撞风险 表 1

年 份（年）	AASHTO 方法		三概率参数积分路径方法	
	年碰撞频率	年倒塌频率	年碰撞频率	年倒塌频率
2010	2.10×10^{-2}	3.16×10^{-5}	2.03×10^{-2}	3.16×10^{-5}
2020	8.53×10^{-2}	2.70×10^{-4}	8.30×10^{-2}	2.71×10^{-4}
2050	1.51×10^{-1}	5.92×10^{-4}	1.48×10^{-1}	5.96×10^{-4}

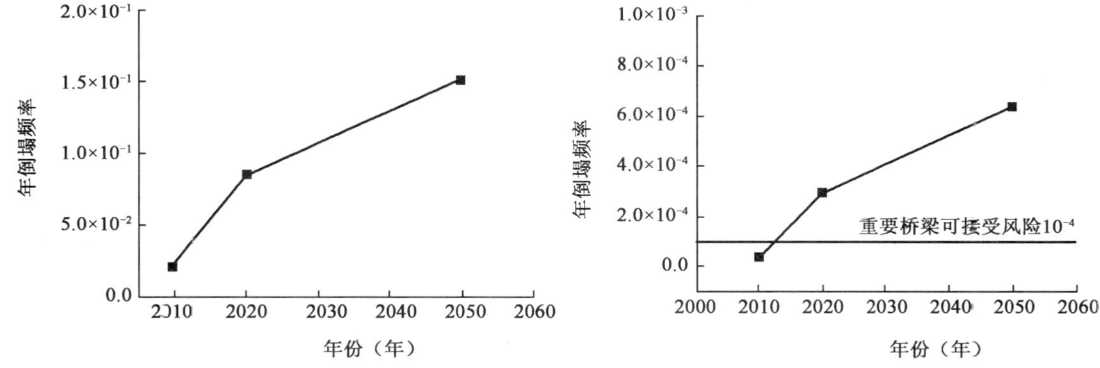

图 5 全桥船撞风险变化趋势

从图 5 可看出，黄花园大桥在 2010 年的通航密度下，其船撞风险略小于 AASHTO 规范中重要桥梁的可接受风险 10^{-4}；随着年份的增加，通航密度不断增长，其船撞风险逐渐增大，在 2020 年和 2050 年的通航密度下，其船撞风险已明显高于重要桥梁的可接受风险 10^{-4}。

然而，随着重庆城市经济的发展，到港船舶的数量和吨位将日益加大，大桥受到船撞的风险也将增大。

3.2 结构分析

根据“黄花园嘉陵江大桥船撞风险分析报告”中的抗力计算结果,P1 和 P2 两个主墩实际具备一定的抗船撞能力,P1 和 P2 墩实际抗力分别为 4 ~9MN 和 12 ~15MN,但所需抗力约为 8 ~13MN 和 15 ~19MN,抗力差值在4MN 左右,见表2。加上 P1、P2 处于主航道上,船舶来往频繁,受撞击风险较大,所以需考虑该两个桥墩的船撞防护措施。

不同水位下满足风险水平桥墩所需抗力表 表2

桥墩编号	水位(m)	实际抗力	所需抗力	抗力差
		(MN)	(MN)	(MN)
1号桥墩	190.00	4.0	8.0	4.0
	185.00	5.0	9.0	4.0
	174.00	8.5	12.5	4.0
2号桥墩	190.00	11.5	15.0	3.5
	185.00	12.0	15.5	3.5
	174.00	15.0	18.5	3.5

4 桥墩防护措施分析

为了确保大桥安全,P1 和 P2 两个主墩需要采取必要的防护措施。其防护设施需从以下几个方面进行综合考虑以达到方案最优。

(1)尽量保证偏航船舶不直接撞击桥梁结构。

(2)对船舶碰撞的撞击能量进行转移或消能缓冲。通过拨转船头的方式将偏航船舶引入正常航行轨迹,使撞击动能持续保留在船舶上,减小防撞设施的受力;或通过消能方式持续消耗船舶的撞击能量,把船舶碰撞力减小到安全范围内。

(3)防撞设施不能影响航道的通航,占用可通航水面的范围尽量少。

(4)通过合理的设计结构、选择材料,尽量减少船舶的损伤。

(5)防撞设施功能可靠,制造、安装经济方便。

(6)防撞设施在满足其功能的前提下,应尽可能地减少平时维修养护的费用,并考虑其在被撞坏后较易修复。

综合黄花园嘉陵江大桥的地质、水位、通航船舶、航道、施工难易等因素,P1 墩考虑防撞墩方案,P2 墩主要考虑以下 2 种防撞方案。

(1)方案1:浮式防撞套箱方案。

(2)方案2:防撞墩方案。

4.1 P1 墩防撞方案:防撞墩方案

该方案在 P1 墩附近船行方向上下游各设置一个独立防撞墩,由承台和桩基组成。当发生船撞作用时,防撞墩起到独立抵御撞击、隔离和保护桥墩的作用。

该方案示意图见图6。

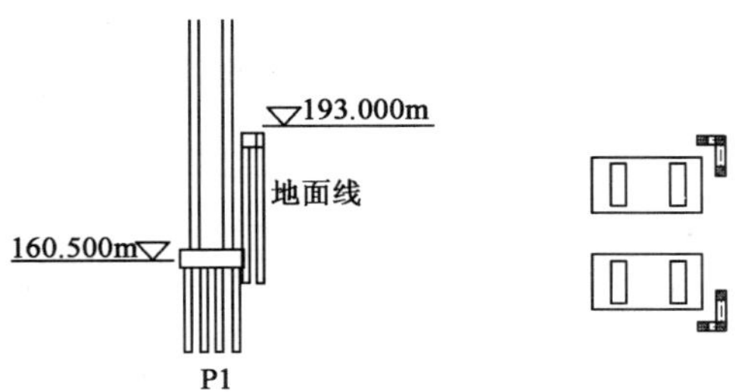

图6 P1 墩防撞方案:防撞墩方案示意图

该方案的特点:

(1)因为该处水位落差在15m左右,且墩位处覆盖层较厚,所以桩长考虑应在30m以上,鉴于方桩施工方便,所以采用方桩基础。

(2)当发生船撞作用时,防撞墩依靠自身结构的变形来抵御撞击,消耗船舶冲击能量,延缓或阻止船舶撞向桥墩。

(3)由于P1墩处于江岸,且附近常有停靠的船舶,因此采用独立防撞系统,既可方便船舶停靠,又不影响主墩。

(4)钢筋混凝土结构耐久性好,基本不需要日常维护。

(5)该防撞系统适合所有船型,无论船舶吨位大小、船头形状均可起到一定防护作用。

(6)该方案处于岸坡,枯水季节施工比较方便。

4.2 P2 墩防撞方案1:浮式防撞套箱方案

该方案主要是在桥墩上安装靠护舷与墩柱接触的浮式套箱。发生船撞作用,弧形箱体可以改变船舶的行进方向,同时,套箱内部结构的协同作用达到"四两拨千斤"的效果,并吸收一定的撞击能量,减小船舶的撞击力。

箱形防撞主体结构由上、下板,内、外侧板,横隔板和纵横肋板等板架构件组成,可选用钢结构形式的套箱,也可采用复合材料外壳+内部填充柔性材料形式的套箱。防撞设施各个构件的布置和组成件尺度应符合下述要求:①当受到严重碰撞时能通过自身的变形和破坏充分吸收船舶动能,减少船对桥的碰撞力;当受到较小的碰撞时又能有足够的强度和抗变形能力,尽可能保持防撞设施的整体完好性;②在无事故发生时具有一定的浮力,灵活、方便地使用压载水使防撞设施保持良好的浮态;在受撞破损后,能将破损范围限制在一定区域内,防撞设施仍可保持必须的浮力和必要的浮态,不发生沉没,使防撞设施修复方便;③能够可靠、方便地安装各种必要的设备、装备;④防撞套箱可以有效地保护桥墩和船舶,对船舶的损伤较小。

该方案效果图见图7。

该方案的特点:

(1)采用圆弧形的套箱形状,发生船撞作用时,能拨转船头,减小防撞设施的受力。

(2)套箱依靠橡胶护舷与桥墩接触,并在桥墩上设置不锈钢板以方便护舷随水位变化上下滑动。

(3)发生船撞作用时,浮动套箱依靠自身变形来缓冲船舶的撞击力,起到防止桥墩受巨大冲击而破坏的作用。

(4)防撞套箱外壳可采用钢结构或复合材料分块制作,内部填充缓冲材料,工厂加工和现场拼装都比较方便。

图7　P2 墩方案 1:浮式防撞套箱方案效果图(最高通航水位)

(5)一旦发生船撞作用导致套箱主体结构损坏,能方便快速地完成修复工作。

(6)套箱外壳为复合材料,耐久性好,枯水期套箱可自动落于承台平台上,便于检修。

(7)该防撞系统适合所有船型,无论船舶吨位大小、船头形状(V 形或球鼻艏)均可起到防护作用。

(8)鉴于该处环境条件,适宜枯水期施工。

4.3　P2 墩防撞方案 2:防撞墩方案

该方案是在 P2 墩上、下游方向分别设置一个独立防撞墩,其由桩基承台和墩柱组成。为了不影响桥梁主体结构受力,防撞墩距离桥梁的空心薄壁墩一定距离,当发生船撞作用时,防撞墩起到独立抵御撞击、隔离和保护桥墩的作用。

该方案效果图见图 8。

图8　P2 墩防撞方案:防撞墩方案效果图(最高通航水位)

该方案的特点:

(1)迎船方向的结构面采用圆弧形状,发生船撞作用时,能拨转船头,减小防撞设施的受力。

(2)当发生船撞作用时,防撞墩依靠自身的结构抗力来抵御撞击,消耗船舶冲击能量,阻止船舶直接撞击桥墩。

(3)采用钢筋混凝土结构,耐久性好,基本无需日常维护。

(4)该防撞系统适合所有船型,无论船舶吨位大小、船头形状(V 形或球鼻艏)均可起到一定防护作用。

(5)该方案枯水季节施工比较方便。

5 结语

黄花园大桥所处地理位置特殊,是连接合川、重庆的水路要道,其运营期间的安全性能就显得尤为重要。本文采用先进的桥梁防撞分析方法,通过对采集的桥位处水文、航道等资料分析,结合结构计算分析,综合评估了桥梁的风险和需要防护的桥墩,并提出了可行的防护措施方案,为同类型环境下的桥墩船撞防护设计提供借鉴。

参考文献

[1] 中港二航局二公司,等.大桥竣工图纸等.2000.

[2] 重庆西南水运工程科学研究所.重庆轨道交通六号线千厮门嘉陵江大桥通航净空尺度和技术要求论证研究报告[R].2007.

[3] 重庆市交通委员会.重庆嘉陵江航运规划修编报告[R].2003.

[4] 重庆市港航管理局.三峡库区船撞风险分析研究报告[R].2007.

[5] AASHTO Guide Specification and Commentary for Vessel Collision Design of Highway Bridges[S].1991.

[6] EUROCODE 1, PART2.7, Ship Collision Analysis, 1998.

[7] 戴彤宇.船撞桥及其风险分析[D].哈尔滨:哈尔滨工程大学,2002.

[8] 耿波.桥梁船撞安全评估[D].上海:同济大学,2007.

[9] 重庆交通科研设计院.嘉陵江黄花园大桥船撞风险分析咨询报告[R].2008.

[10] 杨渡军.桥梁的防撞保护系统及其设计[M].北京:人民交通出版社,1990.

粉房湾长江大桥船撞代表船型研究

尚军年　耿　波　汪　宏

（招商局重庆交通科研设计院有限公司　重庆　400067）

摘　要：以粉房湾长江大桥为依托工程，详细介绍了库区跨江大桥船撞代表船型的确定方法。基于风险的思想，利用美国 AASHTO 模型，分别对粉房湾长江大桥在2010年、2020年和2050年通航密度下进行了船撞风险分析，并根据风险分析结果，反推得到代表船型，并提出了主墩实心段高度，为大桥的设计提供了技术支持。

关键词：船撞　风险分析　代表船型

Study on vessel-bridge collision representative ship types of the Fenfangwan Yangtze River Bridge

Shang Junnian　Geng Bo　Wang Hong

（China Merchants Chongqing Communications Research & Design Institute Co. Ltd.，Chongqing，400067）

Abstract：Relying on the Fenfangwan Yangtze River Bridge Project，Introduce the method how to determine the vessel-bridge collision typical ship on reservoir. Based onthe risk concept ，using AASHTO model ，analysis the vessel-bridge collision risk of the Fenfangwan Yangtze River Bridge under the 2010、2020 and 2050 traffic density. According to the results of risk analysis，propose the solid height of the main pier，which to provide technical support for desige of the Fenfangwan Yangtze River Bridge.

Keywords：vessel-bridge collision；risk analysis；representative ship types

1　工程概况

拟建江津粉房湾长江大桥位于重庆市江津主城区和九龙坡区西彭镇境内，距宜昌航道里程约为725.9km，下距重庆朝天门和在建的观音岩长江大桥分别约66.0km和5.0km。大桥的接线工程起于江津区长江一桥北桥头，经由艾坪山、柴家屋基、郎山中学，在粉房湾跨越长江；跨江后进入九龙坡区境，经由黄谦、石院子、打雷嘴、桥凼溪、赵家院，止于小湾与绕城高速公路西段通过互通式立交衔接。地理位置见图1。

在江津城区附近的长江江段上，自上而下有已建的江津长江一桥、规划的中渡长江大桥、

项目支持：交通部西部科技项目资助，编号：200731882234。

作者简介：尚军年（1977—），高级工程师，主要从事桥梁结构设计、分析及桥梁船撞研究。

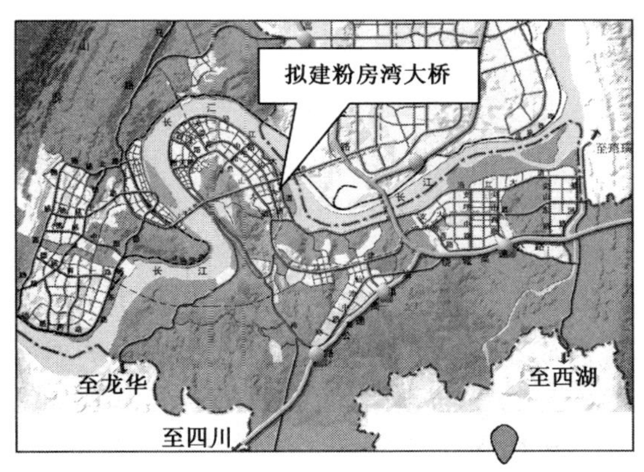

图1 粉房湾长江大桥桥位布置图

粉房湾长江大桥和在建的重庆绕城高速公路观音岩长江大桥,4个桥位相互之间的间距均为4~5km。粉房湾长江大桥主体工程位于南引桥的终点和北引桥的起点之间,起点桩号K2+765.5,终点桩号K3+720.5,全长955.0m,主桥为双塔双索面半漂浮体系五跨连续钢桁梁斜拉桥,跨径布置为60.5m+156m+464m+156m+60.5m,见图2。该桥最高通航水位近期为197.02m(黄海高程),远期为197.85m(黄海高程),最低通航水位为176.607m(黄海高程)。

主塔塔高188.3m,其中桥面以上150.5m,桥面以下为37.8m,塔顶高程377.822m,塔底高程189.522m;基础采用9根ϕ3.0m钻孔灌注桩,桩基呈正方形布置,纵向3排、横向3排。

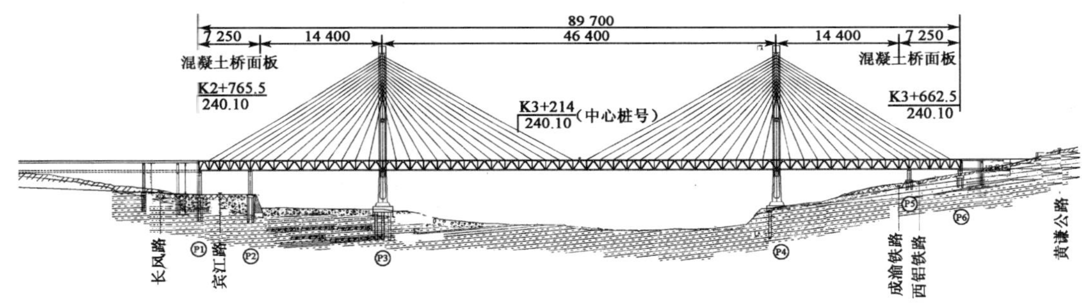

图2 粉房湾长江大桥桥型布置图(尺寸单位:cm)

两座桥塔在桥面处横向最宽均为35.8m,塔顶横向宽23.34m;主塔纵向宽度塔底为10.88m,从塔底分叉处到桥面由10.88m变为8.0m,从桥面以上均为8.0m,采用箱形结构形式,其上、中、下塔柱的截面尺寸见图3。

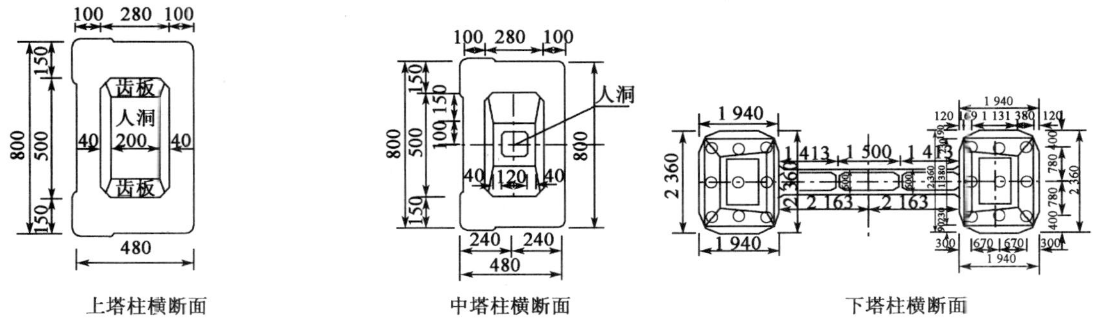

图3 粉房湾长江大桥塔柱截面尺寸(尺寸单位:cm)

2 桥梁船撞概率安全评估方法及思路

2.1 船撞风险分析现状

国外统计资料表明,1960~2002年间,国外因船舶撞击而导致桥梁垮塌或严重破坏的事故达32起,平均每年约有一座大型桥梁因船舶撞击而倒毁或遭受严重破坏,事故带来了巨大的经济损失和人员伤亡。

在我国,近段时间也发生了几起较大的船撞桥事故。2007年6月15日凌晨,广东省佛山市325国道九江大桥因船舶撞击而发生倒塌,造成了巨大的社会影响。2008年3月27日凌晨,在建的浙江宁波金塘大桥又发生船舶碰撞事故,桥面箱梁塌落,4名船员失踪,造成了巨大的经济损失。两起事故前后间隔不到一年。图4、图5分别是九江桥和金塘桥的船撞事故图片。

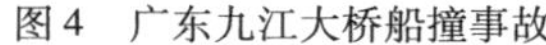

图4 广东九江大桥船撞事故

图5 金塘大桥船撞事故

鉴于船桥碰撞问题的严重性,从20世纪70年代末期始,世界上一些经济发达国家开始研究桥梁的船撞安全问题,并陆续出版了一些指南和规范来指导本国的桥梁船撞设计。1991年,美国道路工程师协会(AASHTO)编写了美国的《公路桥梁船撞设计指南》[1];1994年,该指南的核心条款又写入了美国《公路桥梁设计规范》[2]。在欧洲,1997出版了欧洲统一规范第一卷(Eurocode 1)第2.7分册[3],指导桥梁船撞设计。从设计思想上看,美国桥梁船撞设计规范全面采用了基于风险的设计思想;欧洲船撞设计规范虽然考虑到了严重的桥梁船撞是风险事件,在编写规范时也考虑到了失效频率的问题,但这种考虑是隐含的,因而也是非常粗糙的。

在我国,2004年颁布的《公路桥涵设计通用规范》(JTG D60—2004)[4]将船舶分为轮船和内河驳船两类,分别根据航道等级列表给出了设计船舶撞击力。1999年颁布的《铁路桥涵设计基本规范》[5](TB 10002.1—99)中,仅给出了设计船舶撞击力的计算公式。2005年我国国内的一些科研机构与高校进行了"基于风险的桥梁船撞风险分析"的研究,形成了一系列研究成果和地方标准。

概括地说,美国和欧洲规范都将船撞事件处理为风险事件,根据可接受风险的水平来指导桥梁的船撞设计;我国规范则是将船撞事件处理为偶然作用,根据航道和通航船舶情况给定设防船撞力。比较而言,我国桥梁船撞设计还没有形成一个系统的设计思想[6]。

新一代桥梁结构设计规范的总体发展方向是"基于性能的设计"。"基于性能的设计"意味着考虑寿命期内的风险、意味着投资的效益、意味着桥梁拥有者的决策等很多新理念的明确建立。美国桥梁船撞设计规范比较系统地实现了“基于性能”的设计思想，虽然在某些方面还显得过于简化。因此可以说美国桥梁船撞设计规范所表达的设计思想代表了桥梁船撞设计的主流发展方向，即桥梁船撞设计标准和设计规范（或指南）应建立在概率分析、投资效益、风险决策等概念的基础之上[6-7]。

2.2 风险分析方法

本文主要采用美国AASHTO模型对粉房湾长江大桥进行船撞风险分析，大桥各桥墩年撞损频率按式（1）计算：

$$AF = N \cdot PA \cdot PG \cdot PC \tag{1}$$

式中：AF——桥梁的年倒塌频率；

N——根据船舶类型、尺度和装载情况分类的船舶年通航量；

PA——船舶的偏航概率；

PG——碰撞的几何概率，用正态分布进行模拟，见图6；

PC——桥梁倒塌概率。

公式中去除桥梁倒塌概率PC一项后是桥梁遭受船舶撞击的年频率。桥梁的年倒塌频率可采用图7所示的倒塌概率曲线进行计算。

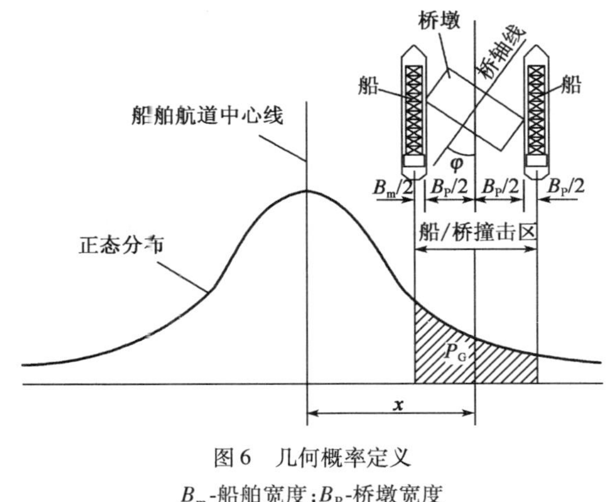

图6 几何概率定义

B_m-船舶宽度；B_P-桥墩宽度

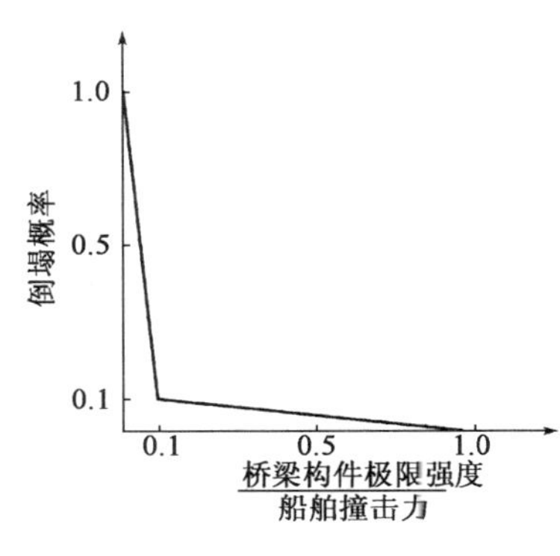

图7 倒塌概率分布

对于轮船的撞击力，美国AASHTO指南提供了计算公式：

$$P_S = 1.2 \times 10^5 v\sqrt{DWT} \tag{2}$$

式中：v——船舶撞击速度（m/s）；

DWT——船舶排水量（t）。

对于船舶的撞击速度，根据AASHTO指南的规定，在模拟偏航船只的速度分布时，选用了三角形分布，认为船舶航速的降低规律是从航道边缘到3×LOA的距离内进行线性减小，最大航速取船舶的典型航速，最小速度取平均水流速度，如图8所示。

图中v为设计撞击速度；v_T为航道内的船舶典型通航速度；v_{min}为最小撞击速度（与水道中

的水流有关)；x 为船舶距桥墩的距离；x_c 为船舶距航道边缘的距离；x_L 为离船舶航道中心线 3 × LOA 的距离。

在可接受风险准则方面，根据 AASHTO 规范，对于一般桥梁，整桥的最大年倒塌频率应小于 10^{-3}；对于关键性桥梁，整桥的最大年倒塌频率应小于 10^{-4}。大桥属大型工程投资大，使用年限长，应尽量减少大桥受船舶撞击的风险，桥梁整体一般采用年倒塌频率 10^{-4} 符合大桥的要求。

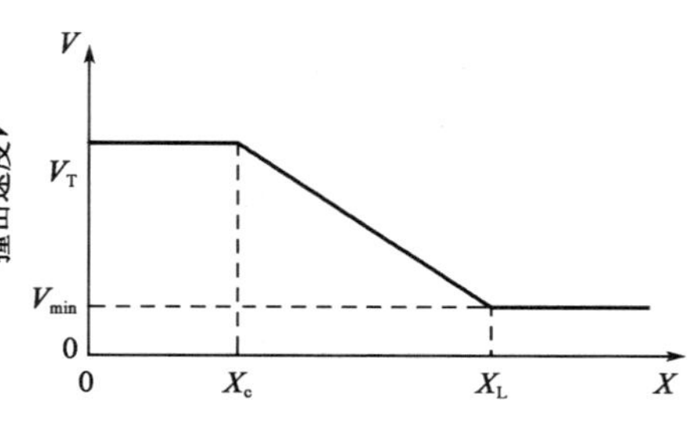

图 8　船舶撞击速度分布图

由于粉房湾长江大桥桥区位于三峡库区回水的末端之上，航道条件基本保持天然状态，但是远期的规划长江小南海枢纽会对桥区的水位产生影响。小南海枢纽大坝设计正常蓄水位 195m，死水位为 192m。

计算船撞风险时考虑到水位变化频率对碰撞概率的影响，先计算出不同水位下大桥各墩以及全桥的碰撞频率，然后根据水位出现的年频率进行加权求和，即：

$$P_c = \sum_{i=1}^{n} \alpha_i P_{wi} \tag{3}$$

式中：P_c——总的年碰撞频率；

α_i——第 i 种水位出现的概率；

P_{wi}——第 i 种水位下的年碰撞频率。

2.3　研究思路

粉房湾长江大桥船撞设计代表船型的确定是基于风险的思想，在前期资料和所需参数的基础上，根据 AASHTO 规范模型，进行桥梁的碰撞概率、倒塌概率和年失效频率的计算，再与风险准则比较，进而确定大桥的船撞设计代表船型。研究采用的流程见图 9。

3　主要参数的确定

建库前平均流量流速范围为 2.00 ~ 2.23m/s。主通航孔跨中流速不大，约为 1.50m/s，水流夹角 −2.2° ~ −9.2°；建库前常年洪水流量，流速范围为 2.0 ~ 3.21m/s；建库前 5 年一遇洪水流量，流速范围为 2.03 ~ 4.07m/s；建库前 20 年一遇洪水流量，靠近左主墩 200m 范围内流速均超过 4.0m/s，最大为 4.39m/s。具体参数详见表 1。

小南海建库后，中、枯水均为水库蓄水期，由于水位升高，河道断面增大，流速减缓，船舶通航条件将有根本的改善。

建库后 5 年一遇洪水流量，因水位较建库前升高 2.11m，河道流速有所减小，速度范围降低至 2.70 ~ 3.56m/s，流向夹角与建库前相比变化不大，主孔中部范围均在 −9°以下；建库后 20 年一遇洪水流量，水位较建库前升高 0.83m，洪水流速较建库前也有一定减缓，流速范围 3.72 ~ 4.20m/s，水流与桥轴线的夹角同建库前基本相同。具体参数详见表 2。

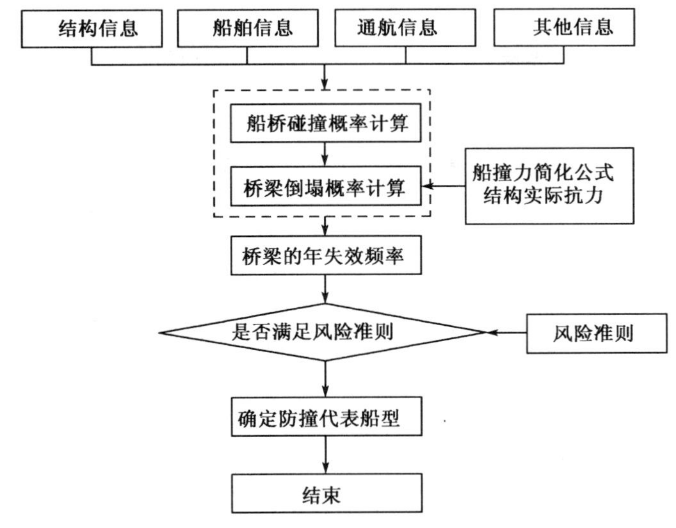

图9　粉房湾长江大桥船撞设计代表船型确定流程

近期不同水位下的桥梁流速　　表1

水位 (m)	水流夹角 (°)	平行流速 (m/s)	垂直流速 (m/s)	最小水流速度 (m/s)
203	9	3.95	0.63	4
197.02	9	4.05	0.64	4.1
193.76	9	3.95	0.63	4
187.83	10	3.15	0.56	3.2
181.48	8	2.18	0.31	2.2
176.607	6	2.19	0.23	2.2

远期不同水位下的桥梁流速　　表2

水位 (m)	水流夹角 (°)	平行流速 (m/s)	垂直流速 (m/s)	最小水流速度 (m/s)
203	9	3.67	0.58	3.72
197.85	9	3.67	0.58	3.72
195.87	9	3.19	0.51	3.23
190.347	8	3.20	0.45	3.23
176.607	6	2.23	0.23	2.24

根据桥区水流条件和不同水位出现的频率,本文将桥区全年的水位分为近期6种和远期5种两组典型水位,具体见表3和表4。

典型水位表(近期) 表3

序　号	黄海高程水位(m)	出现概率(%)	备　注
1	203	1	300年一遇
2	197.02	5	20年一遇
3	193.76	20	5年一遇
4	187.83	30	常遇洪水位
5	181.48	34	多年平均水位
6	176.607	10	最低水位

典型水位表(远期) 表4

序　号	黄海高程水位(m)	出现概率(%)	备　注
1	203	1	300年一遇
2	197.85	5	20年一遇
3	195.87	20	5年一遇
4	190.347	60	小南海死水位
5	176.607	14	最低水位

通过粉房湾长江大桥断面的船舶通航密度见表5。

粉房湾长江大桥桥区通航密度表(单位:艘次) 表5

船舶吨位(DWT)	2010年	2020年	2050年
500t以下	15 885	57 185	87 366
500~1 000t	17 754	67 464	118 949
1 000~2 000t	26 163	86 339	180 526
2 000~3 000t	28 966	89 796	101 382
3 000~5 000t	4 135	45 485	103 375
5 000~7 000t	1 514	7 570	30 280

船舶的典型航速根据表6来取值。

典型船型过桥速度表 表6

船舶吨位	航速(m/s)	
	上水	下水
5 000吨级	4.0	6.5
3 000吨级	4.0	6.5
1 000吨级及以下	4.0	6.5
万吨级船队	4.0	6.5

4 船撞设计代表船型的确定

采用前述的研究思路对大桥进行了船撞风险分析,并得到了不同水位不同抗力下的桥梁年倒塌频率,通过与可接受风险水平进行对比,以此来确定桥梁的防撞代表船型。表7给出了全桥随年份变化的年碰撞频率和年倒塌频率,图10绘出了其变化趋势。

粉房湾大桥全桥船撞风险　表7

年份（年）	AASHTO 方法	
	年碰撞频率(次/年)	年倒塌频率(次/年)
2010	0.859	4.05×10^{-6}
2020	3.26	2.02×10^{-5}
2050	7.66	7.06×10^{-5}

从图10可看出，粉房湾大桥在2010年、2020年和2050年的通航密度下，其船撞风险均低于AASHTO规范中重要桥梁的可接受风险10^{-4}，处于风险可接受的情况，但随着年份的增加，通航密度不断增长，其船撞风险逐渐增大。

为确定大桥的防撞代表船型，本文分别选取了不同的桥墩抗力进行计算，得到桥梁在2050年通航密度下船撞风险随主墩抗力变化的曲线，见图11。从图中可以看出，随着主墩抗力的增加，桥梁的船撞风险呈逐步下降趋势，当桥墩抗力提高到45MN时，全桥的船撞风险基本满足重要桥梁可接受风险水平10^{-4}。

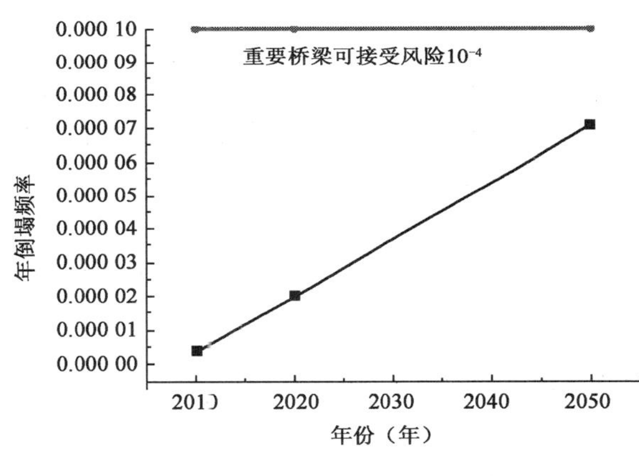

图10　全桥船撞风险变化趋势

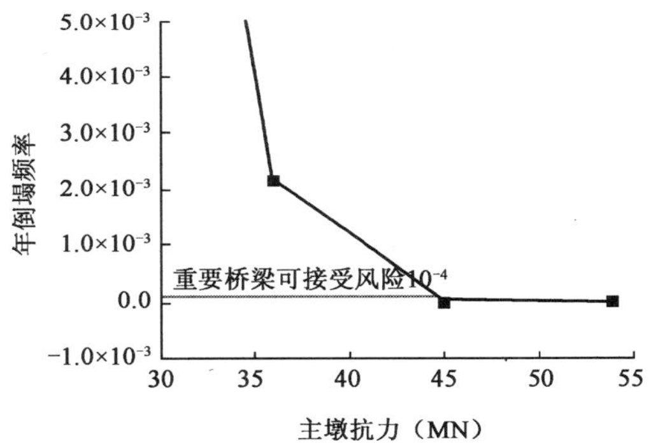

图11　全桥船撞风险抗力关系图

根据美国AASHTO的《公路桥梁设计规范》，船舶产生的撞击力与船舶的行驶速度和吨位有关。由式(2)和船撞风险分析中得到的计算撞击速度反推得到各墩的防撞代表船型，详见表8。

粉房湾长江大桥船撞设计代表船型　表8

桥墩位置	桥墩横向抗力(MN)	计算撞击速度(m/s)	防撞代表船型(DWT)
P3主墩	45	5.49	5 000
P4主墩	45	3.62	5 000

为了避免桥墩在常遇船撞作用下局部出现大的损伤或空心墩被船舶撞穿，因此需要确定桥墩的实心段高度。此处分别以2020年和2050年通航密度为基础，计算得到不同水位下桥梁的船撞年频率，变化趋势见图12。

从图中可以看出，近期通航密度下，187.83m水位（黄海高程）下桥梁遭受船舶撞击的年频率最高，为1.5次/年；远期通航密度下，190.347m水位（黄海高程）下桥梁遭受船舶撞击的年频率最高，为5.32次/年。其余水位下撞击的年频率均小于该水位，且船舶撞击点的位置通常要高于水位线2~5m。综合考虑桥梁远期的情况,建议桥墩的实心段顶端高程应尽量达到195.347m。

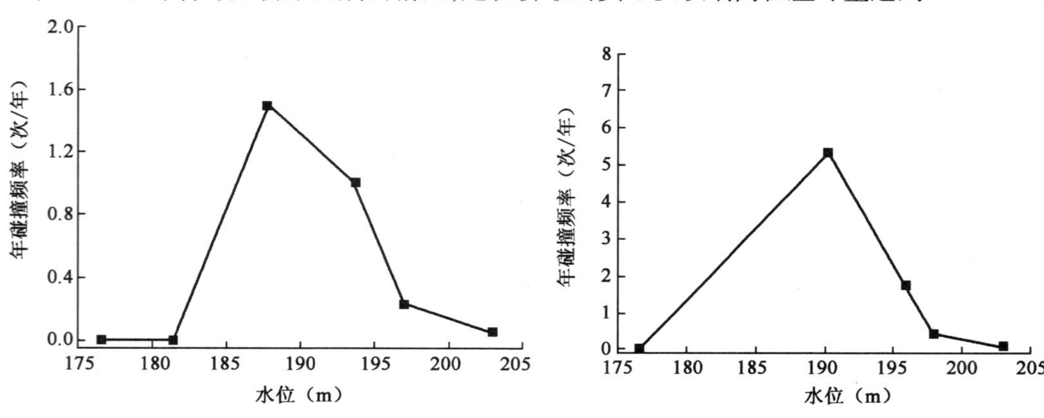

图12　不同水位下全桥年碰撞频率变化曲线

5　结语

本文基于风险的思想,采用美国AASHTO模型对大桥进行了船撞风险分析,以可接受风险水平10^{-4}为控制条件,反推得到大桥的船撞设计代表船型,进而根据年碰撞频率确定了桥墩的实心段高度,为大桥的设计提供了技术支持。主要的结论如下:

(1)根据船撞风险分析结果,P3主墩、P4主墩的船撞设计代表船舶均为5 000吨级;

(2)为了避免在常遇船撞作用下桥墩局部出现大的损伤或空心墩被船舶撞穿,桥墩的实心段顶端高程应尽量达到195.347m。

参考文献

[1] AASHTO. Guide Specification and Commentary for Vessel Collision Design of Highway Bridges[S]. American Association of State Highway and Transportation Officials, Washington D.C., 1991.

[2] AASHTO. LRFD Bridge Design Specification and Commentary[S]. American Association of State Highway and Transportation Officials, Washington D.C., 1994.

[3] A C W M Vrouwenvelder. Design for Ship Impact according to Eurocode 1, Part 2.7. Ship Collision Analysis, 1998.

[4] 中华人民共和国行业标准. JTG D60—2004 公路桥涵设计通用规范[S]. 北京:人民交通出版社,2004.

[5] 中华人民共和国行业标准. TB 10002.1—99 铁路桥涵设计基本规范[S]. 北京:中国铁道出版社,2000.

[6] 耿波. 桥梁船撞安全评估[D]. 上海:同济大学博士学位论文,2007.

[7] 招商局重庆交通科研设计院有限公司. 粉房湾长江大桥船撞设防标准及结构船撞安全性评价研究报告[R]. 2010.

重庆菜园坝及黄花园大桥柔性防撞套箱制造技术研究

刘 洋[1] 周齐姝[2] 张瑾佳[2]

（1. 招商局重庆交通科研设计院有限公司 重庆 400067；
2. 重庆工商大学 重庆 400067）

摘 要：随着交通运输事业的不断发展，船舶、汽车和火车交通量增大，因受船舶撞击而诱发的桥梁垮塌事件正在日益增多。文章针对重庆菜园坝长江大桥和黄花园大桥防撞体系的柔性防撞套箱制造技术做了初步研究。

关键词：大桥 柔性 防撞套箱 制造

Research on the making of flexible anticollision slip jacket for Chongqing Caiyuanba Bridge and Huanghuayuan Bridge

Liu Yang[1] Zhou Qishu[2] Zhang Jinjia[2]

（1. China Merchants Chongqing Communication Research & Design Institute Co. Ltd., Chongqing, 400067;
2. Chongqing Technology and Business University, Chongqing, 400067）

Abstract: The fast development of transportation industry, along with the increasing traffic, lead to the collapse of many more bridges induced by ship-bridge collision accidents. This essay aims to conduct a pilot study on the making of flexible anticollision slip jacket based on the anticollision system of Caiyuanba Bridge and Huanghuayuan Bridge in Chongqing.

Keywords: bridge; flexible; anticollision slip jacket; making

随着交通运输事业的不断发展，船舶、汽车和火车交通量增大，因受船舶撞击而诱发的桥梁垮塌事件正在日益增多。轮船撞桥事故在世界各地都时有发生，因此造成的人员伤亡、财产损失及环境破坏巨大。2007 年 6 月 15 日，广东省佛山市九江大桥被船撞至垮塌（图 1），致使 8 人死亡，1 人下落不明。2010 年 3 月 25 日凌晨，一艘环卫作业船在上海市浦东新区滨海地区大治河水域撞上一座公路桥桥墩后沉没，事故造成桥面坍塌，船上运输的集装箱落水，2 人失踪。美国通航水域较多，仅在 1970～1980 年这 10 年里，就发生了 11 起重大的恶性碰撞事件，至少有 53 人死于桥梁垮塌[1]。针对这种情况，许多国家的交通部门均要求对一些重要的大型桥梁桥墩予以保护。因此，对桥梁采取防撞措施是非常必要的。

项目支持：交通部西部科技项目资助，编号：200731882234。

作者简介：刘洋（1977—），副研究员，大学本科，从事道桥隧高分子材料研究，E-mail：liuyang@cmhk.com。

图1 九江大桥碰撞事故

重庆莱园坝长江大桥连接渝中区和南岸区，是目前国内最大的公共交通和城市轻轨两用大跨径拱桥，于2007年10月29日建成通车。主跨420m，主桥总长800m，为中国第二大跨度拱桥，钢结构总质量为18 000t，采用刚构与提篮式钢箱系杆拱和桁梁的组合结构。重庆黄花园大桥横跨嘉陵江，连接重庆渝中区和江北区，于1999年12月26日建成通车，全长1 024.32m。主桥桥面宽31.0m，为双向6车道，大桥桥型为五跨预应力混凝土连续刚构桥。

针对重庆莱园坝长江大桥和黄花园大桥的特点，并根据船撞风险评估的结果，拟采用复合材料防撞体系来实现防撞吸能。现就该防撞体系的柔性防撞套箱制造技术研究作简单介绍。

1 壳体制造技术方案

壳体为柔性防撞套箱中用作容集功能的构件，它含有容槽和盖板两部分。容槽内容集吸能钢圈体，填充弹性胶粒、发泡性浮动柱体，盖板在容槽填装容集物后塑焊其上，起密封作用。壳体作柔性防撞套箱的元件，其壁亦应具有一定的柔韧性。同时，作为暴露在户外日照、水环境下的制品，对大气老化和水冲刷劣化的使用耐久性要求较高，须达到15~20年。

壳体制造技术路线拟两条，一条为玻璃钢成型制造，另一条为PE旋转成型制造。

1.1 玻璃钢成型制造

玻璃钢为一种复合材料体，它是采用玻璃纤维与一种或数种热固性或热塑性树脂复合而成的材料，这些树脂有酚醛树脂、环氧树脂、聚酯树脂、聚酰亚胺树脂等。玻璃纤维浸渍了树脂的液态原料后，经过模压法预成型，然后将树脂固化，就制成了玻璃钢。

1.1.1 成型工艺

玻璃钢复合材料成型工艺有多种，其中最常用的有手糊成型工艺和喷射成型工艺[2]。

(1)手糊成型工艺。

手糊成型以原型为基准，手工逐层糊制模具[4]，其优点如下：

①不需复杂的设备，只需简单的模具和工具，投资少。

②可与其他材料如金属、木材、泡沫等同时复合制作成一体。

手糊工艺缺点：

①生产效率低，速度慢，生产周期长，对于批量大的产品不太适合。

②产品质量不够稳定。由于操作人员技能水平不同及制作环境条件的影响，故产品质量稳定性差。

③生产环境差，气味大，加工时粉尘多，故需加强劳动保护。

(2)喷射成型工艺。

喷射成型是为了实现手糊工艺的机械化而形成的一种方法。这种方法的成型工艺是将玻璃纤维短切后和树脂混合，用盆腔喷射到模具上，喷到规定厚度以后，再辊压密实，脱泡，固化成型。喷射成型树脂易于喷射,同样容易雾化,树脂容易浸透纤维增强材料,易于将气泡排除,与纤维的黏结力强。

1.1.2 材料的选择

玻璃钢作为复合材料,由两部分材料组成:一部分为增强材料,在复合体中起骨架作用;另一部分为基体材料,在复合体中起黏结作用。增强材料采用的就是玻璃纤维。玻璃纤维是由熔融的玻璃拉成或吹成的无机纤维材料,其主要化学成分为二氧化硅、氧化铝、氧化硼、氧化镁、氧化钠等。制成的纤维有长丝、短丝及絮状物,直径一般为 3 ~ 80μm,最粗也只有头发丝那样粗细。直径为 10μm 的玻璃纤维,抗拉强度为 3 600MPa,相当于在每平方毫米的截面积上能承受 3.6kN 的拉力而不断。这种强度比高强度钢还高出两倍。作为基体材料,酚醛树脂、环氧树脂的使用最多。酚醛树脂、环氧树脂为热固性材料,在黏结功能完成后,表现为刚性,会使壳体的柔韧性能不良。本次制造过程中,我们选择了邻苯普通树脂和乙烯基树脂等具有一定柔性的树脂。在耐久性方面,玻纤作为无机材料其防腐耐久性非常优异,而酚醛树脂、环氧树脂为有机材料,对酸、碱、盐、油等各种腐蚀介质都具有特殊的防腐功能,不会发生锈蚀,但对紫外光线老化的环境,其抗老化性差于聚烯烃。

1.2 PE 旋转成型制造

旋转成型又称滚塑成型、旋塑、回转成型等。滚塑成型工艺是先将塑料原料加入模具中,然后模具沿两垂直轴不断旋转并使之加热,模内的塑料原料在重力和热能的作用下,逐渐均匀地涂布、熔融黏附于模腔的整个表面上,成型为所需要的形状,再经冷却定型而成制品[5]。滚塑是市场通用性强的制造工艺,提供的设计空间大,产品制作成本低。传统上,滚塑主要应用于热塑性材料,近年来,可交联聚乙烯等热固性材料的滚塑也发展很快。滚塑并不需要较高的注射压力、较高的剪切速率或精确的化合物计量器,因此,模具和机器的价格都比较低廉,而且使用寿命也较长。其主要优点有:机器的性价比较高,复杂的部件的成型不需要后组装。

1.2.1 生产过程

在进行滚塑制作工艺之前,需要准备好一些质量良好的模子放置在一台铸造机器上,这台铸造机器内还分别设有制热和制冷两个装置。在安置妥当之后,首先把几块模具放在机器上面。然后,在每个模具内放入树脂,再将模具从垂直和水平的两个角度慢慢地旋转放至烤箱中。融化了的树脂将炙热的模具和外层包装均匀紧密地黏合在一起。随后,再将模具放入制冷循环设备中,令模具在其中继续旋转直至其每一部分的厚度均保持一致。当模具被冷冻完毕之后,将其从机器上取下来。在整个制作过程中,模具转动的速度、加热和冷却的时间统统要经过严格的精确控制。

1.2.2 设计优势

与其他模具工艺相比,滚塑工艺可提供更多的设计空间。在正确的设计理念之下,可以将几部分零件组合成一个完整的模具,这种做法大大降低了高昂的装配成本。滚塑制作程序还包括一系列的固有设计思维方式,诸如如何调和侧壁厚度,如何强化外部设置。如果还需要添加一些附属设计,还可以将加强肋线这一环节添加到设计之中。

1.2.3 成本优势

滚塑工艺比其他类型的工艺更具有市场优势。在与塑料制品常用的吹塑工艺和注塑工艺对比时,滚塑工艺更能够在有效成本范围内轻而易举地生产出大小不同的部件。它的模具相对来说也要低廉许多,因为它没有一些内部核心需要制作完成。而且在没有内部核心的情况下,只要一点小小的变化就可以制作成另一个模型。由于制作过程中的各个部件都是在高温与旋转的工艺流程下最终成型的,不同于那些在重压之下形成的部件,因此滚塑模具不像注塑模具那样还需要经过特别加工才可以经受住重压的考验。

1.2.4 滚塑成型的树脂

满足滚塑成型工艺和加工产品性能的原料必须满足以下性能要求:热稳定性,良好的熔体流动性,一定的冲击强度,耐环境应力开裂(ESCR)高,综合机械性能好,传热良好。为确保顺利进行滚塑成型和达到制品应用要求的机械强度,并有良好的外观,ESCR 是十分重要的指标,它是制品长期耐用性的关键指标之一。以用量最大的聚乙烯滚塑料为例,ESCR 一般应大于 1 000h。另外,树脂流动性是滚塑成型能否顺利进行加工的性能指标和“通行证”,流动良好,才能成型大型和结构复杂的最终制品和部件,它也是影响成品表面质量的重要因素。以目前工业最常用的聚乙烯为例,一般 MFR(熔体流动速率)范围为 2 ~ 8g/10min(2.16kg,190℃)。为了便于传热和快速熔融,大部分滚塑成型树脂和配混料是粉料,粒子尺寸为 35 目(74 ~ 2 000μm)。滚塑原料另一种状态是液体,一些高流动性树脂,如尼龙,成型时要用小粒料。

聚乙烯(PE)是世界最主要和用量占绝对主导地位的滚塑用树脂。滚塑树脂按用量大小依次排序为:聚乙烯(LDPE、LLDPE、HDPE、XLPE、mLLDPE、EVA)95%;聚氯乙烯 3%;尼龙(尼龙 6、尼龙 66、尼龙 11、尼龙 12)<0.5%;聚丙烯 <0.5%;聚碳酸酯 <0.2%;含氟聚合物(ETFE、ECTFE、PFA、MFA、PVDF)<0.1%。

另外,还有一些在近 30 年中已成功滚塑成型的聚合物和少量用于特种应用的聚合物:聚甲醛、丙烯酸树脂、苯乙烯/丁二烯/丙烯腈共聚物(ABS)、纤维素树脂、环氧树脂、离子型聚合物、酚醛树脂、聚丁烯、聚酯、聚酯弹性体、聚苯乙烯、抗冲聚苯乙烯、聚氨酯、有机硅聚合物。

聚乙烯具有容易滚塑成型、良好的热稳定性和成本低等综合优势,因此一直主导和控制着滚塑制品市场。其中以线型低密度聚乙烯(LLDPE)需求量最大,这种 α-烯烃聚乙烯共聚物,ESCR 高,密度和其他性能可调范围宽,生产厂家多,并有比其他 PE 生产成本低的优势。

2 吸能元件

2.1 钢丝圈

拟采用内径 14 寸裹胶钢丝圈,通过钢丝圈支架固定成钢丝圈柱体,再通过多个柱体的连接,可形成强大的吸能体。

制造钢丝圈的单根钢丝性能见表 1。

钢丝圈物理力学性能 表 1

项 目	性能指标	项 目	性能指标
直径及允许偏差(mm)	1.000 ± 0.020	最小屈服强度(MPa)	1 160
最小破断拉力(N)	1 450	最小扭转次数[次·(nd)$^{-1}$]	25/100
最小抗拉强度(MPa)	2 000	最小破断延伸率(%)	510

2.2 填充性弹性胶粒

填充性弹性胶粒是填满充在壳体与钢丝圈柱体之间的间隙中的吸能物，胶粒性能与轮胎胎面硫化胶相当。

胎面硫化胶性能见表2。

胎面硫化胶物理力学性能 表2

项　　目		性能指标
拉伸强度(MPa)		20.00
扯断伸长率(%)		634.09
100%定伸(MPa)		1.75
300%定伸(MPa)		7.60
撕裂强度($kN \cdot m^{-1}$)		73.76
邵氏A硬度		64
回弹值(%)		35
阿科隆磨耗(cm^3)		0.4319
压缩生热(负荷1MPa;冲程4.45mm;恒温室温度55℃)温升(℃)		17.2
压缩永久变形(%)		11.0
最终压缩率(%)		15.68
100℃×24h老化	拉伸强度(MPa)	18.79
	扯断伸长率(%)	484.37
	300%定伸(MPa)	10.94

2.3 发泡性浮动柱体

发泡性浮动柱体是置于钢丝圈柱体内的构件，采用PS发泡颗粒包覆制成。

2.3.1 粒径大小与表观密度的关系

PS原料粒径有大小之分，发泡之前它们的密度是一致的，与PS制品的密度没有关系。EPS制品(EPS泡沫塑料)的密度与发泡倍率有关，其关系见表3。

EPS制品的密度与发泡倍率的关系 表3

密度 粒径	PS原料(树脂)发泡前密度(kg/m^3)	发泡40倍时泡沫塑料密度(kg/m^3)	发泡50倍时泡沫塑料密度(kg/m^3)	发泡55倍时泡沫塑料密度(kg/m^3)
小粒径	1 000	25	20	18
小粒径	1 000	25	20	18
对比	一致	一致	一致	一致

发泡倍率越高其制品的密度越低，发泡倍率与制品的密度成反比关系。不论大粒径原料还是小粒径原料，发泡倍率一致时其密度是完全一致的。

2.3.2 粒径大小与其他指标的关系

同等密度情况下，泡沫塑料粒径大小与其他指标的关系见表4(以19.7kg/m^3的PS泡沫为例)。

EPS 制品粒径大小与其他指标的关系 表4

密度粒径	垂直于板面方向的抗拉强度(kPa)	熔结性(断裂弯曲负荷)(N)	导热系数[W/(m·k)]	压缩强度	尺寸稳定性	燃烧性能(氧指数)
小粒径	115	32	0.037	108	一致	一致
大粒径	124	37	0.036	115		
对比(大)	好	好	好	好	一致	一致

3 防撞套箱整体组装工艺

3.1 壳体尺寸及构造

从经济角度出发,我们选择了玻璃钢成型来制造柔性防撞套箱壳体,其尺寸和构造见图2。制作完成的壳体见图3。

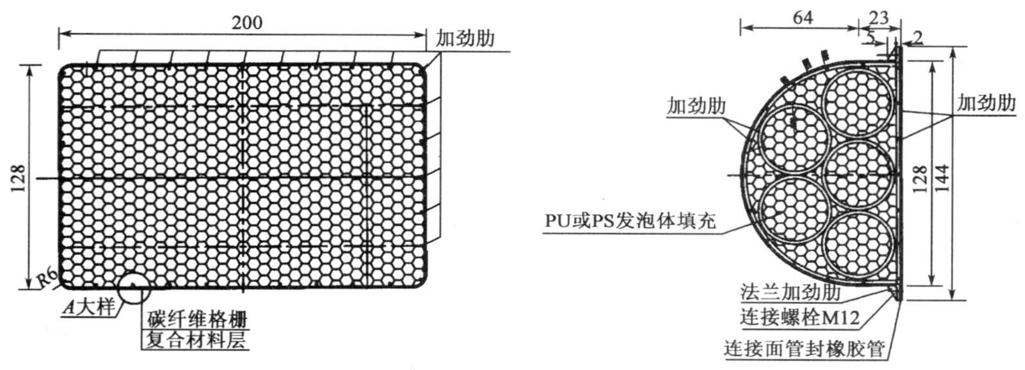

图2 防撞套箱尺寸及构造(尺寸单位:cm)

图3 制作完成的壳体

玻纤布采用无碱全白金玻纤布,并使用两层碳纤维布。

3.2 制作流程

钢丝圈采用14寸轮胎止口圈(图4),有效地利用了废旧轮胎,符合国家鼓励产业废物循环利用的政策。首先将钢丝圈套入预制的支架(图5),然后将装袋的发泡颗粒放入钢丝圈内

(图6),将钢丝圈柱体放入壳体,并在钢丝圈柱体的缝隙中填充废胶粉(图7),最后连接容槽和盖板(图8、图9)。

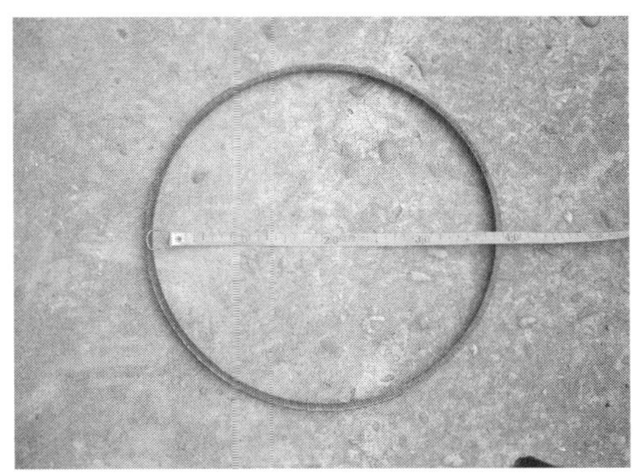

图4 轮胎止口圈

图5 连接轮胎止口圈

图6 填充发泡颗粒

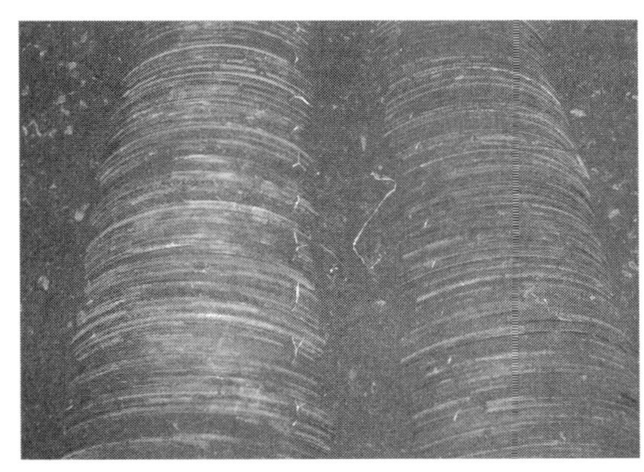

图7 填充废胶粉

图8 填充完毕

图9 制作完毕

4 结语

通过本文的试验研究,可得到如下结论:

(1)该柔性防撞套箱采用玻璃钢制造成型技术,具有轻质高强、寿命长等特点。

(2)内部填充物如钢丝圈、橡胶粉采用再生材料,造价低,对环境友好。

(3)制造工艺简单易行,经过撞击试验合格后可应用于桥梁防撞设计中。

参考文献

[1] 杨渡军.桥梁的防撞保护系统及其设计[M].北京:人民交通出版社,1990.

[2] 王禹阶.玻璃钢与复合材料的生产及应用:有机、无机玻璃钢及其相关材料的综述[M].合肥:合肥工业大学出版社,2005.

[3] 全国纤维增强塑料标准化技术委员会.纤维增强塑料(玻璃钢)标准汇编[S].北京:中国标准出版社,2007.

[4] 邹宁宇.玻璃钢制品手工成型工艺[M].北京:化学工业出版社,2006.

[5] 陈昌杰,等.塑料滚塑与搪塑[M].北京:化学工业出版社,1997.

新型消能防船撞钢套箱的设计

张君健[1,2] 王君杰[2] 屈亚军[1]

(1. 湖北省公路管理局 武汉 430030;2. 同济大学桥梁工程系 上海 200092)

摘 要:对现有的钢套箱型防撞装置进行了总结和分类,并在此基础上设计出一种体积更小、消能效果更好、更能有效减小最大船撞力的新型消能防撞钢套箱,并针对12 000DWT的船舶,初步设计了一个新型消能防撞钢套箱,利用有限元软件LS-DYNA进行了船撞数值模拟,检验结果表明该套箱有很好的效果。

关键词:船桥碰撞 钢套箱 泡沫铝 数值计算

A study of anti-vessel steel box with new energy dissipator

Zhan Junjian[1,2], Wang Junjie[2], Qu Yajun[1]

(1. Hubei Province Highway Administration, Wuhan, 430030;

2. Tongji University, Shanghai, 200092)

Abstract: This paper summaries and classifies the exiting steel box protection devices and designs a smaller and better energy dissipation type, which is more effective to reduce the maximum force of the impact. Based on the practical engineering background of Shanghai Yangtze Bridge, this paper designs new energy dissipation steel boxes which are suitable for 12 000DWT ship. By comparison of numerical simulation, this paper concludes that the size of the box and the maximum impact force can be effectively reduced.

Keywords: vessel-bridge collision; steel-box; aluminum foam; numerical simulation

1 引言

随着交通运输业和经济建设的蓬勃发展,横跨江海的大型桥梁愈来愈多,江河、海湾船舶流量、吨位愈来愈大,船舶撞击桥墩的事故急剧增加。为了保障生命财产安全,就迫切需要一种防船舶撞击的装置来保护桥梁免受船舶的撞击。全世界各国的专家学者开发了很多不同的防撞装置。日本濑户大桥采用充气式橡胶浮筒作为桥墩的防撞装置[2],见图1。它主要用于抵挡小型船舶(1 000DWT级以下)在一定速度下的撞击。

钢箱型防撞装置由于有着体积小、结构简单、能有效地减小撞击力、撞后易维修等特点,已得到越来越多的应用。世界上跨径最大的悬索桥——日本明石海峡大桥采用的就是钢箱型防撞装置。在我国,钢箱型防撞装置的应用也非常广泛,而且还在不断完善和改进。黄石长江大

项目支持:交通部西部科技项目资助,编号:200731882234;交通部行业联合科技攻关项目资助,编号:2008353344340。

作者简介:张君健(1983),硕士,主要从事桥梁船撞研究,E-mail:zjj.chang@163.com。

桥采用了可浮式的钢套箱，为了起到更好的效果，在钢套箱和承台之间设置橡胶消能构件，用它来抵抗 5 000DWT 级船舶 6m/s 速度的撞击，见图 2。

图 1 濑户大桥防护装置

图 2 黄石长江大桥浮式消能防撞装置

但近些年来，国民经济发展的需要以及一些海湾桥和深水航道的建设使得桥梁遭受超大船舶（10 000DWT 级以上）撞击的风险增加，这就要求我们研究出一种能够在超大撞击力下应用的钢套箱防撞装置。

2 新型消能防撞钢套箱的特点

传统钢套箱的主体结构一般由外围板、内外板、上甲板、底板、纵横舱壁、加劲肋等组成（如上海长江大桥防撞设施），见图 3。在船舶撞击时，主要靠参与塑性变形的钢板和橡胶块来消耗船舶的动能，从而减小撞击力。

为了在超大撞击荷载作用下能更有效地减小最大撞击力，并且尽可能减小套箱的体积，就需要在传统的防撞钢套箱上做一定的改进：①对传统防撞钢套箱的内部构造进行改进；②对套箱和承台之间的消能构件进行改进。

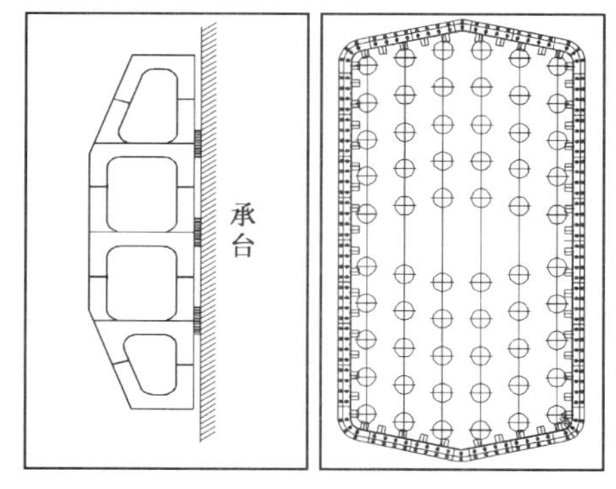

图 3 上海长江公路大桥防撞钢套箱剖面图

薄壁圆钢管易于制造、成本较低且有优良的吸能能力，是目前应用最广泛的能量吸收元件。泡沫金属铝质量小、耐腐蚀且有着超好的吸能能力，所以经常应用于关键的消能结构中。在超大撞击力的船舶撞击下，为了有效地减小撞击力，新型消能防撞钢套箱将在传统钢套箱上做出以下改进：①利用薄壁圆钢管代替型钢作为横向加劲肋；②利用薄壁圆钢管连接外板和内板作为纵向支撑构件；③利用消能能力好的泡沫金属铝填充圆钢管作为消能组件。

经过改进后的消能防撞钢套箱将充分利用薄壁圆钢管构件，在弯曲破坏和压屈破坏时吸收船舶动能，这样将能充分发挥钢材的吸能能力；并且用泡沫金属铝这种吸能性能好的材料作为消能构件的填充材料，这样能保证在超大船舶撞击下，整个防撞装置尺寸小，且能有效地减小最大撞击力。

3 柔性消能防撞钢套箱的总体设计

柔性防撞钢套箱在船舶撞击时消耗船舶动能主要由两个部分完成:①消能组件;②钢套箱体。剖面图见图 4。

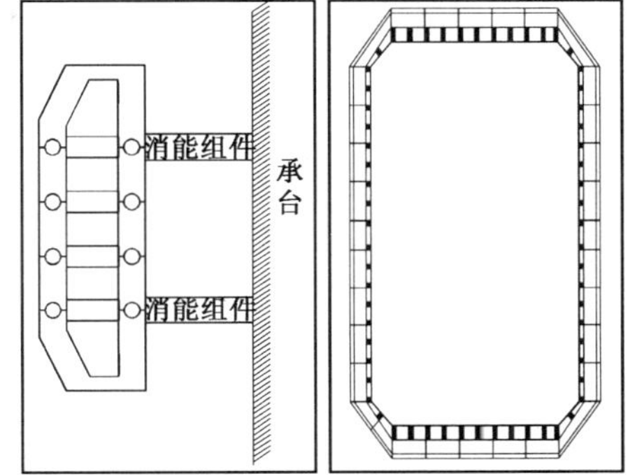

图 4 新型消能防撞钢套箱剖面图

在超大撞击荷载作用下,该防撞套箱的破坏主要有两个阶段:

(1)当船首与钢套箱的外板发生接触时,钢套箱整体发生较小的塑性变形,而消能构件则发生较大的塑性破坏。此时,船舶撞击的能量主要靠消能构件的破坏来吸收。

(2)当消能构件完全破坏后,此时钢套箱才发生较大的塑性破坏,从而吸收掉船舶剩下的动能。

这两个破坏阶段要求柔性防撞钢套箱在整体上必须满足以下几个条件:

(1)钢套箱的整体刚度大于消能组件的整体刚度。

(2)消能组件的整体刚度不能太小,否则虽然撞击力会变小,但要耗掉船舶的动能,就需要很长的消能组件,会增大整个防撞钢套箱的体积。

(3)外围钢套箱的刚度不能太大,否则当消能组件完全破坏后,余下的船舶动能要靠船首的破坏来吸收,会造成较大的船损。

4 柔性消能防撞钢套箱的初步设计及船撞数值模拟

4.1 柔性消能防撞钢套箱的初步设计

为了检验这种套箱在船撞中能否发挥出应有的作用,根据上文消能防撞钢套箱的总体设计,初步设计了一个柔性消能防撞钢套箱,并对其进行船撞数值模拟。代表船型为 10 000DWT,满载时为 12 000t,速度为 5m/s。在初步设计中,假想了一个承台,承台和套箱的尺寸如下:

(1)承台的尺寸为 35m × 25m × 6m(长 × 宽 × 高)。

(2)钢套箱高 6m、厚 2m。钢套箱的外侧板、内侧板、上甲板、中间板、底板厚度均为 10mm,横向圆钢管直径为 0.3m,壁厚为 15mm,纵向圆钢管直径为 0.5m,壁厚为 3mm,竖向加劲肋采用焊接丁字钢,厚度为 10mm。

(3)消能组件的尺寸为:垂直于桥梁轴线方向的效能组件长度为 1.5m,沿桥梁轴向方向的效能组件长度为 0.5m,薄壁圆钢管的直径为 0.5m,壁厚为 3mm,填充材料为吸能性能极好的泡沫金属铝,密度为 0.34kg/cm。

钢套箱和效能组件的薄壁圆钢管都采用低碳钢 Q235C,详细尺寸见图 5。

4.2 柔性消能防撞钢套箱的船撞数值模拟

美国 ASSHTO 船撞力计算公式为:

$$P = 0.122\sqrt{\text{DWT}} \cdot v \tag{1}$$

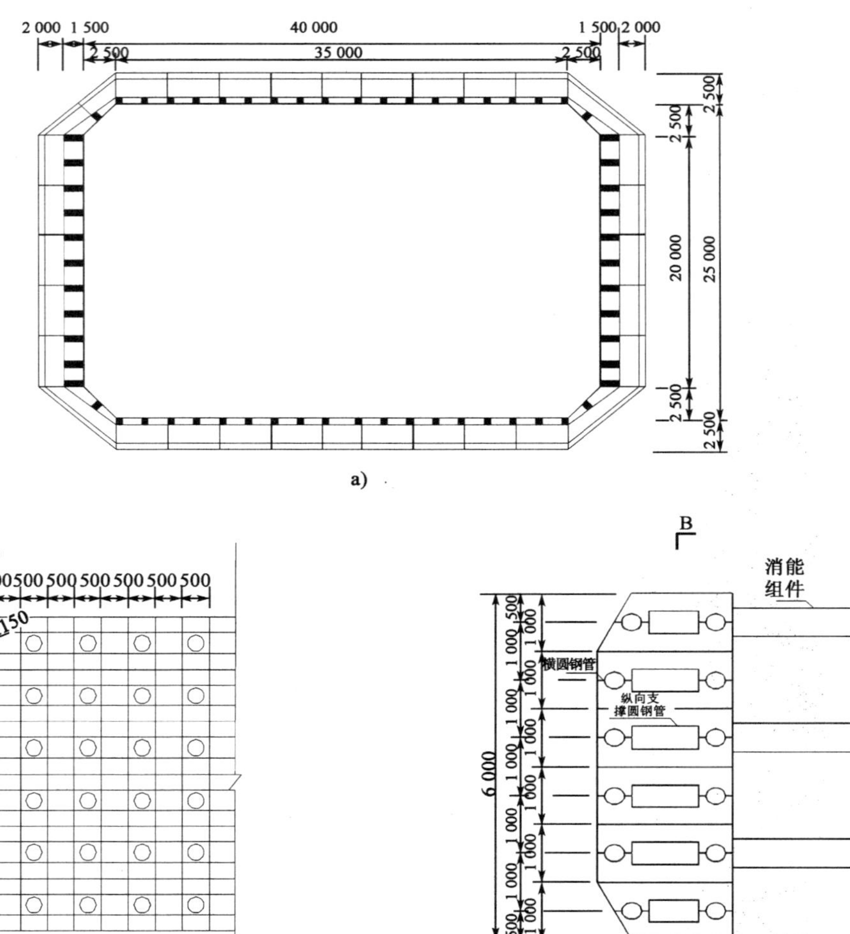

图5 套箱尺寸详图(尺寸单位:mm)

a)套箱平面图;b)套箱截面图(B截面);c)套箱截面图(C截面)

式中:P——船撞力(MN);

DWT——船舶吨位(t);

v——船舶速度(m/s)。

为了检验该柔性消能防撞钢套箱是否达到要求,采用LS-DYNA软件对该初步设计的套箱进行船撞数值模拟。撞击工况取两种:正撞和斜撞。

为了节省计算时间,并没有将整个承台和效能防撞钢套箱都建模计算,而是只建了一段。数值模拟时,将承台固定不动,而消能组件固结在承台上,见图6。

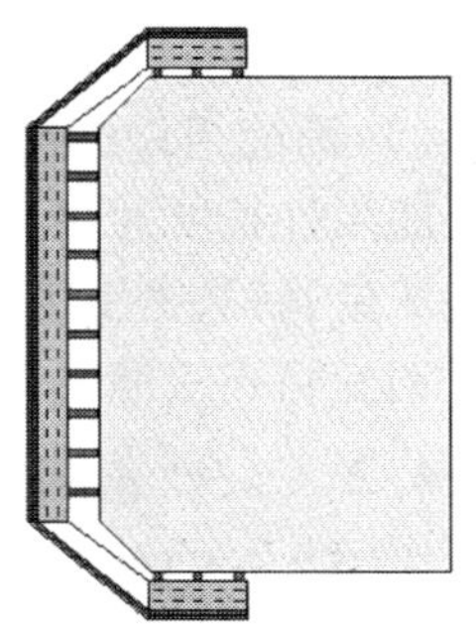

图6 防撞套箱模型

4.2.1 正撞

用12 000DWT的船舶以5m/s的速度对安装有效能防撞钢套箱的承台进行正撞,撞击时间为3s,得到撞击力时程曲线,并与直接撞击刚性墙和通过ASSHTO公式计算得到的撞击力比较。

从船舶速度图(图7)中可以看出,在2.7s时,船舶速度为0。

通过撞击力时程曲线(图8)可以看出,安装有消能防撞套箱的最大撞击力为41.9MN,而直接撞击刚性墙的最大撞击力为58.23MN,减小了16.33MN,同比减小28.04%;而通过AASHTO公式计算得到的撞击力为67.1MN,安装消能防撞钢套箱后的最大撞击力相比减小了25.2MN,同比减小了37.56%。通过这个比较可以得知,该效能防撞钢套箱的效果较好,起到了减小最大撞击力的目的,而且减小的值较大。

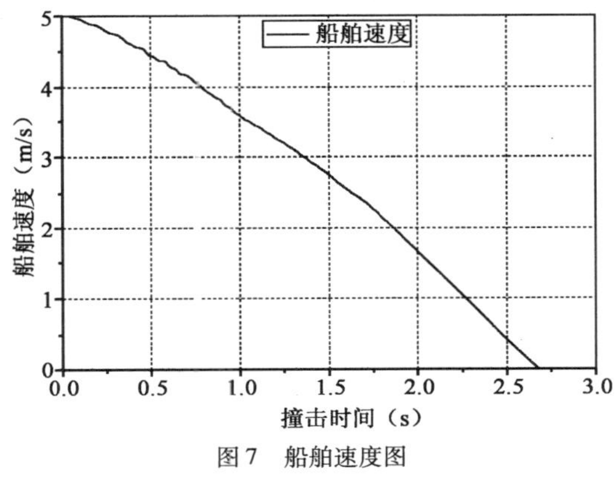

图7 船舶速度图

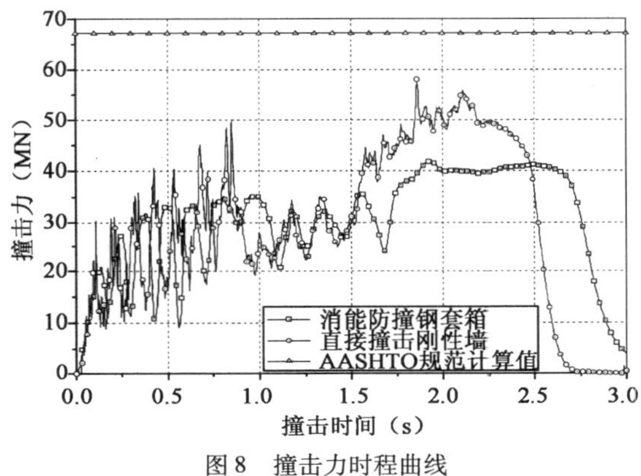

图8 撞击力时程曲线

4.2.2 斜撞

用12 000DWT的船舶以5m/s的速度对安装有效能防撞钢套箱的承台进行斜撞(与垂直于桥轴方向成30°夹角),撞击时间为3.2s,得到撞击力时程曲线,并与直接撞击刚性墙撞击力比较。

从船舶速度图(图9、图10)中可以得知,在3s时,船舶速度为0。

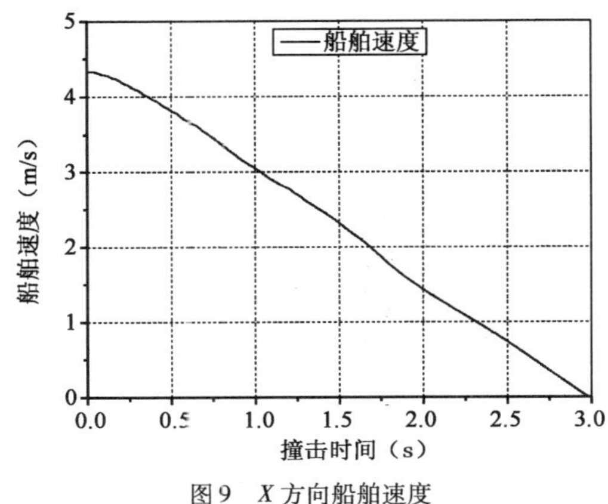

图9 *X*方向船舶速度

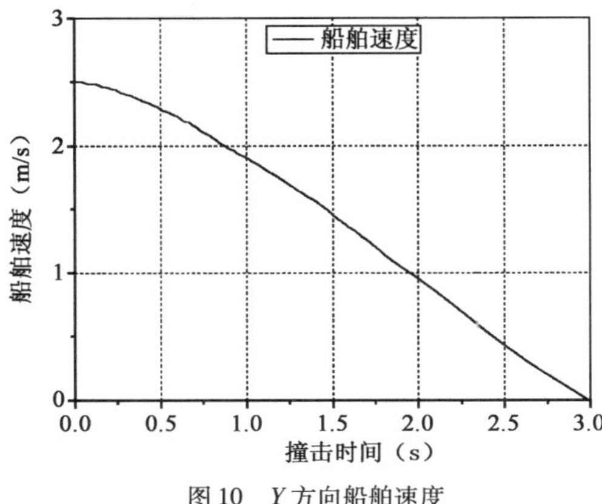

图10 *Y*方向船舶速度

从撞击力时程图(图11)可以得知,安装消能防撞套箱后的最大撞击力为34.20MN,而直接撞击刚性墙时最大撞击力为41.94MN,相比减小了7.74MN,同比减小18.45%。说明在安装了改套箱后,在与桥梁轴向成30°角的斜撞下,能较好地减小船舶最大撞击力。

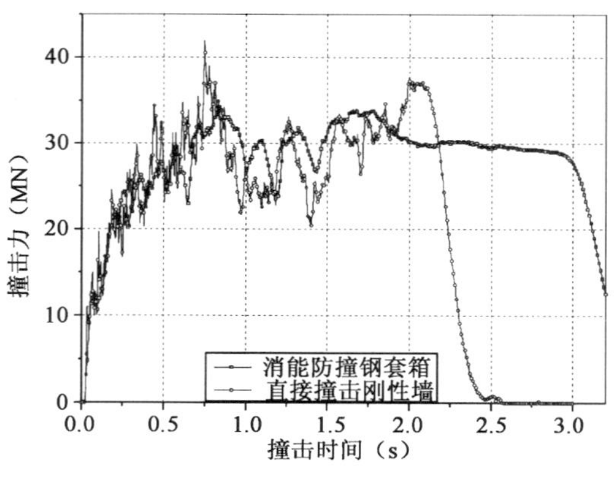

图 11 撞击力时程图

4.3 小结

按照船撞数值模拟的结果,对初步设计的套箱进行分析总结。

安装该套箱的最终目的是减小撞击力,保证桥梁的安全。从表 1 中可以看出,安装套箱后,与直接撞击刚性墙相比,撞击力有明显的减小,而且减小幅度较大,尤其是在正撞时(最大撞击力工况),说明该套箱基本达到预期的目标。

撞击力比较表(单位:MN) 表 1

撞击工况	安装套箱	直接撞击刚性墙	AASHTO 计算值	减小值	相比减小(%)
正撞	41.9	58.23	67.1	16.33 (25.2)	28.04 (37.56)
斜撞	34.20	41.94		7.74	18.45

注:括号内为与 AASHTO 值比较的结果。

该套箱在较大撞击荷载的作用下,应该首先发生的是消能组件的破坏变形,当消能组件完全破坏之后,钢套箱再发生变形破坏,通过图 12 可以得知(限于篇幅,这里只截取了套箱的一个节段,而且撞击工况为正撞):

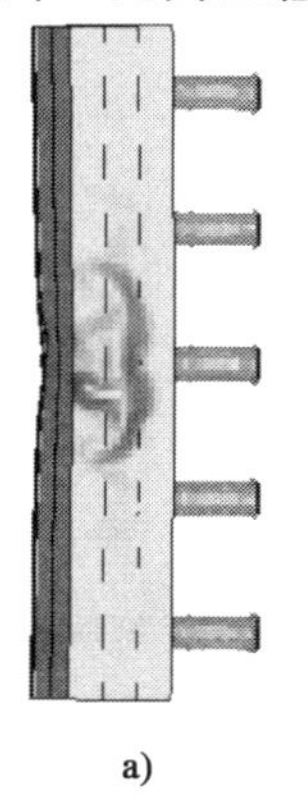

a)

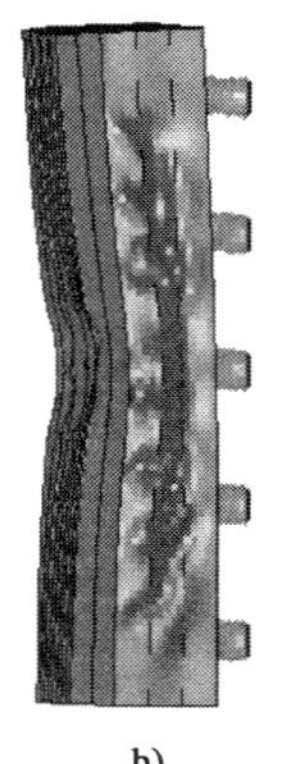

b)

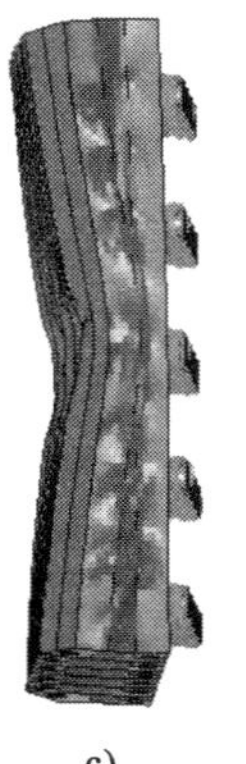

c)

d)

图 12 不同时间下的套箱变形图

a)0.6s;b)1.5s;c)2.0s;d)2.7s

(1)在0.6s时,套箱基本上没发生大的变形,而这个时候消能组件已经开始发生变形了。

(2)在1.5s时,消能组件发生了很大的变形,而钢套箱只在与船首发生直接接触的部分发生变形,但变形不大。

(3)在2.0s时,消能组件基本上完全破坏了,这时候钢套箱开始发生较大的变形。

(4)在2.7s时,钢套箱发生很大的变形破坏,这个时候船舶的速度已经为零了。

这四个不同时间下套箱的变形图可以充分说明该套箱在较大的撞击力荷载作用下,消能组件首先发生变形破坏,当消能组件完全破坏后,钢套箱开始发生较大的变形破坏来吸收船舶剩余的动能,这个过程说明该套箱的设计达到了预想的目的。

5 结语

本文在传统防撞钢套箱的基础上,对钢套箱内部结构和效能组件进行改进。改进后的新消能防撞套箱不仅体积小,而且在超大船舶撞击力作用下能有效地减小最大撞击力。

参考文献

[1] 王君杰,陈诚. 桥墩在船舶撞击作用下的损伤仿真研究[J]. 工程力学,2007,24(7):156-160.

[2] 史元熹,全允龙,徐骏. 黄石长江大桥主墩防撞设施设计//第十四届全国桥梁学术会议论文集[C],2000.

[3] 刘建成,顾永宁. 基于整船整桥模型的船桥碰撞数值仿真[J]. 工程力学,2003,20(5):156-162.

[4] 中华人民共和国行业标准. JTG D60—2004 公路桥涵设计通用规范[S]. 北京:人民交通出版社,2004.

钢质套箱在桥梁防撞设施中的开发与应用

赵振宇

（上海船舶运输科学研究所　上海　200135）

摘　要：文章叙述了钢质套箱结构在我国桥梁防船撞设施中的开发与应用，介绍了钢套箱防撞体的一般构造与基本形式、作用机理与特点，提出应进一步研究结合型材料的开发与利用，制定必要的防撞设施规范。

关键词：钢质套箱　防船撞　消能材料　船舶撞击力

The development and application of steel box buffers in ship collision protective facility for bridges

Zhao Zhenyu

(Shanghai Ship & Shipping Research Institute, Shanghai ,200135)

Abstract: In this paper, the application of the steel box buffer in the ship collision protective facility for bridges in China is discussed. The structure, mechanism and characteristics of the buffer are introduced. For further study and application, new type structure with specific material and rules for the buffer are suggested.

Keywords: ship collision; protective facility; steel box buffer; energy consumption material; collision force

1　引言

近30年，随着国内近百座江河大桥和跨海大桥的建成以及水运交通的蓬勃发展，桥梁的水中墩对通航船舶安全的制约日益显现。在探索桥梁水中桥墩的抗撞防撞过程中，钢质防撞套箱作为桥墩防撞保护的重要方式，自1997年3月首次安装在黄石长江公路大桥主墩以来，已经广泛应用于国内江河和近海重要桥梁的防撞体系中。

2　钢套箱防撞体系的建立

20世纪90年代初，黄石长江公路大桥开工建设，其桥位处于长江水道的弯曲处且主墩为双薄臂墩，抗碰撞能力弱。桥址所处长江段水位落差高达17m，如何保证220m的通航净距，提高桥墩的抗撞能力是大桥建设的一个较为突出的问题。

基金项目：交通部西部交通建设科技项目，编号：200731882234。

作者简介：赵振宇（1950—），研究员，从事船舶水动力研究，E-mail：srd@ sssri. com。

交通部和湖北省交通厅对此高度重视，多次组织专家学者召开专门会议研究讨论黄石大桥的防船撞安全问题。1991 年，黄石长江公路大桥桥墩防撞方案最终确定采用上海船舶运输科学研究所提出的浮式消能防撞方案，其主体结构即为钢质材料的套箱形式。1997 年和 1998 年分别完成大桥 3 号、4 号、5 号、2 号主墩防撞设施的设计与施工，桥梁防撞形式初步形成。其外形与结构形式见图 1、图 2。

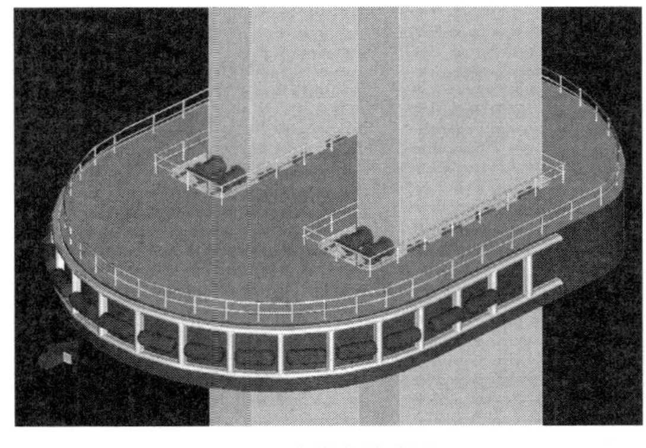

图 1 防撞套箱外形

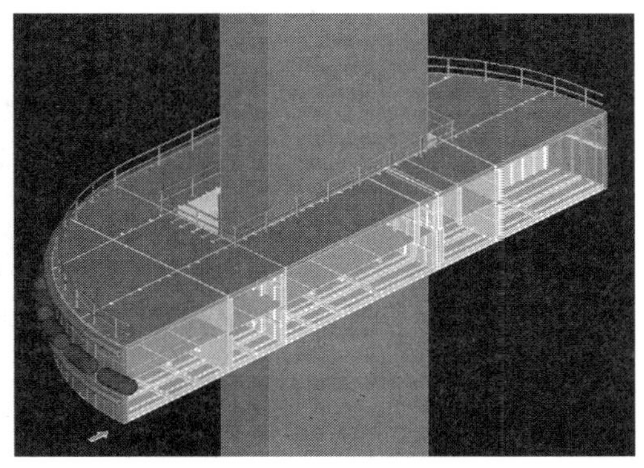

图 2 结构形式与构造

对于大型桥梁通航孔桥墩的防船撞设施，综合国内外已经应用的主要形式，大致分为两种，一种是建立在独立于桥墩之外一定尺度之内的防撞方式或称之为独立防撞形式，例如人工岛、桩群独立墩、大型围堰等；另一种是利用桥墩自身基础增设辅助的保护设施，例如钢套箱、钢浮漂、橡胶护舷等。分析国际上桥梁建设展示的资料，国外大型桥梁的水中桥墩一般多采用独立防撞形式，国内则采用钢套箱形式较多。典型的应用实例如丹麦 Oresund 大桥，大桥主跨 490m，净空高度 57m，大桥两侧 8 个桥墩均采用人工岛形式对桥墩进行保护；美国 Sunshine Skyway 大桥，大桥主跨 365.7m，净空高度 58.8m，大桥桥墩采用群桩混凝土独立墩形式进行保护，见图 3。在国内，香港汀九大桥，大桥主跨 448m + 475m，净空高度 64m，大桥桥墩采用人工岛形式进行保护。

图 3 美国 Sunshine Skyway 大桥独立墩防撞

自 20 世纪 90 年代以来，我国桥梁建设进入了一个飞跃式的发展阶段，相继建设的跨江、近海大桥不但数量多，而且工程规模宏大，建设质量及水陆使用要求标准都比较高，航道通航安全及桥梁防船撞保护自然提升到一个新的高度。继黄石长江大桥安装防船撞保护设施后，金塘大桥、东海大桥、湛江海湾桥、杭州湾跨海大桥等众多有影响的大型桥梁均采取了严格的桥梁防船撞措施，其中最主要的防范措施就是采用钢质套箱防撞形式。经过多年的实践，这种形式作为国内常用的防船撞手段，已经逐步形成一个桥梁防船撞保护体系。这个体系的建立对于通航和船、桥保护起到了非常积极和卓有成效的作用。它与独立式防撞形式的最大区别在于其可随桥梁使用周期的结束而结束，不会给航道遗留任何附着式的水中残积物；同时就工程造价而言比较节省，制造和维护相对简捷。图 4 为杭州湾大桥南、北通航孔桥墩钢套箱防撞设施，图 5 为湛江海湾桥防撞设施，图 6 为东海大桥辅助墩防撞套箱安装。

图 4 杭州湾大桥南、北通航孔桥墩钢套箱防撞设施

图 5 湛江海湾桥防撞设施

图 6 东海大桥辅助墩防撞套箱

3 钢套箱防撞体的构造与基本形式

套箱防撞设施主体的结构类似于船体结构，由内围壁、外围壁、底板、主甲板、平台甲板、纵舱壁、横舱壁等板架构件组成，其设施主要材料包括钢板、钢型材、橡胶件和部分舾装件。

主要根据实际可能的船舶撞击工况计算设施的破损长度及高低位置，从而确定设施应该具有的宽度和高度。

采用钢套箱防撞保护，依据不同的水位特征，有两种基本形式：浮式防撞、固定式防撞。

3.1 浮式防撞

内陆河流（尤其长江水道）一般根据不同季节，汛期和枯水期水位变化较大，水位落差有十几米。因此，不同水位都要对桥墩进行保护，采用浮式防撞方式比较适合，钢套箱具有密闭浮升功能，正好满足这一需要。

3.2 固定式防撞

海上桥梁由于海洋潮差相对较小，一般在几米范围之内，因此，可以将钢套箱悬挂于桥墩周围，形成对桥墩的保护。这种钢套箱要克服水的浮力以及波流冲力，只要对套箱外围进行开孔处理便可妥善解决。

4 钢套箱作用机理与特点

作为一种保护桥梁的可靠措施，钢套箱与其他防撞设施一样，首要目的是确保桥梁的绝对安全，在保证桥梁不受损或少受损的前提下，允许船舶和钢套箱损坏。

4.1 防撞原理

使用钢套箱作为防撞设施，应该充分利用航道桥墩的抗撞能力，在桥墩周围安装防撞套箱。偏航船舶撞击防撞套箱时，通过套箱的结构变形破损消能，减少船舶撞击力，避免船舶撞击桩基或墩身。

防撞套箱主要由箱形钢结构主体组成，使用材料基本为钢质材料，材料屈服点特征较为明显，箱体材料的弹性特征相对较弱，塑性特征比较强。船舶撞击是相当大的运动撞击而且是撞击速度的函数，其动能转换的时间过程极短，因此，一旦船舶撞击钢套箱，套箱容易形成永久性变形，这种变形极大地吸收了船舶的撞击能量，得以保护桥墩。

4.2 钢套箱特点

(1)钢套箱有其特定的破损消能特性，可以在碰撞动力学性能分析的基础上进行消能设施结构的优化设计，根据船舶撞击的动能或撞击力大小，控制消能设施的最大破损长度及最大崩溃载荷，从而取得合理的结构尺度。

(2)钢套箱具有刚柔相济、方便使用的特点，材料选用容易满足撞击的物理特征。钢套箱主要取材于钢板及型钢，不同撞击能量所需要的材料量化条件较为简单，只是尺度上的变化。其中最主要的是板材的选用，依据以往套箱防撞设计的经验，内河桥梁防撞套箱所用板材厚度基本在6～10mm之间，海洋桥梁由于海水的腐蚀作用，采用的板材板厚基本在8～12mm之间。图7为5 000t级海船以2.9m/s的撞击速度与钢套箱碰撞的应力分布，套箱上下甲板板厚10mm、中间甲板板厚8mm、围板板厚8mm，最大碰撞力为17.48MN，船首破损长度为3.93 m，防撞套箱破损长度为2.50 m。图8是钢套箱破损的吸能历程，耗能约为16.8MJ。

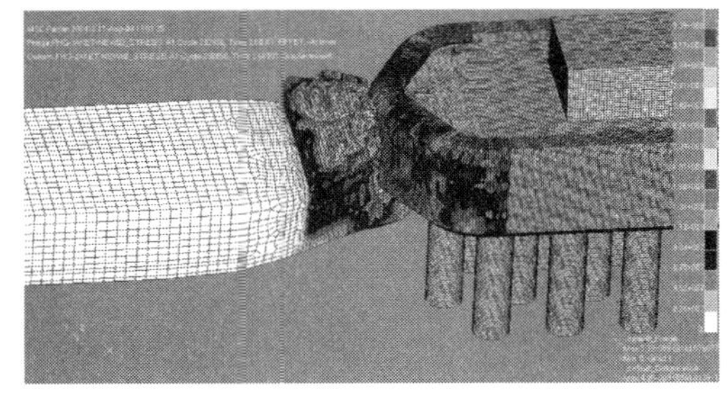

图7 5 000t级海船撞击防撞套箱

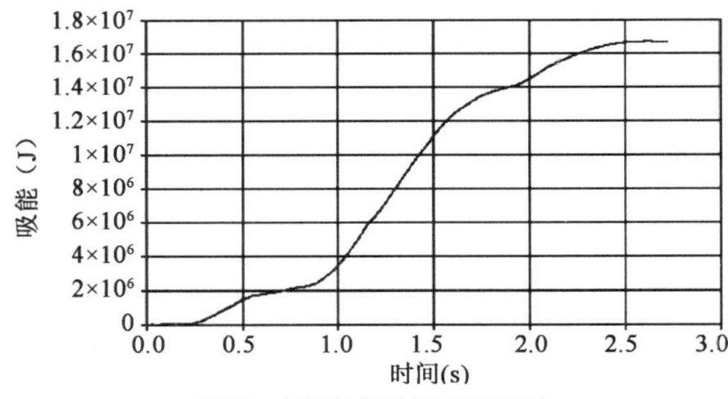

图8 套箱破损吸能时间历程

图9～图12是一组内河桥梁双臂墩的防撞套箱有限元计算模型，箱体使用板材全部采用8mm钢板。2 000t船舶以4.12m/s速度正向撞击套箱中部，整桥最大撞击力为横桥向11.6MN，顺桥向2.56 MN，总撞击耗损能量为24.95MJ，其中船舶破损耗能占16.61%，套箱破损耗能占83.39%。

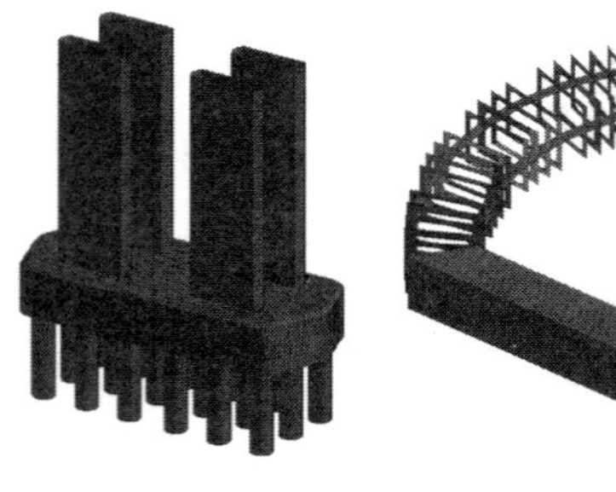

图9 桥墩模型

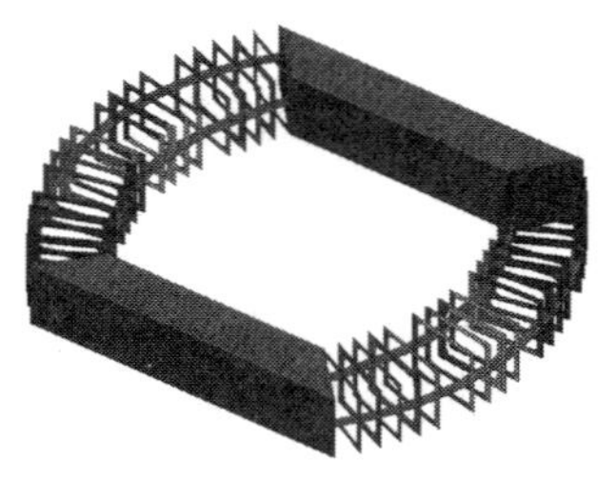

图10 套箱有限元结构模型

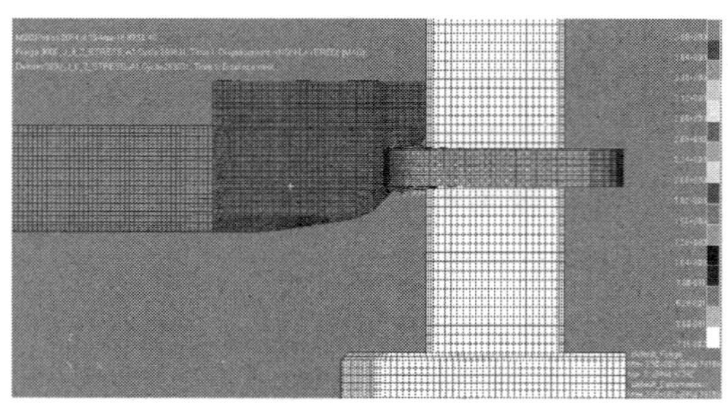

图11 2 000t 船舶撞击套箱

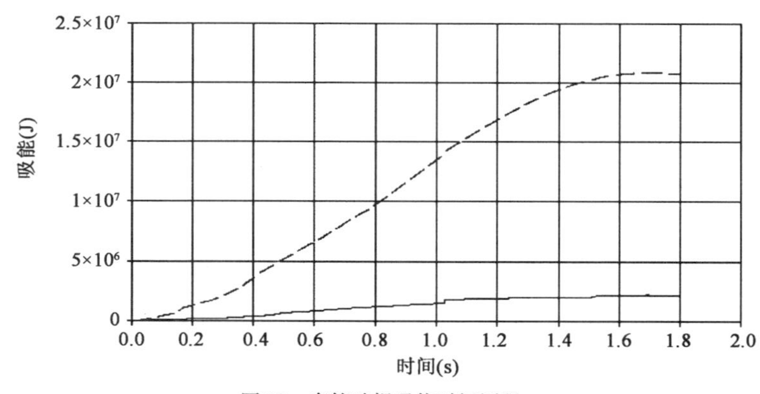

图12 套箱破损吸能时间历程

(3)可利用桥墩四周的有限空间安装防撞装置,占用的航道宽度相对较小,符合不减小航道净宽的要求。

(4)力学计算和结构计算分析简洁。由于钢套箱类似于船舶结构,因此,可以利用有限元数值模拟的方法和钢质船舶入级规范要求对各结构件进行计算分析。

(5)可以与其他消能材料结合应用。在套箱的内外侧可以安装各种橡胶件用以消能和减震;可以辅助以多股钢丝绳缠绕的摩擦消能器进行消能与减震(参考湛江海湾大桥的防撞设施);可以与弹性特征较强的新型消能材料相结合,组成统一的防撞体(如有机材料、木质材料等)。

(6)制造成本适中,防撞功能可靠,便于维护和修理。钢套箱造价成本约为独立防撞墩造价成本的1/3,甚至更低一些。

5 作为防撞体系的应用与规范

自黄石长江公路大桥主墩防船撞采用钢套箱形式以来,国内很多有影响的大型桥梁都采用了这种防撞方式,可以说利用钢套箱设施保护桥墩的防船舶撞击确实起到了应有的作用。从统计的使用情况来看,实际效果比较明显,为今后进一步的推广使用奠定了一定基础并积累了相当丰富的设计经验。

为了使套箱防撞设施得以更广泛的应用,提高它的消能减震效能,建议从以下三个方面进行适应化及规范化提高。

(1)在大量研制工作的基础上,系统总结其物理、化学及计算特征,包括受力、尺度、浮态、腐蚀、材料使用特性以及用于计算的实用参数等,形成有效的设计经验统计,建立数据库,为不同场合的使用提供可靠的经验结果。

(2)进一步研究多种消能材料的结合使用,诸如橡胶、钢丝绳消能、重力消能、气囊式消能、新型有机材料消能以及分层次消能等,探讨消能防撞的新技术及更有效的防撞方式。

(3)桥梁的防撞保护不仅对桥梁而言,对相撞船舶也很重要,在保护桥梁的同时,加强对减小船舶撞损的研究,使发生船—桥碰撞的损失最小。

6 结语

船—桥碰撞近年来不断发生,已经造成严重的生命、财产损失,水域环境也遭受破坏,产生了不小的社会影响,因此,桥梁防撞工作的重要性日益显现。本文对钢套箱的防撞作用作了一些基本分析,对其实际应用和规范发展提出了一些设想和看法,有些意见尚不成熟,但很希望与业内同仁共同努力,使这一防船撞形式满足各项技术要求,承担好防撞重任。

参考文献

[1] 梁文娟,金允龙,陈高增.船舶与桥墩碰撞力计算及桥墩防撞//第十四届全国桥梁学术会议论文集[C].上海:同济大学出版社,2000.

[2] 潘晋,吴卫国,王德禹,许明财.船—桥墩防护装置碰撞中的影响因素研究[J].武汉理工大学学报,2005,29(4):538-541.

G93 合江长江二桥船舶撞击作用力研究

田 波 蒋劲松

(四川省交通运输厅公路规划勘察设计研究院 成都 610041)

摘 要:根据交通运输部西部科研项目"西部地区内河桥梁船撞设防标准与设计指南研究"的相关研究成果并结合相关行业规范标准,分析论证合江长江二桥防撞关键参数,通过经验公式与有限元仿真计算,提出桥墩防撞力标准。

关键词:合江长江二桥 防撞关键参数 桥墩防撞力标准

Research for G93 Hejiang 2nd Yangtze River Bridge ship-bridge collisions force

Tian Bo Jiang Jinsong

(Sichuan Provincial Transport Department Highway Planning, Survey, Design and Research Institute, Chengdu, 610041)

Abstract: According to research results of guide specification for ship-bridge collision design of river in west china and professional standrads, ship-bridge collision key parameters of G93 Hejiang 2nd Yangtze River Bridge have been demonstrated. According to calculated results of fine FEM models and empirical formula, pier anti-collision standrads have been proposed.

Keywords: Hejiang 2nd Yangtze River Bridge; ship-bridge collision key parameters; pier anti-collision standards

1 工程简介

合江长江二桥是国家高速公路 G93 成渝环线跨越长江的特大型桥梁,位于四川省泸州市合江县城上游文桥附近,为双向四车道高速公路桥梁,其主桥桥型方案为 210m + 420m + 210m 双塔双索面混凝土主梁斜拉桥(图 1)。

桥区河段航道列为国家 III 级航道,在最低通航水位(枯水期)时,主跨跨越了整个可通航水域,对上、下行船舶航线均无影响;在较高通航水位(中洪期),主跨基本覆盖了整个可通航水域,上、下行通航桥孔均为 22 号(主塔 1)和 23 号(主塔 2)之间的 420m 跨径主孔,21 号(北岸辅助墩)~22 号(主塔 1),23 号(主塔 2)~24 号(南岸辅助墩)为非通航桥孔。但 21 号(北岸辅助墩)、22 号(主塔 1)和 23 号(主塔 2)桥墩在通航水域内,存在被船舶撞击的风险。

基金项目:交通部西部科技项目,编号:200731882234。

作者简介:田波 (1974—),高级工程师,工程硕士,13808089320,E-mail:cucubo@163.com。

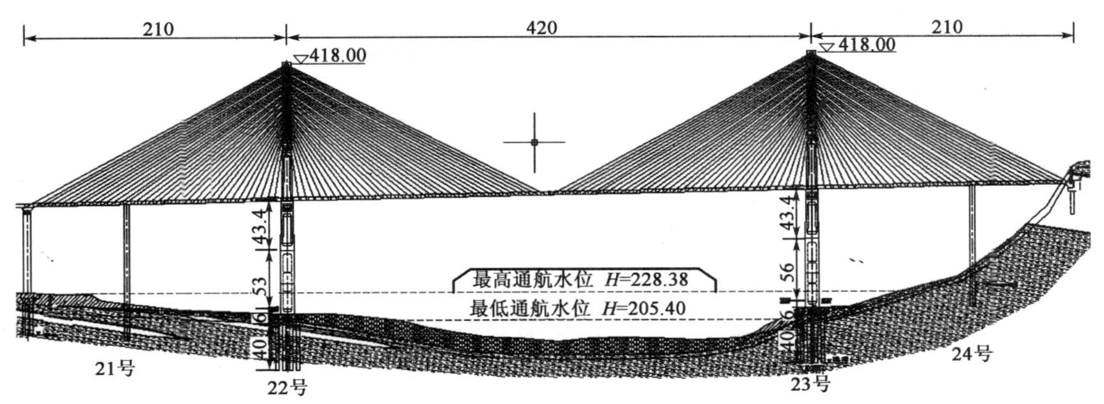

图1 合江长江二桥主桥布置图(尺寸单位:m)

因此,为了保证航行船舶的安全及确保大桥自身结构的安全,对通航水域范围内的21号、22号和23号三个桥墩进行船撞力标准研究是十分必要的。

2 桥区通航条件及自然条件

2.1 气象

合江城区气候属亚热带湿润季风气候。年平均雾日数14.4d,年最多雾日数59d,年最少雾日数3d,10月至次年2月(5个月)平均每月雾日为2d,其余各月平均雾日不足1d;年平均风速1.3m/s,最大风速12m/s,常风向北风,强风向为北风和南风。

2.2 流量、流速及夹角

根据合江长江二桥桥址处实测水文资料并结合相邻水文站统计资料,计算分析得到了合江长江二桥不同频率洪水流量、不同枯水保证率流量及与之对应的水位,详见表1。

桥区河段不同频率洪水流量、枯水保证率流量及对应的水位 表1

项　目	设计洪水位								设计枯水位	
洪水频率/枯水保证率(%)	0.33	0.5	1	2	3.3	5	10	20	95	98
设计流量 Q_m(m^3/s)	71 300	68 800	64 200	59 200	56 100	52 800	47 800	42 100	1 890	1 860
桥位水位(m)	231.3	230.5	228.9	227.3	226.3	225.2	223.6	221.7	205.5	205.4

注:表中水位均为黄海高程。

枯水期、中水期及洪水期根据不同的流量计算得到轴线附近、桥轴线上游480m范围内的水流表面流速、流向与桥轴线法向交角、最大横向流速等基本资料,详见表2。

桥区河段不同流量对应的流速、夹角 表2

位　置		表面流速(m/s)	流向与桥轴线法向交角(°)	最大横向流速(m/s)
枯水期	桥轴线附近	0.42~1.02	左2°~右7°	—
	上游480m范围	0.32~1.68	最大18°	0.48

续上表

位　　置		表面流速(m/s)	流向与桥轴线法向交角(°)	最大横向流速(m/s)
中水期	桥轴线附近	1.41 ~ 2.62	左15° ~ 左3°	—
	上游480m 范围	0.32 ~ 1.68	最大15°	0.63
洪水期	桥轴线附近	2.01 ~ 4.34	左3° ~ 右2°	—
	上游480m 范围	1.98 ~ 4.58	最大8°	0.56

2.3 通航环境及船舶状况

目前枯水期设标水深2.7m，航宽50m，弯曲半径560m，仅能通过300 ~ 500吨级船舶(队)。中洪水期，主力船型一般在1 000t以上，最大达2 000 ~ 5 000t的船舶(队)。航道等级达到国家III级航道标准。

目前长江干线泸州至重庆段，枯水期航道条件仍较差，航行的代表性船舶(队)详见表3；到2010年后，长江干线重庆至宜宾段完成航道整治以后，桥区河段的通航条件将有较大改善，航行的代表性船舶(队)详见表4。

泸州境内长江干线现行代表船队表　　表3

船队组成(推轮+驳船)	总长(m)	型宽(m)	吃水(m)
1+2×1 000t	114.0	21.6	2.6
1+2×1 500t	121.0	26.0	2.4
1+2×500t	111.0	10.8	1.6
1+2×300t	91.0	9.2	1.3
1+2×2 000t	182.0	16.2	2.6

泸州境内长江干线远期代表船队表　　表4

船 队 组 成	总长(m)	型宽(m)	吃水(m)	备　　注
1+2×1 000t 驳船	160.0	10.8	2.0	III-(3)代表船队
1+2×1 500t 驳船	121.0	26.0	2.6	
1+2×1 000t 驳船	113.3	20.8	2.5	
1+2×1 000t 驳船	101.0	18.3	2.4	
1+2×2 000T 驳船	182.0	16.2	2.6	
客船1	21.8	3.54	0.55	60客位客船
客船2	25.3	4.0	0.66	90客位客船

合江长江二桥桥区为内河III级航道，根据《内河通航标准》(GB 51039—2004)选取1+2×1 500t驳船作为代表船型和船队进行船撞力研究是合适的。

3 撞击参数的选取

3.1 撞击速度

船舶撞击速度是根据船舶在航道内(在航道中心线上)的正常行驶速度、航道中心线至桥墩的距离，以及船舶长度等因素综合确定的。确定船舶撞击速度是船舶力计算中非常重要的工作，确定得正确与否，直接关系到桥梁(桥墩)和桥梁防撞设施的设计和建造成本、桥梁结构设计的安全性和可靠性。

通过对该航道的调查结合交通部航运部门规定，船队和船舶通过大桥时的航速如下：要求单船或船队下水过桥限速或减速航行，单船下行安全航速取 10 节（5.0m/s）；要求单船上行安全航速取 6 ~9 节范围的中间值，7 节（3.5m/s）；船队下行安全航速取 9 节（4.5m/s）；要求船队上行安全航速取 4 ~6 节范围的中间值，5 节（2.5m/s）。

综合考虑桥梁的安全性、经济性，以及船撞事故属小概率事件等因素，结合美国 AASHTO 规范建议的确定船舶撞击速度的方法，以及考虑到洪水期时桥轴线附近及桥轴线上游 480m 范围内水流表面流速、流向与桥轴线法向交角、最大横向流速等，选取撞击速度，详见表 5。

船舶撞击桥墩速度 表 5

序号	航道	桥墩距航道中心距离（m）	船舶航速（m/s）	平均水流速度（m/s）	河心最大流速（m/s）	撞击速度（m/s）
1	主航道下行单船撞击 22 号墩	420/4 = 105	5.0	1.97	4.58	3.80
	主航道下行船队撞击 22 号墩	420/4 = 105	4.5	1.97	4.58	3.50
2	主航道上行单船撞击 23 号墩	420/4 = 105	3.5	1.97	4.58	2.74
3	主航道上行船队撞击 23 号墩	420/4 = 105	2.5	1.97	4.58	2.24
	主航道下行单船撞击 21 号墩	133 + 105 = 238	5.0	1.97	4.58	2.00
	主航道下行船队撞击 21 号墩	133 + 105 = 238	4.5	1.97	4.58	2.00

3.2 撞击角度

我们在确定船撞桥的撞击角度时，兼顾风、流压偏角等多种因素的影响，根据桥区水文、地质，以及不同水流条件下桥轴线与水流夹角等研究成果资料，尤其是洪水期桥轴线附近水流流向与桥轴线法向交角在左 3° ~ 右 2°之间，为设计留有一定储备。这里取桥轴线的法线与撞击速度方向的夹角为 0°，作为该大桥船舶撞击桥墩计算的撞击角度。

4 撞击力经验计算方法

国际桥梁和结构工程协会（IABSE）编写了《交通船只与桥梁结构的相互影响的综述与指南》以及交通部在内的许多机构也发表了相应的船舶碰撞的指导性文件或规范，关于船舶撞击力的计算有许多经验公式，常见的有五个公式，采用通航桥区代表船型，在船舶满载的情况下，撞击桥墩来计算船舶撞击力。其计算结果详见表 6 及表 7。

通航孔桥墩计算比较表 表 6

通航孔桥墩	航向	船舶载重吨位（t）	船舶排水量（t）	撞击速度（m/s）	中国公桥规（MN）	中国铁桥规（MN）	美国公桥规 AASHTO，1994（MN）	敏诺斯基—捷勒—沃易荪公式（MN）	索尔 + 诺特—格林那（MN）	AASHTO 船队（MN）
22 号	顺水	1 000	1 467	3.8	5.69	5.52	14.4	7.55	16.94	—
	顺水	1 + 2 × 1 500t 驳船船队（3 000t 船队），撞击速度 3.5m/s								7.4
23 号	逆水	1 000	1 467	2.74	4.10	3.98	10.4	6.07	13.62	
	逆水	1 + 2 × 1 500t 驳船船队（3 000t 船队），撞击速度 2.24m/s								5.13

非通航孔桥墩计算比较表 表 7

通航孔桥墩	航向	船舶载重吨位(t)	船舶排水量(t)	撞击速度(m/s)	中国公桥规(MN)	中国铁桥规(MN)	美国公桥规 AASHTO, 1994 (MN)	敏诺斯基—捷勒—沃易苏公式(MN)	索尔+诺特—格林那(MN)	AASHTO 船队(MN)
21 号	顺水	1 000	1 467	2.0	2.99	2.91	7.59	4.92	11.04	—
	顺水	1+2×1 500t 驳船船队(3 000t 船队),撞击速度 2.0m/s								4.3

船撞力的取用主要考虑以下因素:

(1)目前桥位处中洪水期进出泸州港的运输主力船型一般在 1 000t。同时桥位处为 III-(3)航道,其代表船队中驳船为 1 000t。

(2)单个驳船撞击桥墩的概率应远远大于整个船队整体对桥墩的撞击。

(3)桥位处均存在助航设施,当发生船舶偏离航线出现驳船撞击桥墩的危险时,驳船多处于自由漂流状态。

根据对上述因素的分析,考虑发生撞击的概率,设计推荐考虑船撞的计算质量为 1 000t,代表船队为 1+2×1 500t 驳船船队(3 000t 船队)。

从表 6、表 7 可以看出,各个公式计算出的船撞力差异很大,由于桥墩和船舶的刚度、航速等的不同,船撞力的大小也会有所不同。

5 有限元仿真计算方法

有限元瞬态碰撞动力学分析方法是通过建立撞击船舶、桥墩有限元模型,利用非线性有限元瞬态碰撞动力学方法,模拟碰撞过程中的结构的接触、变形、屈曲和破损,同时考虑材料应变率敏感性,以及碰撞过程中水对船舶和防撞设施(包括桥墩等)的碰撞影响。该方法在研究船舶、桥梁等领域研究碰撞灾害后果评估和防撞设计中正得到越来越多的推广和应用,是一个计算可靠、节省费用的很好方法。

合江长江二桥桥区为内河 III 级航道,以 1 000 吨级船舶为代表船型,顺、逆水正向撞击桥墩进行防撞研究,其满载排水量为 1 467t。船舶顺水撞击速度为 3.8m/s,船舶逆水撞击速度为 2.74m/s。

为了比较真实的模拟船、桥墩的碰撞过程,对碰撞区船首结构,按照船舶实际构件的布置和尺度,计算模型作了比较详细地描述,其中包括外板、甲板、舱底版、横舱壁等主要板材及主要纵桁材。简化后计算模型得到的结果能够相当真实地反映碰撞中船首的变形及吸能情况。船体中后部因远离碰撞区,采用二维模型,全船质量分布于船身及船首的各单元上,重心位于中纵剖面上。模拟船体的各几何特性,如:质心、重心和惯性矩均与实船一致。有限元模型如图 2 所示。

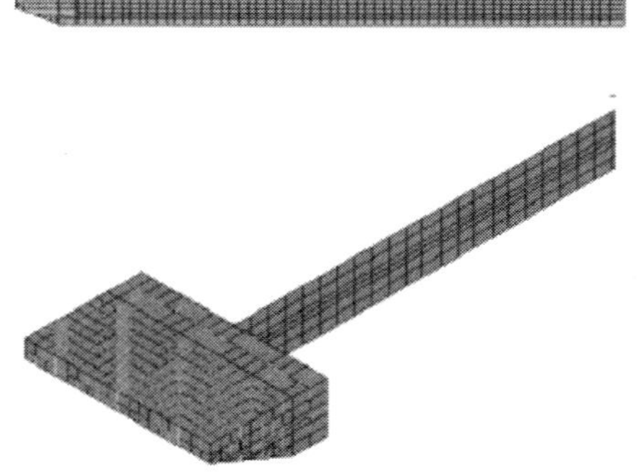

图 2 船舶有限元模型

根据桥墩实际的几何结构和尺寸,选用刚性材料来模拟变形很小的钢筋混凝土桥墩,桥墩桩基刚性固定,合江长江二桥桥墩结构如图 3 所示,图中反映了 1 000t 级船舶与桥墩的正面、侧面位置碰撞情况。有限元模型如图 4 所示。

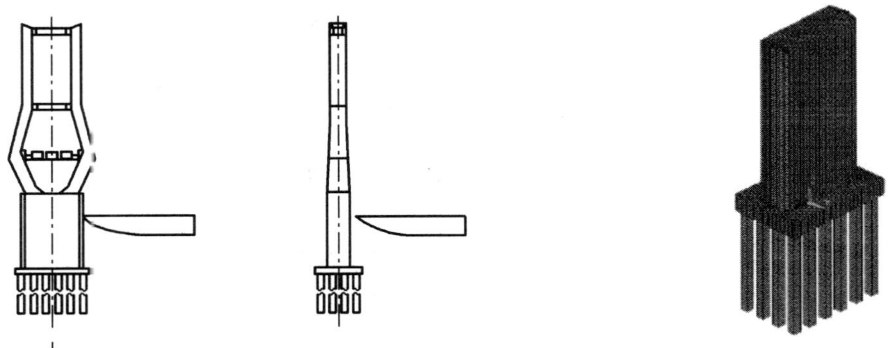

图 3　合江长江二桥船撞桥墩示意图

图 4　桥墩有限元模型

船舶与刚性桥墩碰撞采用自适应接触算法，运用 LS-DYNA 显式动力学分析软件，在船和刚性桥墩的撞击区之间定义主从接触。采取船舶满载顺、逆水航行时，沿水流方向成 0°的情况下，正向碰撞桥墩进行有限元仿真分析。计算结果详见表 8，其数值与 AASHTO 公式计算结果相近。

碰撞桥墩船撞力　　表 8

桥墩名称	桥　墩	撞击方向	撞击速度（m/s）	横桥向撞击力（MN）	顺桥向撞击力（MN）
非通航孔桥墩	21 号桥墩	顺水	2.00	7.2	3.5
通航孔主墩	22 号主墩	顺水	3.80	14.60	7.0
	23 号主墩	逆水	2.74	10.55	6.2

综合考虑经验公式、有限元仿真计算的结果，为了给未来发展，以及河道变迁留有可调整的空间，各通航孔、非通航孔桥墩船舶撞击力设防标准详见表 9。

桥墩船舶撞击力设防标准　　表 9

桥墩名称	桥　墩	撞击力（MN）	
		横桥向（MN）	顺桥向（MN）
非通航孔桥墩	21 号桥墩	7.6	3.8
通航孔主墩	22 号主墩	15	7.5
	23 号主墩	15	7.5

6　结语

船撞桥墩的碰撞过程是一个动态过程，其行为特征相当复杂，涉及很多的因素，如船舶的类型、航行速度、撞击角度、航道水深、流速、桥梁及基础的稳定性。目前相关技术规范对船撞力的计算也不尽相同，总体而言主要与船舶自重、撞击速度、撞击角度、撞击时间等参数相关。

在确定桥梁结构抵御船舶撞击能力时，通过目前国内大量的碰撞实例和模型实验表明，问题的焦点集中在撞击动能、船舶对桥墩的撞击力及相撞系统的形变势能（即吸收能量的能力）等几个方面。简单的撞击力经验计算方法在桥梁方案设计阶段可以对桥梁结构的防撞能力进行初步的估算,在进行桥梁结构详细的防撞能力构造设计时运用动力学分析软件进行仿真分析或进行必要的碰撞模型试验是必要的。

参考文献

[1] 美国公路桥梁设计规范. 辛济平,万朝国,张文,鲍卫刚,等译. 北京:人民交通出版社,1998.

[2] 王君杰,耿波. 桥梁船撞概率风险评估与措施. 北京:人民交通出版社,2010.

[3] 重庆西南水运工程科学研究所. 合江长江二桥通航净空尺度和技术要求论证研究报告. 2007.

[4] 招商局重庆交通科研设计院有限公司,同济大学. 重庆市三峡库区跨江桥梁船撞设计指南. 2010:16～19.

[5] 长江航道局. GB 50139—2004 内河通航标准. 北京:中国计划出版社,2004.

[6] 耿波,王君杰,汪宏,范立础. 桥梁船撞风险评估系统总体研究[J]. 土木工程学报,2007,40(5):34-40.

[7] 耿波,汪宏,王君杰,等. 三峡库区桥梁船撞主要影响参数的概率模型[J]. 同济大学学报(自然科学版),2008,36(4):279-284.

G93 合江长江二桥船舶撞击风险评估

田 波 蒋劲松
（四川省交通运输厅公路规划勘察设计研究院 成都 610041）

摘 要：根据《美国公路桥梁设计规范》（AASHTO）船舶撞击风险评估方法对合江长江二桥船舶撞击桥墩进行风险评估，根据评估结果进行风险决策。

关键词：合江长江二桥 船舶撞击 风险评估 风险决策

Risk assessment for G93 Hejiang 2nd Yangtze River Bridge ship-bridge collisions

Tian Bo Jiang Jinsong
（Sichuan Provincial Transport Department Highway Planning, Survey, Design and Research Institute, Chengdu, 610041）

Abstract: According to risk assessment methods of AASHTO, Ship-bridge collision risk of G93 Hejiang 2nd Yangtze River Bridge have been assessed . According to risk assessment conclusion, risk decision have been made.

Keywords: Hejiang 2nd Yangtze River Bridge; ship-bridge Collision; risk assessment; risk decision

1 大桥船舶撞击风险评估方法

船舶撞击桥梁的风险是大桥工程风险的重要组成部分，国际上有多座桥梁开展了船撞桥梁的风险评估，总结出大桥船撞风险分析的指导性文件和规范。

船桥碰撞的研究开始于 20 世纪 60 年代，目前船舶撞击风险评估方法有如下几种代表性模型：

（1）Macduff 和 Fujii 在 20 世纪 70 年代最早提出船撞桥概率模型，通过假定船舶的几何分布获得撞击或搁浅统计资料来确定事故概率。

（2）Larsen 模型是从现象学角度出发，找出可能导致船撞桥事故发生的偏航原因，据此建立船撞桥概率模型。

（3）欧洲规范模型、德国昆兹模型和瑞典佩德森模型等。

（4）美国 AASHTO 规范船撞桥概率模型。

基金项目：交通部西部科技项目，编号：200731882234。

作者简介：田波（1974—），高级工程师，工程硕士，13808089320，E-mail：cucubo@163.com。

由于同 AASHTO 规范相比,Larsen 模型公式具有混杂性,且在实际操作中存在很大困难。而欧洲规范模型主要是根据内河特点对 AASHTO 规范作修正,强调狭窄水域和宽阔水域的区别。而实际操作过程中美国 AASHTO 规范船撞桥概率模型与实际情况较为吻合。因此,选用美国 AASHTO 规范船撞桥概率模型进行合江长江二桥的船舶撞击风险评估。

2 工程简介

合江长江二桥是国家高速公路 G93 成渝环线跨越长江的特大型桥梁,大桥位于四川省泸州市合江县城上游文桥附近。为双向四车道高速公路桥梁,其主桥桥型方案为 210m + 420m + 210m 双塔双索面混凝土主梁斜拉桥(图 1)。

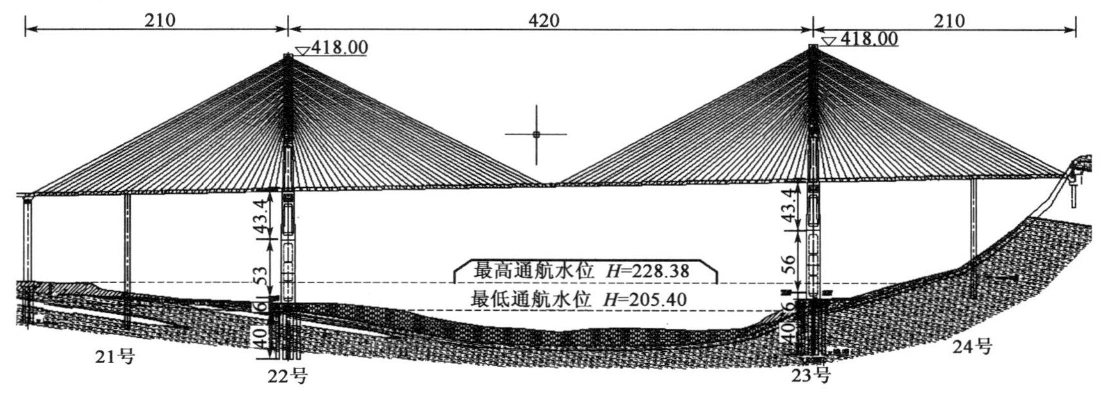

图 1 合江长江二桥主桥布置图(尺寸单位:m)

桥区河段航道列为国家 III 级航道,在最低通航水位(枯水期)时,主跨跨越了整个可通航水域,对上、下行船舶航线均无影响;在较高通航水位(中洪期),主跨基本覆盖了整个可通航水域,上、下行通航桥孔均为22 号(主塔 1)和 23 号(主塔 2)之间的420m 跨径主孔,21号(北岸辅助墩)~22 号(主塔 1),23 号(主塔 2)~24 号(南岸辅助墩)为非通航桥孔。但 21 号(北岸辅助墩)、22 号(主塔 1)和 23 号(主塔 2)桥墩在通航水域内,存在被船舶撞击的风险。

因此,为了保证航行船舶的安全及确保大桥自身结构的安全,对通航水域范围内的 21 号、22 号和 23 号三个桥墩进行船舶撞击风险评估是十分必要的。

3 AASHTO 船舶撞击概率模型

参照美国(AASHTO)规范,大桥通航水域各桥墩倒塌年频率和每年受撞击频率按以下公式计算:

$$\mathrm{AF} = N \cdot \mathrm{PA} \cdot \mathrm{PG} \cdot \mathrm{PC} \tag{1}$$

$$F_{\mathrm{imp}} = N \cdot \mathrm{PA} \cdot \mathrm{PG} \tag{2}$$

式中:AF——大桥各桥墩年撞损频率;

F_{imp}——大桥各桥墩每年受撞击频率;

N——根据使用航道船只的分类船舶年通航量(以 2050 年通航量预测为参考);

PA——船舶偏航概率；

PG——船舶与桥墩撞击的几何概率；

PC——桥墩受船舶一次撞击的倒塌概率。

(1)偏航概率 PA

$$\mathrm{PA} = \mathrm{BR} \cdot R_{\mathrm{B}} \cdot R_{\mathrm{C}} \cdot R_{\mathrm{XC}} \cdot R_{\mathrm{D}} \tag{3}$$

式中：BR——船舶偏离航线的基本发生率；对轮船，取 BR = 0.6×10^{-4}；对驳船，取 BR = 1.2×10^{-4}；

R_{B}——桥位修正系数，与桥位所在航道的顺直程度有关，大桥位于直线水域，$R_{\mathrm{B}} = 1.0$；桥区航道转向点距离大桥 910m 以内时，$R_{\mathrm{B}} = 1 + \beta/45°$（$\beta$ 为航道转角或航道弯曲角度）；桥区航道转向点距离大桥 910 ~ 1 920m 时，$R_{\mathrm{B}} = 1 + \beta/90°$；

R_{C}——平行于航向的水流修正系数，与平行于航向的水流流速有关，为平行于航线的流速；$R_{\mathrm{C}} = (1 + v_{\mathrm{C}}/19)$，$v_{\mathrm{C}}$ 为平行于航线的流速；

R_{XC}——垂直于航向的水流修正系数，与垂直于航向的水流流速有关，$R_{\mathrm{XC}} = 1.0 + 0.54v_{\mathrm{XC}}$，$v_{\mathrm{XC}}$为垂直于航线的流速；

R_{D}——航行密度修正系数，与过桥船舶密度有关，规定低密度时，$R_{\mathrm{D}} = 1.0$；平均密度时，$R_{\mathrm{D}} = 1.3$；高密度时，$R_{\mathrm{D}} = 1.6$。

美国(AASHTO)规范计算公式计入了实际船舶操纵性能、通航密度、航道顺直度、桥区水流特性等引发船舶偏航的多种因素。

(2)几何概率 PG

统计资料表明船舶撞击桥墩的几何概率密度为正态分布。本次研究中，PG 取为正态分布函数，标准差为设计船长，以航行中心线为正态曲线的中值位置，对应的船舶撞击区以下的面积即为 PG。图 2 给出计算船舶撞击桥墩的几何概率的示意图。

已知为正态分布函数，标准差 σ 为设计船长，$\mu = 0$，变量 $Y \sim N(0,\sigma^2)$，x 为船舶航行道中线与桥墩轴线的距离，B_{M} 为船舶宽度，B_{P} 为桥墩宽度。

$$Y \sim N(0,\sigma^2)\text{，则 } Y/\sigma \sim N(0,1) \tag{4}$$

$$\mathrm{PG} = P\left\{X - \frac{B_{\mathrm{P}} + B_{\mathrm{M}}}{2} \leqslant y \leqslant x + \frac{B_{\mathrm{P}} + B_{\mathrm{M}}}{2}\right\} \tag{5}$$

(3)一次撞击倒塌概率 PC

美国(AASHTO)规范计算公式，桥墩受船舶一次撞击的破坏概率——倒塌概率(图 3)PC，依赖于桥墩抗撞能力 H 和船舶最大撞击力 P 的比值。

$$\begin{aligned} &\mathrm{PC} = 0.1 + 9(0.1 - H/P) && \text{当 } 0.0 \leqslant H/P < 0.1 \\ &\mathrm{PC} = 0.111(1.0 - H/P) && \text{当 } 0.1 \leqslant H/P < 1 \\ &\mathrm{PC} = 0 && \text{当 } H/P \geqslant 1 \end{aligned} \tag{6}$$

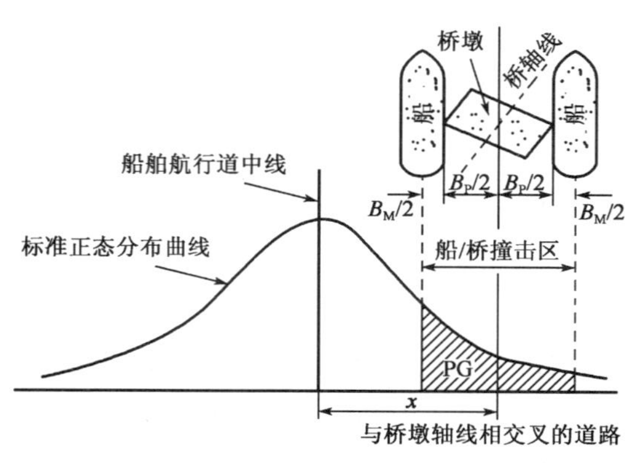

图 2 船舶碰撞桥墩的几何概率

B_M-船舶宽度；B_P-桥墩宽度

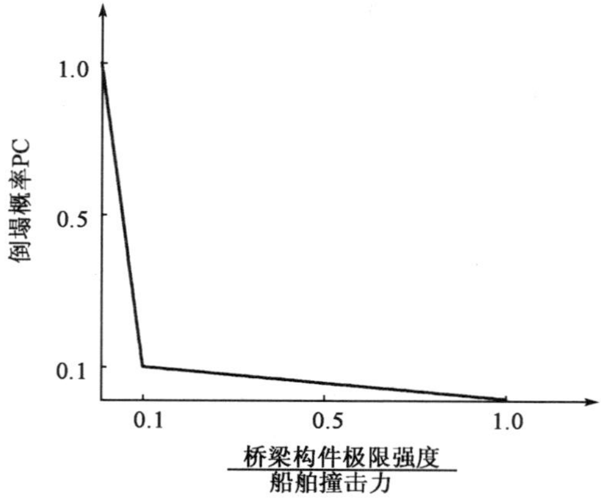

图 3 船舶一次撞击桥墩的倒塌概率

4 合江长江二桥船舶撞击桥梁的概率水平

根据合江长江二桥所处航道、通航船舶特点、桥区水文条件、桥梁几何参数，结合大桥桥墩实际设计船撞力，研究大桥实际受船舶撞击损伤的风险水平，采用上述 AASHTO 规范模型计算通航船舶撞击桥梁的概率水平进行船舶撞击桥梁风险分析。

在计算合江长江二桥的船舶撞击桥梁的风险概率时，主要考虑实际船舶撞击桥墩一般都是以单船形式撞击桥墩，船舶为该航道通航水域的代表船型 1 000 吨级船舶在 2050 年的预测量。对应的受船舶撞击的桥墩为通航水域范围内的 21 号（非通航孔）、22 号和 23 号（通航孔）三个桥墩进行船舶撞击风险评估，非通航孔 21 号桥墩受船舶撞击主要是考虑在中洪水期最高通航水位时，船舶偏航后对桥墩的撞击。

从表 1 ~ 表 3 中计算了通航船舶撞击大桥桥墩的偏航概率和几何概率，大桥通航孔主墩（22 号、23 号桥墩）受 1 000 吨级船舶撞击年频率为 0.547 次/年；大桥非通航孔桥墩（21 号桥墩）受 1 000 吨级船舶撞击年频率大约为 0.376 次/年。主桥桥墩年撞损概率为 3.35×10^{-4}，非通航孔桥墩年撞损概率为 0.63×10^{-4}。

合江长江二桥船舶撞击桥梁参数选用 表 1

船型	航道	BR	R_B	R_C	R_{XC}	R_D	PA
单船	通航孔	6.00×10^{-5}	1.00	1.18	1.22	1.3	1.123×10^{-4}
单船	非通航孔	6.00×10^{-5}	1.00	1.18	1.22	1.3	1.123×10^{-4}

合江长江二桥各桥墩每年受撞击频率 表 2

航道	航道中心线距桥墩中心线距离（m）	墩宽（m）	最大载质量（DWT）	船长（m）	船宽（m）	年通航量（至 2050 年）N（次/年）	偏航概率 $PA\times10^{-4}$	几何概率 $PG\times10^{-2}$	碰撞频率 F_{imp}（次/年）
通航孔	105	11.0	1 000	67.5	10.8	36 000	1.123	13.53	0.547
非通航孔	238	4.0	1 000	67.5	10.8	36 000	1.123	9.30	0.376

合江长江二桥各桥墩年撞损概率 表3

航　道	年撞损概率 AF($\times 10^{-4}$)	航　道	年撞损概率 AF($\times 10^{-4}$)
主通航孔	3.35	非通航孔	0.63

5 风险评估及决策

根据相关行业的风险决策标准,风险决策与风险造成的后果和风险发生的频率有关,这是合理的。发生频率小于 10^{-6} 的风险事件一般可以忽略;$10^{-3} \sim 10^{-5}$ 的发生频率因决策者的意志做出选择,在考虑成本等经济因素的应采取适当的降低风险的措施;大于 10^{-3} 的发生概率是不可接受的。行业风险评估矩阵及风险决策准则详见表4及表5。

风险评估矩阵 表4

灾害分类频率	(1)灾害性的	(2)严重的	(3)较轻的	(4)可忽略的
(A)频繁($x > 10^{-1}$)	1A	2A	3A	4A
(B)可能($10^{-1} > x > 10^{-2}$)	1B	2B	3B	4B
(C)偶尔($10^{-2} > x > 10^{-3}$)	1C	2C	3C	4C
(D)难得($10^{-3} > x > 10^{-6}$)	1D	2D	3D	4D
(E)不可能($10^{-6} > x$)	1E	2E	3E	4E

风险决策准则 表5

灾害风险指标	风险决策准则
1A、1B、1C、2A、2B、3A	不可接受,停止运营和立即整顿
1D、2C、2D、3B、3C	不希望发生,高层管理决策,接受或拒绝风险
1E、2E、3D、3E、4A、4B	可接受,同时进行管理审视
4C、4D、4E	可接受且不必进行管理审视

根据 AASHTO 规范,一般桥梁整桥最大的年撞损率小于 10^{-3},关键性桥梁整桥最大的年撞损频率小于 10^{-4}。合江长江二桥属关键性桥梁工程,应尽量减少大桥受船舶撞损的风险,桥墩整体采用 10^{-4} 撞损频率进行设计控制是合理的。

从表3可知:主桥桥墩年撞损概率 3.35×10^{-4},大于 1.0×10^{-4};非通航孔桥墩年撞损概率 0.63×10^{-4},小于 1.0×10^{-4};船舶撞损大桥的概率,主墩风险指标应为 1D ~ 2D,处于中高风险区;辅助墩风险指标应为 3D ~ 4D,处于低风险区。

6 结语

船舶撞击桥梁可接受风险标准是多指标的。但作为船撞风险的分析评估,主要以桥梁结构安全为风险分析依据。参照美国(AASHTO)规范,桥梁遭受船舶严重碰撞的年频率不大于 10^{-4} 是可以接受的。通过 AASHTO 船舶撞击概率模型对合江长江二桥的通航水域桥墩进行船撞风险分析及评估后,建议针对 22 号、23 号主桥桥墩采取有效的防撞构造措施,从而降低或避免碰撞风险发生的可能。

参 考 文 献

[1] 美国公路桥梁设计规范. 辛济平,万朝国,张文,鲍卫刚,等译. 北京:人民交通出版社,1998:97 ~ 111.

[2] 王君杰,耿波. 桥梁船撞概率风险评估与措施. 北京:人民交通出版社,2010.

[3] 招商局重庆交通科研设计院有限公司,同济大学. 重庆市三峡库区跨江桥梁船撞设计指南. 2010:16 ~ 19.

[4] 长江航道局. GB 50139—2004 内河通航标准. 北京:中国计划出版社,2004.

[5] 耿波, 王君杰, 汪宏, 范立础. 桥梁船撞风险评估系统总体研究[J]. 土木工程学报,2007,40(5):34-40.

[6] 耿波,汪宏,王君杰,等. 三峡库区桥梁船撞主要影响参数的概率模型[J]. 同济大学学报(自然科学版),2008,36(4):279-284.

一种新型 FRP 桥墩防撞浮箱结构

张锡祥　王智祥　巫祖烈　王家林　杜柏松

（重庆交通大学　重庆　400074）

摘　要：本文介绍一种具有自定位功能、弱接触连接构造及高消能效果的新型 FRP 桥墩防撞浮箱结构。新结构适用于桥区水位变幅较大和墩的抗力远低于其设防船撞力的桥墩防撞保护工程，可获得“既不伤墩、又少伤船、还少结构自伤”的最佳防护效果，是实现桥墩长效防撞的技术创新尝试。

关键词：桥墩　防撞浮箱　纤维增强复合材料　外围箱体结构　内衬柱壳薄壁构件

A late-model FRP floating pontoon protection structure for bridge piers in the ship collision

Zhang Xixiang　Wang Zhixiang　Wu Zulie　Wang Jialin　Du Baisong

(Chongqing Jiaotong University, Chongqing, 400074)

Abstract: A late-model FRP floating pontoon protection structure with self-location function, weaker contact joint formation and higher energy dissipating effect for bridge piers in the ship collision is presented in this paper. The structure applies to the pier protection engineering where the water level around the bridge fluctuates largely or the actual resisting capability of the pier is insufficient for its designing ship collision force. With the structure, the optimized protection effect that "neither damage the pier nor harm its self-structure or ship structure too much" can be achieved. It can be regarded as a trial of technical innovation to realize the long-term protection for the pier in the ship collision.

Keywords: bridge pier; protection floating pontoon in ship collision; FRP; periphery box structure; cylindrical thin-shell lining component

对于桥墩防船撞击的被动防撞保护技术措施，国内外常用和有效的做法是在桥墩周围增设防撞围护结构。目前常用的桥墩防撞围护结构，按照国际桥梁和结构工程协会（IABSE）的划分标准可分为以下五类：防护板结构、支承桩结构、系缆桩结构、人工岛或暗礁保护结构、浮体式保护结构。

桥墩防撞围护结构的选择主要依据桥墩自身的防撞能力、几何外形、水流速度、水位变化情况、通航船舶类型、碰撞速度及角度等因素综合分析确定，但应满足以下基本要求：

作者简介：张锡祥（1954—），男，高工，大学，主要从事复合材料桥梁结构的设计和研究，E-mail：cqjdzxx@163.com。

(1)兼顾桥梁、航道、水运三方利益。

(2)结构体量小,少占航道。

(3)能适应水位和潮差变化。

(4)吸能能力强。

(5)撞后能恢复,即大能量撞击后可修复继续使用,小能量撞击后不需修理。

(6)不因围护结构而产生诸如河床冲刷、回流淤积、环境保护等新问题。

(7)安装、运输方便,工程造价较低。

浮体式保护结构因其比另外四类桥墩防撞围护结构更易综合满足上述七项基本要求,故成为目前桥墩防撞工程应用得最多和最好的防撞结构。

目前工程应用的浮体式保护结构几乎都是由外围钢板内联纵横隔板或钢桁架、内装钢丝绳束消能元件组成的钢浮箱。钢浮箱与桥墩之间几乎都采用橡胶类缓冲材料滚轮组件和(或)临界抗压失效装置的连接方式。钢浮箱对桥墩的防撞保护主要通过浮箱和船舶在撞击区域共同产生的破坏性变形来吸收和耗散船舶的撞击动能实现。

钢浮箱的这种结构模式和防撞机理使其不可避免地存在以下两类重要缺陷:

(1)钢浮箱依靠自身和船舶"两撞俱损"的破坏性变形来吸收船舶撞击能量的防撞机理,存在"只注重保护桥墩,不注重保护船舶"及"以浮箱和船舶的损伤代价换取桥墩安全"的设计理念缺陷。现有钢浮箱能将船舶撞击动能转换为浮箱与船舶的变形能,是以二者的巨大撞击损伤,有时甚至是毁灭性的撞击损伤为代价换来的。因此,这种防撞保护设计理念既缺少"人性化保护"内涵,又难达到"船桥和谐防撞"的设计最高境界。

(2)钢浮箱较刚硬的结构形式及其与桥墩较刚硬的接触连接方式存在"浮箱自身的能量吸收和动量缓冲性能较差"及"浮箱与桥墩的连接方式不能弱化船撞力的传递"的结构构造缺陷。钢浮箱因其刚度较大,受撞后的刚体位移也较大并较快,故对船撞力的衰减作用不大,易使桥墩受到硬性撞击伤害,并使那些自身抗力较低的桥墩受到致命伤害。因此,这种防撞保护结构的结构构造,既难达到"强化消能、弱化传力"的防撞保护效果,还使浮箱撞损后难以修复而不能对桥墩提供"长效防撞保护"。

桥梁工程师和设计、研究人员为改变钢浮箱的上述缺陷进行了大量的理论和试验研究,但都因钢浮箱材料特性的先天缺陷及结构构造的传统模式局限而收效甚微,致使钢浮箱的工程应用受到一些制约和质疑。为改变钢浮箱的技术现状并提升浮体式保护结构的技术水平,笔者从材料源头和结构形式入手,研发出一种由纤维增强复合材料(Fiber Reinforced Polymer, FRP)。设计建造的新型桥墩防撞浮箱结构,为实现桥墩"和谐防撞"和"长效防撞"进行技术创新尝试。这种结构既强又柔还完全弹性,与桥墩的接触连接和传力弱化;既能随水位变化上下自由浮动,又能保持与桥墩的相对平面位置不变;不仅抗撞和消能功能比钢浮箱更强,而且自身和船舶的撞损比钢浮箱和对应船舶更小。

1 工程背景

FRP 桥墩防撞浮箱新结构的设计研究结合重庆菜园坝长江大桥和黄花园嘉陵江大桥的桥墩防撞工程进行。以图 1 所示的菜园坝大桥为例,该桥船撞倒塌风险最高的主桥 P15 过渡墩和 P16 辅助墩的船撞倒塌频率已大于美国 AASHTO 规范规定的"重要桥梁的目标倒塌概率

(即可接受风险)10^{-4}”,并且桥墩自身的抗力比其设防船撞力低90%左右,见表1。桥梁管养单位对此高度重视,面向全国发出桥墩防撞设计方案竞标邀请,征求能有效解决该桥“弱墩抗强撞”技术难题的最优设计方案。

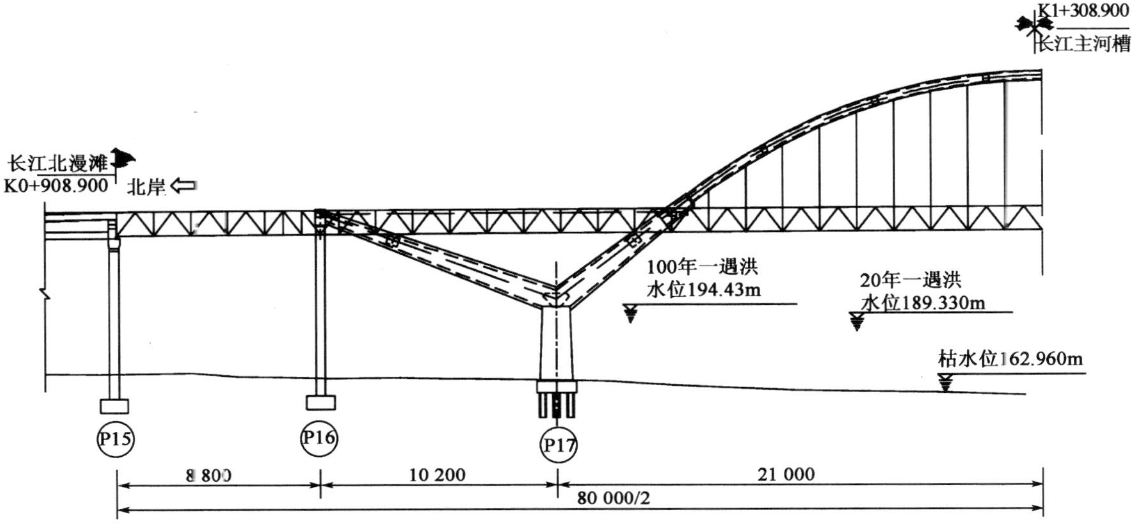

图1　莱园坝长江大桥立面布置图(尺寸单位:cm)

莱园坝长江大桥 P15、P16 桥墩的防船撞击设计参数 表1

墩号	设计水位(m)	桥墩年倒塌频率(/年)						桥墩设防船撞力(MN)	桥墩自身实际抗力(MN)	桥墩设防船撞力与抗力差额(MN)
		2010 年		2020 年		2050 年				
		下水	上水	下水	上水	下水	上水			
P15	194.43	1.44×10^{-6}	8.59×10^{-5}	6.14×10^{-6}	3.65×10^{-4}	1.23×10^{-5}	7.23×10^{-4}	27.0	3.0	24.0
	166.00	0	0	0	0	0	0	33.0	4.2	28.8
P16	194.43	1.07×10^{-4}	2.47×10^{-3}	4.63×10^{-4}	1.04×10^{-2}	9.52×10^{-4}	2.02×10^{-2}	27.0	3.0	24.0
	160.00	1.19×10^{-5}	2.85×10^{-4}	4.49×10^{-5}	1.08×10^{-3}	7.34×10^{-5}	1.77×10^{-3}	33.0	4.7	28.3

因该桥位于城市中心,桥区水位变幅在30m左右,出于环境景观和通航要求,设计方案排除了浮体式保护结构以外的其他桥墩防撞结构形式;又因钢浮箱通过消能降低的船撞力比例一般为30%左右,较难胜任该桥“弱墩抗强撞”的技术要求,加之钢浮箱存在“和谐防撞”和“长效防撞”的技术缺陷,促使笔者研发出这种新型 FRP 桥墩防撞浮箱结构参与设计竞标并获得第一名。专家评审意见认为,设计方案的创新性、实用性、经济型、消能效果及与环境协调等综合最优。

2　FRP 桥墩防撞浮箱的结构形式

2.1　FRP 桥墩防撞浮箱的总体结构形式

FRP 桥墩防撞浮箱的总体结构形式为围护在桥墩四周的 FRP 外围箱体结构与附着于外围箱体结构内表面上的一排 FRP 内衬八边形柱壳薄壁构件组成的组合结构,见图2。FRP 外围箱体结构为浮箱的抗撞消能主体结构和浮力平衡结构,FRP 内衬柱壳构件为浮箱与桥墩的弱接触连接支承结构和撞击缓冲结构。

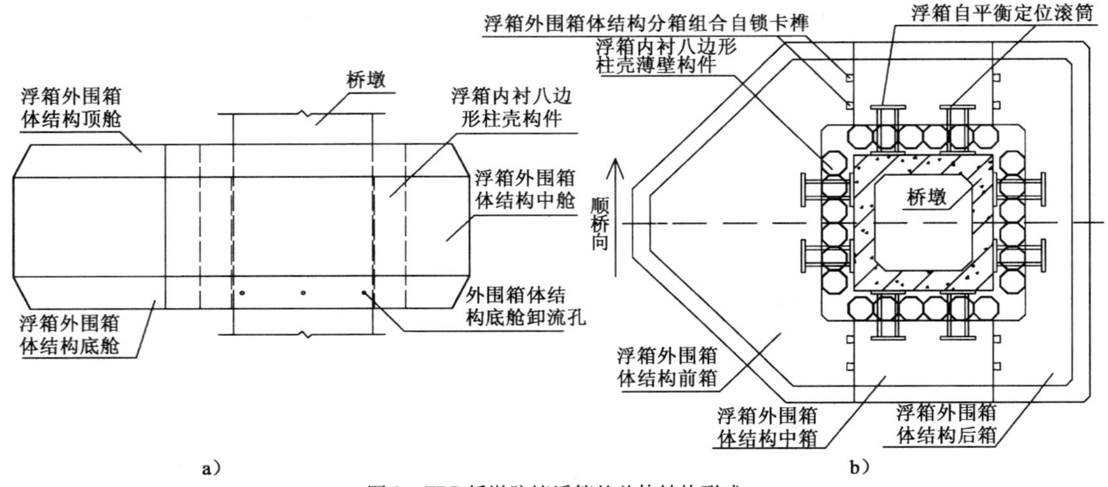

图 2 FRP 桥墩防撞浮箱的总体结构形式

a) 立面结构形式;b) 平面结构形式

2.2 FRP 桥墩防撞浮箱的细部结构形式

FRP 外围箱体结构立面形式为上下端向内倒角的近似矩形截面,平面形式为带有分水尖的近似回形截面。分水尖正对船舶正撞的上游或下游方向(横桥向),用以卸掉船舶撞击浮箱的部分附连水流质量和改变撞击船舶的运动方向。

FRP 外围箱体结构在立面上分为顶舱、中舱和底舱结构。顶舱和中舱、底舱可沿立面拆分为两个独立的结构,中舱、底舱为沿高度不可拆分开的整体结构。

FRP 外围箱体结构,在平面上分为前箱、中箱和后箱结构。前箱、中箱、后箱通过三者组合面上的卡槽和卡榫实现浮箱的平面自锁连接和拆分组装。

FRP 外围箱体结构的顶舱结构为内带横隔板的闭口箱形结构。顶舱四周底板上设有都向桥墩方向倾斜的斜面,斜面上设有由上滚筒、下滚筒和中连杆组成的自平衡定位滚筒。定位滚筒的上滚筒可沿斜面上下滚动,由此带动穿过顶舱内壁板的中连杆,推动下滚筒与桥墩的立面接触并沿桥墩立面上下滚动(图 3)。

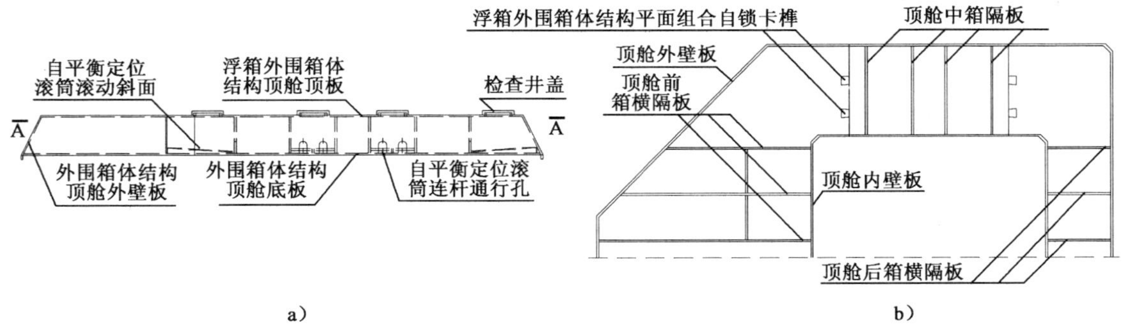

图 3 FRP 浮箱外围箱体结构顶舱细部结构形式

a) 立面结构形式;b) A-A 剖面

FRP 外围箱体结构的中舱结构为不带顶板和纵横隔板的开口箱内布满 FRP 八边形柱壳薄壁构件和四边形柱壳薄壁构件的结构形式。少量的 FRP 四边形柱壳构件安装在中舱前箱、中箱、后箱的卡槽位置附近，大量的 FRP 八边形柱壳构件布满在中舱结构的其余位置。FRP 八边形柱壳件和四边形柱壳构件与中舱结构的开口箱同高，上、下端开口，下端平置于中舱底板(即底舱顶板)上，各柱壳构件相互之间及其与箱壁之间完全密贴(图 4)。

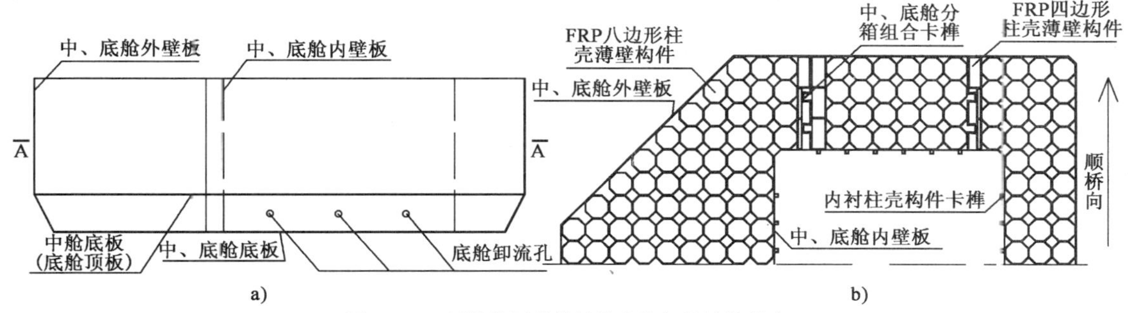

图 4　FRP 浮箱外围箱体结构中舱细部结构形式

a)立面结构形式;b)A-A 剖面

FRP 外围箱体结构的底舱结构为内带纵横隔板的闭口箱形结构。底舱结构的内外壁板与纵横隔板将其分成若干个独立的箱室，每个箱室的壁板和底板上设有与水流连通的圆孔。壁板卸流孔用来卸掉撞击船舶携带的部分附连水流质量，底板进出水孔引水进入底舱各箱室压重使底舱淹没在水中。

FRP 内衬八边形柱壳薄壁构件与 FRP 外围箱体结构的中、底舱同高，上、下端开口，下端约 2/5 高度淹没在水中。各内衬柱壳构件沿桥墩四周立面呈相互抵紧的“一”字式密贴排列，构件的背立面与中、底舱结构的内壁板迎墩面密贴，前立面与背立面和桥墩表面平行，并与桥墩间留有不小于自平衡定位滚筒的下滚筒直径的平面距离。

FRP 桥墩防撞浮箱新结构为全 FRP 结构。各构件分别为碳纤维增强复合材料(CFRP)、玻璃纤维增强复合材料(GFRP)或芳纶纤维增强复合材料(AFRP)杆系构件或薄壳构件。各构件的材料选择和截面尺寸根据构件的抗撞受力要求和能量吸收、动量缓冲要求，按复合材料力学理论分析计算和设计确定。

3　FRP 桥墩防撞浮箱的连接方式

3.1　浮箱各构件的内部连接方式

浮箱外围箱体结构的顶舱与中、底舱的立面连接，采用“戴帽式”的连接方式。通过将顶舱的“帽口”套戴在中、底舱上端的“头部”，使顶舱与中、底舱连成立面整体结构。这种连接方式可通过顶舱的“帽口”约束中、底舱内外箱壁的向背位移但不约束其向向位移，从而使中、底舱外箱壁受撞后能向内位移推压箱内的多边形柱壳构件产生挤压变形和运动摩擦而消能，还有利于浮箱后期维修时揭开顶舱帽盖更换中舱内部分撞坏的多边形柱壳构件。

浮箱外围箱体结构的前箱、中箱和后箱的平面连接采用“自锁式”的连接方式。通过将中箱沿其组合面上“上大下小、外窄内宽”的通长卡榫(燕尾榫)竖向插入前箱、后箱组合面上对应位置和对应形式的卡槽(燕尾槽)，使前箱、中箱、后箱自动锁紧并连成平面整体结构，从而保证外围箱体结构既可分箱预制和现场快速组装及撞坏后拆分维修更换，又可使外围箱体结构的前箱、中箱、后箱互为依托，整体受力和变形，还可省去采用常规螺栓连接方式带来的施工与后期维修养护的麻烦。

浮箱内衬柱壳构件与外围箱体结构的连接采用“卡口式”的连接方式。将各内衬柱壳构件背面上的两个卡口卡入外围箱体结构中、底舱内壁板迎墩面上对应位置的卡榫，使内衬构件附着于外围箱体结构上。这种连接方式，即使两者连接简单且无硬性约束，又使外围箱体结构在受船撞击时增加了柱壳构件的缓冲支承接触连接，还使外围箱体结构不因柱壳构件受撞产生的大变形和崩溃破坏而受到附加约束伤害。

3.2 浮箱与桥墩的连接方式

3.2.1 浮箱“平时”与桥墩的连接方式

浮箱平时（未受船撞击时）与桥墩的连接方式为浮箱与桥墩“既不脱离、又不压实”的弱接触连接方式和“浮箱既能随水位变化上下自由浮动，又能保持与桥墩的相对平面位置不变”的自定位连接方式。

浮箱与桥墩的弱接触连接方式主要通过浮箱外围箱体结构的自平衡定位滚筒和内衬柱壳构件与桥墩的接触连接实现。首先，外围箱体结构的自平衡定位滚筒能保证其在与桥墩四周时刻贴紧且不脱离的前提下，只传递滚筒的部分自重而不传递其他荷载给桥墩；其次，外围箱体结构底舱的开孔箱室及内衬柱壳构件平衡水流压力的水阻作用可使内衬构件在水流作用与水流阻力平衡时不贴紧桥墩对其施压，或在水流阻力小于水流作用下使迎水面一方或最多两方的内衬构件减压后贴上桥墩，但传给桥墩的水流作用力经其缓冲折减与水阻抵消已大幅降低，从而使桥墩不被压实。

浮箱的自定位连接方式也通过浮箱外围箱体结构的自平衡定位滚筒和内衬柱壳构件配合实现。首先，自平衡定位滚筒的下滚筒与桥墩表面时刻贴紧并沿桥墩表面上下滚动，有助于浮箱随水位变化的上下浮动就位；浮箱内衬柱壳构件与桥墩不接触或虽接触但不压实的弱接触方式，可使两者接触面上的摩擦力小于浮箱的重力和浮力，保证浮箱的内衬构件对浮箱上下浮动的立面就位不构成干扰与阻碍。其次，利用顶舱四周的自平衡定位滚筒都与桥墩表面贴紧的周向约束作用和极端情况增加的内衬柱壳构件对桥墩一侧或相邻两侧表面贴上的空间约束作用，使浮箱受涌浪作用不易偏转与晃动或少量偏转、晃动后容易回位，从而使浮箱在不受船撞击时与桥墩保持“立面位置自动就位和平面位置相对不变”的自定位连接方式。

3.2.2 浮箱“撞时”与桥墩的连接方式

浮箱“撞时”（受船舶撞击时）与桥墩的连接方式为保持浮箱通过外围箱体结构的自平衡定位滚筒与桥墩的弱接触连接方式继续有效的基础上，增加浮箱内衬构件对桥墩进行撞击缓冲与作用面积扩散的弱接触支承连接方式。浮箱受船撞击向桥墩方向运动和位移时，带动浮箱外围箱体结构受撞一侧的顶舱中的斜面也向桥墩方向运动和位移，迫使该斜面上的定位滚筒相对于斜面向上运动，使得定位滚筒在整个船撞运动过程中与桥墩的相对平面位置和接触方式始终保持不变，从而保证浮箱在受船撞击全程仍不通过定位滚筒传递船撞力给桥墩。当浮箱的内衬柱壳构件与桥墩撞击接触时，柱壳构件的高强度和低刚度迫使其压坏前产生大变形以吸收船舶撞击能量，加上内衬柱壳构件与桥墩的大面积支承接触，使桥墩直接承受的船撞作用经外围箱体结构消能后再经内衬构件的弱化传力作用得以进一步削弱。

4 FRP 桥墩防撞浮箱的消能模式

4.1 浮箱外围箱体结构的变形消能、摩擦消能和溃散消能

浮箱外围箱体结构的消能主要通过外围箱体结构中舱内的八边形和四边形柱壳薄壁构件相互之间及其与箱壁之间“平时既不受力、也不传力”、“撞时相互挤压、相互运动”的特殊结构行为实现。当船舶以任一角度撞击到浮箱外围箱体结构任一部位时,受撞部位的外围箱体结构的中、底舱外箱壁借助其高强度、低刚度保证其不被撞坏的前提下产生向内位移的大变形,从而挤压中舱箱内的八边形柱壳构件和四边形柱壳构件,迫使箱内每个柱壳构件都产生不同程度的相互挤压变形和相互运动摩擦,并使撞击区域的部分柱壳构件在大能量撞击时可能破坏,从而使这些柱壳构件为外围箱体结构提供变形较大的变形能和做功时间较长的摩擦能及能耗最高的溃散能;外围箱体结构同时借助 FRP 材料完全弹性和低应变速率的优异性能,通过缓慢地释放变形能反推船舶作功形成浮箱阻力功,以进一步消耗船舶的撞击动能和增加浮箱总的撞击做功时间。浮箱外围箱体结构通过正向做功吸能和反向做功耗能这两种消能模式可消耗 70% 左右的船舶撞击动能。

4.2 浮箱内衬柱壳构件的变形消能和溃散消能

浮箱内衬八边形柱壳薄壁构件比外围箱体结构内的柱壳构件刚度更低和约束更弱的结构特性使内衬柱壳构件随浮箱外围箱体结构位移撞击到桥墩时,可产生比箱内柱壳构件更大的挤压变形,也允许受撞的内衬柱壳构件部分压坏,从而使受撞的内衬柱壳构件能通过其更大的变形消能和溃散消能来吸收浮箱外围箱体结构消能后剩余的部分撞击动能,并同时将剩余的船撞力经变形缓冲和支承面积扩散后再传给桥墩,使桥墩直接承受的船撞力可进一步降低至其可承受的水平。

4.3 浮箱内外水流的阻力消能

浮箱外围箱体结构的底舱独立开孔箱室构造、卸流孔构造及内衬柱壳构件的上下端开口构造使浮箱受船撞击向桥墩方向运动时,一可利用卸流孔卸掉船舶携带的部分附连水流质量,并利用这部分水流冲击外围箱体结构的底舱底板,以增大箱体向下的运动做功而抵消其向桥墩运动的部分水平运动做功;二可利用底舱各箱室和内衬构件自身的不规则变形对水流的阻力和其内水流对运动水流的阻力为浮箱提供抵抗船舶撞击做功的水流阻力功,以此再消耗船舶的部分撞击动能并延缓浮箱撞击到桥墩的做功时间,使其能与浮箱一起在受船撞击的第一时间参与能量吸收和动量缓冲,并能在几乎不增加浮箱结构成本的前提下利用水流获得额外的附加消能效果。

5 FRP 桥墩防撞浮箱的防撞保护效果

5.1 “和谐防撞”保护效果

FRP 桥墩防撞浮箱结构依据“强化消能、弱化传力”及“增大人性化保护效果,实现船桥和谐防撞”的全新设计理念,设计、创造“具有自定位功能和弱接触连接构造及高消能效果”的全新结构形式、连接方式和消能模式,一可使经浮箱能量吸收和动量缓冲传给桥墩实际承受的船撞力小于桥墩自身抗力,首先保证桥墩不被撞伤和全桥受力安全;二可使经浮箱柔性抗撞和弹

性反推反作用于船舶的撞击力小于船舶的破坏荷载,同时保证船舶不被撞坏或减小船舶和船上人员的撞击伤害;三可借助浮箱高强度、低刚度、完全弹性的材料和结构优势减小自身的撞击损伤并使箱壁主承力结构不撞坏,保证浮箱在船撞全程都不退出工作,从而使浮箱获得“既不伤墩、又少伤船、还少结构自伤”的结构功能最大化的防撞保护效果,达到“船桥和谐防撞”的设计最高境界。

5.2 “长效防撞”保护效果

在设防船撞力作用下,FRP 桥墩防撞浮箱外围箱体结构的箱壁不会破坏,箱内多边形柱壳构件和内衬柱壳构件允许破坏,从而使浮箱“在大能量撞击后可修复继续使用”,并且修复因只更换部分次要构件而比钢浮箱的破坏性变形修复简单、快捷和节省,加上 FRP 浮箱结构能在 -30 ~ 70℃ 温度范围内正常工作,结构性能不退化,能耐酸、碱、盐介质腐蚀而减少后期养护,能抗水流、沙石冲刷不褪色和不附着青苔等菌类滋生物,结构材料的自然老化寿命不低于 40 年,故 FRP 防撞浮箱通过更换部分次要构件可实现对桥墩的“长效防撞保护”,获得“安全保护最好、使用寿命最长、维修养护最省”的结构效益最大化的防撞保护效果。

6 工程算例

以重庆菜园坝长江大桥 P15 桥墩的防撞工程为例,FRP 桥墩防撞浮箱的结构构造如图 2 ~ 图 4 所示。方案设计的初步计算选取 FRP 防撞浮箱的外围箱体结构的中舱前箱和附着于前箱上的内衬八边形柱壳薄壁构件为对象,进行防护 3 000t 载货船舶以 3.9m/s 的撞击速度横桥向正撞的简化计算。计算采用 ABAQUS 有限元软件完成,结构的有限元计算模型如图 5 所示。不考虑中舱内多边形柱壳构件摩擦消能和浮箱水流阻力消能的消能贡献,仅中舱前箱结构和附着于其上的内衬八边形柱壳构件降低的船撞力就高达 60% 左右,对应的船撞力做功距离约 5.0m,做功时间约 2.0s,撞击结束后船舶离桥墩的安全距离约为 1.3m。FRP 防撞浮箱船撞作用区域附近的中舱外壁板和八边形柱壳构件变形较大,且有部分柱壳构件破坏,在离撞击区域较远的其他部位,中舱外壁板和多边形柱壳构件变形较小,也未发生破坏(图 6)。

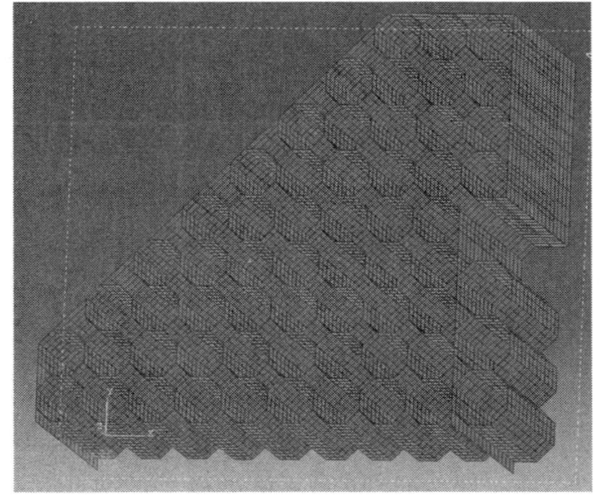

图 5 FRP 浮箱中舱前箱有限元模型

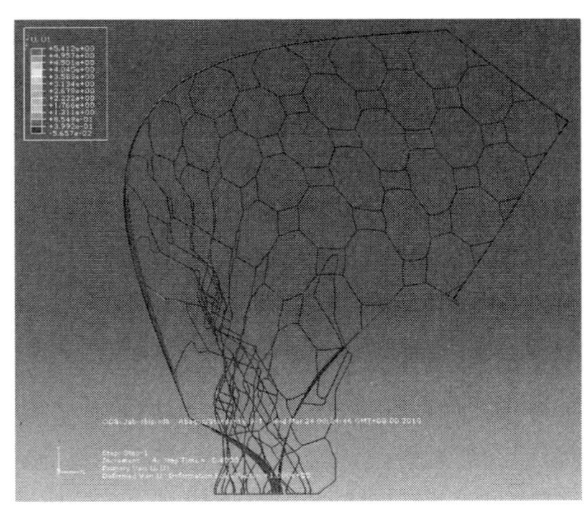

图 6 FRP 浮箱中舱前箱撞后形状

P15 桥墩要求 FRP 防撞浮箱抗撞消能后降低的船撞力比例约 90%，其差额部分由浮箱外围箱体结构中舱内多边形柱壳构件的摩擦消能和底舱独立箱室、内衬柱壳构件提供的水流阻力消能共同承担，将在后续的施工图设计优化和更精确的结构计算中解决。

7 结语

(1) FRP 桥墩防撞浮箱结构依靠其全新的结构形式、连接方式和消能模式，具有"自定位、弱接触、高消能"的结构功能，不仅抗撞击破坏的能力比钢浮箱强，而且通过能量吸收和动量缓冲降低船撞力的比例也比钢浮箱提高 1 倍以上，故能比钢浮箱更好地为桥墩提供防撞安全保护。

(2) FRP 桥墩防撞浮箱结构具有"和谐防撞"与"长效防撞"的技术、经济优势，是桥墩防撞工程的技术创新和技术进步，经进一步研究完善推广工程应用，将有助于桥梁防灾减灾技术实力的提升和桥梁、水运建设的和谐发展。

(3) FRP 桥墩防撞浮箱结构反映浮箱外围箱体结构内多边形柱壳构件挤压变形、摩擦运动、崩溃破坏及浮箱—水流耦合作用的结构分析和计算也是一项全新的理论研究课题，具有较高的难度。这些理论问题的研究解决将推动桥墩防撞工程设计迈向"科学"、"经济"、"和谐"的更高水平。

参 考 文 献

[1] Gluver H, Olsen D (Eds.). Ship Collision Analysis (Bridges). Balkema, Rotterdam, 1998.

[2] Gucma L. Methods for bridge safety assessments with respect to ship collisions. K. Kolowrocki (edt.) Safety and Reliability. Balkema, Rotterdam, 2005.

[3] 项海帆，范立础，王君杰. 船撞桥设计理论的现状与需进一步研究的问题[J]. 同济大学学报，2002，30(4)：386-392.

[4] 杨渡军. 桥梁的防撞保护系统及其设计[M]. 北京：人民交通出版社，1990.

[5] 岩井・聪. 关于船舶对桥梁的安全设施[J]. 中国航海，1986(2)：153-164.

[6] 陈国虞，林树人. 长江中游桥墩防撞(续一)[J]. 航海科技动态，1995(4)：14-17.

[7] 巫祖烈，涂东丰. 桥墩防撞装置评述[J]. 重庆交通学院学报，2006，25(6)：22-26.

[8] 曹映泓，左智飞，罗林阁. 湛江海湾大桥柔性吸能防撞装置研究[J]. 中外公路，2006，26(5)：72-75.

[9] 陈国虞. 防御船撞桥的新装置及其机理研究[J]. 船舶工程，2007，29(4)：40-43.

[10] 肖波，王爽，吴卫国，王杰德. 桥墩防撞装置碰撞动力学分析[J]. 武汉理工大学学报，2005，29(1)：49-51.

[11] 李雅宁，金允龙，胡志强，顾永宁. 船舶—桥墩碰撞与防护计算[J]. 交通部上海船舶运输科学研究所学报，2004，27(1)：9-13.

[12] Larsen, O D. Ship collision with bridges—the interaction between vessel traffic and bridge structures. International Association for Bridge and Structural Engineering (IABSE).

[13] Hutchison B, et al. Manoeuvring simulations-an application to waterway navigability. Proc of SNAME World Maritime Technology Conference, San Francisco.

[14] 汪宏,耿波. 菜园坝长江大桥船撞风险分析咨询报告[D]. 重庆:重庆交通科研设计院,2008.

[15] 姜金辉,金允龙,潘溜溜,梁文娟. 桥梁防撞研究技术与方法[J]. 上海船舶运输科学研究所学报,2008,31(1):23-27.

[16] 范彬,王林. 船桥碰撞及防撞结构研究[J]. 华东船舶工业院学报,2005,19(4):1-5.

桥墩防撞方案选择与设计

丁庆荣[1] 宋官宝[2] 陈志军[3] 陈 雯[1] 任 勇[2]
(1.宜昌市公路管理局 宜昌 443000;2.宜昌市交通规划勘察设计研究院 宜昌 443000;3.华中科技大学 武汉 430074)

摘 要:本文介绍了桥墩防撞装置的分类及功能,对比了主要规范中船舶撞击力的简化计算公式。然后根据黄柏河大桥的特点制订了相应的防撞设计方案,并根据我国《公路桥涵设计通用规范》(JTG D60—2004)进行了桥墩加固之前的墩柱防撞验算及加固后的墩柱防撞验算,结果表明防撞设计是合理可行的。

关键词:桥墩防撞 设计方案 加固

Choice and design on anti-collision for the pier

Ding Qingrong[1] Song Guanbao[2] Chen Zhijun[3] Chen Wen[1] Ren Yong[2]
(1. Yichang Highway Authority, Yichang, 443000; 2. Yichang Communications Consultants Survey & Design Institute, Yichang, 443000; 3. Huazhong University of Science and Technology, Wuhan, 430074)

Abstract: This paper introduces the classification and function of the anti-collision device for the pier, and compares simplified formulas for the calculation of the collision force in several specifications. According to the characteristics of the Huangbaihe Bridge, design the pier anti-collision device, and to the *general code for design highway bridges and culverts*, check the strengthened pier. The result display that the scheme is possible.

Keywords: anti-collision of the pier; scheme design; strengthened

1 工程概况

黄柏河大桥位于宜昌市境宜昌至巴东公路东段。原桥全长203.294m,上部构造为6跨(27.6m+4×33 m +27.6 m)普通钢筋混凝土简支T梁,桥墩为柱式桥墩、扩大基础。原设计荷载:汽-13,拖-60。2009年6月受业主委托,对其按公路-II级进行加固改造施工图设计。加固设计采用更换原T梁,先简支后连续结构,全桥6跨(27.75m+4×33m+27.75m)T梁为一联。拟建桥梁宽度净9m+2×1.5m(人行道)+2×0.25m(栏杆),每跨采用5片高2.1m、梁间距2.4m的预应力混凝土T梁。同年11月,根据业主要求,对其进行墩柱防撞工程施工图设计。

黄柏河大桥通航等级为内河三级,桥梁墩柱防撞根据航道等级进行相应设计。下部结构原桥桥墩为双柱式桥墩,为使桥梁整体加固之后的承载能力使用要求和运营阶段的正常使用

作者简介:宋官宝(1964—),教授级高工,湖北宜昌人,道路与桥梁专业。

要求,以及在偶然荷载(即船舶撞击力)作用下结构的承载能力满足规范要求,首先对下部结构进行加固处理。将两个下墩柱(即直径为2m的墩柱)浇筑成实体,形成圆端形的实体墩截面,提高下部结构的整体刚度;然后在通航孔2号、3号、4号桥墩上墩柱安装橡胶防撞护舷进行消能,吸收一部分撞击动能。

2 桥墩防撞设计

2.1 防撞设计依据及设计思路

黄柏河为长江沿线支流,本次设计按照内河三级航道,通航1 000吨级货轮标准进行设计,不考虑内河超载现象。设计最高通航水位为66.500m,通常通航水位为64.328m,最低通航水位为62.500m,水位高差达4m。

《内河通航标准》(GB 50139—2004)对水上过河建筑的通航净空尺度规定为:三级航道通航净高不小于10m,通航净空宽度为55m。而黄柏河大桥最高通航水位时净高达16m,通航孔宽30m,不满足规范要求。

防撞设计思路如下:

(1)由于航道要求较严,防撞设施的布置规模不能太大。因此,部分需要较大布置范围和较大缓冲距离的防撞方式不宜采用,如重力方式、人工岛方式等。

(2)环绕航道附近的墩身设置护舷,吸收一部分撞击动能,其主要荷载仍然由桥墩承担。

(3)发生小的船舶碰擦事故时,充分利用橡胶护舷消能,防撞墩主体结构不损坏。

(4)海事部门应进行通航限载、限速管理,建议过往船只载重不超过航道标准等级,按照2m/s的航速通过大桥。

2.2 防撞设计措施

加固改造后,该桥下部结构仍然为双柱式桥墩。双柱式桥墩系柔性墩,刚度较小,不能满足运营阶段的正常使用要求及防撞设计要求。本次防撞设计考虑加固双柱式桥墩,增大其自身刚度,使其自身强度能满足设计要求。

首先将两个直径为2m的下墩柱浇筑成实体(图1),形成圆端形的实体墩截面,提高下部结构的整体刚度,从而满足运营阶段的正常使用要求及在偶然荷载(即船舶撞击力)作用下结构的承载能力规范要求。

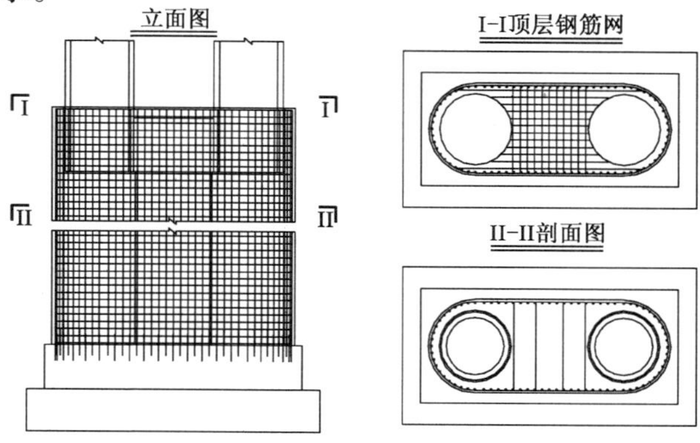

图1 桥墩下墩柱浇筑成实体的立面图及剖面图

然后在通航孔2号、3号、4号桥墩上墩柱设置橡胶防撞护舷,进行缓冲消能。上墩柱橡胶防撞护舷采用型号为D500H×500×1500L的护舷,其性能如表1所示。

橡胶防撞护舷性能 表1

型号	设计压缩变形(%)	性能	
		反力(kN)	吸能量(kN·M)
D500H×500×1500L	50	700	48

这种橡胶护舷具有反力、吸能量适中,底部宽度尺寸小,质量小,安装维修方便的特点。橡胶防撞护舷的布置见图2。

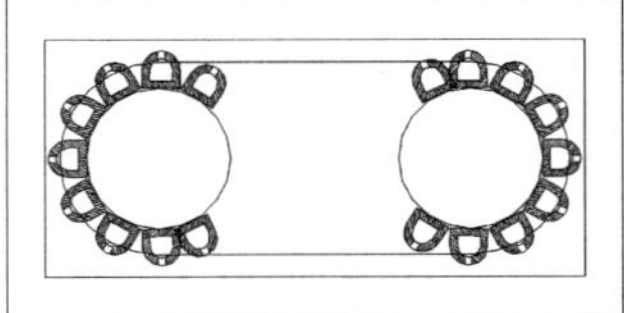

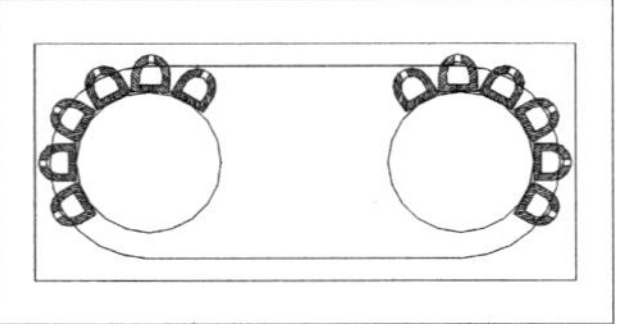

图2 橡胶护舷在各个桥墩上的平面布置方式

3 桥墩的防撞计算

3.1 防撞计算参数

我国《公路桥涵设计通用规范》(JTG D60—2004)将船撞力作为偶然荷载,内河船舶撞击作用标准值见表2。

内河船舶撞击作用标准值 表2

内河航道等级	船舶吨级DWT(t)	横桥向撞击作用(kN)	顺桥向撞击作用(kN)
一	3 000	1 400	1 100
二	2 000	1 100	900
三	1 000	800	650
四	500	550	450
五	300	400	350
六	100	250	200
七	50	150	125

流物横向桥撞击力可按下式估算:

$$P = \frac{WV}{gT}$$

按承载能力极限状态要求,结构构件自身承载力及稳定性应采用作用效应基本组合和偶然组合进行验算。

黄柏河大桥通航等级为三级,横桥向撞击作用为800kN,顺桥向撞击作用为650kN,撞击作用点为计算通航水位线以上2m的桥墩宽度或长度的中点,考虑到通航最高水位66.5m和最低水位62.5m,设计计算中考虑船舶撞击作用点分别为距墩顶8.0m(标高68.5m)和12.0m

(标高 64.5m)处。桥梁第三、第四跨为通航通道,对 2、3、4 号墩进行防撞设计。由于 2 号墩墩高最高,在船舶撞击力下最为不利,仅取 2 号墩进行验算。

采用桥梁有限元软件 MIDAS CIVIL 建立下部结构桥墩模型进行桥墩内力计算。

3.2 防撞设计之前墩柱验算

防撞设计之前桥墩为柱式柔性墩,下墩柱直径 2.0m,上墩柱维修加固后直径为 1.9m。根据荷载工况进行计算,计算结果见表 3。

防撞设计之前墩柱验算结果 表 3

项　　目	墩中(墩柱变截面处)		墩底(基础结合部)	
	N(kN)	M(组合)(kN · m)	N(kN)	M(组合)(kN · m)
外力	8 101.2	2 746.3	9 165.8	10 090
抗力	17 796.9	3 917.5	11 109	67 14.3
富裕度	54%	30%	17%	-50%

由表中结果可见,在不进行防撞措施设置之前,墩柱底承受不了设计的船舶撞击力,无法满足防撞设计要求。

3.3 防撞设计墩柱验算

黄柏河大桥桥墩防撞设计按照规范采用偶然组合,只进行结构承载能力极限状态计算。荷载组合如下:1.0 × 恒载 + 1.0 × 汽车活载 + 1.0 × (温度力 + 制动力 + 风力) + 1.0 × 船舶撞击作用。

设计计算中,根据上部结构活载情况,分别取以下四个荷载工况进行结构内力计算,计算荷载工况见表 4。

桥墩防撞设计墩柱验算荷载工况 表 4

荷载	恒载	单侧行人	双侧行人	单车道	双车道	制动力	温度力	风力	撞击力
工况 1	1	0	0	0	0	0	1	1	1
工况 2	1	1	0	1	0	1	1	1	1
工况 3	1	1	0	0	1	1	1	1	1
工况 4	1	0	1	0	1	1	1	1	1

注:表中"1"表示参与组合,"0"表示不参与组合。

根据 midas 计算结果,提取以上四个工况下各控制截面的计算结果,见表 5。

防撞设计墩柱验算结果 表 5

项　目	低水位船舶撞击截面		高水位船舶撞击截面		上墩柱柱底截面	
	N(kN)	M(组合)(kN · m)	N(kN)	M(组合)(kN · m)	N(kN)	M(组合)(kN · m)
最大轴力	6 518.29	2 476.02			6 571.52	3 392.76
最大弯矩			5 646.5	953.22		
外力	6 518.3	3 885.2	5 646.5	1 674.8	6 571.5	5 188.9
抗力	16 989.5	6 481.6	23 902.7	3 994.2	13 616.7	7 040.6
富裕度	62%	40%	76%	58%	52%	26%

续上表

项　目	下墩柱墩底截面							
	顺桥向				横桥向			
	N(kN)	M(组合)(kN·m)	N(kN)	M(组合)(kN·m)	N(kN)	M(组合)(kN·m)	N(kN)	M(组合)(kN·m)
最大轴力	17 618	11 255.99			17 618.8	15 163.37		
最大弯矩			13 855.99	16 639			15 635.3	17 827.37
外力	17 618	34 075.62	35 614.56	16 639	17 618.8	69 076.9	15 635.3	65 671.39
抗力	64 484	124 720.9	95 671.7	44 697.5	109 428.9	429 030.9	97 240.3	408 428.4
富裕度	74%	73%	63%	63%	84%	84%	84%	84%

以上结果显示,设置防撞措施后,桥墩能满足荷载提升要求,能够承受设计要求的船舶撞击力,并且还有足够的富余量。

4　结语

黄柏河大桥的防撞设计是典型的旧桥桥墩基本承载力不够,在进行下部结构加固处理增强其结构刚度及强度之后,结合实际情况采取相应合理可行的防撞措施,同时考虑到了结构可靠度、环境适应性、经济合理性以及施工可行性。这种类型的防撞设计具有其自身的特点,对我国大量的类似的旧桥防撞设计做出了有益的探索和尝试。

参 考 文 献

[1]　邵旭东,等.从美国阳光大道桥被撞重建看现有桥梁防撞风险评估[J].公路,2007(8):33-37.

[2]　严仁军,等.水路航运与桥墩防撞研究[J].交通科技,2003,198(3):72-74.

[3]　黄锋旺.船舶碰撞荷载计算[J].中南公路工程,1999,24(3):50-51.

[4]　刘小虎,等.大桥受船撞击灾害的计算机评价方法[J].工程力学,2000,17(4):124-131.

[5]　中华人民共和国行业标准.JTG D60—2004 公路桥涵设计通用规范[S].北京:人民交通出版社,2004.

[6]　中华人民共和国国家标准.GB 50139—2004 内河通航标准[S].北京:中国标准出版社,2004.

杭州湾大桥防撞钢浮体制造技术

施卫建 杨元录

(江苏中泰桥梁钢构股份有限公司 靖江 214521)

摘 要:本文介绍了杭州湾大桥防撞钢浮体工厂制作的特点、各板单元的制作工艺、整体总拼、气密性试验性等全过程。制造技术结合了船舶分段制造技术和钢结构制造技术,为同类结构提供了借鉴。

关键词:板单元制作 拼板 总拼 配切 气密性

Steel floating bodies' manufacturing technology of the Hangzhou Bay Bridge

Shi Weijian Yang Yuanlu

(Jiangsu Zhongtai Bridge Steel Structure Co. Ltd., Jingjiang, 214521)

Abstract:This paper introduces the characteristics of the steel floating bodies' manufacturing, plate unit manufacturing, assembly and airtightness test. The manufacturing technology combines ship subsection with steel structure, and is available for reference for other similar structures.

Keywords:plate unit manufacturing;jointed board;assembly;matching;airtightness

1 工程概况

由于杭州湾高墩区的大桥墩台本身防撞能力较弱,为了更全面地保护高墩区,设置可拦截船舶漂移角度的体系,拦截漂流船舶,从而达到保护大桥的目的。拦截体系为独立防撞墩 + 拦截锁链 + 锚泊钢浮体 + 锚碇沉块。其中钢浮体共分为 A、B、D、E 四种类型,钢浮体构件主要由底板、甲板、外板、甲板强横梁、甲板纵桁腹板、横舱壁(10mm)、肘板、护舷、系泊设备底座及栏杆等附属结构组成。

2 制作工艺流程

根据工厂的实际情况,并结合钢浮体的结构特点,制作工艺流程如下:

下料→底板拼板→上胎底板块体组焊→组焊肋骨→配切余量端圆弧→组焊纵隔板→组焊横隔板→组焊外板→组焊圆弧段肋骨→顶板纵缝焊接→余量端配切→顶板与外板、隔板组焊→开设锚链孔→组焊锚链筒→安装舾装及栏杆→涂装→发运

作者简介:施卫建(1975—),工程师,硕士,从事钢结构制造,E-mail:shiweijianswj@126.com。

3 板单元制作

3.1 底板单元制作

(1)底板单元分块说明。

因吊机起吊能力的限制和防止钢板变形,将整个底板分成3块,上胎后再组焊成一个整块,组焊肋骨。底板组焊肋骨时,按0.5mm/道加放焊接收缩量,为保证底板组焊肋骨后的尺寸,在两侧钢板下料时加放50mm的余量。以A类浮体为例说明底板单元的制作,具体如图1所示。

(2)中间底板块体拼板。

三块钢板按套料卡下料,宽度方向的板边对齐,按焊接工艺施焊纵向对接缝,如图2所示。

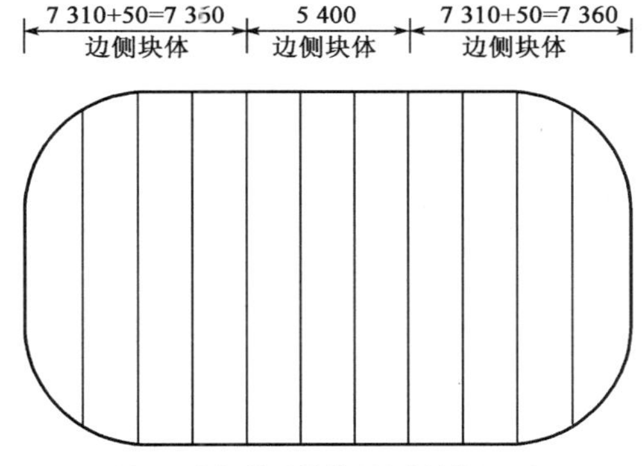

图1 底板单元分块(尺寸单位:mm)

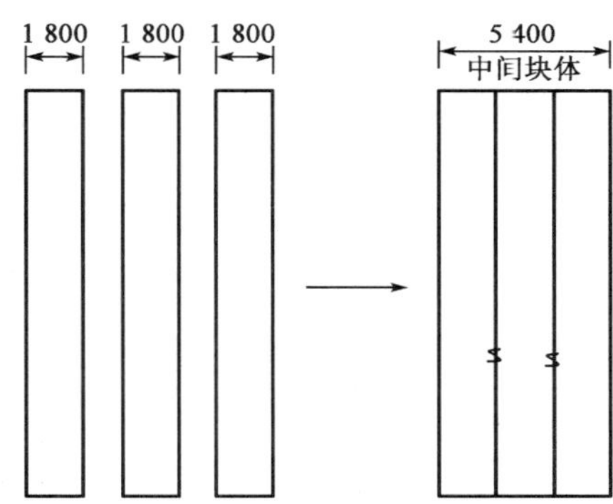

图2 中间底板块体拼板(尺寸单位:mm)

(3)边侧底板块体拼板。

三块钢板按套料卡下料,横向中心线对齐后,按焊接工艺施焊纵向对接缝,如图3所示。

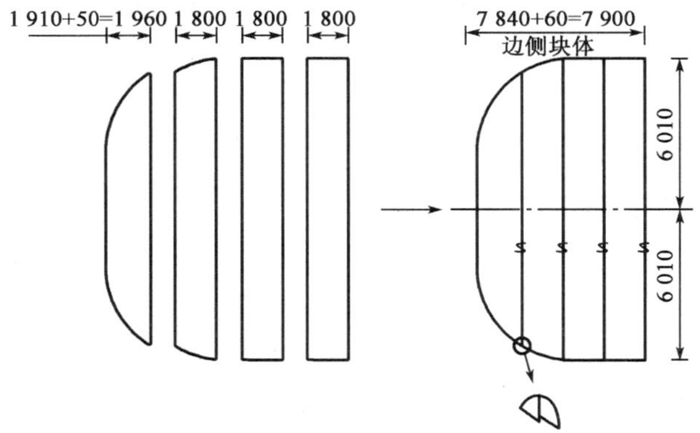

图3 边侧底板块体拼板(尺寸单位:mm)

(4)底板上胎拼板。

三块底板单元上胎后中心线对齐,按焊接工艺施焊纵缝,如图4所示。

(5)肋骨组焊和圆弧余量配切。

以纵横中心线为基准,按施工图组装肋骨和扶强材,其中肋骨按0.5mm/道加放焊接收缩量组装,组装完成后按焊接工艺要求施焊,如图5所示。

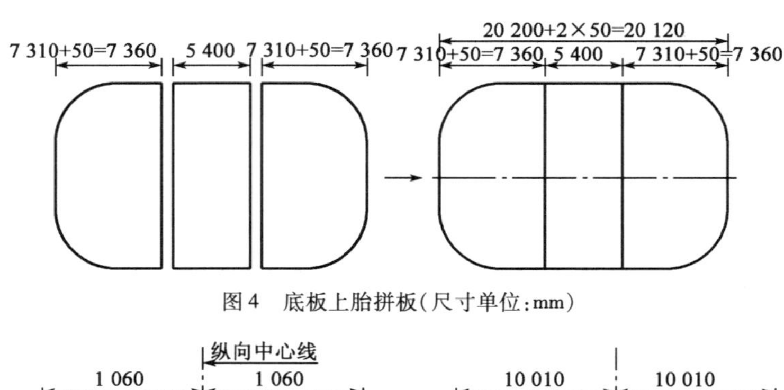

图4 底板上胎拼板(尺寸单位:mm)

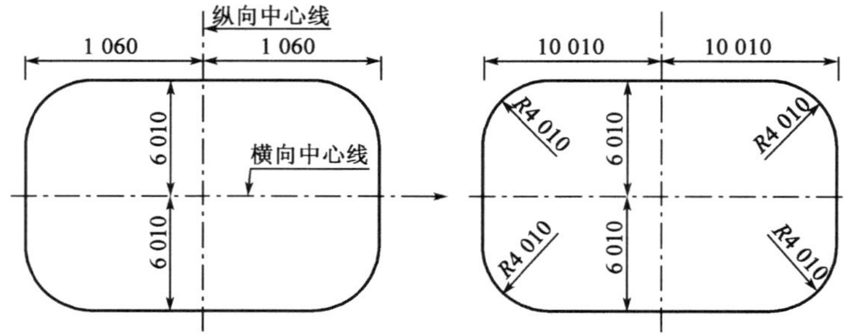

图5 肋骨组焊和圆弧余量配切(尺寸单位:mm)

3.2 顶板板单元制作

(1)顶板单元分块说明。

因吊机起吊能力的限制和防止钢板变形,将整个A浮体的顶板分成3块,下料钢板拼板后再组焊肋骨,上胎后组焊成一整块。顶板组焊肋骨时,按0.5mm/道加放焊接收缩量,为保证顶板组焊肋骨后的尺寸,在两侧钢板下料时加放60mm的余量,具体如图6所示。

(2)中间顶板块体拼板和肋骨组焊。

中心对齐,按焊接工艺施焊纵向对接缝。以纵横中心线为基准,按施工图组装肋骨和扶强材,其中肋骨按0.5mm/道加放焊接收缩量组装,组装完成后按焊接工艺要求施焊,如图7所示。

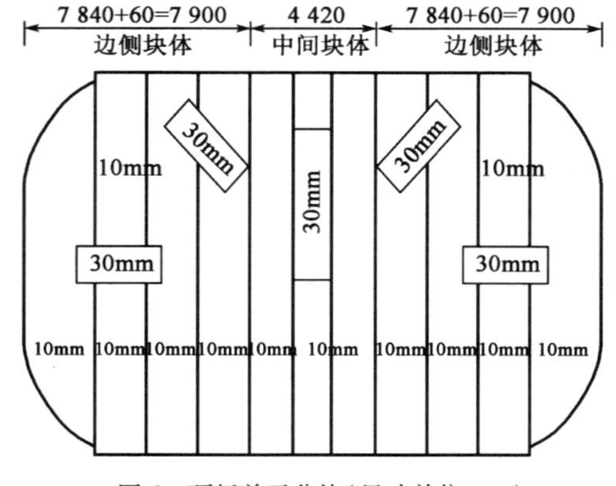

图6 顶板单元分块(尺寸单位:mm)

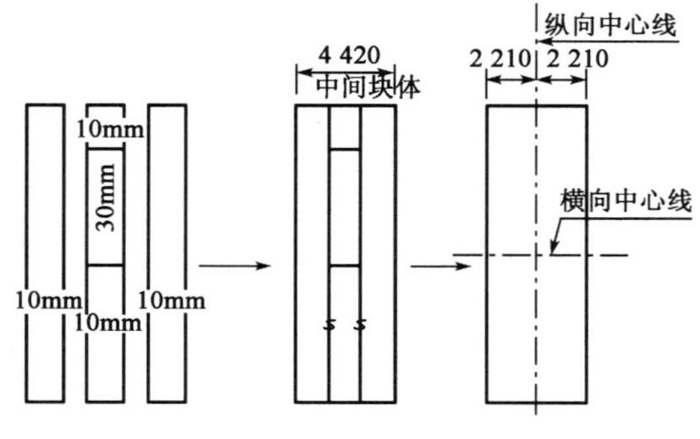

图7 中间顶板块体拼板和肋骨组焊(尺寸单位:mm)

(3)边侧顶板块体拼板和肋骨组焊。

钢板按套料卡下料,横向中心线对齐后,按焊接工艺施焊纵向对接缝;按施工图尺寸配切,安装 30mm 的零件;以直板边和横向中心线为基准,按施工图组装肋骨和扶强材,其中肋骨按 0.5mm/道加放焊接收缩量组装,组装完成后按焊接工艺施焊,如图 8 所示。

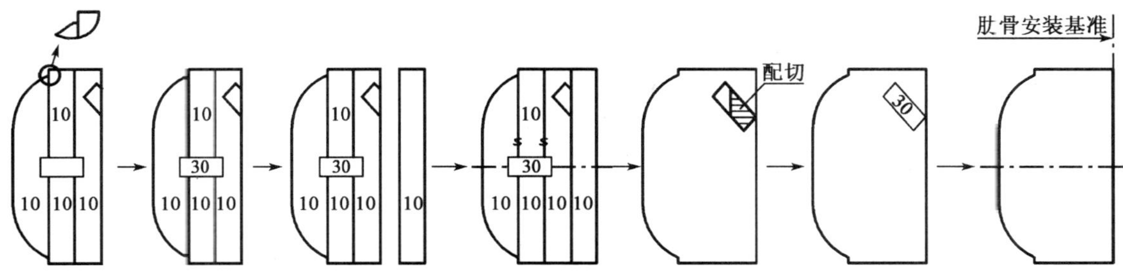

图 8 边侧顶板块体拼板和肋骨组焊(尺寸单位:mm)

(4)在总拼"顶板组焊"工序中,三块顶板单元上胎后中心对齐,按焊接工艺施焊纵缝,再配切圆弧端余量。

3.3 纵横隔板单元制作

(1)钢板按套料卡下料,按焊接工艺进行拼板。

(2)以纵横中心线为基准,按施工图组装肋骨和扶强材,其中肋骨按 0.5mm/道加放焊接收缩量组装,组装完成后按焊接工艺要求施焊。

3.4 外板单元制作

(1)钢板按套料卡下料,按焊接工艺进行拼板,加工坡口。

(2)直线段外板以纵横中心线为基准,按施工图组装肋骨,其中肋骨按 0.5mm/道加放焊接收缩量组装,组装完成后按焊接工艺要求施焊。

(3)圆弧段外板卷圆后直接上总拼,在总拼工序按施工图组焊肋骨。

4 总拼工艺

4.1 组焊底板

将底板板块置于胎架上,使其横、纵基线与胎架上的基线精确对齐,用少量的弹性马板将其固定(图 9)。

4.2 组焊底板单元

按底板纵横中心线组焊纵横隔板、加劲肋及三角肘板等(图 10)。

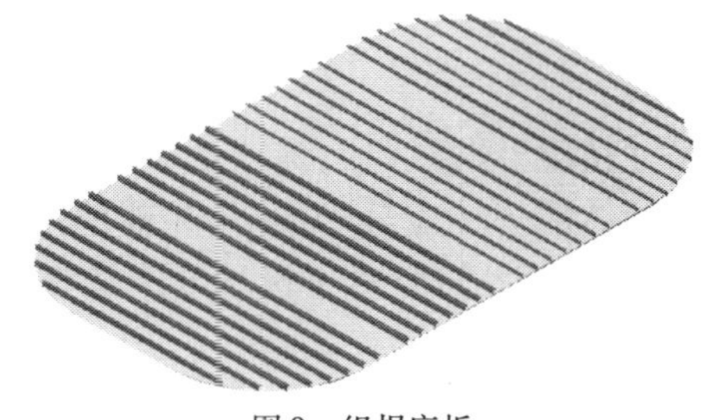

图 9 组焊底板

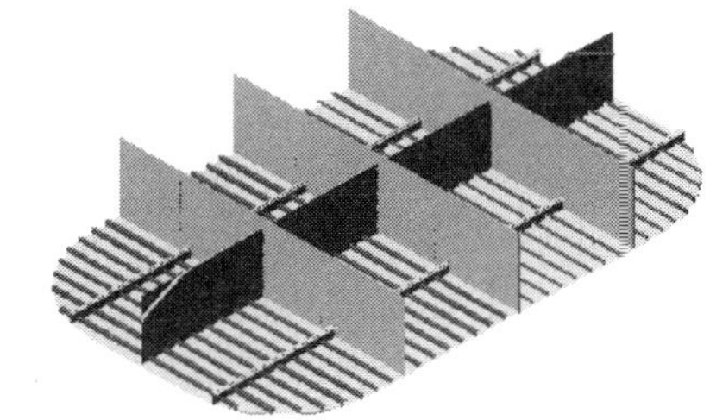

图 10 组焊底板单元

注:以底板的纵横基线以及各杆件的定位线为基准组装,同时用测量塔测量控制腹板的位置和直线度。

4.3 按底板纵横中心线组焊外板单元

(1)按底板纵横中心定位圆弧段的肋骨组装,组装完成后按焊接工艺完成肋骨与外板的角焊焊缝(图 11)。

(2)外板与底板采用清根工艺,清根在外侧。

(3)所有外板单元定位均采用底边以地样为基准,上部利用水准仪控制高程,竖向利用激光经纬仪控制垂直度。

4.4 组装顶板单元

以顶板单元的纵横中心线为基准,与底板的纵横中心线对齐,顶板焊接成整体,配切圆弧段余量,配切锚链孔,安装锚链孔(图 12)。

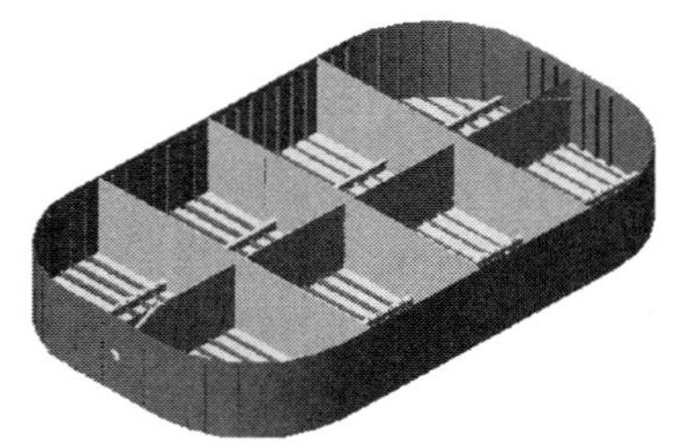

图 11 组焊外板单元

图 12 组装顶板单元

4.5 组装附属结构

按施工图纸和技术要求组焊栏杆、锚唇等附属结构。

成品照片见图 13。

图 13 成品照片

4.6 工艺要点

钢浮体组装过程中重点控制单元体的几何形状、尺寸精度、圆弧线形,保证端口尺寸,保证单元体的外形和几何尺寸,防止产生过大的内应力。单元体的焊接应分步进行,并遵循先内后外、先下后上、由中心向两边的施焊原则。优先选用 CO_2 焊接法,同时对于设计要求熔透的焊缝尽量采用陶质衬垫以及单面焊、双面成型的焊接工艺。

5 气密性检验

为保证钢浮体不进水,所有的钢浮体需进行气密性试验,试验按设计图纸和《钢质海船入级与建造规范》(2006)进行。

5.1 试验准备

(1)试验应在舾装前和涂装前进行,即在焊缝区域未涂装前进行。

(2)试验时,若外界气温低于0℃,则应采取适当的防冻措施。

(3)密性试验需在浮体结构施焊完工,完成所有焊缝表面质量检查后进行。

5.2 试验方法

(1)按人孔盖的尺寸制作试验用的进出气和压力表装置,如图14示。

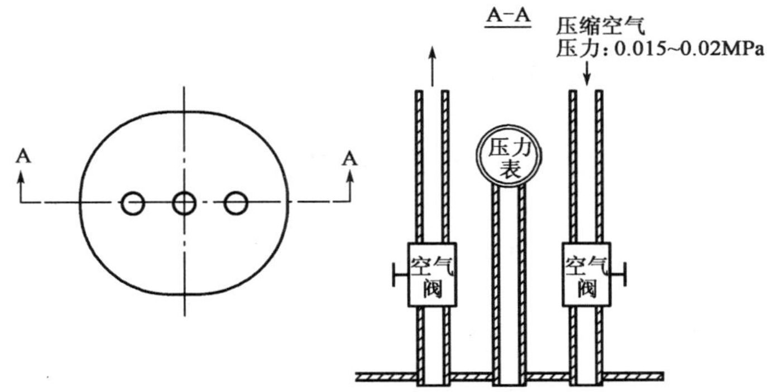

图14 试验装置示意图

(2)试验过程(图15)。

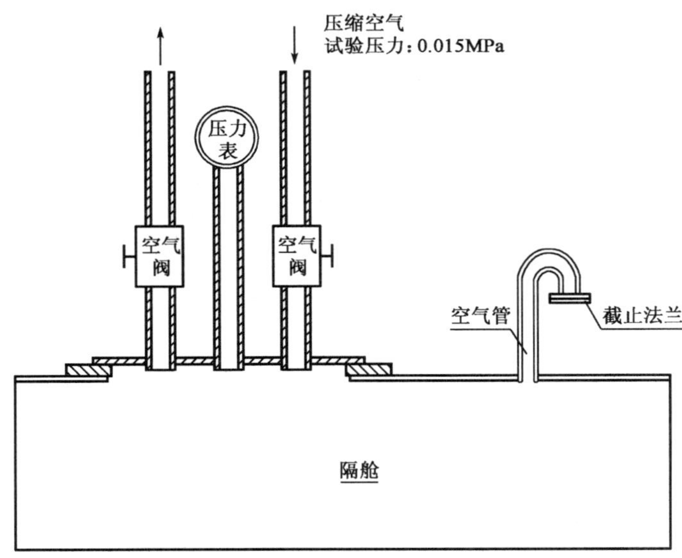

图15 试验过程示意图

首先将空气管用截止法兰密封,然后送入压缩空气。

检查送入的空气压力为0.015MPa,待压力稳定后保持30min,在此期间检查压力表读数是否变化。被试验的浮体附近的人员数量尽量减少。

在被试验的浮体隔舱的所有焊缝上涂上肥皂水以便观察密封性。

如发现漏气,标出漏气的位置,进行返修工。返修后再次进行气密试验,再次气密试验时,将此处作为重点检查。

(3)由于浮体的隔舱之间是密封的,因此被选中隔舱应按上述方法进行检验。

(4)全部钢浮体的每个舱室均要进行气密性试验。

6 结语

国内已有成熟的船舶分段和钢结构加工工艺,钢浮体加工技术将这两种加工技术很好地结合在一起,在工期短、质量要求高、工厂施工难度大的情况下,采用场内整体制作、桥位整体吊装的方案保证了钢浮体的按期保质交付,为同类工程提供了借鉴。

参考文献

[1] 中华人民共和国国家标准. GB 50205—2001 钢结构工程施工质量验收规范[S]. 北京:中国计划出版社,2002.

[2] 中国船级社. 钢质海船入级与建造规范[S]. 北京:人民交通出版社,2009.

柔性防撞装置阻尼辐元件结构优化

葛胜锦　彭泽友　赵振宇　熊治华　王　伟

（中交第一公路勘察设计研究院有限公司　西安　710075）

摘　要：柔性防撞装置阻尼辐元件结构特殊，设计参数众多，各参数之间关系复杂。为拓展产品系列化研究，便于工程技术人员进行设计，本文主要探讨各参数对结构力学性能的影响，并对结构进行尺寸优化。

关键词：防撞装置　阻尼辐　结构优化

Structural optimum design for damping element of anti-collision device

Ge Shengjin　Peng Zeyou　Zhao Zhenyu　Xiong Zhihua　Wang Wei

(The First Highway Survey & Design Institute of China, Xi'an, 710075)

Abstract: The damping element of anti-collision device has a special structure and many complex design parameters. In order to expand series study of products and make it easy to design, this paper discusses various parameters on the mechanical properties of the structure and makes structural optimization.

Keywords: anti-collision device; damping element; structural optimization

1　引言

随着经济社会的发展，汽车数量急速增长，汽车撞击桥墩的事故也时有发生，严重时会造成桥墩倒塌、车毁人亡，带来无可挽回的生命和财产损失。汽车直接撞击桥墩属于刚性撞击，在撞击过程中缺乏能量耗散或隔离装置，因此破坏性极大。

柔性防撞装置就是在汽车撞击时通过防撞装置的柔性变形，延长撞击时间、耗散撞击能量和减小撞击力，保护桥墩、汽车和人员的安全。弹塑性钢阻尼元件是柔性防撞装置最主要的部件之一，因此非常有必要对其结构尺寸进行优化研究。本文采用有限元方法，研究阻尼辐尺寸对结构力学性能的影响，为柔性防撞装置中阻尼辐元件的合理设置提供指导。

2　阻尼辐结构简介

阻尼辐结构如图 1 所示，其中 RO 为阻尼辐外圆半径，RI 为阻尼辐内圆半径，Rc 为圆倒角

作者简介：葛胜锦（1979—），男，浙江温州人，高级工程师，硕士，主要从事桥梁结构标准化、参数化研究，特殊复杂结构桥梁设计咨询、工程抗震、减振及防撞安全技术研究，E-mail：Bridge@ vip. 163. com。

半径，IR 为连接端内径，OR 为连接端外径，d 为阻尼辐拱高度，L 为阻尼辐长度。

本文采用有限元方法对阻尼辐结构进行力学性能分析，有限元模型如图 2 所示。实体模型采用 solid45 单元模拟，连接处采用 mpc184 单元，边界处以不约束转动的方式模型销钉的作用。由于本文要考虑结构几何尺寸对结构力学性能的敏感性，因此参数化结构各部分尺寸，各个尺寸的变化范围如表 1 所示，其中 B 为阻尼辐拱高度，T 为阻尼辐厚度，L 为阻尼辐长度。为进行优化对比分析，选用 $B=20$mm、$T=20$mm、$L=160$mm、材料为 Q345 的结构尺寸为基本参考尺寸。

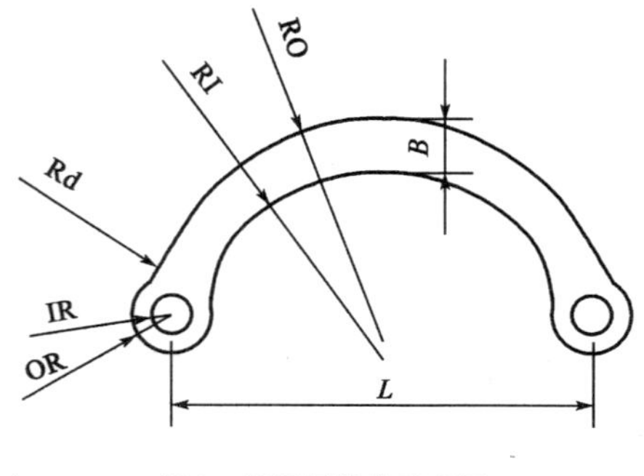

图 1 阻尼辐结构示意图

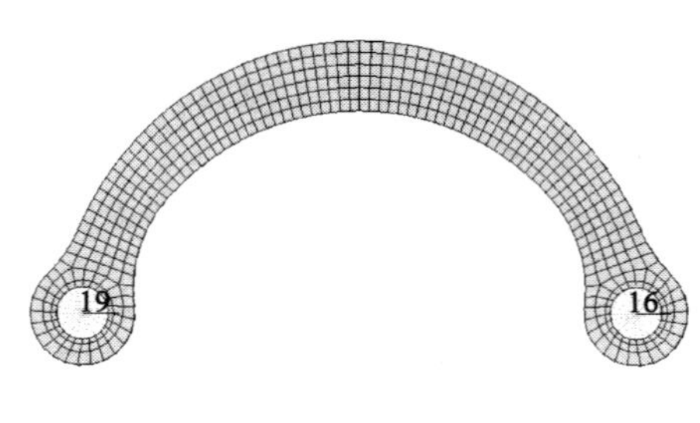

图 2 阻尼辐有限元模型

结构尺寸变化范围 表 1

参　数	min	max	inc	N
B	10mm	40mm	5mm	7
T	10mm	40mm	5mm	7
L	12cm	20cm	1cm	9

阻尼辐的工作原理是应用弹塑性钢材料塑性耗能，因此本文采用两种不同的材料进行对比分析，分别为 Q235 和 Q345 钢材。两种材料的本构曲线由试验得到，如图 3 和图 4 所示。

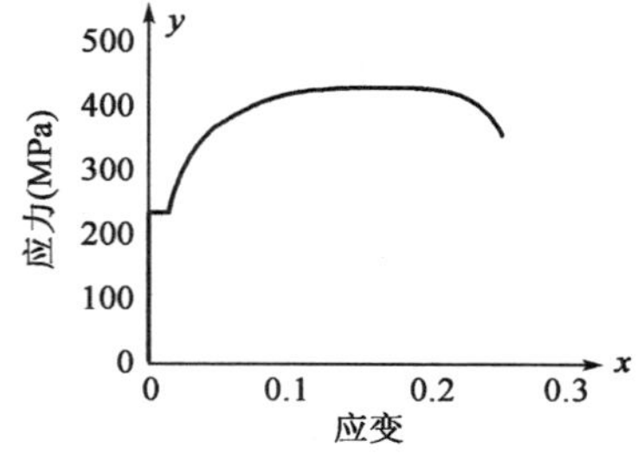

图 3 Q235 钢材弹塑性本构关系

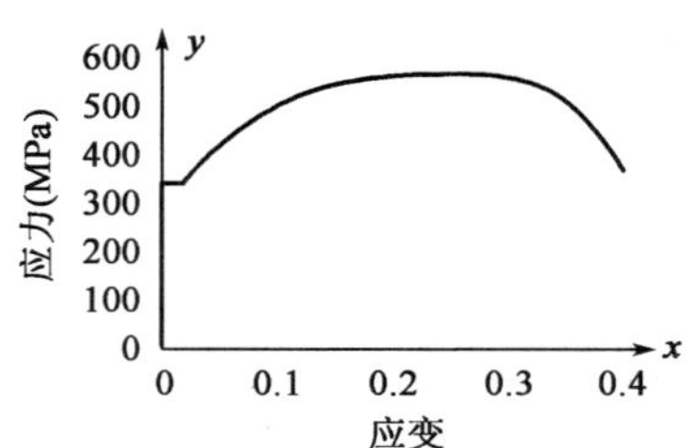

图 4 Q345 钢材弹塑性本构关系

3 云图结果分析

本文采用单边施加水平位移的方法对结构进行加载，观察结构力学参数的变化。图 5 为阻尼辐应力云图，可见在水平荷载作用下，阻尼辐拱顶拉应力最大，拱底压应力最大，并且呈现左右对称分布。图6为阻尼辐等效应变云图,从图中可以看出,最大应变发生在受压区域的中心,并向四周辐射。

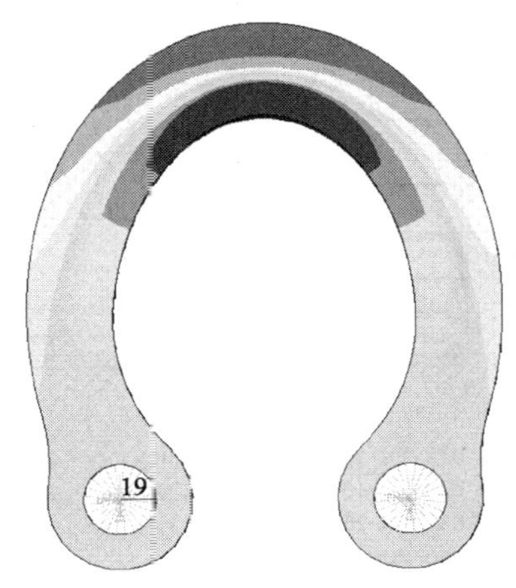

图5 阻尼辐应力云图

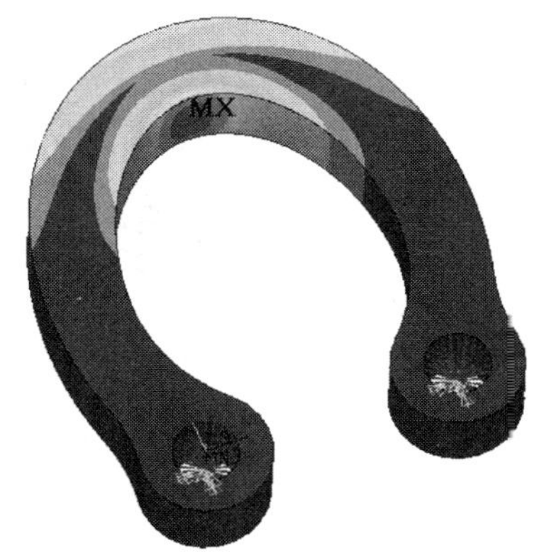

图6 阻尼辐等效应变云图

4 参数敏感性分析

按照表1中尺寸的变化范围,不同厚度下最大应力和反力的变化曲线汇总如下(图7、图8),其中横坐标时间为标志时间,由于时间变量与水平位移变量是同时变化的,所以横坐标也可表示为水平方向的位移值,因此反力变化曲线就相当于结构的刚度变化曲线。在曲线中标记不同工况采用 *AN*1-*N*2-*N*3 形式,其中 *A* 表示结构变化参数,*N*1、*N*2、*N*3 分别表示拱高度值(mm)、阻尼辐厚度值(mm)、阻尼辐长度值(mm),例如 b20-20-160 表示以拱高度为变化参数,拱高度为20mm,阻尼辐厚度为20mm,阻尼辐长度为160mm的结构形式。

4.1 阻尼辐拱高度 *B* 对结构的影响

由图7可以看出,随着拱高度的增加,结构中最大应变值也随之增大。在同一种工况下,应变值随着位移的增大而增大,这是由于拱高度增加导致结构受压区体积增大,而结构长度方向不变,要进行同样的水平位移必将引起较大的应变。在 b40-20-160 工况下,阻尼辐的应变值达到0.365,说明材料已经失效。

图8中的最大反力也是由于以上原因。由曲线可以看出,随着拱高度的增大,反力值也随之增大。在增长段,每种工况下反力曲线斜率基本不变。不同工况下,反力曲线的增长趋势是相同的,但拱高度不同导致曲线的斜率和 y 轴截距不同。其中斜率的增长主要由材料本构关系决定,截距的不同由结构的尺寸决定。取位移为5cm,各种工况下的反力值拟合成一条曲线,如图15a)所示。

4.2 阻尼辐长度 *L* 对结构的影响

由图9可以看出,随着位移的增大,结构中最大应力逐渐增大;随着阻尼辐长度的增长,结构中最大应力逐渐减小。由图10可以看出,随着位移荷载的增大,结构反力逐渐增大;随着阻尼辐长度增大,结构反力逐渐降低。阻尼辐长度增长导致结构的长细比增长，结构的刚度降低。取位移为 5cm，各种工况下的反力值拟合成一条曲线，如图 15b）所示。

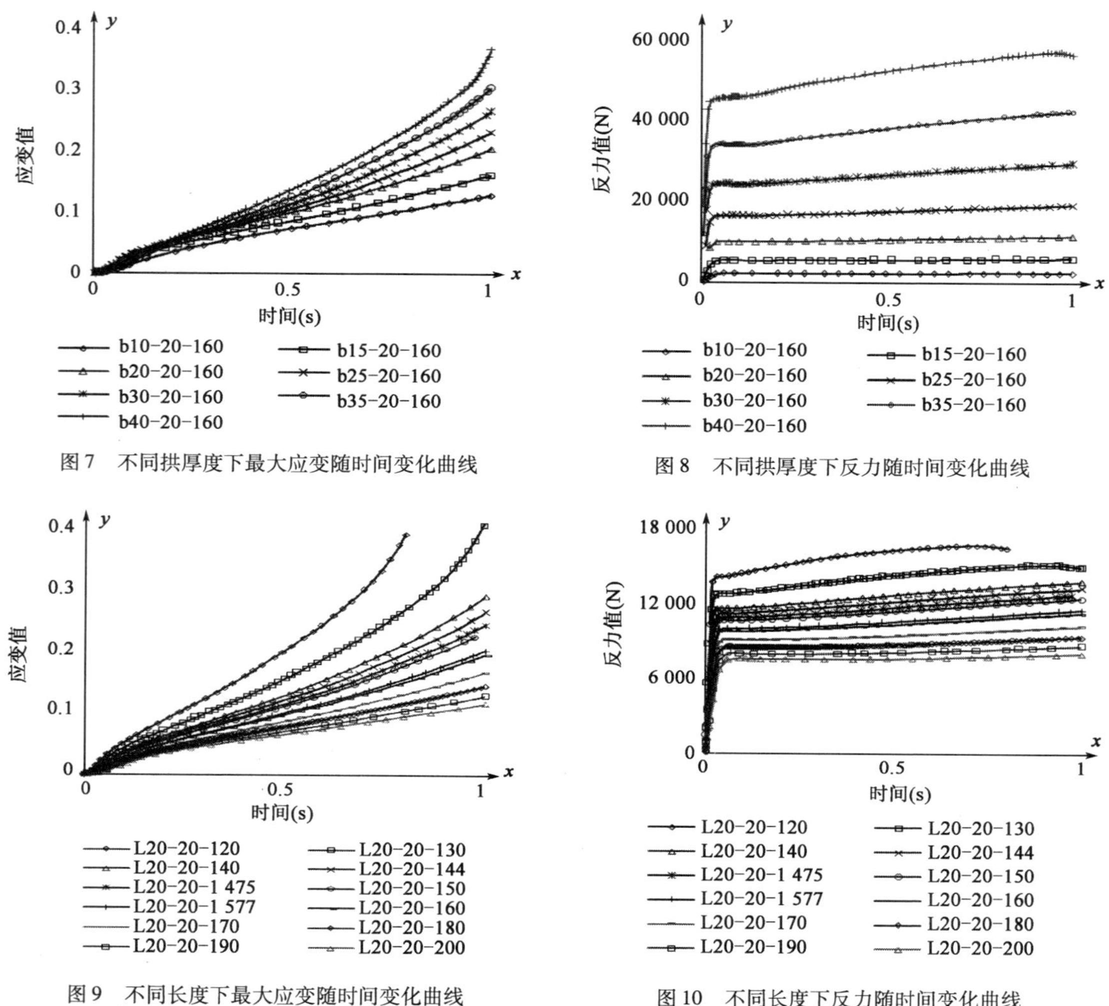

图 7　不同拱厚度下最大应变随时间变化曲线

图 8　不同拱厚度下反力随时间变化曲线

图 9　不同长度下最大应变随时间变化曲线

图 10　不同长度下反力随时间变化曲线

4.3　阻尼辐厚度 T 对结构的影响

由图 11 可以看出，随着位移的增大，结构中最大应力逐渐增大；随着阻尼辐厚度的增大，结构中最大应变逐渐增大，但相比阻尼辐拱高度和长度对应变的影响，厚度对应变的影响比较弱。由图 12 可以看出，随着位移荷载的增大；结构反力逐渐的增大；随着阻尼辐厚度的增大，结构反力逐渐增大。这是由于结构增厚之后，受压体积增大所导致。取位移为 5cm，各种工况下的反力值拟合成一条曲线，如图 15c）所示。

4.4　阻尼辐材料对结构的影响

材料不同导致结构的响应不同，主要是由于材料的本够关系不同，图 13 和图 14 分别显示不同材料对结构最大应力和反力的影响。由于 Q345 钢比 Q235 钢刚度大，所以在相同的位移下，Q345 钢反力值较大。

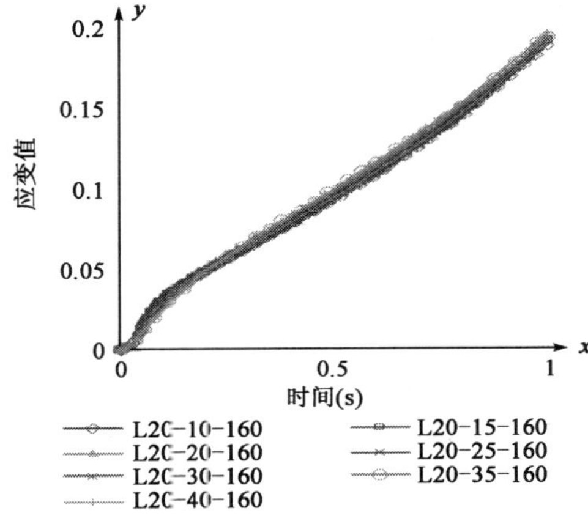

图 11　不同厚度下最大应变值随时间变化曲线

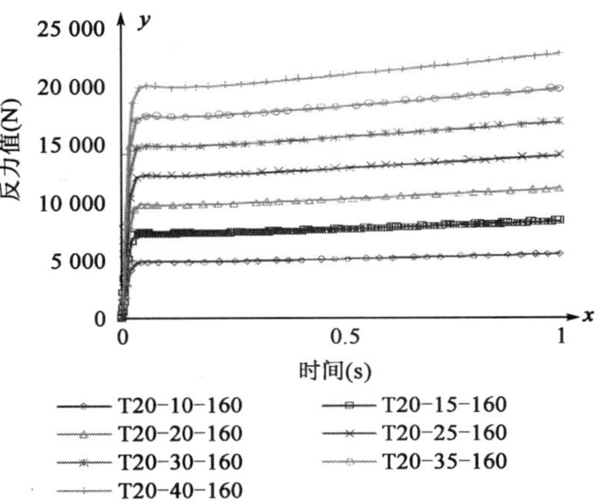

图 12　不同厚度下反力随时间变化曲线

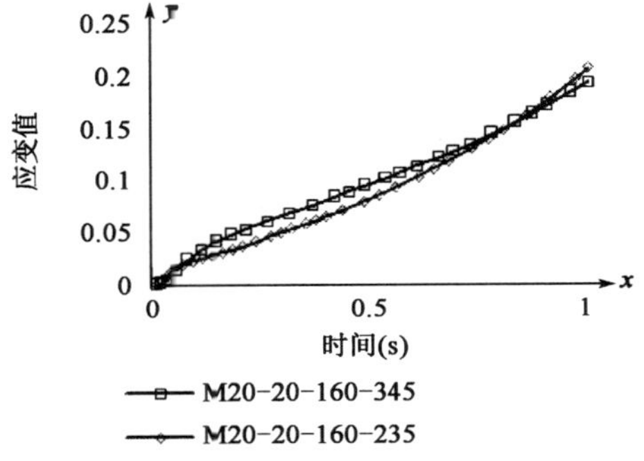

图 13　不同材料下应变随时间变化曲线

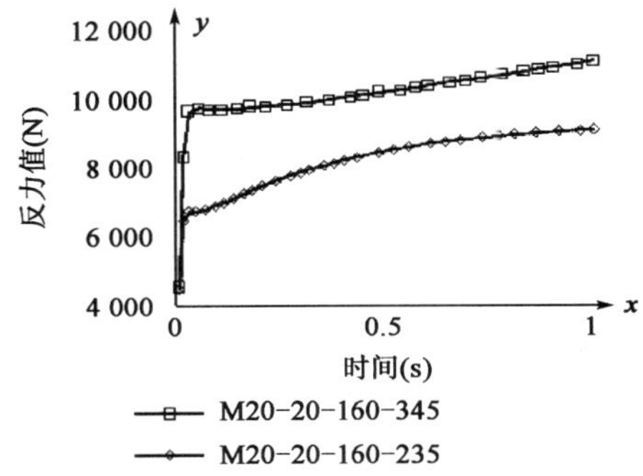

图 14　不同材料下反力随时间变化曲线

4.5　阻尼辐结构尺寸与反力的关系

通过以上分析，在几何尺寸方向上均以等间距递增的情况下，图 15 拟合曲线汇总如表 2 所示，表中 y 表示反力值，单位是 N；B 表示拱高度，单位 mm；L 表示长度，单位 mm；T 表示厚度，单位 mm。由表格中可以看出拱高度和长度对反力的影响为二次曲线关系，而阻尼辐厚度对反力的影响为线性关系。并且从方程中可以看出阻尼辐拱高度 B 对结构反力的影响最为明显，其次是厚度对结构的影响，最后是长度的影响。

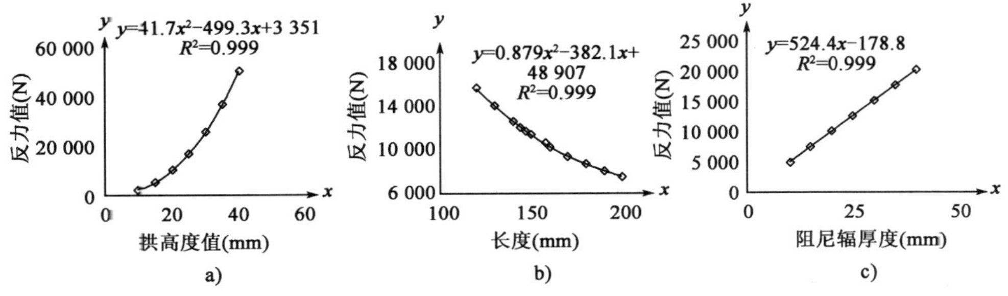

图 15　拟合曲线

a) 拱高与反力曲线；b) 长度与反力曲线；c) 厚度与反力曲线

各参数与反力关系拟合曲线 表2

尺寸参数	拟合曲线
B(mm)	$y=41.7B^2-499.3B+335.1$
L(mm)	$y=0.879L^2-382.1L+48\,907$
T(mm)	$y=524.4T-178.8$

5 结语

本文考虑阻尼辐拱高度、长度、厚度和材料对结构力学性能的影响,通过有限元方法建立阻尼辐结构实体模型,按照试验加载方式设置边界条件,进行结构尺寸优化设计,寻找结构内部潜在的规律和变化趋势。

通过多次分析,得到以下结论:

(1)采用统计分析程序拟合出结构尺寸与反力之间的关系曲线,拟合相似度均达到0.999。

(2)阻尼辐高度和长度与反力之间呈二次曲线关系,阻尼辐厚度与反力呈线性关系。

(3)阻尼辐高度对结构反力的影响明显,其次为厚度对结构的影响,最后为长度对结构的影响。

参考文献

[1] 陈志华,刘红波,周婷.空间钢结构 APDL 参数化计算与分析[M].北京:中国水利水电出版社,2009.

[2] 胡光伟.大跨径钢桥面铺装体系力学分析与优化设计.东南大学,2006.

[3] 谭平荣,王麒.连续刚构双片墩尺寸优化设计[J].公路,2007(8):18-20.

[4] 中华人民共和国国家标准 GB 50017—2003 钢结构设计规范[S].北京:中国标准出版社,2003.

[5] 康国政,阚前华,张娟.大型有限元程序的原理、结构与使用(2版)[M].成都:西南交通大学出版社,2008.

既有实腹式连续石拱桥船撞安全性评价

宁夏元

（湖南省交通科学研究院　长沙　410000）

摘　要：本文比较了船舶撞击力主要规范的简化计算公式的异同，提出了基于我国《公路桥涵设计通用规范》（JTG D60—2004）桥墩防撞检算及基于美国AASHTO指南桥墩防撞风险评估双重保险的桥墩防撞安全性评价思路。结合衡阳市拓里渡大桥结构特点及通航实际，对其船舶撞击问题进行深入的探讨研究。一方面可得到这座桥梁在防撞安全性能方面的定性和定量结论，另一方面对同类连续石拱桥防撞安全性评价方法及预防措施具有一定的参考价值。

关键词：船撞桥　安全性评估　连续石拱桥

Safety assessment of ship-bridge collision on existing continuous stone arch bridge

Ning Xiayuan

（Hunan Communications Research Institute ，Changsha，410000）

Abstract：This paper compares the similarities and differences of the simplified formulas of ship-bridge collision force of main bridge codes at home and abroad. Combined with the situation in China，a method about security check calculations of pier collision which bases on General Code for Design of Highway Bridges and Culverts and safety evaluation of ship-bridge collision which bases on AASHTO Guide are put forward. Taking Tuolidu Bridge in Hengyang，a continuous stone arch bridge for an example，the qualitative and quantitative conclusions of ship-bridge collision safety assessment of this bridge are obtained. These assessment measures have certain reference value for the same type of bridges.

Keywords：ship-bridge collision ；safety assessment；continuous stone arch bridge

衡阳市拓里渡桥（图1），又名呆鹰岭公路桥，位于湖南省衡阳市蒸水河道上。桥区航道属天然河流及渠化河段七级航道，设计通航吨位为50t。据现场调查，实际通航船舶吨位高达1 800t。拓里渡桥属于实腹式石拱桥，该桥1955年建成，共8孔，每孔净跨径为15m，全长160.97m，石材采用红砂岩。上部结构采用石砌板拱圈，主拱圈厚度为80cm（拱脚）、60cm（拱

基金项目：湖南省交通科技计划项目。

作者简介：宁夏元（1969—），男，湖南邵东人，高级工程师，主要从事桥梁科研设计与管理工作。

顶),矢跨比为1/3。下部结构为石砌重力式墩台,扩大基础。设计荷载汽-20,行车道宽度为7.1m;人行道宽度为2×0.97m。桥梁拱圈结构基本完好,墩身基本完好,桥梁尚能维持正常运作。

图1 湖南省衡阳市拓里渡桥全桥照片

连续石拱桥在既有桥梁中的比重十分可观,因此,本文研究工作的意义主要在于提高并加深对内河连续石拱桥船撞桥问题及系统风险分析评估方法的认识,从而提高此类桥梁的安全性和船舶航行于桥下时的安全性。

1 船舶撞击力国内外主要规范的简化公式

1.1 我国《公路桥涵设计通用规范》(JTG D60—2004)

第4.4.2条规定,通航河流中的桥梁墩台所受的船只撞击力,如无实际资料时,可按表1采用。

内河船舶撞击作用标准值 表1

内河航道等级	船舶吨级 DWT(t)	横桥向撞击作用(kN)	顺桥向撞击作用(kN)
一	3 000	1 400	1 100
二	2 000	1 100	900
三	1 000	800	650
四	500	550	450
五	300	400	350
六	100	250	200
七	50	150	125

船舶按漂流物横向桥撞击力可按下式估算:

$$P = \frac{Wv}{gT} \tag{1}$$

式中:P——漂流物撞击力(kN);

W——漂流物重力(kN),应根据河流中漂流物情况,按实际调查确定;

v——水流速度(m/s);

T——撞击时间(s),应根据实际资料估计,在无实际资料时,一般用1s;

g——重力加速度,9.81(m/s^2)。

将1 800t船舶按漂流物计算撞击力(拓里渡桥船舶航速4m/s+水流速度2m/s)。顺桥向撞击时,根据最不利原则,考虑船舶与航线成45°角撞击桥梁,故顺桥向撞击力可取为横桥向的$\sqrt{2}/2$倍,结果见表2。

1 800t 船舶撞击力 表 2

船舶吨级 DWT(t)	船舶航速(m/s)	横桥向撞击作用(kN)	顺桥向撞击作用(kN)
1 800	6	13 500	9 546

1.2 AASHTO 规范

1991 年,AASHTO 在颁布其桥梁船舶撞击设计的指导规范时,综合考虑了 Woisin、Dormberg 等人的研究成果,给出了轮船船首横桥向撞击桥墩时的设计船舶撞击力公式:

$$P = 0.98(\text{DWT})^{1/2}(v/8) \tag{2}$$

式中:P——等效静态撞击力(MN);

DWT——船舶的载重吨位(t);

v——船舶的撞击速度(m/s)。

1994 年,该公式修正为:

$$P = 1.2 \times 10^5 v(\text{DWT})^{1/2} \tag{3}$$

式中:P——等效静态撞击力(N);

DWT——船舶的载重吨位(t);

v——船舶的撞击速度(拓里渡桥船舶航速 4m/s + 水流速度 2m/s)。

AASHTO 规范公式是在船首正撞刚性墙的基础上提出的,适用于油轮、货轮、散货船类型船舶的船头横桥向撞击桥墩的情况。

顺桥向撞击时,按 AASHTO 规范,取横桥向船撞力的 50%,计算结果见表 3。

基于 AASHTO 的船撞力计算结果 表 3

计算结果	单船下行	计算结果	单船下行
净排水量 M(t)	50	水动质量系数 C_H	1.05
船只速度 v(m/s)	6	船舶撞击力 P(kN)	5 091

由表 1 ~ 表 3 可知,相对于按漂流物计算船舶撞击力以及 AASHTO 规范,我国规范中 t 级航道船舶撞击力横桥向撞击作用为 150kN,顺桥向撞击作用为 125kN,取值偏小。

2 桥墩防撞安全评估评价

2.1 我国规范与 AASHTO 规范比较

在我国,船桥防撞安全性评价问题一直未得到足够的重视,也没有专门的设计规范或指南可供工程师使用。在《公路桥涵设计通用规范》(JTG D60—2004)相应条款中的船舶撞击力按所处航道取偶然作用标准值过于简单,实际通航船舶吨位通常高达航道限制吨位的数倍甚至数十倍。设计船撞力过低,这不符合实际情况。

欧美等国家已经制定了专门的设计规范或指南。在这些设计规范或指南中,以《美国公路桥梁设计规范》(AASHTO 指南)中的相关条款最为简洁和实用,依据 AASHTO 指南得到的结论,可涉及船桥防撞安全性评价问题的诸多方面。

(1)可评估船舶与桥梁相撞的风险。

主要是确定一个碰撞风险模型,确定一个可接受风险水平。这部分内容是本项目关注的问题之一。在我国规范中没有与之相对应的条款,AASHTO 指南则给出了偏航概率和几何概率等计算公式。

(2)可确定船舶对桥梁的碰撞冲击力即碰撞荷载。

船舶碰撞桥梁的撞击分析涉及多种因素,问题是复杂的。《公路桥涵设计通用规范》(JTG D60—2004)4.4.2 条的条文说明中提到的 V. U. Minorsky 公式、联邦德国学者 G. Wosin 的理论,以及汉斯—德鲁彻理论均是针对这一问题提出的简化计算方法。《公路桥涵设计通用规范》(JTG D60—2004)给出了船桥碰撞作用标准值的实用表格来反映碰撞荷载,AASHTO 指南则给出了碰撞荷载的计算公式。

(3)可分析结构在船舶碰撞作用下的破坏概率。

我国规范中没有与之相对应的条款,AASHTO 指南则给出了桥梁倒塌概率的计算方法。

AASHTO 指南第三章 3.14.5 条给出一个桥梁构件的倒塌年频率应取:

$$AF = N \cdot PA \cdot PG \cdot PC \tag{4}$$

式中:AF——船只撞击引起的桥梁构件破坏年频率;

N——根据使用航道船只的类型、大小和装载情况分类的船只的每年数量;

PA——船只偏航的概率;

PG——一只偏航船只与一个桥墩或桥孔之间一次撞击的几何概率;

PC——一只偏航船只撞击一次,桥梁倒塌的概率。

用该公式可计算出一个特殊桥梁构件有关的桥梁倒塌年频率 AF。倒塌年频率的倒数 1/AF等于重现期(年)。

2.2 桥墩防撞安全评估双重保险评价思路

国内规范按航道等级取船舶撞击力值偏小,而按漂流物计算撞击力以及按 AASHTO 指南计算更符合实际通航状况。为了更有效、安全地评估桥梁防撞安全性,作者提出按我国规范,按漂流物撞击检算撞击以及按 AASHTO 指南计算的双重防撞评价思路。

(1)以《公路桥涵设计通用规范》(JTG D60—2004)、设计通航状况、船桥碰撞偶然作用标准值及漂流物撞击力为依据,对桥桥墩防撞进行检算。

(2)按照 AASHTO 指中南桥梁防船撞设计的相关条款,计算实际通航状况船舶对桥墩的撞击力。

(3)根据调研资料得出桥区实际通航状况、航道几何概率、偏航概率、倒塌概率和倒塌年频率,基于 AASHTO 指南对桥墩防撞进行安全性评价。

(4)根据桥墩防撞安全性评价结果,提出防撞措施建议。

3 衡阳市拓里渡桥桥墩防撞安全性评价

3.1 拓里渡桥撞击模型建立

结构计算模型为空间梁单元有限元模型,根据桥梁实际情况,拱上结构不计入受力模型,以竖向静荷载替代,中跨桥墩基础、两边跨拱脚均采用全固结模式。考虑拓里渡桥的结构对称性及通航孔道的位置,选取 3 号桥墩进行计算检核。有限元模型见图 2。

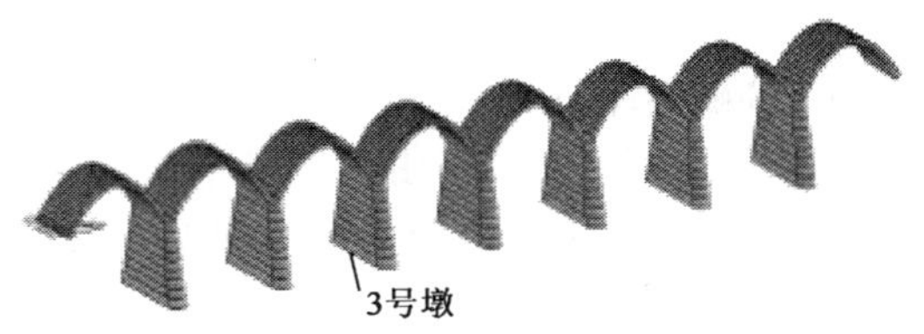

图2 有限元计算模型

3.2 基于我国《公路桥涵设计通用规范》(JTG D60—2004)按设计通航状况检算拓里渡桥桥墩防撞

根据《公路桥涵设计通用规范》(JTG D60—2004)第4.4.2、2.1.1及2.4.2条的规定,按偶然组合检算船舶撞击安全性。位于通航河流或者有漂流物的河流中的桥梁墩台,设计时应考虑船只或漂流物的撞击力。

实际通航1 800t船舶按漂流物以船舶下行实际最大速度(即航速4m/s+水流速度2m/s)撞击桥墩时计算撞击力,将拓里渡桥各墩承载能力极限状态水平抗力与船撞力进行对比,检算结果如表4所示。

船撞力与抗力对比 表4

船型	顺桥向船撞力(规范取值)(kN)	1 800t船舶顺桥向撞击力(kN)	顺桥向允许抗力(kN)	横桥向船撞力(规范取值)(kN)	1 800t船舶横桥向撞击力(kN)	横桥向允许抗力(kN)
单船	125	9 546	7 025	150	13 500	20 137

由表4可知,基于我国规范对拓里渡桥桥墩防撞进行检算,船舶撞击力按规范取值,桥墩水平抗力大于船舶撞击力,桥墩是安全的;将实际通航1 800t船舶按漂流物以船舶下行实际速度计算撞击力,则桥墩顺桥向水平抗力小于船舶作为漂流物的撞击力,桥墩是不安全的。

3.3 基于AASHTO规范拓里渡桥桥墩防撞安全性评价

3.3.1 船撞力的计算

(1)计算参数的选取。

根据《内河通航标准》(GB 50139—2004)按七级航道,取设计通航单船为50t的货船,附连水质量取为1.05。

(2)轮船对桥墩的撞击力。

轮船对一桥墩的正面碰撞冲击力应取作:

$$P_S = 1.2 \times 10^5 v \sqrt{\text{DWT}} \tag{5}$$

式中:P_S——等效船只冲击力(N);

DWT——船只的载重吨位(t);

v——船只冲击速度(m/s)。

计算结果见表2。

3.3.2 航概率与几何概率的计算

根据实际搜集到的信息,可计算得出拓里渡桥桥区船舶在航道中航行的偏航概率与几何概率。

(1)偏航概率。

根据 AASHTO 规范第三章,偏航概率计算如下。

据调查沿河道最高水流速度为:$v_C = 7.2\text{km/h}$

因水流方向与顺桥向基本正交,故可将顺桥向水流速度保守地考虑为:$v_{XC} = 1.8\text{km/h}$。

可得偏航概率为:

$$\begin{aligned}\text{PA} &= \text{BR} \cdot R_B \cdot R_C \cdot R_{XC} \cdot R_D \\ &= 0.6 \times 10^{-4} \times 1.0 \times \left(1.0 + \frac{v_C}{19}\right) \times (1.0 + 0.54 v_{XC}) \times 1.3 \\ &= 2.121 \times 10^{-4}\end{aligned}$$

值得注意的是,此处采用考虑桥下平均交通密度的方法。实际上,可以通过导航标志或航行警示降低 R_D 的取值,即降低偏航概率。

(2)几何概率。

对于蒸水航道的通行船舶,由《内河通航标准》(GB 50139—2004)可查得代表船舶的尺寸为:长×宽×设计吃水 =32.5m×5.5m×0.7m;桥梁沿所处航道邻近最大桥墩宽度 $B_P = 5.5\text{m}$;船舶宽度 $B_M = 3.0\text{m}$;船舶长度 LOA = 32.5m;航道中心线至邻近桥墩中心距离 $X = 7.5\text{m}$。

由 AASHTO 规范,可算得几何概率 $\text{PG} = 9.634 \times 10^{-2}$

(3)桥梁倒塌概率 PC 的估算。

桥梁倒塌概率 PC,根据桥墩和桥跨的极限侧向抗力 H_P 和 H_S 与船只撞击力之比,应取作:

若 $0 \leq H/P < 0.1$,则:

$$\text{PC} = 0.1 + 0.9(0.1 - H/P) \tag{6}$$

若 $0.1 \leq H/P < 1.0$,则:

$$\text{PC} = 0.111(1 - H/P) \tag{7}$$

若 $H/P \geq 1.0$,则:

$$\text{PC} = 0 \tag{8}$$

利用式(6)~式(8),结合表4,可得拓里渡桥通航孔桥墩的倒塌概率 PC,计算结果见表5。

桥梁倒塌概率 PC 估算表 表5

船　型	单　船
船舶下行(横桥向相撞)	
船撞力 P(kN)	5 091
桥墩抗力 H(kN)	20 137
H/P	3.955
PC	0
船舶下行(顺桥向相撞时,船撞力取横桥向的1/2)	
船撞力 P(kN)	2 546
桥墩抗力 H(kN)	7 025
H/P	2.759
PC	0

根据以上计算结果，对于50t船舶，偏航概率 $PA = 2.121 \times 10^{-4}$，几何概率 $PG = 9.634 \times 10^{-2}$，倒塌概率 $PC = 0$，得倒塌年频率 $AF = 7\,000 \times 2.121 \times 9.634 \times 0 \times 10^{-6} = 0$。

倒塌年频率表明一年之中桥下通过7 000组代表船舶给桥梁带来的风险 AF = 0，因此衡阳市拓里渡桥在严格按照七级航道通航时满足桥梁"一般性"船舶防撞要求。

4 结语

以我国《公路桥涵设计通用规范》(JTG D60—2004)、《美国公路桥梁设计规范》(AASHTO 指南)为依据，对桥墩防撞安全评估进行双重保险评价。通过以上工作，得到以下主要结论：

(1)基于我国《公路桥涵通用设计规范》(JTG D60—2004)对拓里渡桥通航孔3号桥墩防撞进行检算，船舶撞击力按规范取值，桥墩水平抗力大于船舶撞击力，桥墩是安全的；将1 800t船舶按漂流物以船舶下行实际速度计算撞击力，则桥墩顺桥向水平抗力小于船舶作为漂流物的撞击力，桥墩是不安全的。

(2)按我国现行公路桥梁设计规范检算，拓里渡桥桥墩最大可承受1 325t船舶以最大航行速度(即航速4m/s + 水流速度2m/s)的撞击。

(3)根据美国AASHTO指南，对比表1～表3，由AASHTO指南计算得到的船舶撞击力更符合实际通航情况。拓里渡桥严格按照七级航道通航年倒塌频率为0，即该桥在桥下航道当前的船舶通过数量(≤7 000艘/年)、船舶在严格按照七级航道代表船舶和船队吨位与尺度的条件下，该桥被船舶撞击发生倒塌的重现周期无穷大。根据美国AASHTO指南桥墩撞安全性评级标准，能够满足桥梁"一般性"防撞要求。

(4)对于既有通航连续石拱桥，建议设置舶吨位和航行限速的标志，同时可辅以在通航孔桥墩墩周安装防撞橡胶条、建造人工隔离岛等措施确保桥梁的安全。

参考文献

[1] 中华人民共和国交通运输部. 全国内河航运发展战略. 2001.

[2] American Association of State Highway and Transportation Officials (AASHTO). Guide Specification and Commentary for Vessel Collision Design of Highway Bridges[S]. Washington D. C., 1991.

[3] 孙霏. 桥梁及防撞设施数值模拟分析[D]. 2005.

[4] 陈国虞，沈文玮. 船对桥墩的侧撞力//第十五届全国桥梁学术会议论文集[C].

[5] Minorsky V U. An Analysis of Ship Collision to Protection of Nuclear Powered Plant[J]. Journal of Ship Research, 1959, 3(2): 1-4.

[6] Woison G. Analysis of the Collision between rigid Bulb and side shell Panel[J]. Proceedings of PRAD'98 (International Symposium on Practical Design of Ships and Mobil Units), The Hague, 1998: 165-172.

[7] 朱厚勤,郑际嘉.船舶碰撞的研究方法和进展.力学进展,1994,24(4):559-568.

[8] Shengming Zhang, Yu Y. A Semi-Analytical Method of Assessing the Residual Longitudinal Strength of Damaged Ship Hull[J]. Proceedings of ISOPE96 (International Offshore and Polar Engineering Conference), 1996,6:510-516.

[9] 中华人民共和国行业标准. JTG D60—2004 公路桥涵设计通用规范[S].北京:人民交通出版社,2004.

[10] AASHTO. LRFD Bridge Design Specification and Commentary. American of State Highway and Transportation Officials, Washington D C, 1994.

山区河流中桥梁设防难点及应对方案研究

陈明栋　习倩倩

（重庆交通大学河海学院　重庆　400074）

摘　要：山区河流弯多流急，航道条件随水位变化，为满足通航的要求，桥梁布跨及设防均较困难。本文结合双碑嘉陵江大桥建桥后的航道条件，对防船撞方案及可靠性进行了分析，提出了柔性浮式防撞圈加排桩的防船撞方案，较好地满足桥梁设防和船舶通航安全要求，可作为山区河流桥梁防船撞的设计参考。

关键词：山区河流　桥梁布设　防船撞　柔性浮式防撞圈

Fortification difficulty and response scheme of the bridges built over mountain rivers

Chen Mingdong　Xi Qianqian

（School of river& sea, Chongqing Jiaotong University, Chongqing, 400074）

Abstract: It is obvious that there are peculiar navigation conditions with many bent waterways and rapid flows in mountain rivers and the corresponding waterway conditions change as the water level fluctuates. However, it is so difficult to deal with the fortification for bridges to meet the demand of navigation conditions. Then, according to the project of Shuangbei Jialing River Bridge, the difficulties of fortification are analyzed. Based on the corresponding waterway conditions after the construction of the bridge, the scheme and reliability of ship collision protection are analyzed and achieved. In this paper, a strategy for ship collision protection is proposes based on the ideas of adding flexible floating anti-collision with piles. Finally, this paper proves that the combination layout can meet the demand of bridge fortifier and navigation safety, and can provide references for anti-collision design of the bridges over mountain rivers.

Keywords: mountain rivers; bridge site layout; ship collision protection; flexible anti- collision protection device

1　引言

山区河流弯多流急，航道弯曲，受桥梁跨度以及不同水位时船舶航线变化的限制，桥墩很难避开主航线范围。以重庆双碑嘉陵江大桥为例，桥址位于反S形弯道的过渡段，随着水位

基金项目：交通运输部西部交通建设资助项目，编号：200832881409。

作者简介：陈明栋（1954—），研究员，主要从事船闸水力学和港航工程的研究，E-mail：dmcdd@ vip. 163. com。

变化，下行船舶航线沿中泓线摆动；上行船舶航线则是中枯水期走左岸，洪水期走右（凸）岸。因此在不同水位期，桥区上下水船舶航线均会出现交叉。

根据桥梁选址的相关要求，桥址应避开弯道以及航线交叉水域，但是受桥位资源的限制，在没有可供选择的理想桥位情况下，往往会突破规范布置桥位。在这种情况下，水中的桥墩造成的碍航影响大于优良桥位。在河流的汛期，受各种自然因素影响，高速下行的船舶很难100%沿规划的航线安全过桥。遇到恶劣天气和船舶意外情况（操纵失误、机械故障），船撞桥的事故就很难避免了。由于山区河流通航条件较差，当建桥条件不满足相关要求时，即桥梁的选址、间距要求、桥跨选择以及桥墩的布设不能满足通航要求时，桥梁防船撞的研究就显得非常必要。否则，桥梁建设不仅会诱发船撞桥事故，也会给桥梁自身的结构安全带来隐患。

2　山区河流中桥梁设防难点

2.1　桥梁布设难点

受山区河流特有的水流条件和航道条件控制，桥梁的设计往往会遇到以下几个难点。

（1）水位变幅的影响。

山区河流的特点是航道弯曲，水面比降和流速大，主流位置及流向随水位变化。枯水期时航道通常较狭窄，受河势、滩槽及不规则岸线影响，船舶航行条件较差。进入中水期后，随着水位上升，在下游水位顶托下比降和流速将减缓，但在水面扩宽的同时，主航线位置会出现摆动，在弯曲河道变化尤为明显。洪水期时随来流增加，主流流速增大，船舶下行的对岸航速可达到6m/s以上，船舶驾驶及控制难度极大。同时，水位的变化导致的航线位置不固定以及水流条件变化增加了船舶驾驶及航行难度。因此，桥梁方案布设及桥墩位设置时，应重点考虑水位变化导致的航道条件改变，桥梁设计方案需兼顾各水位期的通航条件。

（2）复杂河道地形的影响。

山区河流洲滩众多，航槽宽窄相间，洪水暴涨暴落，具有水流湍急、流态紊乱等复杂通航条件。如果桥梁选址在弯曲河道或者分汊河道上时，除上述水位变幅导致的主航道位置变化外，滩槽分布使桥墩很难避开船舶上、下水航迹带区域主航槽。此时若采用大跨度或一跨过江的桥梁方案，将导致桥梁技术难度及工程造价大幅增加，使方案的合理性受到质疑。以致在兼顾各种技术条件的情况下，桥墩的布置往往离船舶航迹线很近（如双碑大桥的26号墩），由此遗留下较大的船撞风险。

（3）桥位资源与建桥条件。

在陆路交通以及河流沿岸地区经济发展需求的促动下，近几年桥梁建设进入高速发展的时期。受桥位资源和路线走向的控制，选择的桥址不是航道条件差就是桥梁的间距不满足国家相关要求。这样不仅恶化了通航条件，增加了船舶航行难度，而且形成的“桥群”将给船舶航行带来巨大的安全隐患。

2.2　桥梁防护难点

在桥梁设计方案优化中，桥墩的墩位布置往往很难同时满足各个水位时期的通航要求，从而增加了船撞风险，因此有必要对桥梁进行防护。但是山区河流因水位变幅大，航道条件复杂，桥梁设防有相当的难度。

(1)防撞装置适用性。

由于桥梁的结构形式众多,如何针对不同桥型并结合河道地形等条件选择合理的防撞方案需要设专题进行研究。通常,浮式防撞圈因为能够随水位变化,始终保持与船舶的良好受力位置,可对桥梁起到良好的保护作用。但是对于变截面桥墩以及拱桥,防撞圈的自由浮动以及浮动空间将受到限制,难以兼顾各水位期的防撞要求。不过近年来,上述问题已经有了较好的解决方案,如适用于变截面桥墩的浮动防撞装置,它采用在桥墩与防撞圈左右箱体之间设置滑动的遮挡结构来填补随水位上升留下的空缺;采用浮式三角形柔性耗能防撞圈的设计来解决拱桥的防撞等。不过以上设计还不够成熟,其可靠性还需不断优化完善。

(2)防撞设计的理念。

设置防撞设施的主要目的是发生船撞时能较大程度地降低船撞力,保护桥梁结构的安全。传统的防撞装置属被动防撞范畴,有学者认为理想的防撞装置应该是"小撞不坏,中撞可修;大撞允许装置自身损坏,但能使桥、船均得到有效保护"。目前已建的多数桥梁的防撞装置大多只为保护桥梁安全而设计,因此为了满足自身防撞力要求,通常将桥墩(塔)设计得足够强大,一旦发生撞击事故,防撞装置和船舶都会受到不同程度的损毁。这样不仅经济损失巨大,船毁人亡导致的不良社会影响以及油污、化危品泄漏对江河环境的污染同样不容忽视。因此,桥梁设防进一步要求在保护桥梁安全的同时体现对船舶的保护。此外,若防撞装置一撞就坏,不光是防撞设施耗资大、不经济,还会带来设防的真空时段。由此,这也给桥梁防船撞研究提出了较高的要求。

(3)设防经济性与实用性难以取舍。

桥梁防护方案应综合考虑经济性与实用性,但由于山区河流大水位变幅的特殊性,可能出现枯、中水期部分桥墩的防撞装置立于岸坡之上,不便维护和保养,其潜在成本大大增大。所以考虑防撞方案时,结合具体的地形条件与经济性选择合适的防撞装置较困难。

3 实例分析及其应用

3.1 工程概况

重庆双碑大桥桥址处于嘉陵江井口—磁器口河段,河道平面整体上呈反S形(图1)。上游进口为风清沱弯道,河道走向东南,然后向右直角转向西南,进入长约2.5km的顺直河段,随后又于司眼沱向左直角转向东南。推荐桥位位于两弯道间的顺直段,距上、下游弯道分别约1 700m和800m。

由于距离长江、嘉陵江汇合口较近,受长江水流的顶托作用,该河段的水位流量关系呈现非单一性。当长江顶托作用较强时,河段水流平缓,流速一般不超过1.5m/s;当长江未涨水,顶托作用消失后,河道流速增大,主流区流速超过3m/s,为桥梁设防的重要时段。

图1 双碑大桥河势图

3.2 桥梁设防难点

从实测的船舶航迹线图(图2~图4)可知,船舶经过双碑桥址下水基本循河心;中低水位时上水先沿左岸上，过桥轴线至简家梁附近过河至右岸上行。洪水期上水船沿左岸上行至轴线以下就过河，然后沿右岸詹家碛上行。

双碑桥址位于主城区，桥梁选址受公路路线走向及城市两岸建筑物的影响较大。拟选桥址处左岸为重庆主城重要的梁沱水厂，右岸为重庆大型的嘉陵厂和重庆特殊钢厂的建筑群，可布置的桥位轴线与水流法向交角达到了14°左右，不得不采用增大桥梁跨度的方法来减小水流夹角影响。其次，由于桥址河面宽阔，受通航孔范围及水厂环保的要求，桥跨难以一跨跨越全部水域范围。

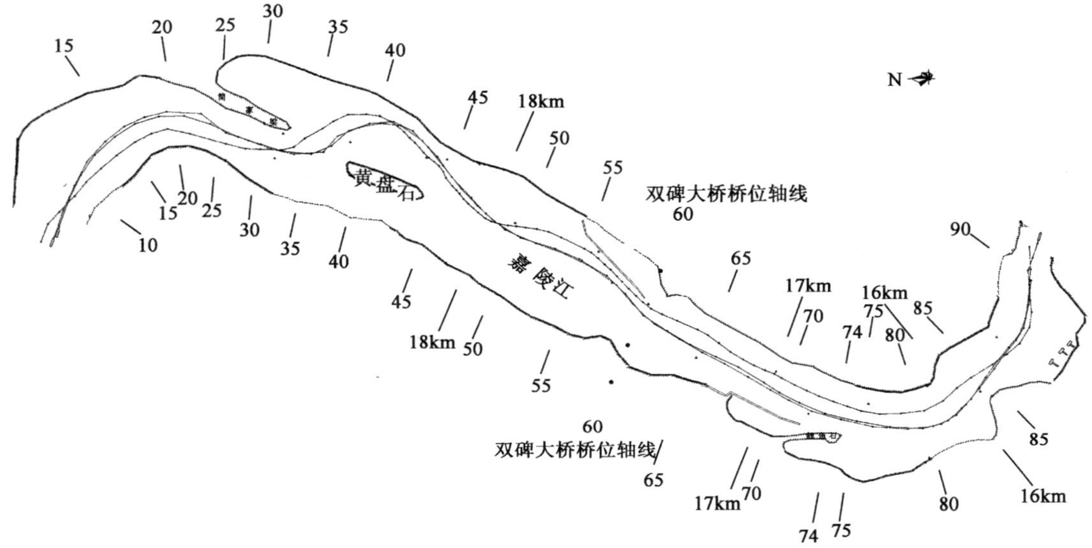

图2　双碑桥址河段2007年航迹线图($Q=705\mathrm{m}^3/\mathrm{s}$)

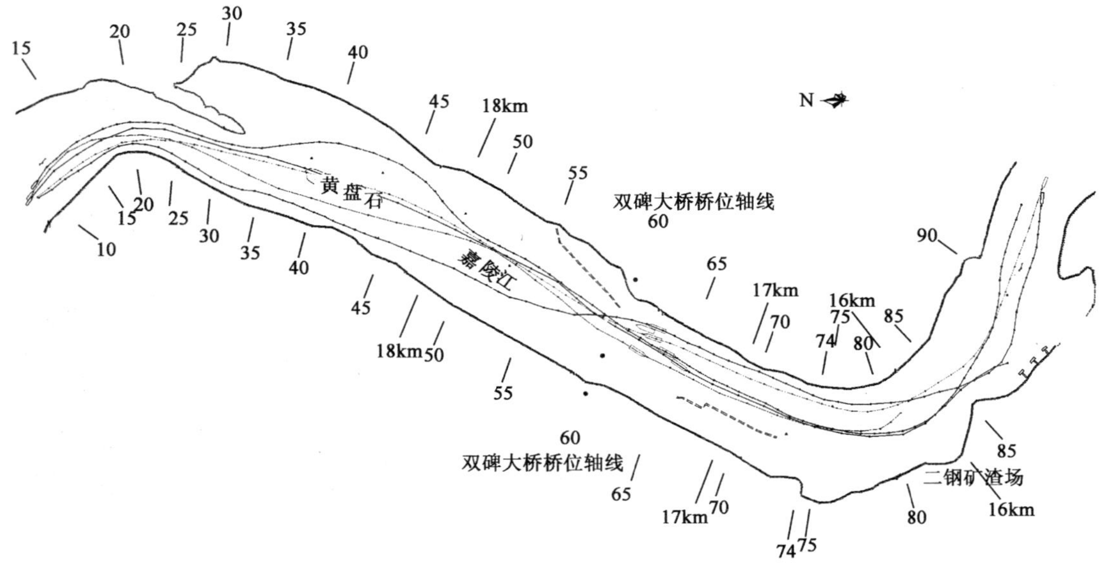

图3　双碑桥址河段2007年航迹线图($Q=1860\mathrm{m}^3/\mathrm{s}$)

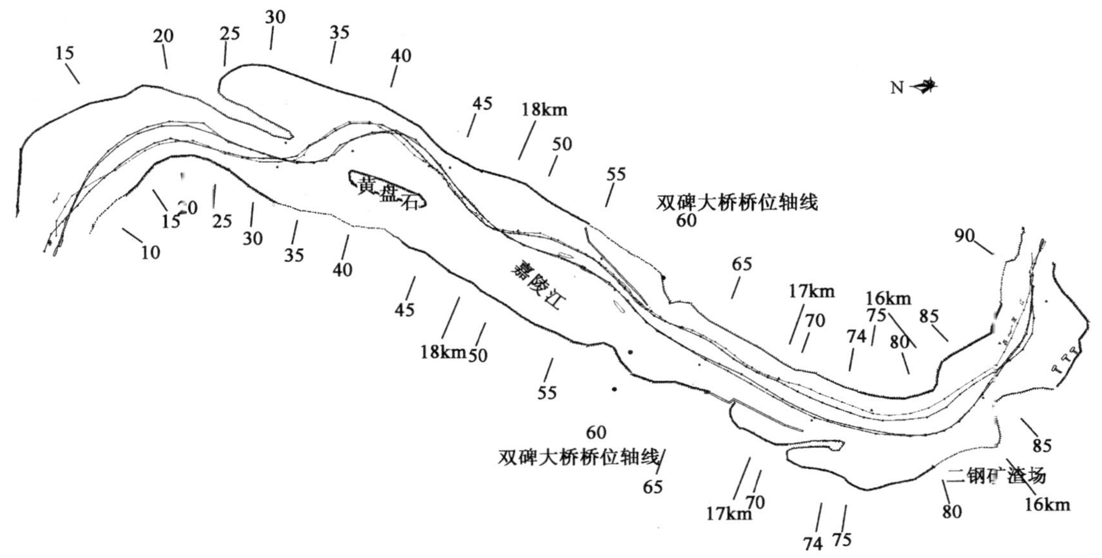

图 4 双碑桥址河段 2007 年航迹线图($Q=6280\mathrm{m}^3/\mathrm{s}$)

由图 3 可见,上水航迹带范围分布较宽,给桥墩位布置增加了困难。若采用一跨过江,需要约 500m 大跨度,将会使工程造价成倍增加。为了给高洪水时船舶上水航行留有通道,设计中将高低斜拉桥主塔(26 号墩)布置在右岸(三峡建库前)的枯水水边,这样基本可以让 160m 跨的右边孔满足单向航宽要求,又可使得 330m 主跨基本覆盖全年下水航迹带范围。但实际情况是,该墩位虽在中低水位时较为合适,洪水期水位大幅升高以后,该墩位距离下水船舶航线较近,最小距离仅约 37m,存在较大的船撞风险。

3.3 桥墩设防的主要考虑因素

根据双碑桥水中桥墩布置方案与船舶航行的关系,对桥墩设防的考虑如下。

3.3.1 桥墩 P25

P25 辅助墩位于右(凸)岸詹家碛,河床高程约 170m,岸边为规划的滨江路。按照天然和三峡建库后船舶航线的调查和预测,该桥墩发生船撞的可能性有以下两个时期。

(1)嘉陵江汛期,该墩与 P26 桥孔之间为上水通航孔,桥孔间流速一般不大于 1.5m/s。分析认为,由于上行船舶会近墩航行,具有一定上水船撞击风险;下行船舶仅会在失控时撞上该桥墩,且撞击概率非常小。

(2)三峡水库蓄水期,江面扩宽,该桥墩周围可达 3m 水深,近岸航行船舶有一定撞墩风险。

由于 25 号墩结构单薄,有必要进行适当防护。

3.3.2 桥墩 P26

该墩位于原枯水岸边,河床高程为 161m 左右。嘉陵江汛期时位于河中,左右两侧分别是船舶下、上航线。在墩的左侧为主流区,主流流速通常超过 3m/s,船撞概率大,是该桥需要重点设防的桥墩。

3.3.3 桥墩 P27

该墩位于梁沱水厂山体凸嘴遮掩的河道凹岸内,墩位高程为 175m 左右。根据历史船舶航线调查,该墩位全年各水位期均远离航道。只有在三峡蓄水期和嘉陵江高洪水位时,船舶才有可能航行到该区域,但发生意外撞墩的概率非常小。

综上所述,双碑大桥涉水3个桥墩中需要重点设防的是26号墩,而25号墩和27号墩的船撞概率较小,但考虑到25号墩承受撞击的能力较弱,仍需进行适当设防。

4 防船撞方案选择

双碑桥防撞设施立面图见图5,防撞装置平面图见图6。

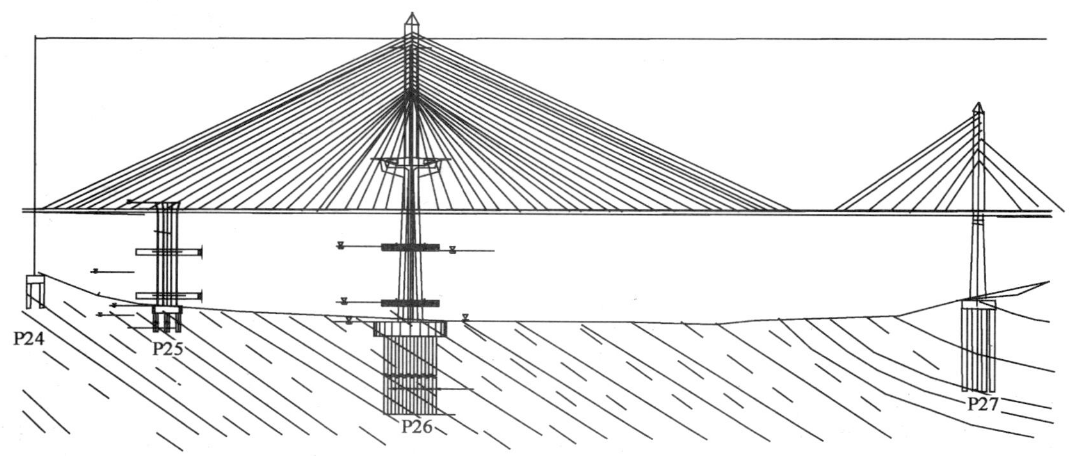

图5 双碑桥防撞设施立面图

图6 双碑大桥防撞装置平面布置图

4.1 防撞设施种类

桥梁的设防主要分为主动防撞和被动防撞两大类,主动防撞设施指:①建桥时结合河道及通航条件对桥梁方案的优化;②航标及通信系统引导和预警,包括航标、声灯信号等。而被动防撞就是对桥梁采取直接的保护,防止和阻拦船舶撞击或船舶撞上桥梁之后能减轻对结构的破坏。被动防撞可分为直接式和间接式两种,直接式防撞装置指撞击力直接传递到桥墩,如木或橡胶做的护舷、钢浮箱和柔性耗能防撞装置等,多在桥墩位于深水水域时采用;间接式防撞装置是指在桥墩外设置阻拦设施，使船舶不能撞击到桥墩上，如人工岛、大围堰、桩群、浮子和锚链系统等，多用于浅水水域的桥墩。

目前，随着主要通航河流助航设施的配套建设，主动防撞系统已逐渐趋于完善。防撞的主要任务是针对不同桥梁的具体防撞风险等级设置防撞设施，对桥梁和船舶进行有效防护，即被动防撞。同时，为了体现对桥梁和船舶的共同保护，防撞设施越来越多地采用了直接式装置（表1）。该装置经过简易护舷、钢格子套箱以及浮式钢套箱，到近年来研制出的浮式柔性耗能防撞圈。

近年国内外桥梁使用的防撞设施举例 表1

序号	桥　　名	通航跨(m)	通 航 船 舶	防 撞 设 施
1	阿根廷萨—布拉索拉戈桥	330	20 000t	人工岛
2	丹麦大海带东桥	1 624	250 000t	人工岛
3	丹麦奥兰松桥	490	180 000t	人工岛
4	美国得克萨斯州港城桥	385	65 000t	人工岛
5	中国香港青马桥	1 377	220 000t	人工岛
6	中国香港汀九桥	448 + 475	220 000t	人工岛
7	美国波士顿港托宾纪念桥	213	40 000t	墩外钢板桩围堰充沙
8	美国珍珠城伊利诺伊河桥	112	10 000t	墩外钢板桩围堰充混凝土
9	美国纽约港外交叉桥		45 000t	薄壳充沙围堰
10	美国新泽西州贝兹罗斯桥		72 000t	薄壳充沙围堰
11	法国诺曼底桥	856	130 000t	围堰
12	中国广州洛溪大桥	180	3 000t	薄壳充沙围堰
13	意大利塔兰托桥	152	15 000t	浮筒网状铅垂和锚
14	日本明石海峡石油平台		2 000t	浮筒钢缆吸能
15	日本本州四国公路桥		20 000t	浮筒滑动锚吸能
16	中国上海奉浦大桥	85 + 125 × 3 + 85	3 000t 油船	管形浮钢围
17	中国湖北黄石长江公路桥	245 × 3	5 000t 货船	浮钢围
18	中国广东崖门公路桥	338	10 000t	浮钢围
19	中国湛江海湾大桥	480	50 000t	复合耗能防撞圈和钢围

4.2　柔性耗能防撞圈的技术特点

要了解柔性耗能防撞装置的技术特点，应该先了解传统的浮式钢格子防撞装置的基本原理。

(1)浮式钢格子防撞装置（图7）。

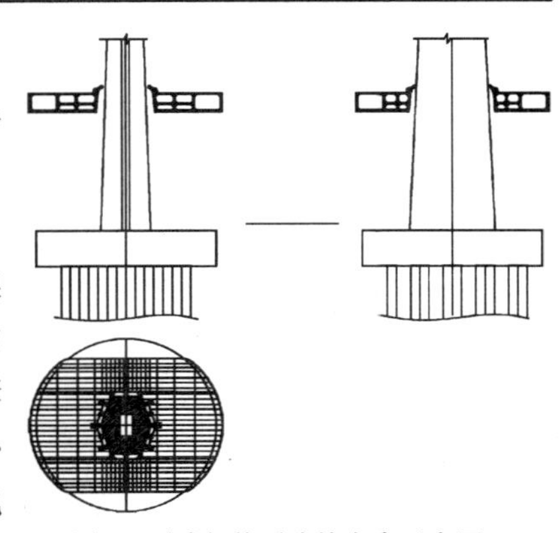

图7　浮式钢格子防撞方案示意图

由图7可见，该装置是由多个板梁结构的密封舱、桁架支撑结构组成的多舱室浮式防撞体，分为左右两个独立的部分分置于桥墩周围，左右两部分通过垂直于分割面的套筒组件形成动配合连接，且连为一体，其内部与桥墩塔柱外表面接触处安装有多个缓冲吸能阻尼元件。当水位变化后，浮式变截面防撞装置的竖向外力平衡状态被打破，它们在重力、浮力、水动力等的共同作用下，在垂直方向均会发生位移，从而满足变截面桥墩的防撞保护。本方案为一种可置于桥墩周围随水位变化而变化的浮式防撞体。当发生船舶撞击时，首先碰撞到外围钢板，由于相撞部分的外形原因，致使船头很快改变方向，部分能量被船和防撞装置以变形能的形式吸收，更多的动能将保留在船上，防撞箱本体的位移、变形和破坏也吸收了大量能量，从而达到防止桥墩被损坏的目的。

(2)柔性耗能防撞装置。

柔性耗能防撞装置方案见图8。该防撞装置由靠桥墩的内钢围(趸船)、外部的柔性耗能防撞圈和外钢围三部分组成。内层的囤船是一个包围在桥墩外面并随水深变化而升降的浮体，内圈与桥墩间有20cm空隙，可以上下浮动而不能转动；中间的柔性耗能防撞圈的作用是耗能，由紧固件将百余个防撞圈分别固定于囤船和外面的钢围之间，其变形耗能有黏滞性特征；最外层的钢围是一个椭圆形的钢构架，为直接承受外来撞击力的设施。柔性耗能防撞圈和外钢围的自重大部分由囤船上设置的吊杆柱拉紧钢丝索负担，小部分由自身的浮力托起。当有外来撞击力时，撞击力首先作用于钢围，所有的柔性耗能防撞圈变形，同时外钢围向后退，船头滑动并被拨动，延长了撞击时间，降低了撞击力。

由于撞击力在钢结构中以接近声波的速度传播，外层钢围弹性系数很大，而黏性防撞圈开始受力时弹性系数很小，很小的力就能得到较大的变形，力在其中传播速度很慢，能够大幅度地延长冲击变形时间，消耗很多的变形能。橡胶复合层能帮助防撞圈恢复，并利用内摩擦很大的黏滞性防撞圈，它在受撞击初期，力的上升斜率很小，提供船头滑开的机会，这样不但使参与交换的冲击功减小，而且使冲击力峰值显著下降。计算表明，安装黏滞性防撞元件后，船撞力降低至无防撞圈时的30%~40%。在船撞初期可大量吸能，不会反向对船体做功，又能满足水深大、水位落差大的水域条件。

4.3 传统防撞装置与新型防撞装置的比较

为便于直观比较，将传统的钢格子防撞装置与新型的柔性耗能防撞装置的设计原理与性能比较于表2。可见，柔性耗能防撞装置在设计理念、防护主题、防撞效果及造价方面均较优，有较大的推广应用价值。

两种防撞装置原理及性能比较 表2

方　案	浮式钢格子防撞装置	浮式柔性耗能防撞装置
防撞理念	较陈旧	新颖
外形	外圈为圆形，发生船舶撞击时，首先碰撞到外围钢板，致使船头改变方向，部分能量被船和防撞装置以变形能的形式吸收，更多的动能将保留在船上	与圆形相比，尖头的外形可在发生船撞的瞬间拨开船头，使船体迅速改变方向，使大部分动能保留在船体，而不能加压到防撞圈上
防撞圈结构	浮式防撞圈分为左右两个独立部分置于桥墩周围，通过垂直于分割面的套筒组件形成动配合连接，且连为一体，其内部与桥墩塔柱外表面接触处安装有多个缓冲吸能阻尼元件	浮式防撞圈由包裹桥墩的内钢围+黏性橡胶圈+外钢围组成。内外钢围为钢浮箱，整体刚度较大。橡胶圈由橡胶包裹的密集缠绕的钢丝组成

续上表

方　　案	浮式钢格子防撞装置	浮式柔性耗能防撞装置
耗能原理	发生船撞时主要由防撞箱本体局部的位移、变形及破坏吸收了能量,内壁上多个缓冲吸能阻尼元件直接接触桥墩表面,参与碰撞吸能,将剩余部分由阻尼元件传递到桥墩	发生船撞时因防撞圈整体变形,使前面的橡胶圈受压、后面橡胶圈受拉,不仅有效减小了防撞圈的局部损坏,而且撞力被防撞圈分摊;变形中柔性橡胶圈钢索间的摩擦起到缓冲、吸能和延迟功能,可大幅降低传递到桥墩的撞力
力与位移示意	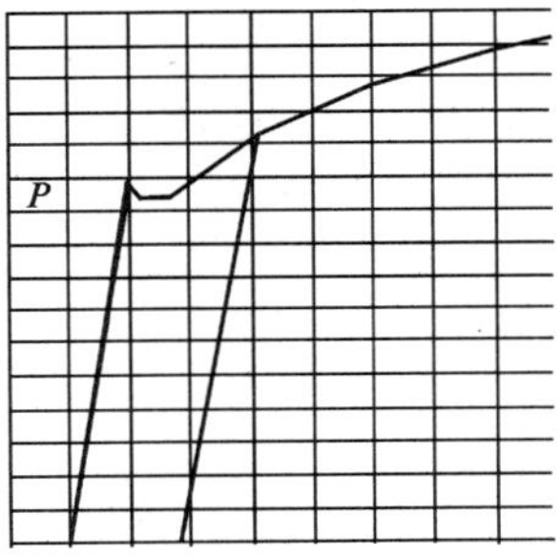 P	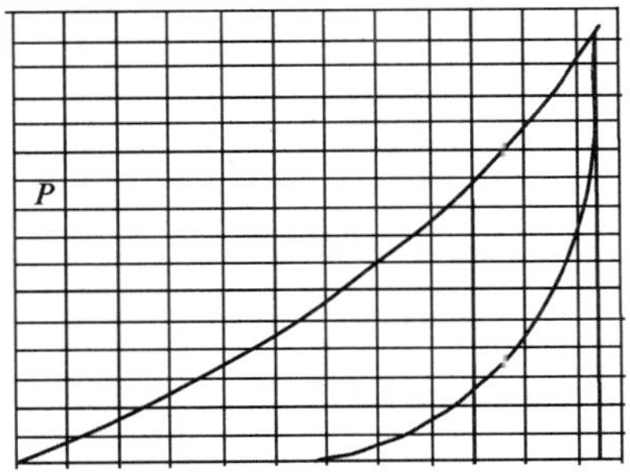 P
吸收能量	约50%	约60%
破坏程度	受力集中,船撞后破坏程度较大,难以继续使用	整体受力破坏程度较小,易修复
工程造价	用钢量大,造价较高	因用钢量大幅降低,造价可减少约40%
防护功能	可有效保护桥梁安全	在有效保护桥梁安全的同时,可大幅降低船舶及防撞圈自身的损伤

4.4　防撞装置的适用性

由于防撞装置种类众多,所以选择余地很大,例如可以利用天然岛礁或者沙滩,还有围堰、护桩等间接结构,使船及早搁浅或不能与桥墩接触,这对保护桥是很有效的,但是通常不能保护船。一些情况下,例如桥墩处水深大就不利于采用间接结构,就要采用直接结构。要降低船撞力就要选择柔性防撞装置。如果要降低船撞力的同时既要护桥又要护船,防撞装置也不需要每次都修理,就要采用柔性耗能防撞装置。

柔性耗能防撞装置从安装方式来说有两种:浮动式和固定式。一般来说,水(潮)位比较高或者汛期水位变化比较大时多采用浮式。

5　双碑大桥防船撞方案设计

双碑桥区河段的河道特点是:①桥址水位变幅大;②航线随水位变化,航行条件较复杂;③汛期下水航线区域较窄,应尽可能减小防撞装置占据水域宽度以及对水流的挤压。研究确定采用新型的柔性防撞加排架的方案,为双碑大桥设防。

5.1　主墩P26防撞方案

在以上比较过钢格子防撞浮舟方案和柔性耗能防撞装置方案后,P26号主墩采用浮式柔性耗能防撞装置。

双碑大桥桥址设计最高通航水位为191.93m,桥墩承台高程约为163m,年水位变幅为29.6m。桥梁按全年水位期设防,即嘉陵江汛期、三峡水库消落期及蓄水期。其中,嘉陵江汛期流速相对较大,且水位较高(超过三峡蓄水位),也就是船舶撞击点较高,是桥梁设防的控制高程范围。采用柔性浮式防撞装置能够始终将防撞圈立于船舶与桥墩之间,从而有效保护桥墩。该方案设计为浮式,长度仅为23m,超出桥墩的宽度(每侧)仅2.5m。不仅可大大节省工程造价,也较大程度避免了对航宽的挤压(图8、图9)。

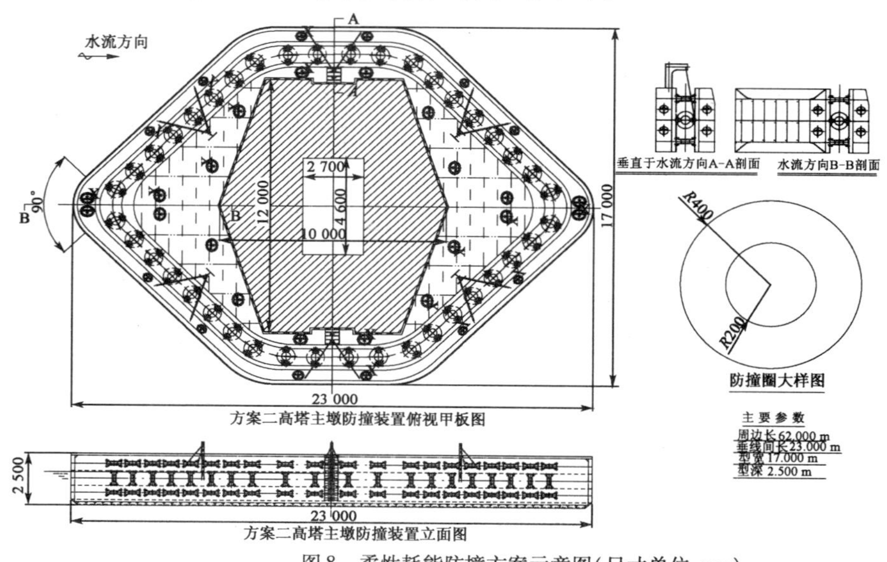

图8　柔性耗能防撞方案示意图(尺寸单位:mm)

注:防撞圈分三层,每层有40个,共120个。

为便于设置浮式防撞装置,桥墩承台以上30m高度范围的高塔塔身宜设计成垂直等截面,如图8所示。在最高、最低通航水位处相应的高塔柱截面分别为1 016cm×801cm和1 191cm×990cm,上下浮动间隙约为30cm~40cm,非常符合冲击时的优选状态——有间隙可以用初动能减少冲击功,几十厘米的间隙可以滑动,不致倾斜过大而卡死。这时两个浮体之间的空隙最大约为10m,船头有一定斜度靠近浮体,因此不会卡在空隙内。

5.2　辅助墩P25防撞方案

P25墩位于岸边船撞几率很小,但由于墩身单薄,仍需要设防。排桩方案的特点是,发生船舶航行失控撞向桥墩时,船舶将首先碰上排桩防护网,其优点是:①采用与桥墩相同桩基,结构及施工工艺简单,可与桥墩同时施工;②只要排桩达到相当抗力,便可有效保护桥墩,免遭船舶的撞击破坏。

P25号墩地面高程在170m以上,在三峡水位消落期即相应的低水位期,若采用浮式柔性防撞圈,一年中有相当一段时期防撞圈会立于岸坡之上,不便维护和保养,故P25辅助墩采用排桩防撞方案。

排桩设计方案是由4根$\phi 1.8$m的钻孔灌注桩和3根横梁组成(图9),总体构成对桥墩的防护圈。4根排桩围成圆弧掩护桥墩,由于主要承受水平抗力,排桩设计嵌入河床以下约30m(与桥墩基础同深),地面以上约20m。排桩横向用3根横梁连接,浇筑成整体,横梁截面为

2.3m×2.3m 的矩形,两横梁间距为 3.7m(小于船舶高度),以保证船舶在各水位期均只能撞上横梁。该结构方案经过验算可有效保护桥墩的安全。同时由于梁柱断面小,对流场干扰不大。

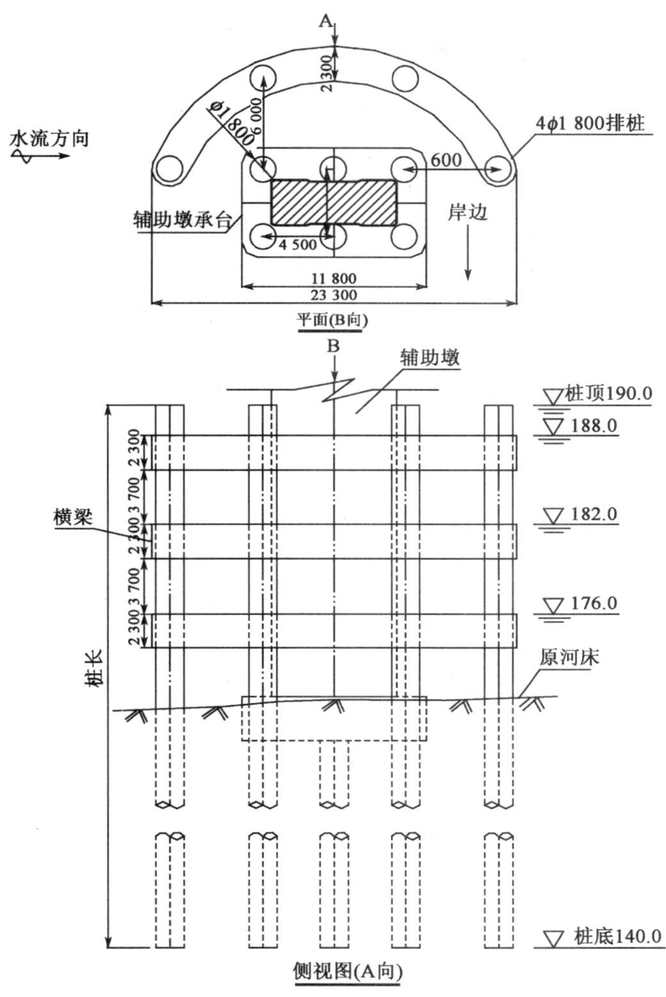

图 9 P25 墩排桩防撞方案示意图(尺寸单位:mm,高程单位:m)

5.3 造价估算

双碑大桥两墩防撞方案的造价估算见表 3,价格中已包含涂装、运输、安装等费用。

P25 辅助墩防撞装置造价估算 表 3

墩 号	桩梁长度	单 价	工程造价估计(万元)	
P25 辅助墩	3×30.4m+4×20m	13 000 元/延米	222.56	306.6
	4×30m	7 000 元/延米	84	
P26 主墩	周边长度	单价	工程造价估计	
	56.0m	65 000 元/延米	364.0	

注:排桩只承受水平力,桩基深度按 30m 考虑。

由表可见,双碑大桥两桥墩设防总费用仅约670.6万元。

6 结语

本文结合双碑嘉陵江大桥工程实例进行桥梁设防研究,结果表明:

(1)山区河流航道条件复杂,受桥位资源和建桥条件影响,桥梁建设通常难以避免对通航造成影响,与平原河流及沿海的桥梁相比,桥梁设防难度相对较大。

(2)双碑嘉陵江大桥的防撞设计较好地结合桥址的河道及通航条件,提出的P25号墩防撞方案可有效保护桥墩免遭船舶撞击;P26号墩防撞方案可以使桥梁和船舶均受到有效的保护,并且在遭受船舶撞击时,可大大减少防撞圈本体的破坏。

(3)P26号墩采用的柔性耗能防撞装置设计理念新颖,防撞效果好,造价较低且较少占据桥孔通航净宽,与传统的防撞装置相比较,有较高的推广应用价值,可作为山区河流防船撞设计的参考。

(4)山区河流航道条件随水位变化,汛期水流湍急,船撞桥概率和桥梁设防难度均较大,建议加强桥梁防船撞适用性研究,以确保桥梁及通航安全。

参考文献

[1] 肖波.变截面浮式桥墩/塔柱防撞装置的滑动门结构:中国,200620095342[P].2007-02-28.

[2] 重庆交通大学.万县长江公路大桥防船撞设计方案说明书.2009.

[3] 陈国虞.桥墩防撞设施的历史及其功能——“三不坏”桥墩防撞装置的诞生//科学中国人十年优秀论文选[C] 北京:科学中国人杂志社,2002.

[4] 重庆交通大学.重庆双碑嘉陵江大桥防船撞专题研究报告.2008.

[5] 陈国虞,倪步友.长江中游桥墩防撞(续二),钢绳柔性吸能防撞器试验研究[J].航海科技动态,1995(5):15-17.

[6] 陈国虞,王礼立,等.船撞桥及其防御[M].北京:中国铁道出版社,2006.

太平湖大桥船撞风险分析及防撞设计

席 进 王诗青

（安徽省交通规划设计研究院 合肥 230088）

摘 要：太平湖大桥位于安徽省"两山一湖"旅游发展重点的太平湖上，是所处S322桃花潭至甘棠公路改建工程的咽喉工程。本文采用AASHTO船撞设计指南风险分析模型，并考虑太平湖的水位变化情况，对太平湖大桥进行了船撞风险分析。计算得全桥年倒塌概率 $AF=1.7\times10^{-3}$，满足一般性桥梁年倒塌概率 $<10^{-3}$ 的风险接受准则，但考虑桥位处的通航环境和景区桥梁安全的重大社会影响，为保障湖区通航安全和桥梁自身的安全，对太平湖大桥进行了防撞设计。

关键词：桥梁船撞 风险 防撞设计

Risk analysis of ship-bridge collision and anti-collision design for Taiping Lake Bridge

Xi Jin Wang Shiqing

(Anhui Communications Consulting & Design Institute, Hefei, 230088)

Abstract: Taiping Lake Bridge, located on the Taiping Lake in Anhui Province which is the development priority of the "two mountains and one lake" touring development plan, it is the throat of the S322 reconstruction highway project from Taohuatan to Gantang. In this paper, AASHTO model algorithm is used to analyze the ship-bridge collision risk of Taiping Lake Bridge. The annual probability of collapse of the bridge is 1.7×10^{-3} times/year considering the variety of water level, in accordance with the AASHTO acceptance criteria for ship-bridge collision risk, so the mentioned ship-bridge collision risk is acceptable. However, considering the navigational environment of the bridge and the significant social impacts of scenic bridge safety, the anti-collision design is carried out for the navigation and bridge safety.

Keywords: ship-bridge collision; risk; anti-collision design

随着交通事业的迅猛发展，船撞桥问题显得越来越突出，国内外船撞事故频发，严重威胁到交通运输和人民生命财产的安全。由于实际航行船舶类型、尺度离散性大，桥墩形式也有很大差别。从设计实践看，国内桥梁设计规范中计算结果常与实际有较大差距，方法粗糙，难以满足我国桥梁建设日益发展的需要。船舶撞击桥梁事故发生后，往往会造成结构破损、货物泄漏、环境污染和人员伤亡，甚至桥梁和船舶损毁等灾难性的后果。无论是从安全上、经济上、还

作者简介：席进（1974—），高级工程师，从事桥梁结构设计与研究，E-mail：xijin03@126.com。

是从环境保护上来看，进行更细致的船桥碰撞动力学理论分析及计算，以及船舶碰撞力的确定就显得十分的必要，而且具有极大的现实、经济和社会意义。

太平湖大桥位于安徽省“两山一湖”旅游发展重点的太平湖上，是所处 S322 桃花潭至甘棠公路改建工程的咽喉工程，桥位处通航条件较好，处于深水区的 2 号墩采用高桩承台设计，承台体积较大，且位于常水位之上，影响通航安全，墩、承台、桩基均可能有被船舶撞击的风险。本文对太平湖大桥船撞风险进行了分析，并根据桥位处的通航环境和风险分析结果进行了太平湖大桥的防撞设计。

1　船撞风险分析模型

AASHTO 船撞设计指南虽然是依照美国和欧洲的船舶碰撞资料统计而设计出来的，但因为其思路清晰、方法完善、实用性强，是目前应用最为广泛的船桥碰撞概率模型。该规范将船桥事件视为风险事件，根据可接受风险水平知道桥梁的防撞设计，已形成了系统的思想。

1.1　船桥碰撞概率计算

美国 1991 年制定了 AASHTO 船撞设计指南。该指南在方法 II 中提出了一个计算桥梁年垮塌频率的模型。该模型由科威公司协助格林纳司（Greiner）研制，后又被美国《公路桥梁设计规范》（1991&1994）采纳。其计算公式为：

$$\mathrm{AF} = N \cdot \mathrm{PA} \cdot \mathrm{PG} \cdot \mathrm{PC} \tag{1}$$

式中：AF——年垮塌概率；

N——船舶年通航量；

PA、PG、PC——分别为偏航概率、几何概率和垮塌概率。

全桥的倒塌年频率应取为所有构件的倒塌年频率总和。公式中去除桥梁倒塌概率一项后是桥梁遭受船舶撞击的年频率。

（1）偏航概率 PA 按下式进行计算：

$$\mathrm{PA} = \mathrm{BR} \cdot R_{\mathrm{B}} \cdot R_{\mathrm{C}} \cdot R_{\mathrm{XC}} \cdot R_{\mathrm{D}} \tag{2}$$

式中：PA——偏航概率；

BR——偏航基率；

R_{B}——桥位修正系数；

R_{C}——与船只航线平行作用的修正系数；

R_{XC}——垂直于船只航行作用的横向水流的修正系数；

R_{D}——船只交通密度修正系数。

（2）几何概率 PG 的计算图示如图 1 所示，图中阴影部分的面积即为几何概率 PG。

（3）桥梁受偏航的船只撞击的垮塌概率 PC 是很多变量的函数，包括船只大小、类型、速度、碰撞方向和质量等，它也取决于桥墩侧向抵抗冲击荷载的极限强度 H_{P} 和桥跨侧向极限强度 H_{S}。基于驳船—轮船与桥梁碰撞事故中的损伤统计的 PC 计算式为：

$$\mathrm{PC} = \begin{cases} 0.1 + 9 \times (1 - 1 + /P) & 0 \leqslant H/P < 0.1 \\ (1 + 1/P)/q & 0.1 \leqslant H/P < 1.0 \\ 0 & H/P > 1.0 \end{cases} \tag{3}$$

式中：PC——垮塌概率；

H——极限桥梁构件强度，H_P 或 H_S；

P——船只撞击力，P_S、P_{BH}、P_{DH}或 P_{MT}。

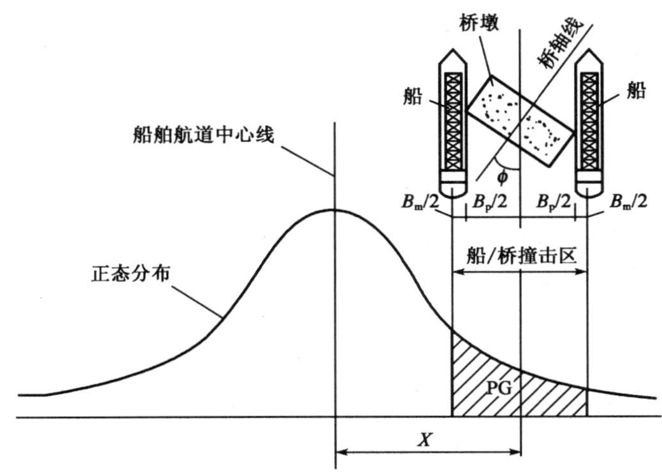

图1 几何概率PG计算图示

B_m-船舶宽度；B_P-桥墩宽度

1.2 船只撞击力 P 计算

（1）轮船船撞力计算公式为：

$$P_S = 1.2 \times 10^5 v(\mathrm{DWT})^{1/2} \tag{4}$$

式中：P_S——船只的等效正面静撞击力（N）；

DWT——船只的载重吨数（t）；

v——船只的撞击速度（m/s）。

（2）驳船队船撞力计算公式为：

$$P_B = (6.0 \times 10^6 + 1\,600 a_B) R_B \tag{5}$$

式中：P_B——船只的等效正面静撞击力（N）；

a_B——驳船撞击破损长度（mm），$a_B = 3\,100 \times [(1.0 + 1.3 \times 10^{-7} K_E)^{1/2} - 1.0]$；

K_E——撞击动能，考虑水动力系数，只计入撞击驳船队单列排水量；

R_B——驳船型宽（m），10.7。

1.3 风险接受准则

根据AASHTO规范，桥梁的年垮塌概率可接受的水平为：一般桥梁 $< 10^{-3}$，关键性桥梁 $< 10^{-4}$。

2 太平湖大桥船撞风险分析

2.1 工程概况

太平湖大桥设计方案为变截面预应力混凝土连续刚构组合梁桥，桥梁全长404m（含桥台），跨径布置为68m + 2 × 130m + 68m，如图2所示。

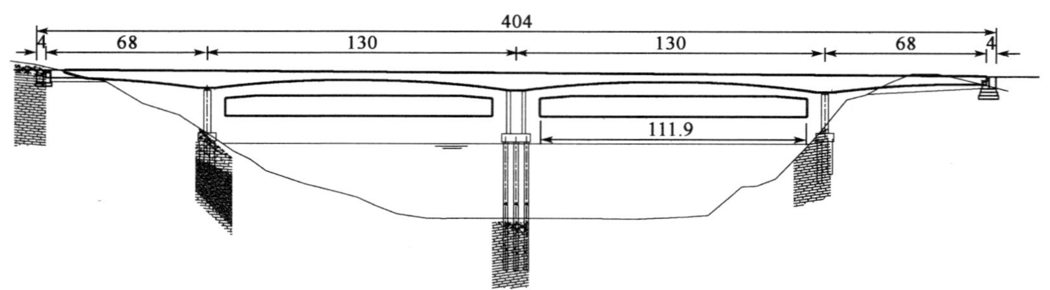

图2 大桥总体布置示意图(尺寸单位:m)

太平湖大桥单向通航孔通航净宽设置为111.9m,上下行双向共223.8m。2号墩承台底标高106.822m,桥位设计最高通航水位为119m,设计最低通航水位为96.63m,常水位为107.45m。大桥1号、3号墩位于常水位之上,只有在高水位时才有发生船舶撞击的可能性,且由于1号、3号墩远离水域中心,发生偏航撞击的可能性非常小,1号、3号墩采用实体墩设计,墩身非常强大,因此其不在本文船撞风险分析的范围内。由于湖区水位变化大,2号墩承台位于常水位之上,在对应水位条件下,墩、承台、桩基均可能有被船舶撞击的风险,且采用双薄壁墩设计,是本文风险分析的主体。

2.2 桥区主要船型

太平湖湖区共有6个乡镇4万多人口,专(兼)职渔民578户,其中专业渔民有215户,机动渔船363艘,非机动渔船500多只,现拥有各类客运船(艇)40余艘。桥位处航道等级规划为六级,通航条件较好,桥区段船舶运输方式有三种:一是客船运输,二是渔船运输,三是货轮运输。目前,通过本区段的船舶中平面尺寸最大的为500t级货船。根据黄山区地方海事处《关于"太平湖大桥船撞设防代表船型"的意见》,由于太平湖通航条件较好,目前已有500t级船舶通航,随着太平湖景区的发展,大吨位船舶数量可能还会继续增多,故以500t级船舶为设防代表船型。

2.3 船舶撞击速度及撞击力

太平湖为静水湖泊,航道中心线处船舶静水航行速度取3.0m/s。按照AASHTO船撞设计指南的建议确定船舶设计撞击速度及船撞力计算公式,2号墩的代表船型撞击速度及撞击力计算结果见表1。

2号墩代表船型撞击速度及撞击力计算结果 表1

桥墩	航向	代表船型	航道中心航行速度(m/s)	撞击速度(m/s)	船撞力(MN)
2号	上行	500吨级驳船	3.0	2.73	6.67
		500吨级货船	3.0	2.85	7.65
	下行	500吨级驳船	3.0	2.73	6.67
		500吨级货船	3.0	2.85	7.65

2.4 倒塌概率计算

根据黄山市水利局提供的2000~2008年太平湖水位资料和施工单位实测的2009年、2010年的水位资料,按照船舶可能撞击2号墩的部位,将水位分为三个水平:①船舶撞击墩身,水位 > 111.522m;②船舶撞击承台,水位为 105.122 ~ 111.522 m;③船舶撞击桩基,水位 < 105.122m。分析结果见表 2。

太平湖水位分析结果 表 2

水　　平	月平均水位(m)	出 现 时 间	频 率 (%)
1	> 111.522	22 个月	22
2	105.122 ~ 111.522	79 个月	66
3	< 105.122	12 个月	12
合计		113 个月	100

计算船撞风险时,考虑水位变化,先按式(1) ~ 式(3)计算出不同水位下 2 号墩及全桥的船撞风险,然后对不同水位出现的频率进行加权求和,计算结果见表 3。

2 号墩及全桥倒塌概率 表 3

桥　敦	年倒塌概率	全桥年倒塌概率 AF
2 号	1.7×10^{-3}	1.7×10^{-3}

注:根据 2.1 节中相关内容介绍,认为 1 号、3 号墩的年倒塌概率接近为 0。

计算得全桥年倒塌概率 $AF = 1.7\times10^{-1}$,满足一般桥梁年倒塌 $<10^{-3}$ 的风险接受准则。然而太平湖大桥是所处 S322 桃花潭至甘棠公路改建工程的咽喉工程,社会影响特殊,随着景区的不断开发,湖区的船舶会越来越多,为保障湖区通航安全和桥梁自身的安全,故对太平湖大桥进行防撞设计,包括全桥的主动防撞设施和 2 号墩的被动防撞设施两部分。

3　防撞设计

3.1　防撞设计思路

太平湖大桥 1 号、3 号墩位于常水位之上,只有在高水位时才有发生船舶撞击的可能性,且由于 1 号、3 号墩离航道中心线较远,发生偏航撞击的可能性非常小,故考虑只采取设置通航警示标志的主动防撞设施。

2 号墩常水位时桥墩、承台露出水面,且体积较大,通航船舶与桥墩、承台、桩基均有发生撞击的风险,一定程度上影响船舶安全通航,也影响大桥自身的安全,因此,2 号墩承台上需采取设置通航警示标志的主动防撞措施。根据风险分析的结果,考虑船舶撞击及桥梁自身存在诸多的不确定性,设置必要的被动防撞设施,提高桥梁的船撞安全性。

3.2　2 号墩被动防撞措施设计

2 号墩被动防撞措施设计主要是在原有临时施工设施的基础上进行改造,设计保留施工钢套箱作为保护承台的设施,防止船舶的直接撞击造成承台发生局部破坏。由于施工钢套箱外表面比较粗糙,为使外观美观,在钢套箱周围安装一圈波纹钢外面板。承台以上设置一圈钢管护栏,防止高水位船舶直接撞击墩身。在低水位时,船舶可能会与单根或少数桩基发生碰撞,可能会造成桩基的破坏。由于桩基修复难度大,几乎具有不可修复性,故保留桩基施工护筒,作为被动防撞措施的一部分,提高桩基的防撞安全性。2 号墩被动防撞设施设计如图 3 所示。

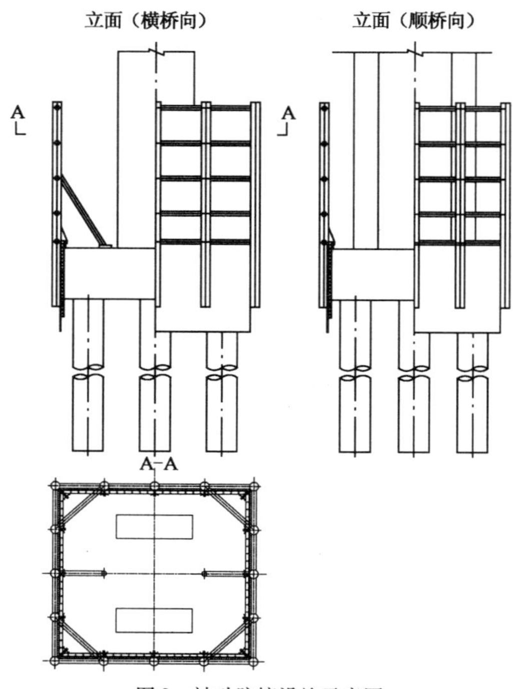

图3 被动防撞设施示意图

3.3 通航孔主动防撞措施设计

主动防撞措施主要是指通航警示标志，是无需电源仍在白天和夜间都能发挥作用的、标明桥墩或桥梁上部结构底缘的位置、显示通航净空、标示桥名以及配合桥梁通航安全管理规则标示通航孔编号的一整套桥梁专用的特殊标志。其目的在于为船舶指明通过桥下的可通行通道，并减小其与桥墩或桥梁上部结构相碰撞的可能性，以确保桥梁本身和船舶在桥下航行的安全。

根据中华人民共和国交通行业标准《内河通航水域桥梁警示标志》(JT 376—1998)，警示标志主标志分为甲、乙两类，其设置于桥墩或桥梁上部结构上，显示桥墩或通航净空，标明桥下可航行通道或船舶通过的最佳位置。2 号墩防撞设施喷涂红白相间条纹涂装。大桥通航孔的警示标志设置如图4 所示。

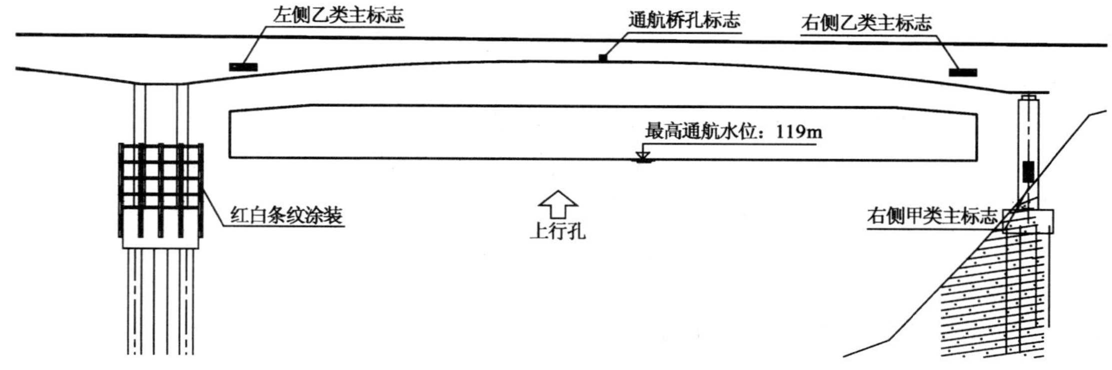

图4 大桥通航孔警示标志设置示意图(仅示一孔)

4 结语

本文通过运用 AASHTO 船撞设计指南风险分析模型对太平湖大桥进行了船撞安全风险分析。根据风险分析结果和太平湖大桥桥址处的通航环境,考虑景区桥梁安全的重大社会影响,对太平湖大桥 2 号墩进行了基于原有临时施工设施改造的被动防撞设计,并对全桥进行了通航警示标志的主动防撞设施设计,为大桥所在湖区通航安全和桥梁自身的安全提供了保障。

参考文献

[1] 耿波. 桥梁船撞安全评估[D]. 上海:同济大学,2007.

[2] 姜华,王君杰. 美国公路桥梁风险法确定设防船撞力评述[J]. 世界桥梁,2008(4):64-67.

[3] 安徽省交通规划设计研究院. 太平湖大桥两阶段施工图设计文件. 2008.

[4] AASHTO . LRFD Bridge Design Specification and Commentary [S].

[5] AASHTO . AASHTO LRFD Bridge Design Specification [S].

监测预警篇

桥梁结构安全监测与预警

孙利民　淡丹辉　闵志华　聂功武

（同济大学土木工程防灾国家重点实验室　上海　200092）

摘　要：我国已进入桥梁建设与管养并重的时期，保证已建桥梁的结构安全对国计民生至关重要，结构健康监测技术提供了新的技术途径。我国已有140余座大桥安装了结构健康监测系统，采集到大量珍贵的数据，但理论方法的研究成果还不够成熟，不能满足工程需求，今后需针对实测数据，加强结构损伤识别、安全评定和安全预警等方面的理论方法研究。传感传输技术的不断进步扩展了结构健康监测内容，提高了监测数据质量，如基于光纤的传感技术、无线传输技术、视频识别技术等的应用，改善了桥梁结构安全监测和预警的科学性和可靠性。目前，单独依靠传统的养护管理技术或结构健康监测技术都难以胜任结构全寿命安全管理的使命，应注重两者的有机结合。

关键词：桥梁养护　桥梁健康监测　安全评定　安全预警

Bridge structural health monitoring and safety alarming

Sun Limin　Dan Danhui　Min Zhihua　Nie Gongwu

(State Key Laboratory for Disaster Reduction in Civil Engineering,
Tongji University, Shanghai ,200092)

Abstract: Maintenance of bridges gradually turn into the main societal demands after a construction rush in China. More than 140 large bridges have installed structural health monitoring (SHM) systems in this country. However, the theoretical methods for damage identification and safety assessment are not mature enough to meet the practice demands of structural health monitoring. The efforts are necessary for researching methods of structural damage identification, safety assessment and alarming based on measurement data by SHM systems. On the other hand, the developments of sensing technologies and signal transmission technologies have extended the type of physical parameters monitored and have improved the quality of measurement data. For example, the uses of optical fiber sensors, wireless and video identification technologies improved the reliability and quality of structural safety monitoring and alarming. At this moment, it is hard to fully meet the requirement of bridge life cycle safety management by utilizing only conventional bridge management technology or health monitoring technology, the combination of them should be considered.

Keywords: bridge maintenance; bridge health monitoring; safety assessment; safety alarming

---

资助项目：土木工程防灾国家重点实验室自主研究课题基金团队重点项目（SLDRCE-08-A-05）。

作者简介：孙利民（1963—），男，教授，结构健康监测，E-mail：lmsun@tongji.edu.cn。

1 引言

桥梁是社会基础设施中生命线工程的重要组成部分，在国家安全与国计民生中占有举足轻重的地位。桥梁结构在服役过程中，由于受到如设计标准、施工质量、材料退化、交通负荷、极端荷载和偶然事故等各种内外因素的作用和影响，其结构安全性如不能得到保障，将危及人民生命财产安全和国家经济建设。

改革开放三十年来，随着我国基础建设投资力度的加大，桥梁工程建设高速发展，至2010年底我国公路桥梁总数达到了65万座，公路桥梁总里程达到了210万延米，已成为世界最大的公路桥梁国家。然而，不论国外国内，经济高速发展期建成的基础设施都具有量大、集中、质量低的特点，给桥梁建设高峰过后的结构安全管理带来诸多的难题[1]。

一般认为，桥梁使用超过25年就进入性能加速退化期。美、日等发达国家在经济高速发展的20~30年间建设的桥梁数量达到了其桥梁总数的70%以上，在大规模桥梁建成的二三十年后均迎来了巨大的桥梁管养工作（图1）。我国的情况也十分相似，随着桥梁数量的增长和服役年限的增加，危、旧桥梁数量也在不断增多并呈加速增长的趋势，用于改造加固的费用也在不断增长。据统计，目前我国桥梁中的40%属于“老龄”桥梁。随着建设高潮期的过去，老龄桥梁的比例还将进一步增加。2004年全国桥梁普查资料显示，全国普查出危桥1万3千余座，总长达47万延米。全国每年花费在桥梁结构日常维修、加固和重建等方面的资金十分巨大，而且呈逐年增加的趋势[1]。

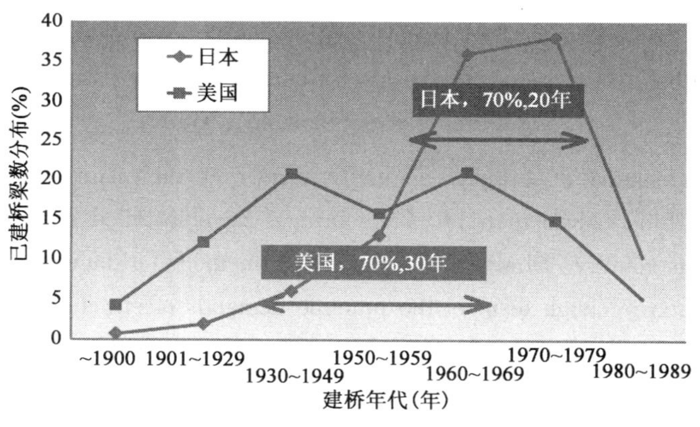

图1 美国及日本桥龄构成

发达国家自20世纪50年代起，就开始加强对桥梁安全体系及技术的研究，并加大对保障桥梁安全的资金投入。据统计，目前美国总计约有7万多座桥梁退化为缺损桥梁，每年桥梁维修资金约为30亿美元。法国、德国和挪威，缺损桥梁比例分别达到39%、37%和26%。由英国、法国、德国、挪威、南斯拉夫和西班牙的国家公路研究所共同承担的“欧洲桥梁管理”（BRIME）项目统计表明，目前欧洲各国每年用于桥梁维护的费用约占所有桥梁重建（假设）费用的0.5%~1%，而在美国纽约，这个比例高达8.5%。

作为重大社会基础设施，桥梁结构的服役期长，甚至超过经济高速发展持续期。因此，采用先进技术高效合理地规划利用有限资源，对基础设施进行养护管理以保障结构在寿命期内的安全成为重要的社会需求。尤其是在进入经济发展平稳期、社会人口老龄化等问题日益突出的后工业社会后，有更多问题需要研究和应对。

广义的桥梁结构安全保障技术包括在桥梁整个生命期内与安全性相关的规划、设计、施工、管养和拆除等技术。我国桥梁结构的设计、施工技术随着设计规范、分析计算技术、施工机械、施工工艺、施工监控等技术的进步得到了较快的提升，可以适应桥梁安全的基本需求。近年来一大批考虑强风强震影响的超大跨、高墩、复杂体系桥梁的建成，标志着我国桥梁设计、施工技术已经达到了世界先进水平。但由于我国普遍存在“重建设、轻管养”的倾向，虽然国内近年来在桥梁安全管养技术方面取得了长足的发展和进步，但较之国外发达国家尚存在较大的差距，远不能适应我国桥梁全寿命安全管养的实际需求。

为了保证桥梁结构全寿命安全，应加强研究考虑桥梁规划、设计、施工、运营和拆除等各阶段不同因素影响下的桥梁全寿命安全设计理论体系和方法，以便从源头上保障桥梁结构安全。同时需加强对桥梁结构安全关键技术研发，包括：针对典型结构、重要结构及复杂结构的安全性进行实时监测和预警的技术；在结构安全监测出现警报或达到规定检测年限时的检测和安全评估技术；当结构的安全性不能满足要求时需要采用的维修加固技术。就国家层面而言，为了保障国家桥梁结构安全还需要建立国家桥梁数据库和安全监控网络体系，为制订国家桥梁结构安全策略提供依据。

本文重点论述桥梁运营期的安全监测与预警技术。

2 桥梁安全运营养护管理技术

2.1 面临的问题

桥梁安全运营养护管理是一门综合性工程技术，它要求相关技术或管理人员不仅要具备养护管理技术，而且对设计和施工技术也要熟知；不仅要有理论知识，而且实践经验也非常重要；因每个结构所处环境不同，所遇问题典型性不强，需要具备灵活运用理论和经验进行综合判断的能力；要对政策和经济了解，具备决策能力，以及社会责任感和使命感。

桥梁在长期运营过程中会因各种自然以及人为因素的作用不可避免地发生损伤，从而影响其使用性能，严重的甚至危及结构安全，造成重大的生命财产损失。突发性自然灾害（如地震、飓风等）在很短时间内会对桥梁结构造成严重的损伤，一些人为因素（如车祸、船撞等）也会严重影响桥梁结构的安全性和正常使用。同时，桥梁在长期使用过程中，由于受环境腐蚀以及材料疲劳退化等因素作用也会发生一定程度的累积性损伤，当损伤积累到一定程度，同样会影响桥梁结构的安全和正常使用。因此，为确保桥梁结构的安全使用和正常运营，延长桥梁的使用寿命，有必要对桥梁结构的运营使用状态进行有效监控，以制订有针对性的养护管理方案以及维修计划。

从20世纪90年代初期，我国进入大规模桥梁建设时期。随着经济的高速发展，交通流量大幅度增长，行车密度及车辆载重越来越大，而现有部分桥梁或由于设计标准低，其设计荷载标准已经难以满足当前交通流量的需要，或因结构构件退化损伤，严重威胁桥梁的正常运营。由于目前国内“重建设、轻管养”的现象十分严重，加之在桥梁的管理模式和维护措施方面还存在许多问题，近年来已出现多起桥梁结构还处于运营初期，远没有达到设计寿命就过早破坏的严重安全事故，造成了巨大的经济损失和人员伤亡（图2、图3）。可以预见，我国已经提前进入建设与养护并重的时期。

图2 辽宁庄台大桥因汽车超载落梁(2004年)

图3 广州九江大桥6.15船撞事故(2007年)

目前桥梁运营养护和管理工作中主要存在以下问题:

①超载问题。随着经济的快速发展,交通量日益增大,部分桥梁长期处于超负荷运营状态,在某些经济发达地区尤为严重。②耐久性问题。钢筋腐蚀、冻融损坏、碱—集料反应和化学物质侵袭、环境影响等,使得结构的承载力随着时间推移而降低。③疲劳问题。疲劳损伤是钢桥结构损伤的典型问题,早期疲劳损伤往往不易被检测到,但其带来的后果可能是灾难性的。④突发事件。船只和车辆撞击桥梁等人为因素以及地震、飓风等自然灾害等突发事件极大威胁着生命财产安全以及桥梁的正常使用和耐久性。⑤养护资金紧缺、缺乏有效的管理。缺乏一整套有效的桥梁运营监测和管理系统,对桥梁的运营使用状态进行全面监控,指导桥梁管理者开展桥梁的管理和养护工作。

针对目前桥梁所面临的问题,对桥梁采取有效的检测与评估、监测与预警、维修与管理等技术措施,对于降低运营维护成本、延长桥梁结构的使用寿命、确保生命财产安全、保障交通通畅具有重要意义。

2.2 桥梁管理系统与巡检养护系统的历史与现状

1967年美国俄亥俄河上的银桥(Silver Bridge)在短短的一分钟内彻底倒塌(图4),造成46人丧生,此后人们开始意识到对桥梁进行监测的必要性。1968年,美国建立了世界上第一个桥梁管理系统"国家桥梁档案"(NBI),其后在美国被广泛使用的桥梁管理系统主要包括联邦公路管理局开发的PONTIS系统和联邦公路研究合作组开发的BRIDGIT系统。这两个系统具有桥梁数据存储、状态评估、退化预测、费用效益分析以及优化决策等功能。在欧洲,典型的桥梁管理系统包括丹麦目前使用的DANBRO、法国的Edouard、英国的NATS挪威的BRUTUS、瑞士的NATS等。亚洲有日本的J-BMS、韩国的SHBMS等。我国关于桥梁管理系统的研究虽然起步较晚,但也先后开发了一些管理系统,如早期的原交通部CBMS2000系统及其后续版本以及针对大跨度桥梁开发的相应养护管理系统[2]。

图4 Silver Bridge倒塌事故(1967年)

桥梁管理系统的发展经历了三个阶段:最初的桥梁管理系统只是用于简单的电子数据库来代替传统的桥梁资料档案管理;其后管理系统中除了桥梁数据库外,还包括桥梁检测、养护及维修信息，涵盖各桥梁构件的检测细节和详细的等级划分以及维修历史等；近年来较先进的管理系统增添了维护决策功能，即制订维护策略、进行维护优化等。迄今为止，大跨度桥梁养护管理系统的研究取得了一定的成绩，但是由于它是一个复杂的系统工程，无论国内或国外，该领域的研究仍处于基础性探索阶段，诸多关键技术问题仍没有得到解决[3]。

目前，国内关于桥梁结构养护的规范主要有《公路桥涵养护规范》（JTG H11—2004）和《城市桥梁养护技术规范》（CJJ 99—2003）。通常桥梁管理者根据相关规范规定编写养护手册，制订相应的养护维修措施。然而，由于对桥梁养护维修知识不足，加上近几年道路建设规模大、资金紧张，养护工作的现状基本上是“养路不养桥”。目前，桥梁养护管理工作基本上还停留在建立技术档案、清扫桥梁、疏通泄水管、修复损坏的栏杆和桥面铺装，即使进行检查，主要也是人工目测或借助仪器检测等巡检养护措施[4]。巡检养护管理定义为包括日常巡视检查和根据评估结果用相关工具判断需要进一步查明某些破损或病害详细情况而进行的更深入的专门检测，以达到更完整掌握损伤详细资料的目的，以及实施处治、采取处置措施等。

2.3 传统的以人工巡检养护为主的方式的不足

传统养护管理工作中，桥梁结构健康状况评估是通过人工目测或借助于便携式仪器测量得到的信息进行的。但人工检查方法在实际应用中有很大的局限性，美国联邦公路委员会的一项调查表明，由人工目测检查做出的评估结果有56%是不恰当的。传统检测方式的不足之处主要表现在：①需要大量人力、物力和财力；②检测手段有限并有诸多检查盲点；③主观性强，难于量化；④缺少整体性；⑤影响正常交通流；⑥周期长、实时性差；⑦难以适应大型桥梁检测养护需要。

传统的人工检查方法的上述诸多缺点和限制决定了其无法直接有效应用于大型桥梁的健康状况检查，因此需要一种能实时监测桥梁在各种环境、荷载等因素作用下的结构响应，并能有效地提供桥梁养护管理的科学依据，显著提高桥梁的整体管理水平，从而能够最大限度地确保桥梁安全运营、预诊断桥梁病害和延长桥梁使用寿命的综合监测系统。

3 桥梁结构健康监测与预警技术

利用实时健康监测系统实现对桥梁结构健康状况的评估是近年来桥梁健康监测领域的发展趋势，它综合现代传感技术、网络通信技术、信号处理与分析、数据管理方法、计算机视觉、知识挖掘、预测技术、结构分析理论和决策理论等多个领域的知识和技术，极大地延拓了桥梁检测领域的内涵，提高了预测评估的可靠性。

3.1 桥梁健康监测系统发展历史与现状

桥梁健康监测的概念最初是在20世纪60年代提出来的。1987年，英国在总长522m的三跨变高度连续钢梁桥Foyle桥上布设传感器，监测大桥运营阶段在荷载作用下的结构响应。此后，挪威、美国、丹麦、墨西哥、日本和韩国等均在其国内建立了规模不等的数十个桥梁结构健康监测系统。

Housner（1997）等人将结构健康监测定义为：一种从营运状态的结构中获取并处理数据，评价结构的主要性能指标（如可靠性、耐久性等）的有效方法。它结合了无损检测（NDT）和结构特性（包括结构响应）分析，目的是为了诊断结构中是否有损伤发生，判断损伤的位置，估计损伤的程度以及损伤对结构将要造成的后果。同时,基于结构健康监测系统,可以对结构性能发生异常或遭受极端荷载作用时进行安全预警。大型桥梁结构健康监测系统与传统巡检养护方法的差别在于系统的实时性、自动化、集成化和网络化。

纵览国内外桥梁健康监测系统的发展历程,可以将它们分为三个阶段:第一阶段为早期单项健康监测系统,传感器种类有限,采集设备不安全,间歇性监测。第二阶段为集成监测诊断系统,传感器种类极大丰富,采集系统完善,连续采集,有数据库管理软件对数据经行管理。第三阶段为集成监测诊断系统,在第二阶段的基础上,强调对数据的处理,并利用数据进行结构监测状态的在线评估、在线预警,并为深入地离线评估提供便利,功能更加丰富,无线及互联网等技术被用于系统之中[5-11]。

我国在这一领域的研究虽然起步稍晚,但进步很快。从早期香港的青马大桥,再到内地的虎门大桥、江阴长江大桥、东海大桥、苏通大桥等,短短数十年,我国已安装规模不等的结构健康监测系统的各类桥梁已达 140 余座。这些健康监测系统由少则 50、多则 500 个以上的传感器测点组成,其费用约占桥梁总造价的 0.25% ~1.0%。这些监测系统的设计理念越来越侧重于为桥梁的养护管理提供支撑,偏重监测内容和技术而轻视测试数据处理和评价的设计方案越来越不易被桥梁业主所接受。健康监测系统本身的耐久性也受到充分重视,系统设计时要求传感器和其他硬件具有可更换性,并且更换时不能影响数据采集的连续性。强调成桥后的结构健康监测系统要与施工控制的监测系统相结合,监测数据内容前伸到施工阶段。结构状态评估子系统和评估软件的水平有所提高,配套的专家组也被视为桥梁结构健康监测系统用户的重要人员构成之一。这些先后建成的健康监测系统经过若干年的运行已积累了大量的宝贵数据,但如何有效利用这些数据是今后需要研究的重要课题。

3.2 结构安全状态评定与预警

对桥梁结构安全状态评估,目前国内外采用的方法主要有三种,即基于外观调查的方法、以分析计算为主的方法以及荷载试验方法。基于外观调查评定方法是通过桥梁养护工程师对桥梁进行全面的定性和定量检测方法,在此基础上对桥梁的技术状态进行分类、评分,我国的《公路桥涵养护规范》和《城市桥梁养护技术规范》中的评定方法、美国的 LFR(Load Factor Rating) 或 LRFR(Load and Resistance Factor Rating)体系均基于这样的方法,但其评定结果过度依赖评估工程师的经验和主观因素的影响。以分析计算为主的方法是依据桥梁结构理论、工程力学及测试资料对桥梁结构进行计算分析,综合对桥梁的技术等级进行评定,更具有科学性,但其困难在于难以准确建立在役桥梁的计算模型,因此评定结果可能与实桥情况有较大出入。荷载试验方法是评估桥梁安全状态特别是承载能力最有效、最直接的方法,但其直接费用高,且实施过程中需要中断交通。

桥梁结构健康监测技术的出现为桥梁结构安全状态评定提供了新的可能途径。从原理上讲,基于健康监测系统的长期监测数据,可以对桥梁的技术状况和发展趋势有更准确的把握,从而可以对桥梁的安全状态做出科学评定。基于健康监测的桥梁安全评定的基本思路是,首先根据桥梁监测数据对桥梁结构的损伤进行识别,然后,在此基础上,再对桥梁的安全状态做出评定。基于结构动力特性的损伤识别是目前最受关注的方法,即通过监测结构动力特性的变化来识别结构的损伤,是一个反问题。结构损伤识别的理论方法主要包括动力指纹分析方法、模型修正方法、采用模糊数学和神经元网络等人工智能方法,以及近年来提出的小波变换和希—黄变换等新的数据分析方法等。结构安全评定方法包括传统的可靠度理论、层次分析法,以及结合经验的专家系统等方法。尽管近年来有关桥梁结构损伤识别和安全评估的研究十分活跃,但已有的理论方法仍然不够成熟,难以完全满足实际工程的需要[12]。

桥梁结构健康监测技术也为结构安全的实时预警提供了平台。目前结构健康监测系统中的评估子系统可划分为在线评估系统和离线评估系统。在线评估系统可以根据监测数据对桥梁的状态进行实时的在线评定,在有必要时发出不同级别的结构安全预警。在线评估是通过预先编入计算机的处理程序自动实现的。但由于相关理论还不够成熟,因此,在线评估结果的准确性和可靠性还不能令人满意。离线评估系统不仅依据结构健康监测系统的数据,同时还要结合人工检测等其他渠道的信息,经过专家的反复分析论证,给出桥梁安全评价的结果。在目前的情况下,离线评估系统可以得到更高质量的结构安全评定结果,但还难以做到实时评估,因此相应地也只能给出中长期的结构安全预警或趋势判断。

目前,基于健康监测在线评估系统的实时预警仍然处于摸索实践中。这首先是因为对结构损伤进行正确的识别是一项难度很大的工作,其次,即使得到损伤识别结果,如何恰当地选择预警参数和设定阈值也需要一个试错的过程。通常,一个桥梁的健康监测系统开始启用后,需要几年的时间,根据实测数据和桥梁的实际状态对预警阈值进行不断的优化。

3.3 桥梁健康监测技术所面临的问题

经过二十年的积极探索,桥梁健康监测领域取得了一些成果,但也应该清楚地认识到,由于桥梁结构本身的复杂性和不确定性,以及受到很多客观条件的限制,目前桥梁健康监测系统的应用尚处于起步阶段,其理论及技术方面仍然存在许多核心问题亟待解决:①有限传感器的优化布置以及合理确定系统的规模;②桥梁结构性能的变化对结构指纹的不敏感,损伤识别尚处于理论研究阶段;③因系统规模决定的测量数据的不完整性以及因系统的稳定性造成的不连续性,带来了分析的困难;④对大量原始数据的实时处理和分析研究滞后,所获取信息不能满足工程需求;⑤结构健康状况评价方法尚不完善,难以给出合理结论及解释;⑥结构安全预警参数和阈值仅靠理论分析难以合理确定,需要在实践中不断调整优化;⑦系统本身的稳定性、抗干扰性和耐久性不足,使用寿命难以得到保证;⑧桥梁结构监视监测尚无统一的标准和规范,系统差异性太大;⑨如何与其他相关系统特别是与传统的巡检养护系统的有效结合等。

4 工程实例介绍

目前已有的桥梁结构健康监测系统中,多数为独立建立的系统,没有综合考虑桥梁养护管理系统。在实际的桥梁日常管理养护过程中,一方面,传统的桥梁管理系统主要依赖于常规的人工目测以及便携式仪器测量等传统的巡检养护措施得到的信息,但人工检查方法在实际应用中具有一定的局限性;另一方面,很多大跨度桥梁虽然通过健康监测系统取得大量数据,然而目前健康监测系统的功能还存在许多的技术问题和应用困惑。

由于系统规模以及传感器布设等方面的限制,仅依靠实时监测系统本身采集的数据对结构进行评估是不完整的,同时对桥梁结构在复杂环境及荷载作用下的响应的认识和经验的不足,难以给出准确有效的预警模式,因此必须将传统的巡检养护措施与先进的健康监测系统有机结合,以期消除检测、监测方法中的诸多不足,综合传统巡检养护方法与先进的健康监测技术的长处。例如,混凝土裂缝的监测主要通过巡检养护系统实现,力求把损伤控制在萌芽阶段,而不是在损伤发展到明显影响结构内力状态(监测系统能识别到)才发现。而结构的内力状态的监测则主要通过自动化的健康监测系统采集数据并加以分析来实现,以实时监测桥梁结构的运营使用状态并评价其健康状况。

虽然巡检养护系统与桥梁结构健康监测系统无论是从手段、方法还是系统构成都有很大不同,然而从桥梁管理的角度看,这两个系统都是为了对桥梁结构做出合理的健康状态评估,以指导桥梁的养护和维修工作,最终都是为桥梁管理服务,保障结构的安全以及桥梁的正常运营。桥梁管理系统应以结构健康监测系统作为重点,但同时也应重视日常巡检养护管理系统的作用。我国的一些大跨度桥梁,在设计结构健康监测系统的同时,也考虑了与传统的人工养护系统的融合,以下选取几座典型的桥梁加以分析说明[13]。

4.1 南京长江第三大桥

南京长江第三大桥位于长江江苏境南京区段,在现有南京长江大桥上游约 19km 处,距长江入海口约 350km,全长约 15.6km,其中跨江大桥长 4.744km,主桥跨径 1 288m,采用主跨 648m 的双塔钢箱梁斜拉桥,桥塔采用钢结构,是国内第一座钢塔斜拉桥,也是世界上第一座弧形钢塔斜拉桥。南京长江第三大桥的养护管理采用"结构健康安全监测及综合管理系统"。桥梁结构安全监测及综合管理系统主要包括安全监测系统与桥梁日常养护管理两部分。结构安全监测系统的监测对象为主体受力结构,监测目的是保障结构安全承载;日常管理养护管理系统监测对象为桥梁上的费结构物或附属结构,监测目标是保障非结构物及附属构造能够得到合理的维护。

整个安全监测系统由电子化巡警子系统、声波侦听子系统、自动化数据采集子系统、结构状态及损伤识别子系统、结构安全综合评估子系统、用户子系统、中心数据库子系统等七个子系统组成[14]。

南京长江第三大桥的桥梁日常养护管理主要包括桥面及附属设施状况管理、机电设备管理、日常养护、维护计划管理及养护档案管理等内容,由电子化巡警管理子系统完成,该子系统采用法国 Aditam 公司的 ScanPrint。声波侦听子系统用于监测拉索断丝,采用法国 Advitam 公司的 SoundPrint。其余子系统则组成一个典型的桥梁结构健康监测系统,用于连续实时地监测桥梁的结构状态。通过安全监测系统可以尽早获知结构的健康状态,据此对结构进行必要的管理与养护,以保障桥梁运营过程的安全。

然而,ScanPrint 是国外公司开发的系统且为单机版程序,其数据库无法与安全健康监测系统共享,为避免数据冗余而根据需要分配两个系统的数据存储内容。ScanPrint 数据库主要存储原始图纸资料、桥梁图片资料、损伤记录、日常养护记录、维护和维护记录等于结构内力状态无关的数据,安全监测数据库则存储桥梁施工竣工阶段力学资料、运营阶段力学资料等与结构内力相关的数据。因此,虽然桥梁的日常养护管理采用了先进的电子化巡警养护系统,有利于巡检结果的量化与系统管理。然而由于系统本身的限制,巡检养护系统无法根据需要进行扩展与监测系统进行交互,监测系统无法利用巡检养护系统的数据,从而使得日常养护管理与实时监测系统实际上完全独立,并没有达到最初融合两个系统的设想。

4.2 东海大桥

东海大桥是我国第一座真正意义上的跨海大桥,全长约 32.5km 其中路上段约 3.7km,芦潮港新大堤至大乌龟岛之间的海上段约25.3km，大乌龟岛至小洋山岛之间的港桥连接段约3.5km。东海大桥工程是上海国际航运中心——洋山深水港工程的一个组成部分，也是洋山深水港区集装箱陆路运输、供水、供电、通信等的唯一通道。对于东海大桥这样跨径长、规模庞大且组成复杂的跨海大桥，传统的依靠人工巡检养护系统难以满足桥梁的运营管理要求，因此为了确保运营阶段桥梁结构的安全以及交通通畅，东海大桥采用了基于人工巡检的传统养护以及基于监测系统的桥梁养护相结合的养护策略，采用实时监测、定期检测以及人工检查相结合的方法，系统全面地掌握大桥的工作状态。利用监测系统获得的实时数据，并结合巡检养护系统的监测结果，对桥梁的局部与整体的工作状态做出合理评估，为大桥的养护和管理提供科学依据，以保证大桥的安全运营。东海大桥结构健康监测系统由巡检养护系统、传感器子系统、数据采集子系统、数据处理和控制子系统、结构健康状况评估子系统等6个子系统组成[11, 15]。

然而由于人工巡检的结果被表达为对构件健康状况的描述，检测周期相对于实时监测过长且不具规律性，因此难以与监测系统的实时量化数据融合，因此东海大桥结构健康监测系统的数据库仅存储了人工巡检结果报表，而并未将这些结果应用到结构状态评估中。而且当前东海大桥仍处于运营初期，各项性能指标还处于相对的安全状态，监测系统还未建立起准确有效的预警模式，目前东海大桥的养护管理还同时存在另一套传统的养护管理系统，该系统与东海大桥结构健康监测系统分别由不同的单位管理和维护，虽然东海大桥结构健康监测系统为与巡检养护信息的融合预留了相关接口，然而由于体制方面的原因，这两个系统信息融合尚不尽如人意。

4.3 苏通大桥

苏通大桥工程位于江苏省东部的南通市与苏州(常熟)市之间，路线全长32.4km，主要由北岸接线工程、跨江大桥工程和南岸接线工程三部分组成。其中跨江大桥工程总长8 206m，主桥采用2 088m的双塔双索面钢箱梁斜拉桥，主孔跨度1 088m，是世界上第一座单跨超过一千米的斜拉桥。为了确保苏通大桥的安全运营，采用了“苏通大桥结构健康监测与安全评估系统”来指导桥梁的管理维护工程。该系统由传感器系统、数据采集与传输系统、数据管理与控制系统、结构健康评估系统等四个子系统组成。苏通大桥结构健康监测和安全评估系统同样考虑到将实时健康监测系统与传统的巡检养护管理相结合[16, 17]。与东海大桥结构健康监测系统将巡检养护结果与监测系统的实时数据一起作为数据处理和控制系统的输入量不同，苏通大桥结构健康监测和安全评估系统利用传统的巡检养护管理工作，及时发现一些实时健康监测系统没有或无法监测到的结构缺陷、材料退化或裂缝，并将这些人工巡检结果输入监测系统的数据库，更新结构的有限元模型(如刚度、材料特性、构件尺寸、缺陷或损伤等)，以提高结构健康状态评估的准确性和科学性。

结构损伤识别以及健康状态评估是桥梁结构健康监测系统的核心内容，并为桥梁的养护管理提供依据。而这也是当前桥梁结构健康监测系统急需解决的核心问题。虽然可以根据日常的人工巡检结果引入健康监测系统的结构状态评估，更新结构的有限元模型，然而由于桥梁结构的复杂性和不确定性，加之难以给定准确的边界条件以及荷载模型，如果没有更好的损伤识别理论和应用技术以及科学的结构健康评价方法，实时监测系统与日常的养护依然脱节，结构健康监测系统依然游离于桥梁的养护管理之外。

4.4 广东九江大桥

G325 九江大桥位于广东省南海市九江镇与鹤山市沙坪镇之间，跨越西江主干流，主桥为 2×160m 的独塔斜拉桥，桥梁全长 1 670m，双孔单向通航设计，单向航道宽 80m。该桥于 1988 年 6 月建成通车。2007 年 6 月 15 日凌晨被偏离主航道误入非通航孔的船舶撞击，导致引桥 22 号墩～26 号墩之间 4 跨近 200m 长的桥梁上部结构梁体坍塌。九江大桥于 2010 年修复，修复实施方案采用 2×100m 独塔组合梁双索面斜拉桥，即废除原九江大桥的 23 号～26 号桥墩，重新建造 24 号和 26 号桥墩。修复后的九江大桥除安装了结构健康监测系统外[18]，还特别针对船撞问题，研发了桥区防船撞监测预警系统[19]（图 5），其特点是采用了视频监测技术，实时捕捉进入危险区的船舶，及时通过光、声、广播等方式发出警告，避免撞桥事故发生。此外，还探讨了对航行船舶航迹进行预测，更主动地防范船撞桥事故的方式[20]。

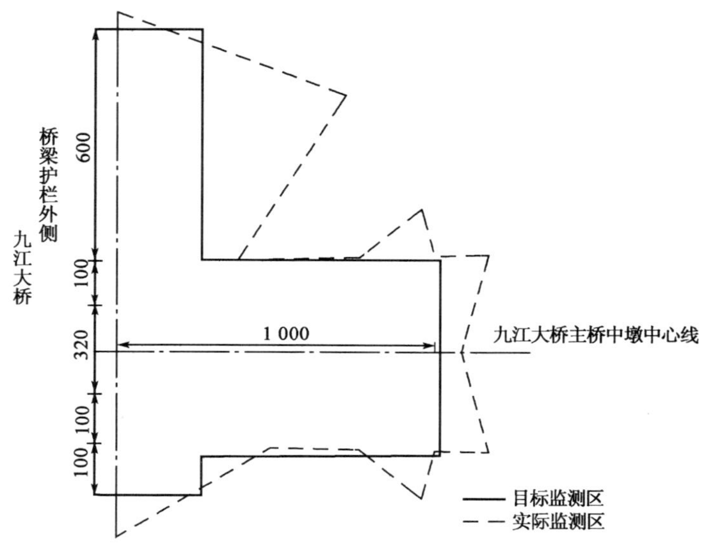

图 5 实际监测区域（尺寸单位：m）

5 结语

（1）我国已进入桥梁建设与管养并重的时期，保证已建桥梁的结构安全对国计民生至关重要。传统的以人工巡检为主要方式的养护管理技术不能满足桥梁全寿命安全管理的需求，而结构健康监测技术提供了新的技术途径，可以得到结构实时、连续、长期的监测数据，为科学养护提供了基础。

（2）我国桥梁健康监测系统的工程应用走在了世界前列，已有 140 余座大桥安装了结构健康监测系统，采集到大量珍贵的数据。但理论方法的研究成果还不够成熟，不能满足工程需求。今后需针对实测数据，加强结构损伤识别、安全评定和安全预警等方面的理论方法研究。

（3）传感传输技术的不断进步扩展了结构健康监测内容，提高了监测数据质量。如基于光纤的传感技术、无线传输技术、视频识别技术等的应用，改善了桥梁结构安全监测和预警的科学性和可靠性。

(4)目前单独依靠传统的养护管理技术或结构健康监测技术,难以胜任结构全寿命安全管理的使命,应注重两者的有机结合[21]。

参 考 文 献

[1] 上海市政工程设计研究总院,同济大学,等. 桥梁结构安全技术工程国家实验室论证资料. 2011.

[2] 季云峰,张启伟. 新一代桥梁管理系统的研究与发展[J]. 第十五届全国桥梁学会会议论文集. 2002.

[3] 黄侨,任远,刘绍云,吴红林. 大跨度桥梁养护管理系统的若干问题研究[J]. 第十八届全国桥梁学术会议论文集. 2008.

[4] 马建宇. 浅析桥梁检查中存在的问题及对策[J]. 宁夏工程技术,2006-12,5(4).

[5] 孙利民,孙智,淡丹辉等. 我国大跨度桥梁结构健康监测系统研究与应用现状[J]. 第十七届全国桥梁学术会议论文集. 2006.

[6] 张启伟. 大型桥梁健康监测概念与监测系统设计. 同济大学学报,2001,29(1):65-69.

[7] 张启伟,袁万城,范立础. 大型桥梁结构安全监测的研究现状与发展. 同济大学学报,1997,25(增刊):76-81.

[8] 何浩祥,闫维明,马华,王卓. 结构健康监测系统设计标准化评述与展望[J]. 地震工程与工程振动,2008-8,28(4).

[9] 项贻强,陈向阳,翁沙羚,王晖. 桥梁运营、养护和管理所面临的问题、现状及对策研究[J]. 第四届全国公路桥梁维护与加固技术研讨会. 2003.

[10] 邵新鹏,钱宇音,倪一清. 结构健康监测系统与巡检养护管理系统在青岛海湾大桥上的一体化设计[J]. 公路,2009-9,9.

[11] 淡丹辉,孙利民. 大型桥梁健康监测系统的实践与展望[J]. 第四届全国公路科技创新高层论坛论文集. 2008.

[12] 李宏男,高东伟,伊廷华. 土木工程结构健康监测系统的研究状况与进展[J],力学进展,2008-3,38(2).

[13] 聂功武,孙利民. 论桥梁养护巡检与健康监测系统信息的融合[J]. 上海公路学会2010年年会论文集. 2010.

[14] 武焕陵,崔冰,唐亮,李乔. 南京长江第三大桥健康监测系统[J]. 中国公路学会桥梁和结构工程分会2005年全国桥梁学术会议论文集. 2005.

[15] 岳青,矢利明. 基于健康监测系统的东海大桥桥梁结构养护管理体系的构建[J]. 桥梁建设. 2006.

[16] 余波,邱洪兴,王浩,郭彤. 苏通大桥结构健康监测系统设计[J]. 地震工程与工程振动,2009-8,29(4).

[17] 余波,邱洪兴,王浩,郭彤. 基于巡检的高速公路桥梁安全监测与维护研究[J]. 中国安全科学学报,2009-5,19(5).

[18] 杨琪,黄建跃. G325 九江大桥斜拉桥健康监测系统. 桥梁健康监测及维修加固新技术研讨会. 2011(3):124-130.

[19] 闵志华, 孙利民. 九江大桥防船撞视频监测预警系统[J]. 桥梁船撞学术研讨会. 重庆:2011.

[20] 淡丹辉, 肖刚等. 航道桥梁主动防船撞预警系统研究[J]. 桥梁船撞学术研讨会. 重庆:2011-5.

[21] Ayaho Miyamoto, Kei Kawamura, Hideaki Nakamura. Development of a bridge management system for existing bridges[J]. Advances in Engineering Software 32(2001)821-833.

航道桥梁主动防船撞预警系统研究

淡丹辉[1] 肖 刚[2] 闫兴非[3] 王君杰[1] 孙利民[1]

（1. 同济大学桥梁工程系 上海 200092;2. 上海交通大学航空航天学院 上海 200135;3. 上海市城市建设设计研究院 上海 200145）

摘 要:人为疏忽造成的船桥相撞事件可以通过监测预警手段予以防止。本文给出了一种主动防船撞预警系统解决方案,利用基于红外视频和可见光视频构成视频图像信号源,实时连续地对上述视频图像进行信息融合和目标识别,并结合雷达和激光测距技术,实现桥址上下游设定距离范围内所有航行船只的航迹识别。利用基于 EMD 的时序分析和 ARMA 时序建模技术建立实时修正的船舶航迹数学模型,通过对该模型进行时间外推操作,实现对船舶过桥位置的预测和长桥风险的预测,实现船桥碰撞的全天候主动预警。前期的关键技术研究结果表明了本文的方案可行性和有效性。

关键词:主动防船撞预警系统 红外视频 雷达测距 多源信息融合 航迹识别与跟踪 时序分析与建模

On active anti ship-bridge collision earlier warning system

Dan Danhui[1] Xiao Gang[2] Yan Xingfei[3] Wang Junjie[1] Sun Limin[1]

(1. Department of Bridge Engineering, Tongji University, Shanghai, 200092; 2. School of Aeronautics and Astronautics Shanghai Jiaotong University, Shanghai, 200135;
3. Shanghai Urban Construction Design Research Institute, Shanghai, 200145)

Abstract: Monitoring and earlier warning measurements can help to prevent the casual ship-bridge collision events. In this paper, an active anti ship-bridge collision earlier warning system is investigated. Two kinds video signal, namely, the infrared video image together with visible light video image, act as the signal resource and data fusion and target identification operation are applied on it. The radar distance detection techniques and laser distance detection techniques are used to obtain the distance information of the ship, and the track of ship are identified and digitalized as the time related data series, which is decomposed and modeled. As result , by extrapolated the time parameter in this mathematical model, the ship bridge collision hazard can be forecasted and the earlier warning signal can therefore be issued to both ship driver and bridge manager.

资助项目:交通运输部交通行业联合科技攻关项目九江大桥船撞风险评估与防撞系统方案研究,编号 2008353344340;自然科学基金项目,编号:50978196;国家重点实验室自主项目,编号:SLDRCE09-D-01;广东省教育部产学研结合项目,编号:2008B090500222。

作者简介:淡丹辉,男,同济大学桥梁工程系副教授,主要研究方向包括桥梁健康监测和主动防船撞预警,E-mail:dandanhui@tongji.edu.cn。

Keywords: active anti ship-bridge collision earlier warning system; infra video; radar distance detection; multi-source data fusion; navigation tracking and identification; time series decomposition and modeling

1 背景

随着我国交通运输事业的迅猛发展和综合、立体运输体系的逐步形成,运输安全问题也变得越来越突出。本文着重研究我国内河船舶通行于桥下时的安全预警问题,即船撞桥主动预警问题。

在内河通航水域建设的桥梁,与水运之间存在矛盾。在通航河流上,伴随着桥梁的诞生,就有了船撞桥事故的发生,给人民的生命财产安全以及环境和社会造成了极大的损害。因此,深入开展相关方面的研究工作,发掘事故中的某些规律性,采取措施来减少事故的发生率,减轻事故的后果,具有非常重要的意义。多年来的船撞事件的统计表明,有很大比例的船撞事故是由于船舶舵手的人为疏忽和失误造成的。如果能够用技术手段,如监测技术事先判断出舵手的失误和船舶的异常航行姿态,并用预警技术通知船舶舵手,可以最大限度地减少这类碰撞事故的产生,这样既可以减少由于机械故障等非人为原因引起的船桥碰撞,又可以提前知道并通知桥面封闭交通,防止因为船桥碰撞事故中的二次生命财产损失。

本文给出了一种主动防船撞预警系统解决方案,利用基于红外视频和可见光视频构成视频图像信号源,实时连续地对上述视频图像进行信息融合和目标识别,并结合雷达和激光测距技术,实现桥址上下游设定距离范围内所有航行船只的航迹识别。利用基于EMD的时序分析和ARMA时序建模技术建立实时修正的船舶航迹数学模型,通过对该模型进行时间外推操作,实现对船舶过桥位置的预测和长桥风险的预测,实现船桥碰撞的全天候主动预警。前期的关键技术研究结果表明了本文的方案可行性和有效性。

2 主动预警需求分析及VTS系统的借鉴意义

船舶交通管理系统(VTS系统)可以对数公里至数百公里的地理区域中多个目标进行有效的定位、跟踪,因此,可以借鉴已有VTS的经验,布设桥基雷达监控系统,来监控桥址区域的船舶航行行为,判断船桥撞击危险,对有撞击桥梁结构物可能的船舶提前发出警报,从而降低船撞危险。但是,目前用于VTS中的雷达采用微波波段工作,以目标前沿检测跟踪和目标重心跟踪两种方式工作。其缺点在于:①建立跟踪的时间太长,达一个天线扫描周期,这不利于对港区机动目标快速建立稳态跟踪;②跟踪混迹现象较严重,两船录取和跟踪的分辨率较低,不适应对交通密集的港口水域的目标进行跟踪。因此桥梁防船撞监测系统不能照搬已有的VTS雷达技术、红外视频、可见光视频等技术,必须针对小区域及高速通航等新应用特点,研究和开发特殊的多源信息监控系统。

另外,已有的VTS系统多数不能实现对船舶轨迹的自动化预测和船撞桥风险的预报,没有进一步挖掘这些硬件设备的功能,使得昂贵的硬件投入未发挥最大效用。对桥梁防船撞的目的来说,VTS系统只注重了船舶的监控,而没有注重对船桥相互作用的监控,因此,有必要在吸收VTS的经验的基础上,进一步开发专门的主动防船撞报警系统。

采用雷达或激光探测距离和成像系统尤其是红外成像系统相结合,作为全天候防撞预警系统的目标前端指示可能是一种理想的探测方式。系统主要由测距系统、可见光视频、红外探测系统和数据通信系统四部分组成。

当目标距离较远，红外探测系统无法探测到目标时，由雷达进行目标的捕获和跟踪，雷达计算机系统把处理好的目标位置数据，传送给红外探测系统，引导红外探测系统；在目标的红外辐射足够强，红外探测系统识别并跟踪上目标后，则由红外系统跟踪目标并传送目标数据给后端预警系统。目标的红外辐射经红外成像系统后输出相应的视频信号，经图像处理器后可测定目标在视场中的位置以及与视场中心的偏离量；输出误差信号传给雷达伺服系统的控制器，控制雷达方位和俯仰方向的电机使红外成像系统的视场中心对准目标。这样不断地测量和修正，保证对目标的跟踪。

在雷达系统中正确选择雷达类型是非常关键的，必须针对任务属性确定雷达的类型，即根据扫描空域、地理环境及搜索目标的特征对雷达的功能，如扫描方式、捕获目标方式、目标航迹的显示、目标轨迹的预测，雷达的接口能力和数据的实时传送，雷达的机动能力等进行论证。

针对红外探测系统远距离、大视场、高灵敏度探测和图像处理的实时性、环境适应性强的要求，采用了双视场的红外焦平面相机和数字跟踪器完成目标探测。红外探测的最关键技术是图像的实时处理技术。在获取典型目标与环境图像数据的基础上，采用图像处理和模式识别等技术，对图像进行增强、滤波、分割、目标特征参数提取等一系列处理，研究分类、识别、跟踪方法，兼顾处理机的实时性和灵活性，合理分配硬件和软件，进行图像处理机的研制。图像处理机基于 PC 平台和一组协处理板，协处理板主要由 DSP 数字处理器、FPGA 等组成。由高速 DSP 完成目标的捕获、识别跟踪及记忆功能并与主机进行数据交换。计算机则进行系统管理、鼠标引导、数据保存及传输。本预警系统组成见图 1。

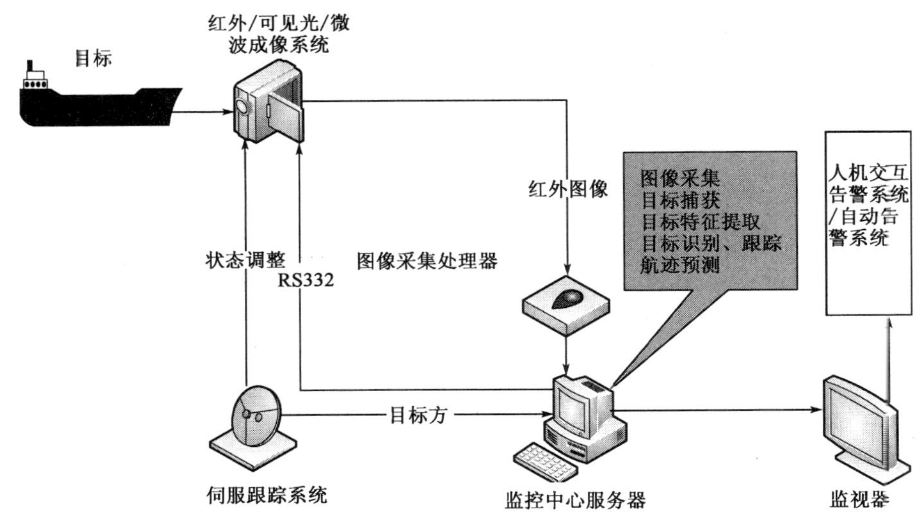

图 1 基于多源数据融合的桥梁预防航道船舶碰撞预警系统组成框图

3 九江大桥防船撞红外/雷达预警方案设计

3.1 监测区域划分和识别预警任务设定

九江大桥所处的航道弯道多，而且受上下游的江心岛但杆洲、高寿沙等影响，船只航线需要频繁地调整方向，通航难度大，船撞的风险大于其他航道顺直的桥梁。本方案建议建立防船撞雷达监测预警系统，在大桥上游侧、下游侧各安装防撞雷达一只，对江面的船只进行监控和报警，以降低船撞的风险。

(1)监测目的：通过监测大桥上下游方向航道的船只通航情况，评估大桥受船撞的风险，当存在潜在危险时，及时向船只发出报警，引导船舶正确航行，把撞船事故的概率降至最低。

(2)监测区域：在大桥的上行侧航道、下行侧航道各布置一个雷达，分别监测上行侧、下行侧的江面船只通行情况。总体平面预警区域规划如图2所示。

监测区域的划分及针对不同监测区域内目标监测系统的任务详述如下：

(1)监测校准区：距桥上行侧外缘线2 050～3 050m之间，对进入此区域的所有船舶进行雷达监测，持续地监测其位置坐标，进而通过时间融合算法，得到各船的运动状态参数[$x_i(t)$，$y_i(t)$，$\dot{x}_i(t)$，$\dot{y}_i(t)$]的统计量估计和几何轮廓参数统计量估计(高度H)、系统噪声和观测噪声统计量估计。

(2)轨迹时序累积区：根据监测区信息，以及本区内新的监测信息，做出对船只当前态势的评估和对船撞危险的评估。

(3)船撞预测区：对进入本区域的有撞桥风险的船只发出警报并给出航线纠正信息；对进入本区域内所有无撞桥危险的船只提供通过桥下通航孔的正确方案。

(4)预警干预区(建议)：包括主动干预区和被动干预区。主动干预区对进入本区域内有撞桥危险的船只进行外力干预，使其回归正确航线，确保其安全通过桥梁通航孔。被动干预区(图2)：在桥梁欲保护的塔、墩附近区域设置具有一定防撞能力的缆索系统，形成对桥梁的保护。

各区域内的监测、识别任务如表1所示。

九江大桥红外雷达监测区域内任务规划 表1

项目	监测任务	识别任务	评估任务	报警与干预任务
1. 监测校准区	船只运动状态参数[$x_i(t)$，$y_i(t)$]	(1)时间融合，以确定多船只的连续航迹； (2)识别[$\dot{x}_i(t)$，$\dot{y}_i(t)$]和[$\ddot{x}_i(t)$，$\ddot{y}_i(t)$]	无	无
2. 轨迹时序累积区	继续监测船只运动状态参数[$x_i(t)$，$y_i(t)$]	(1)时间融合，以确定多船只的连续航迹； (2)识别[$\dot{x}_i(t)$，$\dot{y}_i(t)$]和[$\ddot{x}_i(t)$，$\ddot{y}_i(t)$]	评估各船只的自控能力和航线正常情况	无
3. 船撞预测区	继续监测船只运动状态参数[$x_i(t)$，$y_i(t)$]； 接受桥梁通航信息	(1)时间融合，以确定多船只的连续航迹； (2)识别[$\dot{x}_i(t)$，$\dot{y}_i(t)$]和[$\ddot{x}_i(t)$，$\ddot{y}_i(t)$]	评估各船只的自控能力； 根据当前监测和以往监测，评估撞桥可能性	对有撞桥可能的船只进行报警； 给出船只自我修正航线的建议和数据
4. 预警干预区	继续监测船只运动状态参数[$\dot{x}_i(t)$，$\dot{y}_i(t)$]； 接受桥梁通航信息	(1)时间融合，以确定多船只的连续航迹； (2)识别[$\dot{x}_i(t)$，$\dot{y}_i(t)$]和[$\ddot{x}_i(t)$，$\ddot{y}_i(t)$]	评估各船只的自控能力； 根据当前监测和以往监测，评估撞桥可能性	对失去自我矫正能力的有撞桥可能的船只进行航线干预； 给出外力修正航线的建议和数据

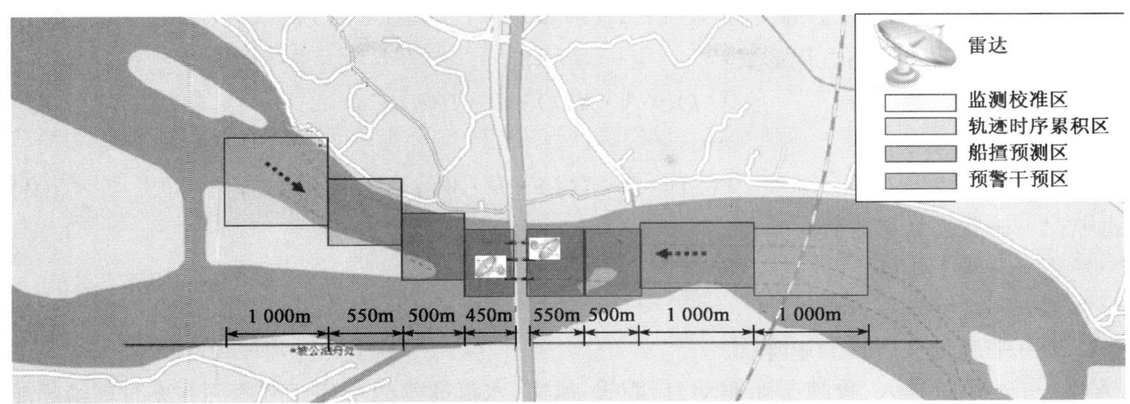

图2 九江桥红外雷达预警区域规划

3.2 硬件系统设计

整个系统设计如图3所示。由环境探测设备组（包括：毫米波成像雷达、红外传感器、可见光/夜视传感以及伺服转台）、数据处理与人机交互显示设备（包括：红外成像软件系统、可见光/夜视成像软件、毫米波雷达成像软件、多目标检测/跟踪模块、多源数据融合模块、航迹/危险评估/告警模块）以及告警与人机交互设备组（语音告警、显示告警、电子告警）等组成。硬件系统还包括被动干预区的缆绳系统和主动干预驳船系统。

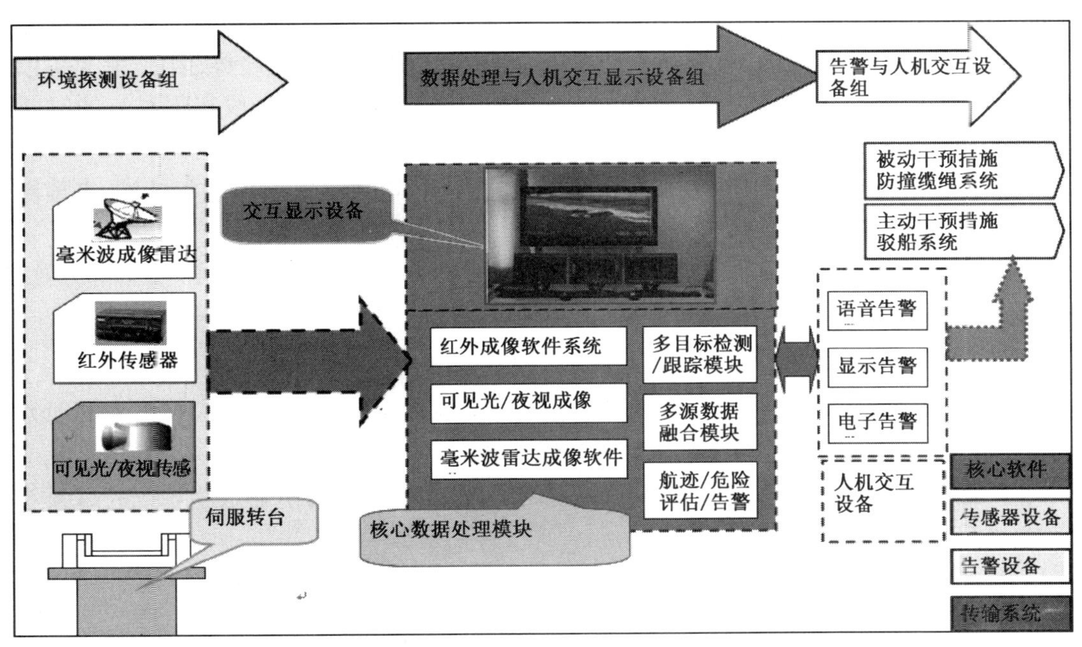

图3 基于多源数据融合的桥梁预防航道船舶碰撞预警系统方案

4 主动防船撞预警模型研究

设监测航道水面的二维坐标为 x_1 和 x_2，并设预警系统给出 k 时刻目标船舶的运动状态向

量为 $X(k)=\{x_1(k),\dot{x}_1(k),\ddot{x}_1(k),x_2(k),\dot{x}_2(k),\ddot{x}_2(k)\}^T$，则在 k 时刻和 $k-1$ 时刻状态之间的关系可写成离散的状态方程形式：

$$X(k)=A\cdot X(k)+B\cdot U(k) \tag{1}$$

观测方程可写成：

$$Y(k)=C\cdot X(k)+D\cdot W(k) \tag{2}$$

式中：A——状态转移矩阵；

B——输入矩阵；

C——观测矩阵；

D——观测噪声影响矩阵；

$U(k)$——系统输入，反映了船舶动力、舵效、风速、水流速等效应相互制衡下在 k 时刻给船舶的加速度增量，它是 k 时刻和 k-1 时刻状态的未知函数：

$$U(k)=f[X(k),X(k-1)] \tag{3}$$

因此，预警问题可以在数学上表述为在 $U(k)$ 未知的条件下，利用一系列系统的观测量 $Y(k)$ 来估计未来 $k+l$ 时刻船舶的状态是否在允许的范围内的问题。由于 A、B、C、D 已知，因此，可有如下估计：

$$\hat{U}(k)=B^{-1}\cdot\{Y(k)-D\cdot W(k)-A\cdot Y(k-1)+A\cdot D\cdot W(k-1)\} \tag{4}$$

其中，$k=1,2\cdots n$。由此，可以得到系统的输入时间序列。

前面已经提到，$U(k)$ 表示船舶的 k 时刻的加速度增量，因此，它应该是一个物理真实的时间序列，即它是有限能量的，有着在一定时间范围内相对平缓的变化趋势，因此，它是可以预测的。可以肯定的是，$U(k)$ 是非平稳过程，不能利用平稳过程建模手段实现对它的时间外推，只能采用非平稳过程的处理手段。

可以通过对 $\hat{U}(k)$ 建立数学模型，并在此模型基础上对当前时间变量进行外推，来预测未来时刻 $k+l$ 时刻的输入。

这里，首先选择一个界限时间尺度 T_scale 和幅值尺度 A_scale，利用 EMD 分解的方式，将 $\hat{U}(k)$ 信号分解成两部分：

$$\hat{U}(k)=\hat{U}_{trend}(k)+\hat{U}_{rand}(k) \tag{5}$$

$\hat{U}_{trend}(k)$ 表示船舶在船舶动力、舵效、风速、水流速等效应相互制衡下表现出来的动力加速度增量的低频趋势项，也综合反映了船舶操纵者的操纵习惯和倾向。

$\hat{U}_{rand}(k)$ 为由于水流场的局部变异性、风场的紊流、操纵机械的不确定性导致的高频随机成分，它满足平稳过程的条件。

对 $\hat{U}_{trend}(k)$ 建立数学拟合模型，设为：

$$\hat{U}_{trend}(k)=\mathrm{Trend}(k) \tag{6}$$

对 $\hat{U}_{rand}(k)$ 建立 ARMA 模型，利用此模型进行 $\hat{U}_{rand}(k)$ 的 l 步预测 $\hat{U}_{rand}(k+l)$，并计算 l 步预测值的误差 $e(k+l)$。

则，输入 $\hat{U}(k)$ 的 l 步预测为：

$$\hat{U}(k+l)=\hat{U}_{trend}(k+l)+\hat{U}_{rand}(k+l)=\mathrm{Trend}(k+l)+\hat{U}_{rand}(k+l) \tag{7}$$

误差近似等于 $e(k+l)$ 。

将式(7)代入式(1)中,得到:

$$\hat{X}(k+l)=A\cdot X(k+l-1)+B\cdot\hat{U}(k+l)$$

从而,有 l 步预测的状态观测估计:

$$\begin{aligned}\hat{Y}(k+l)&=C\cdot\hat{X}(k+l)+D\cdot W(k+l)\\&=A\cdot X(k+l-1)+B\cdot\hat{U}(k+l)+D\cdot W(k+l)\end{aligned}\tag{8}$$

将误差项合并并从上式中去除,得到最终的 l 步预测的状态观测估计:

$$\hat{Y}(k+l)=A\cdot X(k+l-1)+B\cdot\hat{U}(k+l)\tag{9}$$

总的 l 步预测记为 $E(k+l)$,则,

$$E(k+l)=D\cdot W(k+l)+e(k+l)\tag{10}$$

这里,假设观测误差 $W(k+l)$ 与 l 无关, $e(k+l)$ 则随着 l 的增加而增加。

选取以得误差限值 $[E]$,使得

$$P\{E(k+l)\,|E(k+l)>[E]\}=\alpha,\quad 0<\alpha<1\tag{11}$$

此时,称 l 步预测以概率 α 不可测,此时的最大预测步记为 l_{α} 。

以上建立了基本的防船撞预警数学模型。

事实上,预警的模式有三种:一是船舶在未来第 l 步有撞桥的风险;二是船舶在未来第 l 步有违反交通规则的风险;三是船舶在未来当前步有自身行为异常的风险。

这三种预警分别称为第一类预警、第二类预警和第三类预警。

对第一类预警,可直接对 $\hat{Y}(k+l)$ 进行判断,判断其在桥梁通航口的通过距离,以及撞桥的概率 $P_{collision}$。

对第二类预警,可提取 $\hat{Y}(k+l)$ 中的坐标,判别其是否违反规则。

对第三类预警,则可通过 $\hat{U}(k)$ 来判断,具体的做法是,利用物理真实的原理,设定阈值 $[U]$,当 $\hat{U}(k)>[U]$ 时,认为船舶行为异常。

5 关键技术研究

为了验证上述预警硬件方案和预警模型的可行性和有效性,本文进行了系列实验研究。首先是进行了红外和可见光视频图像的实桥航迹识别跟踪实验。我们在上海浦江上的某桥上架设了实验用红外摄像机及可见光摄像机,分别在白天和晚上的光照条件下对浦江上的航行船舶进行连续拍摄、航迹跟踪和识别。结果如图4所示。

图4 根据可见光视频的轨迹识别

图中从上到下,从左到右,显示了图像识别、航迹跟踪的全部过程:首先,提取船舶周围水体的背景像素,进行背景取出操作得到目标船只的前景像素图;其次,进行轮廓识别和特征点定位,再次,连续对特征点进行观测,即可得到目标船只的数值化航迹;最后,在通过摄像系统的坐标校准,可以连续实时地得到航道上目标船只的航迹时间序列,该时间序列是一个在航道平面坐标系上的

二维(x,y)时间序列。由于现场实验时,摄像系统的原点位置与水面的仰角、高度等信息无法准确得到,本次实验没有对最后识别得到的时间序列进行坐标校准。

如前所述,通过多源图像的融合处理,建立对目标船舶的运动参数的实施观测机制。更重要的是要建立根据实时观测数据,来预测船舶撞击桥梁的可能性。为此,本文根据上述预测原理,并结合运动学基本原理,研制了防船撞主动预警仿真系统,主要目的是通过该系统,验证预警判别算法,以及获得船舶安全通过桥梁的基本运动参数信息。

图 5 为本项目研制的防船撞主动预警仿真系统程序界面。

图 5　防船撞主动预警仿真系统 simulink 动态系统模型

图 6 给出了一种失控情形下的一些仿真结果。从图中可以清楚地看出,只要掌握船舶在当前时刻以前的一段时间的航迹数据,就完全可以对船舶通过桥梁的位置、到达时间、撞桥风险等信息给予准确的预判。

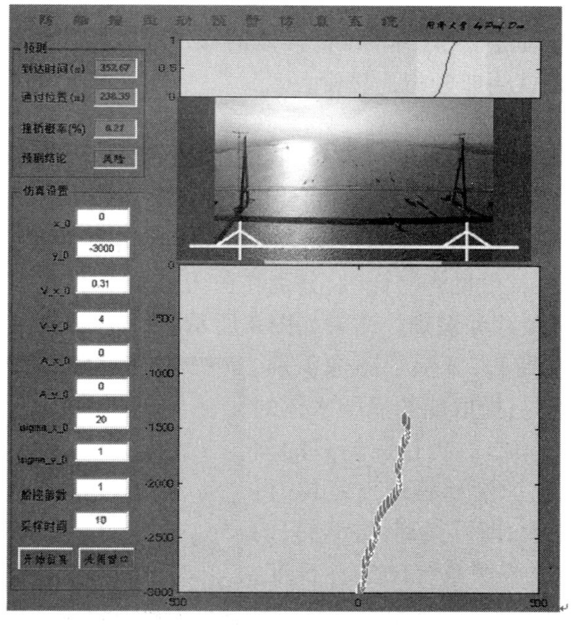

图 6　船舶失控航行模式(撞桥概率 = 21%)

6 结语

通过对多源数据融合的桥梁防船撞预警系统的研究，表明：

（1）要做到对船舶撞桥风险的提前预报，必须实现对船舶航向状态的连续实时监测，以及对船舶未来航线的自动预测；同时，这一监测机制必须适应户外环境，必须全天候工作。本文给出的必须采用专门定制的多源信息融合技术可以满足上述要求，是一个技术先进和有潜力的解决方案。

（2）多源数据融合的桥梁防船撞预警系方案提供的信息充分，对实现船舶交通违规预警和船舶自身异常预警功能的支撑力度均优于其他两种方案。该方案不仅可以监控船舶是否跨越禁航线，而且可以监控船舶跨越相反的航线，造成与对行船只的撞击。只要将禁航线的信息加以存储，该方案还可以用软件计算的办法判别是否跨越禁航线。

危机干预和航线船舶航行干预方面，有两种层次：一是在系统明确给出船舶预警信号（包括撞桥、违反航行规则、自身异常）和航行建议后，通过系统通知、提醒船舶司乘人员改变操纵模式或加强操纵程度，从而改变目前危险航行状态方式；另一种是采取外力强迫船只改变航向。多源数据融合的桥梁防船撞预警系统方案可以对层次一的干预模式有更好的支撑；航道禁航线预警缆绳系统方案的缆绳有一定的强度，因此能有限度地实现层次二的船舶航行干预。

参 考 文 献

[1] 孙鹏，赵保军. VTS 雷达信号处理器的设计与实现[J]. 现代雷达，2002，1(1)：54-59.

[2] 陈智丰. 港口 VTS 雷达数据处理方法的研究[J]. 上海海运学院学报，1996，17(1)：35-41.

[3] 韩根甲. 舰载红外搜索与跟踪系统的最新现状与发展趋势[J]. 现代防御技术，2007，35(3)：109-116.

桥梁防船撞预控技术研究综述

刘明俊　徐言民　刘佳仑

（武汉理工大学　武汉　430063）

摘　要：防撞问题的相关研究是桥梁顺利建设和桥区水域船舶安全通航的重要保障。本文从桥梁水域交通安全现状研究出发，系统介绍了桥梁主动防撞的可行方案。通过分析桥梁工程与航行船舶间的相互影响，识别施工期和营运期桥梁船撞潜在的风险，从船舶、桥梁与人三方面对桥梁防船撞预控技术进行了综合分析，就建立可行的桥梁防撞信息系统，及其基本架构、信息采集、信息发布手段等方面进行了综述。

关键词：桥梁防船撞　预控技术　航行安全

Research review of anti-ship collision for bridge

Liu Mingjun　Xu Yanmin　Liu Jialun

(Wuhan University of Technology, Wuhan, 430063)

Abstract: The research of anti-collision problems is vital important for the guarantee of the smooth construction for bridges and safety of ship across the channels . From the view of safety for navigable channel , This paper briefly introduces an active anti Ship-Bridge collision scheme.
Through the analysis of mutual influence of sailing ships, the potential risks during the construction and operation period and the comprehensive analysis of precontrol technology for anti-ship collision , this paper detailed states the feasibility of anti – ship collision information system and its framework, information collection, information release.

Keywords: anti-ship collision; precontrol technology; navigation safety

1　概述

1.1　研究目的与意义

为减小桥梁施工期间可能出现的恶劣环境对安全施工及船舶航行的影响，保证施工期桥区水域具有良好的船舶通航秩序，防止水域污染，并有针对性地进行船舶突发事件的实时监控，提供及时的船撞风险预警预报信息，以便海事管理机关和航行船舶能合理、有效、规范地做好各种灾害事件的防范工作，最大限度地规避船撞风险，并在船撞事件发生后能够快速、有效地实施应急与救助响应，做好善后处置工作等，是当前桥梁建设中安全保障所面临的新课题，对桥梁建设具有极为重要的作用。

作者简介：刘明俊（1963—），男学士，教授，主要研究领域为船舶通航环境与安全保障。

1.2 国内外研究现状

综合国内外的研究成果，船撞桥的主要原因是人为因素，占船撞桥事故的64%，其次为技术原因占船撞桥事故的21%。有关船撞桥事故的统计资料，以及相应的原因分析表明，采取有效措施减少人为失误，避免因车损坏、舵机失灵、导航系统失效等是防止船撞事故发生的根本。同时制订桥区合理的通航制度和管理规定，借助现代信息技术对桥区通航船舶的航行行为实行有效监控与指导，实时给航行船舶发布有关航道、水文、气象、船舶流分布等信息，运用桥区船撞风险研究成果即时发送危险警报，利用高新技术合理规范和标示船舶航路并对过桥船舶进行航行引导等是桥梁防船撞的基本保障。建立桥区防船撞预控信息系统则是对过桥船舶实时监控的重要手段，当船舶发生险情后是其能否得到快速、有效救助的保证。

目前，在我国大型桥梁建设中，根据桥梁施工方案、施工工法和程序，针对船舶通过桥区水域时失控漂移对桥梁安全的影响及其风险评价研究成果，确定施工过程中的风险源，开展风险评估、应急预案和应急减灾保障系统研究，尚属起步阶段。

2 桥梁建设与船舶通航的相互影响

2.1 桥梁建设对船舶通航环境的影响

(1)施工期对船舶通航环境的影响

①桥梁施工期施工船舶或桥桩将占去一部分主航道，影响小型船舶习惯性航路，使通航环境变得复杂。

②施工期由于工程船和运料船往返，增加了船舶流量的同时，也增加了交通事故的概率。

③工程船和运料船舶在施工期间将会不断横越主航道或往返于施工现场，势必对正常航行船舶造成较大的影响，容易与过往船舶形成各种会遇局面，无论白天还是夜间航行船舶均应特别注意。

④桥区水域在施工期，由于施工现场的照明灯光，会对过往船舶夜间的正常瞭望产生影响，减小航行船舶的瞭望距离，因此过往船舶夜间航行应谨慎驾驶。施工单位应将施工现场的灯光靠通航水域一侧用遮光板予以遮蔽。

⑤在施工期施工现场可能会出现噪声，对过往船舶的听觉瞭望产生影响，船舶在此航行应仔细辨清各种声音，尤其在能见度不太好时，应特别谨慎驾驶船舶。施工单位在施工中也应注意尽可能减小噪声，以免影响船舶安全航行。

⑥桥梁、塔柱建设期和建成后，会对 VTS 中心雷达站的微波发射和接收产生阻挡作用，因而会影响 VTS 中心的监控范围。

总之，桥梁施工期桥区水域的通航安全环境将会非常复杂，如不采取切实有效的安全措施，势必造成桥区水域的事故大幅度上升。

(2)营运期对船舶通航环境的影响

相对而言，桥梁营运期对船舶通航环境的影响较施工期要小，主要表现在：

①夜间桥面灯光对船舶正常瞭望产生的影响，因此桥梁建成后，桥面灯光不能太亮，不能有向上、下游航道照射的灯光，面向上、下侧的灯光应予适当滤光或遮蔽。

②桥梁和塔柱对 VTS 中心雷达站的微波发射和接收产生阻挡作用，因而会影响 VTS 中心的监控范围，出现监控盲区，应采取措施予以弥补。

③营运期桥区船舶流量将主要集中在主通航孔及其辅助通航孔航行，导致局部船舶流量加大，尤其是在高峰时段，因此应加强桥区船舶通航管理，制订合理可行的桥区安全管理规定，提高桥区监控、监管手段。

④由于桥区水域江面宽阔，船舶受风、浪、流和潮汐影响均较大，注意失控船舶对桥梁的撞击影响，应制订主动防撞措施或预案。

2.2 航行船舶对桥梁的影响

桥梁建成后，通航船舶对其的影响，将主要体现在通航船舶由于各种原因导致在过桥前出现失控状态，而对桥梁产生撞损影响，因此有必要对船舶失控后的运动状态、轨迹等进行研究，以便制订有效的主动防撞措施或应急预案。

在航船舶撞击风险一部分来源于人为因素影响，包括操纵不当和瞭望疏忽。另一部分主要是由特殊情况造成的，如极端天气条件，包括大雾、暴雨等造成的低能见度，暴风造成的船舶漂移等，或是在特殊环境下船舶误操作导致的撞击风险，如：

(1)雾航时，船舶出现偏航后，可能出现航行至桥区附近才发现桥墩具体位置，因来不及采取避离措施，而导致船舶撞击桥梁。

(2)夜航时，船舶错误识别工程水域导航物或助航标志，导致船舶驶入危险水域而撞击桥梁。

(3)船舶追越前方同向船或避让横越船时，为避免紧迫局面、紧迫危险而采取的避让行动不当，导致撞击桥梁。

3 桥梁防船撞研究方法

桥梁防船撞涉及的领域众多，如桥梁工程、船舶驾驶、船舶工程、碰撞力学、河流水文、气象等，属于典型的交叉学科，因此，从不同的研究角度其研究的侧重点也有所不同。从目前来看，降低船撞桥(墩)风险的措施总结起来主要有两种：被动防撞措施和主动防撞措施。所谓被动防撞，是指一旦发生船舶撞击桥梁的事故，从减小撞击力的角度去保护桥梁免受更为严重的损害，最为典型的就是对桥梁的桥墩加装防撞装置与吸能设施；所谓主动防撞，就是从减小船撞桥发生概率的角度入手，对通过桥区的船舶实施各种预防措施，如导航标的设置、船舶航行定线制的实行等。

3.1 被动防撞

桥梁被动防护设施的设计需要根据桥梁的自身抗撞能力、位置、外形、水流的速度、水位变化情况、通航船舶的类型、碰撞速度等因素进行。防护设施应满足：①兼顾水运、桥梁和航道等多方面的利益；②满足通航要求；③能够适应水位变化的要求；④撞后恢复，能够多次使用；⑤安装、运输方便；⑥不应因防撞设施而产生新的问题；⑦性价比高。

现有防护措施主要包括：

(1)直接构造弹性变形型——缓冲材料方式

直接弹性变形型防护装置依靠结构或材料的自身恢复弹性变形的能力转化并释放撞击能

量,并且由于使用的材料或结构的弹性和柔度较大,可以延长撞击时间,从而减小撞击力,达到保护船及桥梁的目的。直接弹性变形型防护设施的优点是设置水域小,安装及维护管理均比较容易,且对工程地质条件要求不高,因此缓冲材料防护设施在世界各国得到广泛应用。

(2)直接构造抗压变形型——缓冲体方式

直接抗压变形型防护装置的工作原理是靠设施的压屈、弯曲破坏来吸收冲撞能量,通过改变自身的结构形式和刚度,利用设施良好的塑性变形,对高能量的激烈碰撞也能起到较好的防护作用;但其最大缺点就是装置随抵抗能量的增大,自身和船舶的损坏也越严重。

(3)间接构造弹性变形型——桩群方式

这种方式防撞装置特点是利用桩群的联合弹性变形缓冲吸收船舶的冲撞能量,一般由斜桩(承受压力)或竖直桩(承受拉力)组成,在桩的顶部互相连接,以使整个防护系统共同变形来吸收船舶动能。

(4)间接构造变位型——浮体系泊方式

变位型装置一般是指由浮体、钢丝绳、锚定物组成的浮体系泊方式,利用重力或者浮力的作用使浮体从平衡状态到被拉紧状态所产生的还原力、钢丝绳的弹力和变形力做功来吸收船舶的撞击动能,从而使船舶速度降低,直至被浮体之间的钢丝绳张紧拦住。

总体而言,防护装置的种类繁多,某种防护类型的装置采用与否要依据船舶尺寸的大小、类型、航速、河流与河床的断面以及防护体系的施工能力等因素来决定。每一类型的防护装置都有其自身的优缺点,结构优化、多种类型的装置巧妙结合通常是解决桥梁防撞问题的好方法。

3.2 主动防撞

就目前而言,桥梁工程主动防御措施主要包括:

(1)设置内河助航标志,包括航行标志、信号标志以及专用标志,引导船舶安全航行。

(2)对过往船舶严格实行定线制航行,主要以船舶分道通航制为主。在施工期桥区通航水域不能满足船舶双向通航时可以采用单向通航。

(3)在施工危险水域设置船舶航行警戒区,提醒过往船舶小心驾驶。

(4)要求船舶安装自动识别系统(AIS),这样可以实现船舶之间以及船岸之间的动、静态航行信息,并能够进行其他航行安全相关的信息的交换,以便海事监管部门能对船舶进行自动识别、检测和跟踪,避免碰撞事故发生。

(5)争取实现桥区水域的VTS覆盖,增进内河桥梁工程施工水域通航安全,提高水上交通效率,防止水域发生污染事故。

(6)对特殊船舶实行引航措施,如超大型船舶、危险品船等,保障船舶施工桥梁水域均能安全有效地通过,特殊情况下短时间内可以采取限制通航的办法。

(7)对船员进行专业培训,提高船员素质、增强船舶驾引人员的安全意识和技术水平。

(8)对施工桥梁水域定期进行疏浚与维护,改善船舶通航环境,保证船舶航行安全。

4 桥梁防船撞预控技术

4.1 桥梁防船撞信息系统

(1)系统要求

船舶航行警戒区是指由于通航环境复杂、船舶穿越通航分道频繁，要求船舶通过时必须予以特别警惕并设有交通安全标志的特定水域。为了实现对桥区水域的有效监控，建设桥梁防撞信息系统将遵循以下原则：

①实时性。数据可以通过网络传输共享，并可通过用户权限分级别浏览监管船舶动态情况，实现远程信息调用和对施工现场的远程监控管理。

②稳定性。系统的终端和软硬件设备都应具有很高的稳定性，适应海上各种恶劣的环境和长时间可靠稳定工作的要求。

③可靠性。系统可对施工海域正在施工及航行的船舶，以及施工进度进行全程监控，使管理人员在指挥中心即可方便准确地掌握整个作业海区的情况。

④可扩展性。系统应具有很好的扩展性，在业务扩大时，能将系统规模相应扩大，以便将先进的管理模式应用到整个项目资源上，并能实现新的资源和原有的资源兼容并用，同时保证系统间具有良好的平滑连接。

⑤标准化。为了保证系统的兼容性和稳定性，方便日常的维护使用，系统无论硬件和软件都应符合国内及行业内的基本标准，同时提供标准化的信息服务和信息接口。

(2)建设原则

①以接收和处理桥区水域遇险信息为基础，全面提高桥区水域监控能力和搜救决策指挥水平为重点，满足全方位覆盖、全天候运行的要求。

②桥区水域监控系统以日常的水上安全监督管理和服务为主，按由低层面向高层面的顺序建设；应重点考虑桥区水域与搜救中心之间的布局和通信配置。

③桥梁防船撞信息系统中心布局以现有水上监控和搜救管理体制与工作方式为基础，充分考虑资源的综合利用和信息共享。

④桥梁防船撞信息系统综合复杂，专业系统多，涉及覆盖层面大，可在统一规划、统一标准的前提下，根据政府财力和形势发展的需要逐步推进更专业系统的建设与完善。

(3)建设目标

①综合利用 VTS、AIS、CCTV 等现代化监管手段，集成出能综合考虑气象、水情和船撞风险的防船撞预控系统。

②遇险信息接收、转发和协调通信通畅，提供可靠全方位的信息传递，保证及时通畅的船、岸通信以及岸、岸通信。

③实现桥区水域的可视化实时监控，确保桥区水域通航船舶的监测和管理。

④对桥区水域通航船舶提供引导及服务。

⑤建立风险评估模型库。

⑥分析、识别潜在的船撞风险，提供及时的船撞风险预案预报及主动防撞措施。

⑦建立桥区水上监控系统以及搜救协调指挥机构，完善搜救服务体系，整合水上安全信息资源，提升搜救中心的应急反应能力。

(4)基本结构

桥梁防船撞预控信息系统应专设管理中心，并有专人负责。下设水情预报组、气象预报组、VTS 监控组、现场监督组及应急救助组，负责桥梁施工期通航船舶的监控与管理、实施水上交通组织和应急救助、采集并发布通航与预警信息。

①水情预报组职责:负责桥区水域水情信息采集,编制施工期水情预报方案,提出预警建议。

②气象预报组职责:负责桥区水域气象信息采集,编制施工期气象预报方案,提出预警建议。

③VTS 监控组职责:负责通航信息发布、通航船舶动态实时监控、船舶应急预警预报、船舶应急决策与指挥。

④现场监督组职责:负责现场水上交通组织、纠正违章行为、疏导船舶流及大型船舶和特种船舶护航。

⑤应急救助组职责:负责现场应急救助。

(5)系统功能

①交通管理和服务功能:通过采集桥区水域船舶交通动态信息以及汇入的水文气象信息,对航行船舶进行全方位监视、跟踪,并提供船舶信息服务和助航服务,必要时实施交通引导。其目的是维护桥区水域交通秩序,预防船撞桥事故发生。

②遇险报警接收及核实功能:建立完善可靠的报警渠道,对报警做出快速反应,具备误报警和重复报警处理能力,准确、及时评估事故的紧急程度。

③险情全过程跟踪功能:接收船舶遇险信息和救助现场信息,利用图形化显示界面直观的反映现场搜救情况,实施对险情的全过程跟踪。

④搜救辅助决策支持功能:建立各种数学模型和事故案例库,根据现场监控信息,推算险情发生的位置,提出具体搜救区域、搜救力量的最佳分配、搜寻方式和救助方案,及时评估险情的变化情况,适时修改调整搜救方案。

⑤联动协调指挥功能:建立可靠通信网络与搜救中心及搜救船只保持有效的通信联系,及时获取各种信息。

⑥信息发布功能:向社会公众提供权威的信息服务是政府的主要职责之一。通过信息整合,规范海事信息发布标准,保证数据的真实性和准确性,满足船舶航行、桥区管理、经济建设等方面的用户的需求。

4.2 桥梁防撞监控信息系统平台

4.2.1 基本架构

为了保障桥梁安全,桥梁防撞监控信息系统须具备以下功能:

(1)动态监视和跟踪桥区区域内目标。

(2)通过 VHF、AIS 等有效的手段为桥区船舶航行提供相关信息。

(3)对桥区水域船舶进行交通控制与组织。

(4)在有条件的情况下为船舶提供助航服务。

(5)为搜救值班室提供交通图像和操作功能,便于搜救指挥。

桥梁防撞监控信息系统平台体系架构如图 1 所示。该体系架构主要分为四个部分:信息采集、信息处理及融合、数据存储与更新及面向用户的应用平台功能。

4.2.2 信号采集及处理

(1)视频信号

视频监控系统通常由监控前端、视频服务器、主控服务器和智能客户端组成。

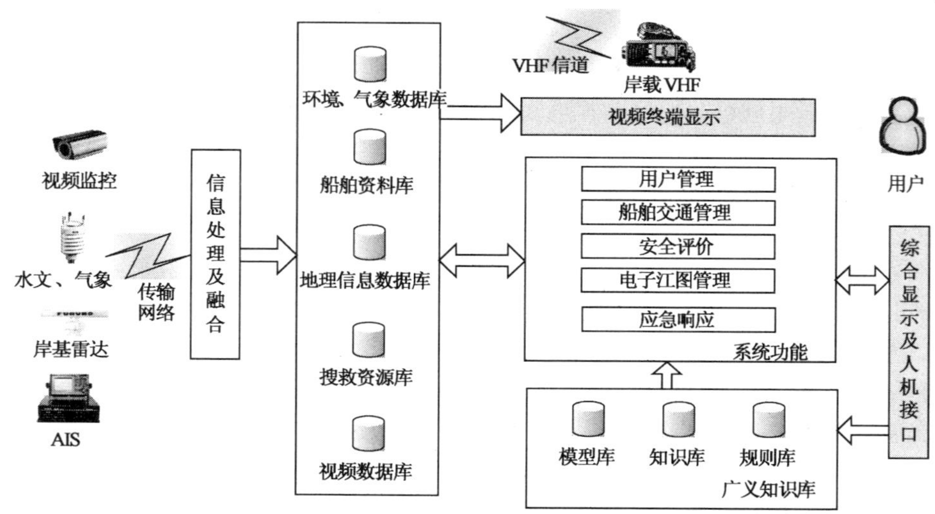

图1 桥梁防撞监控信息系统结构图

监控前端:有相关设备有若干摄像机、云台等,用来采集需要的视频图像,直接对摄像机进行操作(如调节焦距、平移、开关等)。

视频服务器:由编码服务器和主控服务器组成,编码服务器用于编辑采集到的视频图像,形成流媒体数据格式。

主控服务器:主要用于存放和控制流媒体视频数据,以及控制摄像机的各种工作等,并将视频数据发送到通信网络上,传送给各个智能客户端。

智能客户端:主要完成网络上流媒体视频压缩数据的接收解压、显示、监控、报警、日志记录、按需录像等。

(2)水文气象信息采集

桥梁建设工程区气象监测数据及预报预警信息的传输必须做到实时性与准确性的统一,满足随时、随地的要求。桥位监测数据一般为定时数据(如10min时间间隔),特殊天气出现时进行加密观测,数据总量存在多点传输、单点数据量少的特点。同时,监测站点多位于野外,数据传输过程应具备双向功能,以实现对观测设备的远程控制(如根据需要实现加密观测)。

(3)雷达信号

雷达是VTS的重要组成部分,是VTS实施交通监视、收集船舶实时动态信息的理想技术手段。其主要用途是:监视船舶航行及发现违章行为;监视航行标志及锚泊情况;引导船舶进出港及锚泊,保障雾航安全,提高船舶航运效率;提供船舶动态信息;协助进行船舶调度、港区作业、航道工程作业及海难救助等。

(4)AIS信息

船舶自识别系统(Automatic Identification System, AIS)是一种新型的通信导航系统,它使用自组织时分多址连接(SOTDMA)方式,实现多船间、船岸间的动静态航行信息,以及其他与航行安全相关的信息的交换,这些信息包括:船舶识别、船舶位置、航向航速、船舶种类、吃水、目的港等,从而为船舶航路监视,船舶避让及船舶在恶劣天气下安全航行提供连续准确的信息和可靠的通信手段。

(5)VHF 信息

船台终端配备海上 VHF 设备、GPS 设备、各种计量传感器和控制器等，实现各种信息的采集和处理。利用 VHF 的双工频道与岸上基站实现双向数据传输也可实现电话双工通信。数据和话音的调制是在 VCO 的不同点处接入，由控制器加以协调管理，系统优先响应数据通信，通信时间持续 100ms，这样即使在通话过程中也可以传输数据，而对话音影响很小。

4.2.3 数据库设计

(1)气象水文、环境数据库

气象水文、环境数据库：气象水文信息是该数据库的主要组成部分。归纳起来，海洋水文气象数据主要具有以下特点：①海洋水文气象数据实时性强；②数据种类繁多；③数据连续性、时序性强；④数据规律性、周期性强；⑤数据相关性强；⑥数据具有复杂性和不确定性。

(2)电子海图数据库

电子海图数据的获取和分类，是以现有的国际标准为依据，在满足 IHOS-52 中关于电子海图显示最基本数据要求，且不违背 IHOS-57 对海道测量的物标分类的前提下，对海图信息进行分类。

(3)船舶信息数据库

船舶信息数据库存储船舶的静态和动态信息。静态信息有船名、船号、IMO 编码、船舶的进出警戒区时间、船员信息、转载货物信息等。动态信息指船舶的实时地理位置、航向、航速等。

(4)视频数据库

存储监控点信息，如地理位置、高程、监控范围、角度、摄像机属性、视频图像等。

(5)搜救管理数据库

存储系统搜救信息，如用户授权、系统数据库连接设置、网络连接设置等。

4.2.4 信息发布技术

目前，所有信息都集中在中心，而且都是通过以雷达回波图、电子海图的基础，叠加图形、字符、数据等符号的形式向管理者提供。由于技术上的原因，我国大部分中心不仅无法与现有的海事信息系统兼容，甚至在本地局域网内都难以实现信息共享。因此，必须采用有效的技术手段来解决的信息发布问题。可行的技术方案主要有以下 3 种：

(1)基于 WebGIS 的信息播发

WebGIS 是 Internet 和 WWW 技术应用于 GIS 开发的产物，是集成的全球化客户/服务器网络系统。由于它具有交互操作、分布式、动态连接、跨平台、图形化的超媒体等特征，因此特别适合信息发布。

(2)基于 AIS 的信息播发

基于 SOTDMA 技术的 AIS 具有抗干扰性能强、数据传输比特率高、系统容量大、信息更新时间间隔短等诸多优点，能提供船舶间和船岸间计算机数据链路的动态连接，为海上信息交换提供新的平台。因此，VTS 系统可以通过 AIS 海岸网来发播信息。由于 AIS 网络使用 IP 协议，因而使网络与现行的信息网可以灵活连接，系统可建成使用 Internet，还可建成基于 Internet 的虚拟专用网。

(3)基于 GPRS 的信息播发

GPRS 使若干移动用户能够同时共享一个无线信道，一个移动用户也可以使用多个无线信道,实际不发送或接收数据包的用户仅占用很小一部分网络资源,使用户的呼叫建立时间大为缩短,几乎可以做到“永远在线”。此外,运营商能够以传输的数据量而不是连接时间为基准来计费,从而使用户的服务成本大大降低。由于我国网络的快速发展,它的覆盖区通常都包含 VTS 系统的服务区,因此,VTS 中心可以通过 GPRS 网络发布信息。

5 结语

船撞桥问题在国外从 20 世纪 80 年代初开始得到认真的研究,经过近 20 年的努力,欧洲和美国等国家已经制订了专门的设计规范或指南。在我国船撞桥问题一直未得到足够的重视,也没有专门的设计规范或指南提供工程师使用。随着我国在大江、大河上修建桥梁数量日益增多,以及航运事业的不断发展,特别是跨海峡桥梁的规划与建设,船撞桥问题的重要性逐渐凸现出来,亟待我国桥梁设计工程师和研究人员深入研究并加以解决。本文提出的桥梁防船撞预控技术,从船舶与桥梁间彼此相互影响进行分析,从桥墩的被动结构防撞,到主动防撞预控,对于有效利用航道资源,减少人为因素影响,确保桥区通航安全必将具有积极意义。

参考文献

[1] 刘明俊,方建华.苏通大桥防撞预控技术研究.武汉:武汉理工大学出版社,2009.

[2] 陈国虞,王礼立.船撞桥及其防御.北京:中国铁道出版社,2006.

[3] 王增忠,王君杰,范立础.船撞桥风险分析与安全经济决策.研究探索建筑经济,2008,2.

[4] 徐言民,刘明俊,荣祥斌.桥墩主动防船撞系统的研究.武汉船舶职业技术学院学报,2008,2.

九江大桥防船撞视频监测预警系统

孙利民[1] 闵志华[2]

（1. 同济大学土木工程防灾国家重点实验室 上海 200092；
2. 同济大学航空航天与力学学院 上海 200092）

摘 要：针对已有的桥梁防船撞监测预警系统的不足，本文提出了一种新的桥梁防船撞视频监测预警系统。该系统针对大桥的实际情况，将大桥的监控区域设定为通航区域、危险区域、警告区域和跟踪监测区域四类，提出了触发预警、瞬态预测预警以及主动预测预警三种预警方式，依据桥梁船撞的可能性以及危险性进行船撞预警评估，并依据评估的结果采取不同的处理措施。最后介绍了九江大桥防船撞视频监测预警系统的概况，包括系统的硬件、软件等方面。

关键词：预警系统 桥梁 船撞 视频监测

Ship collision warning system of Jiujiang Bridge based on video surveillance

Sun Limin [1] Min Zhihua[2]

（1. State Key Laboratory for Disaster Reduction in Civil Engineering, Tongji University, Shanghai ,200092;2. School of Aerospace Engineering and Applied Mechanics, Tongji University, Shanghai ,200092）

Abstract: In this paper, a novel ship collision warning system was proposed based on video surveillance. The monitoring area near the bridge was divided into four types, such as the navigation area, danger area, warning area and the tracking area. There also were three prediction model, such as the trigger warning model, transient forecast warning model and active forecast warning model. The warning event was assessed based on the possibility and severity of ship collision with this bridge, and different treatments were suggested based the assessment result. Finally the ship collision warning system of Jiujiang Bridge based on video surveillance was introduced, including the system hardware and software.

Keywords: warning system; bridge; ship collision; video surveillance

1 引言

随着我国国民经济的飞速发展，我国的公路建设取得了长足的发展，建造了大量的跨江、

基金项目：土木工程防灾国家重点实验室自主研究基金团队重点项目，编号：SLDRCE-08-A-05；中国博士后科学基金面上项目，编号：20100480624。

作者简介：孙利民（1963—），男，教授，结构健康监测，E-mail：lmsun@ tongji. edu. cn。

跨海桥梁。桥梁在运营过程中,由于操作失误、恶劣的自然环境、机械故障等原因引起了大量的桥梁船撞事故。桥梁船撞事故不仅会造成桥梁和船舶受损,甚至会造成严重的桥梁倒塌和人员伤亡事故[1],因此采取有效的措施来防止船撞事故的发生和减少船撞事故的危害是近年来的一个热点问题。

传统的桥梁防撞是通过提高桥梁的抗力和增加缓冲装置的方式来保证桥梁在发生船撞事件后具有足够的抗力而不发生倒塌事故,如防护岛、防护桩等。这种方式在一定程度上能够保障桥梁的安全,但也具有以下两点不足:①不能避免或者减少船撞事故的发生;②不能保证发生船撞事故后不会引起船舶损伤和船员的伤亡,如2007年1月在东海大桥颗珠山斜拉桥发生的船撞事件就导致船舶的沉没。

为了弥补以上两点不足,需要在桥区附近建立桥梁船撞预警系统来引导船舶航行,避免或者减少船撞事故的发生。船撞预警系统是通过监控桥区航道上的船舶,根据船舶的运行状态分析其撞桥的概率和撞桥的危险性进行预警,通过采取有效的预警措施来阻止或避免船撞事故的发生。目前,可行的防船撞监控系统有船舶交通管理系统(Vessel Traffic Services, 简称VTS)、船舶自动识别系统(Automatic Identification System, 简称AIS)、防船撞视频监控系统等。VTS和AIS系统具有造价较高、需要船舶安装相应的仪器设备等缺点,且均是由海事部门和航道部门所建立,而桥梁管理部门无法利用这类系统进行桥梁防船撞安全管理。因此本文针对广东九江大桥的特点,建立了九江大桥防船撞监测预警系统。

2 桥梁防船撞监测系统的现状

VTS、AIS和视频监控系统是目前3种可行的桥梁防船撞监测手段,现分别对各方法的技术特点和研究现状进行简介。

VTS是集导航技术、通信技术、计算机网络技术、信息处理技术和航海技术为一体,在一定水域内用以保证航行船舶安全和效率的交通管理系统,其综合利用VHF高频电话、雷达影像、ECDIS(电子海图)等先进技术实现对船舶交通信息进行搜索、传输、存储和处理。目前世界上已建成VTS系统500多处,它们在提高船舶交通安全和效率,保护水域环境方面发挥了卓有成效的作用[2,3]。我国VTS建设起步于20个世纪70年代中期,目前已建成VTS中心22个,其中包含50多个雷达站,已经覆盖沿海水域的大部分及长江下游水域[4]。

AIS是一种新兴的船舶和岸基广播助航系统,它采用自组织时分多址链接技术,在海事VHF频段无需人工干预的情况下连续自动地播发本船静态、动态、与航次相关信息及安全短消息,同时也能自动接收周围船舶发出的这些消息,并与海岸基站进行信息交换。AIS具有准确度高、实时地提供信息不易受到干扰等特点,近年来在全球范围内得到迅速发展和广泛应用[5]。1998年,美国海岸警备队与ROSS公司合作,以SOTDMA技术为基础建立了AIS的示范站点[6]。2000年初,荷兰在Dordrencht港开工建设"荷兰内河船舶信息显示与监系统"[7]。中国海事主管机关一直非常关注AIS系统的发展,已制订了中国沿海AIS基站配置规划,近期将实现我国重点水上交通控制区域"四区一线"AIS覆盖[8]。

防船撞视频监控系统是通过分析视频图像的方法,实现桥梁防撞的预警系统[9-10]。其通过在桥区附近安装摄像机,摄像机采集视频后,经传输到有后台计算机并由其捕捉当前时刻图像并对图像进行分析处理，检测出运动船舶运行状态并对其进行跟踪处理，当出现运行异常的船舶时，启动预警设备对船只进行预警，避免船撞事故的发生。国内外在视频的采集、视频图像的处理、运动目标检测和跟踪等几个方面均进行相关的研究，也取得许多研究成果，已经在道路交通监控、人员监控、煤矿监控、电力设备监控、人脸识别等领域获得了大量的应用[11-12]。

已有的防船撞视频监控系统的研究主要集中在视频图像的处理、船舶监测和跟踪等方面，对船撞预警方面则仅设置一个目标区域(危险区域)，当船舶驶入目标区域时便启动预警设备进行预警。这种预警机制比较单一，而船撞桥实际上是一个风险事件，应当根据船舶在水面上的运行状态来计算其撞桥的概率和撞桥的危险性，并根据这个概率和危险性的大小来确定是否进行预警以及预警的等级和相应的应急措施等，这是已有的防船撞视频监控系统未能考虑的。

3 工程概况

国道325线九江大桥位于广东省南海市九江镇与鹤山市沙坪镇之间，跨越西江主干流，河面宽度约1 350m，主桥为2×160m的独塔斜拉桥，桥梁全长1 670m，双向四车道。该桥于1985年9月28开工，1988年6月12日建成通车。九江大桥安装I级通航标准进行设计，双孔单向通航设计，单向航道宽80m。

2007年6月15日凌晨5时15分左右，广东佛山市南海裕航船务有限公司经营的“南挂机035”轮从佛山高明开往顺德途中航行至国道325线九江大桥时，偏离主航道，误入非通航孔并撞击了大桥的23号桥墩，导致22～26号墩之间4跨近200m长的桥梁上部结构梁体产生坍塌事故。

九江大桥的修复实施方案采用2×100m独塔组合梁双索面斜拉桥，即废除原九江大桥的23～26号桥墩，重新建造24号和26号桥墩，修复后的国道325线九江大桥桥型布置图如图1所示。

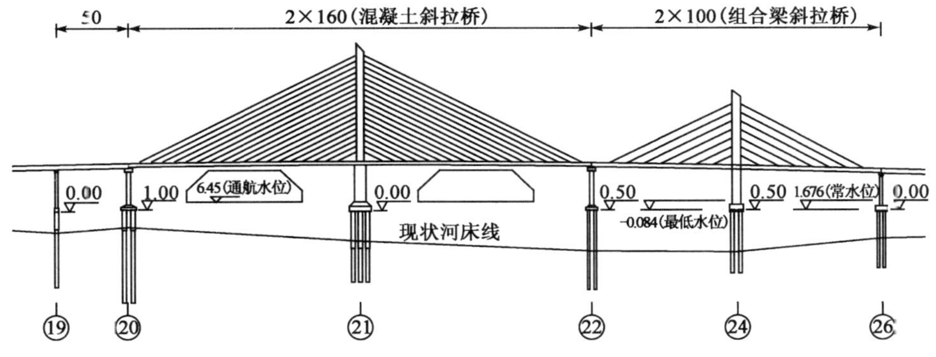

图1 修复的国道325线九江大桥桥型布置图(尺寸单位:m)

修复后的九江大桥在最大冲刷情况下各墩以及全桥的全年船撞风险如图2所示，从中可以看出以22号墩的船撞风险最大，应采取相应的防撞措施，尤其是应建立桥区防船撞监测预警系统。

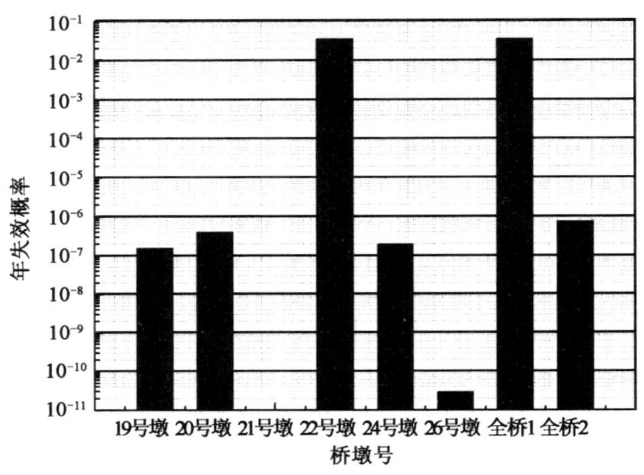

图2 全桥风险示意图

4 船撞预警方法

4.1 预警区域设置

依据九江大桥桥区的相关信息以及潜在的桥梁船撞的危险性，设定大桥通航区内 1km 范围和非通航区的 300m 范围作为大桥的目标监测区域，大桥的目标监控区和实际监控区如图 3 所示。

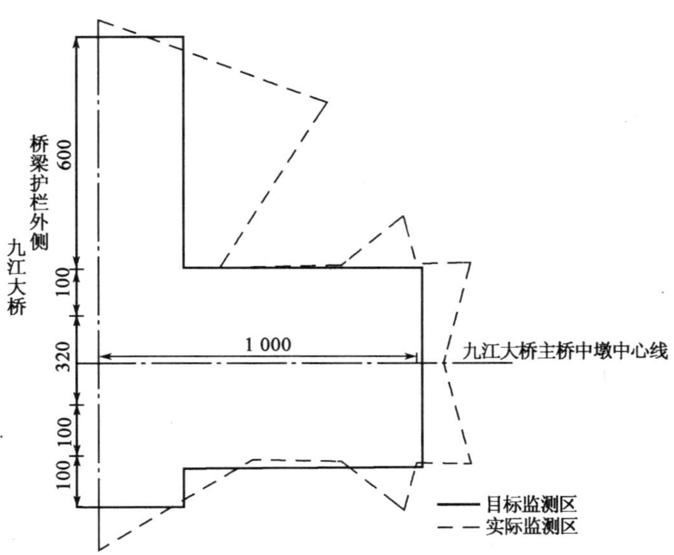

图3 实际监测区域(尺寸单位:m)

依据发生船撞的可能性和航道规划，将监控区域划分为通航区域、危险区域、警告区域、跟踪监测区四类。通航区域为以航道中心线宽 80m 的区域。危险区域是离桥梁承台中心线宽为 20m，长为 100m 的区域。警告区域是离桥墩中心线宽为 40m，长度为 200m。桥墩附近的危险区域与航道线以外的区域共同构成限制通航区。具体预警区域划分如图 4 所示。

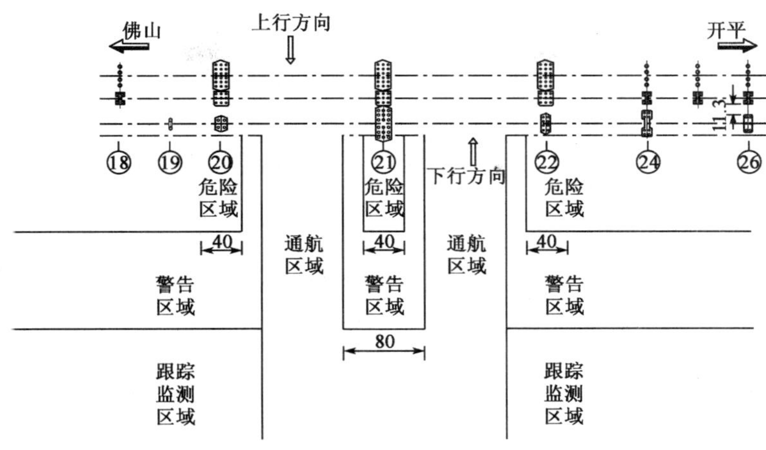

图4 预警区域详细划分(尺寸单位:m)

4.2 预警方法

已有的桥梁防船撞视频监测系统对船舶预警仅有简单的越界报警,未能考虑桥梁船撞的概率和危险性。

九江大桥的桥梁防船撞监测预警包括有触发预警、瞬态预测预警和主动预警三种。触发预警是被动式预警,是在监测区域内的船舶发生违规事件后发出预警。瞬态预测预警是基于船舶运行记录来预测船舶在短时间内的行为,并基于预测的结果进行预警。主动预测是基于船舶的运行轨迹估算船舶在未来较长时间内的行为,并基于估算的结果来进行相应的船撞预警。

触发预警是指在船舶发生违规事件后发出的预警,是一种被动式的预警方法。触发预警规则包括有船舶闯入限制区域、高速行船、低速行船、强行通航等,其中高速行船和低速行船用于在通航区域.其具体分类如图5所示。

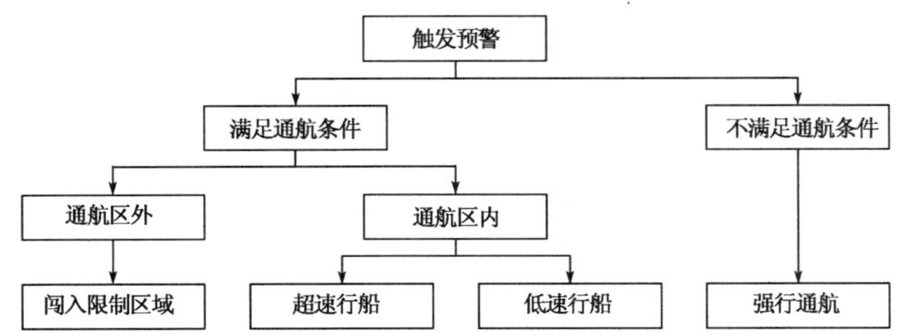

图5 触发预警的分类

当船舶进入警告区域后,系统自动启动瞬态预测预警。瞬态预测预警是依据船舶当前的航行状态和过去短时间内的航行轨迹依据Kalman滤波来预测船舶短时间内的行为状态和运动位置,并依据预测的结果决定是否需要提高当前的预警级别,以便能够提供更多的报警反应时间。

主动预测预警是基于船舶在监测区域内的航行轨迹、航速、航向等信息提取船舶的航行特性,主动预测船撞概率,并进行预警,其能提供最多的预警处理时间。

4.3 预警事件危险性评估

桥梁船撞预警应综合考虑桥梁船撞的可能性和危险性两个方面,桥梁船撞的可能性依据船舶离桥梁的相对位置进行考虑,而桥梁船撞的危险性针对某一特定结构而言,其主要与船舶的重量、航速、撞击方向有关,船舶的重量很难通过视频监控获得准确的数据,因此采用船舶的长度代替船舶的重量来评价船撞的危险性。

当发生预警事件时,系统将依据发生预警事件的位置、船舶大小、速度、航向等信息获得相应的危险评估分数,然后再进行加权求和,计算预警分数,判别预警级别。

$$Q = \sum_{i=1}^{4} A_i \omega_i \tag{1}$$

式中:A_i——预警事件行为特征危险性分数;

ω_i——预警事件行为特征权重。

基于计算船舶预警分数确定桥梁船撞预警级别,并采取相应的预警措施,具体如表1所示。

预警分数及预警措施 表1

序号	预警分数区间	预警级别	采取的措施
0	(0,0.7]	无预警	
1	(0.7,0.8]	初级预警	电台警告
2	(0.8,0.9]	中级预警	电台警告、透雾灯闪烁、喇叭开启
4	(0.9,1]	紧急预警	电台沟通、透雾灯闪烁、喇叭开启、封闭交通

预警区域、船舶大小、航行速度以及船舶航行方向的危险性分数分别如表2~表5所示。

监测区域危险性分数 表2

序号	预警区域	危险分数 A_1
1	跟踪监测区域	0.25
2	预警区域	0.5
3	危险区域	1

船舶大小的危险性分数 表3

序号	船舶吨位	船舶长度尺寸	船舶尺寸定义	危险分数 A_2
1	1 000t 以上	大于61m	大	1
2	500~1 000t	47~61m 之间	中	0.5
3	50~500t	20~47m 之间	小	0.25
4	50t 以下	小于20m	不识别	0

船舶航速的危险性分数 表4

序号	船舶速度	船舶速度定义	危险分数 A_3
1	≥8km	快	1
2	<8km	慢	0.5

船舶航行方向的危险性分数 表5

序号	船舶航向	船舶航向定义	危险分数 A_4
1	±71.5°	靠近桥	1
2	其余方向角	远离桥	0

对于预警区域、船舶大小、船舶航速、船舶航向等的权重系数如表6所示。

不同因素的分析权重 表6

影响因素	预警区域	船舶大小	船舶航速	船舶航向
权重 w_i	0.3	0.3	0.1	0.3

4.4 预警事件处理

发生预警事件后系统能够自动预警并能引导监控人员进行相应的处理,其处理流程如图6所示。从中可以看出,发生预警事件后,系统能够自动对预警事件进行处理,监控人员需要在系统发生预警事件后依据相关资料进行船撞的危险性确认和进行人工警告。如果判断存在非常严重的船撞危险,则需要采取封闭桥上交通等措施。

系统在运行过程中可能会同时出现有多艘船舶发生预警行为,如多艘船舶同时闯入跟踪监测区,此时系统需要依据不同预警事件的危险性进行分级处理。其处理流程如图7所示。

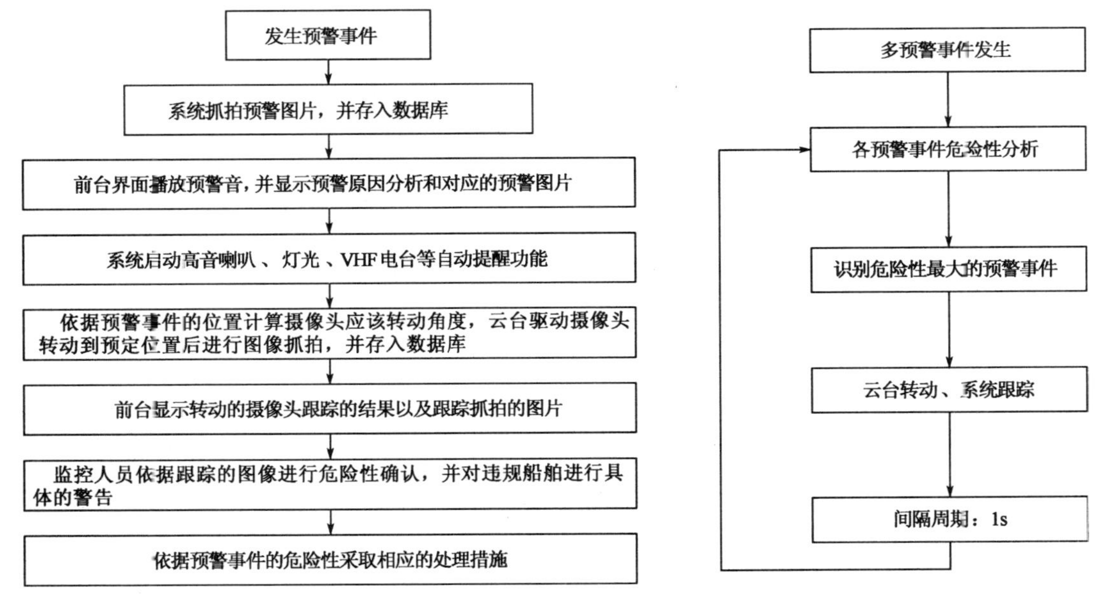

图6 预警事件处理流程　　图7 多预警事件处理

5 系统设计

依据九江大桥的实际情况,桥梁防船撞监测预警系统的设计目标如下:

(1)24小时不间断监测桥梁上游一定范围内的航行的船舶,包括通航区和非通航区以及在浓雾和夜晚情况下。

(2)能够识别监测范围内的船舶大小、位置、航速、方向、航迹、数量,并依据识别的结果进行桥梁防船撞预警。

(3)在发生预警事件后能够采用声、光、通信等方式与船舶进行沟通、报警。

(4)用户操作界面简单易用、人性化。

(5)在积累一定量的数据后,进行船舶瞬态预测预警和主动预警。

(6)在积累一定量的数据后,基于船舶模式自学习功能对航道内的船舶进行自动归类。

通过在大桥上布设有红外热成像仪和可见光视频监控装置对航道上航行的船舶进行实时监测,并通过通信光纤将视频信号无压缩地传输到监控中心,进入监控中心后可以在监视器上实时显示现场的监控结果和在硬盘录像机上实时保存监测录像,同时基于图像采集卡将监控录像转化为数字图像后输入到图像处理服务器中进行船舶识别和预警,发生预警事件后通过电台、声、光等方式提醒船舶进行规避。系统的总体设计如图 8 所示。

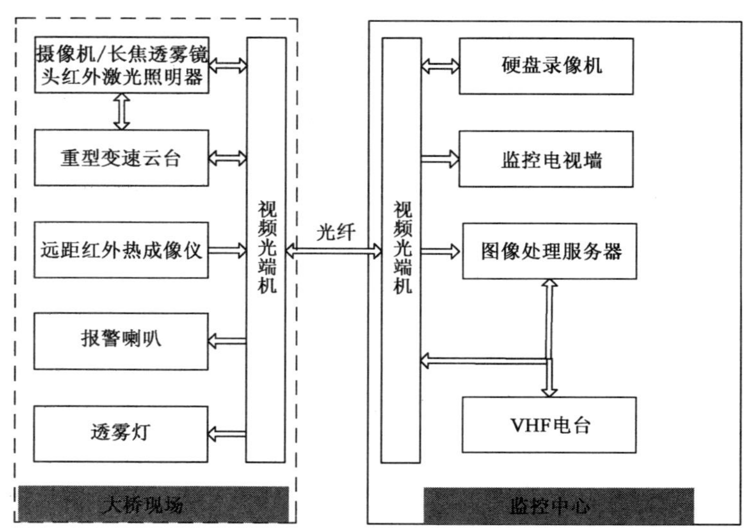

图 8　系统总体设计

5.1　系统硬件组成

系统由系统硬件和系统软件两个部分组成。其中系统硬件的功能有:①完成监控图像的采集、传输、处理、存储功能;②提供实时监控视频、分析结果的显示功能;③提供与船舶的声、光、通信等交流方式。

系统硬件可分为视频监控设备、视频传输与处理设备、报警装置三个部分。视频监控设备包含固定布设的红外热成像系统和转动的可见光视频监控系统,视频传输与处理设备包括视频光端机、硬盘录像机、监视器、图像处理服务器,报警装置主要有 VHF 电台、高音喇叭、透雾灯等。

为了保证能够对大桥航道的全方位监控,拟在桥梁上安装 1 组固定的红外热成像设备 +1 套活动的视频监控设备进行监测。固定安装的红外热成像设备主要用于船舶的识别及紧急预警,其实际有效监控区域如图 3 所示。活动的视频监控设备主要用于航道内的定期扫描、近距离观看、船舶标示识别等。

5.2 系统软件组成

系统软件的功能有：①监测区域内船舶的位置、大小、航速、航向、航迹、数量的自动识别、显示和存储；②对监测区域内船只的违规行为及可能的船撞桥梁的事件进行预警；③发出预警信号提醒管理人员。

系统软件采用 Microsoft Visual C + + 为软件开发平台开发，同时采用 SQL sever 作为数据库进行数据管理，系统 C/S 的系统架构。为更好地显示实时监控画面和实时船舶航迹，可以通过切换按钮分别获得实时监控画面和实时船舶航迹的监控画面。

桥梁防船撞监测预警系统软件包括有船舶识别、预警、结果输出与显示以及预警管理等几个部分。基于现场安装的监控装置获得监控视频后进行船舶识别，获得船舶的位置、大小、航速、航向、航迹、数量等信息，在此基础上进行防船撞预警，然后将船舶识别和预警分析的结果进行显示和管理。其处理流程如图 9 所示。

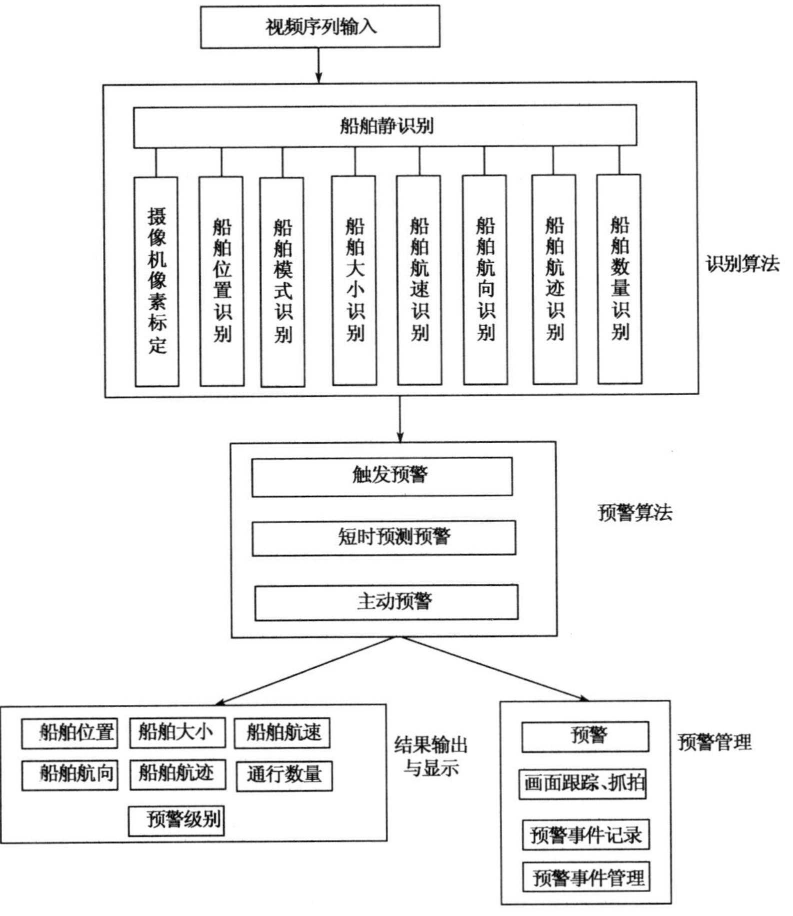

图 9 数据处理流程

航道内船舶的准确识别是桥梁防船撞监测预警系统成功的关键，分析中首先通过平滑、滤波等图像预处理得到理想图像；然后由相邻或间隔数帧的多幅图像获得船舶位置、大小，接着由相邻时间间隔船舶位置信息测算船舶速度大小与方向,并计算船舶通过某一断面的数量;最后将图像域中的船舶位置、大小、速度、方向等通过摄像机标定方法或拟合的方法转换为船舶实际位置、大小、速度、方向和航迹。

6 结语

本文针对现有的桥梁防船撞监测预警系统的不足,提出了基于视频监控的桥梁防船撞监测预警系统,其主要结论如下:

(1)桥梁船撞监测预警系统能够依据桥梁船撞的可能性和危险性进行桥梁船撞评估,并依据评估结果进行桥梁船撞预警,能够提供更为合理的船撞预警结果。

(2)提出了触发预警、瞬态预测预警与主动预测预警三种不同的预警方式,实现不同层次的船撞预警。

(3)基于九江大桥的实际情况,建立了九江大桥防船撞视频监测预警系统,并成功应用。

参考文献

[1] 戴彤宇,聂武,刘伟力.长江干线船撞桥事故分析[J].中国航海,2002(4).

[2] Nuutinen M, Savioja P, Sonninen S. Challenges of developing the complex socio-technical system: Realizing the present, acknowledging the past, and envisaging the future of vessel traffic services[J]. Applied Ergonomics, 2007, 38(5): 513-524.

[3] Plant G. International legal aspects of vessel traffic services[J]. Marine Policy, 1990, 14(1): 71-81.

[4] 王也平,Kleachors Aliferis.中国VTS系统信息的管理[J].大连海事大学学报,2002(8): 66-70.

[5] 郑道昌,周江华,刘柱云. AIS的主要功能及其使用技术分析[J].航海技术,2002(1): 32-33.

[6] 于娜.通用自动识别系统(AIS)的应用研究[D].大连海事大学硕士学位论文,2007.

[7] Scorzolini A, De Perini V, Razzano E, et al. European enhanced space-based AIS system study[C]. Advanced satellite multimedia systems conference (ASMA) and the 11th signal processing for space communications workshop (SPSC), 2010 5th. 2010:9-16.

[8] 胡伟. AIS及在我国的应用[J].中国海事,2004,(7):15-16.

[9] 罗勤.基于序列图像处理的桥墩防撞预警系统的研究[D].华中科技大学硕士学位论文, 2006.

[10] 琚建飞,杨春金.基于视频图像处理的桥墩防撞技术研究[J].计算机时代,2006(10): 38-39.

[11] 周志宇,汪亚明,黄文清.基于动态图像序列的运动目标跟踪[J].浙江工程学院学报, 2002(9):165-170.

[12] 张文,方飞.视频监控在煤矿中的应用研究[J].煤炭工程,2010(1):112-114.

船桥碰撞监控预警综述

赵 凯 闵志华

（同济大学 上海 200092）

摘 要：文中主要介绍了现有的三种船桥碰撞监控预警系统的研究现状，指出了其存在的问题，并对未来船桥碰撞监控预警研究进行了展望。

关键词：船桥碰撞 监控 预警

A review of ship-bridge collision monitoring and early warning systems

Zhao Kai Min Zhihua

（Tongji University, Shanghai, 200092）

Abstract: Current situation of study about three ship-bridge collision monitoring and early warning systems is presented in this paper. The problems existing in the systems are pointed out and an outlook for further study is given.

Keywords: ship-bridge collision; monitoring; early warning

1 预警理论简介

1.1 预警

预警一词，最早源于军事，是指发现、分析和判断敌人的进攻信号，并把这种进攻信号的威胁程度报告给指挥部门，以提前采取应对措施的活动。后来人们把这个词逐步应用到政治、经济、社会、自然等多个领域[1]。

“9.11”事件之后，美国建立了一整套国家威胁预警系统，并用绿色、蓝色、黄色、橙色和红色五种颜色代表从低到高五种威胁等级。在国内，根据《国务院有关部门、单位公共突发事件应急预案框架指南》，预警分为一般（IV）、较重（III）、严重（II）和特别严重（I）四级预警，分别用蓝色、黄色、橙色和红色四种颜色表示。

船桥碰撞是一种水上风险事件。所谓水上风险指的是水上已经存在的可能造成人员伤亡、财产损失或环境污染的水上交通事故、船舶污染事故、恶劣气象条件、险情和重大安全隐患。船撞预警是水上风险预警的一种，它需要综合考虑各个方面，如：船舶、桥梁、河道、天气、人为、管理以及桥梁周边环境等诸多因素。

项目支持：交通部西部科技项目资助，编号：200731882234；交通部行业联合科技攻关项目资助，编号：2008353344340。

作者简介：赵凯（1984—），硕士在读，从事船撞研究，E-mail：z-k1984@163.com。

桥梁船撞预警是指航行船只进入危险区域、违章停靠、禁航区航行灯情况发生时发出红色警报信息并通过呼叫中心喊话制止其危险行为,以防止船撞桥事故的发生。桥梁船撞预警的基本原理是在桥墩周围设定一定的预警范围,当船舶驶入预警范围内时,就需要提醒船舶要远离桥墩区域[2]。

1.2 预警行动

根据预警级别和预警信息风险等级,预警行动级别由低到高分为四个级别:一般、较重、严重和特别严重,分别用蓝色、黄色、橙色和红色。根据不同的预警级别,安全管理机构和有关单位应采取相应的措施,防止或减少水上突发事件对生命、财产和环境造成的危害。

2 船舶监控及预警

2.1 VTS

2.1.1 VTS 简介

根据 IMO《VTS 指南》,VTS 是由主管机关实施的,用于提高船舶交通安全和效率及保护环境的服务。在 VTS 覆盖水域内,这种服务应能与交通相互作用并对交通形势的变化做出反应。

世界第一个 VTS 出现在 1948 年的英国利物浦港口。随后 VTS 在世界各国陆续被建立,现如今大约有 500 多个 VTS 系统。我国 1958 年在大连港首次进行岸基雷达导航试验。1978 年,国内首个 VTS 系统在宁波北仑港开始建设,随着我国经济的发展,我国的 VTS 数量逐年增多。

VTS 的功能就是利用 VHF 高频电话和雷达影像方式,结合 ECDIS(电子海图),按照《船舶交通管理系统安全监督管理规则》在所辖水域内,实时进行船舶和 VTS 之间的动、静态航行信息以及其他航行安全相关信息的动态交换,从而为船舶航路监视、避碰及恶劣天气状况下的安全航行提供连续准确的信息及发布一些指令性建议,促进船舶和水域的交通管理,提高交通效率,减少辖区事故的发生。VTS 主要包括六大功能:数据收集、数据评估、信息服务、助航服务、交通组织服务、协作服务。文献[3]~[4]对 VTS 的功能以及结构组成进行了详细的介绍。

2.1.2 研究现状

文献[5]针对 VTS 系统覆盖范围内船舶不同的航行状态,探讨了利用 VTS 的功能对船舶和浮标实施有效安全监控,并对具体的监控方式和报警的准则进行了设置。文中对 VTS 覆盖水域进行了划分,规定了船舶监控功能设置的原则,并根据不同区域船舶监控的要求,对船舶监控和预警功能进行了设置。具体思路见图 1~图 3。

针对 VTS 系统智能化水平不高,对海上交通预测和识别能力不足,尹巍(大连海事大学)在其硕士论文中提出了运用人工神经网络理论来预测船舶航行危险,充分分析影响船舶航行安全的因素,结合 VTS 系统数据采集和处理的特性,设计建立了基于 BP 神经网络的船舶航行危险预测模型并对其进行了仿真模拟。这个系统是针对海上交通设计的,对于内河桥梁船撞研究有一定的借鉴意义。

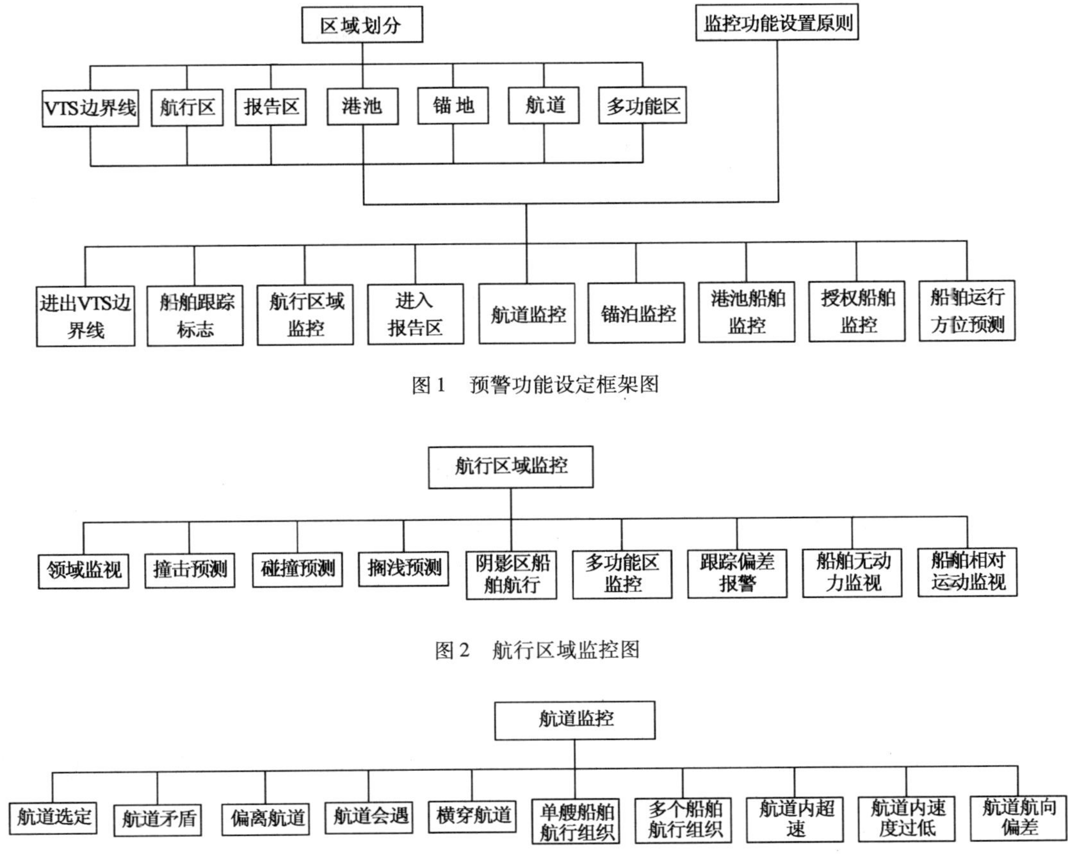

图1　预警功能设定框架图

图2　航行区域监控图

图3　航道监控图

VTS可以对数公里至数百公里的地理区域中多个目标进行有效的定位、跟踪，因此，可以借鉴已有VTS的经验，布设桥基雷达监控系统，来监控桥址区域的船舶航行行为，判断船桥撞击危险，对有撞击桥梁结构物可能的船舶提前发出警报，从而降低船撞危险。但是，目前用于VTS中的雷达采用微波波段工作，以目标前沿检测跟踪和目标重心跟踪两种方式工作。其缺点在于：①建立跟踪的时间太长，达一个天线扫描周期，不利于对港区机动目标快速建立稳态跟踪；②跟踪混迹现象较严重，两船录取和跟踪的分辨率较低，不适应对交通密集的港口水域的目标进行跟踪。因此桥梁防船撞监测系统不能照搬已有的VTS雷达技术，必须针对小区域及高速通航等新应用特点，研究和开发特殊的雷达监控系统。采用雷达探测和成像系统尤其是红外成像系统相结合，作为全天候防撞预警系统的目标前端指示可能是一种理想的探测方式。

2.2　AIS

船舶自动识别系统AIS(Auto Identification System)是集现代通信、网络技术和信息技术于一体的新型助航系统，是国际海事组织IMO(International Maritime Organization)规定强制安装在船舶上的航行设备。国际电信联盟ITU(International Telecommunications Union)在海上VHF频段分配给AIS两个频道即CH87B和CH88B。AIS在这两个频道上发射船舶的静态信息、动态信息、航行相关信息和安全相关的短电文,同时接收其他船只发出的信息。文献[6]~[10]对 AIS 的功能、结构组成、工作原理、关键技术以及其未来发展趋势做出了详细的介绍。

船舶监控是桥梁船撞预警系统的基础。AIS 系统提供了船舶标志信息和高实时性的精确的船舶运动参数。它与雷达相比具有提供信息量大,实时性好,抗干扰能力强和越障碍传输等优点。文献[11]中设计了基于 AIS 的 EDIS(电子海图与船舶监测系统),文中详细分析了系统所需要的子系统、方法与技术,并给出了一个完整的系统整体设计及系统核心模块实现方案,最后还研究了系统部署后发现的问题及改进的方法。

2.3 防船撞视频监控系统

2.3.1 系统简介

(1)概述

防船撞视频监控系统是通过分析视频图像的方法,实现桥墩防撞的预警系统[12]。其实现途径为:在桥上安装摄像机,摄像机采集视频后,经传输到有后台计算机并由其捕捉当前时刻图像并对图像进行分析处理,检测出运动船舶运行状态并对其进行跟踪处理,当出现运行异常的船舶时,启动预警设备对船只进行预警。

(2)系统功能介绍

防船撞视频监控系统一般有以下几个方面的功能:监控功能、预警功能以及历史资料查询功能等。

监控功能是系统的基本功能,通过摄像机采集江面上的图像,读入序列图像,捕捉图像帧,对图像灰度转换并进行滤波、去噪声,同时对图像锐化、对比度进行加强和边缘检测,突出感兴趣的船舶。通过在序列图像中提取船舶的角点特征,用这些角点对船舶进行定位,计算出船舶的航速及船舶航行的大致方向并对船舶进行跟踪。

预警的功能,当出现异常船只时,系统自动启动预警设备对船舶进行预警,同时向大桥的管理部门和海事部门通知异常情况。预警的基本原理如图 4 所示[13]。

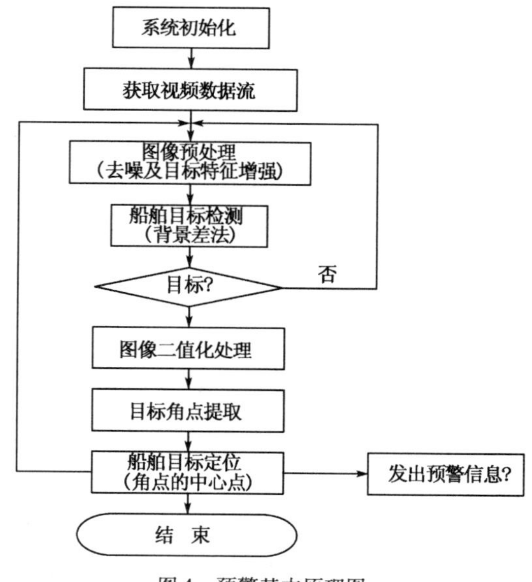

图 4 预警基本原理图

历史资料查询功能是指通过数字录像记录船舶过桥的全部过程并存储作为历史资料,方便查询,必要时可进行录像回放,以便作为事故调查提供原始的记录。

2.3.2 研究现状

当前,防船撞视频监控系统的研究主要集中在视频图像的处理、目标的定位跟踪等方面,文献[12]~[14]对视频的实时采集、图像的预处理以及运动船舶目标的检测和定位追踪进行了详尽的介绍。

文献[15]从集视频图像采集、图像数字转换以及视频传输通信于一体的视频图像采集系统出发,借助计算机技术、通信技术、图像处理技术等进行桥区智能监控系统的研究工作,分别从视频实时采集、图像处理、船舶预警三个方面进行探讨,完成了桥区船舶智能监控系统的构建,设计并开发出了基本的桥区船舶智能视频监控系统模块。文献[16]提出一种基于产生式规则和专家系统的智能化桥墩预警报警系统,其具体做法是在桥墩设防区域设置一定的监视区,当来往船舶进入监视区时,预警预报系统会做出相应的处理,以此来防止、避免船桥碰撞事故的发生。

2.4 其他船舶监控预警系统

VTS、AIS 以及视频监控是当前船撞预警系统主要的三种形式,除此之外,基于雷达、红外、EDIS、VHF、GPS、GPRS 等手段的船桥撞击监控预警系统。雷达和红外是船舶监控的重要手段,雷达同时又是 VTS 系统的重要组成部分。文献[17]介绍了一种基于小型民用雷达实现的桥梁防撞系统,该系统能对 10km 范围内的目标进行监测,能根据不同季节的要求划定警戒范围,可根据船舶的航向、航速判断对桥梁的威胁程度并做出相应的预警。电子江图有助于管理人员清楚的了解船舶在将面上的运行状态,有助于对船桥碰撞事件做出准确的判断。

3 预警算法

文献[18]基于模糊数学与专家咨询方法建立了船桥碰撞预警计算方法,并将其应用于重庆船舶交通管理系统,实船试验表明该计算方法能准确预报船桥碰撞危险,从而避免船桥碰撞事故的发生。

根据内河船舶通过桥区的航行特点,船桥避碰过程可分为三个阶段:无危险阶段、转向阶段、直航阶段。

(1)无危险阶段:船舶与通航桥孔桥墩的距离大于 D_{attend}(注意距离),认为这种情况下不存在船桥碰撞危险。

(2)转向阶段:船舶处于 D_{act}(行动距离)与 $D_{strcrit}$(直航距离)之间,此时船舶必须调整航向以使其能在安全区域内通过。

(3)直航阶段:船舶与桥墩距离小于 $D_{strcrit}$,此时,船舶必须保持航向尽快通过通航桥孔。

船舶驶入桥区后,通过相关设备获取船舶静态信息和运行动态信息以及航道的信息,根据算法计算注意距离、直航距离、行动距离以及航向改变率临界值,并始终监控 DCPA(最近会遇距离)与 Dist,判断 Dist 与几个距离的关系,作出无危险提示、转向提示以及报警提示。船桥避碰计算流程见图 5。

九江大桥防船撞视频监控预警系统将预警模式分为基本预警、短时预警和主动预警三个层次。基本预警是指船舶发生违规事件后发出的预警,是一种被动式的预警方法。基本预警规则包括有船舶闯入限制区域、高速行船、低速行船、逆向行驶等。短时预警是基于船舶在区域内的位置、航速、航向等信息进行船舶短时间内行为预测,并基于预测的结果进行报警。主动预警是基于船舶在监测区域内的航迹、航速、航向等信息来提取船舶运行的动态数据，并基于此来计算船舶撞桥的概率，根据概率的大小进行预警。其根据船舶行为的危险性又将预警的级别分为无预警、初级预警、中级预警和紧急预警。

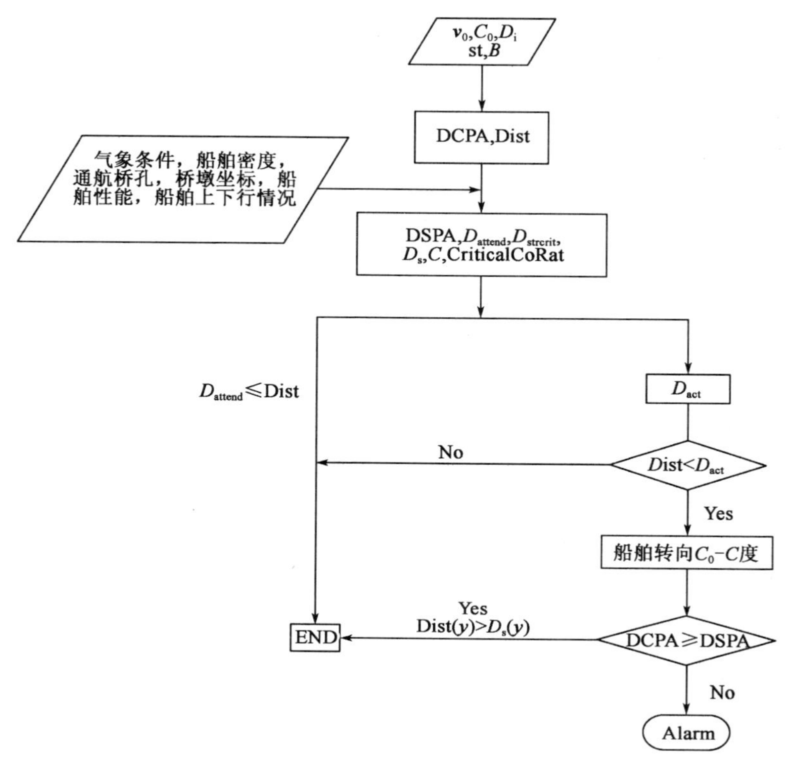

图5 船桥避碰计算流程图

4 国内外现有的船桥碰撞预警系统介绍

2001 年 9 月，美国得克萨斯州的跨海大桥 Queen Isabell Causeway 受拖轮撞击倒塌两孔，修复后的大桥安装了路面交通船撞安全预警系统。当光纤传感器严重受损（意味着桥梁因船撞而严重受损或倒塌）时，该系统将执行报警功能，具体为：预警红灯闪烁，提示桥面车辆和行人停止行进；自动呼叫警察和海岸警备部队。这样的桥面交通预警系统在美国的 Louisiana 州的 Lake Pontchartrain Cuanseway 和 Florida 州的 Sunshine Skyway Bridge 上也有使用[2]。

重庆市水上交通管理监控系统是国内比较有代表性的桥梁船撞预警系统，该系统应用 GPS 卫星定位技术、GPRS、CDMA1X 移动通信技术、GIS 地理信息技术、移动视频技术及呼叫中心等高新技术，通过研发专用船载信息终端和应用部署专门的水上交通管理监控中心、区县分中心和企业分中心，系统可全天候不间断地对全市水域船舶进行实时监控，掌握所有船只的基本静态信息和其位置、速度、航向等动态航行信息。通过交互式的移动船岸通信，对船只驶入桥梁危险区域和危险情况进行信息分析，监控中心可对一般危险情况向航行的船舶发出黄色警报信息,以避免发生更大的危险和事故。对于航行船只驶入危险区域、越线航行、冒雾航行、违章停靠、禁航区航行等情况,发出红色警报信息并通过呼叫中心喊话制止,系统会将当时的通话情况和船舶航行情况自动记录,便于事后分析并为事故处理提供依据。航行途中发现船只向桥墩靠近时及时预警,预警级别随船只和桥墩距离的逐渐靠近而提升,以提醒船长、船员注意避让,防止碰撞。

2007 年 6 月 15 日,广东佛山市南海区九江大桥遭运砂船"南桂机 035"撞击,造成九江大桥三个桥墩倒塌,其所承桥面约 200m 坍塌。大桥修复后,其交通管理部门计划在桥上安装视频监控系统,对过往船只进行监控。

2008 年 8 月 7 日,荆州长江大桥防撞安全监管雷达系统建成并投入试运行,通过雷达"电子眼"的有效覆盖,海事人员可在监控室里监控到大桥上下游 20km 水域内船舶的运行情况。

湘江航运安全预警系统是对某一船舶在湘江某一水域航行时的安全状态进行监控和预警,在确认有事故征兆的情况下,采用既定的管理手段,使之恢复安全状态。在事故发生的情况下,采用相应的应急措施进行救援,减少人员伤亡和经济损失。

5 结语

综上所述,桥梁船撞预警系统的研究主要也是从船的角度出发,而对桥的因素考虑不多。研究主要集中在对船舶的监控上,热点在于船舶静态以及动态信息的获取,船舶避碰决策研究。基于此,特提出以下几个问题:

(1)基于风险分析的桥区预警区域的划分。

(2)基于风险分析的预警规则的设定。

(3)基于船撞力的船舶大小分级,避免因小船撞击而频发生报警。

未来船桥碰撞监控预警系统应当以船桥碰撞风险分析为基础,根据船撞桥概率的大小来确定是否预警及其等级。

参考文献

[1] 戴土松. VTS 与预警预控. 第十届船舶交通服务国际学术研讨会材料. 2004.

[2] 王君杰,耿波. 桥梁船撞概率风险评估与措施. 北京:人民交通出版社,2010:239-241.

[3] 石世云. 宁波. VTS 预警预控功能的探讨. 大连海事大学,2009.

[4] 李维运. VTS 中雷达和 AIS 信息融合算法研究. 大连海事大学硕士学位论文. 2007.

[5] 孟宪宏. VTS 系统船舶的安全监控和报警. 中国航海学会通信导航专业委员会 2004 年学术年会论文集. 2004.

[6] 浦皆伟. AIS 及其关键技术研究. 上海海运学院,2003.

[7] 商春宇. AIS 基站组网技术与应用领域研究. 大连海事大学,2006.

[8] 何建新. AIS 关键技术研究及其与电子海图的集成实现. 哈尔滨工程大学,2006.

[9] 李维运. VTS 中雷达和 AIS 信息融合算法研究. 大连海事大学,2007.

[10] 于娜. 通用自动识别系统(AIS)的应用研究. 大连海事大学,2007.

[11] 潘冠霖.基于 AIS 的边检电子海图与船舶监测系统.北京邮电大学,2009.
[12] 岳锐,张俊忠,徐俊峰.基于视频桥墩防撞预警系统的软件设计.软件导刊,2006,17:67-68.
[13] 罗勤.基于序列图像处理的桥墩防撞预警系统的研究.华中科技大学,2006.
[14] 朱群英.基于视频图像处理的桥墩防撞研究.武汉理工大学,2006.
[15] 涂超.桥区船舶智能视频监控系统研究.华南理工大学,2010.
[16] 李跃新,罗荣桂等.桥墩防撞智能预警报警系统设计.湖南大学学报(自然科学版),2005,3:277-230.
[17] 王韬,任超西,谷京朝.民用雷达实现的桥梁防撞系统设计.现代电子技术,2003,22:39-41.